PHILIP CAPUTO

Né en 1941, Philip Caputo est écrivain et journaliste. Il a reçu le prix Pulitzer pour ses reportages à Chicago. Après *La Corne de l'Afrique* (Albin Michel, 1981) et *La Dernière Guerre des DelCorso* (Albin Michel, 1985), *Clandestin*, paru en 2012 au Cherche midi, est son troisième roman publié en France. Il vit actuellement à Patagonia, en Arizona.

CLANDESTIN

PHILIP CAPUTO

CLANDESTIN

Traduit de l'anglais (États-Unis)
par Fabrice Pointeau

LE CHERCHE MIDI

Titre original :
CROSSERS

MIXTE
Papier issu de
sources responsables
FSC® C003309

Éditeur original : Vintage (Random House)

ISBN : 978-2-266-21628-9

Encore un pour Leslie.

Ben Erskine

Transportons-nous dans le temps et l'espace jusqu'à Lochiel, de nos jours une ville fantôme, mais à l'époque une colonie de quatre cents âmes : des maisons de pisé et des cabanes de mineurs, un bureau de poste, une école, quelques boutiques et trois saloons, le tout perdu dans les hautes prairies de la vallée de San Rafael et relié au reste du monde par une simple route qui se tortille vers l'ouest à travers les montagnes de Patagonia jusqu'à Nogales, une route défoncée par les chariots qui transportent l'argent et le minerai de cuivre depuis le haut fourneau de Lochiel dont la cheminée crache sa fumée dans le ciel du désert autrement sans tache.

Le panache noir penche dans la faible brise, et une légère brume fuligineuse se dépose sur le toit en tôle d'un bungalow proche – la maison du juge de paix Joshua Pittman, qui fait aussi office de tribunal. C'est un homme de 40 ans, rasé de près, vêtu d'une chemise sans col et d'un gilet qu'il ne peut plus boutonner par-dessus son torse corpulent, il est assis sur une chaise à barreaux de bois, sur son porche, ses pieds bottés croisés sur la balustrade tandis qu'il lit le *Border Vidette*. Le numéro est daté du 6 août 1903, il y a deux jours, et a été livré de Nogales, à une trentaine de kilomètres de là, par un postier à cheval. Le juge, comme on l'appelle souvent, lit presque chaque mot : en tant que citoyen de premier plan dans une ville où la plupart des habitants ne savent lire ni l'anglais ni l'espagnol, il estime qu'il est de son devoir de se tenir au courant des événements du monde au-delà de Lochiel.

Dans la cour poussiéreuse se tient son neveu, Ben Erskine, un garçon qui vient de passer le seuil de l'adolescence, grand pour son âge, aussi maigre que les tiges des cactus ocotillo qui bordent la cour. Il porte une chemise de coton ample, une salopette enfoncée dans une paire de bottes miteuses et un haut chapeau crasseux aux bords fermement roulés sur les côtés. Un garçon par un samedi désœuvré, qui joue seul à la pichenette à l'ombre d'un peuplier. Le couteau de chasseur qu'il tient dans sa main est un bien précieux, sa lame de dix centimètres est aussi luisante qu'un miroir, et suffisamment acérée pour trancher net une page du journal de son oncle. Ce qui rend ce couteau particulier, ce sont les gravures de chaque côté de la lame. À première vue on dirait des volutes ; mais en y regardant de plus près, le motif se révèle être une danseuse dans trois poses différentes entrelacées. Lorsqu'on tient le couteau à la lumière et qu'on le fait tourner lentement, on obtient une illusion de mouvement. Les trois silhouettes se fondent en une seule ; la danseuse prend vie et ses larges hanches se balancent. Ce couteau a suscité la jalousie de tous les autres garçons de la minuscule école de Lochiel, et bien des après-midi, après les cours, ils se sont rassemblés autour de Ben pour qu'il leur fasse une démonstration et pour lorgner l'objet interdit. Ce divertissement s'est poursuivi durant les vacances d'été, mais il cessera bientôt, car le mois prochain, après un an passé chez son oncle, Ben rejoindra sa mère, son beau-père et son frère aîné, Jeffrey, à Tucson, où il est censé commencer le lycée. Cette perspective ne l'enchante pas. Non pas que l'école lui déplaise – il est de fait un élève studieux – mais il ne s'entend pas avec son beau-père, un superviseur de la compagnie de chemins de fer Southern Pacific nommé Rudy Hollister.

Écartant ses jambes maigres, Ben lance le couteau dans le sol à quelques centimètres de son pied droit, puis il écarte un peu plus les jambes et place son pied contre le couteau, qui est planté jusqu'au cou de la jeune femme. Il fait presque le grand écart. Comme il ne peut aller plus loin, il se redresse, retire le couteau, et recommence.

Le juge replie le journal, ôte ses pieds de la balustrade et regarde son neveu.

« Un de ces jours tu vas te le planter dans le pied, dit-il d'une voix lente et posée, comme s'il prononçait une sentence dans son tribunal.

— Oui, monsieur.

— Oui, quoi ? Oui, tu vas te planter ce couteau dans le pied ? »

Ben marque une pause, abaisse son chapeau avec deux doigts comme il a vu les cow-boys le faire, et esquisse son sourire étrange, qui fend son visage en deux comme un coup de sabre oblique et est souvent mal interprété par ceux qui ne le connaissent pas bien. Ils le prennent pour un sourire méprisant, effronté, voire un peu cruel.

« Ce n'est pas du tout ce que je voulais dire, répond-il. Je lance avec trop de précision pour me blesser.

— Ravi que tu sois si sûr de toi », réplique Joshua en arquant ses sourcils châtain-roux. Il plisse les yeux en direction du soleil, qui glisse de l'est vers le sud-est au-dessus des lointaines montagnes bleues de Sonora. « Ton oncle est à court de son rafraîchissement préféré. Puisque tu n'as rien de mieux à faire, va chez Esteban pour moi. »

La *cantina* d'Esteban se trouve à Santa Cruz, un petit *pueblo* situé à une dizaine de kilomètres après la frontière. De l'avis de Joshua, la tequila qu'on y vend est supérieure à celle qu'on vous refourgue dans les saloons de Lochiel – une gnôle brute de contrebande qui convient aux palais ignorants des cow-boys et des mineurs, mais pas à un homme averti tel que lui.

« Je m'en vais seller Maggie sur-le-champ », répond Ben, toujours heureux de monter sa jument pie.

Il prend l'argent que lui donne son oncle et se dirige vers l'écurie. Joshua le regarde s'éloigner, il regarde la chemise du garçon se gonfler autour de lui comme si elle était suspendue à un cintre, comme s'il n'y avait pas de corps à l'intérieur. Il s'est rapproché de Ben au cours de cette année, plus qu'il ne le voulait, et il essaie de ne pas penser au départ du garçon. Il s'était habitué à la solitude. Quand Ben est venu vivre avec lui, ça faisait neuf ans qu'il avait enterré Gabriela et le nouveau-né qui était mort en même temps qu'elle, étranglé par le cordon ombilical, *pendu* par l'organe qui l'avait nourri dans l'utérus.

Ça, c'était à Nogales, où Joshua travaillait en tant que receveur des postes. Après l'enterrement, il était retourné chez lui, avait ouvert la porte, et le silence à l'intérieur avait semblé l'assaillir comme une chose vivante. Il était ressorti, abandonnant tout ce que Gabriela et lui avaient possédé, et il n'était jamais revenu. Non, le silence de cette maison-ci ne sera pas aussi insupportable quand Ben partira pour Tucson, mais il faudra tout de même s'y faire.

Hattie lui a écrit l'année dernière : « Nous n'arrivons à rien avec lui, et cette fois, c'est la goutte d'eau qui fait déborder le vase. » Pour quelque affront insignifiant, Ben avait déclaré qu'il allait coller une raclée à son beau-père, qui avait accueilli la menace en riant. C'est du moins ce qu'elle affirmait, et Joshua n'avait aucune raison de douter de sa sœur. Rudy Hollister était un brave homme qui mesurait un bon mètre quatre-vingt-dix et avait gardé la carrure du cantonnier qu'il avait jadis été avant d'être promu superviseur par la compagnie de chemins de fer. Lorsque Ben s'était rué sur lui, il avait placé une main sur le front du garçon et l'avait laissé donner des coups de poing dans l'air jusqu'à ce qu'il se fatigue. À en croire Hattie, Hollister avait alors déclaré : « On dirait que t'es pas encore prêt pour m'en coller une », et les choses auraient dû en rester là. Mais Ben n'avait pas supporté l'humiliation. Il avait attrapé un tisonnier dans la cheminée et l'avait lancé en direction de son beau-père – « comme une lance d'Indien ».

Le projectile avait largement manqué sa cible, mais Rudy avait vu rouge. « Il lui a flanqué une sacrée dérouillée, poursuivait Hattie dans sa lettre. C'est la toute première fois que Rudy a levé la main sur l'un des garçons. Je suppose que si Ben le déteste autant, c'est parce que ce n'est pas son père, comme s'il jugeait Rudy responsable de la mort de Tom. »

Cela n'avait pas surpris le juge. Ben adorait son père, malgré ses absences fréquentes. En effet, en tant qu'agent des douanes, celui-ci passait son temps à patrouiller à la frontière, et lorsqu'il était devenu ranger territorial, il était toujours à poursuivre des hors-la-loi et des voleurs de bétail. Mais peut-être était-ce justement parce qu'il était si souvent absent que Ben le vénérait autant. L'ironie était que Tom Erskine, qui avait survécu à des fusillades avec des contrebandiers mexicains et des desperados blancs, était mort d'un coup de sabot donné par un cheval rétif. Éclatement du foie.

Six mois plus tard, Hattie avait épousé Rudy et déménagé à Tucson. Elle affirmait qu'elle avait besoin d'un homme à la maison pour l'aider à élever ses deux garçons turbulents. Mais son remariage rapide avait fait scandale à Lochiel. Les commères de la ville murmuraient qu'elle aurait au moins pu avoir la décence d'attendre un an. Et la rumeur disait qu'Hattie, une jolie femme qui aimait s'amuser, avait d'autres raisons de vouloir un homme. Il y avait chez elle quelque chose de, eh bien, quelque chose de *charnel* ; quand Tom était absent, elle avait dans les yeux un appétit que tous les hommes de la ville avaient remarqué. Elle partait souvent seule à cheval – elle montait comme une Apache –, se lançant dans des galops effrénés pour apaiser ses ardeurs sexuelles.

Après avoir décrit « la goutte d'eau qui a fait déborder le vase », elle avait énuméré les précédentes offenses de Ben. Celui-ci s'était retrouvé mêlé à une bagarre et avait assommé un jeune Mexicain avec un morceau de tire-fond de rail projeté avec un lance-pierres, après quoi, craignant d'avoir tué le gamin, il avait sellé son cheval et pris la fuite dans les montagnes pendant trois jours, plongeant sa mère dans une inquiétude sans nom. Après avoir plaidé sa cause (tout à fait adroitement, estimait l'homme de loi), elle en était venue au fait : Joshua accepterait-il de garder Ben l'année suivante ? C'était un grand service qu'elle lui demandait, mais elle ne savait plus à quel saint se vouer, et Ben admirait son oncle, l'ancien cavalier qui s'était battu contre Geronimo.

La flatterie avait arraché un sourire à Joshua. Ce n'était pas comme si Geronimo et lui s'étaient affrontés dans un combat singulier. Il avait simplement pris part à deux brèves batailles au cours de la dernière campagne contre les Apaches en 1886. Il se souvenait principalement de la chaleur, de la poussière, et de ses yeux qui le brûlaient durant les chevauchées infinies et monotones, tandis qu'ils poursuivaient un fantôme à travers le désert et dans les montagnes Dragoon et Chiricahua, fantôme qui avait fini par abandonner la partie dans un endroit nommé Skeleton Canyon. Non, ce n'était pas cette flatterie qui l'avait convaincu d'accéder à la requête de Hattie. Rudy Hollister n'était que la moitié du problème de Ben ; l'autre moitié, soupçonnait-il, c'était Hattie elle-même. Elle ne valait pas grand-chose en tant que mère, avait-il conclu à contrecœur. Quand Ben et Jeff n'étaient encore que des bambins, elle les laissait souvent seuls à la maison des heures durant, les attachant à leurs chaises pour bébé afin qu'ils ne fassent pas de bêtises pendant qu'elle allait voir ses amies, faire des courses ou se promener à cheval. En matière de discipline, elle était inconstante, indulgente un jour, et le lendemain… eh bien, un jour, alors qu'il avait 8 ans, Ben avait été un peu turbulent. Hattie l'avait puni en le forçant à marcher pieds nus sur un sentier couvert d'argile et de cailloux presque aussi aiguisés que des pointes de lances. Il s'était blessé les pieds, avait saigné, et il l'avait implorée de venir le chercher, mais elle avait continué la torture jusqu'à ce que, d'après elle, il ait appris sa leçon.

Joshua estimait pouvoir faire mieux, et cette année lui a donné raison. Pas le moindre problème, hormis la fois où la maîtresse d'école a surpris Ben en train d'exhiber son inhabituel couteau pendant la récréation. Elle a interdit à Ben de le rapporter à l'école, et réprimandé Joshua d'autoriser son neveu à posséder un objet aussi immoral – lui, le juge de paix !

Ben a son couteau sur lui tandis qu'il quitte Lochiel, traversant la frontière avec le Mexique aussi aisément qu'on traverse une rue à Tucson ou à Phoenix. Il n'y a pas de barbelés pour l'en empêcher, pas de panneau hormis une grosse borne en pierre pour l'informer qu'il quitte le territoire d'Arizona. Il a déjà parcouru ce trajet, mais éprouve néanmoins une légère excitation – c'est une aventure pour un garçon de 13 ans que de pénétrer seul dans un pays étranger sur une belle jument comme Maggie, une petite bête agile et rapide à laquelle il tient plus encore qu'au couteau accroché à sa ceinture dans une simple gaine de cuir.

Il la fait avancer à un pas rapide, même s'il est tenté de la lancer au galop pour se rafraîchir le visage. Une humidité tropicale alourdit l'air, car c'est la saison de la mousson dans le vaste désert de Sonora, le moment de l'année que les gardiens de bétail attendent avec espoir et crainte ; si la pluie vient, leurs troupeaux prospéreront, et eux aussi ; si elle ne vient pas, comme durant les années 1890, l'herbe fanera, les veaux nés au printemps s'affaibliront et deviendront la proie des coyotes et des couguars, et les vaches réunies à l'automne seront maigres au moment d'être vendues. Ceux qui possèdent de grands troupeaux survivront ; les petits éleveurs seront anéantis par la sécheresse.

Les pluies ont été abondantes cette année. Les prairies sont passées du jaune pâle au vert vif, « vert comme l'Irlande », pour reprendre les mots que Ben a entendu un mineur immigrant prononcer. Partout les bêtes grasses paissent, et les coquelicots dorés mouchettent le bord de la route. Un orage compact balaie l'horizon au sud-est, la pluie formant un rideau opaque suspendu entre les nuages et la terre. Au sud-ouest, d'autres nuages dominent les montagnes San Antonio, s'étalant telle une enclume noire d'où jaillissent des éclairs.

Ben longe la rivière Santa Cruz pendant plus d'une heure, dépassant un *campesino* sur un âne, puis franchissant une série de collines basses couronnées de vieux rejets miniers. Près de l'endroit où la rivière bifurque vers l'ouest, il pénètre dans le *pueblo* – de petites maisons et des boutiques flanquant une rue de terre craquelée qui mène à la *plaza*. C'est l'heure de la *siesta*. Deux femmes en costumes indiens flamboyants tirent de l'eau au puits communal, un homme fume assis sur les marches du kiosque à musique ; à part eux, personne n'affronte la chaleur féroce du milieu de journée. L'établissement d'Esteban se trouve dans une bicoque de pisé à toit plat. Les extrémités des poutres du toit font saillie au niveau de la façade, et le mot CANTINA est peint au-dessus de la porte. Il se trouve à quelques maisons de l'église, le bâtiment le plus grandiose de la ville, plus grandiose encore que le tribunal voisin.

Ben noue la bride de Maggie à la barre d'attache à côté de trois autres chevaux, dont un grand alezan qui doit mesurer un mètre soixante-dix au garrot. Dedans, il fait sombre – deux fenêtres laissent entrer des carrés de lumière à l'intérieur desquels des particules de poussière tourbillonnent et étincellent. Trois *vaqueros* sont assis à des tables rudimentaires contre un mur, deux ensemble, le dernier seul, buvant au goulot d'une bouteille de bière. Tous trois regardent Ben. Il les salue d'un geste de la tête. Les deux assis ensemble lui retournent son salut, mais le troisième ne bouge pas, il se contente d'observer Ben en plissant les yeux tandis que celui-ci traverse le sol de terre, qui a été tellement foulé qu'il est aussi lisse que du marbre et brille aux endroits où la lumière le frappe.

Esteban est dans la réserve. Ben entend des bruits et suppose qu'il est occupé à ranger ses provisions. Il se tient au bar, derrière lequel des planches soutenues par de robustes chevilles supportent des verres poussiéreux, des bouteilles sans étiquette et des pichets trapus en terre cuite. Ben attend une minute ou deux, sentant le regard de l'homme solitaire dans son dos. La sensation le rend nerveux, et il cogne bruyamment sur le bar pour attirer l'attention d'Esteban.

« *Está ocupado. Tenga paciencia* », lance une voix traînante derrière lui.

Ben se retourne et regarde le *vaquero* seul, un homme costaud au teint de métis qui arbore la classique moustache mexicaine, telle une parenthèse noire accrochée au-dessus de sa bouche. Un sombrero de feutre est suspendu par la lanière à son cou épais, des jambières tachées en cuir enveloppent ses jambes tendues, et de gros éperons à l'air cruel – des éperons qu'on appelle parfois éperons espagnols, ou éperons du Chihuahua – sont fixés à ses bottes.

« *¿Tú comprendes, gringuito?* »

Il crache pratiquement le dernier mot, petit gringo, avec mépris.

« *Sí, comprendo* », répond Ben, esquissant son sourire tordu pour masquer sa gêne.

Le Mexicain lui fait clairement comprendre d'un regard dur qu'il n'apprécie pas ce sourire – qu'il le trouve insolent.

« *¿Ese pinto es tuyo?* » demande-t-il en désignant la fenêtre qui encadre Maggie et l'un des autres chevaux.

Ben répond par l'affirmative.

« *Parece fino.*

— *Pues.*

— *Me gusta tu caballo.* »

Il marque une pause, plisse les yeux, sourit froidement et se lève. Habitué à ce que les Mexicains ne soient guère plus grands que lui, Ben est surpris par la taille de l'homme. Dans un cliquetis d'éperons, celui-ci titube jusqu'au bar et s'y accoude, à quelques centimètres de Ben. Le *vaquero* n'est pas armé, mais ça ne le rassure guère. Il est aussi grand et puissamment bâti que Rudy Hollister.

« *Sí, me gusta tu caballo*, répète-t-il, la vapeur de son haleine presque visible. *Pero no me gustan los gringos, y mucho menos los gringuitos.* »

J'aime ton cheval, mais je n'aime pas les gringos, et encore moins les petits gringos. Un picotement parcourt les bras de Ben, sa gorge se noue. Il voudrait décamper mais reste là, conscient que le moindre mouvement brusque ne fera qu'accroître le courroux de cet ivrogne abject. À cet instant, Esteban apparaît. Il est petit, musclé, vêtu d'une chemise de coton blanc et d'un pantalon de péon. Mais ce n'est pas un péon, c'est un propriétaire de *cantina*, dans une ville frontalière, et il comprend la situation en deux secondes.

« *¿Que quiere, amigo?* demande-t-il aimablement à l'homme imposant. *¿Otra cerveza, o... algo más?* » ajoute-t-il en glissant la main dans un tiroir sous le bar.

L'autre est soûl, mais pas au point de ne pas saisir le message : cet « autre chose » qu'Esteban lui propose ne se boit pas. Il pousse un petit grognement et répond que oui, il va prendre une autre bière. Esteban attrape une bouteille sur une étagère. L'homme la saisit, fait claquer quelques pesos sur le bar, et regagne sa table en titubant.

« *Hola, Ben*, dit Esteban. *¿Que pasa? ¿Cómo está tu tío?*

— *Bien, pero con sed.*

— *Oye.* » Esteban se penche en avant. « *Me llegó lo bueno... Lo que le gusta a tu tío* », dit-il à voix basse.

Mais l'ivrogne l'entend.

« *¡Lo bueno! ¿Qué estoy tomando yo? ¿Del drenaje? Y al cabroncito le das lo bueno. Y tan joven para pistear.* »

Esteban l'ignore, puis fait signe à Ben de le suivre. *Cabroncito* – petit con. Ben a une fois de plus envie de décamper. Mais il obéit, passe sous le bar et suit Esteban dans la réserve exiguë et sans fenêtre qui serait aussi sombre qu'un placard si un unique rai de soleil ne filtrait à travers une fissure dans la porte de derrière. Esteban allume une bougie et saisit sur une étagère un pichet de céramique vernie muni d'un bouchon scellé à la cire.

« *Esta es. Mira.* »

Il désigne un mot imprimé sous le nom du distillateur : REPOSADO. Ce qui signifie, comme l'a appris Ben lors de ses précédents périples, que la tequila a longuement vieilli et est de qualité supérieure.

« *¿Cuanto es?*

— *Dos.* »

Avant son départ, l'oncle Joshua lui a recommandé de marchander, mais Ben a plus que hâte de se mettre en route, et il plonge la main dans sa poche sans discuter.

« *Bueno*, dit Esteban en saisissant les deux dollars d'argent. *Oye. Sálgate por aquí.* » Il désigne la porte de derrière, puis ajoute avec un geste furtif de la tête :

« *El borracho.*

— *Hasta luego.* »

Ben fait le tour jusqu'à l'avant du bâtiment, enfonçant le pichet dans une sacoche. Puis il grimpe sur sa jument et s'éloigne dans la rue au trot. *Gringuito. Cabroncito.* Pourquoi s'en est-il pris à moi ? se demande-t-il. Qu'est-ce que je lui ai fait ? Le fait qu'il ne comprenne pas le motif de l'hostilité du Mexicain l'agite et l'effraie autant que son hostilité elle-même.

Le vent s'est levé, annonçant un orage en provenance du sud. Une tornade de poussière tourbillonne furieusement devant lui, semblant entraîner Ben hors de Santa Cruz avant de s'épuiser toute seule. Au niveau d'un cours d'eau, un troupeau de vaches corrientes assoiffées bloque le chemin. Il talonne Maggie et pousse des cris pour se frayer un chemin à travers la masse mouvante de peaux pâles et de hautes cornes recourbées. Maggie gagne la rive opposée, et Ben poursuit sa route vers la frontière, une fois encore à un pas rapide. Bientôt, il entend un cheval approcher à vive allure. Il sait de qui il s'agit avant même de se retourner et de voir l'homme monté sur son alezan lancé au grand galop. Il veut me voler mon cheval ! songe Ben. Maggie, aussi effrayée que lui, se précipite en avant. Ben la talonne violemment et relâche la bride tandis qu'elle s'emballe, cou tendu, crinière au vent. Il n'ose pas se retourner pour voir si le *vaquero* gagne du terrain, mais il n'en a pas besoin. Il devine au bruit que l'homme approche. En quelques secondes, l'alezan l'a rattrapé, son museau est presque au niveau de celui de Maggie, et le Mexicain brandit un rameau tressé à sa bride. Quiconque les observerait de loin penserait qu'il s'agit de deux cow-boys impétueux en train de faire la course.

« *¡A ver qué tan hombrecito eres!* » hurle le Mexicain tout en se penchant en avant pour fouetter l'arrière-train de Maggie avec le rameau.

Croyant qu'un prédateur l'attaque par-derrière, ce qui est d'ailleurs le cas, la jument fait un brusque écart, ruant des deux pattes en même temps, et Ben, dont les pieds glissent hors des étriers, manque de basculer par-dessus son encolure. Il parvient à rester en selle, mais pas à remettre ses pieds dans les étriers tandis que Maggie continue de regimber. Il n'en revient pas d'être toujours sur la jument, mais comme il monte depuis l'âge de 4 ans, il sait que ça ne va pas durer longtemps, et il sait surtout qu'il ferait bien de sauter avant d'être éjecté de sa selle. Il atterrit brutalement, ses jambes ployant sous l'impact, et effectue deux ou trois roulés-boulés sur l'herbe et sur les cailloux qu'elle dissimule.

Le souffle coupé, les côtes endolories, il reste étendu quelque temps, regardant fixement un busard qui tournoie haut dans le ciel. Lorsqu'il s'aperçoit qu'il n'a rien de cassé, il se redresse sur son séant et voit Maggie à dix ou vingt mètres, immobile, sa bride tombant de son encolure. Elle le regarde comme pour s'excuser. Ben voudrait dire : « Inutile de t'en vouloir, ce n'était pas de ta faute », mais il ne peut pas parler. Il a l'impression d'avoir la langue et la gorge couvertes de sable.

Il se lève et remarque alors l'alezan qui se tient, selle vide, un peu plus loin, près des vieux déchets de mine. L'homme qui déteste les gringos gît au milieu de la route, immobile. Son cheval a dû se cabrer quand Maggie a rué, songe Ben, et vu comme il était soûl, il n'a pas réussi à rester en selle. Il espère qu'il s'est brisé le cou.

Ce qu'il devrait faire maintenant, c'est rentrer à la maison aussi vite que la jument pourra le porter, mais ce n'est pas ce qu'il fait. Tirant Maggie par la bride, il s'approche de la silhouette étendue sur le dos, tel un chasseur qui s'approcherait d'un ours ou d'un couguar qu'il aurait tiré, en se demandant s'il est mort ou simplement blessé. Le vent souffle plus fort, un éclair fend un nuage couleur prune qui avance vers le nord.

Le Mexicain semble mort. Il a un bras rejeté en travers de la poitrine, les yeux entrouverts, sa moustache est maculée du sang qui coule de ses narines ; mais il produit alors un son – quelque chose entre un soupir et un ronflement – et Ben remarque que son gros torse se soulève, retombe, se soulève. Et si ce cinglé de voleur de chevaux ressuscitait et se lançait à ses trousses pendant qu'il rentre à la maison ?

La peur monte en lui, et il déteste cet ivrogne plus que jamais. Il s'agenouille derrière la tête de son persécuteur, se penche en avant, tire son couteau, et d'un mouvement vif taille dans la gorge du Mexicain une seconde bouche qui vomit du sang sur sa main et sur sa chemise.

Les jambes de l'homme se mettent à battre le sol, les éperons espagnols s'enfonçant dans la terre ; il produit un gargouillis sifflant, et lorsque le bras sur sa poitrine vient frapper violemment le sol, Ben s'écarte d'un bond. Tremblant, il observe le corps, désormais immobile, et le sourire écarlate qui s'étire presque d'une oreille à l'autre sur la gorge brune. Un frisson conquérant le parcourt – il se sent comme David se tenant au-dessus de Goliath vaincu. Et pourtant il n'arrive pas à croire qu'il a fait ça. C'est presque comme si le couteau était sorti tout seul de sa gaine et avait de lui-même tranché la chair vivante.

Il essuie la lame dans l'herbe, puis frotte sa main et sa chemise avec de la terre ramassée sur la route. Le cheval de l'homme mort se tient toujours près des déchets de mine. Non loin, Maggie broute des touffes d'herbe grasse. Le busard descend en vol plané, à la recherche d'une proie. Le tonnerre gronde, poursuivant son chemin vers l'ouest, tandis que le ciel directement au-dessus de lui est dégagé. Rien n'est vraiment changé, sauf Ben Erskine.

Une sensation de calme s'empare de ce Ben qui n'est plus le Ben qu'il était et ne pourra plus jamais être. Les tremblements cessent. Il réfléchit froidement, avec lucidité. Un voyageur va inévitablement tomber sur le cadavre et foncer à Santa Cruz pour annoncer qu'un homme à la gorge tranchée gît au milieu de la route. La nouvelle arrivera aux oreilles de la police locale. Esteban et les deux clients risquent de leur raconter ce qui s'est passé dans la *cantina*. Bien sûr, lorsque les policiers se lanceront à sa recherche, il sera rentré à Lochiel, hors de leur portée. Mais peut-il courir ce risque ? Son instinct lui dit de dissimuler le corps maintenant, tant qu'il n'y a personne dans les parages. Le problème est : où peut-il le cacher ici, dans cette zone dégagée ? Il ne peut pas le tirer très loin – le Mexicain doit peser plus de quatre-vingt-dix kilos. Il regarde alors en direction du cheval du mort et des rejets de mine, qui dévalent en cascade les pentes des collines basses.

Il s'approche prudemment de l'alezan, ôte le lasso qui est accroché à la selle et regagne la route. Il passe la boucle autour des chevilles du Mexicain, ajoutant quelques tours de corde pour faire bonne mesure, puis enroule l'autre extrémité autour du pommeau de sa selle avant de remonter Maggie. L'odeur du sang rend la jument nerveuse. Ben l'apaise, et elle n'a aucune peine à traîner le cadavre jusqu'au sommet de l'une des collines. Ben la stoppe, détache le lasso du pommeau de la selle et, au prix d'efforts qui le mettent en sueur, fait rouler le corps dans un puits de mine. Entraînant la corde qui est toujours attachée à ses chevilles, le cadavre fait une chute de cinq ou six mètres et atterrit sur le flanc, les jambes repliées contre le bord du puits qui n'est guère plus large que le Mexicain n'est grand. N'*était* grand. Ben descend tant bien que mal la colline pour desseller l'alezan et lui ôter sa bride et son harnais. Ceci fait, il met le cheval en fuite en lui hurlant dessus et en lui donnant une tape sur la croupe. Il traîne l'équipement jusqu'en haut de la colline, ce qui le fait transpirer de plus belle, et le balance dans la mine où gît déjà son ancien propriétaire. *A ver qué tan hombrecito eres.* Les dernières paroles du Mexicain. *Voyons ce que tu as dans le ventre, petit homme.* Je suppose que maintenant tu le sais, espèce de salaud de voleur de chevaux. Ben remonte sur Maggie et reprend la direction de la frontière et de Lochiel, talonnant la jument jusqu'à ce qu'elle galope tel un cheval de course. C'est comme s'il s'enfuyait, sauf que personne ne le poursuit.

Joshua Pittman est dans son bureau, en train d'étudier une affaire qu'il devra juger demain : un litige entre deux gardiens de bétail à propos d'une histoire d'accès à l'eau. Il peine à se concentrer. Ben devrait être rentré depuis une heure. Son anxiété s'apaise lorsqu'il entend, par la fenêtre ouverte, le claquement de fers à cheval derrière la maison, puis le grincement du portail. Il sort sur le porche, et Ben est là, tirant sa jument dans la cour. Maggie est trempée de sueur, à bout de souffle.

« Qu'est-ce qui t'a pris si longtemps ? Tu es trop jeune pour aller danser avec les *señoritas*. »

Ben ne répond rien, il tire le pichet de la sacoche et, avec un regard furtif et oblique de ses yeux gris pâle, le tend à son oncle.

« Je ferais bien de rafraîchir Maggie avant de la ramener à l'écurie », marmonne Ben, toujours avec ce même regard fuyant.

Joshua pose le pichet et s'appuie contre un poteau.

« Tu ne veux pas rester dans cet état-là non plus, observe-t-il en désignant la chemise tachée de sueur et couverte de terre de son neveu. Quelle que soit la chose qui t'a retenu, tu étais bien pressé de rentrer, à ce qu'on dirait.

— Je savais qu'on était à la bourre.

— En retard. Surveille ton langage.

— Oui, monsieur. »

Ben retourne à sa jument, desserre la sangle et commence à tirer la bête autour de la cour, traversant l'ombre de plus en plus longue du peuplier, mouchetée par la lumière de cette fin d'après-midi qui filtre à travers les branches. Il baisse la tête d'un air songeur ; les doigts de sa main libre se plient et se déplient, comme s'il malaxait une boule d'argile invisible.

Le juge descend du porche.

« Tu as eu des ennuis ? »

Ben s'immobilise et fait un vague mouvement de la tête.

« C'est un oui ? »

Ben acquiesce.

« Bon, quel genre d'ennuis ?

— Quelqu'un a essayé de me voler mon cheval. »

Joshua tressaille. Il s'attendait à une broutille comme en ont les garçons de son âge, une altercation avec des petits voyous, par exemple.

« Qui ça ?

— Un *Messicain*.

— Pas étonnant, vu que tu étais au Mexique. »

Cette boutade est censée apaiser l'agitation de Ben, mais elle a l'effet inverse. Regardant pour la première fois depuis son retour son oncle droit dans les yeux, il répond sèchement :

« Qu'est-ce que vous croyez ? Qu'il est venu me voir et qu'il a dit : "Bien le bonjour, mon nom est Pablo et je suis ici pour te voler ton cheval" ?

— Ne sois pas insolent.

— Je suis désolé, monsieur. C'est juste que… Vous savez, quand je suis allé chasser avec mes amis à l'automne dernier ? Quand nous avons vu le couguar approcher en douce de notre cheval de bât et que nous l'avons abattu ? Ce *Messicain* m'a fait encore plus peur que ce couguar. Jamais eu aussi peur de ma vie. Et j'ai toujours peur… un peu. »

Les lèvres de Ben frémissent tandis qu'il parle, et Joshua s'approche de lui, levant la main pour lui serrer l'épaule d'un geste réconfortant ; mais il interrompt immédiatement son geste en voyant l'expression étrange dans les yeux du garçon. Ce n'est pas de la peur, et ce n'est pas une expression enfantine. Il semble plus vieux, et plus dur.

« Tu n'as plus rien à craindre. Je doute que ce Mexicain vienne chercher ton cheval ici.

— Ça, c'est sûr, affirme Ben d'un ton aussi dur que son expression. Il m'a pourchassé en essayant de me faire tomber de Maggie pour pouvoir la prendre. Mais c'est lui qui est tombé. Il s'est cassé le cou, je crois. Il est mort, oncle Josh. »

Stupéfait, Joshua ne dit rien. Il remarque alors quelque chose qui le stupéfie plus encore : il s'était trompé en prenant pour de la terre les taches d'un brun-roux à l'avant et sur la manche droite de la chemise de Ben.

« Qu'est-ce que c'est que ça ? demande-t-il en frottant une grosse tache au niveau du poignet.

— Ça ? fait Ben en jetant un rapide coup d'œil. Je pense que c'est de la terre. »

Saisissant le garçon par le coude, Joshua le mène jusqu'au porche. Il s'assied, fait signe à Ben de s'asseoir à côté de lui.

« Maggie peut attendre. Tu as beaucoup de choses à me dire, et je ferais bien de t'entendre. Je ferais bien de tout entendre. »

Cette nuit-là, Ben dort d'un sommeil agité, troublé par des rêves étranges. Il y a une tendance au mysticisme dans la famille, dont il a hérité. Il se réveille, s'assied et voit son père debout au pied du lit, le père adoré portant un chapeau à larges bords et un gilet de cuir sur lequel est épinglée son étoile de ranger. Il tient une winchester modèle 94 sur le côté. Tom Erskine lui dit qu'il est un bon garçon, qu'il n'a pas à s'en faire, rien à craindre. « Dors, fils », murmure-t-il, et Ben se rendort d'un sommeil paisible.

Pendant ce temps, le juge consigne la confession de son neveu dans son journal, un grand cahier relié de toile et doté d'un dos en cuir. (Il tient rigoureusement son journal, et, après sa mort en 1928, celui-ci finira aux archives de la Société historique d'Arizona à Tucson, où il sera lu par un de ses descendants bien des décennies plus tard.) La plupart des entrées, rédigées d'une écriture rigoureuse à l'ancienne, occupent une page au plus et traitent de la vie de la ville, d'observations météorologiques, ou des détails d'une affaire judiciaire intéressante. Quelques-unes révèlent les pensées et les sentiments les plus profonds de Joshua – sa solitude, son désir de rencontrer une femme qui lui fera oublier Gabriela.

L'entrée du 8 août 1903 couvre cinq pages entières et est moins lisible que les autres. Des mots sont biffés et réécrits dans les interlignes. Joshua conserve un ton impartial au cours des trois premières pages qui décrivent l'incident. Si l'écriture rapide trahit son trouble intérieur, son langage bridé évoque plutôt un rapport de police ou une déposition prise sous la dictée. À l'exception de la phrase suivante : « Son assaillant ne montrant aucun signe de vie, Ben, de crainte qu'il ne reprenne ses esprits et ne se lance de nouveau à sa poursuite, a dégainé son couteau et lui a tranché la gorge. » Les derniers mots sont soulignés : *lui a tranché la gorge*.

Joshua décrit ensuite sa réaction à ce qu'il a entendu. Il commence par s'en prendre à lui-même, rappelant que la frontière était dangereuse en ce temps-là, avec les bandits et les renégats qui y rôdaient librement. En envoyant un gamin de 13 ans de l'autre côté, seul, et pour un motif aussi frivole, il avait négligé ses devoirs de protecteur. Le fait que Ben n'avait pas rencontré de problèmes lors de ses précédents périples avait rendu Joshua irresponsable. « Ç'aurait pu être Ben gisant au sol avec le cou brisé ou pire, poursuit-il. Cette idée me donne froid dans le dos. »

Mais au fil de son commentaire, il devient évident que ce qui aurait pu arriver ne le trouble pas autant que ce qui est arrivé. Il décrit le Mexicain comme « un voyou ordinaire qui méritait sans aucun doute de se faire tuer » ; mais il regrette de tout son être que ce soit son neveu qui ait dû le faire. De plus, il juge que Ben n'avait pas besoin de le tuer. L'homme de loi ne peut s'empêcher de tirer cette conclusion, même s'il ne le dit pas ouvertement. Il écrit qu'à la place de Ben il aurait pris la fuite en voyant son assaillant inanimé ; qu'il n'aurait pas eu le sang-froid de lui trancher la gorge, ni la présence d'esprit, tel un criminel aguerri, de se débarrasser du cadavre.

Joshua Pittman est un homme du Far West qui a grandi dans l'ouest du Texas durant les guerres contre les Comanches. Il connaît l'avidité, la violence et les passions scélérates dont héritent tous les hommes, mais il est clair que son neveu lui a montré une chose qu'il n'a jamais vue jusqu'alors, une chose qu'il ne comprend pas totalement mais qui repousse néanmoins la limite de ce qu'il croyait possible. Un garçon part faire une course banale et est à son retour un assassin avec du sang sur les mains. Comment est-ce possible ? Où est la providence qui a permis un tel événement ? La chose nouvelle et puissante qu'il perçoit semble le changer. À la lumière de la lampe à pétrole, il marque une pause, appuyant l'extrémité en bois de son stylo contre sa joue tandis qu'il se demande comment exprimer cette nouvelle perception et comment l'intégrer à son expérience. N'y parvenant pas, il relit ce qu'il a écrit, et c'est alors qu'il souligne d'un trait épais les mots *lui a tranché la gorge*.

Il se lance alors dans une brève digression et évoque son père, Caleb Pittman, un ancien soldat confédéré blessé à deux reprises qui, au comble de l'amertume et de la rage, a quitté la Géorgie pour faire régner l'ordre au Texas et tuer les Comanches avec la même fougue qu'il avait tué les Yankees. De fait, l'histoire de la famille Pittman regorge de récits sur ces ancêtres implacables qui se sont battus contre les Indiens, contre les Blancs, puis, quand ils se sont retrouvés à court d'ennemis naturels, se sont battus entre eux. Pouvait-il y avoir dans le sang de Ben une chose qui était restée latente, attendant son heure, attendant que la chrysalide craque et que naisse la créature, sur cette route poussiéreuse de Santa Cruz ?

Le juge cesse alors de se perdre en vaines spéculations et conclut : « C'est une chose terrible que tuer un homme, même lorsque c'est justifié. Il y a quelques heures, je n'aurais pas cru quelqu'un de l'âge de Ben capable de commettre un tel acte d'une telle manière. Ben lui-même ne pouvait pas le savoir avant de l'avoir commis. Je ne sais pas comment cette découverte l'affectera. »

Cette question trouvera sa réponse des années plus tard.

Transcription 1 d'une histoire orale compilée pour la Société historique d'Arizona. Le sujet, T. J. Babcock, 78 ans, a été interviewé chez lui à Springdale, Arizona, du 6 au 8 avril 1966.

J'ai vécu plus longtemps que je ne le mérite. Je me suis fait tirer dessus et j'ai échappé aux balles, et je me suis fait chier dessus, si vous voulez bien pardonner mon langage, mais je suis toujours du bon côté du sol, et j'attends mes 80 ans de pied ferme.

J'ai aussi été le témoin d'un paquet de changements, et je n'arrive plus à suivre le mouvement. Je suis né à Bisbee, Arizona, deux ans tout juste après la capture de Geronimo, et quand j'étais petit, j'ai connu des gars, des Mexicains et des Américains, qui s'étaient frottés aux Apaches, mais l'année dernière, quand j'étais à Phoenix, j'ai vu pour la première fois un avion à réaction décoller.

Il n'y a pas de prénom associé au J de mes initiales. Mon père et ma mère, lors de ce qui a dû être un accès de folie, m'ont appelé Thaddeus, mais ils ne m'ont pas donné de deuxième prénom. Les autres se foutaient tout le temps de moi, alors j'ai commencé à me faire appeler T, mais ça ne fonctionnait pas vraiment, alors j'ai ajouté le J, et tous ceux qui me connaissent depuis m'appellent T. J.

Mon père, qui avait un prénom normal, Mike, travaillait dans une mine de cuivre à Bisbee. Quand j'avais 3 ou 4 ans, il nous a emmenés au Mexique, à Cananea, parce qu'il avait obtenu un poste de contremaître là-bas, à la Consolidated Copper Company, qui appartenait alors au célèbre colonel Greene, qui, je crois, n'était même pas colonel[1]. J'ai grandi et suis allé à l'école au Mexique, et quand j'avais une douzaine d'années, j'étais plus mexicain qu'américain, je parlais et j'écrivais l'espagnol mieux que l'anglais. S'il n'y avait pas eu ce type que ma mère embauchait pour qu'il m'enseigne ma langue natale, je ne la parlerais probablement toujours pas.

Ma scolarité a pris fin quand j'avais 14 ans, au grand dam de mes parents, et j'ai moi aussi été employé par le colonel Greene, mais pas à la mine. Hors de question que je travaille à la mine. Le colonel possédait un grand ranch, qui s'appelait le RO. J'y ai travaillé quelque temps, puis j'ai rejoint en tant que gardien de bétail sa division de San Rafael, de l'autre côté de la frontière, en Arizona. Je menais la vie de *vaquero*.

Bon, comme c'est de Ben Erskine que vous voulez entendre parler, je vais sauter quelques années et vous raconter comment je l'ai rencontré et comment lui et

1. William Cornell Greene, homme d'affaires américain qui, ayant découvert de riches réserves de cuivre à Cananea, Mexique, fonda la Greene Consolidated Copper Company et devint en quelques années l'un des plus riches entrepreneurs du monde. Il s'attribuait le grade de colonel pour impressionner les investisseurs. *(N.d.T.)*

moi, on est partis se battre ensemble pendant la révolution au Mexique. Voici ce qui s'est passé : au San Rafael on élevait des herefords pure race à des fins de reproduction. Élever du bétail pure race, c'est complètement différent que d'élever du bétail ordinaire, surtout comme j'ai appris à le faire au Mexique. Bon sang, ces bêtes étaient à moitié sauvages. Vers 1910, j'ai démissionné. Le chef ne m'aimait pas, et je l'aimais encore moins. Il disait qu'il s'intéressait à l'élevage scientifique, et je crois qu'il trouvait ma manière de faire les choses pas assez scientifique à son goût, alors j'ai sellé mon cheval et je suis parti, comme tout cow-boy est en droit de le faire. Les cow-boys ne demandent la permission à personne, pas même aux scientifiques.

J'étais à Nogales – dans l'État de Sonora – à dépenser en *Señoritas* ce qui me restait d'argent quand j'ai rencontré Jeffrey Erskine. Il buvait une bière au bar de l'hôtel où je logeais. On a commencé à discuter, et Jeff a dit qu'il était venu acheter des bœufs au Mexique. Lui et son frère Ben avaient une affaire de *rawhide* à la frontière. Vous ne connaissez peut-être pas ce terme, *rawhide*. On ne l'utilise plus de nos jours parce que plus personne ne le fait. Ça signifie élever du bétail en maintenant des frais aussi bas que possible. Pas de bâtiments ni de granges, pas de machines ni de moulins, juste un corral ou deux, quelques chevaux et votre troupeau. La plupart des *rawhiders* étaient des gars qui se lançaient dans l'élevage, ils gardaient leur bétail sur des terres qu'ils louaient, et c'étaient généralement des bœufs plutôt que des génisses. L'élevage de bœufs était un commerce spéculatif, un peu comme jouer à la Bourse, je suppose. Vous pouviez gagner beaucoup d'argent vite fait en achetant des bœufs bon marché, puis en les engraissant tout en gardant un œil sur les prix. Et quand vous supposiez qu'ils avaient atteint le maximum, vous vendiez, et alors vous rachetiez d'autres bêtes au meilleur prix que vous trouviez, généralement au Mexique, où tout était moins cher.

Ça décrit à peu près l'affaire de Jeff. Il louait dix sections dans la vallée de San Rafael, à l'est du ranch du même nom. J'ai tout de suite été impressionné par lui. Il dépassait le mètre quatre-vingts, et il était bien bâti, mais ce n'est pas ça qui m'a impressionné. Il avait le même âge que moi, mais vous savez comment certaines personnes ont l'air d'avoir 40 ans dès leur naissance ? Jeff était comme ça – un gars sérieux. Il portait cette moustache, d'un blond-roux, qui ajoutait à sa… eh bien, je suppose que vous pourriez appeler ça sa maturité. Bon, l'humilité n'a jamais été un de mes points forts, alors je lui ai demandé s'il avait du travail pour un cow-boy de premier ordre, vu que c'est ce que j'étais.

Jeff n'a rien répondu pendant un moment ; je crois qu'il était même pas foutu d'aller pisser sans réfléchir d'abord. Puis il a dit qu'il avait déjà un cow-boy de premier ordre en la personne de son frère. Le seul problème, c'est que son frère avait l'habitude de partir sans prévenir pour ce que Jeff appelait ses « aventures ». Alors, oui, il avait du travail pour moi, mais tout ce qu'il avait à offrir, c'était un lit de camp dans une tente plus la becquetance, et je serais obligé de cuisiner et de nettoyer.

Donc j'ai accepté. J'avais rien de mieux à faire. On vivait vraiment à la dure, autant vous le dire. Ils avaient une tente en toile tendue qu'ils avaient achetée aux soldats de Fort Huachuca. Elle comportait un petit poêle pour se réchauffer et était plantée au bout d'une ravine un peu à l'ouest des montagnes Huachuca. On avait un abri pour faire la cuisine, et c'était haricots, hachis, tortillas et café sept jours par semaine. Je n'oublierai jamais le premier repas que j'ai pris là-bas. Ben avait placé une casserole de haricots sur le feu le matin, mais il avait oublié de placer le couvercle dessus. Quand on est rentrés après avoir passé la journée à cheval, j'avais tellement faim que j'aurais pu manger le cul d'un cheval à bascule, et je me suis jeté sur la bouffe. C'étaient les foutus haricots les plus craquants que j'avais jamais avalés, et quand j'ai eu l'estomac plein, je me suis demandé ce qui les rendait si craquants, alors j'ai regardé dans la casserole et j'ai vu que c'étaient des sauterelles, et des grosses – on était en été. Les bestioles avaient sauté dans la casserole pendant notre absence et elles avaient cuit là-dedans. J'ai failli vomir, et Ben a éclaté de rire, et Jeff, qui lisait des livres, a expliqué qu'en Europe les gens considéraient les sauterelles comme un mets délicat et qu'ils les trempaient dans du chocolat et les mangeaient comme des bonbons.

J'ai aussi été impressionné sur-le-champ par Ben, même si c'était différent d'avec son frère. Il était plus maigre et plus léger, mais c'était un sacré bonhomme avec un cheval ou avec un lasso. Et il semblait sur ses gardes, comme s'il s'attendait à tout moment à ce que quelqu'un lui saute dessus, même s'il n'avait pas pour autant l'air d'avoir peur. Il était à la fois décontracté et tendu. Et on avait l'impression que si quelqu'un lui avait en effet sauté dessus, alors cette personne l'aurait regretté. Ben avait aussi une drôle de façon de sourire. Une des extrémités de sa bouche se relevait pendant que l'autre s'abaissait, et j'ai vu par la suite que s'il vous faisait ce sourire, eh bien, vous aviez intérêt à parler vite fait ou à dégainer vite fait.

Je vous ai dit que Jeff lisait des livres. La plupart d'entre eux traitaient de l'élevage du bétail. Il suivait un cours par correspondance auprès d'une université agricole quelque part, et de temps à autre il allait à cheval au bureau de poste de Lochiel pour récupérer les livres qu'on lui envoyait. Il faisait même les exercices qu'il recevait, et il les renvoyait. Comme j'ai dit, un homme sérieux.

Cette année 1910 a été celle de la grande comète, Halley. Elle était épinglée dans le ciel comme un œillet de feu. Les nuits de pleine lune, avec cette comète qui brillait là-haut, on aurait presque cru qu'il faisait jour. À vrai dire, je ne savais pas ce qu'était une comète jusqu'à ce que Jeff m'explique. Il a dit que celle-là était venue du fin fond de l'univers et qu'elle voyageait à, oh ! bon Dieu, je me souviens plus de la vitesse qu'il a dite, peut-être un million de kilomètres-heure ? Je l'ai regardée pendant une semaine, et elle a pas bougé d'un pouce. Mais je l'ai cru sur parole.

Si je vous parle de cette comète, c'est à cause du voyage qu'on a fait au Mexique pour acheter d'autres bœufs. On avait réuni un troupeau dans les corrals à Naco et on prévoyait de le ramener chez nous le lendemain. Mais on a entendu des *vaqueros* qui parlaient de la comète, ils disaient que cette nouvelle lumière dans le ciel rendait le bétail nerveux, et que c'était un *mal agüero*, un mauvais augure, que ça signifiait que la guerre et la mort étaient en route. Ça faisait vraiment froid dans le dos. Ils disaient qu'ils avaient entendu parler de colonnes de feu au milieu du pays. J'ai fini par apprendre bien plus tard que c'était un volcan qui avait explosé, mais pour ces *vaqueros*, qui étaient ignorants au possible, c'était un autre présage. Díaz était fini, il y avait un certain Madero qui allait prendre le pouvoir et rendre la terre au peuple, mais d'abord il y aurait la guerre et la mort et la famine. Doux Jésus, ils causaient comme les gens dans la Bible. Si ça n'avait dépendu que de moi, on aurait décampé *illico*.

Donc la révolution a commencé, et je me disais que les *revolucionarios* avaient raison. Les riches Mexicains et les nababs étrangers comme le colonel Greene avaient à peu près traité les gens ordinaires comme des chiens, et maintenant c'était au tour des chiens de mordre. Jeff et moi, on a eu des conversations très animées à ce sujet. Il prétendait que les *revolucionarios* n'étaient pas comme nos révolutionnaires à nous, George Washington et compagnie, mais que c'étaient des socialistes, et que ça les rendait dangereux. Il m'a expliqué ce qu'était un socialiste, et à la manière qu'il a eue d'expliquer ça, j'en ai conclu que je voulais rien avoir à faire avec des socialistes. Mais je ne croyais pas que les Mexicains qui se battaient contre Díaz étaient comme ça. Ils voulaient un traitement équitable, c'est tout, et je voyais vraiment pas où était le mal. Ben n'avait pas grand-chose à dire sur le sujet. Ç'a jamais été un grand causeur, mais j'avais l'impression qu'il voyait les choses comme moi. Il ne tolérait pas que quiconque lui impose sa loi, et il estimait que personne n'avait le droit d'imposer sa loi aux autres.

Je sais une chose – la révolution a rendu les choses difficiles pour Jeff. Pancho Villa et les siens avaient expulsé les *hacendados* de leurs ranches, ou alors ils les avaient pendus ou abattus, et il ne restait plus personne avec qui faire affaire au Mexique. Jeff avait un mal de chien à trouver des bœufs à bon prix du côté américain, et ça entravait ses plans, qui étaient de devenir un baron du bétail.

C'est moi qui ai trouvé la solution. S'il était vrai que les *hacendados* avaient été expulsés, abattus ou pendus, alors leur bétail devait errer sans personne pour le surveiller, ce qui signifiait qu'on n'avait pas besoin de se farcir toutes les formalités pour acheter les bêtes. On n'avait qu'à se servir. Impossible de faire moins cher que ça, pas vrai ? Jeff et Ben ont trouvé que c'était une bonne idée, Ben parce qu'il commençait à en avoir sa claque de garder du bétail et qu'il voulait un peu d'action, Jeff parce qu'il voyait le bénéfice d'un point de vue commercial.

À cette époque, il était fréquent que les Mexicains passent la frontière pour voler du bétail à nous autres gringos – et il était fréquent que les gringos leur rendent la pareille. C'était une sorte de jeu. On ne considérait pas ça comme du vol, et les Mexicains non plus. Bien sûr, si c'était votre bétail qu'on volait, alors vous voyiez les choses d'un autre œil.

Deux des dix sections que Jeff louait étaient pile à la frontière, et c'est là que nous avons traversé. Le *rancho grande* de l'autre côté s'appelait le Santa Barbara, et il était si immense qu'il devait couvrir la moitié de la distance jusqu'à Mexico. Il appartenait à un Espagnol du nom d'Álvarez, et vu que les *revolucionarios* détestaient les Espagnols plus que tout, on a pensé qu'il serait le premier à fuir, ou à être abattu, ou pendu. La grande comète avait disparu du ciel, mais la lune était pleine. On a dû rassembler une cinquantaine de têtes sans le moindre problème, et on les a ramenées de l'autre côté avant de faire un feu pour chauffer nos fers et les marquer.

C'était tellement facile qu'on a retenté le coup le lendemain, tant qu'on avait encore une lune. On avait rassemblé peut-être trente de ces bœufs corrientes quand l'Espagnol est arrivé avec ses *vaqueros* et nous a pris la main dans le sac. Il y avait donc un *hacendado* qui n'avait pas été expulsé, ni abattu, ni pendu, et vous imaginez notre surprise ! Il nous a demandé, bien poliment, ce qu'on fabriquait là, et Jeff a répondu que certaines de nos bêtes s'étaient enfuies et qu'on essayait de faire le tri entre les nôtres et les siennes. C'est moi qui ai dû traduire ça à l'Espagnol. Álvarez a tiré un pistolet et l'a collé sous le nez de Jeff en disant que si on décampait pas *muy pronto*, on laisserait nos os au Mexique. Mais j'ai pas eu le temps de traduire ça que Ben a dégainé son six-coups et l'a collé dans l'oreille d'Álvarez en disant que ses os finiraient à côté des nôtres s'il rangeait pas ce pistolet. C'était un pistolet bizarre, comme j'en avais jamais vu jusqu'alors.

J'étais là, sur mon cheval, à me dire que les *vaqueros* allaient faire feu d'une seconde à l'autre, mais comme Álvarez était entre eux et Ben, j'ai songé qu'ils ne tireraient pas de peur d'atteindre leur patron. Il s'avère que je me trompais. C'était Ben qu'ils avaient peur d'atteindre ! Au beau milieu de cette bonne vieille impasse mexicaine, l'un des *vaqueros* a lancé : « *¡Hola Ben! ¡Soy yo, Francisco!* » Il s'est par la suite avéré que Ben et ce Francisco avaient été *compadres* durant l'un des voyages à Sonora que Ben avait effectués quelque temps auparavant – l'une de ces « aventures » dont parlait Jeff. Et alors, Francisco nous a dit de prendre le bétail de cet *hijo de puta* d'Espagnol. Ç'a attiré l'attention d'Álvarez. Il s'est retourné sur sa selle pour voir lequel de ses *vaqueros* l'avait traité de fils de pute, et Ben en a profité pour le frapper sur le côté de la tête avec le canon de son six-coups, mais il n'a pas tapé assez fort pour l'assommer, et Álvarez a appuyé sur la détente de son drôle de pistolet. Il a dû tirer quatre ou cinq balles en moins de temps qu'il n'en faut pour le dire. Il a fait feu dans la direction des hommes, mais je ne saurais dire si c'était intentionnel ou non. Il les a tous ratés, et alors ce Francisco lui a tiré dessus, Álvarez est tombé de son cheval, et les autres *vaqueros* l'ont achevé pendant qu'il était à terre, et ç'a été le bout du chemin pour Don Álvarez.

Tout ça a pris peut-être cinq secondes, et j'étais sacrément effrayé et troublé. C'était la première fois que je voyais de mes yeux un homme se faire tuer. Le bétail s'était dispersé à cause des coups de feu, et qu'on me pende si les *vaqueros* ne nous ont pas aidés à réunir le troupeau. Jeff aussi était plutôt troublé par la manière dont il se retrouvait propriétaire de ces bêtes, et je lui ai dit que je supposais que maintenant on était aussi des socialistes. Il n'a pas trouvé ça trop drôle. Francisco nous a expliqué qu'Álvarez était un véritable salopard, qu'il traitait ses *vaqueros* et leur famille comme de la merde, et qu'ils attendaient une occasion de se débarrasser de lui, occasion que nous leur avions fournie. Ben avait récupéré le pistolet de l'Espagnol, vu que celui-ci n'en avait plus l'utilité, et il m'a expliqué que c'était un

Luger allemand, un automatique. Francisco a ensuite ajouté que maintenant que ses garçons et lui avaient tué un *hacendado*, ils feraient mieux de rejoindre les *revolucionarios*, et qu'il pensait qu'on devrait se joindre à eux. On n'a rien répondu, mais sur le chemin du retour, le vent a poussé une feuille de papier devant mon cheval, qui a pris peur et m'a éjecté de ma selle. Je n'étais pas blessé, juste un peu embarrassé, et j'ai récupéré la feuille de papier. Une fois du côté américain, je l'ai examinée à la lueur du feu, et j'ai vu qu'elle disait : « Avis aux gringos ! Venez vous battre au sud de la frontière aux côtés de Pancho Villa pour l'or et la gloire ! Nous recherchons des employés des chemins de fer, des dynamiteurs, des mitrailleurs. » C'était une foutue affiche de recrutement pour la révolution !

Ben et moi, on a eu une discussion sérieuse. On se disait : dans un grand pays comme ça, quelles sont les chances qu'un bout de papier vienne voler pile sous le nez de mon cheval ? Ça ne pouvait pas être une coïncidence. Il devait y avoir un but à tout ça. Et on l'a découvert quelques jours plus tard, quand on a entendu dire que les *revolucionarios* s'étaient emparés de l'hacienda d'Álvarez. Ben et moi, on a décidé que c'était un signe qui nous avait été envoyé et qu'on ferait bien d'aller voir ce qui se passait là-bas et de s'enrôler. On connaissait pas grand-chose aux mitrailleuses, à la dynamite et aux chemins de fer, mais on se disait que c'était pas grave. Jeff ne nous en a pas voulu. Je suppose qu'il était habitué à voir Ben partir pour ses aventures, et je crois qu'il était content de se débarrasser de moi à cause de mes idées socialistes.

1

Par un froid après-midi de novembre, tandis que les nuages bas rendaient Lower Manhattan encore plus étouffant que d'ordinaire, Gil Castle quitta son bureau de bonne heure pour se rendre à son rendez-vous de 17 heures avec sa conseillère de la Maison de l'Espoir. Dans le hall de l'immeuble, il boutonna le col de son trench-coat, défit un nœud à sa ceinture avant de la boucler, aligna la boucle avec le rabat, puis sortit dans le bruit et l'agitation de la capitale du capitalisme, empruntant d'un pas rapide Exchange Street pour attraper le métro en direction de Grand Central, où il prendrait l'express de 15 h 17 pour Stamford. Avec son mètre quatre-vingts, ses cheveux noirs grisonnants peignés en arrière à la manière des acteurs des années 1940, sa silhouette svelte, ses yeux d'un brun acajou et son fin nez de rapace qui conférait à son visage la sévérité patricienne d'un prince florentin, il produisait sur la plupart des gens une impression agréable, même s'il lui manquait l'intensité qui faisait se retourner les femmes sur son passage. De fait, Castle ne s'attira aucun regard tandis qu'il se faufilait à travers la foule des piétons ; et même s'il en avait attiré, il n'aurait rien remarqué. Car depuis la mort d'Amanda, il était devenu sexuellement inerte, insensible au désir, insensible même à l'idée de désir.

Voûtant les épaules pour se protéger de la morsure du vent, une main enfoncée dans la poche de son trench-coat, l'autre tenant un porte-documents, il marcha en direction de la station d'Exchange Street. Le grondement faible des métros à travers les bouches d'aération sur le trottoir, le chuintement des systèmes de chauffage qui crachaient leur fumée sur les toits, le bruit des voitures et des pieds innombrables qui battaient le sol, tout cela se fondait en un seul son. Mais le bourdonnement du quartier financier de New York, dont l'agitation frénétique l'avait autrefois rempli d'énergie, éveillait désormais en lui un ressentiment maussade. Il se rappelait les commentaires qu'il avait lus et entendus après le 11 Septembre. Le jour où tout avait changé à jamais. *Nous ne serons plus jamais comme avant.* Les gens semblaient vraiment croire à ces foutaises, ils semblaient vraiment vouloir que tout change, comme s'ils avaient espéré qu'un événement colossal et terrible viendrait les arracher à leur soif de possession et d'argent, à leurs amusements triviaux, leur culte creux de la célébrité, leur goût pour les scandales croustillants, Monica Lewinsky taillant une pipe au président dans le bureau ovale. Mais l'agitation qui l'entourait – les jeunes hommes et les jeunes femmes qui avançaient à toute allure avec des écouteurs d'iPod plantés dans les oreilles, ou jacassant dans des téléphones portables – indiquait que le cataclysme qui était censé avoir tout changé n'avait en fait rien changé, hormis pour les familles de ceux qui s'étaient fait massacrer par cette splendide matinée. Et pour les soldats qui se battaient et mouraient en Afghanistan. Sinon, New York et l'Amérique étaient passées à autre chose, pour éviter de vivre dans le passé. Ce qui, supposait Castle, le différenciait de ses compatriotes. Car il ne pouvait s'empêcher de vivre dans le passé ; le passé s'accrochait à lui comme une seconde peau.

Il appréhendait avec aigreur son rendez-vous à venir avec Mme Hartley, sa conseillère ou thérapeute, ou Dieu sait ce qu'elle était. Ses platitudes et ses banalités, que sa voix doucereuse à la Lauren Bacall nimbait d'un voile de profondeur, lui tapaient sur les nerfs. Mais il allait tout de même la voir, en partie par habitude – il assistait à deux séances par semaine depuis huit ou neuf mois, une en individuel, l'autre en groupe – et en partie pour que ses deux filles lui fichent la paix. Après le désastre, Jay Strauss, le responsable du département de détail de la société, lui avait conseillé de prendre des vacances pour « se retrouver ». Mais Morgan et Justine s'étaient inquiétées de son comportement pendant son congé. Ce père sociable, cet homme méticuleux qui nouait un Windsor parfait et qui ne portait jamais le même costume deux jours d'affilée, était devenu un Howard Hughes de deuxième zone qui s'isolait chez lui, restait plusieurs jours sans se raser ni se doucher, se laissait pousser les cheveux. Selon elles, cette réclusion malsaine était le signe qu'au lieu de se retrouver il se perdait encore plus. Il était clair que des mesures s'imposaient.

C'est Morgan, l'aînée, une fervente partisane des thérapies bidon, qui avait déniché la Maison de l'Espoir sur Internet. Cet institut qui proposait un programme d'aide aux personnes en deuil était exactement ce dont il avait besoin, qu'elle disait. Il *devait* s'apercevoir qu'il n'était pas seul ; en partageant sa souffrance, il l'allégerait. Mais malgré l'insistance de sa fille, il avait refusé de s'inscrire. Il ne pouvait penser au nom d'Amanda sans fondre en larmes ; le prononcer à haute voix devant un inconnu était inimaginable. Même le nom de l'institut était ridicule – la Maison de l'Espoir, comme si on pouvait y acheter de l'espoir, de la même manière qu'on s'achetait un hamburger chez McDonald's. Morgan avait cependant l'habitude d'avoir le dernier mot ; elle avait toujours été ainsi, et son boulot d'attachée de presse dans l'édition – qui consistait à importuner des journalistes réticents pour qu'ils accordent une interview à ses auteurs, ou des libraires pour qu'ils organisent des séances de lecture et de dédicaces – avait accentué le trait. Elle avait donc entraîné sa sœur dans sa campagne, et Justine, qui était en deuxième année de droit à Columbia, avait usé d'arguments raisonnés pour appuyer l'insistance véhémente de Morgan. C'était étrange. Ses filles étaient devenues les parents, et lui, l'enfant.

Mme Hartley, la trentaine, était gentille et empressée et avait un goût prononcé pour le jargon de sa profession : elle parlait de guérison, de tourner la page, de processus de deuil, comme si le deuil était comparable à la digestion. Castle était certain qu'elle n'avait jamais connu le deuil de l'intérieur, jamais senti son étreinte d'acier. La plupart de ses conseils étaient débiles, comme la fois où elle lui avait recommandé d'écourter son congé et de retourner au travail. Elle lui avait assuré que rétablir des routines familières lui ferait un bien fou. Ça n'avait pas été le cas. Et la présence dans son groupe d'autres personnes qui avaient perdu un conjoint ne le faisait pas se sentir moins seul, pas plus que sa présence à lui ne les faisait se sentir moins seuls. Il avait découvert que le chagrin profond, comme une douleur osseuse, vous isolait profondément. Vous ne pouviez pas le partager. D'ailleurs, Castle ne voulait pas le partager dans l'espoir d'aboutir à ce que Mme Hartley décrivait comme son but ultime : l'acceptation. Pourquoi devrait-il *accepter* le meurtre absurde de sa femme par une bande de criminels fanatiques ?

Peut-être certaines blessures n'étaient-elles pas censées guérir. L'Amérique semblait désormais persuadée que personne ne devait souffrir, du moins pas pendant longtemps. Un petit Xanax, et tout va pour le mieux dans le meilleur des mondes. Castle s'était plongé dans la lecture des stoïques Romains comme Sénèque et de certains tragiques grecs comme Eschyle, dont les voix lui parlaient, à travers un océan de temps, avec un sérieux et une gravité totalement absents du baratin psychologisant de Mme Hartley. Et tandis que, dans la grisaille de novembre, il approchait de la station d'Exchange Street, la sombre mélopée d'un chœur de l'*Orestie* résonnait dans sa tête : *Celui qui apprend doit souffrir. Et même dans notre sommeil, la douleur qui ne peut oublier tombe goutte à goutte sur notre cœur, et dans notre désespoir, malgré nous, par la grâce terrible de Dieu nous vient la sagesse.* Soudain, à l'entrée de la station, tandis que l'air moite du souterrain lui montait aux narines, il se figea et, sans prendre de décision consciente, pivota sur ses talons et se dirigea vers Ground Zero. C'était bizarre. Bien que les bureaux d'Harriman-Cutler fussent à proximité du site, il faisait toujours un détour pour ne pas avoir à poser les yeux dessus. Deux mois plus tôt, durant les cérémonies commémoratives du premier anniversaire du 11 Septembre, il avait pris soin de ne pas regarder les informations. Mais maintenant, pour une raison inconnue, une force, comme un champ magnétique, le poussait à aller voir, sentir et toucher l'endroit où Amanda avait été atomisée, ça aussi pour une raison inconnue.

Il grimpa sur une plate-forme et se mêla à une foule qui regardait des pelles gigantesques saisir des bouchées de débris et les vomir, gigantesque bouchée après gigantesque bouchée, dans des camions-bennes. Des ouvriers affublés de casques et de combinaisons de protection descendaient dans une excavation aussi profonde qu'une mine. Des chalumeaux étincelaient parmi les décombres, où il régnait désormais un semblant d'ordre. La fumée, les montagnes confuses d'acier fondu et de béton pulvérisé qu'il avait vues en photo avaient disparu ; le grand fragment irrégulier de la façade de l'une des tours qui avait jailli des ruines telle l'idole brisée de quelque civilisation éteinte avait lui aussi disparu. Comme c'était étrange de voir autant de lumière se déverser sur ces rues. Ce n'était pas une lumière réconfortante ; elle renforçait l'impression de vaste désolation, comme le soleil sur une plaine déserte. Quelle puissance affreuse avait poussé ces dix-neuf hommes à provoquer une telle calamité ? Sa vague foi épiscopalienne rejetait l'existence du diable, hormis comme une métaphore ; pourtant la scène sous ses yeux était la preuve que le mal existait sur terre. Castle avait examiné les photos des pirates de l'air dans les magazines d'informations, s'attardant principalement sur celle de Mohammed Atta, le meneur, l'ingénieur égyptien à la bouche sévère et aux paupières tombantes. Un visage sinistre, mais pas plus sinistre que celui d'un criminel ordinaire, ses traits n'offrant aucune indication de la folie à l'intérieur. Non, pas de la folie. Les attaques avaient été trop bien planifiées et exécutées pour être l'œuvre de cinglés. C'était une chose nouvelle pour Castle, une chose qu'il ne pouvait saisir – un acte fou perpétré par des esprits sains.

Il observa les ouvriers, il observa une équipe de chiens qui cherchaient des restes dans le charnier où reposaient trois mille êtres humains. La tombe de Mandy. Le fait de ne pas avoir de corps à enterrer avait rendu les choses plus cruelles encore. Amanda n'avait pas été tuée, elle avait été *annihilée* dans cette supernova de kérosène en explosion.

Il quitta la plate-forme, franchit une barrière et enjamba des tuyaux parmi les pompes et les machines grinçantes tout en se dirigeant vers une montagne de débris. Comme il avait l'air plutôt incongru avec son costume rayé et son trench-coat, il ramassa un casque par terre et le posa sur sa tête, tentant de se faire passer pour un officiel de la mairie qui avait quelque chose à faire ici. Avec les mouvements furtifs d'un voleur à l'étalage, il plongea une main dans la montagne et remplit sa poche de poussière et de cendres, s'imaginant, ou se persuadant, qu'elles contenaient une partie des restes d'Amanda. Avant que quelqu'un ne repère son piètre déguisement, il s'éloigna rapidement, laissant tomber le casque. Il placerait le contenu de sa poche dans une urne, comme les cendres d'un défunt. Ou peut-être qu'il les répandrait dans le détroit de Long Island, où elle aimait faire de la voile les week-ends d'été. Ce serait une sorte de catharsis. Une façon de tourner la page, pour reprendre le jargon irritant de Mme Hartley.

L'atmosphère de Ground Zero continua de l'envelopper tandis qu'il retournait à la station de métro. L'air semblait chargé de menace, comme avant un orage. Il avait fait des prédictions tout au long de sa carrière. Le marché serait haussier ou baissier, telle action, tel fonds de placement ou telle matière première devaient être achetés, vendus, conservés. Mais rien n'était prévisible, si ? Et si rien n'était prévisible, comment pouvait-on comprendre quoi que ce soit – ou qui que ce soit ? C'était comme si les boules de feu des avions en explosion avaient révélé une terrible vérité qu'il n'avait auparavant jamais perçue – toute sa vie sans importance, et la foi sur laquelle elle était fondée, à savoir que la raison triomphait toujours à la fin, avaient été de belles illusions.

Tandis que le métro roulait en direction de Grand Central, la paranoïa s'empara de lui. L'homme au teint basané qui se tenait à la porte pouvait être un Arabe avec une bombe ou un pistolet caché sous son blouson molletonné. Pourquoi pas ? Tout pouvait arriver à tout moment. Les policiers et les agents de la garde nationale en patrouille dans Grand Central ne le rassurèrent pas. Si un kamikaze décidait de se faire sauter maintenant, à l'heure de pointe, ils ne pourraient pas l'en empêcher. Castle se faufila parmi la foule qui se hâtait sous le zodiaque du dôme de la gare, des étoiles peintes sur un ciel peint, en direction de la voie d'où partait l'express de Stamford. Il avait raté celui de 15 h 17, mais arrivait à temps pour le suivant. Un clochard mal rasé qui l'aborda par le côté – « Hé ! vous avez de la monnaie ? » – le fit tellement sursauter qu'il faillit se mettre à courir.

Il marcha le long du quai, trouva un wagon presque vide et s'assit près de la vitre, sur le qui-vive, le dos tendu, les genoux serrés, son porte-documents posé sur le siège à côté du sien pour dissuader toute compagnie importune. Peur de quoi ? se demanda-t-il tandis que d'autres passagers montaient dans le wagon. D'être réduit en poussière par quelque fanatique venu des déserts d'Arabie ? Le terroriste qui le tuerait lui rendrait service. De l'inconnu, de l'imprévisible ? Oui. De perdre un autre être cher ? Ça aussi. Morgan, la sportive à l'esprit de compétition, ou la mince Justine dont la silhouette élancée dissimulait une dureté de juriste. Perdre ses filles serait insupportable. Peut-être qu'il ferait bien de leur parler, de les persuader d'aller vivre dans un endroit plus sûr, quitte à insister. Tel un soldat qui, ayant perdu la foi dans son commandant, tremble devant l'ennemi, Castle, depuis qu'il avait perdu la sienne dans un monde compréhensible, redoutait les armées qui se rassemblaient en ce moment même dans des huttes au milieu du désert, et dans des appartements en ville, et dans des villages de montagne, pour planifier de nouvelles atrocités ; les armées fiévreuses et délirantes qui s'imaginaient gagner le paradis en se tuant et en tuant des centaines ou des milliers d'innocents qui n'étaient pas des innocents à leurs yeux, mais des infidèles qui méritaient la mort.

Bientôt, le wagon fut bondé. Une jeune femme habillée avec style se tenait dans l'allée centrale, regardant le porte-documents qui occupait le siège vide, puis le regardant lui. Elle ne semblait pas trop dangereuse. Il plaça le porte-documents sur ses genoux, et elle s'assit et tira un livre de son sac à bandoulière. Ç'aurait tout aussi bien pu être une grenade ou une bombe de gaz empoisonné. C'était quoi, le problème de la Metro-North ? Les passagers aériens étaient filtrés et fouillés et passés au détecteur de métal comme jamais auparavant, mais on ne jetait même pas un coup d'œil aux gens qui prenaient le train. Imaginez que quelqu'un lâche du gaz empoisonné dans un wagon bondé. C'était déjà arrivé, au Japon, croyait-il. Du gaz sarin, s'il se rappelait bien.

Le train s'engouffra dans l'obscurité du tunnel, puis retrouva la faible lumière, traversa les banlieues de Westchester et pénétra dans le Connecticut. Comme Stamford approchait, une nouvelle idée effrayante lui vint : ce qu'il avait dans la poche était tout aussi susceptible de contenir des restes des pirates que ceux d'Amanda. Il serra les genoux, se mit à marteler des doigts son porte-documents et il eut beau se dire : Bon sang, reprends-toi, il se leva, voûtant le dos sous le porte-bagages, et marmonna : « Excusez-moi », à l'intention de la jeune femme. Celle-ci repoussa les jambes sur le côté, et il se faufila jusqu'à la porte. Le train s'immobilisa, les portes s'ouvrirent d'un coup. Il sortit. Dans le crépuscule de la fin d'automne, plusieurs voyageurs sur le quai lancèrent de rapides coups d'œil perplexes en direction du quinquagénaire bien mis qui plongeait la main dans sa poche d'imperméable et jetait de la poussière sur les voies, comme on jette des graines sur une pelouse. Il était embarrassé, mais aussi soulagé. Il appela la Maison de l'Espoir et annula son rendez-vous avec Mme Hartley, puis il prit le train pour New Canaan.

Une demi-heure plus tard, il garait sa voiture dans son allée d'Oenoke Ridge. Dix années durant, Amanda et lui avaient partagé la maison coloniale en bois blanc avec ses volets noirs et sa plaque près de la porte d'entrée, sur laquelle étaient gravés le nom du propriétaire originel, Seth Raymond, et l'année de construction de la maison, 1801. Il n'y avait pas de lumière aux fenêtres. Il ouvrit la porte. Comme toujours, l'absence d'Amanda était une présence en elle-même. Sa chienne, Samantha, l'aida à encaisser le coup lorsqu'elle se rua à l'intérieur par la petite ouverture de derrière et se mit à bondir autour de lui, au comble de l'excitation, comme s'il était parti depuis un mois. Il la caressa en songeant que les chiens vivaient hors du temps ; pour eux, quelques heures pouvaient paraître un mois. Le setter anglais le suivit jusqu'à la penderie de l'entrée, où il accrocha son imperméable, puis jusqu'au bar du salon, où il but un scotch d'un trait pour se calmer les nerfs, puis jusqu'à la chambre principale, où il se changea et enfila un jean et un sweat-shirt. Il se rendit aux toilettes. « Je suis allé… » commença-t-il à haute voix lorsqu'il en ressortit. Il avait compté dire à Mandy qu'il s'était rendu à Ground Zero. Et ce n'était pas la première fois qu'il commençait à parler avant de se raviser. À certains moments, il s'attendait presque à la voir.

Il se rendit à la cuisine, où il réchauffa deux tranches de pizza de la veille et les accompagna de plusieurs verres de vin. Puis au salon, où il tenta de lire le *Times* et le *Wall Street Journal* sans parvenir à dépasser le premier paragraphe du moindre article. Il alluma CNN…

Des inspecteurs de l'ONU étaient retournés en Irak… Y avait-il un lien entre Saddam Hussein et le 11 Septembre ?… Armes de destruction massive… un nouvel ajout au lexique, AMD… À 21 h 30, il retourna à la chambre et se déshabilla, puis il se rendit à la salle de bains et prit un somnifère. Il tint le flacon un moment avant de le replacer dans l'armoire à pharmacie. Il lui restait six comprimés. Connaissant son état d'esprit, son médecin les lui prescrivait seulement par dix.

Castle se laissa tomber sur le lit défait, croisa les mains au niveau de la taille. La peur qui s'était emparée de lui dans le train était passée ; le chagrin, qui régnait en véritable souverain sur son cœur, avait repris son oppression. C'était une sensation physique, comme un poids sur sa poitrine, tandis qu'à l'intérieur il éprouvait un picotement froid et coupant, comme s'il respirait du verre pilé. Est-ce que ça vaudrait mieux, se demandait-il, si elle était morte dans un simple accident d'avion ? Si elle avait été assassinée par un voyou ? Une image lui revenait sans cesse, celle de Mandy à l'instant où elle avait su qu'elle allait mourir. Elle n'aurait pas été hystérique, n'aurait pas imploré la pitié, elle aurait pleuré doucement, résignée à son sort, car sous son apparence enjouée se dissimulait un tempérament flegmatique, tragique même. Cette image était pour Castle comme un coup de couteau qui le transperçait jusqu'à la moelle : Amanda emprisonnée au milieu d'inconnus dans ce missile qui fendait l'air, affrontant sa mort sans lui, pendant que, dans le cockpit, Mohammed Atta, commandes en main, prières pour Allah aux lèvres, visait la tour nord sans se soucier des vies qu'il était sur le point d'anéantir. Elle avait été la victime d'une gigantesque atrocité calculée dans le moindre détail, et ce simple fait changeait tout.

Samantha se tenait près du lit, son long museau posé sur le matelas, gémissant pour qu'il lui chatouille les oreilles ou lui caresse la tête, mais le poids qui écrasait Castle l'empêchait de bouger les bras. Morgan lui avait conseillé de vendre la maison et d'emménager dans un appartement avant de devenir fou. Un conseil sensé, mais il ne pouvait s'y résigner. Ni à vendre la voiture d'Amanda, qui était toujours dans le garage, ou son petit sloop, qui était toujours à la marina. Il ne s'était pas débarrassé de ses vêtements, de ses chaussures, de ses bijoux, ni de ses brosses à cheveux et de ses produits cosmétiques et des mille et une autres choses qui lui avaient appartenu. Tout était tel qu'elle l'avait laissé, jusqu'aux Tampax dans l'armoire de la salle de bains. Castle ne savait pas trop pourquoi il s'accrochait à ces choses. Mme Hartley affirmait que c'était la réaction normale à une perte traumatique. Se débarrasser de ses affaires aurait été reconnaître qu'elle était réellement partie, et il n'en était pas encore au stade de l'acceptation. Il en était toujours – ou du moins une partie de lui – au stade du déni. Encore une explication toute faite de la part de cette jeune femme dont le boulot consistait à caser des émotions incontrôlées dans des catégories hermétiques. Déni. Acceptation. Conneries. Que les bêtes sauvages se jettent sur nous et nous dévorent, songeait Castle. C'est ce qu'elles feront de toute manière.

Les demandes d'affection de Sam se firent plus insistantes. Il parvint à tendre le bras et à frotter ses oreilles tombantes. Après quoi, ses griffes cliquetant sur le plancher, elle alla se poster de l'autre côté du lit. Elle avait désormais 7 ans, et avait pour coutume de venir auprès de lui pour qu'il la caresse avant d'aller du côté de Mandy. Il n'arrivait pas à lui faire perdre cette habitude. Et presque chaque soir et chaque matin, elle restait plantée près de Mandy pendant une minute ou plus, comme maintenant, et ça brisait le cœur de Castle de la voir remuer la queue en attendant une caresse qui ne viendrait jamais.

Il se rappelait la dernière fois que Mandy et lui avaient fait l'amour sur ce même lit – la nuit douce avant qu'il ne se rende à Atlanta pour affaires tandis qu'elle irait voir sa famille à Boston avant de prendre l'avion pour L.A. C'était une femme bien en chair dotée d'un appétit solide. Elle aimait manger et martyrisait son corps en faisant du vélo, des abdos, et en allant nager pour conserver un poids inférieur à ce qu'elle appelait la « barre de George Foreman ». Ce corps puissant et ample, si plein de vie. Les anthropologues avaient retrouvé des os d'hominidés qui avaient arpenté la terre en même temps que les mastodontes et les tigres à dents de sabre. Comment pouvait-il ne rien rester d'elle ?

Il n'est de souffrance aussi grande que le souvenir de la joie dans le chagrin présent. Son second mariage, contrairement au premier, avait été heureux, plus heureux qu'il ne l'avait cru possible. Il supposait que c'était la raison pour laquelle sa douleur ne trouvait pas de soulagement – il ne pouvait oublier les joies. Le poids sur sa poitrine s'accentua, le clouant au matelas ; il avait une couleur – noire, naturellement –, un goût métallique, presque tangible. Il se mit à sangloter. C'était la même chose depuis un an ; il ne voyait pas le bout du tunnel. Trop de choses réveillaient des souvenirs qui n'avaient pas besoin d'être réveillés : cette maison, les amis, les voisins, tout ce qui avait été à eux deux, et qui était désormais à lui seul.

S'endormir en deuil et se réveiller avec l'angoisse de chaque nouveau jour, comme un homme avec un cancer en phase terminale. Mais l'enfer de ce cancer-ci était qu'il n'était pas en phase terminale.

Il descendit au salon, telle une personne en transe, talonné par Sam, et retrouva ses livres, ses gravures représentant des truites bondissantes et des grouses prenant leur envol, ses coupes témoignant de ses triomphes à des concours de ball-trap et aux tournois de tennis de son club. Observé depuis les murs par les trophées de cerf à queue blanche et d'élan et par le gros œil de verre d'un tarpon monté sur une planche, depuis le sol par Samantha qui était couchée sur le vieux boukhara râpé, et depuis le bureau par ses parents, ses filles, et par Amanda avec ses yeux verts francs et son petit sourire – sa lèvre supérieure fine et droite et sa lèvre inférieure pleine suggérant une tension entre la rigueur de la Nouvelle-Angleterre et la sensualité du Sud qui se mêlaient dans son sang (les ancêtres de son père étaient des puritains du Massachusetts, ceux de sa mère, des huguenots français de Charleston) –, Castle ouvrit une porte derrière laquelle se trouvait un grand coffre-fort noir. Il tourna la molette et choisit parmi les armes à feu suspendues à un râtelier couvert de feutre un vieux Fox Sterlingworth à double détente. Son fusil préféré. Il avait appartenu à son père. Il ouvrit un tiroir sous le râtelier, tira une cartouche calibre 12 de sa boîte, l'enfonça dans le canon de droite et débloqua la sécurité. Il coucha les photos, comme pour éviter à qui que ce soit de voir ça, s'assit à son bureau, plaça la crosse du fusil par terre et, se penchant légèrement, s'enfonça le canon dans la bouche, son pouce posé sur la détente de devant.

Il resta ainsi, un peu comme un Turc fumant le narguilé, avec sur le visage une expression à la fois détendue et réfléchie. Il était de fait d'humeur presque joyeuse, et retint son pouce pour savourer le moment. Puis son front se plissa lorsqu'il s'imagina à quoi il ressemblerait quand il se serait fait sauter la cervelle. Si ses filles découvraient son corps, elles seraient horrifiées. Pouvait-il leur faire ça ? *Oui.* Et Sam ? Qui s'occuperait d'elle ? Elle était plus qu'un animal, elle était son compagnon de chasse, une partenaire. Pouvait-il l'abandonner ? *Oui.* Oui, si appuyer un peu plus fort sur la détente lui permettait de rejoindre Amanda. Mais il n'était pas sûr de la rejoindre. Il enviait ceux qui croyaient à l'immortalité de l'âme, mais se considérait comme un réaliste – quiconque gérait pour un demi-milliard d'actifs devait l'être, ou il ne tardait pas à perdre son boulot –, et Amanda, décréta le réaliste, n'était nulle part. Annihilée corps *et âme*. Elle vivait uniquement dans son souvenir, et s'il appuyait sur la détente, il anéantirait tout ce qui restait d'elle. Sa douleur cesserait, certes, mais rien de plus. La fin de tout. Les ténèbres éternelles. Sa détermination le quitta lorsqu'il prit conscience d'autre chose : sa terreur du néant était plus forte que son désir de néant. Il ôta le fusil de sa bouche, le déchargea et le replaça dans le coffre-fort. Il entendait presque le chagrin souverain glousser : *Tu ne peux pas te débarrasser de moi aussi facilement.*

Il gravit l'escalier jusqu'à la salle de bains, goba trois somnifères, non pas dans l'espoir que trente milligrammes d'Ambien le tueraient, mais parce qu'il savait qu'ils lui donneraient un avant-goût de la mort. Cet avant-goût dura quatorze heures, depuis l'obscurité du soir jusqu'au milieu du lendemain. Il se réveilla en entendant Samantha boire dans la cuvette des toilettes. La bouche sèche et groggy, les jambes rendues cotonneuses par le médicament, il se redressa, attendit d'avoir les idées plus claires, puis descendit au rez-de-chaussée en traînant les pieds pour remplir le bol et la gamelle de Sam. Dans le salon, la lumière rouge de son répondeur clignotait – huit messages. L'identificateur d'appel l'informa que quatre provenaient de son bureau, deux de Morgan et deux de personnes anonymes, probablement des vendeurs de sociétés de télémarketing. Il appellerait le bureau plus tard. Il écouta les messages de Morgan. Elle demandait de ses nouvelles dans le premier, le relançait dans le second. « Papa ? Où es-tu ? Tu vas bien ? Appelle-moi. » Une grande anxieuse, Morgan. Un frisson le traversa lorsqu'il songea à ce qu'elle aurait éprouvé si sa tentative de la veille – ou plutôt sa tentative de tentative – avait réussi.

Il s'assit un moment, regardant le tarpon accroché au-dessus de la porte, le poisson de cinquante-cinq kilos qu'il avait attrapé des années auparavant dans les Keys de Floride, et tenta d'assujettir son esprit ordinairement analytique à sa terrible découverte. Il avait prouvé que la mort, la frontière au-delà de laquelle sa douleur ne pouvait le suivre, était aussi une frontière qu'il ne pourrait franchir tant que son heure n'aurait pas naturellement sonné. Il était condamné à vivre. Mais comment vivre avec cette douleur qui était comme une migraine chronique du cœur ? S'il ne trouvait pas une échappatoire, il deviendrait fou. S'échapper. Oui, *s'échapper*. S'échapper. Morgan avait raison. S'échapper de cette maison hantée par les souvenirs, et plus – s'échapper de la côte est, de tout ce qui lui rappelait le passé. Il ne voyait pas d'autre solution.

D'un placard sous une bibliothèque, il tira une boîte qui contenait les lettres et les cartes de condoléances qu'il avait conservées. Parmi celles-ci se trouvait une lettre de Monica Erskine, la femme de son cousin Blaine.

RANCH SAN IGNACIO
BP 651
Patagonia, Arizona 85624
Tél. : 520-934-2118 E-mail : sanignacio@dakota.net

13 septembre 2001

Cher Gil,

Ta sœur nous a annoncé la terrible nouvelle. J'ai cherché pendant une heure quelque chose à dire. Tout semble si inapproprié. C'est une atrocité sans nom. Blaine, tante Sally et moi ne pouvons imaginer ce que tu dois penser et ressentir. Notre compassion (compassion ? Quel mot pathétique !) se mêle à notre rage. Oui, notre rage. Il n'y a pas d'enfer assez profond ni de feu assez brûlant pour les monstres qui ont fait ça. Nous sommes tellement, tellement désolés de n'avoir jamais eu l'occasion de rencontrer Amanda.

Nous nous sommes demandé si nous pouvions faire quelque chose pour toi. Sally a suggéré que tu éprouverais peut-être à un moment le besoin de t'éloigner quelque temps. Si tel est le cas, nous avons un endroit pour toi. La ferme originale bâtie par ton grand-oncle Jeff. Peut-être te souviens-tu l'avoir vue lors de ta der-

nière visite. Ce n'est pas grand-chose, mais nous l'avons un peu restaurée. Quand nous embauchons des extras pour marquer ou réunir les bêtes, nous les y logeons. Tu serais le bienvenu. Appelle ou envoie-nous un e-mail, et nous la préparerons pour toi.

Je t'écrirai avec plus de lucidité quand mon esprit aura intégré l'horrible événement. Tout ce que je peux faire pour le moment, c'est exprimer mes sincères condoléances. Blaine et Sally se joignent à moi.

Bien à toi,

Monica

C'était une proposition généreuse si l'on considérait qu'il n'était proche d'aucun des membres de sa famille du côté de sa mère. Il avait fait leur connaissance alors qu'il avait déjà près de 40 ans, et ne les avait vus que trois ou quatre fois depuis. Il se sentait donc comme un intrus lorsqu'il téléphona à Monica pour demander si sa proposition tenait toujours. Elle tenait toujours, répondit celle-ci, surprise d'avoir de ses nouvelles après tout ce temps. Son frère récemment divorcé avait logé dans la ferme, mais l'avait trouvée trop isolée à son goût et était retourné à Tucson. Castle expliqua qu'il resterait peut-être plus que quelque temps. Est-ce que ça irait ? Il paierait, bien entendu, un loyer, quel que soit le montant qui leur paraîtrait juste. Oui, répondit-elle après un moment d'hésitation. Quand arriverait-il ? Dans quelques semaines.

Castle passa ces semaines à méthodiquement couper les ponts. Au bureau, il annonça à Jay Strauss et à ses associées du groupe Castle – Melissa Josephson et Joyce

Redding – qu'il prenait une retraite anticipée. Tous trois lui demandèrent de reconsidérer sa décision, mais principalement par politesse ; depuis un an, il leur était clairement apparu, et à Castle aussi, qu'il avait l'esprit ailleurs, tel un lion estropié qui devait se reposer sur ses femelles pour chasser dans la savane des marchés de capitaux.

Il informa ses filles et sa sœur cadette, Anne, qu'il partait pour de bon. Toutes approuvèrent, sauf Morgan, qui, comme de bien entendu, affirma qu'il faisait ce que voulaient les terroristes, que c'était une fuite, et qu'il ferait bien mieux de reprendre sa thérapie. Il réprima une envie de lui dire que tout ce que ses parlottes avec la banale Mme Hartley avaient accompli, c'était de le mener au bord du suicide.

Mais pendant plusieurs jours, ce fut comme si Castle n'allait nulle part. Il avait dressé une longue liste de choses à faire, mais il ne faisait rien. Plus la date qu'il avait fixée pour son départ approchait, plus il sentait l'attraction des choses familières le retenir. C'était comme s'il s'était tellement habitué à son malheur qu'il était réticent à faire quoi que ce soit qui pourrait l'atténuer. Des mesures extraordinaires s'imposaient.

Il débarrassa la maison de tout ce qui avait appartenu à Amanda. Tuant dans l'œuf la moindre tentation de s'attarder sur quelque objet ou quelque photo dans une rêverie amère, il nettoya ses armoires et ses tiroirs, vida son bureau, arracha de leurs cintres les robes et les manteaux qui avaient été remisés au grenier, et ajouta sans la moindre pitié à la pile leur album de mariage et chaque photo qu'il trouva d'elle et lui ensemble. Il fourra le tout dans des sacs-poubelle de jardin qu'il donna à une association caritative. Il vendit son sloop et sa voiture, et regretta qu'il n'existât pas une agence où il aurait pu mettre en dépôt le fredonnement comique qu'Amanda émettait quand elle ne pouvait pas ou ne voulait pas répondre à une de ses questions, ou la moue feinte qu'elle esquissait quand elle était un peu déçue – tous les petits tics qu'il se rappelait d'elle.

La maison fut vendue en une semaine, pour deux fois le prix qu'il l'avait achetée. Après qu'il eut refourgué ses meubles lors d'un vide-grenier, Anne insista pour qu'il loge chez elle et son mari à Redding. Il consulta alors son avocat pour définir le meilleur moyen de liquider ses actifs financiers, qui, lorsqu'on y ajoutait le produit de la vente de la maison, représentaient quelques dizaines de millions de dollars. Il fut surpris, et quelque peu embarrassé, de découvrir à quel point il était difficile de se débarrasser d'une fortune même mineure. Il fit des dons à divers organismes de bienfaisance et groupes de protection de l'environnement, à un fonds de son école préparatoire, Hotchkiss, destiné aux étudiants issus des minorités, et légua une partie de sa fortune à ses filles et petits-enfants éventuels. Combiné à sa retraite généreuse, ce qui restait lui suffirait amplement à vivre sur un grand pied jusqu'à 100 ans, mais il espérait de tout cœur qu'il n'irait pas jusque-là.

Sa sœur profita de Noël pour inviter toute la famille à un dîner d'adieu. Morgan et Justine vinrent de New York et restèrent pour la nuit. Et elles pleurèrent lorsqu'il partit le lendemain matin. Avec ses affaires qui rentraient aisément à l'arrière de sa Suburban, et sa chienne pour unique compagnon, il se voyait comme un réfugié de l'étrange nouvelle guerre qui avait débuté par un doux matin de septembre. Sans ses filles, il se serait senti déraciné, sans emploi, sans femme, sans parents (son père était mort d'un cancer de l'œsophage à 67 ans ; sa mère d'une attaque il y avait trois ans de cela).

Comme rien ne pressait, il effectua son périple par petites étapes, observant les changements du paysage : tout d'abord des collines, puis des plaines, le désert, des montagnes, et de nouveau le désert. Il vit les célébrations du nouvel an à Times Square sur un écran de télé dans une chambre de motel au Nouveau-Mexique, passa le 1er janvier à rouler à travers l'est de l'Arizona, et enfin, une semaine après son départ, il arriva au ranch de San Ignacio.

Sa maison de New Canaan avait comporté douze pièces, sa nouvelle habitation en avait deux, chauffées par un poêle à bois. C'était un logement rudimentaire, équipé d'un générateur électrique. Il se trouvait au milieu d'un bosquet de chênes d'Emory coincé entre un escarpement à l'arrière et deux collines basses sur les côtés. La terrasse de devant, soutenue par des pilotis en pin vernis, donnait sur les prairies et les canyons parsemés d'arbres de la vallée de San Rafael, qui ondulait jusqu'aux montagnes Patagonia et San Antonio au Mexique, une vue que la plupart des gens auraient qualifiée d'« époustouflante » ou de « propice à l'inspiration ». Mais Castle ne voyait pas les choses de cet œil. Même s'il percevait la beauté de ce qui l'entourait et était reconnaissant que rien ici ne pût réveiller les souvenirs qu'il fuyait, il n'était pas venu en quête d'inspiration ni de panoramas époustouflants, et ne s'imaginait pas que vivre près de la nature dans le grand Ouest américain le libérerait de son chagrin tyrannique et de la peur avec laquelle celui-ci partageait parfois son règne. Un affaiblissement de son asservissement, pas une fin, voilà tout ce qu'il attendait de cette vie solitaire dans cette maison de pisé isolée. C'était une sorte de compromis entre la prison d'acier qu'il avait connue et la libération qu'il avait recherchée avec son calibre 12.

2

Il y avait quelque chose dehors. Un son ou une odeur, porté par les courants d'air froid qui pénétraient par les fissures des montants de fenêtre, tira Samantha de son sommeil et l'attira à la porte. Castle, qui était en train de lire, perçut son mouvement du coin de l'œil – pas le mouvement de la chienne, mais celui de son ombre traversant le mur opposé. Il posa le livre sur ses cuisses et la regarda, postée devant la porte, tellement aux aguets et immobile que son ombre et elle ressemblaient à deux chiens en arrêt. Le grondement sourd qui jaillissait des profondeurs de son poitrail la faisait paraître beaucoup plus menaçante qu'elle ne l'était.

« C'est juste un coyote, peut-être un pécari, dit Castle. Couchée, Sam ! »

Mais les paroles de Castle n'eurent aucun effet sur la chienne, qui continuait de gronder en direction de ce qui la perturbait, un coyote ou un pécari, ou peut-être quelque chose de plus dangereux, comme un ours ou un couguar. Puis elle se mit à aboyer, ce qu'elle ne faisait que lorsqu'un bipède inconnu s'approchait de la maison. Castle marcha jusqu'à la porte et appela : « Qui est là ? Y a quelqu'un ? » Il n'avait pas entendu de voiture approcher. Quelqu'un à pied, ici, par une froide nuit de janvier, ne pouvait être qu'un *mojado*[1] – un mouillé, terme parfaitement absurde dans une région où les rivières étaient à sec dix mois par an – ou un *burrero*, ainsi qu'on appelait les passeurs de drogue. Blaine et Monica l'avaient prévenu que la vallée était une autoroute pour la contrebande et le trafic de narcotiques. Il attendit que la personne ou l'animal qui était dehors passe son chemin, mais comme Sam continuait d'aboyer, il enfila son manteau, attrapa une lampe torche et, craignant que la chienne ne se précipite à l'extérieur, entrouvrit juste assez la porte pour pouvoir se glisser dehors sans qu'elle le suive. Ni vent ni lune, et les étoiles les plus brillantes – Sirius, Rigel, Aldebaran – semblaient assez proches pour qu'on les touche. Son souffle formait un panache dans le froid. Il avait été surpris de découvrir combien les nuits d'hiver étaient glaciales sur les hauteurs du désert, aussi froides que dans la Nouvelle-Angleterre qu'il avait quittée à peine deux semaines plus tôt. Il fit glisser le faisceau de sa lampe sur sa voiture et sur la remise aux murs de pierres qui abritait la pompe de puits et le générateur, le pointa vers la noirceur dense des bosquets de chênes. Ne voyant rien, il fit le tour et illumina l'escarpement à l'arrière de la maison. Le faisceau balaya une tache blanche qui s'éloignait, et un instant plus tard il entendit des branches craquer tandis qu'un gros

1. Littéralement « mouillé », équivalent de l'expression américaine *wetback* (« dos mouillé ») qui désigne péjorativement les immigrants clandestins mexicains et latino-américains sous prétexte qu'ils sont censés traverser à la nage le Rio Grande pour pénétrer aux États-Unis. *(N.d.T.)*

animal se faufilait parmi les arbres. Sans doute un cerf qui s'enfuyait en agitant sa queue blanche. Il continua de tendre l'oreille pendant quelques secondes. Le silence était absolu, le genre de silence qu'il s'imaginait régnant sur une planète morte.

À l'intérieur, Sam, rassurée, avait regagné sa couverture près du poêle. Elle leva les yeux vers lui tandis qu'il accrochait son manteau à la patère près de la porte.

« Depuis quand ? Depuis quand aboies-tu après les cerfs ? »

Castle tira une nouvelle bûche du bac à bois et la plaça dans le poêle, puis il retourna à sa chaise pour reprendre sa lecture. La *Consolation à Marcia* de Sénèque. L'édition de la Loeb Classical Library avec la couverture rouge et le texte latin en regard de la traduction anglaise. Il avait commandé ces livres par correspondance pour pouvoir lire Sénèque dans le texte avec l'espoir de se refamiliariser avec le latin, qu'il avait étudié à Hotchkiss mais depuis longtemps oublié. La discipline mentale de la traduction lui était bénéfique, elle lui accaparait l'esprit les soirs de cafard. Et ce soir en était un.

Non, il n'y avait rien ici pour réveiller les souvenirs, mais ils venaient tout de même, surgissant à l'improviste. Plus tôt, il avait fait griller les cailles qu'il avait tirées dans la journée sur le vieux barbecue en pierres qu'il avait réparé avec l'aide de Gerardo Murrieta, le cow-boy à plein temps du ranch. Il avait chassé pendant deux heures avec Sam dans la matinée, puis deux heures de plus dans l'après-midi, et était rentré à la maison avec cinq oiseaux dans les poches de sa veste de chasse. Il avait allumé un feu de *mesquite*, et pendant que le bois se transformait en charbon, il avait nettoyé et plumé les cailles, puis glissé de la sauge dans leurs cavités avant de les badigeonner d'un mélange d'ail et d'huile d'olive et de les placer sur le gril. Tandis qu'il inspirait le parfum de la viande qui grillait, ses yeux s'étaient posés sur les toits de tôle et les moulins du bâtiment principal du ranch, qui était situé sur un plateau en contrebas, puis, au-delà, sur les peupliers dénudés qui bordaient la rivière Santa Cruz, avant de balayer la vallée de San Rafael, dont l'herbe d'une pâleur hivernale était mouchetée par les peaux rouge et noir du bétail en pâture.

Comme il retournait les oiseaux sur le gril, Amanda était sortie de la douche, elle l'avait enlacé par-derrière et lui avait mordillé l'arrière de la tête, la nuque et les épaules. Près du gril fumant dans le crépuscule du désert, Castle avait entendu sa voix rauque et senti ses lèvres humides sur sa peau. De tous ses souvenirs, c'était le plus fréquent et le plus vif, trop vif pour être appelé un souvenir ; c'était plutôt comme s'il revivait cet instant. Et il avait alors ressenti cet habituel picotement froid dans ses poumons, comme s'il respirait du verre pilé. « Oh ! bon Dieu, Mandy, Mandy », s'était-il écrié, ses yeux s'emplissant de larmes. Il avait abandonné sa tâche, incapable de continuer, et avait été secoué par de violents sanglots sans toutefois réellement pleurer. Quand il avait retrouvé ses esprits, les cailles étaient complètement calcinées. Il les avait données à sa chienne.

Quam in omni vita servasti morum prohibitatem ver cundiam... Quam in omni vita servasti morum prohibitatem ver cundiam, in hac quoque at praestabis ; est enim in quaedam at dolandi modestia. Il avait beau se torturer les neurones, impossible de déchiffrer cette phrase. Il attrapa son manuel de latin, un vestige de ses années à l'école préparatoire, mais ça ne servit à rien. Vaincu, il se tourna vers la traduction sur la page opposée. *Cette force morale que vous avez maintenue toute votre vie, vous la démontrerez cette fois encore ; car la douleur elle-même a sa modestie.*

Marcia, la destinataire de l'essai de Sénèque, avait perdu un jeune enfant adoré, et Castle se demanda comment elle avait réagi à une consolation si austère. On peut faire preuve de modération même dans le deuil ? (Il avait beau admirer Sénèque, il se disputait souvent avec lui à travers un fossé de deux mille ans.) Je ne crois pas, sauf quand la perte ne représente pas grand-chose – votre vieille tante Tilly, par exemple. Mais quand la perte est sérieuse, et que la douleur vous brûle les nerfs jusqu'à l'engourdissement et ne laisse qu'un vide, comme si tous vos organes avaient été aspirés et que votre peau et vos os ne contenaient plus rien, eh bien, comment faites-vous preuve de modération, cher Lucius Annaeus Seneca ?

Il poursuivit sa lecture, suivant la traduction. *Tant de funérailles passent devant nos portes, pourtant nous ne pensons jamais à la mort... Qui ose jamais songer à l'exil, au désir, au chagrin ?* Il souligna ces phrases, puis celles-ci : *Cet homme a perdu ses enfants ; toi aussi tu peux perdre le tien... Telle est l'illusion qui nous trompe et nous affaiblit quand nous souffrons des malheurs que nous n'avions jamais cru pouvoir souffrir. Celui qui les voit venir à l'avance ôte leur pouvoir aux maux présents.* Entamant une nouvelle dispute, Castle griffonna dans la marge : « Vrai, mais tant de choses ne peuvent être prévues. » Comme une bande de fanatiques détournant des avions et les transformant en missiles guidés, pensa-t-il. Mais il était d'accord avec l'idée générale de Sénèque, du moins dans la mesure où elle s'appliquait à lui-même. Il n'avait pas prévu l'horreur qui lui était arrivée pour la simple raison que personne ne l'avait prévue.

On pouvait dire que Castle avait eu une enfance privilégiée. Il avait grandi à Tokeneke, où des routes privées ombrageuses serpentaient parmi les demeures de directeurs de conseils d'administration, d'avocats et de banquiers de Wall Street. C'était le quartier le plus huppé de Darien, une ville elle-même huppée, un sanctuaire blanc et protestant, pas une synagogue alentour, juste une église catholique – une simple chapelle comparée à l'église épiscopalienne Saint-Luke –, et les seuls Noirs qu'on pouvait voir étaient ceux qui nettoyaient les maisons ou qui faisaient le service au Tokeneke Club. Son père était cardiologue et comptait parmi ses patients certains de ces mêmes directeurs, avocats et banquiers, plus quelques éminents politiciens de New York et du Connecticut. Le médecin avait aussi hérité d'un portefeuille respectable du grand-père de Castle, un entrepreneur parvenu qui avait américanisé son nom de famille (son père, un certain Giuliano Castelli, était arrivé d'Italie dans les années 1880), épousé une fille de la haute société de la Nouvelle-Angleterre, et qui avait eu le cran d'accepter quand un ami nommé Thomas Watson lui avait proposé d'investir dans sa nouvelle société, International Business Machines.

La mère de Castle, Grace, qui aimait se définir en plaisantant comme une « cow-girl d'Arizona qu'avait réussi » en épousant un médecin issu d'une riche famille de la côte est, avait achevé son éducation après guerre et commencé à enseigner l'anglais dans une école privée de Stamford. Elle s'impliquait activement dans le genre d'associations caritatives qui attiraient les femmes de son statut, mais réservait toujours du temps pour Gil et sa sœur, les aidant à faire leurs devoirs et les accompagnant à leurs leçons de tennis, leurs leçons de cheval, leurs leçons de voile. Elle avait tendance à chouchouter son fils, ce qui avait fait naître en Anne une rancœur qui l'avait poursuivie jusqu'à l'âge adulte. À part ça, c'était une famille heureuse, et puisque, comme l'a notoirement observé Tolstoï, toutes les familles se ressemblent, il n'y avait rien d'autre à dire à ce sujet.

L'avenir de Castle était assuré dès sa naissance. Tout ce qu'il avait à faire, c'était suivre la voie qui lui était tracée, et c'est ce qu'il avait fait, passant du lycée de Darien County à Hotchkiss, puis de Princeton à Wharton, évitant le Viêtnam grâce aux reports d'incorporation réservés aux étudiants, et les excès des années 1960 grâce à une modération inhérente à sa nature. Après Wharton, il avait appris son métier dans une petite société de courtage, puis avait été embauché par HarrimanCutler, la quatrième plus grosse société d'investissement de la planète. Il était devenu une star du département de détail, atteignant le grade de vice-président senior puis de consultant principal avant d'être élu au Club de direction, qui était réservé aux membres de la société qui engendraient le plus de bénéfices. À 50 ans, il savait qu'il avait grimpé aussi haut qu'il pourrait grimper. Les attributs nécessaires pour atteindre des sommets dans le monde du capitalisme pur – une avidité démesurée, une ambition effrénée née de quelque profond sentiment d'insécurité –

faisaient défaut à Gillespie Castle. Et c'était très bien ainsi. Il était très aisé, à l'abri de tout séisme financier tant que celui-ci ne dépassait pas les neuf degrés sur l'échelle de Richter de l'économie.

Le malheur sait toujours trouver un moyen inédit d'imposer son pouvoir à ceux dont on peut dire qu'ils l'ont oublié. Oublié ? songea-t-il avec une nuance d'amertume. Il avait à peine connu le malheur. La mort de son père à un âge relativement jeune et celle de sa mère une décennie plus tard avaient été des coups durs mais ne pouvaient être qualifiées de tragédies. À part ça, il ne voyait qu'un seul malheur qui avait assombri son existence clémente avant le 11 Septembre 2001 : son divorce de sa première femme. Ce n'était pas une rupture banale des beaux quartiers – Eileen l'avait quitté pour une autre femme – et la garde des enfants avait donné lieu à des engueulades épiques. Castle, qui était aussi conventionnel que mesuré, ne voulait pas que ses filles grandissent avec deux lesbiennes et demandait à avoir la garde, tandis qu'Eileen affirmait que son orientation sexuelle ne changeait rien à ses droits en tant que mère. Ils avaient bataillé des mois durant par avocats interposés, mais avaient fini par parvenir à un accord avec un minimum de sang versé. Le juge, tel Salomon, avait tranché la poire en deux et imposé un arrangement compliqué qui décrétait que Morgan et Justine passeraient exactement cent quatre-vingt-deux jours par an avec leur père et cent quatre-vingt-trois avec leur mère et leur belle-mère.

Deux ans plus tard, à travers des amis communs, il avait rencontré Amanda Farmington. Un an plus tard, leur mariage était célébré à Boston, suivi d'une réception dans le club de yachting des parents d'Amanda à Hingham.

Dans son cloître battu par les vents du désert d'Arizona, il entendit de nouveau la musique balayant le port, le tintement des bouées à cloche, le cri belliqueux des mouettes, tous ces sons lui parvenant depuis l'autre bout du continent, depuis un passé perdu à jamais. *Il n'est de souffrance aussi grande que le souvenir de la joie dans le chagrin présent.* Il sanglotait de nouveau, mais moins fort que tout à l'heure – une sorte de suintement des yeux. Il songea à la seule théorie originale qu'il avait entendu Mme Hartley exprimer : que le souvenir de son bonheur le tourmentait parce qu'il l'exagérait, transformait son mariage en une idylle parfaite, comme un réfugié transforme sa patrie perdue en un éden qui n'a jamais existé. Il songea à cette idée dans l'espoir d'y trouver quelque vérité qui atténuerait la douleur ; mais il en vint à la conclusion qu'il n'était pas la victime d'une illusion. Certes, Amanda et lui s'étaient disputés pour ceci ou cela – elle partait au quart de tour et ses explosions de colère tranchaient de manière saisissante avec son calme habituel. Mais il ne se rappelait pas un moment où il avait regretté de l'avoir épousée, pas un moment où il avait éprouvé ne serait-ce qu'une attirance fugace pour une autre femme. Les matins où il se réveillait avant elle, il se retournait et observait son visage serein en songeant à la chance qu'il avait. Sa seule erreur avait été de croire que sa chance durerait.

Il se rendit à la cuisine et se versa une bonne rasade de scotch. Puis il retourna à sa chaise et à son Sénèque, et s'endormit avec le livre sur les cuisses. Sam le réveilla à 2 heures du matin en lui léchant le bras. Il enfila son caleçon long et se coucha.

Il se leva à 7 heures, enfila ses chaussons doublés de fourrure et un peignoir en laine, et se rendit d'un pas vif à la remise pour allumer le générateur. Un givre lourd recouvrait l'herbe, et la vallée entière scintillait dans la lumière du matin. Le thermomètre extérieur indiquait moins cinq degrés, et il ne devait pas faire plus de dix à l'intérieur car le feu s'était éteint pendant la nuit. Il en alluma un nouveau, puis se frotta les mains au-dessus du poêle en fonte. Son père, un passionné de nature et un admirateur de Teddy Roosevelt, aurait approuvé ces rigueurs. Tout comme Roosevelt, le Dr Castle craignait que les privilèges n'engendrent des femmelettes, et il avait commencé à emmener son fils chasser, pêcher et camper dans les Adirondacks dès son plus jeune âge. Il avait aussi inscrit Gil, l'été de sa quatorzième année, à des cours de boxe dans une salle de sport des quartiers déshérités de Bridgeport. De juin à août, Castle avait cogné sur des sacs et des poires de frappe et avait combattu contre des garçons noirs et hispaniques qui lui avaient appris ce que ça faisait de se faire taper dessus et de saigner. C'était un gamin athlétique aux réflexes rapides, mais il s'était avéré un combattant médiocre, principalement parce qu'il était réticent à rendre les coups qu'il recevait. Il était plus doué avec une canne à pêche et un fusil. À la fin de ses années à Hotchkiss, il pouvait lancer une mouche en direction d'une truite qui remontait à la surface vingt mètres plus loin, et il battait son père et ses copains au ball-trap du vénérable Campfire Club de Chappaqua. Pendant les vacances de Noël, alors qu'ils étaient partis chasser dans le nord de l'État de New York, il avait tiré son premier cerf, un mâle de six cors. Une seule cartouche, à cent mètres.

Une fois ses mains réchauffées, Castle plaça du café sur le réchaud à gaz. Pendant que celui-ci infusait, il alla chercher ses bottes et son pantalon de chasse dans la chambre et s'habilla devant le poêle qui dégageait désormais des vagues de chaleur. La cafetière, un vieux percolateur à l'émail noirci par le feu, emplissait la pièce de son arôme. Il remplit une tasse à ras bord et s'assit à la table, songeant à la singularité de sa situation, au fait qu'il vivait désormais dans la cabane que son grand-oncle avait bâtie alors que l'Arizona n'était encore qu'un territoire. S'il avait atterri dans un tel endroit par accident, il aurait été considéré comme un homme tombé de son pinacle, victime d'un effondrement financier, ou de l'alcoolisme, ou d'une addiction à la drogue. Mais il avait choisi de vivre ici, et il aimait l'extrême simplicité de sa vie. La pièce principale mesurait peut-être quatre mètres sur cinq, avec la cuisine d'un côté et le coin salon de l'autre, meublé de deux vieux fauteuils recouverts de peaux de vache miteuses. La chambre était juste assez grande pour contenir un grand lit, une petite commode et une armoire mexicaine hors d'âge, dont les diverses couleurs qui l'avaient recouverte au fil des années apparaissaient dans les écailles de la peinture bleu-vert qu'elle arborait ces temps-ci. La salle de bains, qui avait été ajoutée quand l'eau courante était arrivée au ranch, n'était pas plus grande qu'un cagibi et comportait des équipements – lavabo sur pied taché de rouille, cabine de douche métallique, toilettes dotées d'une lunette en bois et d'une chasse d'eau en hauteur – qui auraient eu leur place dans un musée.

Lorsqu'il eut fini son café, il ôta ses assiettes de la veille de l'égouttoir et les empila dans le placard, puis il fit son lit d'une manière qui aurait comblé un sergent instructeur. L'ordre était crucial ; s'il laissait le foutoir envahir cet endroit, il finirait peut-être lui-même par sombrer. Il plaça un collier muni d'un bipeur autour du cou de Sam, attrapa son Beretta calibre 20 et sortit. Alors qu'il était sur le point d'ouvrir le hayon de sa Suburban couverte d'une pellicule de poussière, il aperçut son reflet imparfait dans la lunette arrière et fut surpris de voir que le visage qui le regardait, avec sa barbe de trois jours mouchetée de touches argentées, était une réplique de celui de son père quand celui-ci avait une soixantaine d'années. Se rappelant la fois où il s'était laissé aller, provoquant l'inquiétude de ses filles, il promit de se raser à son retour.

Il ouvrit le hayon, et comme il tirait sa veste de chasse tachée du coffre, Sam sauta à l'intérieur et s'installa immédiatement sur la peau de mouton qui lui faisait office de couche.

« Dehors », dit-il en tirant sur son collier. La chienne le regarda, confuse. « Allez, dehors. On reste à proximité de la maison aujourd'hui. »

Elle sortit d'un bond. Il alluma le bipeur et se mit en route, gravissant la crête qui courait derrière la maison. Sam arriva en haut bien avant lui, le bip à deux tons s'affaiblissant à mesure qu'elle dévalait l'autre versant. Une fois au sommet, il marqua une pause pour reprendre son souffle et parcourir du regard l'immensité intimidante du paysage. Un cours d'eau étroit longeait le canyon en contrebas, tandis qu'au loin, derrière les contreforts d'un brun cannelle parsemés de chênes vert sombre et de genévriers, les Huachuca se dressaient à près de trois mille mètres d'altitude, avec leurs pentes supérieures assombries par de denses forêts de pins et leurs cimes enneigées, comme si un fragment des Rocheuses du Colorado s'était détaché et avait dérivé jusqu'au sud-ouest des États-Unis. Il suivit des yeux la chute des montagnes vers le Mexique, où un plateau désertique dessinait à l'horizon une ligne aussi droite qu'une mer paisible, tout juste interrompue par une montagne conique qui s'élevait au loin dans l'État de Sonora.

Le bip d'arrêt du collier se déclencha, régulier et insistant. Sam avait trouvé des oiseaux. Il ne la voyait pas, mais le bruit indiquait qu'elle était assez proche. Il descendit en direction du cours d'eau, trébuchant sur les pierres et le schiste argileux camouflés par l'herbe qui lui montait jusqu'aux genoux. La tristesse de la veille s'était estompée, et pourtant une pensée traversa l'esprit de Castle : s'il y a un Dieu au ciel, et s'Il répand Sa grâce terrible, alors Il me fera tomber maintenant et déclenchera le fusil et mettra un terme à tout ça. Cette idée l'abandonna lorsqu'il repéra Sam, à l'arrêt sous un chêne, sa fourrure blanche étincelant dans la lumière inégale, sa queue tendue comme une lance d'Indien. Il l'avait vue ainsi un nombre incalculable de fois, et il éprouvait à chaque fois un frisson. Son instinct qui lui disait de bondir et son entraînement qui lui disait de ne pas bouger créaient une tension frémissante dans laquelle Castle percevait une beauté qui rendait la vie supportable. C'était pour ça qu'il chassait avec elle – elle l'aidait à tenir le coup.

Les oiseaux que Sam avait repérés étaient des cailles de Mearns, une espèce si difficile à déloger qu'il fallait pratiquement leur marcher dessus pour les faire s'envoler. Castle s'approcha lentement, son fusil coincé sous le coude. Il avait décidé de ne pas tirer ces cailles, car les tirer aurait étrangement gâché la magie du moment. Il était soixante centimètres derrière Sam lorsqu'un mâle et une femelle quittèrent leur abri et s'envolèrent en dessinant un V dans le ciel. Sam tressaillit mais resta immobile.

« Bonne chienne, dit-il doucement. Y en a d'autres là-dedans, hein ? »

Il fit quelques pas supplémentaires et se posta à côté de Sam. La compagnie explosa presque sous ses pieds, telle une mine de plumes et d'ailes battantes. Un oiseau heurta le bord de son chapeau dans son essor, les autres filèrent dans tous les sens, et, après l'immobilité silencieuse, ce bruit et ce mouvement soudain étaient purement époustouflants. Castle tira deux fois en l'air, pour faire croire à Sam qu'il avait tenté sa chance et manqué sa cible. Il ne voulait pas qu'elle croie que tous ses efforts avaient été en vain.

Elle s'éloigna aussitôt en bondissant, tournant en rond à la recherche des cailles mortes. À mi-chemin de l'escarpement, où deux oiseaux s'étaient envolés, elle se figea comme si elle avait heurté un mur. Elle n'était pas à l'arrêt, mais simplement immobile, regardant fixement un fourré de *manzanitas*.

« Qu'est-ce que tu as trouvé ? » demanda-t-il en marchant dans sa direction.

Quelque chose bougea dans le fourré, une forme noire. Songeant à un pécari, il porta le fusil à son épaule et ôta la sécurité. Un pécari pouvait éventrer un chien avec ses défenses.

« Éloigne-toi de là, Sam. Sam ! Viens ici ! »

Elle ne bougea pas. Lorsqu'il fut à cinq ou dix mètres, Castle entendit un grondement bas, presque humain. Il approcha à pas de loup, et fit un bond en arrière lorsqu'il vit un homme gisant parmi l'enchevêtrement de branches rougeâtres. C'était un homme jeune au visage basané et aux cheveux bruns emmêlés. Il portait des baskets, un pantalon de toile maculé de terre et une veste molletonnée bleu pâle. Comme Castle écartait les branches avec le canon de son fusil, l'homme leva la tête et poussa un cri rauque.

« *¡No! ¡Por Dios! ¡No!* »

Le Mexicain frissonnait. Ses vêtements infects et les bouts de cosses et les brins d'herbe collés à ses cheveux indiquaient qu'il avait passé la nuit ici. Un miracle qu'il ne soit pas mort de froid.

Toujours faire confiance à son chien, songea Castle. Il devait s'agir de l'intrus qui avait provoqué les aboiements de Sam la veille au soir. Il cassa le fusil, le déchargea et montra à l'homme les deux cartouches avant de les placer dans sa poche.

« C'est bon. N'ayez pas peur. »

Bien qu'il eût déjà vu des immigrants clandestins de loin, misérablement recroquevillés au bord des routes, attendant sous le regard vigilant d'agents de la police des frontières que des gros bus sur lesquels étaient inscrits les mots DÉPARTEMENT DE LA SÉCURITÉ INTÉRIEURE les amènent au poste pour être enregistrés puis expulsés, c'était la première fois qu'il en rencontrait un face à face. Et il ne savait pas trop quoi faire.

« *Agua*, murmura l'homme. *¿Tiene agua? Por favor.* »

Castle tira une bouteille d'eau de la poche arrière de sa veste et, s'agenouillant, porta la bouteille à la bouche de l'homme. Celui-ci la saisit à deux mains et but avidement, l'eau lui coulant sur le menton.

« *Gracias, señor.*

— Pouvez-vous marcher ? » Bon Dieu, comment on disait ça en espagnol ? « Comme ça. » Il imita avec deux doigts le mouvement de la marche. « *¿Comprende?*

Le Mexicain le regarda d'un air interrogateur.

« *¿Usted... americano?* »

Ça, c'était facile. Castle acquiesça.

« *¿Estoy en los Estados Unidos?*

— Je ne comprends pas. *No Comprendo.*

— *¿Esto...* » L'homme tapota le sol de la main, puis décrivit du bras un demi-cercle. « *¿Estados Unidos?* Étazounis ?

— OK. Oui. *Sí.* Vous êtes aux États-Unis. *Sí.*

— *Gracias a Dios.* » Il joignit les mains et les leva vers le ciel. « *Gracias a Dios*, répéta-t-il, puis il serra les bras de Castle, en larmes. *Y usted también, señor. Gracias, mil gracias.* »

Cette effusion de gratitude émut Castle mais l'embarrassa aussi.

« Pouvez-vous marcher ? »

Une fois encore, il fit le geste des doigts.

L'homme tenta de se lever mais n'y parvint pas, jusqu'à ce que Castle le saisisse sous les bras et le remette sur pied. Il fit deux pas, puis tomba à genoux.

« *No lo puedo. No más caminar.* »

Ça devait être ça. *Caminar.* Marcher. Le Mexicain ne dépassait pas le mètre soixante-cinq, mais il était costaud.

« Comment vous appelez-vous ? demanda Castle en le désignant du doigt. Vous. Nom. Heu... *Cómo... Cómo...*

— *Miguel. Me llamo Miguel.*

— OK, Miguel. Nous devons vous trouver de l'aide. Heu… *necesario… caminar, necesario.* Je ne peux pas vous porter en haut de ce… » Il désigna l'escarpement abrupt. « *¿Comprende?*

— *Sí.* »

Castle l'aida à se relever et, passant le bras de Miguel autour de ses épaules et le sien autour de la taille du Mexicain, il entama son ascension.

Ben Erskine

Transcription 2 – T. J. Babcock

Nous nous sommes mis en route au lever du soleil par une journée chaude et venteuse au printemps de l'année 1911. L'herbe était toujours d'un jaune hivernal, mais les peupliers le long de la rivière Santa Cruz bourgeonnaient. Ben portait le pistolet allemand, bien qu'Álvarez ait tiré la plupart des balles qu'il contenait et que Ben n'en ait pas eu en remplacement. Il avait son six-coups dans sa sacoche et une winchester modèle 94 dans l'étui de sa selle. Le vieux fusil de son père, qu'il disait. J'étais armé de la même manière, et on était tous les deux plutôt excités. C'était une belle journée, et on allait se battre pour l'or et la gloire et pour les petites gens de ce bon vieux Mexique !

L'hacienda d'Álvarez était seulement à une quinzaine de kilomètres au sud de la frontière, et nous y sommes arrivés avant midi. Nous avons gravi une petite élévation et nous l'avons vue en contrebas un peu plus loin, au milieu des peupliers près d'un ruisseau asséché. Elle ressemblait à une de ces missions espagnoles – il y avait la maison principale, une chapelle et quelques dépendances, le tout entouré d'un mur de pisé. Il y avait un paquet de chevaux attachés à l'extérieur de l'enceinte, et des panaches de fumée de feux de camp s'élevaient à travers les arbres puis se repliaient et s'étiraient dans le vent comme des queues de cheval. En moins d'une minute, une bande de *revolucionarios* est sortie des arbres, peut-être une douzaine. Ils étaient habillés n'importe comment, et tous armés jusqu'aux dents. Ils avaient toutes sortes de pistolets, des mausers et des winchesters, et des balles dans leurs cartouchières qui ressemblaient à des rangées de dents de fermeture éclair. La seule chose qu'ils avaient en commun, c'était une écharpe rouge autour de la taille. C'était un groupe haut en couleur, ça, je peux vous le dire. Et on voyait à leur manière de monter, tranquille et détendue, comme si chaque homme ne faisait qu'un avec son cheval, qu'ils avaient été *vaqueros* avant d'être *revolucionarios*, ou peut-être bien *banditos*, ou alors les deux.

Ils se sont arrêtés à quelques mètres de nous, et je ne peux pas dire qu'ils avaient l'air accueillants. Leur *jefe*, un gars à la peau claire avec un nez crochu et des yeux d'aigle, vous savez, toujours à l'affût mais avec rien derrière, s'est approché de nous. Il a demandé d'une voix douce – on l'entendait à peine, mais c'était une voix qui donnait le frisson : « *¿Quiénes son ustedes? ¿Por qué ustedes están aquí?* »

Ben a tiré l'affiche de recrutement et la lui a tendue, mais l'autre n'a pas bougé d'un poil, il est juste resté là à nous regarder, alors Ben a dit : « *Somos americanos, y estamos aquí para luchar por Pancho Villa y la revolución.* »

Le *jefe* n'a rien dit pendant peut-être cinq secondes, et puis il a éclaté de rire. J'ai cru qu'il allait se rouler par terre, et les autres rigolaient aussi, et quand ils ont eu fini de se marrer, il nous a demandé nos armes et a dit : « *Vengan conmigo* », de sa voix douce qui donnait l'impression que la température avait chuté de trente degrés.

On nous a amenés à une grande pièce où nous avons découvert que le gars que nous prenions pour le *jefe* ne l'était en fait pas. Le vrai chef se tenait derrière un grand bureau avec deux autres hommes, à regarder une carte qui recouvrait le bureau comme une nappe. Il était grand pour un Mexicain, il faisait presque la même taille que Ben et moi, il avait une grosse moustache noire qui partait sur les côtés comme s'il s'était collé des ailes de corbeau sous le nez, et il portait une espèce d'uniforme réglementaire avec des boutons en cuivre et tout, et une ceinture Sam Brown avec un holster dans lequel il y avait un de ces pistolets Luger. On est restés là longtemps, pendant qu'il s'entretenait avec ses *compadres* et regardait la carte, et puis il a congédié les deux hommes et il nous a regardés de la tête aux pieds avant de se présenter comme le colonel Candelario Bracamonte, *comandante* du *Batallón de la Banda Roja*, c'est-à-dire le bataillon de l'Écharpe rouge.

Après ça, il a déclaré dans un anglais passable – c'était un homme éduqué – qu'il ne savait pas s'il devait nous enrôler ou nous abattre comme des espions *gringos*. Il a expliqué que le président Taft avait déployé vingt mille soldats à la frontière parce que les Américains voulaient que Díaz reste au pouvoir pour continuer à faire du commerce au Mexique. Alors peut-être que Ben et moi, on était des éclaireurs pour cette armée que le président Taft envoyait.

Et puis il a changé de ton. Il a dit qu'il avait entendu que nous avions pris part à la libération du ranch Santa Barbara et de l'hacienda Álvarez. On s'est mis à opiner du chef comme si on gobait des pommes, mais on n'a pas pipé mot sur le fait que ce qu'on était venus faire, c'était voler du bétail. Enfin bref, le colonel nous a crus et il a demandé au gars que nous avions pris pour le *jefe* de nous rendre nos fusils et nos pistolets et de nous enrôler dans la compagnie du capitaine Ybarra. Il a esquissé un petit sourire et nous a dit que le capitaine Ybarra serait un commandant intéressant.

On a compris ce qu'il voulait dire quand on est sortis dans la cour pour s'inscrire. Le capitaine Ybarra était le *capitán* Ynez Ybarra, ce que les *revolucionarios* appelaient une *soldadera*, une femme soldat. Elles étaient nombreuses pendant la révolution, mais Ben et moi, on ne le savait pas à l'époque, et on ne savait pas quoi penser d'elle, avec sa longue jupe indienne, ses bottes de cavalerie, son *pistola* et sa cartouchière qui semblait être faite de balles. Elle ne devait pas avoir plus de 20 ans et mesurait un peu moins d'un mètre soixante. Ses cheveux étaient noir charbon et tombaient en cascade jusqu'à sa taille sous un chapeau raide à larges bords – il me rappelait les chapeaux que portaient les *padres* des missions. La chose qu'on remarquait immédiatement, c'était son visage, pas parce qu'elle était belle, vu qu'elle ne l'était pas. Je ne veux pas dire qu'elle était laide, juste pas belle, avec cette peau sombre de métis et un nez crochu comme les Indiens yaqui. Le visage le plus triste que j'aie jamais vu, avec sa bouche tombante qui donnait l'impression qu'elle allait se mettre à pleurer, et cette mélancolie dans les yeux, mais une mélancolie particulière – on voyait un feu qui brillait derrière si on regardait attentivement, un peu comme une flamme qui brûlerait derrière un store. Ce que ce visage vous faisait si vous étiez un homme, c'est qu'il vous donnait envie de le caresser tout doucement tout en ayant peur de le toucher, comme si elle risquait de vous mordre le doigt.

Pour le vieux T. J. Babcock, ç'a été le coup de foudre.

Je vais vous dire, c'est sacrément perturbant de se retrouver amoureux de son nouveau commandant, mais je ne vais pas parler de ça, du moins pour le moment.

Ynez nous a rapidement jaugés et elle a demandé si on était surpris que notre *capitán* soit une femme, et Ben a répondu que oui, alors elle a expliqué qu'elle pouvait monter à cheval, tirer au pistolet et se battre aussi bien que n'importe quel homme, à quoi Ben a répondu qu'on n'en doutait pas, et elle a ajouté qu'elle n'accepterait dans son groupe aucun homme qui ne montait pas et ne tirait pas aussi bien qu'elle. Francisco, qui se tenait à proximité, lui a assuré que nous étions *muy hombres*, et Ynez a répondu qu'elle voulait en juger par elle-même et nous a ordonné de la suivre. Elle est sortie dans la cour, et en regardant cette fille marcher, avec ses épaules rejetées en arrière, sa jupe qui bruissait autour de ses bottes dotées d'éperons et ses hanches qui se balançaient sous la jupe, je suis tombé encore plus amoureux, et encore plus quand elle a sellé cette petite jument baie et a sauté dessus comme si elle était montée sur ressorts.

Ben et moi, on est montés en selle, et nous avons quitté le bois de peupliers à une allure tranquille, Ynez tenant une cravache entre ses dents. Mais quand nous avons été en terrain dégagé, elle s'est mise à cravacher et à éperonner sa jument, et elle a filé à travers le désert aussi vite qu'un jockey dans la dernière ligne droite. On avait un mal de chien à la suivre. Elle se dirigeait tout droit vers un fourré de *mesquite*, et on galopait à côté d'elle. L'espace d'une seconde, on aurait dit qu'elle allait foncer à travers les broussailles pleines d'épines, mais quand elle a été à peut-être un mètre, elle a tourné la jument tout d'un coup et les a contournées, puis elle s'est dirigée vers un autre fourré et elle a fait la même chose. C'était comme ces slaloms au milieu des tonneaux qu'on voit aux rodéos.

Elle s'est arrêtée et a dégainé son pistolet, qu'elle a pointé vers un rocher au sommet d'une petite colline qui devait se trouver à cinquante mètres, et elle a dit : « Je veux que vous atteigniez ce rocher comme ça. » Elle a tiré, et de la poussière a jailli du rocher, qui n'était pas plus gros qu'un panier. C'est déjà sacrément difficile d'atteindre une cible de cette taille à une telle distance quand vous êtes sur vos pieds, mais c'est encore plus dur quand vous êtes en selle, comme Ynez. Ben a dégainé le Luger, et j'ai visé avec mon revolver, et juste au moment où j'allais faire feu, un coyote s'est mis à faire des bonds sur la colline. « Tuez-le ! » a hurlé Ynez. J'ai tiré et je l'ai manqué d'un bon mètre, et le coyote s'est mis à détaler. Ben a alors tiré les deux dernières balles qui restaient dans le Luger, et le coyote est tombé cul par-dessus tête, raide mort. Ynez l'a regardé d'un air admiratif qui m'a rendu jaloux.

« *Bueno*, qu'elle a fait. Demain soir nous verrons si vous savez vous battre. Il y a un détachement de soldats de Díaz à Santa Cruz. Nous allons les attaquer. »

Ben a expliqué qu'il était déjà allé de nombreuses fois à Santa Cruz. Ynez lui a demandé s'il connaissait bien la ville, et il a répondu qu'il en connaissait chaque rue – que c'était une ville minuscule.

« Bien, a dit Ynez. Tu seras à mes côtés et tu m'aideras à diriger la compagnie. Notre mission sera de nous emparer de la *plaza*. »

Je me suis senti encore un peu plus jaloux, et tandis qu'on retournait vers l'hacienda, je me suis dit que j'allais lui parler, histoire qu'elle s'intéresse à moi. On dirait pas à me voir maintenant, mais quand j'étais jeune, je n'avais aucun problème à obtenir la compagnie des femmes. Je lui ai demandé où elle avait appris à monter, et elle m'a dit que c'était son mari qui lui avait montré. Bon, mes espoirs sont un peu retombés quand j'ai appris qu'elle était mariée, jusqu'à ce qu'elle ajoute que son mari était mort, qu'il avait été tué deux mois plus tôt lors d'une bataille, et que c'était alors qu'elle avait pris la tête de la compagnie qu'il avait commandée et qu'elle était devenue une *soldadera*. Là, mes espoirs sont remontés, mais ç'a de nouveau été la douche froide une minute plus tard quand elle a dit : « J'aimais Luis plus que ma propre vie, et maintenant j'aime son souvenir. » Alors maintenant, j'étais jaloux d'un mort. J'aurais voulu lui dire qu'un souvenir ne pouvait pas lui retourner son amour alors que moi, si, mais je l'ai bouclée.

C'était la perte de son mari qui lui avait donné cette expression tragique, et la manière dont il était mort qui avait allumé ce feu au fond de ses yeux. Il avait été capturé par des troupes fédérales, et les soldats l'avaient étranglé avec un fil de fer avant d'abandonner son corps aux vautours et aux vermines. Quand elle l'avait retrouvé, Ynez l'avait à peine reconnu. « Je les déteste, qu'elle a dit. Je les déteste tous », et elle a alors proféré un chapelet de jurons que je ne vous répéterai ni en anglais ni en espagnol.

De retour à l'hacienda, elle a tiré deux écharpes rouges d'une malle qui en était pleine et nous les a données. On les a passées et on a commencé à se pavaner, comme si on venait de prendre Mexico. Vers la fin de l'après-midi, Ynez et l'autre commandant de la compagnie, un gars surnommé El Agave, ont ordonné au bataillon de se mettre en formation.

Le colonel Bracamonte est sorti de la maison avec son uniforme tout boutonné, il portait une épée et deux types l'accompagnaient. L'un d'eux a lancé : « *¡Batallón! ¡Atención!* » Six gars de notre compagnie sont sortis du rang et se sont alignés à quelques mètres du mur qui entourait la cour, tenant leur fusil le long de leurs jambes. Et mon Ynez qui se tenait à côté d'eux. Doux Jésus, il allait y avoir une exécution, et c'est alors que j'ai éprouvé cette excitation, sauf que ce n'était pas juste de l'excitation, il y avait quelque chose d'autre que je n'arrive pas à nommer… de l'appréhension, je suppose. Une excitation mêlée d'appréhension, si bien que je n'arrivais pas à différencier l'une de l'autre.

Le colonel a marché d'un pas raide et martial jusqu'au peloton d'exécution et a demandé à ce qu'on amène les prisonniers. Je n'avais pas encore remarqué qu'il y avait un garde posté près de la porte de la petite chapelle. Le garde est entré dedans, et lui et deux autres types en ont tiré deux jeunes hommes qui avaient les mains ligotées derrière le dos, ainsi qu'un prêtre et une femme d'une cinquantaine d'années, vraiment grande, qui portait une robe à fanfreluches et des bottines à boutons comme si elle allait au bal. Je n'oublierai jamais cette femme. Elle avait quelque chose de distingué. De distingué et de hautain, aussi. On aurait cru la reine d'Espagne. Bon, il s'avère que c'était Doña Álvarez et ses fils.

Le prêtre lisait son livre de prières et il a signé les fils d'Álvarez pendant que les gardes les plaçaient contre le mur et leur bandaient les yeux. D'autres gardes tenaient Doña Álvarez et le *padre* pour s'assurer qu'ils n'entraveraient pas l'exécution, je suppose. Cette femme fixait le peloton comme si elle avait pu les tuer du regard. Une chose dont je me souviens, c'est de la lumière. C'était la fin de l'après-midi, et elle frappait le mur jaune pâle, et on aurait dit qu'il était fait de beurre. Je ne sais pas pourquoi c'est resté gravé dans mon esprit.

Le colonel Bracamonte a lu quelque chose comme quoi les fils d'Álvarez étaient coupables de crimes contre la révolution, puis il a brandi son épée et ordonné au peloton de mettre en joue. Doña Álvarez a hurlé : « *¡Valentía, mis hijos!* » Mais l'un d'eux avait du mal à être courageux, et il tremblait comme une feuille.

Je n'ai pas honte de dire que j'ai fermé les yeux quand les coups de feu ont éclaté. Je ne pouvais tout simplement pas voir ces deux gars, pas plus vieux que Ben et moi, se faire descendre comme ça, quels que soient les crimes qu'ils avaient commis. Quand je les ai rouverts, j'ai vu des éclaboussures de sang sur le mur et les impacts laissés par les balles et les deux corps qui gisaient dans la poussière et la femme que j'aimais qui se tenait au-dessus d'eux et les achevait d'une balle dans la tête. Doña Álvarez a hurlé que c'était une meurtrière et que nous étions tous des assassins et des criminels et des bouchers. Elle s'est libérée du gars qui la tenait et s'est agenouillée à côté de ses fils morts tout en continuant de hurler : « *¡Puta homicida! ¡Asesinos! ¡Criminales!* » Ynez lui a posé une main sur l'épaule et lui a caressé les cheveux, et elle s'est penchée pour lui dire quelque chose – je ne savais pas quoi, mais je supposais que c'étaient des paroles de réconfort, pour autant qu'on puisse réconforter une femme qui avait vu ce que celle-ci venait de voir – et alors Ynez a fait un pas en arrière et elle a abattu Doña Álvarez d'une balle derrière la tête. Ça s'est passé si vite que je n'ai pas eu le temps de fermer les yeux, alors j'ai vu le sang jaillir à l'avant de sa tête, et elle est tombée sur ce qui lui restait de visage, ce qui ne devait pas être grand-chose.

Maintenant, ç'a été au tour du *padre* de s'y mettre. Il a beuglé que chacun d'entre nous finirait dans les flammes de l'enfer – et ç'a été la dernière chose qu'il lui ait été donné de dire vu que le colonel Bracamonte l'a descendu. J'ai appris par la suite que le colonel détestait les prêtres plus que tout au monde. Une charrette tirée par un âne est arrivée et les cadavres ont été chargés dessus, et pendant qu'on les emportait hors de la cour vers les tombes qui avaient dû être creusées à leur intention, Bracamonte s'est tourné vers nous et a lancé : « *¡Mueran todos los Diazistas! ¡Viva la revolución! ¡Viva Madero!* » Le bataillon a répété en chœur, et pendant que tout ce beau monde braillait, Ben s'est tourné vers moi et il a dit : « T. J., nous avons rejoint une bande de sacrés gaillards », et je me suis mis à rire. Je ne pouvais plus m'arrêter, même si je ne savais même pas pourquoi je riais.

Vers le coucher du soleil, les *revolucionarios* ont organisé une grande *fiesta*. Ils ont commencé à entonner ces chants révolutionnaires, les *corridos de la revolución*. *La Adelita* est celui dont je me souviens le mieux – c'était l'histoire d'une femme dont un soldat tombait amoureux.

Je n'étais pas trop d'humeur à la *fiesta*, à cause de ce que j'avais vu ce jour-là, mais quand j'ai entendu le second couplet, je me suis senti tout bizarre à l'intérieur. *Si Adelita quisiera ser mi esposa*. C'était ce que je voulais – faire d'Ynez mon épouse et l'habiller de satin. Je l'avais vue tuer une femme de sang-froid, et pourtant j'étais toujours amoureux d'elle. C'était à n'y rien comprendre.

Bon, j'avais un paquet de rivaux qui cherchaient à gagner son affection. Je dirais que la moitié du bataillon la regardait avec des yeux de crapaud mort d'amour pendant qu'ils chantaient cette chanson. Elle était leur Adelita. Je l'ai invitée à danser, et elle a accepté, mais elle ne m'a pas laissé la serrer de trop près. Je lui ai demandé pourquoi elle avait tué Doña Álvarez. Elle m'a regardé avec ce visage mélancolique et elle a répondu que c'était parce qu'elle était désolée pour elle, et qu'elle avait voulu lui épargner la douleur de devoir vivre avec le souvenir de ses fils et de son mari. Le prêtre avait pardonné leurs péchés aux fils, ils étaient donc maintenant au paradis, et Doña Álvarez était avec eux. Vous savez, si je n'avais pas grandi au Mexique, ça m'aurait semblé une drôle de raison de tuer quelqu'un.

Un gars a essayé de me prendre ma cavalière, et je lui ai dit : « *Más tarde, muchacho.* » J'avais quelque chose à dire à Ynez, et je l'ai dit. J'étais amoureux d'elle. Elle a ri. Je crois que c'est la seule fois que je l'ai vue rire. Je vais vous demander une fois de plus de pardonner mon langage. Ynez était mal embouchée et elle a dit que je n'étais pas amoureux d'elle, que tout ce que je voulais, c'était, vous savez, *chingar*, baiser, parce que c'était tout ce que les gringos voulaient des Mexicaines. Elle m'a lâché et s'est éloignée, mais qu'on me pende si je n'ai pas perçu juste une once d'intérêt dans ses yeux noirs.

La *fiesta* s'est poursuivie jusqu'à ce que Bracamonte ordonne à tout le monde d'aller se pieuter. Ben et moi, on a sorti nos tapis de couchage et on s'est allongés à côté de nos chevaux. Il a posé la tête sur sa selle et a ronflé au bout de trente secondes, mais moi, j'avais trop de choses qui s'embrouillaient dans ma tête. Je lui ai donné un coup de coude dans les côtes et je lui ai dit que je n'arrivais pas à roupiller. Il a juré et a dit que c'était pas une raison pour l'empêcher de dormir. J'ai dit que les exécutions ne me semblaient pas justes. Ben supposait que non, mais c'était la guerre. C'était un homme dur, Ben, plus dur que moi, il avait réussi à s'habituer à voir couler le sang. Alors il s'est assis, il a sorti son tabac et il a roulé une cigarette pour lui et une pour moi, et on a fumé, et il a réfléchi un moment et déclaré que ces révolutionnaires *messicains* – je n'ai jamais réussi à lui faire prononcer le mot *mexicain* correctement – semblaient très portés sur la justice mais nettement moins sur la clémence, et que nous ferions bien de garder ça à l'esprit. À quoi j'ai répliqué qu'Ynez avait tué Doña Álvarez par pitié pour qu'elle puisse être au paradis avec ses garçons et son mari.

Ben trouvait que c'était la chose la plus idiote qu'il avait jamais entendue, et finalement je lui ai avoué que j'étais amoureux d'Ynez. Alors *ça*, qu'il a dit, c'était encore plus idiot. Ben était marrant quand il était question de femmes. Un jour qu'on était venus acheter du bétail au Mexique, je l'avais traîné jusqu'à une *cantina* de Nogales où on pouvait se dégoter deux *señoritas*, mais il ne voulait rien avoir à faire avec les femmes de la nuit, ni avec celles du jour d'ailleurs. J'expliquais que les femmes attendaient de leur mari qu'il sache s'y prendre, et que pour ça il fallait bien un peu d'entraînement. Mais il répliquait qu'il avait appris à marcher sans entraînement. Alors je lui rappelais qu'il avait commencé par ramper, mais il ne saisissait pas ma logique. Enfin bref, il a écrasé sa cigarette et m'a dit d'arrêter de penser avec ce que j'avais entre les jambes et de dormir un peu. On allait se battre dans moins de vingt-quatre heures, et si je n'avais pas les idées claires, je risquais de me faire tuer.

Et c'est ce qui a bien failli m'arriver.

On nous a réveillés à l'aube. La première chose à l'ordre du jour a été de piller les réserves de l'hacienda à la recherche de farine, de haricots, de café et de tout ce qui pourrait nous être utile. Pendant ce temps, une foule de péons avait marché jusqu'au ranch et s'était rassemblée à l'extérieur de l'enceinte et avait demandé à voir le *jefe*. Ces péons faisaient pousser du maïs, de la luzerne et d'autres cultures au Santa Barbara, et ils voulaient savoir ce qu'ils allaient devenir maintenant que le *rancho* avait changé de propriétaire.

Le colonel Bracamonte est monté sur une boîte et leur a dit que le *rancho* avait en effet changé de propriétaire, et que le nouveau propriétaire, c'étaient eux. Il leur a fait un grand sourire blanc sous cette grosse moustache noire, mais les péons le regardaient sans piper mot. Il leur a fallu un moment pour se faire à l'idée, mais finalement, certains ont compris, alors quand Bracamonte s'est exclamé : « *¡Viva la revolución!* », ils ont répondu en chœur.

Le bataillon s'est mis en route pour Santa Cruz en milieu d'après-midi. Le plan était d'attaquer la garnison fédérale de nuit. Ce pays de l'autre côté de la frontière n'avait pas l'air différent de l'Arizona, des prairies, des arroyos, du *mesquite*, des figuiers de Barbarie, et tellement de foutues caillasses qu'on aurait cru que, au lieu de se reposer le septième jour, Dieu avait fabriqué des cailloux et les avait tous balancés là-bas. On a voyagé à travers champs pour être sûrs que personne n'irait alerter les troupes de Díaz de notre arrivée. Notre compagnie était dans le groupe de tête, avec le colonel et ses aides qui nous montraient le chemin, et les Yaquis qui servaient d'éclaireurs environ huit cents mètres devant nous. Parfois, en atteignant le sommet d'une élévation, on les voyait qui avançaient à pied avec leurs arcs et leurs flèches. Ces Indiens auraient pu conserver cette allure toute la journée et avoir encore assez de forces pour danser le soir. Derrière nous il y avait les charrettes et les *burros*, et aussi les filles qui suivaient le camp. Je dirais qu'en tout on devait être cent cinquante ou cent soixante. Ben et moi, on était pleins d'entrain, c'était pour ça qu'on s'était enrôlés, pas pour assister à des exécutions. Et Ben était tout excité parce qu'il avait trouvé à l'hacienda des munitions pour son drôle de Luger.

La suite de mon histoire est difficile à raconter, mais je vais la raconter.

Quand on est arrivés à la rivière Santa Cruz, le colonel Bracamonte a ordonné une halte pour que les soldats puissent se reposer et les chevaux s'abreuver. On attendrait là jusqu'au coucher du soleil et on effectuerait le reste de la marche à la faveur de la nuit. Ben et moi, on s'est roulé quelques cigarettes et on s'est détendus. Je me rappelle avoir regardé le long de la rivière et vu le colonel, Ynez et quelques Yaquis qui étaient regroupés.

Puis Ynez est arrivée et a annoncé que le colonel voulait nous voir. Non, c'est pas tout à fait exact. Elle regardait Ben en disant ça, mais Ben étant mon *compadre*, j'ai décidé de l'accompagner. Quand on est arrivés là-bas, on a vu un plan grossier de Santa Cruz dessiné dans la terre, et le colonel a expliqué à Ben qu'Ynez l'avait informé qu'il connaissait la ville, et il lui a demandé si le plan était exact. Ben a répondu que non, et il en a dessiné un correct. Le colonel l'a regardé puis il est passé de l'espagnol à l'anglais.

« Je vous ordonne de tuer cet homme », qu'il a dit en faisant une espèce de geste de la tête en direction d'un éclaireur nommé Juan l'Apache.

Ben et moi, on l'a regardé comme si on avait entendu de travers, alors il a répété son ordre, et Ben a demandé :

« Pourquoi ? »

Le visage de Bracamonte est devenu dur comme de la pierre.

« Parce que je vous l'ordonne. »

Ben a répliqué qu'il ne tuerait personne sans une bonne raison, et que le fait qu'on lui demande de le faire, colonel ou pas colonel, n'était pas une bonne raison, certainement pas.

Je devinais que personne n'avait jamais parlé à Bracamonte sur ce ton, mais il a retenu sa mauvaise humeur et déclaré de but en blanc qu'il s'était méfié de Juan l'Apache dès l'instant où celui-ci s'était enrôlé, et que ses soupçons étaient maintenant confirmés car il avait posé à Juan l'Apache tout un tas de questions et que ses réponses ne l'avaient pas satisfait.

Je dois rendre hommage à Ben. Il était évident aussi bien pour lui que pour moi qu'on nous testait, et que si on ne faisait pas ce qu'on nous ordonnait de faire, on allait en baver. Mais Ben a répondu qu'il n'avait toujours pas entendu une bonne raison – que si le colonel n'aimait pas les réponses que le gars lui avait données, alors il n'avait qu'à le tuer lui-même.

Bracamonte l'a regardé fixement pendant ce qui a semblé une heure, et Ben lui a retourné son regard, deux hommes durs qui se toisaient. Pendant une seconde, j'ai cru que le colonel allait faire ce que Ben avait dit, mais il a tourné son pistolet vers nous. Il avait un sourire froid sur le visage, et il a plus ou moins dit que nous autres gringos on était une bande d'emmerdeurs et… Eh bien, je ne me souviens pas de ses paroles exactes, mais il a dit quelque chose comme : « J'ai la preuve que cet homme est un traître et un espion. Il nous a donné de mauvaises informations sur la ville. Il va déserter ce soir et prévenir les troupes fédérales de notre approche. La voilà votre raison, *señor*, maintenant obéissez à mes ordres. »

Ben a eu une infime hésitation – c'était franchement inhabituel pour lui d'hésiter – et il a regardé en direction de Juan l'Apache comme s'il essayait de juger par lui-même si ce type était un espion et un traître. C'est moi qui ai tiré le premier. J'étais plutôt adroit avec un pistolet, mais je n'avais jamais tiré sur un homme de ma vie, et ma main tremblait tellement quand j'ai dégainé mon colt que j'ai visé de travers. Je l'ai atteint à la jambe. Il a pivoté sur lui-même et agrippé sa jambe, et alors, pan ! Ben a fait feu avec son Luger et Juan l'Apache est tombé comme une balle de foin d'un fenil. Il gigotait encore quand des soldats lui ont pris ses bottes.

Alors maintenant, nous aussi on avait exécuté quelqu'un. On était venus pour l'or et la gloire et jusqu'alors on n'avait vu ni l'un ni l'autre. Ces cinquante dernières années, je me suis demandé mille fois : Pourquoi as-tu tiré sur cet homme ? Et pour autant que je sache, c'était parce que j'avais compris que Juan l'Apache était de toute manière condamné et que je voulais simplement en finir. Et Ben ? Il n'a jamais dit ce qui s'était passé dans sa tête, et je n'ai jamais demandé. Il n'était pas du genre à s'expliquer de toute façon. Une fois qu'il avait fait quelque chose, c'était fait, inutile de regarder en arrière.

Bracamonte a dit : « *Bueno* », et c'est tout, mais on voyait bien que son opinion à notre sujet, ainsi que celle d'Ynez, avaient changé. Ils nous faisaient confiance maintenant. Tu parles d'une façon de gagner leur confiance ! Alors le soleil s'est couché, et nous avons abandonné Juan l'Apache aux coyotes et aux vautours.

Le bataillon a longé la rivière en file indienne au milieu des peupliers. C'était une nuit sans lune, et avancer sous ces grands arbres, c'était comme avancer les yeux bandés dans un tunnel. Il devait être près de minuit quand l'ordre de mettre pied à terre s'est répandu dans un murmure. Quelques hommes sont restés en arrière pour faire les sentinelles et garder les chevaux. Les autres sont partis à pied. La rivière formait un coude entre nous et Santa Cruz, et on l'a traversée. Sortir de sous les peupliers, ç'a été comme passer de la nuit au jour, vu que nos yeux s'étaient accoutumés à l'obscurité totale. La ville était plongée dans le noir, il n'y avait pas une seule lumière, mais on parvenait à distinguer certaines maisons et les clochers de l'église. Le colonel est parti avec la compagnie d'El Agave pour contourner la ville par l'ouest. Ils étaient censés s'emparer de la caserne des troupes fédérales. Suivant les indications de Ben, Ynez a mené notre compagnie le long de la rue principale en direction de la *plaza*. À vrai dire, j'étais tellement effrayé et excité à la fois que je croyais que j'allais pisser dans mon pantalon.

À deux ou trois rues de là, à l'endroit où se trouvait la première compagnie, quelqu'un a crié. On n'a pas entendu quoi exactement, mais on a clairement entendu un coup de feu. Il s'est plus tard avéré qu'une sentinelle fédérale avait repéré les hommes d'El Agave. Ils ont riposté, de nouveaux cris ont retenti, puis encore d'autres coups de feu, nombreux, et les balles perdues claquaient au-dessus de nos têtes comme des petits fouets. « Ligne d'escarmoucheurs, gauche ! » a hurlé Ynez. Comme on ne connaissait rien au vocabulaire militaire, Ben et moi, on ne savait pas ce que ça voulait dire, mais on a vu notre compagnie se déployer en travers de la rue, alors on a saisi l'idée. De nos jours, on appellerait ça apprendre sur le tas. « *¡Adelante!* » a ordonné Ynez, et on a commencé à marcher sur la *plaza*. L'église était sur notre gauche, avec un tribunal juste en face, et un kiosque à musique au milieu. Tout d'un coup, j'ai entendu un bruit comme je n'en avais jamais entendu. Les fédéraux avaient une mitrailleuse sur le kiosque à musique ! Ils nous auraient tous descendus s'il n'y avait pas eu deux choses – tout d'abord les mitrailleurs n'y voyaient pas trop clair, et en plus ils étaient à deux ou trois mètres au-dessus du sol, si bien qu'ils tiraient trop haut. Certains de nos hommes ont riposté. Il y en avait, comme Francisco, qui savaient se servir d'une arme, mais la plupart, en dépit de ce qu'avait prétendu Ynez quand elle avait affirmé qu'elle n'accepterait aucun homme qui ne tirerait pas aussi bien qu'elle, n'auraient pas été foutus de taper sur le cul d'un gros taureau avec une pagaie de canoë. Ils semblaient tirer dans tous les sens, sauf en face d'eux. Ben leur a crié de viser les éclairs qui jaillissaient de la gueule de la mitrailleuse. Les mitrailleurs ont eu la même idée et se sont mis à tirer en direction des éclairs qui jaillissaient de nos fusils. Deux hommes ont été touchés. Et c'est alors que j'ai vu Ynez tomber, tête la première, sous un arbre au bord de la *plaza*. Sans réfléchir, j'ai couru jusqu'à elle pour la porter hors de la ligne de feu. Les mitrailleurs ont dû me voir. En tout cas, ils ont tiré dans ma direction et arraché des bouts à un tronc d'arbre à peut-être un mètre au-dessus de ma tête. Je vous avais dit que j'ai failli me faire descendre à cause de cette femme. Elle m'a hurlé : « Au sol, espèce d'idiot ! » Elle ne s'était pas fait tirer dessus ! Je peux vous assurer que ce coup-là j'étais ravi de me faire traiter d'idiot, et je me suis jeté au sol juste à côté d'elle.

La mitrailleuse s'est tue pendant quelques secondes, je suppose qu'elle s'était enrayée, et Ben m'a appelé, alors j'ai couru jusqu'à lui. Il m'a dit : « Viens avec nous ! » À ce moment, lui, Francisco et quelques-uns des *compadres* de Francisco se sont précipités vers l'église, et j'ai suivi. On peut dire que Ben et Francisco connaissaient cette ville comme leur poche. Ils nous ont entraînés – nous n'étions que six en tout – dans une petite rue derrière l'église, puis on a tourné dans une autre rue, puis encore une autre, et soudain on s'est retrouvés face à l'arrière du kiosque à musique. Pendant ce temps, cette mitrailleuse infernale s'était remise à tirer, et ça canardait tellement du côté de la caserne des troupes fédérales que j'ai cru que les balles allaient faire s'effondrer le bâtiment. Ben nous a dit d'ouvrir le feu sur le kiosque à musique avec tout ce qu'on avait, et c'est ce qu'on a fait. On n'en voyait rien que le contour, mais on se disait qu'on atteindrait les mitrailleurs par accident. Seulement ça n'est pas arrivé, et ils ont retourné leur mitrailleuse et se sont déchaînés sur nous. Mais c'était précisément ce que Ben avait en tête. Il voulait qu'ils croient que toute notre équipe les avait contournés jusqu'à l'arrière. Ynez a compris la manœuvre, et dès que cette mitrailleuse a été retournée, nous avons entendu sa voix haut perchée hurler : « *¡Adelante compañeros!* » Et les hommes qui étaient avec elle ont pris le kiosque d'assaut, abattu les ennemis à bout portant et se sont emparés de la mitrailleuse.

Mais la bataille ne s'est pas arrêtée là. Elle s'est poursuivie jusqu'au petit matin. On tenait une moitié du *pueblo*, et les soldats de Díaz en tenaient l'autre moitié, une sorte d'impasse. Ben n'arrêtait pas de crier à nos hommes de tirer en direction des éclairs que produisaient les armes des ennemis, puis de se déplacer et de recommencer à tirer. Quand est arrivée l'aube, il avait des yeux de fou. On était tous comme fous, et petit à petit on a pris le dessus. Finalement, les coups de feu ont cessé pour de bon. Il y avait des cadavres quasiment partout, les murs de la caserne étaient tout rongés, et à un endroit une dizaine de fédéraux gisaient entassés les uns sur les autres, la rue était rouge, comme s'il avait plu du sang. La compagnie d'El Agave avait été sévèrement touchée – environ la moitié de ses hommes étaient soit morts soit blessés. Celle d'Ynez comptait peut-être dix morts. Les habitants de la ville étaient tous tapis dans leurs *casitas*.

Le colonel est monté à l'un des clochers de l'église pour se faire une meilleure idée de la situation avec ses jumelles, et il nous a crié que des fédéraux prenaient la fuite, en direction du nord. Il est redescendu en courant et a informé Ynez qu'il tiendrait la ville avec ce qui restait de la première compagnie pendant qu'elle se lancerait avec ses hommes à la poursuite des fuyards pour les abattre. On a couru jusqu'à nos chevaux, on s'est remis en selle et on s'est lancés à leur poursuite. À ce moment, on ne les voyait plus. Il nous a fallu un moment pour repérer leurs traces, mais après ç'a été facile de les suivre, vu que la plupart d'entre eux étaient à cheval et laissaient de nombreuses empreintes. Ben et quelques éclaireurs yaquis ont remonté les traces, et Ben était aussi bon pour ça que les Indiens. Les soldats fédéraux se dirigeaient vers la frontière. Il était plus que probable que certains l'avaient déjà franchie – Santa Cruz était à environ une heure à cheval. D'après Ynez, les fuyards savaient que les États-Unis soutenaient Díaz et avaient envoyé des soldats à la frontière, alors ils se disaient qu'ils seraient en sécurité une fois de l'autre côté. Du coup, elle a décidé qu'on les poursuivrait sur le territoire américain si on y était obligés. Alors j'ai dit : « Oh ! Pas si vite ! Et si les troupes américaines sont déjà arrivées et que nous tombons dessus ? » Et Ynez a répondu qu'on les combattrait aussi, comme si elle ne voyait pas ce qui empêcherait une bande d'*insurrectos* mexicains débraillés d'aller attaquer l'armée des États-Unis.

Cette femme, que je me suis dit, est aussi cinglée qu'un rat piégé dans une cage, et vous savez, plus elle devenait cinglée, plus j'étais amoureux d'elle. Mais j'ai regardé Ben et j'ai dit :

« On ne peut pas tirer sur des soldats américains. S'ils nous attrapent, on finira à coup sûr au bout d'une corde.

— T. J., qu'il a répondu, nous nous sommes engagés avec ces gens. Nous sommes de leur côté. »

Ben était comme ça. Il avait son propre code moral et il était bien décidé à le suivre, même si ça signifiait se battre contre des soldats de son propre pays.

Nous avons rattrapé les fédéraux qui se dirigeaient à pied vers la frontière, seuls ou par groupes de deux ou trois. Ils avaient abandonné leurs armes et levé les mains en l'air, mais les *revolucionarios* les ont descendus, sans se poser de questions. Ben et moi, on n'a pas pris part à ces exécutions, mais on n'a rien fait non plus pour les empêcher.

On a poursuivi notre traque. La frontière de nos jours ne se voit pas vraiment, et elle se voyait encore moins en ce temps-là. La plupart du temps, les gens ne savaient pas dans quel pays ils étaient, mais Ben et moi, on a bientôt su qu'on était aux États-Unis, vu qu'on reconnaissait le paysage. On était dans les contreforts des montagnes Huachuca et pas trop loin de Fort Huachuca, où des soldats étaient stationnés depuis l'époque des guerres contre les Apaches. Ben en a informé Ynez, et je crois que réflexion faite elle hésitait à se frotter à l'armée gringo car elle a fait passer le mot que si on tombait sur d'autres fédéraux en fuite, on ne devait pas leur tirer dessus. Elle a demandé aux Yaquis de les achever avec leurs arcs et leurs flèches. Et c'est ce qu'ils ont fait. On est tombés sur un cheval qui était mort d'épuisement, et son cavalier avait continué sa fuite à pied, et les Yaquis l'ont transformé en passoire. Et le suivant aussi, et celui d'après pareil. À ce rythme, ils allaient tomber à court de flèches, alors ce qu'ils faisaient, c'est qu'ils récupéraient les flèches en les tirant par la pointe si elles avaient transpercé le corps, et avec leurs grands arcs, c'est ce qui se passait la plupart du temps.

Je dirais que les Yaquis en ont tué une bonne demi-douzaine, et ça me rendait malade, alors j'ai dit à Ynez : « Bon Dieu, c'est pas ça la guerre, ça, c'est du meurtre de sang-froid. » Elle a répondu que j'étais maintenant dans mon pays et que j'étais libre de m'en aller si ça me gênait. Eh bien, vous savez quoi ? Je ne pouvais pas m'éloigner d'elle, et autre chose – je n'étais pas complètement sûr que cette vipère de sorcière mexicaine ne me tirerait pas une balle dans le dos pour désertion.

Mais je n'avais pas vu le pire. On a rattrapé deux soldats qui étaient toujours à cheval. Les Yaquis les ont pourchassés tout en tirant leurs flèches, et ils ont touché les chevaux, et vous savez, en tant que cow-boy, ça m'a plus dérangé que de voir des hommes se faire tuer. Les Indiens se préparaient à abattre les deux soldats, mais Ynez les en a empêchés. On les a encerclés, et Ynez a ordonné à deux de nos hommes de les ligoter. L'un était officier, lieutenant, je crois, et l'autre était sergent. Je me disais qu'en lui disant que c'étaient des meurtres de sang-froid j'avais touché sa conscience, si elle en avait une, et qu'elle allait les faire prisonniers et au moins leur offrir un procès équitable avant de les exécuter. Ils étaient tous les deux sacrément surpris et confus de voir une femme donner les ordres. Le lieutenant, un jeune gars, semblait avoir principalement du sang espagnol – il avait les cheveux clairs, les yeux bleus et la peau pâle. Et il a eu tellement peur qu'il a failli faire dans sa culotte quand Ynez les a regardés et a dit : « Vous avez tué mon mari, salopards. » Bien sûr, ce qu'elle voulait dire, c'était que c'étaient des salopards comme eux qui l'avaient tué. Enfin bref, c'était son idée d'un procès équitable.

Après ça, deux de nos hommes les ont assommés à coups de crosse. Puis les Yaquis les ont recouverts d'herbes séchées et de branches mortes et ils y ont mis le feu. Ça les a réveillés et ils se sont mis à hurler – j'en fais encore des cauchemars, moi, à presque 80 ans, j'entends encore parfois ces hurlements dans mon sommeil. Ils se sont dégagés des broussailles, tous les deux en flammes, et l'odeur – eh bien, je vous épargnerai ça. En une seconde, les hurlements ont cessé, et il n'y avait plus que deux corps noirs qui gigotaient bizarrement. Oh ! Seigneur, les petites gens du Mexique avaient été traités comme des chiens, et maintenant c'était leur tour de mordre, et pire encore. « *Basta* », a dit Ynez, et elle a fait tourner son cheval, et tandis que la fumée s'élevait derrière nous, on a regagné le Mexique.

Quand on est arrivés à Santa Cruz, on dormait quasiment sur nos selles. Le colonel Bracamonte avait fait sortir les habitants de leurs maisons en leur disant qu'ils étaient maintenant libérés, puis il les avait mis au travail en leur faisant enterrer les morts, et j'imagine qu'ils ne se sentaient pas si libérés que ça. Ynez lui a rapporté dans le détail ce qu'on avait fait, et lui était heureux comme un pape d'avoir récupéré la mitrailleuse. Il a marché jusqu'à l'endroit où Ben, Francisco et moi étions affalés sur la *plaza*, et il nous a tous les trois promus sur-le-champ. Il a nommé Ben lieutenant et commandant en second de la compagnie, et il nous a fait sergents, Francisco et moi. Alors on était là, *teniente* Erskine et *sargento* Babcock, mais Bracamonte aurait pu me nommer général, j'en aurais rien eu à secouer – tout ce que je voulais, c'était quelque chose à manger et dix bonnes heures de sommeil.

Nous avons accompagné le bataillon de l'Écharpe rouge pendant encore trois mois je crois, du moins jusqu'à la fin de la révolution. Je devrais dire, jusqu'à ce que nous *pensions* être la fin. Il y a eu des combats et des troubles au Mexique pendant vingt ans avant que les choses ne finissent par se tasser. Mes souvenirs de ces trois derniers mois ne sont pas aussi clairs que ceux des trois premiers jours – tout s'emmêle plus ou moins – mais je sais qu'on était épuisés à cause de toutes ces expéditions, tous ces combats, toutes ces exécutions. On s'est emparés d'embranchements ferroviaires et de garnisons et de villes dans tout l'État de Sonora. On a libéré quelques autres haciendas, et après chaque bataille on était plus nombreux à cause des soldats fédéraux qui désertaient et se joignaient à nous. On n'avait pas à se soucier de ce que les généraux appellent des voies de ravitaillement vu que quand on avait besoin de quelque chose, on se servait – armes dans les garnisons, nourriture et alcool dans les haciendas ou dans les boutiques qui appartenaient à des Espagnols ou à des partisans de Díaz. À la fin, le bataillon comptait environ trois cents hommes – et quelques femmes aussi, des *soldaderas* comme

Ynez, des filles avec de grosses boucles d'oreilles en or et des cartouchières en travers de leurs poitrines généreuses.

Doux Jésus, les choses qu'on a faites, les choses qu'on a vues ! De temps en temps, on tombait sur des pendus qui balançaient à des peupliers, leurs corps desséchés et noircis, comme des épouvantails, mais ils n'effrayaient pas tous les oiseaux. Un jour on a vu trois gars pendus à un arbre au loin, et quand on s'est approchés, Ben a dit : « Ils sont toujours vivants », vu qu'ils bougeaient. Mais quand on s'est approchés un peu plus, on a vu que c'étaient les corbeaux qui les faisaient bouger. Les cadavres en étaient recouverts de la tête aux pieds, et on aurait dit qu'ils portaient des costumes de plumes noires avec tous ces corbeaux qui picoraient des bouts de chair. Et je n'oublierai jamais la fois où j'ai vu un coyote traverser la route devant nous avec ce qui ressemblait à une branche d'arbre dans la gueule, et il s'est avéré que c'était un bras humain. Ce sont des choses épouvantables à raconter, mais c'était comme ça. Il n'y avait pas beaucoup de gloire là-dedans, et pour ce qui était de l'or, Ben et moi avions toujours les quelques dollars yankees qu'on avait à notre arrivée. Des soldats de fortune sans fortune, voilà ce qu'on était.

Vous savez, tout ça m'a endurci, et je crois que ça a rendu Ben encore plus dur qu'il ne l'était déjà. Mais étrangement Ynez s'est adoucie. Elle se battait comme une furie quand il fallait se battre, mais quelque chose avait changé. Elle était désormais plus portée sur la clémence que sur la justice. Après l'une de ces batailles, la folie qu'elle avait dans les yeux est partie, et il n'est plus resté que de la tristesse. Ynez est venue me voir et elle a dit : « Babcock, j'ai fait des choses terribles. » Alors j'ai répondu qu'on en avait tous fait, mais c'était comme si elle ne m'entendait pas. « Par amour pour mon mari, j'ai condamné mon âme à l'enfer. » Ça, c'étaient les Mexicains tout crachés. Mais elle est allée voir un *padre* qui était occupé à enterrer des morts dans un *pueblo* et elle a confessé ses péchés. Cette vipère de femme avait cessé de mordre, tout le poison de la vengeance l'avait quittée. À ses yeux, elle avait lavé son âme du meurtre et elle comptait bien rester comme ça.

Quand je repense à cette époque, il y a deux anecdotes concernant Ben qui sont restées gravées dans ma mémoire. Tout d'abord, il a été promu capitaine. Voici comment ça s'est passé. Une nuit après qu'on avait chassé des fédéraux d'un dépôt ferroviaire, il m'a réveillé en me poussant du bout de sa botte.

« T. J., y a quelque chose qui cloche », qu'il a dit tout bas.

J'ai regardé autour de moi et j'ai vu nos hommes qui dormaient, et tout ce que j'entendais, c'était le léger crépitement du feu de camp qui mourait, et des ronflements, et le bruit des cailloux sous les sabots des chevaux attachés.

« Tout est normal », que j'ai répondu.

Mais il a insisté que quelque chose ne tournait pas rond, qu'il sentait qu'un danger rôdait quelque part. Bon, il y a une chose que je ne vous ai pas dite à propos de Ben. Il prétendait posséder des pouvoirs surnaturels. Il disait que c'était de famille. Il avait une grand-mère ou une tante qui pouvait parler aux esprits des morts, et un jour, quand il était écolier, il avait noté une date dans son cahier sans raison particulière – une date située deux mois plus tard. Eh bien, quand ce jour était arrivé, la grand-mère ou la tante qui discutait avec les défunts était morte à son tour. J'avais beau ne pas être du genre scientifique, je ne croyais pas à ces histoires de fantômes. Bref, j'ai dit à Ben que s'il était si sûr que quelque chose clochait, il ferait bien de réveiller Ynez et de l'avertir, et c'est ce qu'il a fait. Ynez a eu à peu près la même réaction que moi, mais une fois que Ben avait une idée dans le crâne, impossible de l'en ôter, alors il a sellé son cheval et il est parti.

À peine quelques minutes plus tard, j'ai entendu un coup de feu et je me suis levé d'un bond. Toute la compagnie était désormais réveillée. Ç'a alors été une fusillade en bonne et due forme, et Ben est revenu au grand galop en hurlant comme Paul Revere[1] que les fédéraux étaient juste derrière lui. L'ennemi a chargé sur nous en criant et en canardant comme pas possible. Les chevaux ont arraché leurs liens et se sont précipités dans ce chaos d'hommes qui se battaient au corps à corps. On ne savait presque plus qui était qui, et je crois que certains de nos hommes se sont entretués. La pire bataille à laquelle j'ai participé, mais on était deux fois plus nombreux que les fédéraux qui avaient lancé la contre-attaque et on a repris le dessus. Je dirais qu'on en a tué plus de la moitié et qu'on a capturé le reste.

L'ancienne Ynez aurait exécuté les prisonniers sur-le-champ, mais c'était dorénavant la nouvelle Ynez, et elle leur a offert un choix – elle pouvait les abandonner à la merci du désert, ou alors ils pouvaient se joindre à nous. Ils ont eu aucun mal à se décider. De fait, comme nous

1. Patriote américain célèbre pour sa « *midnight ride* », la longue chevauchée qu'il entreprit dans la nuit du 18 au 19 avril 1775 pour prévenir les révolutionnaires de l'avancée de l'armée britannique. *(N.d.T.)*

l'a expliqué l'un des prisonniers, la seule raison pour laquelle ils avaient lancé cette offensive, c'était qu'ils s'étaient retrouvés au milieu de nulle part sans nourriture ni eau, et qu'ils avaient décidé de nous attaquer par surprise pour nous voler nos vivres et nos chevaux.

Ynez a dit à Ben que c'était un héros de la révolution et que la prochaine fois qu'il sentirait que quelque chose ne tournait pas rond, elle l'écouterait. Quand Bracamonte a appris ce que Ben avait fait, il l'a promu *capitán* et lui a confié le commandement de l'autre compagnie. Le gars qu'il remplaçait, El Agave – on l'appelait comme ça parce qu'il valait mieux pas se frotter à lui et qu'il avait un fort penchant pour le mezcal –, était vert de rage.

À ce que j'ai entendu, il avait encore une partie du mezcal qu'il avait pillé dans une *cantina*, alors il s'est soûlé et il a déclaré qu'il préférait aller en enfer plutôt que de recevoir des ordres d'un gringo, qu'il avait plus de tripes que n'importe quel gringo, et qu'il allait le prouver. Ben était assis sur une véranda avec Francisco, en train de nettoyer son Luger, quand El Agave est arrivé dans la rue en l'injuriant copieusement et en annonçant qu'ils allaient régler cette histoire entre hommes. Ben était parfaitement calme et, avec son sourire tordu, il a dit qu'il serait ravi de faire plaisir à El Agave, mais qu'il avait juste besoin d'une minute pour remonter son pistolet. El Agave lui a répondu d'aller se faire foutre ou quelque chose comme ça et il a dégainé. Soûl comme il était, il aurait eu du mal à atteindre un éléphant dans un couloir, mais une des balles a projeté de la poussière sur le visage de Ben, qui s'est écarté brutalement en criant. Puis il y a eu un autre coup de feu, et quand Ben a relevé les yeux,

El Agave gisait mort dans la rue et Bracamonte se tenait au-dessus de lui, pistolet à la main. Ben a retrouvé ses esprits et il a dit *muchas gracias* au colonel en ajoutant qu'il avait une dette envers lui puisqu'il lui avait sauvé la vie. À quoi Bracamonte a répondu qu'il aurait peut-être l'occasion de lui rendre un jour la pareille, mais que pour le moment ce n'était pas la peine d'y penser.

Bon, le jour est arrivé, longtemps après, où Ben s'est acquitté de sa dette, mais cette histoire sera pour une autre fois.

L'incident que je viens de vous relater s'est produit en juin 1911. Quelques jours plus tard, le colonel s'est rendu à Hermosillo pour une réunion avec quelques autres meneurs de la révolution, et à son retour, il a annoncé que le président Díaz avait démissionné et était parti en exil, et que Francisco Madero avait pénétré dans Mexico pour prendre le pays en main. On avait gagné cette foutue guerre ! Les garçons ont tiré en l'air en poussant des cris de triomphe, et le *jefe* a donné une *fiesta* qui a duré la moitié de la nuit.

Ce soir-là, j'ai envoyé ma prudence aux oubliettes et déclaré à Ynez que je me foutais qu'elle soit mon commandant, que j'allais l'embrasser comme un homme qui savait ce qu'il faisait, et je l'ai soulevée et c'est ce que j'ai fait. Tu parles d'une surprise quand elle m'a retourné mon baiser ! Et alors elle a dit qu'elle n'était plus mon commandant. « Tu vas m'épouser ou quoi ? » que j'ai demandé. Et qu'on me pende si elle a pas répondu : « *Sí*, Babcock. » J'ai poussé un hurlement de cow-boy et je l'ai embrassée de plus belle en laissant plus ou moins mes mains se balader en territoire interdit. Elle m'a arrêté et a déclaré que je n'aurais pas le droit de la toucher tant qu'on ne serait pas mariés. Et il y avait une autre condition : j'allais devoir accepter de vivre avec elle au Mexique ; elle comptait y rester et participer à la reconstruction du pays. Avec tous les dégâts et toutes les destructions de la guerre – comme si c'était la comète qui avait auguré de tout ça –, reconstruire le Mexique allait être une tâche conséquente. Mais ça me convenait. À vrai dire, si Ynez avait voulu que je vive sur la lune, j'y serais allé.

Deux jours plus tard, on a appris par télégraphe notre démobilisation officielle. C'était un peu triste de dire *adíos* à nos *compadres*. Ben avait sa tête des mauvais jours. Il a dit : « T. J., je ne sais pas trop ce que je vais faire maintenant. » J'ai déclaré qu'il pourrait peut-être retourner travailler avec son frère. Il n'a rien répondu, il a juste secoué la tête très lentement, mais je savais ce que ça voulait dire. Après avoir combattu pour la révolution, garder des vaches semblait plutôt insipide, et après avoir été *capitán* à seulement 21 ans, il allait avoir du mal à jouer les seconds rôles auprès de son frère. Alors je lui ai suggéré de rester et de nous aider à bâtir un nouveau Mexique. Bon, je n'avais pas la moindre idée de ce que ça voulait dire, mais l'idée me plaisait. Quoi qu'il en soit, Ben a de nouveau secoué la tête. Le lendemain il a retraversé la frontière, et j'ai été triste de le voir partir, vu que je croyais qu'on ne se reverrait jamais. Il s'est avéré que je me trompais.

3

« Ces gens peuvent vous rendre dingue », déclara Monica à mi-voix. C'était un samedi, elle venait de rentrer de l'école de Patagonia où elle enseignait. Elle était assise avec tante Sally et Castle dans la cuisine en désordre de la maison principale, pendant que Miguel dormait sous une couverture sur le canapé du salon. « Ils défoncent vos clôtures et ils vous brisent le cœur, et vous ne savez pas quoi faire d'eux. »

Toute une vie à vivre à la dure – elle avait grandi dans un ranch et emménagé dans un autre à son mariage – l'avait fait paraître à la fois plus jeune et plus vieille que son âge, à savoir 51 ans. Le soleil et le vent du désert avaient creusé des sillons sur son visage puissant et carré, sillons accentués par un nez droit et des yeux d'un bleu électrique, tandis que son corps, façonné par des années à monter à cheval, à soulever à la fourche des balles de fourrage sur des pick-up et à se battre avec des veaux au moment du marquage, était celui d'une femme de 30 ans. Et elle n'avait pas honte de le montrer, comme elle le faisait maintenant, avec son jean aussi serré qu'un justaucorps et son chemisier moulant suffisamment déboutonné pour révéler une naissance de poitrine couverte de taches de rousseur.

« Comment ça, vous rendre dingue ? demanda Castle.

— À un moment, ils vous donnent envie de dresser une muraille de Chine à la frontière. Et la minute d'après, vous êtes désolé pour eux et vous voulez les aider à atteindre la destination qu'ils cherchent à atteindre, répondit Monica. Certains de ces immigrants ont des histoires qui font passer *Les Raisins de la colère* pour une comédie.

— Qu'est-ce qu'il t'a dit ? »

Monica, qui parlait assez bien espagnol, avait eu une brève conversation avec Miguel avant qu'il ne s'écroule, encore tremblant, sur le sol de la cuisine. La marche jusqu'au sommet de l'escarpement, puis le trajet cahoteux dans la voiture de Castle jusqu'à la maison principale du ranch avaient eu raison de ses dernières forces. Il ne s'était même pas réveillé quand ils l'avaient traîné jusqu'au salon et soulevé sur le canapé. Il était tellement immobile que Castle, pendant que Sally était allée chercher une couverture en laine dans le placard, avait posé l'oreille contre sa poitrine pour s'assurer que son cœur battait toujours.

« Pas grand-chose, répondit Monica. Il a dit qu'on lui avait sauvé la vie et qu'il venait d'Oaxaca.

— C'est tout à fait dans le sud, à près de deux mille kilomètres », expliqua Sally. Malgré ses longs cheveux gris attachés en queue-de-cheval et son peignoir en éponge miteux enfilé par-dessus une chemise de nuit en coton, elle donnait tout de même une impression souveraine. À 79 ans, elle demeurait la maîtresse des lieux.

« Qui sait ce que ce Miguel a traversé pour arriver jusqu'ici.

— Quand je l'ai trouvé, il a cru que j'allais l'abattre, déclara Castle. Et après, il a demandé s'il était aux États-Unis. Le pauvre gars n'avait aucune idée d'où il était. Quand je lui ai dit que oui, il était aux États-Unis, il a remercié Dieu à n'en plus finir et il s'est mis à pleurer.

— C'est ça que je veux dire. Ils vous brisent le cœur. »

Comme la mère de Castle, comme beaucoup de filles de ranches, Monica avait été envoyée au pensionnat quand elle était adolescente. Elle y avait perdu l'essentiel de son accent de la campagne, mais celui-ci ressortait parfois, comme quand elle disait : « Brise le cœur. » *Brise eul' cœur.*

« Raconte-lui cette histoire, Sally, reprit-elle.

— Laquelle ?

— Celle de l'immigrant que Gerardo a trouvé l'année dernière. »

Sally se pencha en avant, comme si elle était sur le point de confier un secret à Castle.

« Gerardo était parti voir comment se portait le bétail sur les terres que nous louons. Il est tombé sur un Mexicain assis seul sous un arbre près d'une route du Service des forêts. Gerardo lui a demandé ce qu'il faisait là. L'autre a répondu qu'il attendait que quelqu'un vienne le chercher pour l'emmener à Chicago. Il a ajouté que si la personne n'arrivait pas bientôt, il irait à pied, si Gerardo lui indiquait le chemin. Bon, Gerardo a dû lui dire que Chicago était à environ trois mille kilomètres. Le Mexicain l'a dévisagé, puis il a expliqué que son coyote, son passeur, lui avait dit que c'était à deux jours de marche vers le nord. Plutôt deux mois, a répliqué

Gerardo, et le Mexicain s'est mis à chialer comme un bébé. Gerardo l'a pris sur son cheval et ils sont revenus ici. Nous avons appelé la police des frontières et dit au Mexicain de ne pas s'inquiéter. Il serait simplement ramené de l'autre côté de la frontière, où il pourrait trouver un autre coyote et retenter sa chance. J'espère qu'il a réussi. Mais ça, c'était une histoire qui a bien fini, Gil. Les autres, eh bien, tu as dû lire des articles dessus.

— J'essaie de ne pas lire les journaux.

— Ils meurent de froid dans les montagnes, ils meurent de soif dans le désert. Et tout ça pour quoi ? Pour finir cueilleurs d'asperges ou jardiniers. » Sally posa le menton sur ses mains ridées.

« Ce n'était pas si terrible il y a dix ans, mais maintenant c'est un gros business, ils débarquent par milliers.

— Et c'est là qu'on commence à vouloir bâtir une muraille de Chine, intervint Monica. Tu as pris ton petit déjeuner ?

— J'aime chasser le ventre vide.

— Eh bien, tu ne chasses pas en ce moment », observa Sally.

Monica se leva, ses bottes de cow-boy et ses longues jambes donnant l'impression qu'elle mesurait un mètre quatre-vingts. Comme Amanda quand elle portait des talons – Castle ne put s'empêcher de faire la comparaison.

« *Huevos rancheros* et *frijoles*, ça te va ?

— Ne te donne pas de mal.

— Aucun problème. » Elle attrapa une poêle sur un égouttoir suspendu au-dessus de l'évier. « Tu ferais aussi bien d'attendre que Blaine et Gerardo reviennent. Ils ne devraient pas tarder. »

Les deux hommes étaient partis acheter du fourrage à Sonoita quand Monica avait appelé Blaine sur son portable pour l'informer de la découverte de Castle. Monica lui apporta les œufs couverts de *salsa*, accompagnés de *frijoles* et d'une tortilla chaude pliée en carré. Il se mit à manger.

« Tu reveux du café ?

— Merci. »

Elle le resservit, remplit deux tasses supplémentaires pour elle et Sally, et se rassit.

« Les clandestins, je suppose que je peux faire avec. Mais les coyotes et les trafiquants de drogue… des gens abominables.

— Ils viennent frapper à ta porte à 3 heures du matin, expliqua Sally, pour demander à manger et à boire. Et en plus ils sont malpolis. Ils exigent, comme si c'était un restaurant ouvert toute la nuit. » Elle lâcha un petit éclat de rire sec et ironique pour indiquer que ces visites nocturnes étaient devenues si habituelles qu'elles ne pouvaient désormais que l'amuser. « Ça me rappelle une autre anecdote, les sandwichs au beurre de cacahuète. Raconte-la à Gil, Monica.

— Un jour, j'avais préparé des sandwichs pour un gang de *burreros*, et Blaine est sorti avec les sandwichs empilés dans une main et son pistolet dans l'autre. Juste au cas où. Non pas qu'on ait la moindre intention de leur tirer dessus. Il doit y avoir vingt ou trente habitants dans cette foutue vallée. Tu peux parier que les barons de la drogue savent exactement où chacun de nous habite. Si on leur cause des problèmes, ils nous le rendent au centuple. Comment sont les œufs ?

— Parfaits. Merci.

— L'année dernière, sur le ranch à l'ouest du nôtre, des trafiquants de drogue ont fait feu sur la police des frontières au fusil d'assaut. On les entendait. Le pauvre Blaine, il a presque cru qu'il était de nouveau au Viêtnam. »

Castle fut sidéré d'apprendre que cette vallée à l'air paisible avait pu être le théâtre d'un tel incident.

« Bon sang, dit-il. On se croirait dans une guerre de gangs à L.A.

— C'est plutôt comme au temps de Pancho Villa, sauf que maintenant les méchants ont remplacé leurs chevaux par des pick-up Dodge et leurs winchesters par des AK-47. J'ai un pistolet à côté de mon lit, poursuivit Monica. Blaine et Gerardo en portent un chaque fois qu'ils rassemblent les bêtes ou qu'ils vérifient les clôtures à proximité de la frontière. Téléphone portable d'un côté de la ceinture, pistolet de l'autre. Le Far West rencontre le XXIe siècle. Et maintenant, nous avons des milices qui débarquent, les Minutemen[1]. Manquerait plus que les Apaches s'en mêlent, et on se retrouverait de nouveau au point de départ.

— Alors, qu'est-ce qui s'est passé avec les sandwichs au beurre de cacahuète ? »

Elle lâcha un petit éclat de rire.

« Deux semaines plus tard, nous nous sommes absentés quelque temps. Et à notre retour, nous avons découvert que quelqu'un était entré par effraction dans

1. Désignait à l'origine les membres de la milice des patriotes durant la guerre d'indépendance des États-Unis. Ils étaient ainsi nommés car ils pouvaient être opérationnels en quelques minutes. De nos jours, les Minutemen sont les membres des milices qui s'opposent à l'immigration mexicaine. *(N.d.T.)*

la maison et qu'un certain nombre de steaks, qui provenaient d'un bœuf que nous avions abattu, avaient été volés dans le congélateur. Nous étions à peu près certains qu'il s'agissait des mêmes personnes. Qu'ils nous faisaient savoir qu'ils n'aimaient pas le beurre de cacahuète et pouvaient entrer et voler ce qu'ils voulaient.

— Peut-être que vous leur en aviez donné avec des morceaux et qu'ils le préféraient crémeux, plaisanta Sally.

— La nuit dernière, Sam s'est mise à aboyer, dit Castle. Elle aboie toujours quand des gens approchent de la maison. Ça devait être Miguel. Il a dû voir la lumière à ma fenêtre et il venait demander de l'aide, mais les aboiements l'auront effrayé. » Il regarda l'homme inconscient à travers la voûte qui séparait la cuisine du salon. Si un migrant perdu, malheureux, à moitié mort, pouvait venir aussi près en pleine nuit, alors des trafiquants de drogue ne se gêneraient certainement pas pour faire irruption chez lui, et ce ne serait pas un chien qui les effraierait, surtout s'ils étaient armés de fusils d'assaut. « Vous croyez que je ferais bien de me procurer une arme ?

— Tu chasses avec quoi ? Des cailloux ? demanda Sally avec un sourire.

— Un fusil pour tuer des oiseaux n'est pas franchement une arme. »

Il alla déposer son assiette dans le lave-vaisselle et, tandis que Monica remettait la cuisine en ordre, il se rendit au salon et s'assit face à Miguel pour attendre Blaine et Gerardo. L'exemplaire de *Western Horseman* qu'il commença à feuilleter ne parvint pas à retenir son attention. À côté, le magazine *Tucson* était ouvert à une page qui comportait un bref article sur le fils de Blaine et

Monica, Rick Erskine, un chanteur de country-rock qui s'était fait un nom dans la région. Castle, qui ne l'avait pas vu depuis qu'il était petit, fut surpris de voir sur la photo un jeune homme de 24 ans d'une beauté saisissante et de lire qu'il était désormais marié.

Il reposa le magazine et parcourut du regard la pièce avec ses épais murs de pisé, ses poutres en chêne au plafond et sa cheminée à la mexicaine flanquée de photos de Jeffrey et Benjamin Erskine. Celle de Jeff était un portrait ordinaire sur lequel il portait une moustache fournie, un costume et une cravate nouée à un col en celluloïd. La photo de Ben datait des années 1930 et aurait pu être l'affiche d'un western cucul la praline. Il était grimpé sur un cheval noir cabré affublé d'un harnais à clous argentés, ses pattes antérieures dotées de guêtres blanches battant l'air tandis que Ben tenait la bride d'une main et levait son Stetson haut dans les airs de l'autre dans un salut flamboyant, sa bouche oblique dessinant un sourire tordu et effronté. Castle se souvenait vaguement avoir assisté à l'enterrement de son grand-père quand il avait 9 ans. Ben avait été un homme enveloppé de légende, mais, à part quelques fragments d'anecdotes, Castle savait peu de choses sur son compte. De fait, étant donné les relations tendues entre leur mère et sa famille, sa sœur et lui avaient à peu près aussi rarement entendu parler de leurs aïeux du Far West que des ancêtres italiens de leur père. Grace avait un jour décrit la grand-mère de Castle, Ida, comme une femme qui était « soit une sainte, soit une carpette, ou peut-être un peu des deux ». Si elle avait jamais ajouté autre chose, il ne s'en souvenait pas. Le frère de sa mère, Frank, qui était revenu de la guerre décoré comme un héros pour se faire tuer quelques années plus tard dans un accident de mine, avait été « un garçon courageux et magnifique qui essayait toujours de prouver qu'il était aussi fort que notre père croyait l'être ». Et de ce père, elle n'avait quasiment jamais parlé. Quinze ans plus tôt, quand Castle était venu pour la première fois au San Ignacio, sous prétexte d'aller chasser des oiseaux, mais en réalité pour renouer les liens avec sa famille, Blaine lui avait raconté une histoire confuse comme quoi son grand-père avait été jugé pour avoir tué quelqu'un lors d'une querelle dont l'origine demeurait obscure. De retour dans le Connecticut, Castle avait demandé à sa mère si cette histoire était vraie et pourquoi elle la lui avait cachée. « Ton grand-père n'était plus un homme de son temps, seulement il ne le savait pas », avait répondu Grace. Il lui avait demandé d'expliquer cette réflexion énigmatique, mais tout ce qu'elle avait dit, c'était : « Disons que j'ai des sentiments conflictuels à son égard », le ton de sa voix indiquant clairement que toute question supplémentaire ne serait pas la bienvenue.

Il était perdu dans ses rêveries lorsque, à travers l'une des fenêtres de devant, il vit le pick-up Ford 350 de Blaine pénétrer dans la cour, où étaient garées des bétaillères et plusieurs autres camionnettes en plus ou moins bon état. Sur les portières du pick-up de Blaine étaient peints le nom du ranch ainsi que son logo – un *S* coupé par un *I*. Gerardo continua en direction des corrals à chevaux tandis que Blaine traversait la cour d'un pas lent et raide, résultat d'une vieille blessure de rodéo et des nombreuses fois où des chevaux effrayés l'avaient envoyé à terre. Avec son mètre quatre-vingt-huit et sa silhouette quasiment décharnée, son chapeau de cow-boy marron sale et sa chemise rayée en loques, ses gants enfoncés dans la poche revolver de son jean et son couteau de poche dans un étui accroché à son ceinturon, il était le portrait craché de l'éleveur de bétail.

Il entra et ôta son chapeau, découvrant une tignasse de cheveux d'un blond roussâtre moucheté de gris et dressés sur le dessus, comme une crête-de-coq. Castle et lui avaient le même âge, mais c'était tout ce qu'ils avaient en commun hormis leur ADN. Mais même ça, ça ne sautait pas aux yeux. Castle avait plutôt les traits de son père, et Blaine, ceux des Erskine : un nez fin à l'arête aiguë, des yeux d'un gris délavé et des lèvres minces qui, quand il souriait, reproduisaient le sourire étrange de son grand-père.

« C'est lui ? demanda Blaine en désignant Miguel.

— Non, répondit Monica. Lui, c'est le livreur de pizza qui fait la sieste.

— C'est ma croix d'être marié à une femme à la langue bien pendue. » Il se tourna vers son cousin. « Félicitations. Tu as attrapé ton premier clandestin.

— Je ne l'ai pas attrapé. Je l'ai trouvé. En fait, c'est Sam qui l'a repéré.

— Une bonne chienne. Elle flaire les Mexicains.

— Il vient d'Oaxaca, l'informa Monica.

— En voilà un qui vient de loin, observa-t-il en arquant ses sourcils pâles. Vous lui avez donné à manger ? »

Monica secoua la tête.

« Il est tombé dans les pommes dès son arrivée.

— Nous ferions bien de lui donner quelque chose. Quelque chose de chaud. Il est non seulement affamé, mais probablement aussi en état d'hypothermie, et on peut en mourir en un clin d'œil.

— J'ai la soupe aux pois cassés et au jambon d'hier dans le réfrigérateur.

— Ça ira. Nous ne voulons pas qu'un illégal meure chez nous. Si ça se produisait, un avocat de l'Aclu viendrait nous accuser d'avoir tué ce pauvre idiot.

— Sinon nous le laisserions mourir ? demanda Monica en regardant Blaine d'un air ironique. Blaine détesterait que quiconque croie qu'il a des sentiments envers ses congénères, ajouta-t-elle à l'intention de Castle.

— Oh ! bon Dieu, tu sais ce que j'ai voulu dire », répliqua Blaine, et il alla chercher la soupe dans le réfrigérateur et la plaça dans le micro-ondes.

Il avait comme à son habitude pris les choses en main. Castle – en dépit de ses talents de chasseur, de sa réussite à Wall Street et d'une fortune personnelle qui, avant qu'il n'en ait donné les trois quarts, lui aurait permis d'acheter la totalité du ranch rubis sur l'ongle – se sentait souvent, eh bien, moins viril en présence de son cousin. Outre le fait qu'il savait monter à cheval et jouer du lasso comme tout rancher qui se respecte, Blaine avait aussi, par la force des choses, des talents de charpentier, de mécanicien automobile et de vétérinaire. Quand quelque chose tombait en panne ici, appeler un réparateur n'était pas envisageable. Si une vache avait du mal à mettre bas ou si un cheval se mettait à boiter, il devait s'occuper lui-même de l'animal. Castle pour sa part ne savait pas faire grand-chose avec ses mains à part changer un pneu ou une ampoule, mais son incompétence n'était pas la seule chose qui le faisait se sentir inférieur. Comparée à sa propre vie, celle de Blaine avait été dure. Il n'avait que 4 ans quand il avait perdu son père. Ben l'avait alors pris sous son aile, mais Blaine l'avait lui aussi perdu quelques années plus tard. Et à 18 ans, après une scolarité agitée – il aurait été renvoyé s'il n'avait pas été le lanceur vedette de l'équipe de base-ball du lycée de Patagonia –, il s'était engagé dans l'armée et avait effectué deux missions au Viêtnam avec les forces spéciales, où il avait été blessé et décoré de l'Étoile de bronze.

La guerre – c'était le Grand Canyon qui séparait Blaine et Castle. Lors de ses précédentes visites au ranch – il n'y en avait eu que deux – ils s'étaient disputés à ce sujet, Castle soutenant que ç'avait été une guerre insensée, Blaine affirmant le contraire et insistant qu'elle aurait pu être gagnée « s'ils ne nous avaient pas forcés à nous battre avec une main attachée dans le dos » ; mais leur différence d'opinion n'était pas la question. Ces derniers temps, Castle avait commencé à penser que le Viêtnam avait non seulement endurci son cousin physiquement, mais aussi mentalement, qu'il l'avait entraîné à affronter presque n'importe quelle situation et à la maîtriser. À s'attendre à l'inattendu, à l'embuscade soudaine, au traquenard invisible. Castle se demandait s'il avait manqué quelque chose en n'allant pas à la guerre, en ne faisant pas l'expérience d'une épreuve atroce qui l'aurait peut-être mieux préparé à supporter le grand désastre de sa vie.

Lorsque Blaine le réveilla, Miguel se redressa d'un bond avec une expression effarée sur son visage rond. Il repoussa brusquement la couverture, fit basculer ses jambes courtes et posa les pieds par terre, penché en avant, comme s'il s'apprêtait à s'enfuir. Puis, reconnaissant Castle et Monica, il se détendit un peu, regardant tour à tour l'un et l'autre, tel un animal captif, avant de poser les yeux sur Blaine.

« *Mi esposo* », expliqua Monica en guise de présentations.

Miguel acquiesça. Blaine posa le bol de soupe sur l'exemplaire de *Western Horseman* qui était posé sur la table basse et il lui fit signe de manger. Miguel vida le bol en environ trente secondes.

« *Mucho gusto, gracias.*

— *De nada* », répondit Blaine.

Il s'assit alors dans un fauteuil au cuir craquelé et demanda à Miguel de raconter ce qui lui était arrivé. Miguel répondit par petites phrases hachées que Blaine interrompit avec d'autres questions. Ils continuèrent ainsi quelque temps, Miguel devenant de plus en plus agité, ses lèvres frémissant.

Blaine se tourna vers Monica et déclara qu'il ne comprenait rien à ces divagations sans queue ni tête. Comme elle n'y comprenait rien non plus, elle suggéra que Gerardo et Elena parviendraient peut-être à obtenir des propos cohérents de la part de Miguel.

Blaine sortit et revint bientôt avec le couple. Miguel se calma. Peut-être parce qu'il était désormais en présence de deux Hispaniques, mais Castle supposait qu'il était surtout apaisé par la profonde sérénité qui émanait du couple et enveloppait toutes les personnes proches de lui. Gerardo avait environ 50 ans, c'était un homme avare en mots qui mesurait un mètre soixante-treize au plus, avec des hanches étroites et un torse épais, des traits légers qui rappelaient les portraits des conquistadors. Son port gracieux, résultat d'une vie passée à cheval et d'un métier qui demandait à la fois agilité et équilibre, était complété par un calme intérieur qui provenait du fait qu'il savait ce qu'il était, à savoir, en un mot, un *vaquero*. Ce calme impressionnait Castle car il était tellement différent de la frénésie des personnes surmenées avec lesquelles il avait travaillé à New York, qui répondaient à des e-mails tout en parlant à des clients, qui criaient dans des téléphones portables tout en se frayant difficilement un chemin à travers les canyons bruyants, bondés et artificiels de leur monde vertical. Gerardo semblait avoir absorbé l'immobilité du désert dans ses cellules mêmes ; ses silences étaient un langage en soi, qui parlait de l'impermanence de toute chose humaine et de l'éternité des arroyos, des mesas, des lointaines montagnes bleues.

Comme cela se produit souvent dans les couples mariés depuis longtemps, Elena et lui en étaient venus à se ressembler, bien que cette ressemblance ne résidât pas dans leur apparence. Elle avait la peau plus sombre, le type plus indien, et sa petite silhouette robuste, qui donnait une impression de bien-être et de constance inflexible, n'avait rien de la grâce athlétique de son mari. C'était par ailleurs une grande bavarde, mais elle dégageait la même sérénité que lui, sérénité qui provenait dans son cas plus de sa piété que d'un contact quotidien avec la nature. Elle récitait chaque jour un chapelet à la Vierge de Guadalupe, se signait dès qu'elle apprenait une mauvaise nouvelle et, sauf en cas de temps exécrable, parcourait chaque dimanche les trente kilomètres jusqu'à Patagonia pour assister à la messe à l'église Sainte-Theresa. Quand elle riait, ses petits yeux noirs laissaient deviner une douleur ancienne, qui avait laissé là son empreinte comme les glyphes que les Indiens hohokams avaient gravés sur les roches du désert. Elle avait perdu deux de ses cinq enfants – la maladie lui avait pris une fille en bas âge, et un accident de voiture, un fils adolescent – et pourtant elle n'avait pas succombé au chagrin. Elle était parvenue à une acceptation qui n'était pas de la résignation, et cela sans l'intervention d'un thérapeute. Castle crevait d'envie de connaître le secret d'Elena. Comme son mari, elle semblait posséder une connaissance et une compréhension des choses qui avaient disparu du monde moderne. Ça dépassait assurément Castle, en dépit de toute son éducation.

Elena se glissa près de Miguel sur le canapé, posa une main sur son genou et lui murmura quelque chose d'un ton maternel. Quelles qu'aient été ses paroles, elles arrachèrent au Mexicain un petit sourire hésitant. Gerardo tira de sa poche un sachet de tabac et du papier, et il lui roula une cigarette, sur laquelle Miguel tira aussi avidement qu'il avait bu l'eau de Castle et dévoré la soupe de Monica. Puis, encouragé par quelques questions du couple, il raconta de nouveau son histoire, mais Castle n'aurait su dire si cette version était plus cohérente que la précédente. À un moment, il sortit son portefeuille et montra des photos – de sa famille, supposa Castle –, puis il produisit un petit sac en plastique qui contenait quelques papiers, probablement des documents qui corroboraient ce qu'il était en train de dire. Quelques minutes plus tard, sa voix grimpa dans les aigus, se brisa, et il se mit à sangloter. Elena murmura : « *Pobre hombre* », pauvre homme, et passa un bras autour de ses épaules.

Lorsqu'il fut calmé, Miguel reprit son récit. Cela dura un moment. Castle cessa de l'écouter, jusqu'à ce qu'il prenne conscience qu'un silence s'était installé dans la pièce. Miguel avait fini. Toutes les personnes présentes échangeaient des regards. Sally, secouant la tête, prononça : « Doux Jésus », puis Blaine déclara : « Nous allons devoir appeler le shérif et la police des frontières. » Il lança un coup d'œil à Gerardo, attendant que ce dernier approuve sa décision, ce qu'il fit d'un léger hochement de tête.

Apparemment, Miguel comprenait un peu l'anglais, car il joignit ses petites mains en signe de supplication et implora : « *¡No La Migra!* Pas la police des frontières ! *¡Por favor!* »

Blaine marcha jusqu'au téléphone de la cuisine.

« Qu'est-ce qui se passe ? demanda Castle à Monica.

— Tu as entendu, il appelle les flics. »

Le ton de sa voix indiquait qu'elle aurait aimé qu'il y ait une alternative.

« Vous ne pouvez pas lui expliquer que la police se contentera de le ramener de l'autre côté et qu'il pourra retenter sa chance ? suggéra Castle. Vous m'avez dit que c'est ce qui se passait, exact ?

— Pas cette fois, déclara Sally. On dirait qu'on a deux hommes assassinés sur nos terres et le témoin dans notre maison.

— *Quoi ?* demanda-t-il, soudain tout ouïe. Que s'est-il passé ?

— Ce serait plus simple de te dire ce qui ne s'est pas passé », répondit Monica.

Son nom complet était Miguel Espinoza, il avait 30 ans et avait géré une petite affaire d'exportation de fruits et légumes qui avait périclité à cause du 11 Septembre : la récolte de toute une année avait pourri sur le tarmac en attendant que l'espace aérien américain soit rouvert. (Encore une victime, songea Castle. L'onde de choc s'était propagée loin !) Miguel avait vivoté en vendant sur des marchés de légumes, en se trouvant des petits boulots, mais il gagnait à peine de quoi nourrir sa femme et ses quatre enfants. Un mois plus tôt, il avait été contacté par un recruteur qui réunissait un groupe d'ouvriers pour une usine d'emballage de viande dans le Kansas ; Miguel pouvait se joindre à eux s'il arrivait à payer le droit de passage – mille cinq cents dollars, payables au coyote quand il atteindrait la frontière. C'était une somme colossale pour un homme comme Miguel, et il ne savait pas grand-chose du Kansas, à part que ça se trouvait aux États-Unis, mais le boulot, avait promis le recruteur, payait neuf dollars de l'heure, plus que ce qu'il gagnait en une journée sur les marchés d'Oaxaca. Il avait donc vendu sa voiture, emprunté à des amis, et bientôt il était en route pour le nord.

En compagnie de plusieurs autres, il avait voyagé en bus jusqu'à Hermosillo, se liant d'amitié avec deux hommes d'Oaxaca qui avaient été embauchés pour travailler dans la même usine, Héctor et Reynaldo. Entre Hermosillo et Cananea, où ils devaient rencontrer leur coyote, le Moïse qui les mènerait en terre promise, le bus avait été attaqué par des *bajadores* – des bandits – qui avaient violé les femmes à tour de rôle et dépouillé les hommes de leur argent, de leurs montres et de tous leurs objets de valeur. Ainsi, Miguel, Héctor et Reynaldo étaient-ils arrivés à Cananea avec pour seuls biens les chemises qu'ils portaient sur le dos et des chaussettes et des sous-vêtements de rechange dans leurs *mochilas*, leurs sacs à dos.

On les avait cachés dans une auberge située dans une petite rue, et quand leur coyote, un homme obèse avec des bagues à chaque doigt, était venu les chercher, ils avaient dû l'informer qu'on leur avait volé tout leur argent. Quel dommage ! Peut-être connaissaient-ils quelqu'un qui pourrait leur en transférer plus ? Ils ne connaissaient personne. Vraiment dommage ! Bien entendu, il ne pouvait pas les emmener *al otro lado* – de l'autre côté – gratuitement. Mais c'était un homme généreux et il essaierait de les aider, ils ne devaient cependant en aucun cas quitter l'auberge.

En fin d'après-midi, le coyote était revenu avec un jeune homme aussi maigre que lui était gras. On les avait emmenés dehors. Dieu leur souriait, avait annoncé le coyote. Comme ils étaient jeunes et forts, ils pourraient être utiles à son ami, qui avait soudain un besoin urgent d'hommes. S'ils faisaient ce que son ami demandait, à savoir transporter de la marijuana de l'autre côté de la frontière, leur dette serait effacée. Héctor et Reynaldo avaient immédiatement accepté ; Miguel avait pris peur et il avait tout d'abord refusé, puis, songeant à tout ce qu'il avait déjà enduré pour parvenir jusqu'ici, il avait finalement décidé de courir le risque.

Cette nuit-là, ils s'étaient retrouvés à l'arrière d'un pick-up avec trois ballots de marijuana enveloppés dans de la toile d'emballage. L'homme maigre – Héctor l'avait surnommé *El Lápiz*, le Crayon – était au volant. Un groupe de migrants – des *pollos*, des poulets, comme les appelait le Crayon – se trouvait dans une camionnette qui les précédait. À la frontière, un *pollero* – un gardien de poulets – les emmènerait à pied aux États-Unis. Quand ils se seraient mis en route, le Crayon guiderait Miguel, Héctor et Reynaldo sur le même chemin, tout en maintenant une bonne distance entre eux et les migrants. Ainsi, si les agents de *La Migra* patrouillaient dans la zone ou s'ils avaient tendu une embuscade, ils seraient leurrés par les *pollos* et leur *pollero*, et eux pourraient passer sans se faire remarquer. Le Crayon les mènerait jusqu'à une route, puis il appellerait un autre homme sur son téléphone portable. Celui-ci prendrait livraison de la drogue et conduirait Miguel et ses amis à un repaire dans la ville de Tucson. De là, on les emmènerait à l'usine d'emballage de viande dans le Kansas.

El Lápiz avait conclu ses instructions par un avertissement. Ils ne devaient pas perdre leur chargement, ni s'imaginer qu'ils pouvaient s'enfuir avec. L'homme obèse savait où vivaient leurs familles… Inutile d'en dire plus. Tout cela terrifiait absolument Miguel, mais il était trop tard pour faire machine arrière.

Il n'avait cependant encore rien vu, déclara Monica.

Le pick-up s'était soudain arrêté. Devant eux, ils avaient remarqué que la camionnette des migrants s'était également immobilisée. Quelqu'un avait crié : « *¡Judicial!* » Ils savaient ce que ça signifiait – la police fédérale mexicaine. Puis ils avaient entendu de nouveaux cris, suivis de nombreux coups de feu. Le Crayon avait enfoncé l'accélérateur et cherché à prendre la fuite en marche arrière. Mais dans l'obscurité il avait mal jugé la route et reculé dans un fossé, renversant presque le pick-up sur le toit. Il avait bondi dehors en hurlant : « Tirez-vous ! Ce ne sont pas les *federales* ! Ce sont des bandits ! Ils vont nous tuer ! » Miguel et ses compagnons étaient précipitamment descendus du véhicule tandis que leur guide paniqué prenait la fuite. Abandonnés, les trois hommes ne savaient ni où ils étaient ni ce qu'ils étaient censés faire. « Prenez la drogue ! s'était écrié

Héctor. Nous devons nous enfuir ! » Mais s'enfuir où ? « Vers le nord, bande d'idiots, et cette étoile indique le nord ! » Il avait pointé un doigt vers le ciel, mais Miguel ne voyait pas de quelle étoile il parlait.

Ils s'étaient donc enfuis, portant les ballots de marijuana sur leurs épaules. Il faisait un froid glacial, mais marcher les réchauffait. Et au lever du jour, ils s'étaient retrouvés parmi des collines basses et couvertes d'arbres, au pied de hautes montagnes aux cimes enneigées. Quand il avait fait assez chaud pour dormir, ils s'étaient cachés dans un bois et s'étaient reposés. Puis, dans l'après-midi, ils avaient repris leur marche, Héctor s'orientant en fonction du soleil. Ils avaient l'impression que chaque ballot de drogue pesait cent kilos au lieu de vingt. Ils auraient voulu s'en débarrasser, mais se souvenaient de l'avertissement du Crayon. Ils buvaient l'eau croupie qui s'était accumulée dans les cuvettes rocheuses des arroyos, et avaient continué de marcher jusqu'à tituber comme des ivrognes.

Ils avaient finalement atteint une route – ce n'était pas vraiment une route, juste deux ornières creusées à côté d'un large cours d'eau asséché infesté de hautes broussailles. Nous devons y être, avait déclaré Héctor en désignant les traces de pneus. L'homme dans la voiture avait dû passer plusieurs fois à leur recherche. Tout ce qu'il leur restait à faire, c'était attendre qu'il revienne. Miguel et Reynaldo n'en étaient pas si certains – ils avaient l'impression qu'Héctor disait ça non parce qu'il y croyait, mais parce qu'il espérait que c'était vrai.

Ils avaient recouvert les ballots de marijuana de broussailles au cas où *La Migra* viendrait à passer, puis ils s'étaient cachés dans les hautes herbes du cours d'eau asséché. L'eau croupie qu'ils avaient bue avait donné la diarrhée à Miguel. N'osant se soulager devant ses compagnons, il avait marché jusqu'à l'autre côté du lit de la rivière et s'était accroupi. À cet instant, il avait entendu un véhicule approcher. Mon Dieu, Héctor avait eu raison ! En se redressant légèrement, il avait vu un véhicule bizarre – on aurait dit un petit tracteur, sauf qu'il avait quatre roues au lieu de trois – qui avançait lentement. Le conducteur regardait le sol au lieu de regarder devant lui. Héctor avait jailli des broussailles et lui avait fait signe. Le conducteur était descendu et avait commencé à lui parler. Miguel était sur le point de remonter son pantalon et de rejoindre ses amis quand il avait ressenti une violente douleur au ventre et avait dû s'accroupir de nouveau. Il croyait que Dieu avait provoqué ces douleurs à cet instant précis parce que Dieu, pour des raisons qui Lui étaient propres – qui connaît véritablement les intentions de Dieu ? –, avait décidé qu'il vivrait et que ses compagnons mourraient. Tandis qu'il se vidait les entrailles, il avait entendu Héctor appeler et vu l'inconnu tirer un pistolet de sous son blouson. Il y avait eu un claquement sec, et Reynaldo était tombé. Deux autres coups de feu avaient suivi, et Héctor s'était effondré.

Miguel s'était jeté au sol et tapi sous les broussailles, son pantalon aux chevilles et son cœur cognant à tout rompre. Après quelques minutes, il avait osé relever la tête et vu l'inconnu qui marchait à travers le lit de la rivière, pistolet à la main. Il avait pu le voir clairement. C'était un homme grand, bien bâti, tête nue, un *güero* – un blond –, mais Miguel n'aurait su dire si c'était un gringo ou un Mexicain aux cheveux clairs. Il s'était de nouveau plaqué contre le sol, se recroquevillant sur lui-même pour se faire aussi petit que possible. D'autres minutes s'étaient écoulées. Puis il avait entendu le véhicule s'éloigner. Mais il était resté allongé, craignant de bouger. Il était resté là jusqu'au crépuscule, puis il avait trouvé le courage de se relever et d'aller voir ce qui s'était passé. Les corps de ses amis gisaient côte à côte, Reynaldo avec une balle dans la tête, Héctor avec la poitrine couverte de sang. Les broussailles avaient été arrachées et les ballots de marijuana avaient disparu.

Il avait pris la fuite, s'enfonçant au hasard parmi les collines jusqu'à ne plus pouvoir courir, mais il avait continué d'avancer, trébuchant dans l'obscurité, pleurant pour sa femme et ses enfants, maudissant le passeur qui lui avait promis un travail dans le Kansas, se maudissant lui-même d'avoir quitté Oaxaca, puis pleurant de plus belle en songeant à la drogue qui avait disparu et aux hommes qui iraient chez lui pour tuer sa famille… Était-ce pour ça que Dieu lui avait laissé la vie sauve ?

« Et tu avais raison, Gil », déclara Monica. Son récit de l'aventure presque mot pour mot avait pris près d'une demi-heure. Miguel était parti un peu plus tôt avec Gerardo et Elena, qui l'avaient emmené chez eux pour qu'il puisse prendre un bain et se changer. « Il a vu de la lumière chez toi. Il allait demander de l'aide, mais la chienne lui a fait peur. Il a franchi la colline en courant, et c'est la dernière chose dont il se souvienne avant que tu le trouves. »

Castle, tentant d'absorber tout ce qu'il venait d'entendre, ne répondit rien.

« C'est comme si tout ce qui pouvait arriver à un clandestin lui était arrivé », ajouta-t-elle.

Blaine, qui fumait une cigarette, acquiesça.

« Mais il y a quelque chose qui cloche », observa-t-il.

Monica le regarda, une question dans ses yeux bleus brillants.

« Ces trafiquants utilisent des gens qu'ils connaissent pour faire passer leur marchandise. Ils ne confient pas soixante kilos de dope à des inconnus.

— Tu ne suggères pas que…

— Non, ce petit gars n'a pas tué ses copains et mis les voiles avec la *merca*, répondit Blaine en exhalant la fumée par les narines. Mais il y a tout de même quelque chose qui cloche, et puis il y a ce massacre de l'autre côté. Doux Jésus. Qui ferait une telle chose ?

— Des bandits, comme il a dit. Des bandits qui se faisaient passer pour des *federales*.

— Il n'y a pas grande différence entre des bandits et des *federales*, commenta Sally.

— Eh bien, ça va être à eux de découvrir ce qui s'est passé. »

Blaine désigna à travers la fenêtre une camionnette vert et blanc de la police des frontières qui tractait un fourgon à chevaux. Elle était suivie de deux voitures de patrouille du shérif du comté de Santa Cruz.

4

Blaine et un pisteur de la police des frontières étudiaient une carte topographique étalée au-dessus de la table basse pendant que les deux adjoints du shérif et un autre flic – un agent infiltré en civil qui s'était simplement identifié sous le nom de Nacho – interrogeaient Miguel dans la maison des Murrieta, près des corrals. Nacho avait expliqué qu'il avait appris le massacre des clandestins de la bouche d'un informateur mexicain et qu'il voulait voir si Miguel pouvait « relier un ou deux points ». Les meurtres qui s'étaient produits de ce côté-ci relevaient pour leur part du département du shérif. Bien sûr, il était impossible d'affirmer avec certitude qu'Héctor et Reynaldo avaient bien été assassinés tant que leurs corps n'auraient pas été retrouvés, et ça, c'était le boulot du pisteur.

Un peu plus tôt, le pisteur avait lui-même posé quelques questions à Miguel. Pouvait-il décrire la scène de l'exécution un peu plus clairement ? Non. À quelle distance d'ici se trouvait-elle ? Il n'en savait rien. Dans quelle direction ? Aucune idée.

« Il y a une demi-douzaine d'endroits qui pourraient correspondre sur ce ranch, disait désormais Blaine en pointant un stylo sur la carte. Mais je parierais pour celui-ci. »

Le pisteur, un Navajo nommé John Morales, se pencha en avant et plissa les yeux.

« Pourquoi ?

— Cette route longe un grand cours d'eau asséché, Juniper Canyon, qu'il s'appelle. Et c'est à moins de huit kilomètres de l'endroit où mon cousin l'a trouvé. À mon avis, ce type n'a pas marché bien loin dans le noir, vu qu'il était épuisé et qu'il ne connaissait pas la région.

— On ferait bien de se mettre en route. Je n'ai pas toute la semaine pour chercher deux 10-7.

— 10-7 ? demanda Castle qui était assis de l'autre côté de la pièce.

— Des cadavres », répondit Morales.

Il plaça sèchement un Stetson brun clair sur ses cheveux en brosse et se leva. Avec son uniforme vert sombre, son pistolet semi-automatique et son équipement de policier – menottes, étui de chargeur, lampe torche, radio VHF – accrochés à sa ceinture, cet homme de plus d'un mètre quatre-vingts aux épaules surpuissantes et au profil de général romain était impressionnant.

« Montrez-moi où vous l'avez trouvé et je remonterai à partir de là, dit-il à Castle.

— On vous accompagne », déclara Blaine.

Le pisteur fronça les sourcils et secoua la tête.

« Je ne peux pas être responsable de civils.

— *Primo*, c'est *mon* ranch. *Secundo*, il n'y a pas un mètre carré de la propriété que Gerardo ou moi ne connaissions pas. Et Gerardo – sans vouloir vous vexer,

John – peut lire les empreintes mieux que personne. Il est capable de suivre la trace d'une vache perdue sur des rochers nus. Je l'ai vu faire.

— OK, répondit Morales après un instant de réflexion. Mais c'est moi le patron. Personne ne monte devant moi et ne bousille les traces. »

Blaine se leva d'un geste lent et mesuré.

« Allons-y, cousin. »

Castle hésita. Il se considérait comme un spectateur du théâtre de la vie, éloigné de la marche des événements aussi bien grands que petits, ce qui incluait cet événement-ci.

« Vous gravissez l'escarpement derrière chez moi, dit-il. Aux deux tiers de la descente, un peu sur la gauche, vous verrez un gros fourré de *manzanitas*. Vous ne pouvez pas le manquer. Partez de là.

— Nom de Dieu, Gil, c'est toi qui l'as trouvé, répliqua Blaine avec impatience. Le moins que tu puisses faire, c'est nous montrer où. Après tu pourras retourner lire tes bouquins ou chasser tes cailles, ou faire Dieu sait ce que tu fais de tes journées. »

Cette réflexion piqua Castle au vif et lui sembla injuste, mais il ne voulut pas discuter. De plus, peut-être que Blaine avait raison. Il s'était impliqué dans ce drame, même s'il l'avait fait involontairement, et il ne pouvait en toute conscience pas les laisser tomber maintenant.

« D'accord, dit-il.

— Tu pourras nous accompagner après. Une paire d'yeux supplémentaire. Je vais te faire monter Rojo. C'est un cheval si paisible que tu vas croire qu'on le nourrit de tranquillisants. »

Morales fit descendre son cheval du fourgon et le mena au corral, où Blaine et Gerardo attrapèrent et sellèrent leurs montures, ainsi que celle de Castle. Castle agrippa la crinière de Rojo et suivit le mouvement, pleinement conscient d'être le novice de service. Tandis que, imitant les autres, il engageait son hongre rouan sur la route, Nacho et les agents, avec Miguel dans leur sillage, sortirent de la maison des Murrieta, qui se trouvait juste en face du corral. Miguel était rasé, lavé, vêtu d'habits propres, mais il semblait néanmoins pathétique. Sally, qui avait abandonné son peignoir et sa chemise de nuit pour une tenue plus convenable, se tenait à proximité avec Monica et Elena.

« Vous en avez tiré quelque chose ? » demanda Morales.

Nacho remua convulsivement une épaule. De taille moyenne, bedonnant, affublé de lunettes, il ressemblait plus à un employé de supermarché qu'à un agent infiltré. Ceci dit, un bon agent infiltré devait ressembler à tout sauf à ce qu'il était vraiment.

« Pas grand-chose de plus que ce que m'a déjà dit mon indic, répondit-il. Miguel n'a pas assisté au massacre, il a juste entendu les coups de feu. Il se passe quelque chose de bizarre de l'autre côté. »

Morales posa les mains sur le pommeau de sa selle.

« Qu'est-ce qu'il y a de bizarre là-dedans ?

— Ceux qui ont tué les clandestins n'ont rien volé, c'est ce que m'a dit mon indic. Portefeuilles, argent, montres, bagues… ils avaient encore tout sur eux. Et les vêtements des femmes n'étaient pas abîmés comme ils l'auraient été si elles avaient été violées. C'est comme si un cinglé avait buté ces gens juste pour le plaisir. Ou alors, ça pourrait être des terroristes.

— Des *terroristes* ? s'écria Castle.

— Je parle de narcoterroristes, pas d'Oussama ben Laden », expliqua Nacho.

Ce qui ne rassura pas franchement Castle. Pendant ce temps, l'un des agents mena Miguel à la voiture de patrouille, au volant de laquelle attendait un troisième flic. En montant dans la voiture, Miguel lança un coup d'œil fugace et perplexe en direction de Castle et de ses sauveurs.

« Alors, qu'est-ce qui va lui arriver maintenant ? demanda Monica à Nacho.

— M. Espinoza est ce que nous appelons un détenu I-247, madame. Ce qui signifie une affaire spéciale.

— Est-il suspect ?

— Ce sera au shérif d'en décider, mais j'en doute. Si les corps d'Héctor et Reynaldo sont retrouvés et si les indices corroborent sa version des faits, il sera détenu en tant que témoin matériel. Détention par mesure de protection dans la prison du comté jusqu'à la fin de l'enquête.

— Ce n'est pas en jacassant ici qu'on va trouver quoi que ce soit », intervint Morales, et ils partirent au petit trot en file indienne, le Navajo ouvrant la voie.

Les agents – un bleu et un sergent – les suivirent dans la seconde voiture de patrouille jusqu'à la cabane de Castle. Puis ils se garèrent et, fusil d'assaut en bandoulière, entreprirent d'accompagner à pied les cavaliers pour assurer leur sécurité.

Jusqu'alors, concentré qu'il était sur la maîtrise de son cheval, Castle n'avait pas remarqué que Gerardo et son cousin étaient également armés. Mais Blaine portait un vieux Luger remis à neuf dans un holster à battant du type de ceux utilisés par les soldats, et Gerardo, un revolver. Songeant qu'ils avaient trois flics pour les protéger, il se tourna sur sa selle et demanda à Blaine :

« Pourquoi les armes ?

— Il y a un salopard quelque part dans les parages, répondit celui-ci. Même si mon ancienne équipe des forces spéciales était avec nous, j'aurais cette arme. Je ne fais confiance à personne pour me défendre. Je me défends tout seul. »

S'ils n'avaient pas été à la recherche de cadavres, Castle aurait pu croire qu'ils se promenaient pour le plaisir par un bel après-midi d'hiver. Le ciel du haut désert était si pur qu'il semblait ne pas y avoir d'atmosphère. Les montagnes Huachuca couronnées de lumière brillaient au soleil, une brise légère soufflait et des nuages blancs dérivaient telle une flotte de petits dirigeables au-dessus des montagnes, passant à côté d'un véritable dirigeable arrimé au sol qui flottait au-dessus de la base militaire de Fort Huachuca. Il était, d'après ce qu'il avait entendu dire, truffé de caméras de surveillance et de toutes sortes de matériel électronique high-tech dans le but de détecter les avions qui importaient de la drogue aux États-Unis.

Ils franchirent la crête et Castle les mena au fourré de *manzanitas*. Morales et Gerardo mirent pied à terre, étudièrent le sol, puis commencèrent à traverser l'arroyo, tirant leurs chevaux derrière eux. Ils marchaient à une allure normale, s'arrêtant à peine de temps à autre. Les signes qu'ils lisaient, quels qu'ils fussent, étaient du sanscrit pour Castle. Ou plutôt, ils étaient invisibles. Il ne voyait rien que de l'herbe, des rochers et des broussailles.

« Comme paire d'yeux supplémentaire, je ne suis pas très doué, murmura-t-il à Blaine tandis qu'ils avançaient côte à côte.

— Regarde là. » Blaine pointa le doigt devant eux. « Cette ligne d'herbe recourbée ? Elle est recourbée dans la direction opposée par rapport à l'herbe qui l'entoure. C'est là qu'il marchait. C'est la trace qu'il a laissée. »

Castle chercha des yeux ladite trace, mais celle-ci demeura invisible. Morales et Gerardo la suivirent un moment vers le nord, puis ils prirent vers l'ouest, puis vers l'est, puis de nouveau vers le nord. Seul et terrifié dans la nuit sans lune, Miguel avait tourné en rond. Son errance menait à un autre arroyo, pavé de rochers rouge et brun. Morales s'agenouilla, examina les rochers, puis s'enfonça dans l'arroyo avant de revenir. Il avait perdu la piste. Gerardo, qui menait sa propre enquête, s'arrêta près d'un énorme bloc de pierre et lança : « *Oye, John. Ven aquí.* » Il désigna la surface de la pierre, et un caillou qui se trouvait à côté. Le Navajo et lui s'entretinrent un moment en espagnol, désignant l'aval de la rivière, ou du moins ce qui aurait été l'aval de la rivière s'il y avait eu de l'eau.

« Ce caillou a été arraché au rocher, c'est ce que Gerardo est en train de dire, expliqua Blaine avant que Castle ne lui pose la question. Le caillou est rouge, il comporte donc une grande quantité d'oxyde de fer. S'il avait été arraché il y a quelque temps, la tache qu'il a laissée sur le rocher se serait maintenant estompée, mais ce n'est pas le cas. Ce qui signifie qu'il a été arraché au cours de ces deux derniers jours, que ce soit par une bête à deux pattes ou à quatre pattes. »

Morales et Gerardo s'engagèrent lentement dans l'arroyo, les yeux baissés. Lorsqu'ils s'arrêtèrent une trentaine de mètres plus loin, Gerardo agita le bras pour faire signe à Blaine et à Castle de venir. Ils avancèrent jusqu'à l'endroit où se tenaient les deux hommes, sur une roche plate inclinée dont la base était légèrement couverte de sable. Dans le sable, aussi claire qu'un moulage en plâtre, se trouvait l'empreinte d'une basket dont la semelle avait un motif losangé.

« Je vous avais bien dit que Gerardo pouvait pister une vache égarée sur des rochers nus, pas vrai ? fanfaronna Blaine. Alors, vous êtes pas contents qu'on soit venus ?

— Blaine, votre compagnie à elle seule valait la peine », railla Morales.

Les deux hommes remontèrent à cheval. Comme la partie la plus basse de l'arroyo était principalement constituée de cailloux pulvérisés, il était aisé de suivre la trace à cheval, presque aussi aisée que si elle avait été marquée dans la neige. À un endroit où l'arroyo formait un à-pic d'environ six mètres de profondeur, les traces suivaient un sentier à bétail qui serpentait à travers une dense forêt de chênes et de genévriers. Des geais du Mexique voletaient parmi les arbres, poussant des cris âpres. Des branches noueuses éraflaient le visage des cavaliers et, sur le sol, les figuiers de Barbarie étalaient leurs raquettes ovales couvertes d'épines acérées. Finalement, le sentier atteignit une route qui longeait un large cours d'eau asséché derrière lequel s'étiraient des collines basses.

« Juniper Canyon, annonça Blaine, souriant d'un air satisfait en constatant qu'il avait deviné juste. À vol d'oiseau, nous ne sommes pas à cinq kilomètres de l'endroit d'où nous sommes partis. »

Les empreintes de Miguel longeaient la route. Morales devinait, à leur profondeur et à la longueur des foulées, qu'il avait couru. Il y avait plusieurs ornières anciennes dans la poussière d'un beige rougeâtre. Mais des traces laissées par des pneus aux sculptures profondes, avec un espacement moins large que sur une voiture ou une camionnette, étaient récentes. Elles provenaient d'un quad.

Dans un virage, les chevaux se mirent à agiter le museau en l'air en grondant et en effectuant des petits pas de danse nerveux.

« Nous devons être tout près, dit Morales. Rien de tel que l'odeur du sang pour exciter les chevaux. »

Ils mirent pied à terre, entraînèrent les chevaux parmi les arbres et les attachèrent aux branches robustes d'un vieux chêne noir, puis ils retournèrent sur la route et suivirent les empreintes de Miguel ainsi que les ornières laissées par le quad. Morales s'immobilisa lorsqu'il arriva à un endroit où les traces du véhicule s'interrompaient.

« Le conducteur s'est arrêté ici, et ces empreintes doivent être les siennes. Il portait des chaussures de randonnée. »

Morales désigna des empreintes de semelles avec un motif en zigzag qui s'engageaient quelques mètres plus loin sur le lit sablonneux de la rivière, qui était étouffé par les saules et les touffes gris-vert des genêts apaches. Puis, après s'être enfoncé un peu plus, Morales déclara :

« Bon, on a bien affaire à un homicide, aucun doute là-dessus. »

Dix mètres plus loin se trouvait le premier corps – celui de Reynaldo, supposa Castle, car Miguel avait affirmé qu'il avait reçu une balle dans la tête, et il y avait un trou gros comme une pièce de dix cents au-dessus de l'un des yeux. Une grande quantité de sang, tout ce que son corps avait contenu, s'était écoulé par le trou beaucoup plus grand à l'arrière de la tête, laissant une tache couleur rouille sur le sol. Le corps d'Héctor gisait derrière celui de Reynaldo, à quelques mètres sur la droite. Il était sur le flanc et, avec sa tête qui reposait sur sa main, on aurait pu croire qu'il faisait la sieste s'il n'y avait eu les deux blessures irrégulières, l'une à l'arrière de son épaule, l'autre sur sa poitrine. Les corps avaient gelé durant la nuit, mais maintenant qu'ils dégelaient, les hommes perçurent l'odeur qui avait effrayé les chevaux, une odeur de déchets en décomposition.

Castle regarda les cadavres avec une fascination morbide, se rappelant une fois de plus qu'il avait eu une vie protégée. À bientôt 56 ans, il n'avait encore jamais vu d'homme mort, encore moins d'homme qui avait connu une mort violente. On lui avait épargné la vue du corps de son père ; il ne se trouvait pas à l'hôpital quand le Dr Castle avait expiré à 2 heures du matin, et comme cet homme jadis beau et vigoureux avait été ravagé par le cancer, sa mère avait insisté pour que le cercueil soit fermé durant la veillée.

« Les gars, restez où vous êtes, ordonna l'agent le plus âgé, le sergent. Si trop de gens piétinent les lieux la scène va être contaminée. »

Se déplaçant précautionneusement pour éviter d'effacer le moindre bout de l'histoire qui pouvait être écrite sur le sol, le jeune flic et lui cherchèrent les douilles de l'arme du tueur mais ne trouvèrent rien.

« Il a probablement utilisé un revolver, déclara le sergent. Si c'était un semi-auto, le type a ramassé ses douilles pour laisser aussi peu d'indices que possible. »

Non loin du corps d'Héctor, dissimulées sous une touffe de genêts, les deux policiers trouvèrent les broussailles dont Miguel et ses amis s'étaient servis pour cacher la marijuana. Elles semblaient avoir été écartées du pied, et quelques fragments de toile étaient restés accrochés à l'enchevêtrement de branches.

Pendant ce temps, Morales s'aventura plus avant sur le lit de la rivière, effrayant un gros lièvre qui détala dans les fourrés de saules. Il revint environ un quart d'heure plus tard.

« Tout ce que j'ai vu pour le moment confirme l'histoire de Miguel. Il est allé chier de l'autre côté, comme il a dit. Il est resté allongé là-bas un bon moment – l'herbe est aplatie, comme si un cerf y avait dormi. Puis il est revenu voir ce qui était arrivé à ses *compañeros.* » Morales marqua une pause, regardant pensivement devant lui. « C'est ça que j'aime quand on suit une piste. Les traces ne mentent pas. Si vous savez les lire, elles disent à chaque fois la vérité.

— Alors quelle vérité elles racontent ? » demanda Blaine.

Morales posa un genou par terre et dessina avec son index un schéma dans la poussière.

« Le type, celui qui s'est pris deux balles…

— Ça doit être Héctor, dit Blaine. L'autre est Reynaldo.

— Héctor est allongé ici, reprit Morales. Il entend le quad, va au bord de la route et lui fait signe. Le conducteur descend. Lui et Héctor se tiennent presque face à face à côté du véhicule. Puis Héctor retourne sur le lit de la rivière, là où la dope est planquée. Le conducteur le suit sur environ deux mètres, mais il s'arrête ici, dit-il en traçant du doigt une nouvelle marque, à peut-être trois ou quatre mètres d'Héctor. Reynaldo est là, sur la gauche d'Héctor. Bon, Miguel dit qu'il a vu Reynaldo tomber en premier. Une balle en pleine tête. Reynaldo est mort avant de heurter le sol. Puis le tueur pivote sur lui-même pour buter Héctor – on peut voir où il l'a fait, il y a une marque qui forme une espèce d'éventail à l'endroit où il a tourné les pieds. Héctor s'est retourné et a commencé à courir. La première balle l'a atteint en plein dans le dos et elle est ressortie par la poitrine. Je ne suis pas expert en balistique, mais je dirais que l'impact l'a fait pivoter sur lui-même, et la deuxième balle l'a atteint en haut du torse et est ressortie par l'épaule. Ça, c'est la première page de l'histoire.

— Et la page 2 ?

— Après, le tueur se met à la recherche de Miguel.

— Les traces vous disent ça ?

— J'ai trouvé des empreintes qui correspondent sur le lit de la rivière. Il faisait des allers-retours, comme s'il cherchait quelque chose ou quelqu'un, et je parierais sur quelqu'un. Vous voyez ce que je veux dire ?

— Il savait qu'ils étaient trois.

— Exact. Donc il ne trouve pas Miguel. Et il ne peut pas rester là à le chercher. Il vient de tuer deux hommes. Alors, il dégage les broussailles et s'empare de la *merca*. Il tire les ballots de marijuana jusqu'à son véhicule – les traînées sont on ne peut plus claires –, il les charge et il décampe – à toute allure. Regardez les traces de pneus, vous verrez que les roues ont patiné dans le vide et que le véhicule a fait une petite embardée quand il a enfoncé l'accélérateur. Voilà, c'est toute l'histoire. »

Blaine le regarda en fronçant les sourcils et des pattes d'oie se creusèrent au coin de ses yeux.

« Mais il y a un tas de choses qui ne collent pas. Vous dites qu'un type passe par hasard sur son véhicule tout-terrain, qu'il s'avère qu'il a une arme sur lui, qu'il s'avère qu'il tombe sur ces gars, qu'il s'avère qu'il sait qu'ils ont planqué un chargement de dope dans ces rochers, puis il les bute et il pique la came ? Ça fait un peu trop de coïncidences pour que je gobe ça. »

Morales se leva et passa les doigts sur le bord de son chapeau.

« Blaine ! L'assassin ne les a pas trouvés par hasard. Ce devait être le type qui était censé réceptionner la livraison. Il ne savait probablement pas ce qui s'était passé de l'autre côté, alors en ne voyant pas ses passeurs arriver, il a dû se dire qu'ils cherchaient à l'arnaquer et il s'est mis à leur recherche. Peut-être qu'il a eu du pot de les retrouver, ou peut-être qu'il avait des talents de pisteur et qu'il a suivi leur trace. Comment savait-il où ils avaient planqué la dope ? Il leur a demandé, et Héctor et Reynaldo, croyant que c'était leur homme, le lui ont dit. *Sí, señor, tenemos la merca*, et elle est là, sous ces broussailles.

— Alors pourquoi les tuer s'ils se montraient si coopératifs ?

— Je suis pisteur. Je sais ce que le sol me raconte. Le pourquoi et le comment de toute cette merde, c'est pour le shérif. Je n'enquête pas sur des meurtres.

— Mais bon sang, vous devez avoir une idée pour que tout ça ait un sens.

— Peut-être que le plan était dès le début de les tuer. »

Blaine frotta sa botte contre le sol.

« John, le trafiquant qui a envoyé ces trois sacs avec toute cette marchandise de ce côté-ci de la frontière devait avoir un QI pas plus grand que mon chapeau.

— Ça s'est déjà vu, des migrants qui font office de passeurs pour payer leur voyage. Ces trois types, c'étaient juste des dos pour porter les sacs. »

Le sergent et son partenaire appelèrent sur leur radio VHF et demandèrent l'envoi d'une équipe d'enquêteurs.

« Ils risquent de mettre un moment à arriver, déclara le sergent. Mais vous autres, vous restez dans les parages. Ils auront peut-être des questions à vous poser. Vous en particulier, monsieur, ajouta-t-il en regardant Castle. Vous avez trouvé le seul témoin oculaire, et c'est ce qui a déclenché toutes ces joyeusetés. »

Ils retournèrent à l'endroit où les chevaux étaient attachés et s'assirent à l'ombre. Castle n'avait qu'une envie, retourner à sa cabane, à sa chienne, à son Sénèque. Ça lui faisait chaud au cœur de savoir qu'il avait secouru Miguel, mais à cause de ce simple acte de miséricorde il se retrouvait empêtré dans une chose à laquelle il ne voulait pas être mêlé. Il songea à la chaîne d'accidents qui l'avait mené jusqu'ici, en commençant par sa décision, prise sans raison particulière, d'aller chasser à proximité de chez lui ce matin. Une chaîne d'accidents, oui, mais quand il la considérait dans son ensemble, elle ne semblait pas accidentelle ; elle ressemblait à une fatalité, comme s'il était écrit que sa vie croiserait celle de Miguel. Mais il aurait suffi qu'il brise un seul maillon pour ne pas se retrouver ici avec son cow-boy de cousin, un pisteur navajo, un *vaquero* mexicain et deux inconnus morts gisant parmi les saules et les genêts en travers d'une route dans le désert.

Blaine tapota son paquet de cigarettes et en offrit une à Morales, qui fit non de la tête.

« Ces trucs vous tueront aussi sûrement qu'une balle.

— Pas celles-ci, répondit Blaine en montrant le paquet bleu orné d'une tête d'Indien avec sa coiffe. Cette marque n'utilise pas d'additifs ni de conservateurs. Ces cigarettes sont bonnes pour la santé. »

Morales lâcha un petit rire.

« Ça me plaît. Des cigarettes bonnes pour la santé. Comme de la strychnine bonne pour la santé. »

Blaine prit une profonde bouffée, pencha la tête en arrière et exhala un long panache de fumée.

« Tenez. Je me sens déjà mieux. »

Gerardo sortit à son tour son tabac et se roula une cigarette. Il comprenait l'anglais à peu près autant que Castle l'espagnol, mais il semblait heureux d'être assis là, à fumer avec un détachement silencieux.

« Je me disais, John, déclara soudain Blaine, que notre grand-père à Gil et à moi n'aurait jamais toléré ce genre de bordel. À une époque, il a été shérif du comté de Santa Cruz. Dans les années 1920 et 1930.

— Vous voulez en venir à un point précis ou vous passez juste le temps ?

— S'il avait découvert qu'un fils de pute avait tué deux hommes sur ses terres, reprit Blaine, il n'aurait pas appelé les flics…

— Bien sûr que non, interrompit Morales. Le flic, c'était lui.

— Mais même si ça n'avait pas été lui, c'est ça que je veux dire. Il se serait chargé de trouver le fils de pute, et quand il l'aurait trouvé… Je vais vous raconter une histoire. C'était avant qu'il ne soit shérif, dans les années 1890 ou dans ces eaux-là. Il faisait le tour de la propriété quand il est tombé sur un type avec un fer à marquer qui avait ligoté un veau de San Ignacio. Ben l'a braqué avec son pistolet, il est descendu de cheval et il l'a assommé d'un coup de crosse. Comme il ne voulait pas gâcher une bonne corde pour le ligoter, il a sorti ses pinces et il a découpé un morceau de barbelé à une clôture proche, qu'il a enroulé autour des poignets et des chevilles du voleur. Puis il a balancé le type sur le cheval et il l'a emmené jusqu'à Patagonia, jusqu'au bureau du marshal, et il l'a jeté par terre. Le marshal est sorti et Ben a dit : "J'ai attrapé ce gars en train d'essayer de voler un de nos veaux. Si vous ne vous occupez pas de lui, je m'en chargerai moi-même." » Blaine écrasa sa cigarette dans la poussière, puis arracha le filtre – une habitude qu'il avait prise au Viêtnam.

« Ta mère t'a déjà raconté cette histoire, Gil ?

— Elle ne m'a presque jamais parlé de lui », répondit Castle.

Deux images lui apparurent alors simultanément : d'un côté, sa mère, la matrone de Darien qui entretenait son jardin dans Scott's Cove, de l'autre, le père de celle-ci, qui défonçait la mâchoire d'un voleur d'un coup de crosse et le ligotait avec du fil barbelé. Qu'une telle femme ait pu être engendrée par un tel homme semblait presque contre nature, comme s'ils appartenaient à deux espèces distinctes.

« Voilà le genre d'homme qu'il était, déclara Blaine avec révérence. "Si vous ne vous occupez pas de lui, je m'en chargerai moi-même."

— Une époque différente, observa Morales. De nos jours, le voleur porterait probablement plainte.

— Ils évitaient de s'en remettre à la loi en ce temps-là. Mais si Ben vivait aujourd'hui, croyez-moi, le fils de pute qui a buté ces deux pauvres types ne profiterait pas de sa richesse nouvellement acquise bien longtemps.

— Le mec avec le QI grand comme votre chapeau. Peut-être qu'il n'est pas si idiot après tout.

— Je m'en fous que ce soit un putain d'Einstein. Je ne veux pas que lui et ces autres métèques utilisent mon ranch comme une autoroute pour vendre leur poison, que ce soit de l'herbe, de la coke ou de l'héroïne. » Blaine ramassa une poignée de terre et la laissa s'écouler entre ses doigts. « Chanté à la terre, dit-il d'une voix plus basse. Un commando australien que je connaissais au Viêtnam m'a dit que c'était ce que les Aborigènes disaient d'un endroit qui faisait tellement partie de vous que vous mourriez d'en être éloigné. Chanté à la terre. C'est ce que je ressens pour ce ranch, et je compte bien continuer comme ça. »

Morales lui donna une tape sur l'épaule.

« Je sais ce que vous ressentez. Mais nous savons l'un comme l'autre que cette vallée est un couloir pour le trafic de drogue depuis vingt ans.

— Oui. Mais avec ces assassinats, on a franchi un cran. » Blaine marqua une pause et regarda un busard prendre son essor au-dessus du lit de la rivière. « J'ai une mère de près de 80 ans à qui penser. Fougueuse comme pas deux et probablement en meilleure forme que moi, mais elle approche quand même des 80 ans. »

Le son de voitures approchant les interrompit. Un instant plus tard, un petit convoi bringuebalant apparut sur la route – deux 4 × 4 du département du shérif et une ambulance avec son gyrophare allumé mais sa sirène éteinte. L'une des voitures se plaça de travers pour bloquer la route. Un agent en descendit et commença aussitôt à tendre autour de la scène un cordon jaune sur lequel était inscrit en lettres noires ACCÈS INTERDIT – SCÈNE DE CRIME, même s'il était peu probable que quiconque vienne se balader dans ce coin paumé. Deux types en civil sortirent de la deuxième voiture. L'un d'eux – un inspecteur de la criminelle qui se présenta comme le lieutenant Soto – interrogea Castle, Blaine et Gerardo, pendant que Morales menait l'autre, équipé d'un appareil photo et d'une mallette noire, jusqu'aux corps. L'homme les photographia sous divers angles, puis prit des clichés des traces de pneus et des empreintes de pieds. Lorsqu'il eut fini, il fit signe aux ambulanciers, qui tirèrent une civière et des housses mortuaires de l'ambulance et vinrent récupérer les cadavres d'Héctor et de Reynaldo. Toute cette activité avait quelque chose d'irréel – on aurait cru une scène tirée d'une série policière – sauf que c'étaient des cadavres bien réels qui étaient placés dans les housses. Comment allaient-ils localiser leurs familles ? se demanda Castle. Qui notifierait ces nouveaux citoyens de la nation du chagrin ? Il entendait presque leurs lamentations s'élevant de quelque obscur village mexicain, et ces voix ne seraient qu'une goutte d'eau dans le vaste chœur de la douleur qui chantait en ce moment même dans des maisons d'Amérique, d'Afghanistan, de milliers d'autres lieux. Si l'on avait pu diffuser les gémissements, les cris et les hurlements d'une seule journée, le bruit aurait assourdi le monde.

Morales revint.

« Nous en avons fini. Le reste est leur affaire, dit-il en désignant de la tête les inspecteurs qui farfouillaient dans les broussailles.

— Qu'est-ce que vous en pensez ? demanda Blaine. Je veux dire, de leurs chances d'attraper le coupable ? »

Morales lança un coup d'œil en direction des ambulanciers, qui poussaient l'un des corps dans leur camionnette.

« Deux passeurs de drogue morts ? Je ne crois pas que ce sera une priorité pour le shérif. »

L'acte généreux de Castle avait ouvert une brèche dans l'enceinte de son sanctuaire, et le monde auquel il croyait avoir renoncé s'y engouffra. Toute la journée du lendemain, des journalistes téléphonèrent au ranch, demandant à l'interviewer. Monica prenait les appels – il n'y avait pas de téléphone dans la cabane – et informait Castle sur son portable. Mais il refusait toute interview, poussant les journalistes à tenter plusieurs fois leur chance, ce qui finit par agacer Monica. « J'ai l'impression d'être ton attachée de presse, déclara-t-elle. Je peux leur donner ton numéro de portable ? » Non, elle ne pouvait pas. « Dis-leur simplement que je suis absent. »

Ses refus n'empêchèrent pas son nom d'être cité dans les journaux ou sur les ondes. Bien que des cadavres fussent découverts presque chaque jour dans le désert d'Arizona, les morts d'Héctor et Reynaldo et le calvaire de Miguel étaient suffisamment insolites pour faire les informations du soir à la télé et la une de l'*Arizona Daily Star* à Tucson, du *Nogales International* et de l'hebdomadaire de Patagonia, le *Bulletin*, dont le gros titre : DEUX CLANDESTINS ASSASSINÉS – LE SAUVETAGE D'UN MIGRANT ÉGARÉ PAR UN CHASSEUR MÈNE À UNE DÉCOUVERTE MACABRE, s'étalait à tous les distributeurs de journaux devant le bureau de poste et devant l'hôtel Stage Stop. Tout ce sensationnalisme avait fait de Castle le centre d'une attention répugnante. Un jour, alors qu'il faisait ses courses au marché de Patagonia, il fut littéralement accosté par un homme qu'il n'avait jamais vu. « Hé ! Vous êtes le type qui a découvert ces Mexicains morts ! » Il s'enfuit sans prendre la peine de corriger son information – il avait découvert un Mexicain vivant ! – et resta terré dans sa cabane toute la semaine suivante.

Presque chaque soir, il restait éveillé jusqu'à minuit passé, cherchant à percevoir des bruits de pas dehors, attendant que Sam le prévienne de l'approche d'un intrus. Dans l'état second qui séparait la veille du sommeil, il avait des visions, mi-rêve, mi-hallucination, des blessures d'Héctor et Reynaldo, du sang séché, des empreintes du tueur dans la poussière. Une nuit, il se réveilla à 4 heures du matin, convaincu que l'assassin s'approchait furtivement de sa cabane pour le tuer. Il n'y avait aucune raison pour que le tueur s'en prenne à lui, mais, à cette heure de la nuit, l'esprit rationnel s'efface devant les peurs primitives. Il se leva, chargea son fusil et le posa contre le mur à côté de son lit, ce qui n'atténua que légèrement son sentiment de vulnérabilité. Le lendemain, il se rendit au Walgreens de Nogales pour renouveler son ordonnance d'Ambien. Et lorsque le pharmacien l'informa qu'il pourrait récupérer ses somnifères une heure plus tard, Castle en profita pour faire un tour au rayon équipement sportif de Wal-Mart, où il acheta un magnum 357, deux boîtes de munitions et un lot de cibles en papier. Après quoi, il s'entraîna derrière chez lui. Bien qu'il fût moins doué avec un pistolet qu'avec une carabine ou un fusil, la moitié de ses coups de feu faisaient néanmoins mouche à vingt-cinq mètres. Restait à savoir s'il serait capable de tuer un autre être humain, en état de légitime défense. Il ne pouvait ignorer la possibilité que, face à une personne décidée à lui ôter la vie, il laisserait faire.

5

Lorsqu'il eut fini de se doucher et retourna dans la chambre, le Professeur trouva Clarice allongée sur le ventre, soulevant son derrière nu dans les airs.

« Ouah ! aboya-t-elle tout en tournant la tête pour le regarder avec un sourire de maniaque. Ouah ! Ouah ! »

Il ne s'agissait pas d'un de ses coups de tête soudains et absurdes, car à peine un quart d'heure plus tôt elle avait quitté la chambre d'hôtel, vêtue de son uniforme de ranger. Elle avait donc dû délibérément laisser la porte entrouverte, avant de revenir en douce et d'ôter ses vêtements, qui, remarqua-t-il, étaient méticuleusement posés sur une chaise – encore un signe de préméditation. Pour autant qu'il sache, elle avait pu rester dans cette position tout le temps qu'il était sous la douche, attendant telle une bonne chienne loyale (la comparaison semblait appropriée) le retour de son amant fraîchement toiletté.

« Je croyais t'avoir dit de partir, déclara-t-il calmement.

— Pas avant que tu m'aies baisée, Euclid », répliqua-t-elle, décomposant à l'excès le nom sous lequel elle le connaissait – E-you-clid – et agitant son derrière.

Elle avait une petite quarantaine d'années, soit un peu plus que lui, mais son derrière, comme le reste de son corps, avait été bien conservé grâce à ses longues randonnées dans les canyons et les montagnes du désert, à la recherche de chasseurs et de promeneurs égarés – une femme douée pour secourir tout le monde sauf elle-même.

Son impudeur le dégoûtait, mais son pénis réagit à ce qui se présentait devant lui comme un genou réagirait au coup de maillet d'un médecin. Une surprise – il pensait que les festivités de la nuit précédente l'avaient épuisé pour au moins une semaine. Bon, le moyen le plus simple de se débarrasser d'elle, le *seul* moyen de se débarrasser d'elle de l'avis de son pénis, c'était de lui donner ce qu'elle voulait. Ôtant la serviette qui lui ceignait la taille, il grimpa sur le lit et s'agenouilla derrière elle, caressant à deux mains le globe divisé de son postérieur, ses courbes évoquant un son de trompette – *tara-ta-ta !* –, sa douceur faisant danser devant ses yeux une tache d'un vert lumineux, sa couleur crémeuse suggérant un parfum de fleurs. Baiser Clarice était une expérience multimodale, un spectacle de son et lumière, les formes éveillant des sons, les textures, des couleurs, les couleurs, des odeurs – toutes les perceptions sensorielles de son trouble particulier. Il se jeta dans l'acte avec élan, pas tant par plaisir que pour se soulager et la mettre à la porte aussi vite que possible. Il atteignit son premier objectif en moins de deux minutes.

« Bon, c'était pas si difficile que ça, hein ? » demanda-t-elle tandis qu'elle renfilait sa culotte, une rougeur triomphante sur son visage bronzé.

Combien il regrettait de s'être acoquiné avec cette cinglée libidineuse, la ranger folle du cul. Le Professeur menait une vie précaire. Son travail – sa vocation, comme il aimait l'envisager – exigeait une concentration de funambule avançant sans filet. L'imprévisible Clarice menaçait sa capacité à conserver son équilibre.

« Faut que tu partes, dit-il. Je vais être en retard.

— Toujours tellement occupé. » Elle enfila son uniforme et passa un peigne dans ses cheveux, qui étaient teints dans une nuance noir goudron et coupés irrégulièrement court, comme si son coiffeur avait été pris d'une crise de delirium tremens. « En retard pour quoi ? Pourquoi tu ne me dis pas ce que tu fais ?

— Considère la possibilité que ça ne te regarde pas. »

Elle lui appuya sur le bout du nez comme si c'était une sonnette de porte.

« Tu ne travaillerais pas pour les stups, hein, chéri ? »

Il lui saisit le poignet et fixa sur elle ses yeux caves d'un bleu surnaturel. C'était un regard troublant, un regard qui semblait voir à travers les choses, un regard plein de la concentration froide du prédateur qui examine sa proie avant de fondre sur elle.

« Hé ! OK, ducon, j'ai compris, fit-elle, et il relâcha son étreinte.

— Maintenant, faut vraiment que tu y ailles », déclara-t-il, presque tendrement.

Il la regarda avec soulagement fermer la porte derrière elle. Pour faire bonne mesure, il actionna le verrou. Patience, songea-t-il. Attends qu'elle te plaque. Elle le fera tôt ou tard. Clarice se vantait ouvertement de ses nombreuses conquêtes auprès d'hommes plus jeunes qu'elle, et bien qu'elle fût fidèle à la personne avec qui elle couchait sur le moment, elle se lassait vite et passait à autre chose (elle s'était un jour décrite comme une « salope en série »).

Le Professeur avait en partie hérité du catholicisme théâtral, quasi païen, de sa mère, et même si le rendez-vous qu'il avait avec Nacho serait une pure routine, il considérait plus prudent de s'y rendre dans un état de grâce. Il retourna donc à la salle de bains, trempa un gant de toilette dans de l'eau aussi chaude que possible, et nettoya Clarice de ses parties tout en récitant en silence un acte de contrition, suivi d'une prière à Jesús Malverde, saint patron des trafiquants de la frontière. Le Professeur ne s'adonnait pas directement au trafic de drogues ou d'hommes – sa richesse principale, c'étaient les informations – mais il supposait que la protection de Malverde couvrait également ça.

Après s'être habillé (jean repassé, bottes de cow-boy en peau d'autruche, veste de cuir marron), il emprunta l'ascenseur hors d'âge – doté d'une porte grillagée en accordéon, d'un cadran de cuivre avec une flèche qui indiquait l'étage et même d'un opérateur – jusqu'à la réception. Il descendait toujours au Gadsden lors de ses sorties à Douglas car, étant féru d'histoire et quelque peu romantique, il aimait son atmosphère exagérément rétro, ses colonnes de marbre italien et son escalier imposant – dont on disait que Pancho Villa l'avait gravi à cheval dans un accès d'enthousiasme révolutionnaire – qui évoquaient des images de Douglas à son heure de gloire, quand les mines de cuivre en avaient fait une ville riche. Il tendit sa clé au réceptionniste – une clé en métal, pas une minable carte en plastique – et régla sa note. Bien que le Gadsden ne fût pas rétro au point de ne pas accepter les cartes de crédit, il paya en espèces. Il avait l'habitude de laisser aussi peu de traces que possible derrière lui. « À la prochaine fois, monsieur Carrington », dit le réceptionniste, car telle était l'identité qu'il adoptait du côté américain de la frontière : Euclid J. Carrington. Gérer les activités de ses diverses incarnations, toutes réunies dans la personne du Professeur, était un numéro de corde raide. Un pas de travers, une distraction au mauvais moment, une parole imprudente prononcée à la mauvaise personne pouvaient avoir de terribles conséquences, une balle dans la tête étant la moins terrible de toutes.

Dehors, par ce dimanche matin frisquet, l'Avenue G était déserte, ce qui donnait une idée de la ville fantôme que Douglas serait devenue si, après que Phelps Dodge eut fermé les hauts fourneaux dans les années 1890, un commerce de narcotiques florissant, qui arrivait par Agua Prieta, n'avait fourni de nouvelles opportunités d'emploi pour certains de ses citoyens et rétabli sa prospérité. Le Professeur fit le tour jusqu'au parking situé à l'arrière du Gadsden et grimpa dans son Ford Explorer de location. Sa propre voiture – ou plutôt la voiture qui appartenait à son autre incarnation, Gregorio Bonham, un capitaine de la police judiciaire fédérale mexicaine – était restée au siège de la police à Agua Prieta, où il avait passé son vendredi et son samedi à fouiner dans les récentes activités d'Yvonne Menéndez, la reine locale du narcotrafic. Comme à chaque fois qu'il avait rendez-vous avec Nacho, il passa la frontière à pied, informant le flic à la douane qu'il était un touriste américain de retour d'une petite excursion, ce qui, vu son apparence, semblait plus que plausible. Il avait en effet plus l'air d'un gringo que la plupart des gringos, les gènes anglais de son père ayant pris le dessus sur ceux de sa mère, si l'on exceptait la nuance olivâtre de son teint, qui était à peine visible.

Il avait une allure des plus quelconques, comme il convenait à un homme qui préférait l'ombre à la lumière. Il était d'une carrure anodine, mesurant exactement un mètre soixante-dix-sept pour soixante-douze kilos. Ses cheveux châtain clair étaient coupés court (il évitait l'apparence débraillée qu'arboraient la plupart des agents infiltrés), et ses traits étaient si bien proportionnés et symétriques qu'ils ne laissaient aucun souvenir. De fait, depuis qu'il s'était fait ôter un gros grain de beauté sur la joue gauche quelque temps auparavant, il ressemblait à l'un de ces visages génériques que l'on voyait parfois sur des publicités pour des cours de dessin par correspondance au dos des magazines. DESSINEZ-MOI ET GAGNEZ DEUX LEÇONS GRATUITES ! Le seul aspect frappant de son apparence, c'étaient ces yeux pâles dont on aurait dit qu'ils avaient été enfoncés par une paire de pouces dans son crâne, et qui semblaient éclairés de l'intérieur, leur fixité mettant mal à l'aise tous ceux qui les croisaient. Mais ce regard fixe n'était pas quelque chose qu'il affectait pour effrayer les autres. Il était simplement concentré, attentif à chaque détail, à l'affût des menaces, des tics d'expression ou des gestes qui pourraient trahir un menteur. C'était un chasseur en quête d'informations fiables – « intelligence recevable » en jargon militaire – et, comme tous les chasseurs, il était à chaque instant parfaitement conscient de son environnement.

Avant de se mettre en route, il appela Nacho de son téléphone portable – plus exactement, celui de Carrington.

« Police des frontières américaines. Agent Gomez à l'appareil, répondit Nacho.

— Ignacio. Je suis en retard.

— J'attendrai. »

Moins d'une heure plus tard, il se gara à côté de la jeep Cherokee banalisée de Nacho, au croisement de deux petites routes dans la vallée de San Bernardino. Sous le ciel blanc de l'hiver, les véhicules semblaient perdus dans l'immensité du désert qui grimpait à l'ouest vers les Chiricahua, et à l'est vers les à-pics brunis des Peloncillo, où Geronimo avait capitulé. Le Professeur adorait ce lieu – le vide, le silence, la complétude du désert de Sonora qui méprisait les lignes que les petits hommes avaient tracées sur leurs cartes.

Il grimpa dans la Cherokee de Nacho et lui serra rapidement la main.

« Sacrément content de vous revoir, Ignacio. »

Malgré son éducation aux États-Unis et son service militaire dans l'armée américaine, il conservait de son père une pointe d'accent britannique.

« Vous pouvez m'appeler Nacho. On se connaît depuis suffisamment longtemps.

— Vous n'êtes pas une chips de maïs », plaisanta le Professeur.

Craignant que l'agent de la police des frontières ne le prenne pour un cinglé, il ne pouvait pas lui dire qu'il préférait l'appeler Ignacio parce qu'il n'aimait pas ce qu'il *ressentait* quand il l'appelait Nacho. C'était difficile à décrire – c'était comme saisir une poignée de punaises ; alors qu'Ignacio évoquait une sensation douce et plaisante, comme refermer la main sur une boule de crème à raser.

« Alors, qu'est-ce qui vous a retenu ?

— Une fille sans importance.

— Cette ranger nympho ? »

Le Professeur acquiesça. Il y avait très peu de choses que Nacho ignorait à son sujet, y compris concernant ses liaisons sexuelles. Inversement, il y avait très peu de choses qu'il ignorait sur Nacho. Même si certains l'auraient considéré comme un indic, lui ne se voyait pas comme tel. Ou s'il l'était, alors Nacho était son indic *à lui*, ce qui rendait leur relation plus collégiale, ou du moins symbiotique.

« Vous avez vu ça ? » demanda Nacho, en venant brusquement au fait.

Il tendit au Professeur une chemise qui comportait des coupures de presse. LES AUTORITÉS MEXICAINES DÉCONCERTÉES PAR LE MASSACRE D'IMMIGRANTS, titrait l'*Arizona Daily Star*.

« Moi aussi, je suis déconcerté. Pas de vols, pas de viols, pas de tentative de les enlever pour les échanger contre une rançon. On dirait plus un acte de terrorisme qu'autre chose.

— En quoi ça vous concerne ?

— Nous nous demandons s'il se passe quelque chose que nous devrions savoir, répondit Nacho.

— On peut parler de terrorisme. Nous sommes quasiment sûrs qu'Yvonne était derrière.

— Je suppose que ça ne me surprend pas. La Roja n'est pas une tendre », observa Nacho, en référence à la réputation de cruauté qu'Yvonne s'était bâtie depuis qu'elle avait repris l'organisation Menéndez en main après la mort de son mari, Fermín, assassiné l'année précédente.

C'était elle qui avait placé un contrat sur son ami. Plus tard, quand la police des frontières et la douane américaine avaient mis un frein à ses opérations en saisissant la moitié de ses chargements grâce à des tuyaux d'informateurs, elle avait mené une chasse aux indics avec une férocité qui avait impressionné ses homologues trafiquants masculins – et ils ne se laissaient pas facilement impressionner quand il était question de violence. En six semaines environ, quatorze personnes avaient été torturées et assassinées. Que seules deux d'entre elles aient été des informateurs était le cadet de ses soucis. « Mieux vaut que douze innocents meurent plutôt que deux coupables s'en tirent », avait-elle déclaré. La découverte des corps mutilés, alignés le long d'un abreuvoir à bétail dans le désert, avait fait les gros titres dans tout le Mexique. Doigts, mains et pieds avaient été tranchés et éparpillés aux alentours pour nourrir les coyotes et les vautours. *CHARCA DE MUERTE!!!* – l'étang de la Mort – avaient hurlé les tabloïds au-dessus de photos abominables.

« Alors, qui cherche-t-elle à terroriser ? demanda Nacho.

— Il y a des rumeurs. Nous savons qu'elle ne supporte ni les clandestins ni les passeurs de clandestins. Ils lui grillent ses routes. Ils attirent nos hommes en trop grand nombre. Donc, une théorie est qu'elle a envoyé un message aux *polleros* pour qu'ils aillent faire passer leurs poulets ailleurs.

— Carrasco n'aime pas les *pollos* et les *polleros* pour la même raison.

— Allons, Ignacio », fit le Professeur d'un ton moqueur.

Joaquín Carrasco, le *mero mero* – le chef – du cartel d'Hermosillo, était le narcotrafiquant le plus professionnel de tout le Mexique. Assassiner des clandestins n'était pas son style.

Nacho lui jeta un coup d'œil par-dessus ses lunettes à la John Lennon mais, comme tout le monde, il ne parvint pas à soutenir le regard du Professeur, et ses yeux se détournèrent vivement telles des boules de billard rebondissant sur la bande. Pendant une seconde ou deux, il regarda en direction des cimes sans arbres des Chiricahua, où la neige était comme une chape de béton passée à la chaux.

« Mais je pense, dit-il enfin, qu'il y a un problème avec votre théorie. Le territoire d'Yvonne, c'est la vallée de San Pedro et Douglas. Le massacre a eu lieu dans la vallée de San Rafael, et ça, c'est le territoire de Carrasco.

— Exact.

— Yvonne n'a aucune raison d'avoir quoi que ce soit à foutre que des clandestins grillent les routes à San Rafael. Ce ne sont pas les siennes.

— Encore exact.

— Ça commence à ressembler à un jeu de devinettes, déclara Nacho. Ne me rendez pas la vie difficile. Vous êtes de notre côté de la frontière en ce moment.

— Je suis toujours un citoyen d'*El Norte*, fit remarquer le Professeur avec une indignation feinte.

— Oui, avec un mandat d'arrestation fédéral à votre nom toujours valable, plus quelques personnes à la CIA qui adoreraient régler leurs comptes.

— Ils ont mieux à faire maintenant. Ils sont occupés à traquer des terroristes, réels et imaginaires. Et puis j'ai trop de valeur pour le département de la Sécurité intérieure là où je suis.

— Ne prenez pas la grosse tête, avertit Nacho. Alors, ces rumeurs…

— Disons que nous ne sommes pas sûrs de ce qu'Yvonne fabrique. Disons que nous l'avons à l'œil. C'est une femme dans un monde d'hommes. Ambitieuse, qui plus est.

— Ça, je le sais. Je vous demande ce qu'il en est de ces rumeurs.

— Vous avez déjà vu ce vieux film, *Key Largo* ?

— Pardon ?

— Il y a un moment où le personnage d'Humphrey Bogart demande à celui interprété par Edward G. Robinson, Johnny Rocco, ce qu'il veut. Et Rocco répond : "Plus. Parfaitement ! J'en veux plus !" Yvonne est pareille. Le mot *assez* ne fait pas partie de son vocabulaire.

— Écoutez, le cartel d'Agua Prieta est trop petit pour affronter directement Carrasco, reprit Nacho. Elle n'envisagerait pas la manière forte avec lui si elle n'avait pas quelqu'un pour l'appuyer.

— Une supposition valide. »

Nacho soupira, exaspéré par ces réponses évasives.

Manières évasives que le Professeur jugeait appropriées. Il était capitaine chez les *federales*, certes, mais il était aussi les yeux et les oreilles de Joaquín Carrasco des deux côtés de la frontière, surveillant les agences de maintien de l'ordre des gringos tout en s'assurant de la loyauté et de l'honnêteté des foules de gens employés par Carrasco, depuis les responsables de ses plantations de marijuana jusqu'aux dealers qui vendaient ses produits aux États-Unis. Le Professeur avait une grande admiration pour Carrasco, chez qui un esprit subtil – dans une autre culture il aurait été P-DG – se dissimulait sous de grossiers traits de paysan. La violence flamboyante d'Yvonne attirait le genre de publicité qu'il exécrait à cause des effets négatifs qu'elle avait sur le business. L'incident de « l'étang de la Mort » avait déjà été désastreux ; le massacre des immigrants était pire encore, et pas seulement à cause de l'attention qu'il attirait ; c'était une sorte de déclaration de sa part.

Le rôle que tenait le Professeur dans l'organisation exigeait de la discrétion. Combien d'informations devait-il donner sur le conflit qui opposait Carrasco à la versatile La Roja, ainsi nommée à cause de ses cheveux d'un roux vif ? Les informations étaient la monnaie d'échange de son travail – il fallait en donner pour en recevoir – mais il n'était jamais sage de tout claquer d'un coup. D'une voix basse et monotone, il dévoila lentement une autre rumeur qu'il avait apprise à Agua Prieta : Yvonne aurait conclu une alliance avec le cartel du Golfe, le réseau de trafiquants le plus grand et le plus puissant du Mexique.

Nacho, les mains croisées sur son ventre, écouta attentivement.

« Et avec leur soutien, elle serait assez puissante pour défier Carrasco.

— Encore une supposition valide, répondit le Professeur. Vous savez, si elle ne se calme pas, elle pourrait vous causer autant de problèmes qu'à nous.

— Qui ça, nous ? Les *federales* ou Carrasco ? » demanda Nacho avec une once d'ironie.

Le Professeur répondit par un sourire fugace.

Nacho se pencha en avant et lui saisit le genou.

« J'adore ces rendez-vous. Je n'ai jamais rencontré personne comme vous. Je n'arrive pas à savoir si vous êtes mouillé là-dedans par intérêt personnel, ou si vous êtes un agent double, un agent triple, un agent quadruple, ou je ne sais quoi.

— Je suis un agent de l'histoire. »

Nacho fit une moue perplexe.

« Ce qui se passe ici, maintenant, c'est historique, reprit le Professeur. Oubliez la drogue un moment. Tous ces clandestins qui passent la frontière – entre un demi-million et un million chaque année – constituent la plus grande migration du monde de nos jours. Vous le saviez ?

— Je suppose que je le sais maintenant.

— Nous ne pouvons pas échapper à l'histoire, mais nous ne sommes pas impuissants face à elle. Nous pouvons la guider, la gérer.

— *Gracias, Profesor*, dit Nacho en faisant une petite révérence. *Gracias por la lección.*

— Vous ne m'écoutez pas. Nous avons un intérêt commun. Alors parlons drogue. Carrasco n'aime pas les conflits. Il ne veut pas d'une guerre de ce côté-ci de la frontière. Regardez ce qui se passe à Nuevo Laredo. Une demi-douzaine de gangs qui se battent. Des fusillades à la mitrailleuse tous les soirs, des voitures qui explosent dans les rues, des grenades autopropulsées. Le dernier chef de la police a été en fonction exactement une journée avant de se faire descendre. Bagdad sur le Rio Grande. C'est ce qu'on veut à Agua Prieta ? À Naco ? À Nogales ? Putain, certainement pas.

— *¡Oye, amigo!* Je comprends. Mieux vaut un crime organisé qu'un crime désorganisé. Qu'attendez-vous de nous ?

— Que vous nous donniez un coup de main, au cas où nous serions forcés de vous le demander. Une coopération entre les agences de maintien de l'ordre de nos deux pays amis – une chose magnifique, non ? Bon, c'est vous qui m'avez demandé de venir. Qu'avez-vous d'autre en tête ? »

Après un temps d'arrêt, Nacho tira un document de sa chemise et le tendit au Professeur. C'était une photocopie du compte-rendu de meurtre émis par le bureau du shérif du comté de Santa Cruz.

« Vous êtes au courant de ce petit incident ? demanda Nacho.

— J'en ai entendu parler. Pourquoi voulez-vous en discuter ? Qui en a quoi que ce soit à foutre ?

— Personne, répondit Nacho. Je n'en aurais moi-même rien à foutre, sauf que là-bas, dit-il en pointant le pouce vers l'arrière du véhicule, qui était tourné vers le sud, nous avons sept immigrants morts, et ici, nous avons deux *burreros* morts. Deux sur trois, qui en fait suivaient les clandestins qui étaient censés faire office de leurre…

— Vous et moi, nous échangeons des informations stratégiques, interrompit le Professeur, irrité. Ces trois mules devaient porter soixante ou soixante-dix kilos maxi. Qu'est-ce que ça vaut ? Un peu plus de cent mille dollars ? C'est de la petite bière.

— Pourtant, m'est avis que ça pousse à réfléchir. Vous me dites qu'Yvonne a ordonné le massacre. Vous me dites qu'elle est peut-être en train de s'imposer par la force sur les routes de Carrasco. Alors, m'est avis qu'il y a des points que nous devrions relier entre eux. Et dans ce cas, est-ce que ça signifie quelque chose ?

— Vous pensez que ce chargement de came était mêlé à tout ça ? À qui était cette came ? À Joaquín ? Et

Yvonne l'aurait dépouillé et aurait descendu les mules juste pour prouver qu'elle en est capable ?

— C'est vous qui avez parlé d'une guerre, alors oui, je me demande si ç'a pu être le premier coup de feu, répondit Nacho. À qui appartenait la dope ?

— Aucune idée. Joaquín n'engagerait jamais des *pollos* pour effectuer une livraison, pas même une petite. Les poulets ne font pas de bonnes mules. À mon avis, ils travaillaient pour un indépendant, et ils sont tombés sur des *bajadores*. Deux points distincts, c'est tout ce que vous avez, et *nada* au milieu.

— Bon, si vous apprenez quoi que ce soit à ce sujet, faites-le-moi savoir.

— Depuis quand la police des frontières enquête-t-elle sur des meurtres ?

— Je pourrais transmettre les informations au shérif. La coopération entre les agences de maintien de l'ordre – une chose magnifique, non ? J'ai besoin de me dégourdir les jambes. »

Ils descendirent et s'adossèrent au capot de la Cherokee. Midi approchait, mais une fraîcheur prononcée continuait de flotter dans l'air.

« M'est avis, reprit le Professeur, imitant le tic langagier de Nacho, qu'aujourd'hui ce n'est pas vraiment du donnant, donnant. »

Nacho regarda ses chaussures avec un sourire en coin. C'était un agent honnête, aussi honnête qu'un agent en mission secrète pouvait l'être. Comme le Professeur, lui aussi devait faire des compromis, donner afin de recevoir ; mais il y avait certaines limites qu'il ne pouvait franchir. Ce qui convenait au Professeur. Celui-ci préférait traiter avec un agent honnête plutôt qu'avec un agent retors. Un agent retors devenait inévitablement gourmand, négligent, et il se faisait prendre, finissait en prison, et c'était une nouvelle source de perdue.

« Par exemple, nous avons entendu murmurer que maintenant que vous avez réduit le trafic dans la vallée de San Pedro, vous alliez déplacer vos ressources vers l'ouest, suggéra le Professeur pour le faire parler. Mais ça couvre un grand territoire. »

Nacho, contemplant toujours ses chaussures, soupesait ses options. Il devait réfléchir non seulement à ce qu'il allait dire, mais aussi à la manière de le dire.

« La route qui va d'Altar à Sásabe, répondit-il. C'est devenu une autoroute pour clandestins. Trente véhicules par heure, vingt-quatre heures sur vingt-quatre. Pick-up, camionnettes, bus scolaires. Quatre à cinq mille personnes par jour. »

Le Professeur n'avait pas vraiment besoin d'en savoir plus – la police des frontières allait déplacer des hommes et du matériel, tel que des détecteurs au sol et des caméras de surveillance, pour réduire le trafic d'immigrants dans la vallée d'Altar. Les chargements de drogue qui passeraient par là risqueraient d'être interceptés ; Carrasco aurait tout intérêt à éviter la zone pour le moment. Il serait utile de savoir combien d'hommes seraient déployés, sur quelles routes et quels sentiers ils se concentreraient, où ils installeraient les détecteurs ; mais pas la peine d'essayer de tirer ce genre d'informations de Nacho, en supposant qu'il les connaisse. C'était une des limites qu'il ne pouvait franchir.

« Donc, ça rétablit un peu l'équilibre, déclara le Professeur en tendant les deux mains, l'une légèrement au-dessus de l'autre. Vous avez quelque chose pour qu'on soit comme ça ? » demanda-t-il en plaçant ses deux mains au même niveau.

Nacho acquiesça.

« J'ai gardé le meilleur pour la fin. Vicente Cruz est de ce côté-ci. À Nogales. Il a débarqué il y a environ trois semaines.

— Ah ! fit le Professeur, prenant soin de ne pas laisser paraître son excitation. Une décision audacieuse. Imprudente, même.

— Pas tant que ça. Il s'est dit qu'il était plus en sécurité de ce côté-ci qu'au Mexique. Il sait que nous n'avons rien contre lui. Aucune preuve, aucun témoin qui ne soit pas soudain devenu amnésique.

— Personne ne l'a embarqué pour une petite conversation ?

— Oh ! si. Dès que nous l'avons repéré, nous avons demandé aux services d'immigration de lui mettre la main dessus. L'idée était de l'emprisonner à Florence en tant que clandestin et de lui arracher une confession. Mais ça n'a pas fonctionné, car il s'avère que cet enfoiré est citoyen américain. Ils ont dû le relâcher.

— J'ignorais qu'il était américain.

— Nous aussi. Il fait profil bas, poursuivit Nacho. S'il continue de se faire tout petit comme ça, il va finir par être capable de passer sous une fourmi sans ôter son chapeau. Peut-être qu'il a pris sa retraite.

— Il aurait l'âge, et il a suffisamment d'argent.

— Il vit avec son frère dans South River Road. Le frère est réglo, mais vous savez, il a été forcé d'héberger son frangin. On ne peut pas tourner le dos à la famille. Il y a aussi un neveu qui habite là-bas.

— Qui s'appelle ?

— Billy Cruz. Il dirige l'un de ces petits services de navettes à Nogales, vous savez, pour les personnes qui traversent légalement la frontière à destination de Tucson ou Phoenix. Nous n'avons pas grand-chose d'autre sur lui.

— Des chiens ?

— Deux rottweilers qui appartiennent à Vicente. Et aussi un *pistolero* en plus des chiens. »

Quatre hommes, une paire de chiens d'attaque, songea le Professeur. La maison serait problématique.

« Est-ce qu'il lui arrive de quitter la maison ?

— Il aime aller dîner dans un restaurant de fruits de mer de Nogales. Il y tient sa cour deux ou trois soirs par semaine, accompagné de son *pistolero*. Tehuantepec, c'est le nom du restaurant. Il est situé dans ce centre commercial de Grand Avenue, juste après Mariposa Road.

— On y mange bien ?

— Leurs crevettes dans une sauce à la crème et au brandy sont fameuses. Elles arrivent chaque jour fraîches de Guaymas par avion.

— Je vais devoir les goûter. *Muchas gracias*.

— *De nada*, répondit Nacho. Donc, maintenant, je vous ai fait une faveur.

— Et je vais vous en faire une. Comme ça nous serons quittes.

— *Besa mi culo*. C'est moi qui vous rends le plus grand service. Je prends un risque en vous disant ça. Quand le moment viendra de me rendre la pareille, j'espère que vous serez là. » Nacho s'écarta de la calandre de la Cherokee. « Pas de bain de sang, OK ?

— Inutile de me le demander », répondit le Professeur.

6

C'était le dernier jour de la saison, et Castle devait aller à la chasse aux cailles avec Blaine et un rancher des environs. Sur le chemin de la maison principale, les pneus de la Suburban crachaient des morceaux de boue – un orage d'hiver était passé par là la nuit précédente, et la neige qui était tombée avait fondu aux premières lueurs du jour. Il se gara et vit sa tante qui traînait des sacs de fourrage dans la « maison de retraite », ainsi que Blaine surnommait le corral où elle gardait ses deux vaches hereford hors d'âge, une vieille texas longhorn et un cheval bai qui, à l'échelle humaine, aurait eu près de 100 ans. En le voyant, Sally traîna ses bottes en caoutchouc montantes jusqu'à la clôture et lança :

« Tuez-en une flopée, Gil ! J'adore ces petites bêtes ! »

Avec sa queue-de-cheval couleur étain qui ressortait de sous un chapeau de cow-boy crasseux et son manteau en peau de mouton passé par-dessus un peignoir, elle ressemblait à un croisement entre une clocharde et une hippie septuagénaire.

« Je vais essayer, répondit-il en marchant dans sa direction. Mais sept par personne, c'est la limite.

— Ça fait vingt et une à vous trois. » Blaine avait hérité sa taille de son père. Sally mesurait environ un mètre soixante-trois, et son petit visage, un ovale couvert de pattes-d'oie et de crevasses, était levé vers lui entre les deux barres supérieures de la clôture. « Blaine est doué pour la chasse au cerf mais, avec les oiseaux, il vaut pas un clou, alors tu tires les siens à sa place. Une flopée, voilà ce qu'on veut.

— Oui, m'dame.

— Elena les cuisine à la *messicaine* », ajouta-t-elle. Elle traîna ses sacs de fourrage jusqu'au centre du corral. « Petit déjeuner, Nick ! hurla-t-elle à l'intention du cheval tandis que Castle marchait en direction de la porte. Je vais pas te l'apporter, viens manger ou va te faire voir ! »

À l'intérieur, Blaine, Luger à la ceinture, buvait un café à la table de la cuisine avec Monica et une autre femme, que Monica présenta comme Tessa McBride.

« Salut », lança cette dernière.

Elle semblait avoir dans les 40 ans, et lorsqu'elle serra la main de Castle, il sentit des durillons et une poigne puissante.

« Je viens de raconter à Tessa ce qui s'est passé ici », déclara Monica.

Elle avait dû se faire une couleur dans la matinée, car Castle ne l'avait jamais vue si blonde.

« J'étais absente, expliqua Tessa d'une voix basse qui, au téléphone, aurait pu être prise pour une voix d'homme. J'ai raté l'animation.

— Tessa était partie montrer son travail un peu partout, à Scottsdale, Santa Fe, Las Cruces, ajouta Monica. Elle peint. Des paysages de l'Ouest.

— Le genre le plus sentimental qui soit, dit Tessa. Vous savez, les cactus au soleil couchant, les Indiens à cheval avec la tête inclinée. J'essaie d'éviter ça. J'aime peindre des lotissements, des lotissements pourris, et des centres commerciaux sur fond de montagnes magnifiques. Montrer à quel point on bousille le paysage. »

Castle songea qu'elle en disait plus qu'il n'était nécessaire pour une première rencontre. C'était comme si elle faisait sa publicité auprès d'un acheteur potentiel.

« Enfin bon, peindre n'est qu'une activité secondaire.

— Quelle est la principale ? demanda Castle.

— Le bétail. Je possède le ranch Crown A au bout de la route. »

Castle se tourna vers Blaine.

« Est-ce que l'autre type vient ici, ou on passe le chercher ? » demanda-t-il.

Tessa sourit. Des soins dentaires inachevés ou bâclés l'avaient laissée avec des canines supérieures proéminentes qui la faisaient vaguement ressembler à un loup.

« L'autre type, c'est moi », déclara-t-elle.

Ce n'est qu'alors que Castle remarqua une veste de chasse avec des protections d'épaule orange vif posée sur le dossier de sa chaise.

« J'ai oublié de te dire que notre partenaire de chasse était une femme, dit Blaine. Mais je considère pas Tess comme ça, comme une femme je veux dire… Enfin, je suppose que c'est pas exactement ce que je veux dire…

— Oh ! *non*, fit Monica en appuyant les doigts contre ses tempes et en serrant fort les yeux. En plein dans le mille, comme d'habitude.

— Je veux dire que c'est un pote.

— Continue de t'enfoncer et tu vas trouver du pétrole, réprimanda aimablement Tessa. Si vous êtes prêts, moi aussi. »

Lorsqu'elle se leva pour enfiler sa veste de chasse, Castle découvrit une femme de taille moyenne avec des seins disproportionnément gros par rapport au reste de son corps – ils formaient une saillie en pente au-dessus de son ventre plat, de ses hanches fines et de ses jambes élancées. C'était comme si on avait greffé une poitrine de soprano allemande sur une ballerine.

« Et puisque je suis un pote, c'est moi qui vais conduire », dit-elle.

Une fois dehors, Castle sortit Sam de la Suburban et la fit grimper à l'arrière du pick-up moucheté de boue de Tessa, où se trouvait déjà un braque allemand, qui gronda lorsque Sam fit intrusion dans son espace.

« Assez, Klaus ! » ordonna Tessa, puis, telle une mère excusant un enfant grincheux, elle expliqua à Castle que son chien avait l'habitude de chasser seul.

Les deux chiens se reniflèrent un moment, puis Klaus s'affala sur la paille qui recouvrait le plateau du pick-up. Pendant ce temps, Blaine était allé au corral pour parler avec sa mère. Ou plutôt pour s'engueuler avec elle.

Il avait une relation compliquée avec Sally. Bien qu'il gérât l'activité du ranch au jour le jour, elle demeurait la directrice de l'entreprise familiale et avait tendance à traiter son fils comme un employé. Castle et Tessa entendirent Blaine lui dire :

« Reste ici, maman, pendant que nous serons absents. Je ne veux pas découvrir à mon retour que tu es encore partie. Ne me force pas à m'inquiéter pour toi.

— C'est ton problème si tu t'inquiètes, pas le mien. Je dirige cet endroit depuis la mort de l'oncle Jeff, ce qui fera bientôt quarante ans. Comment crois-tu que j'aie atteint cet âge ? En ne sachant pas ce que je faisais ? »

Blaine écarta ses longs bras.

« Bon Dieu ! C'est devenu dangereux par ici.

— J'ai le pistolet que tu m'as acheté », répondit-elle d'une voix suraiguë.

Elle mesurait près de trente centimètres de moins que lui, mais sa bravade semblait la rendre plus grande que lui, sa présence emplissant l'espace tout autour d'elle.

« Tu ne serais pas fichue d'atteindre une cible juste sous ton nez. Tu restes ici. C'est mon dernier mot.

— Exact. C'est ton dernier mot. C'est moi qui donne les ordres ici. Ne t'avise pas d'inverser les rôles, Blaine Erskine. »

Tessa secoua la tête.

« Cette Sally », fit-elle.

Elle était appuyée contre le flanc du pick-up, les bras croisés sous sa poitrine. Castle ne parvenait pas à en détacher les yeux, plus par curiosité que par désir. Il se demandait s'il regardait du silicone, bien qu'il ne pût imaginer une femme qui vivait dans un ranch s'offrant une opération de chirurgie esthétique.

« J'espère sincèrement que je ne serai pas comme ça dans vingt ou trente ans. Une vieille acariâtre qui s'occupe de ses vaches.

— Combien en avez-vous ? » demanda-t-il, histoire de faire la conversation.

Un silence gêné s'ensuivit, puis Tessa répondit :

« Vous n'êtes pas censé demander ça, Gil. La taille du ranch de quelqu'un, ou le nombre de têtes qu'il possède, c'est comme demander combien il gagne. »

C'était une remontrance polie faite à quelqu'un qui ignorait tout des convenances de l'Ouest. Il s'excusa.

« Pas de problème », répondit-elle.

Blaine revint vers eux, tête baissée, et il ouvrit violemment la portière du pick-up comme s'il voulait l'arracher de ses gonds.

« Satanée vieille bonne femme ! Je lui collerais volontiers un coup de piquet de clôture sur le crâne, mais tout ce que j'arriverais à faire, c'est bousiller un bon piquet. »

Ils grimpèrent dans le pick-up, Castle au milieu, serrant les jambes pour éviter de toucher celle de Tessa. Elle démarra, sortit de la cour et demanda à Blaine :

« C'était quoi exactement, le problème ? »

Il fit une moue renfrognée.

« Hier, elle a conduit jusqu'aux terres que nous louons avec un chargement de compléments alimentaires. Elle fait ça tout le temps, elle va là-bas en voiture toute seule. Elle a ces bœufs qui sont entraînés à obéir aux coups de klaxon. Elle klaxonne, et ils arrivent au petit trot. Je lui ai dit d'arrêter de faire ça. On a un assassin en liberté dans les parages. Et même si c'était pas le cas, que feraient des passeurs de drogue s'ils tombaient sur une petite vieille dans une camionnette ? Des idées leur viendraient qu'ils n'auraient pas autrement. En plus, elle est miro comme une taupe, elle voit à peine plus loin que le capot. Mais elle écoute pas. Tu l'as entendue. "C'est moi qui donne les ordres ici. Ne t'avise pas d'inverser les rôles, Blaine Erskine." Comme si j'étais un gamin de 18 ans.

— Mais tu l'aimes quand même, pas vrai ? demanda Tessa.

— Le moins qu'on puisse dire, c'est qu'elle facilite pas les choses. »

Ils roulèrent en silence jusqu'à atteindre un croisement en T où les directions étaient gravées sur des panneaux en bois fixés à un poteau. À côté, une pancarte en métal érigée par la police des frontières prévenait : ATTENTION. RISQUE DE CONTREBANDE ET D'IMMIGRATION ILLÉGALE DANS CETTE ZONE. SOYEZ CONSCIENT DE VOTRE ENVIRONNEMENT. Castle se demanda à haute voix ce que le fait d'avoir conscience de son environnement pouvait bien changer.

« Ça signifie que si vous tombez sur des *marijuanistas*, vous pouvez soit faire semblant de ne pas les voir, soit soulever votre chapeau et dire : "*Bienvenidos a los Estados Unidos*, passez une bonne journée" », expliqua Tessa, l'initiant un peu plus aux usages de l'Ouest, de l'Ouest moderne.

Ils prirent vers le nord sur la principale route de la vallée de San Rafael. Les prairies ondulaient en direction des montagnes à l'est et à l'ouest. Dans la lumière de l'après-midi, l'herbe était couleur champagne, et les peupliers qui longeaient le cours de la rivière Santa Cruz étaient dénudés. Un coyote traversa la route devant eux, marquant une brève pause le temps de jeter un coup d'œil au pick-up avant de s'évanouir dans les hautes herbes. Comme ils approchaient de l'endroit où la route bifurquait vers l'ouest, Tessa montra du doigt une maison de pisé couleur de rose nichée dans une clairière au milieu d'un bosquet de peupliers.

« C'est mon ranch, le Crown A. Et puisque vous m'avez posé la question, il fait deux mille cinq cents acres, plus trois mille que je loue au Service des forêts, et il abrite cent dix têtes d'angus pure race, nourries à l'herbe du berceau à la tombe. De la petite bière comparé au magnat du bétail qui est assis à votre droite. »

Blaine lâcha un petit éclat de rire.

« Si tu crois que le San Ignacio est une grande exploitation, t'as encore rien vu. J'en ai connu une de l'autre côté des Santa Catalina avant d'aller à l'armée. Maintenant, une grande partie a été transformée en projets immobiliers, mais à l'époque ? Quatre cent soixante-quinze mille acres, et peut-être trois ou quatre mille têtes. On passait la moitié de l'année à récupérer les bêtes à une extrémité du ranch, puis on recommençait de l'autre côté. »

Ils passèrent devant les corrals d'expédition du Vaca Ranch, le plus grand de la vallée après le San Ignacio. Au loin, dans une cuvette entre deux collines ondoyantes, des chevaux broutaient.

« Et quand je suis rentré de l'armée, j'ai travaillé au San Bernardino, à Sonora, ajouta Blaine, qui n'avait pas fini son éloge des grandes exploitations. On ne pensait pas en acres, mais en miles carrés, mille miles carrés, grand comme Rhode Island. Il y avait encore des vieux *vaqueros* à l'ancienne qui travaillaient là-bas. C'est là que Gerardo et moi sommes devenus *amigos*. Il était *remudero* à l'époque. On passait trois, quatre mois à cheval. Il n'y avait rien de tel, guider ces immenses troupeaux en automne, et ces *vaqueros* qui chantaient leurs chansons *norteñas* le soir autour du feu. Ça, c'était une vie de cow-boy. Ici, on est à peine plus que des fermiers.

— Message reçu, dit Tessa.

— Je ne faisais pas passer un message. Je faisais seulement la conversation.

— Une conversation implique que les autres peuvent dire quelque chose. »

Blaine joignit ses grosses mains rugueuses derrière son cou et se pencha en arrière.

« Eh bien, dis quelque chose alors. Parle à mon cousin des bienfaits pour la santé de ce bœuf *bio* que tu élèves.

— Il améliore les performances sexuelles, déclara-t-elle d'un ton jovial. Comme le bœuf bio contient peu de cholestérol, il crée moins de dépôts sur les artères, ce qui augmente le flux sanguin vers les parties vitales. On peut balancer son Viagra par la fenêtre.

— Et si on abat ces bœufs au printemps, avant qu'ils aient mangé de l'herbe d'été et pris de la graisse, c'est comme mordre dans du cuir.

— Vous voyez, Gil, pour votre cousin, ce que je fais, ce n'est pas vraiment de l'élevage. C'est un hobby new age. Pas vrai, Blaine ? »

Ce dernier ne répondit rien. Castle avait l'impression que Tessa et Blaine avaient déjà eu cette discussion par le passé. Ils poursuivirent leur route, bringuebalant sur des nids-de-poule incrustés de glace, les collines basses se resserrant autour d'eux, puis s'ouvrant sur des horizons de prairies balayées par le vent qui plongeaient vers le Mexique.

« Un sacré paysage, l'une des dernières prairies à herbe courte de tout le Sud-Ouest, commenta Blaine. Je ne m'en lasse jamais. Même quand tout va mal, je me sens bien rien qu'en le regardant.

— Ça ressemble beaucoup à l'Afrique orientale, déclara Castle. L'herbe jaune, ces arbres bas.

— Une partie de cette herbe provient en effet d'Afrique, expliqua Tessa tout en passant en première pour négocier une descente abrupte et rocailleuse, l'arrière du véhicule chassant sur la fine pellicule de bouc qui en recouvrait la surface. Pourquoi ils l'ont importée ici, je n'en sais rien. Elle ne vaut pas notre boutelou natif...

— Ce sont ces esprits brillants avec des diplômes d'agronomie qui ont fait ça, coupa Blaine. Avec le boutelou, tu peux faire brouter jusqu'à trente-deux têtes par section. Avec leur herbe importée, vingt-cinq. Voilà ce qui arrive quand on veut faire mieux que Dieu.

— Vous êtes allé en Afrique ? demanda Tessa en lançant un regard de biais à Castle.

— Oui. Au Kenya.

— Photo ou chasse ?

— Oiseaux, pas de gros gibier. Pintade, francolin, ganga. »

Dans le petit matin africain, après un petit déjeuner gargantuesque au camp, Castle, son partenaire de chasse, Mandy et un guide avançaient à travers un fourré de broussailles dense quand le guide, entendant un grognement proche, s'était accroupi. Il avait demandé le silence d'un geste de la main et levé son calibre 470 à canon double au cas où ils se retrouveraient nez à nez avec un lion ou un buffle du Cap. « J'ai entendu une bête », avait-il murmuré, et Mandy s'était plaqué une main sur la bouche pour contenir son rire. « C'était moi », avait-elle répondu, à la fois hilare et gênée, désignant son derrière. Et tout le monde, soulagé, avait éclaté de rire. Le souvenir était si vif que Castle se mit à rire, ce qui lui donna aussitôt envie de pleurer. Il parvint à se retenir.

« J'ai toujours voulu voir l'Afrique, dit Tessa. Peut-être un de ces jours... » Elle s'interrompit et désigna un oiseau qui venait de s'élancer d'un piquet de clôture. « Regardez, un faucon des prairies. »

C'était un émerillon, pas un faucon des prairies, mais Castle ne la corrigea pas, craignant que sa voix se brise s'il parlait. Le souvenir, qui lui était venu avec une telle clarté et sans prévenir, le déprimait.

« L'ornithologie est une nouveauté pour moi, confessa Tessa, apparemment consciente qu'elle avait pu commettre une erreur d'identification. Je suppose que c'est une contradiction d'observer les oiseaux tout en les chassant. Mais la cohérence est le démon des petits esprits, comme disait je ne sais plus qui.

— Emerson, dit Castle. “La cohérence imbécile est le démon des petits esprits, philosophes et divins. De la cohérence, un grand esprit n'a rien à faire.”

— Ça alors. Et Monica m'avait dit que vous étiez trader. »

Cette réflexion irrita Castle.

« J'étais. Et les traders ne lisent pas que des rapports trimestriels. »

Elle sursauta en le voyant sur la défensive.

« Hé ! ce n'est pas ce que je voulais dire. »

Si, c'est ce que vous vouliez dire, songea Castle, mais il garda ça pour lui.

Ils étaient désormais sur une terre publique où les bêtes broutaient rarement, et l'herbe qui bordait la route grimpait presque jusqu'aux poignées des portières du pick-up. Tessa immobilisa le véhicule au niveau d'une barrière à bétail. Blaine descendit et s'en approcha de sa démarche raide, légèrement courbé à la taille.

« Un vieux cow-boy fourbu, observa-t-elle. Il a l'air de venir d'un autre siècle, et je ne parle pas du XXe. »

Blaine ouvrit la barrière en grand, Tessa la franchit, puis attendit qu'il la referme. Elle suivit deux ornières à peine visibles qui longeaient le lit d'une rivière et se gara près d'un moulin dont les ailes tournaient par à-coups dans le vent intermittent. Ils descendirent du pick-up. Lorsque Tessa passa la main derrière sa nuque pour saisir ses cheveux châtains et les relever sur sa tête, Castle se surprit à observer l'arrière de son cou élancé. Elle plaça une casquette de base-ball sur ses cheveux et pointa le doigt en direction d'une chaîne de collines parsemée de chênes et entrecoupée de canyons herbeux.

« Ce qu'on va faire, c'est suivre l'un de ces canyons plus ou moins vers l'est jusqu'à atteindre un réservoir. On pourra y faire boire les chiens. Puis on ira vers le nord et on prendra le canyon suivant vers l'ouest. »

Elle parlait comme un officier d'infanterie préparant une attaque. Les chiens s'agitaient sur le plateau du pick-up, poussant des gémissements impatients. Castle alluma le collier de Sam, Tessa fit de même avec celui de Klaus – dont le collier imitait le cri du faucon – puis elle abaissa le hayon et les libéra. Les deux bêtes bondirent et s'éloignèrent à toute allure, ravies de faire la chose qu'elles étaient nées pour faire, mais Castle et Tessa utilisèrent leurs sifflets pour les rappeler. La température avait considérablement grimpé au cours de la dernière heure – il faisait assez chaud pour être en chemise. Les chasseurs traversèrent le lit de la rivière en file indienne, puis se déployèrent et s'engagèrent dans le premier canyon. Les chiens s'étaient calmés et quêtaient en avant, leurs colliers émettant une cacophonie de bips et de cris de faucon. Le canyon se rétrécit, et l'arroyo qui le longeait atteignit une petite cascade dont les saillies rocheuses surplombaient des flaques couvertes de membranes de glace. Bientôt, le collier de Sam émit des bips rapides et réguliers, ce qui signifiait qu'elle s'était arrêtée. Celui de Klaus fit de même. *Bip-bip-bip, crouic-crouic-crouic.* Les chiens étaient invisibles, quelque part parmi les chênes qui couvraient la crête sur le côté droit du canyon.

À cause de ses genoux esquintés, Blaine avait pris du retard. Castle et Tessa l'attendirent. Ils trouvèrent Sam à l'arrêt sur la pente qui menait à la crête, Klaus posté à ses côtés. Comme il était presque impossible de tirer les cailles parmi les arbres denses, Castle se porta volontaire pour les disperser pendant que Blaine et Tessa prendraient position dans la prairie au-dessus. Si les oiseaux s'envolaient dans leur direction, ils auraient des cibles faciles. Il s'approcha derrière Sam, qui était si immobile qu'on aurait dit une statue. Il passa devant elle, mais rien ne se produisit – les cailles étaient parties depuis peu, laissant derrière elles suffisamment d'odeurs pour convaincre les chiens qu'elles étaient toujours là. Il y avait des crevasses en forme d'œufs dans la terre, là où les oiseaux avaient gratté à la recherche de graines.

Sam et Klaus se remirent en mouvement et continuèrent de quêter sur la colline en direction de la prairie. Klaus, qui était un jeune chien, semblait mal assuré, tandis que Sam était tout à son affaire, parfaitement concentrée sur sa tâche. La bête de compagnie douce et un peu folâtre qu'elle était à la maison s'était transformée en prédateur. Le ventre de Castle se noua lorsqu'elle tomba de nouveau en arrêt, son long museau pointé vers un fourré de lianes du Pérou. Klaus se posta une fois de plus à ses côtés. C'était un spectacle splendide – le setter blanc aux mouchetures orange et le braque tacheté de brun en arrêt total.

Un mâle sortit du couvert, filant aussitôt vers les arbres situés de l'autre côté de la prairie. Sachant que le reste de la compagnie allait apparaître d'une seconde à l'autre, Castle et Tessa ne firent pas feu ; mais Blaine ne put résister et tira à deux reprises, abattant l'oiseau à la deuxième décharge. Quatre autres oiseaux s'envolèrent alors du fourré dans un battement d'ailes frénétique et assourdissant. Trois tournèrent abruptement derrière Castle, mais le quatrième, un autre mâle, partit devant lui, sa silhouette dessinant une tache sombre et indistincte sur le pâle ciel d'hiver. Il tourna vivement son arme, fit feu, et ressentit l'habituel mélange confus de regret et d'exultation lorsque l'oiseau tomba, des plumes voletant dans son sillage. Les chiens demeuraient immobiles – toute la compagnie ne s'était pas encore envolée. Avec la rapidité du chasseur aguerri, Castle éjecta les cartouches usagées et rechargea son arme.

« J'ai eu une des femelles », annonça Tessa, cassant son fusil pour insérer deux cartouches neuves. Les derniers oiseaux s'envolèrent à cet instant, fonçant droit vers les trois chasseurs à seulement deux mètres audessus de leur tête. Ils durent pivoter à cent quatrevingts degrés pour faire feu. Les six détonations furent presque simultanées. Quatre cailles tombèrent comme si elles avaient heurté un mur invisible. Une pour Castle, une pour Blaine et deux pour Tessa.

« Joli doublé ! lança Castle, légèrement essoufflé. Bien tiré ! »

Elle accepta le compliment d'un hochement de tête.

« Je suis forcée d'admettre que c'était joli », convint-elle.

Ils passèrent les quinze minutes suivantes à suivre les chiens, qui décrivaient des cercles erratiques à la recherche des oiseaux morts. Le premier mâle de Blaine était le plus gros, rond comme une balle, et ils restèrent là à admirer sa gorge noire et son ventre moucheté de blanc, les volutes clownesques de la tête qui valaient à la caille de Mearns son autre nom : caille arlequin.

« Des bêtes magnifiques, hein ? fit Blaine. Si elles étaient pas si bonnes à manger, je pourrais pas les chasser.

— Et je ne chasserais pas avec toi si tu voyais les choses autrement », convint Tessa.

Castle félicita Blaine – il était meilleur tireur que ne le prétendait Sally.

« Oui, à l'écouter, j'ai jamais rien fait de bien dans ma vie à part épouser Monica. »

Une demi-heure plus tard, ils atteignirent le réservoir naturel. Les chiens se ruèrent dans l'eau pour boire et se rafraîchir, surprenant un pluvier qui s'envola en poussant un cri effrayé. Aussi trempé et luisant qu'une loutre, Klaus sortit d'un bond et tomba de lui-même pour la première fois de la journée en arrêt : trois oiseaux, dont deux parvinrent à s'enfuir avant que quiconque ait pu les mettre en joue. Castle abattit le troisième. Ils se dirigèrent vers l'ouest, empruntant un nouveau canyon, mais ne trouvèrent pas d'autre compagnie. Ils regagnèrent le pick-up, où ils laissèrent les chiens se reposer pendant qu'ils préparaient les cailles et les plaçaient dans des sacs congélation.

« Huit, dit Castle. Sally m'a dit qu'elle en voulait une flopée.

— Ma bonne vieille mère, toujours à donner des ordres à tout le monde. »

Tessa tira de la glacière posée sur la banquette arrière des sandwichs et des boissons que Monica avait préparés. Adossés au pick-up, faisant face à une éminence nommée Saddle Mountain et à la cime enneigée de Mount Wrightson dans les lointaines montagnes Santa Rita, ils déjeunèrent. Soudain, Sam, qui était roulée en boule à côté de Castle, leva la tête, dressa les oreilles et aboya. Intrigué, Castle se leva et vit quatre Mexicains vêtus de noir – casquettes de base-ball noires, vestes noires, pantalons noirs, baskets noires – qui s'approchaient du pick-up. Ils se figèrent quand Castle se montra.

« *¡Señor!* cria l'un d'eux. *¡Quisiéramos agua! ¿Tiene agua?* »

Au son de la voix, Blaine et Tessa se levèrent.

« *¡Tenemos mucho sed! ¡Quisiéramos agua!*

— Des passeurs de drogue, Gil. Ça se voit à la manière dont ils sont habillés, marmonna Blaine. Ils ont livré leur chargement, et maintenant ils retournent à pinces au bon vieux Me-hi-co.

— *¡Por favor! ¡Necesitamos agua! ¡Agua y nada mas!* »

À mesure que les Mexicains avançaient, Blaine devint rouge de colère.

« *¡No tenemos agua! ¡Vamos!* hurla-t-il, avant de surprendre tout le monde en dégainant son pistolet, qu'il braqua à deux mains sur l'homme qui avait parlé. Allez, dégage d'ici !

— OK. *Está bien*, fit l'homme en levant les mains. *No problema.* »

Il se tourna et disparut sur le lit asséché de la rivière avec ses compagnons. Ou plutôt ils se volatilisèrent. Ils étaient là, et soudain ils n'y étaient plus.

« Bon sang, Blaine, s'écria Castle. Tu étais obligé de faire ça ? »

Blaine rengaina le Luger.

« Oui, j'étais obligé. Peut-être que quand ces types rentreront au Mexique, ils feront passer le mot qu'il y a un gringo qui se laissera plus emmerder. » Il continuait de regarder fixement l'endroit où les passeurs de drogue s'étaient tenus. « *Quisiéramos agua.* Conneries. Ce n'était pas de l'eau qu'ils voulaient, c'était le pick-up. Ils ne nous ont pas vus assis derrière et ils se sont dit qu'ils allaient le piquer pour rentrer au Mexique. »

Tessa le regarda comme si elle le voyait pour la première fois de sa vie. Il se rassit et reprit bientôt ses esprits.

« Si vous voulez continuer à chasser, allez-y. Moi, je vais rester ici pour me reposer les jambes et surveiller le chariot. »

Castle, quelque peu ébranlé par la rencontre – la tenue noire des passeurs de drogue, la soudaineté de leur apparition et de leur disparition, la rage fulgurante de son cousin, sa transformation en quelqu'un d'autre –, était prêt à en rester là ; mais il ne voulait pas décevoir Sally, qui espérait un festin de cailles.

« Eh bien, c'était une surprise, dit-il à Tessa tandis qu'ils s'engageaient dans un nouveau canyon. Vous croyez que Blaine avait raison ? Qu'ils allaient voler le pick-up ? »

Elle eut un haussement d'épaules tout à fait charmant, un petit mouvement rapide et maladroit d'écolière.

« Probablement pas. Je suppose que je ne peux pas lui en vouloir d'être un peu à cran après ce qui s'est passé. Mais de là à dégainer son pistolet… »

Elle s'interrompit lorsque Sam bondit par-dessus un arroyo. Avec une agilité et une puissance formidables, elle perçut une odeur d'oiseaux en plein saut, effectua un demi-tour sur elle-même dans les airs et retomba sur le sol à l'arrêt, son corps courbé comme un arc.

Les cailles de Mearns se rassemblent parfois en compagnies doubles, et c'était le cas de celles que Sam avait flairées – deux douzaines d'oiseaux s'envolèrent soudain dans le ciel. Castle et Tessa en tirèrent deux chacun, puis, rechargeant rapidement, en tuèrent quatre de plus.

« Ça suffit, déclara-t-il. Ce serait une boucherie si on continuait. »

Ils décidèrent de se reposer avant de retourner au pick-up et s'assirent à l'ombre d'un chêne d'Emory. Castle lui demanda où elle avait appris à tirer. C'était son père qui lui avait montré. La chasse n'était pas un simple passe-temps pour lui, c'était une obsession, expliqua-t-elle, ajoutant qu'il était avocat dans l'industrie cinématographique à L.A., où elle avait grandi avec ses deux frères qui partageaient la passion de son père.

« Si je n'avais pas appris, mon père n'aurait pas prêté la moindre attention à moi. Ce fusil était son préféré.

— Je peux ? »

Elle lui tendit l'arme à canon double. Il l'épaula, testa son équilibre et admira les volutes sur la boîte de culasse, la finition de la crosse en noyer. Un Parazzi. Neuf, il serait allé chercher dans les mêmes prix qu'une voiture d'occasion qui aurait à peine servi.

« Papa n'avait pas de problème d'argent, dit-elle en remarquant qu'il estimait la valeur de l'arme. Et nous non plus. Je suppose qu'on pourrait dire que je suis une enfant gâtée.

— Alors, qu'est-ce qui vous a amenée ici ? demanda-t-il. Ou est-ce que c'est indiscret ? »

Au-dessus de ses pommettes mouchetées de taches de rousseur, ses yeux marron se posèrent sur lui avec une expression sérieuse et sincère, mais pas innocente.

« Papa venait chasser dans cette vallée tous les ans, et il l'adorait. Il a acheté le Crown A il y a des années. Il comptait y prendre sa retraite, mais quand on est avocat pour Columbia, Paramount et ainsi de suite, ce n'est pas à cent à l'heure qu'on vit, c'est carrément Daytona. *Mucho* stress, *mucho* déjeuners bien arrosés. Crise cardiaque à 61 ans. Ça ne répond pas à votre question, si ? »

Castle lui rendit l'arme.

« Heu… non, mais…

— Je vis en ermite, reprit-elle. Je n'aime pas trop les gens.

— Vous ne me donnez pas l'impression d'être misanthrope.

— Je ne le suis pas, mais c'est mon ambition. J'ai vécu à Scottsdale quand j'étais plus jeune. Je travaillais comme graphiste et j'habitais dans le désert avec deux chiens et deux chevaux. Et en me réveillant un matin, j'ai découvert que le désert avait disparu. J'étais entourée de maisons et de terrains de golf, alors j'ai décidé que j'en avais ma claque et j'ai déménagé ici. Et vous, qu'est-ce qui vous… »

Elle s'interrompit.

« Qu'est-ce qui m'a amené ici ?

— Ma langue a fourché, déclara-t-elle après un moment de silence. Monica m'a raconté, en me disant de ne pas le mentionner. Je suis désolée. De l'avoir mentionné.

— C'est bon. » Il aurait voulu en rester là, mais éprouva soudain le besoin d'en dire plus. « Elle était photographe indépendante. Elle devait aller photographier un complexe hôtelier de luxe à Hawaï et avait décidé de passer le week-end avec sa famille à Boston puisque j'étais à Atlanta au même moment. Le lundi matin, elle a pris l'avion de Boston, direction L.A., où elle devait faire escale. L'avion dans lequel elle se trouvait est celui qu'ils ont jeté sur la tour nord.

— Elle était dans l'un des avions ? Monica ne m'avait pas dit ça.

— American Airlines 11 », dit-il. Ce numéro de vol avait quelque chose de fatidique, comme le mot *Titanic*. « Vous savez où j'étais quand c'est arrivé ? En train de faire du ball-trap avec un client que je courtisais à Atlanta. Un important agent sportif. J'espérais le convaincre que son écurie de footballeurs et de joueurs de base-ball ferait bien d'investir avec nous. Il était mauvais tireur, il était en colère, furieux après lui-même. Je lui ai montré comment s'y prendre, il s'est amélioré, et ça m'a soulagé. Vous voyez, je voulais qu'il soit de bonne humeur quand je lui ferais mon topo. C'était ce qui me semblait important. Nous avons fini notre partie et sommes allés déjeuner au club-house. La télé était allumée, et c'est là que j'ai appris la nouvelle. »

Tessa tendit la main d'un geste compatissant mais la retira aussitôt, comme si elle était en présence d'un homme qui avait été foudroyé et portait encore en lui une charge électrique.

« Je ne peux pas imaginer ce que vous avez ressenti.

— Je ne pouvais pas non plus, avant que ça arrive. Il y avait beaucoup de choses que je ne pouvais pas imaginer.

— On se croit à l'abri, dit-elle avec un petit mouvement entendu de la tête qui laissait penser qu'elle aussi avait vécu un événement terrible et inattendu.

— Maintenant, je peux imaginer à peu près n'importe quoi, poursuivit Castle. Comme ces passeurs de drogue qui ont surgi de nulle part. J'ai dit que c'était une surprise. Mais ce n'en était pas vraiment une. Effrayant, mais pas une surprise. Je crois que si une météorite s'écrasait à cet instant sous nos yeux, ça ne me surprendrait pas. À un moment, la personne que vous aimez le plus au monde est là, et soudain, aussi rapidement qu'on éteint une lumière, elle est… elle est en cendres, atomisée. Comme si elle n'avait jamais existé… Et ce qui vous rend dingue, c'est que quelqu'un lui a fait ça… »

En revanche, ce qui surprenait Castle, c'était qu'il avait ouvert son cœur à une femme qu'il connaissait à peine. Il le regrettait ; ç'avait créé une gêne, dressé une barrière entre eux.

« Je ne sais pas si je pourrais supporter une telle perte, déclara-t-elle. Je vous admire d'avoir… continué.

— Eh bien, c'est inutile. Il n'y a rien à admirer. Si j'avais le choix, je ferais autrement. »

Il s'interrompit avant de confesser qu'il avait tenté de se suicider, ou plutôt tenté de commettre une tentative de suicide.

« Drôle de période que nous vivons, reprit-elle. J'ai une fille au Koweït. Dans l'armée. Si nous envahissons l'Irak, ce qui semble sacrément probable, elle sera une des premières à y aller. Je n'aurais jamais imaginé avoir une fille qui aille à la guerre.

— Une fille, murmura-t-il, songeant soudain à Morgan et à Justine. Elle est infirmière militaire ?

— Infirmière ? J'aimerais bien. Beth fait partie de la troisième division d'infanterie, elle conduit un camion dans le bataillon d'approvisionnement. » Et Beth, ajouta-t-elle, avait toujours eu la bougeotte, elle avait été une étudiante médiocre, et, au milieu de sa deuxième année de fac, elle avait laissé tomber les cours et s'était engagée. « Je pensais qu'à ce stade de ma vie mon principal souci, ce seraient ses petits copains, ou son mariage à organiser. »

Castle ne répondit rien. Il ne semblait y avoir rien à dire. Il regarda le vent agiter l'herbe, écouta le tremblement des feuilles au-dessus d'eux.

« Elle est tout ce que j'ai. Absolument tout. Je me souviens de ma grand-mère me racontant que quand mon père était en Afrique du Nord, son cœur s'arrêtait de battre chaque fois qu'elle entendait une voiture s'arrêter dans l'allée. Elle croyait qu'elle allait ouvrir la porte et voir un aumônier militaire planté là avec un télégramme. Eh bien, j'espère que ce ne sera pas mon tour maintenant. D'attendre qu'un aumônier militaire vienne m'annoncer que mon enfant a été tuée. »

Voilà, songea-t-il, quelqu'un qui pouvait anticiper le désastre. Ce qui ne signifiait pas nécessairement que le coup serait moins rude, s'il se produisait. Cette fois-ci, c'est lui qui tendit la main, d'un geste embarrassé et hésitant. Il la posa doucement sur le genou levé de Tessa. La toucher ainsi lui sembla étrange, déplacé, et pourtant il n'ôta pas sa main.

« Ça va aller, dit-il, bien qu'il n'eût aucune raison de prononcer cette prophétie optimiste.

— Je prie pour qu'elle revienne. Non, c'est faux. Je ne suis pas franchement portée sur la religion. Elena a dit qu'elle prierait à ma place. Qu'elle réciterait chaque jour un rosaire pour Beth. »

Ils restèrent un moment silencieux, chacun enfermé dans ses propres pensées. Puis, désireux de passer à quelque chose de plus gai, il déclara :

« C'est Elena qui cuisine les cailles ce soir. Vous serez là ?

— Je n'ai pas reçu d'invitation. »

Il se leva, passa la main derrière son dos pour tapoter les oiseaux dans sa poche à gibier.

« Nous en avons seize. Deux chacun, plus deux en rab. Ça suffira avec un accompagnement. »

Elle leva les yeux vers lui avec une expression légèrement amusée.

« C'est une invitation ?

— Je suppose, répondit-il. Oui. »

Ils mangèrent à une table de pique-nique sur le porche de la maison principale, à la lumière d'une lanterne Coleman suspendue à une poutre, réchauffés par les braises de la cheminée extérieure où Elena avait grillé les oiseaux badigeonnés de beurre aillé et farcis de piments *serrano* grillés. Monica s'était arrangée pour que Castle soit assis à côté de Tessa, qui avait quitté sa tenue de chasse pour revêtir une veste en daim par-dessus une chemise noire brodée et un pantalon coupe western qui flattait ses hanches fermes et ses jambes fines. Ses cheveux, qui retombaient en cascade sur ses épaules sous un Stetson noir, brillaient à la lueur de la lanterne. Elle dégageait une sexualité intense, comme certaines femmes aux alentours de la cinquantaine – une sorte de vigoureuse floraison automnale avant l'arrivée de l'hiver. Il la complimenta sur sa tenue, et elle sourit, portant une main à ses lèvres pour dissimuler ses canines trop longues.

« C'est mon costume de reine du rodéo, déclara-t-elle. L'idée que les touristes se font d'une cow-girl. »

Il se demanda si elle voulait dire qu'il était un touriste, mais jugea plus prudent de ne pas lui poser la question. Pendant l'essentiel du repas, la conversation tourna autour de sujets auxquels il ne connaissait rien – prix des chevaux et du bétail, travail au ranch en général. Lorsque ces sujets furent épuisés, Monica demanda à Tessa si elle avait des nouvelles de sa fille. Des lignes se creusèrent sur son front hâlé. Beth avait envoyé un e-mail quelques jours plus tôt, et même s'il y avait des choses qu'elle n'était pas autorisée à dire, il semblait que son bataillon pénétrerait bientôt en Irak.

Sally mentionna les gros titres qu'elle avait vus dans les journaux – la brigade de transmissions basée à Fort Huachuca avait également reçu des ordres pour le golfe Persique.

« Espérons qu'ils en finiront vite, et que tous les soldats et ta fille rentreront sains et saufs », dit-elle.

Tessa la remercia d'un hochement de tête, puis elle regarda Blaine, s'attendant apparemment à entendre un commentaire bienveillant similaire de sa part. Mais à la place, il déclara :

« Bon Dieu, il est grand temps. Il est grand temps qu'on leur mette sur la gueule. Après Pearl Harbour, on n'est pas restés à attendre que ça passe avant de faire quelque chose. »

Castle observa que quelque chose avait été fait, qu'on avait été leur *mettre sur la gueule* en Afghanistan.

« C'était juste un échauffement, répliqua Blaine.

— Un échauffement ? » demanda Tessa. Puis, en réponse au plissement d'yeux interrogateur de Blaine : « Si Beth doit risquer sa vie, je veux que ce soit pour une bonne raison.

— Buter Saddam me semble être une bonne raison.

— Je n'en suis pas sûre. J'aimerais l'être, mais je ne le suis pas.

— Eh bien, tu *dois* l'être. Si ça commence à chauffer, tu vas devoir soutenir ta fille, à cent pour cent.

— Tu crois que je ne la soutiendrai pas ? demanda Tessa avec colère. Bien sûr que je la soutiendrai, mais je ne suis pas forcée d'être une va-t-en-guerre.

— Ç'a pas de sens de la soutenir et de pas soutenir ce pour quoi on l'envoie.

— Eh bien, je suppose que c'est encore une illustration du fait que la cohérence est le démon des petits esprits.

— Tu es pas en train de me dire que j'ai un petit esprit, si, Tess ? »

Le ton à demi jovial de Blaine était contredit par l'expression belliqueuse sur son visage long et brûlé par le soleil.

« Non. Je dis que moi, je n'en ai pas un. »

Monica lança un regard plein de reproche à son mari.

« Tu verrais peut-être les choses autrement si Rick était là-bas.

— Certainement pas, répondit Blaine. Faut leur mettre sur la gueule, et ça doit pas se passer comme au Viêtnam, avec des soldats qui risquent leur vie là-bas pendant qu'une bande de putains de camés proteste ici.

— N'utilise pas ce mot devant moi, dit Sally. Je déteste la grossièreté.

— Tu parles pas exactement comme un enfant de chœur, tu sais, répliqua Blaine. Et en plus, c'est pas comme si tu l'avais jamais entendu.

— Et c'est pour ça que je le déteste.

— Blaine, tu ne penses pas réellement que si on s'interroge sur la question, ça signifie qu'on est un hippie fumeur de joint ? coupa Tessa avec une incrédulité feinte.

— On peut pas se permettre de se laisser emmerder comme à l'époque du Viêtnam, voilà ce que je dis. »

Castle entendait dans cette dispute de puissants échos des accrochages âpres qu'il avait eus avec Blaine des années auparavant. Et son instinct lui disait que les doutes de Tessa à propos de cette guerre, si elle devait se produire, étaient plus sensés que les certitudes de Blaine.

« Tout ce que Tessa dit, c'est que nous devrions réfléchir à deux fois avant de nous jeter là-dedans à pieds joints », déclara-t-il prudemment.

Blaine frappa la table de la paume de sa main et, à la lueur de la lanterne, son expression devint mauvaise, comme plus tôt dans la journée, quand il avait fait face aux passeurs de drogue.

« Bon Dieu. Bon Dieu de merde ! C'est quoi, ton foutu problème, cousin ?

— Mon problème ? demanda Castle, stupéfait que son commentaire, qui lui avait semblé parfaitement raisonnable et inoffensif, provoquât une telle réaction.

— J'aurais cru que si quelqu'un voudrait leur mettre sur la gueule, ce serait toi, gronda Blaine avec une expression menaçante. Si c'était ma femme, je…

— Blaine, *je t'en prie…* » intervint Monica en lui donnant un petit coup de coude dans les côtes.

Elle se tourna vers Castle, l'implorant du regard d'ignorer la réflexion obtuse de son mari.

Mais il ne pouvait pas l'ignorer. Mêler Mandy à cette discussion était inexcusable.

« Si cette guerre t'excite autant, pourquoi tu ne t'engages pas ? dit-il, la rancœur lui brûlant le visage. Si je voulais leur mettre sur la gueule, je le ferais moi-même. Je n'attendrais pas qu'une bande de gamins de 19 et 20 ans leur règle leur compte à ma place. De toute façon, je n'ai jamais voulu la vengeance. Autant essayer de se venger d'un tremblement de terre ou d'un ouragan, voilà ce que je pense. Si tu crois que ça veut dire que j'ai un problème, je suppose que c'est ton droit. »

Lorsque Monica lui lança un nouveau regard méprisant, l'expression de Blaine se fit penaude.

« Bon, d'accord, j'aurais dû faire gaffe à ce que je disais. C'était pas personnel. »

Sauf que ça l'était. Car Castle soupçonnait que son cousin avait un intérêt personnel, émotionnel, dans l'intervention militaire qui s'annonçait. Quelque chose semblait ronger Blaine, peut-être un reste d'amertume datant de sa propre guerre perdue, ou alors les frustrations liées à son ranch – tous les problèmes qu'il était impuissant à régler, comme les passeurs de drogue. Peut-être Saddam Hussein en était-il venu à incarner, dans son esprit, toutes ces choses qui lui gâchaient la vie mais qui disparaîtraient dès que la redoutable armée américaine bombarderait l'Euphrate. Il aurait son triomphe par procuration, comme un fan de football qui redresse les épaules, bombe le torse et se sent infiniment mieux quand son équipe gagne.

Un silence inconfortable s'était installé. Le vieil axiome – ne discutez jamais de politique ni de religion à table – s'était avéré. Tout le monde cherchait un moyen de retrouver la convivialité qui avait régné dix minutes plus tôt, et c'est Monica qui finit par en trouver un. La tournée que leur fils effectuait dans le Sud-Ouest passait par Tucson vendredi soir – un concert au Rialto Theater, une salle dont Castle supposa qu'elle était prestigieuse, vu l'emphase avec laquelle Monica prononça son nom. Blaine et Monica se mirent alors à disserter sur la carrière musicale de Rick. Celle-ci s'empressa d'affirmer que son groupe, les Double Sixes – nommé d'après la désormais disparue Route 66 –, était un véritable groupe indépendant. Indépendant de la mafia de Nashville, précisa Blaine. Et des agents véreux et des escrocs des maisons de disques, surenchérit Monica avec un hochement de tête virulent qui fit s'agiter ses cheveux. En tournant beaucoup – Rick était presque constamment sur la route – ils avaient acquis une certaine notoriété au niveau local, un statut de groupe culte, auprès des étudiants principalement. Leur premier CD, qui venait de sortir, pourrait leur ouvrir les portes du succès, fanfaronna Blaine. Mais quoi qu'il arrive, les Double Sixes faisaient leur trou, c'était juste une question de temps ; bon sang, ces gars étaient des rebelles, comme Willie Nelson et Waylon Jennings autrefois, et il fallait du temps pour que les rebelles se fassent accepter…

« Ils joueront des morceaux du CD, expliqua Monica. Nous avons des invitations. Vous pourriez nous accompagner, tous les deux ? »

Elle regarda Castle et Tessa comme s'ils formaient un couple. C'était déconcertant. Jouait-elle les entremetteuses ? Tessa bafouilla qu'elle n'était pas sûre… un public de jeunes… Elle ne se sentirait pas à sa place, aurait l'impression d'être la vieille de service… Elle se tourna vers Castle avec une expression interrogatrice, mais il ne savait pas quelle était la question. Bien sûr, il serait ravi d'y aller, répondit-il. Il n'avait pas vu Rick depuis qu'il était en quoi ? En troisième ?

« Eh bien, dans ce cas, dit Tessa, j'irai aussi. Ça ne me fera pas de mal de sortir un peu, je suppose. »

À la fin de la soirée, il la raccompagna à sa voiture. Orion scintillait au sud, Sirius à ses pieds était aussi brillante que les phares d'atterrissage d'un avion. Toujours habitué aux cieux à peine étoilés des villes de l'Est, il confondit brièvement la Voie lactée – qui décrivait un arc à l'horizon – avec un nuage vaporeux. Tessa s'assit au volant et dit, avant de refermer la portière : « J'espère que ça ne vous ennuie pas. »

Une sensation qu'il n'aurait pu nommer le traversa, filtrant par le bout de ses doigts.

« Quoi donc ?

— Que j'accepte l'invitation.

— Non. Pourquoi ça m'ennuierait ?

— La façon dont Monica a présenté ça… J'ai pensé que vous aviez peut-être l'impression qu'on vous forçait la main… Je veux dire que… Je veux que vous sachiez que je ne suis pas… Oh ! merde… » Elle secoua la tête. « À vendredi soir. »

Elle s'éloigna. Castle resta là à regarder ses feux arrière s'estomper dans l'obscurité, éprouvant une sensation qui avait été si longtemps absente qu'il ne la reconnut tout d'abord pas – de l'anticipation.

7

Non loin de la haute barrière d'acier qui coupait Nogales en deux (le côté mexicain orné de graffitis – « Les frontières sont des cicatrices sur le visage de la terre » – et de croix blanches en souvenir des migrants qui avaient perdu la vie, certains assassinés par des bandits, la plupart tués par le désert), à environ un pâté de maisons du poste frontière où une file de voitures interminable attendait de gagner El Norte, tandis que des piétons franchissaient les tourniquets dans les deux sens devant des Indiennes qui faisaient la manche avec leurs enfants dépenaillés (les Mexicains de retour au pays traînant des sacs en plastique de supermarchés et de magasins discount pendant que les touristes américains rentraient les bras chargés de trésors acquis pour une bouchée de pain dans les bazars de l'Avenida Obregón – tapis zapotèques, chaises en cuivre, lavabos en céramique, sculptures sur bois, ceintures, vestes, chapeaux de paille, icônes religieuses), au milieu de Calle Juárez, près des entreprises qui florissaient dans chaque ville frontalière de Matamoros à Tijuana (hôtels bon marché, bureaux de change, *farmacias* principalement fréquentées par des gringos vieillissants en quête de médicaments moitié prix pour soulager leurs afflictions diverses), le Professeur était assis au bar du St. Regis, sirotant une Dos Equis tandis que des serveurs en chemise blanche et tablier noir s'occupaient des clients assis aux tables rondes sur des chaises à dossier droit, une stéréo diffusant des ballades *norteñas*, et cinq télés silencieuses retransmettant diverses compétitions sportives – un match de football, un match des Lakers, les moments forts du Super Bowl, qui s'était tenu la semaine précédente et grâce auquel le Professeur avait gagné mille dollars suite à un pari avec son *comandante*.

Cinq télés, dont quatre diffusaient des chaînes américaines, la vieille relation amour-haine, songea le Professeur en attendant l'arrivée de Gloria. Nous (il n'oubliait pas que, dans son cas, le pronom était quelque peu ambigu) aimons tout ce qui est américain – les sports, les emplois, les dollars yankees, les voitures, les Big Mac et les Coca-Cola extra-larges ; et nous détestons tout ce qui est américain – l'arrogance, l'énergie frénétique –, mais nous reprenons lentement par la démographie ce qui nous a été pris par les armes il y a cent cinquante ans. La Californie, l'Arizona, le Nouveau-Mexique et le Texas nous appartenaient avant la bataille de Chapultepec[1] et l'Achat Gadsden[2]. Et Santa Fe a été fondée des années avant que ces pèlerins coincés du cul

1. 13 septembre 1847, victoire américaine sur les forces mexicaines qui tenaient le château de Chapultepec durant la guerre américano-mexicaine. *(N.d.T.)*

2. Acquisition par les États-Unis en 1853 d'une zone couvrant ce qui est de nos jours le sud de l'Arizona et du Nouveau-Mexique. *(N.d.T.)*

ne débarquent à Plymouth Rock[1]. Il est donc normal et juste que le Mexique, le pitoyable Mexique, si loin de Dieu et si proche des États-Unis, pour reprendre la célèbre formule de Díaz, s'adonne à son tour à une invasion, mais sans effusion de sang. Pas de fusils, pas de canons, juste des nombres. Et nous gagnons ! À travers tous les États-Unis, dans les hôtels, les aéroports, les supermarchés, les gares et les hôpitaux, vous voyez des pancartes en anglais et en espagnol ; vous appelez un numéro vert et entendez une voix enregistrée proposer : « Pour l'anglais, appuyez sur 1 ou restez en ligne. Pour l'espagnol, appuyez sur 2. » Entendez-vous de telles instructions pour le coréen ? Le chinois ? Le vietnamien ? Le swahili ? Non pas que Jesús et Maria, tandis qu'ils crapahutent derrière leur coyote dans l'espoir de faire le ménage dans un Holiday Inn ou de tondre des pelouses en Pennsylvanie, se disent : « Attention, nous voici, nous, les *reconquistadores* qui effaçons des pieds la ligne artificielle que les gringos ont tracée sur une carte. » Ce sont des agents inconscients de l'histoire, poussés vers le nord par la pauvreté, par le désir de possession, ou, s'ils possèdent déjà, par le désir de posséder plus. Pourtant, il y a des agents conscients tels que lui qui voient cet irrésistible flot humain pour ce qu'il est : *la reconquista*.

Des années auparavant, quand il travaillait pour la DEA, il avait saisi des briques de cocaïne au Texas avec ces mots imprimés sur l'emballage : CECI EST NOTRE GUERRE CONTRE LES AMÉRICAINS DU NORD. La drogue

1. Site de débarquement du *Mayflower* en 1620. *(N.d.T.)*

était-elle une arme légitime de *reconquista* ? Bien sûr. Si la société des gringos était suffisamment dégénérée pour produire des multitudes de camés au crack, d'héroïnomanes, de sniffeurs de coke et de fumeurs de joints, pourquoi les Mexicains ne donneraient-ils pas aux Américains ce qu'ils voulaient tout en engrangeant un joli profit au passage ? Dans les *pueblos* à travers tout l'État de Sonora, de nouveaux réverbères illuminaient des rues nouvellement pavées ; de l'eau s'écoulait de robinets dans des maisons qui avaient jusqu'alors été alimentées par des puits ou des tuyaux au fond du jardin. L'électricité, l'eau et l'asphalte provenaient de Carrasco. Il avait acheté du matériel d'irrigation, de nouveaux tracteurs et de l'engrais pour les *campesinos*, et les bénéficiaires de ses largesses lui accordaient en échange leur allégeance, faisant office d'informateurs et lui fournissant des *madrinas* – des marraines – pour les tâches subalternes et des mules pour le transport de ses produits. Il était leur *padrino*, leur parrain, Don Joaquín. Le Professeur estimait avoir une conscience sociale, et il était heureux, lorsqu'il arpentait les campagnes, de voir les améliorations des conditions de vie de ses concitoyens et de savoir qu'il y avait contribué. Oui, à chaque aiguille plantée dans un bras à L.A. ou à Phoenix ou à Chicago, à chaque joint fumé, chaque pipe de crack allumée, les personnes qui résidaient dans la zone d'influence de Carrasco vivaient un peu mieux. Et ça aussi, c'était normal et juste.

Mais il n'y avait pas que les bénéfices matériels qui excusaient le trafic de drogue. Il se rappelait une conversation qui s'était déroulée à Hermosillo, dans le bureau d'un certain législateur de l'État de Sonora. Son *coman-*

dante, Victor Zaragoza, Carrasco et lui-même, le *capitán* Bonham, étaient présents. Manifestement, le politicien, que Carrasco avait contribué à faire réélire en versant de grosses sommes d'argent, hésitait à tenir sa promesse d'empêcher les procureurs d'État et fédéraux d'entraver les activités de Carrasco. Les gens parlaient, se plaignait le législateur, la rumeur disait qu'il était allié à un baron de la drogue.

« Eh bien, c'est la vérité ! » avait répliqué Carrasco en riant. Il était assis sur un divan, son torse corpulent tirant sur les boutons de sa chemise de cow-boy et son ventre débordant par-dessus un ceinturon fait main orné d'une boucle d'argent grosse comme une soucoupe à café. « Ces gens disent la vérité et, vous savez, un célèbre empereur romain nommé Marc Aurèle a jadis affirmé qu'aucun homme ne devait craindre la vérité. »

Le politicien avait semblé troublé d'entendre un homme qui n'avait pas achevé le lycée citer Marc Aurèle ; il avait alors compris – si ce n'était déjà fait – qu'il n'avait pas affaire à un *babo*, un imbécile. Il avait protesté qu'il n'était pas effrayé, simplement inquiet. Pour Joaquín ! Pas pour lui-même ! Des gens qu'il ne pourrait ignorer risquaient de lui mettre la pression. Non pas que Joaquín et lui devaient couper les ponts, mais peut-être qu'il valait mieux prendre un peu de distance. Carrasco avait écouté poliment sans rien dire. En effet, avait poursuivi le législateur, ce commerce était très profitable et, en effet, tant que les Américains auraient un appétit insatiable pour la drogue, il était impossible de l'arrêter, mais…

« Rien que dimanche dernier, l'évêque a dit la messe, et son sermon concernait le trafic de narcotiques, et il a dit qu'il ne pouvait y avoir aucune justification morale pour ce commerce, et il me regardait droit dans les yeux en disant ça ! »

Joaquín, inclinant légèrement sa large tête, avait regardé le législateur avec une expression franche.

« Quelle que soit la question morale, elle est justifiée historiquement. Fournir de la drogue aux Américains est l'outil de la revanche historique, et vous savez de quoi je parle. Qui a besoin d'une autre justification ? C'est un acte de patriotisme. Vous considérez-vous comme un patriote, mon ami ?

— *¡Por supuesto!* avait répondu le politicien. *¡Absolutamente!* »

Carrasco s'était levé et avait mis son chapeau de cowboy.

« Alors je ne veux plus vous entendre parler comme ça. »

Le respect du Professeur à son égard avait redoublé cet après-midi-là. Voilà un homme qui savait réfléchir ! La revanche d'un pays vaincu sur son oppresseur. C'était tellement vrai !

Sa bière commençait à tiédir, mais il se retint de la vider et d'en commander une nouvelle. Boire pendant la journée l'abrutissait toujours, et il devait garder tous ses esprits pour le travail de ce soir. Gloria, fidèle à la réputation des Mexicains, avait près d'une demi-heure de retard. Il leva distraitement les yeux en direction de la télé qui se trouvait directement face à lui, suspendue audessus du miroir orné de volutes en feuilles d'or qui se trouvait derrière le bar. Un match de basket universitaire sur ESPN. La fumée de cigarette formait une brume pâle autour des pales du ventilateur qui tournoyaient lentement sous le plafond en étain pressé. Un serveur apporta un bol de citrons verts à trois jeunes touristes britanniques qui buvaient des tequilas. En entendant leur accent, le Professeur se rappela son père. Celui-ci était retourné en Angleterre des années auparavant, après s'être séparé de sa mère, dont la folie était suffisamment sérieuse pour la rendre impossible à vivre, mais pas assez grave pour la faire interner. Il pensait rarement à l'un ou l'autre. Il était son propre parent, il était le Professeur, père et mère de Gregorio Bonham et d'Euclid J. Carrington.

Mais que foutait Gloria ?

« *¿Capitán, otra cerveza?* » demanda le barman.

Et à l'instant même où celui-ci lui tendait une bouteille fraîche, une grande jeune femme entra et s'adressa au flic qui arrondissait ses fins de mois en faisant office de portier-videur. Le flic pointa le doigt en direction d'*El Profesor*, et la jeune femme, faisant craquer les vertèbres de tous les mâles présents, traversa fièrement la pièce sur ses talons aiguilles et vint se poster à côté de lui.

« *Buenas tardes, capitán.* »

Un corps qui n'avait pu être façonné que par la main d'un dieu amoureux, un bon mètre quatre-vingts avec ces talons ; pantalon serré turquoise et chemisier blanc ; longs cheveux noirs, yeux opale, peau lisse, couleur fauve – Gloria était, eh bien, glorieusement belle.

« *Mucho gusto*, répondit-il, la gorge nouée. *Encantado.* »

Elle s'excusa pour le retard – une obligation de dernière minute – et demanda si elle pouvait s'asseoir. *¡Por supuesto!* Elle commanda un Coca-Cola avec du citron vert. Lorsqu'il voulut régler, elle lui tapa sur le poignet.

« Je paie mes propres consommations. Je ne suis pas une fille de bar. »

Elle parlait d'un ton éduqué, sans l'accent âpre et traînant des gens de Sonora.

« J'en suis certain, dit-il. Vous êtes exactement comme Victor a dit, et mieux encore. *Preciosa*, vous êtes un trésor national. »

Gloria sourit et arqua de façon à peine visible les sourcils, lui faisant ainsi comprendre qu'elle n'avait que faire de ses flatteries alambiquées.

« Nous avons une affaire à régler, *capitán*.

— Gregorio, je vous en prie. »

Elle tira une cigarette de son sac à main. Il la lui alluma et dit :

« Un de mes associés va faire un travail pour moi. Il est très doué à ce qu'il fait, c'est un expert, un artiste. Il sera bien rémunéré pour ses services, mais j'aimerais lui offrir un bonus, et vous serez ce bonus. Son nom est Félix.

— Qui paye ? Vous ou ce Félix ?

— Moi. »

Elle but une gorgée de Coca et le regarda dans les yeux, sans chaleur.

« Cent cinquante dollars américains pour une heure, cinq cents pour la nuit. Et puis on m'emmène d'abord dîner. Et puis on ne touche pas à mon cul, quel que soit le prix. Assurez-vous que Félix comprend ça avant de m'appeler. »

Le Professeur hésita. Le son de sa voix quand elle prononçait certains mots, comme *culo*, stimulait ses autres sens. Une sorte de picotement frais dans le bout des doigts, un goût de sel, des rhomboïdes blancs étincelant devant ses yeux.

« D'accord pour cinq cents, alors. Dès qu'il aura posé les yeux sur vous, Félix voudra plus qu'une heure.

— On paie d'avance, s'il vous plaît. Et discrètement. »

Il saisit sa pince à billets dans la poche intérieure de sa veste et, aussi discrètement que possible, compta cinq cents dollars et glissa les billets dans le sac à main, qui était accroché au tabouret.

« Pour cinquante de plus, accepteriez-vous de passer un… un… disons, un bout d'essai ? » demanda-t-il.

Gloria lui tendit une carte de visite gaufrée sur laquelle était inscrit, en espagnol d'un côté, en anglais de l'autre : « Service d'escorte Border Rose – Pour les hommes de goût. Discrétion garantie. » En dessous se trouvaient ses numéros de fixe et de portable.

« Ce bout d'essai, comme vous dites, qu'aviez-vous en tête ?

— Rien qui prenne trop longtemps. Je dois retrouver Félix bientôt.

— L'artiste. Et maintenant, ajouta-t-elle d'une voix désormais chaleureuse, caressant le dos de sa main de ses ongles couleur corail, je vais vous montrer ce que c'est que l'art. »

Ce qu'elle fit, uniquement vêtue de ses sous-vêtements de satin mauve, en s'agenouillant et en le prenant dans sa bouche dans une chambre au premier étage du St. Regis. Lorsqu'elle eut fini, il était prêt à lui donner cinquante dollars de plus pour l'exactitude de sa publicité.

« C’est une couleur magnifique, dit-il en désignant son soutien-gorge et sa culotte.

— Mauve pour le carême.

— Le carême ne commence pas avant deux semaines.

— Je me prépare psychologiquement.

— De quoi allez-vous vous priver ? »

Elle retoucha son rouge à lèvres.

« De porter du bleu et du rouge. Et vous, de quoi allez-vous vous priver ?

— Certainement pas de vous », répondit-il en pensant soudain à Clarice. Comment pouvait-il perdre son temps avec cette cinglée quand il y avait une femme comme Gloria à proximité ? « Je vous reverrai, j’espère.

— Vous avez ma carte. »

Les rapports sexuels intensifiaient à chaque fois son trouble, mais la performance de Gloria avait élevé celui-ci à un niveau sans précédent. D’ordinaire, quand une expérience sensorielle en éveillait une autre, l’effet de la première s’évanouissait avec le stimulus, mais maintenant, tandis qu’il remontait l’Avenida López Mateo en direction de l’église de l’Immaculée Conception, la couleur des sous-vêtements de Gloria continuait de flotter devant ses yeux, éveillant un parfum puissant et persistant. Il n’arrivait pas à trouver les mots exacts – de fait, il était rarement capable de décrire ces sensations avec précision. Il devait se satisfaire d’approximations. Musqué était ce qu’il trouvait de mieux pour le moment. Un parfum musqué et humide, plaisant mais presque déplaisant, quelque chose comme l’odeur des feuilles en décomposition après la pluie.

Durant sa jeunesse à Mexico, il avait confessé à son meilleur ami, Emilio, qu’il entendait les surfaces et les formes et sentait les couleurs. Emilio l'avait cru fou. Comme sa mère, fanatiquement religieuse, était également maniaco-dépressive, lui aussi s'était cru cinglé, ou du moins victime d'une imagination confuse. Après Emilio, il n'avait révélé son secret à personne jusqu'au jour où, alors qu'il étudiait à Georgetown, il s'était porté volontaire pour être le sujet d'une étude. Celle-ci avait été menée par un éminent neurologue, qui l'avait longuement interrogé et lui avait fait passer des examens avec du matériel sophistiqué qui mesurait les impulsions électriques dans son cerveau et enregistrait les effets de diverses drogues sur son cortex. Le scientifique l'avait informé qu'il souffrait de synesthésie, un trouble qui trouvait son origine dans quelque chose qui s'appelait le cerveau limbique. Le simple fait de savoir que ça avait un nom avait été un soulagement. Très peu de gens souffraient de synesthésie, mais ce n'était pas, lui avait assuré le neurologue, une maladie mentale ni le produit de son imagination. Chez la personne qui en était atteinte, les frontières entre les sens étaient mal définies, voire, dans certains cas, inexistantes, ce qui permettait à deux sens ou plus de se combiner sans que chacun perde ses caractéristiques propres. C'était pourquoi il pouvait entendre les formes sans perdre l'ouïe, ou sentir les couleurs sans perdre l'odorat. Pour le Professeur, ç'avait été une illumination, et un soulagement encore plus grand – il n'était pas fou, il était une rareté, une merveille.

Après quoi, il avait des années durant considéré son don comme à peine plus qu'une curiosité fascinante qui rendait la vie plus intéressante et enrichissante. Et ce n'est que lorsqu'il avait quitté l'armée et, en tant que citoyen américain nouvellement naturalisé, rejoint la

DEA, qu'il lui avait trouvé une utilité pratique. Grâce à son héritage mexicain, son bilinguisme et son expérience du combat à Panama, la DEA l'avait affecté à la division d'El Paso, tout d'abord en tant que liaison avec les commandos antidrogue qu'il avait contribué à former à l'école militaire de Fort Benning, puis au centre de renseignement en tant qu'agent infiltré. Il avait excellé à ce travail, concluant des transactions et infiltrant le cartel de Juárez jusqu'à son sommet. Et si nombre d'agents clandestins finissaient par perdre le contact avec le monde réel, lui n'avait guère de mal à jouer à la fois les hors-la-loi et les représentants de l'ordre, glissant avec aisance d'un univers à l'autre car il avait vécu toute sa vie dans deux mondes différents.

Une jeune fille vendait des pains plats devant l'église. Il en acheta une tranche, s'attirant un regard incrédule et reconnaissant lorsqu'il lui donna cinq dollars et lui dit de garder la monnaie. Il faut entretenir le muscle de la générosité. Il entra, plongea les doigts dans l'eau bénite, se signa et s'assit au dernier rang de la nef, à côté d'un sanctuaire à la Vierge sur lequel des bougies oscillaient dans de petits pots en verre. Hormis les trois ou quatre femmes pieuses qui priaient, l'église était déserte. Il avait dix minutes d'avance et se détendit en attendant Félix Cabrera. Ç'avait été l'un de ses élèves à Benning, l'un des meilleurs. Assurément l'homme qu'il fallait pour le boulot de ce soir, un véritable pro qui avait déjà effectué des missions aux États-Unis – une à Phoenix, une autre à El Paso, une troisième à Dallas. *El Verdugo*, le Bourreau, tel était le surnom que lui avaient valu sa minutie, son calme surnaturel – son pouls devait tourner aux alentours de cinquante battements par minute – et sa précision avec un pistolet. Un jour, sur le ranch de Carrasco près de Caborca, le Professeur – qui n'était lui-même pas mauvais tireur – l'avait mis au défi d'abattre plus de cailles de Gambel que lui avec un 45 semi-automatique. Les oiseaux stationnaires étaient interdits – ils devaient être abattus en plein vol, à une distance de quinze ou vingt mètres. À la fin du concours, Félix en avait neuf. Le Professeur, cinq. Mais celui-ci n'était pas vexé d'avoir été battu avec une telle marge, car si l'élève ne surpasse pas le maître, alors le maître a échoué.

Les carrières du maître et de l'élève avaient suivi des chemins similaires. Après avoir passé son diplôme à l'école militaire, Félix avait servi dans le groupe de forces aéromobiles à Tamaulipas et à Matamoros, jusqu'au jour où lui et une trentaine de membres de son bataillon avaient eu une révélation collective : ils gagnaient environ cinq cents dollars par mois en luttant contre le cartel ; ils pouvaient gagner beaucoup plus en le rejoignant. Ils avaient donc rallié le cartel, jouant les hommes de main et les assassins, escortant les livraisons de drogue, autant de tâches auxquelles leurs aptitudes militaires, leur discipline et leurs valeurs martiales les rendaient bien supérieurs aux *cholos* qui avaient auparavant occupé ces fonctions. Ils s'étaient baptisés Los Zetas, d'après l'indicatif radio de leur ancien commandant de bataillon, Zeta.

Puis, comme le faisaient souvent les barons de la drogue, le chef du cartel était allé trop loin en tentant de kidnapper et d'assassiner un agent américain de la DEA et un agent du FBI. Washington avait alors mis la pression sur Mexico, et le chef du cartel avait été arrêté et envoyé à la prison de Las Palmas. Même s'il continuait de gérer ses activités depuis sa cellule, certains Zetas l'avaient déserté et s'étaient mis à leur compte, s'éparpillant à travers le nord du Mexique. Félix était retourné à Sonora, son État natal, avec quelques camarades, et s'était rallié à Joaquín Carrasco.

C'est alors que l'élève et le maître s'étaient retrouvés, le Professeur ayant quitté la DEA deux ans avant que Félix ne déserte l'armée, lorsque l'un de ses amis, un agent infiltré nommé Carlos Aguilar, avait été enlevé, torturé et assassiné. Carlos avait fait une découverte étonnante – le cartel de Juárez possédait une vaste plantation de marijuana dans le sud de l'État de Chihuahua qui employait plusieurs centaines d'ouvriers agricoles et était gardée par des soldats et par la police d'État. Une opération de cette taille ne pouvait être clandestine ; le gouvernement mexicain avait dû donner son consentement. Même si aucun cartel n'opérait avec un soutien officiel, le partenariat entre le gang de Juárez et le gouvernement était particulièrement flagrant, et révéler cette complicité au grand jour était devenu la croisade personnelle de Carlos.

Mais un jour, il avait disparu. Et son corps décomposé avait été retrouvé dans le désert de Chihuahua un mois plus tard. Il avait été abattu d'une balle derrière la tête. Les experts scientifiques avaient aussi déterminé qu'il avait eu les deux épaules, les côtes et la mâchoire cassées. À la longue, des informateurs avaient donné des détails sur le traitement innommable qu'on lui avait réservé. Il avait été torturé des jours durant par des spécialistes avant que ceux-ci, réduit finalement à la clémence, ne l'exécutent. Le bureau d'El Paso avait alors envoyé tous ses agents disponibles au Mexique pour découvrir qui l'avait tué et qui avait commandité l'assassinat. Et le Professeur avait été l'un d'eux. Pendant des semaines, s'exposant lui-même à un risque considérable – s'il se faisait prendre, il aurait droit à un traitement encore pire que celui qu'avait reçu Aguilar –, il avait suivi des pistes, rencontré des indics, compilé des listes de noms, et il avait fait une découverte : les tortionnaires de Carlos avaient été formés par la CIA, à l'époque où l'Agence avait trempé dans le trafic de drogue pour financer les contras au Nicaragua. Puis un de ses collègues avait découvert un fait plus intéressant encore – l'ordre d'enlever Aguilar n'était pas venu du chef du cartel de Juárez, mais du général du cinquième district militaire de la ville de Chihuahua, dont les soldats protégeaient la plantation, et qui, disait-on, recevait pour cent mille dollars de *mordida* – des pots-de-vin – par mois.

Quelque temps après la révélation de cette information, l'agent spécial responsable de l'opération avait rappelé le Professeur et les autres agents à El Paso. Ceux-ci avaient été tout d'abord déconcertés, puis fous de rage en apprenant le motif de leur rappel : le général était marié à la sœur du ministre de la Défense, qui avait eu vent de l'enquête. Et cette fois-ci, c'était Mexico qui avait mis la pression sur Washington. Une implication d'*El General* dans le commerce de la drogue et dans la torture et l'assassinat d'un agent des forces de l'ordre américaines embarrasserait grandement le gouvernement mexicain. Le bureau d'El Paso avait été contacté. Le responsable s'était fait remonter les bretelles par non moins que le chef de la direction des affaires latino-américaines au Département d'État américain. Pour éviter un scandale international et maintenir des relations amicales entre les États-Unis et leur voisin du Sud, l'enquête devait cesser.

Le Professeur n'avait pas rendu son arme et sa plaque en signe de légitime indignation, comme l'inspecteur Harry au cinéma. En bon soldat, il avait obéi aux ordres. Il avait abandonné l'enquête et pris un mois de vacances. Mais il n'était pas resté sans rien faire. Il connaissait l'identité des trois hommes qui avaient torturé Aguilar. Il avait descendu l'un d'eux à Mexico et filé un deuxième de l'autre côté de la frontière jusqu'à une maison d'Eagle Pass, Texas, où il l'avait abattu à travers la fenêtre pendant qu'il regardait la télé. Il y avait la loi, et il y avait la justice. Une semaine plus tard, le Professeur avait retrouvé la piste du troisième. Celle-ci l'avait ramené au Mexique, et il était sur la route, au sud de Juárez, quand son téléphone portable avait sonné. Son interlocuteur ne s'était pas identifié, mais il avait compris à ses propos que c'était quelqu'un du bureau d'El Paso : « J'appelle juste pour vous remercier de faire ce que nous voulions tous faire. Le type que vous avez buté la semaine dernière était toujours payé par la CIA, un informateur de haut niveau. Les types de l'Agence sont furax. Ils savent que c'est vous qui l'avez descendu, et on ne peut rien faire pour vous. Je ne sais pas où vous êtes, mais je sais que vous êtes dans une sacrée merde. » L'interlocuteur anonyme avait ensuite expliqué que la *mierda* avait eu des répercussions – la CIA avait persuadé le ministre de la Justice de convaincre la DEA d'appréhender son agent franc-tireur. De fait, un mandat d'arrêt à son nom avait été émis. « Et ça, c'est le dernier de vos problèmes, vous voyez ce que je veux dire ? »

Oui, il voyait. L'Agence avait probablement placé un contrat sur sa tête. La question était donc, où avait-il le plus de chances de survivre ? Au Mexique ou aux États-Unis ? Il avait opté pour le Mexique, ce qui constituait un rapatriement de fait. Il avait voyagé jusqu'à Mexico, où il s'était fabriqué une nouvelle identité. C'était sa version personnelle du programme de protection de témoins. Comme il connaissait les bonnes personnes, obtenir des faux papiers – passeport, permis de conduire, certificat de naissance – n'avait pas été difficile. Il avait procédé à quelques changements cosmétiques – teignant en brun ses cheveux blond foncé, se faisant ôter le grain de beauté sur sa joue gauche – mais rien d'extravagant. Ainsi était né Gregorio Bonham.

Le *señor* Bonham s'était rendu à Hermosillo, il avait loué une chambre dans un hôtel bon marché, puis cherché à rencontrer Victor Zaragoza, le *comandante* de la police fédérale de l'État de Sonora. Le Professeur ne connaissait pas le cartel d'Hermosillo aussi bien que celui de Juárez, mais il savait que pour arriver jusqu'à Carrasco il devait passer par le *comandante*. Dans le jargon du métier, celui-ci avait accordé à Carrasco *la plaza*, c'est-à-dire qu'il l'avait autorisé à trafiquer dans son État, en échange d'une certaine somme d'argent pour assurer sa protection. Au siège de la police, on avait informé le Professeur que le *comandante* n'était pas là et qu'il lui faudrait revenir le lendemain. Le lendemain, même topo. Mais à sa troisième tentative, il avait été autorisé à pénétrer dans le bureau du *comandante* qui, si l'on exceptait les fusils semi-automatiques alignés le long du mur, était aussi quelconque qu'une chambre de motel. Zaragoza, un homme de grande taille avec des traits castillans sévères et une charpente de loup légèrement sous-alimenté, lui avait fait signe de prendre place dans le fauteuil qui faisait face à son bureau.

« Qui êtes-vous et que faites-vous ici ? »

Le Professeur avait été parfaitement franc – il voulait rencontrer Joaquín Carrasco ; il pensait pouvoir lui être d'un grand service, et il savait que le cartel d'Hermosillo était en guerre avec celui de Juárez à cause des routes d'acheminement. Le *comandante* lui avait lancé un regard noir, avant de déclarer avec une incrédulité feinte :

« Joaquín Carrasco est un criminel, et vous venez me dire, à moi, que vous voulez travailler pour lui ? Êtes-vous fou ? »

Le Professeur lui avait assuré qu'il avait toute sa tête.

« C'est amusant, avait observé le *comandante*. Dites-moi tout de vous. Je dois déterminer la mesure à prendre : vous arrêter ou vous faire interner à l'asile. »

Le Professeur lui avait donc présenté son curriculum vitae, toute son histoire, énumérant ses atouts, dont il pensait qu'ils seraient aussi profitables à Don Joaquín qu'ils l'avaient été à la DEA. Zaragoza avait alors conclu l'entretien, puis, après l'avoir raccompagné à la porte, avait appelé deux hommes, dont l'un portait un maillot des Oakland Raiders et avait une carrure de footballeur.

« Ce type est cinglé, avait déclaré Zaragoza. Voyez si vous pouvez lui rendre la raison. »

Les hommes de main l'avaient emmené jusqu'à une voiture et conduit à une petite maison inoccupée près de la gare routière. Ils l'avaient ligoté à une chaise, lui avaient placé une cagoule sur la tête, et ils s'étaient mis à le bourrer de coups de poing au foie, aux reins, aux côtes. Il s'attendait à un traitement de ce genre – de fait, il aurait eu des soupçons si ça ne s'était pas produit. Le passage à tabac s'était poursuivi de façon plus ou moins régulière pendant deux heures. Il avait tenté de faire abstraction de la douleur en se concentrant sur les odeurs qu'éveillait la noirceur de la cagoule. Puis il avait entendu la voix de Zaragoza : « *¡Basta!* » Les coups avaient cessé, la cagoule avait été ôtée, et le *comandante* se tenait au-dessus de lui avec à la main le passeport et le certificat de naissance qu'il s'était fait faire à Mexico. « Nous avons trouvé ça dans votre chambre d'hôtel, avait-il dit. Ce sont des faux. » Évidemment que c'étaient des faux. Qui êtes-vous ? Je vous l'ai dit, Gregorio Bonham. Est-ce que c'est votre vrai nom ? Non, je vous l'ai dit dans votre bureau. Quel est votre vrai nom ? Ça aussi, je vous l'ai dit. Dites-le-moi encore. Il lui avait dit. Et vous affirmez que vous étiez agent de la DEA ? Oui. Mais vous l'êtes toujours, n'est-ce pas ? Non. Je suis parfaitement honnête avec vous. Nous verrons ça. Zaragoza s'était tourné vers ses gros bras. « Il est toujours cinglé », avait-il déclaré, et il était reparti.

Après s'être de nouveau fait rouer de coups, il avait été forcé de s'allonger ligoté sur le sol de béton, où il avait passé la nuit. Le lendemain, ses tortionnaires, qui avaient très bien pu être formés par les mêmes personnes que les tortionnaires de Carlos Aguilar, lui avaient enfoncé la tête dans une baignoire jusqu'à ce qu'il soit sur le point de se noyer. L'opération avait été répétée trois fois avant que le *comandante* ne revienne lui poser les mêmes questions. Il avait donné les mêmes réponses. « Combien j'aimerais vous croire ! » s'était exclamé Zaragoza avant de partir une fois de plus. Nouveaux coups de poing, nouvelles plongées dans la baignoire, puis une nouvelle méthode – des coups d'aiguillon électrique à bétail sur les cuisses, avec la promesse que ce serait ensuite au tour de ses testicules. À sa troisième visite, Zaragoza l'avait informé qu'il avait effectué quelques vérifications auprès de certains amis aux États-Unis. Il avait apparemment dit vrai à propos de son travail à la DEA, mais il n'était pas convaincu que le *señor* Bonham, comme il se faisait désormais appeler, ne travaillait plus pour l'Agence. Le type au maillot des Oakland Raiders l'avait relevé sèchement avant de lui baisser son pantalon et de le balancer de nouveau par terre. Son collègue plus petit lui avait placé l'aiguillon à bétail entre les jambes, mais sans l'allumer.

« Écoutez, *pendejo*, ça ne me plaît pas de faire ça, je ne suis pas un sadique, avait dit Zaragoza. Si vous ne me dites pas la vérité, vos *huevos* vont finir grillés.

— Allez-y, avait répondu le Professeur d'une voix entrecoupée. Je ne vous dirai rien de différent. »

Sur un geste de Zaragoza, Oakland l'avait alors remis sur pied et lui avait remonté son pantalon.

« *Muchacho*, vous avez des *cojones*, je dois l'avouer », avait déclaré le *comandante*.

Et le Professeur d'en conclure qu'il avait réussi son test d'embauche.

Les gros bras l'avaient reconduit à son hôtel en lui recommandant de ne pas en bouger. Il avait titubé jusqu'à sa chambre et s'était écroulé sur son lit. Tout son corps le faisait souffrir. Un peu plus tard dans l'après-midi, des coups frappés à la porte l'avaient réveillé. Il avait ouvert. Son visiteur était un homme petit et trapu, habillé comme un *ranchero* prospère – chapeau de cowboy en paille, gilet bien ajusté, bottes en peau de serpent. Quatre hommes l'accompagnaient, vêtus comme des *vaqueros*, même s'ils ne gagnaient pas leur vie en surveillant du bétail. Joaquín Carrasco avait fait signe à ses gardes du corps de l'attendre dans le couloir, puis il était entré dans la chambre, avait ôté son chapeau et s'était assis sur la seule et unique chaise.

« Savez-vous qui je suis ? » avait-il demandé.

Oui. Et comment le savait-il ?

« Je vous reconnais d'après les photos de vos dossiers.

— Les dossiers de la DEA ? »

Exact.

« Mais vous n'êtes plus à leur service. »

Ça aussi, c'était exact. Carrasco avait porté sa main noueuse de paysan à sa bouche et s'était curé une incisive avec l'ongle du pouce.

« Vous savez, avait-il déclaré, cette chose que les gars de Juárez ont faite à votre ami, c'était très mauvais pour le business. Très mauvais pour tout le monde, pas simplement pour eux. C'était très stupide ! Ça a tellement attiré l'attention ! Je ne souhaite pas commettre la même erreur. Si vous avez été envoyé ici pour m'espionner au profit de la DEA, dites-le-moi. Il ne vous arrivera rien. Je paierai même votre retour aux États-Unis, je le promets. »

Le Professeur avait répondu qu'il n'avait aucun désir de retourner aux États-Unis. Le gouvernement américain avait autorisé que la mort de son ami reste invengée, il l'avait trahi ; maintenant, c'était son tour de trahir. Son souhait était de se mettre au service de Don Joaquín.

« Alors comment dois-je vous appeler ? Par votre vrai nom, ou Gregorio Bonham ? » avait demandé Carrasco.

Il préférait *El Profesor*. Quand il était instructeur dans l'armée américaine, c'était ainsi que ses élèves l'appelaient, par respect.

« Alors, ce sera *El Profesor*. Faites un brin de toilette et rassemblez vos affaires. Vous allez m'accompagner à mon ranch et nous discuterons de ce que vous pouvez faire pour moi. »

Avec la bénédiction de Carrasco, le Professeur avait repris sa traque du troisième et dernier tortionnaire de Carlos Aguilar, qu'il avait abattu une semaine plus tard. Pendant ce temps, un nouveau président représentant un nouveau parti politique, le premier à prendre le pouvoir depuis la révolution, avait été élu. L'ancien ministre de la Défense, le beau-frère du général qui commandait les forces militaires à Chihuahua, avait été remplacé. Carrasco avait songé que le moment était propice ; il pouvait éliminer le principal protecteur du cartel de Juárez sans craindre de représailles du gouvernement. Cette mission avait donc été confiée au Professeur, et rien n'aurait pu lui faire plus plaisir. Don Joaquín, qui avait une grande confiance en ses employés, ne lui avait donné qu'une instruction : « Ce nouveau gouvernement ne versera pas de larmes pour notre général, mais nous ne voulons pas l'alarmer. » Ce qu'il voulait dire était clair – ça devait ressembler à un accident. Pour l'aider dans sa mission, Carrasco, par l'intermédiaire du *comandante* Zaragoza, lui avait fourni une plaque et une carte qui l'identifiaient comme le *capitán* Gregorio Bonham. Il avait aussi reçu un pistolet 9 mm, une radio, des menottes et, ne serait-ce que pour parachever le costume, un uniforme noir et un gilet pare-balles. Il devrait, néanmoins, accomplir sa tâche en tenue civile.

Le *capitán* Bonham était entré en contact avec les *federales* de Chihuahua, avec qui le général avait commis l'erreur de ne pas partager la moindre miette de sa *mordida*. Il avait surveillé sa proie pendant des semaines et s'était trouvé des mouchards au sein de l'escorte de l'officier, qui eux non plus n'avaient pas profité autant qu'ils estimaient le mériter. L'un d'eux l'avait informé des projets de vacances du général – il s'envolerait dans son avion privé pour le Costa Rica à une date précise – et le Professeur, faisant appel à tous ses talents et toute son expérience, avait travaillé rapidement pour profiter de cette merveilleuse opportunité. Le Cessna s'était écrasé quelque part dans la Sierra Madre occidentale. Les dégâts collatéraux – le pilote et l'épouse du général – étaient regrettables mais, en perdant son protecteur, le cartel de Juárez devenait totalement vulnérable. Ses entrepôts et ses plantations avaient été pris d'assaut, le patron et ses sous-fifres, emprisonnés.

Au cours des mois suivants, le Professeur n'avait eu aucune raison de regretter sa décision. Il avait développé une loyauté singulière envers Joaquín Carrasco, dans l'empire duquel il avait trouvé un refuge et un foyer. Et Carrasco avait trouvé en lui un lieutenant extraordinairement capable. Quand deux mouchards, dont les informations avaient mené à la saisie de cinquante kilos de coke, s'étaient enfuis pour Phoenix, Don Joaquín avait dépêché le Professeur et Félix – qui venait d'être engagé et était impatient de montrer ses talents – à leur poursuite. La traque avait duré plus d'une semaine. Ils avaient finalement retrouvé les *chingados* en train de jouer au billard dans un garage du centre de Phoenix. Une nuit d'été étouffante. La porte du garage était ouverte. Félix, couvert par son ancien instructeur, était entré et avait déclaré : « *Sabe por qué estoy aquí* », et il les avait abattus avec une formidable précision. Quatre balles, deux corps, personne d'autre de blessé.

Le succès de cette mission et des suivantes avait persuadé Carrasco de confier de nouvelles responsabilités au Professeur. Ce dernier avait donc été convoqué pour un nouveau tête-à-tête au ranch Santa Clara.

« Tu n'as pas eu trop de mal à être deux personnes, avait commencé Don Joaquín. Penses-tu que tu pourrais en être trois ? »

Sans doute. Pourquoi ?

« Parce que tu serais parfait pour ça. Tu parles anglais comme un gringo, tu ressembles à un gringo – merde, *muchacho*, tu es un gringo ! Tout ce qu'il te reste à faire, c'est t'inventer une nouvelle identité américaine. Tu pourrais faire ça ? »

Oui, mais ça prendrait plus de temps aux États-Unis qu'au Mexique. Joaquín avait secoué la tête.

« Je connais des gens à Phoenix et à Tucson qui font ça tous les jours pour des putains de *mojados*. Ils peuvent t'obtenir tout ce que tu veux. Carte de sécurité sociale. Permis de conduire. Passeport. »

Et qu'allait-il faire, exactement, avec cette nouvelle identité ? Carrasco lui avait lancé un regard entendu.

« *¡Escúchame, compa!* Tu seras mes yeux et mes oreilles de l'autre côté, tu comprends ? Tu découvriras ce que manigancent les *chotas* gringos et tu me le feras savoir.

— Tu sais ce que ça signifie, j'espère », avait répondu le Professeur.

Joaquín savait : de temps à autre, pour assouvir les appétits de *La Migra* et des *chotas* – les flics – un chargement et ses mules devaient être sacrifiés. Une broutille. Le prix à payer pour préserver le business.

« Mes yeux et mes oreilles de l'autre côté, et de ce côté aussi. Je suis certain que tu peux faire les deux à la fois. *¿Está bien?* »

Le Professeur avait prospéré. Il s'était acheté un *ranchito* à la sortie de Magdalena, cette adorable vieille ville avec une mission où reposaient les ossements du père Kino. Puis il s'était acheté un appartement en bord de mer à San Carlos, où Don Joaquín, un passionné de pêche, possédait une villa. Par rapport au reste du pays, le Professeur était fabuleusement riche ; mais par rapport aux gens de son milieu, c'était un homme aux moyens modestes. Ça ne le dérangeait pas. Après tout, le trafic de drogue, c'était le capitalisme débridé. Comme la Bourse, il fonctionnait grâce à l'avidité et à la peur, avec en plus une bonne dose de vengeance. Mais des trois, c'était l'avidité qui était la plus dangereuse. Elle menait à de fatales erreurs de jugement. C'était en se maîtrisant qu'il avait réussi à survivre et à prospérer dans un monde où l'espérance de vie moyenne était à peu près la même qu'au XIe siècle. Quant à la peur, elle avait si longtemps été sa compagne qu'il se disait qu'elle lui manquerait, que son goût et son odeur lui manqueraient s'il devait vivre sans. Et pour ce qui était de la vengeance, il avait accompli la sienne en éliminant le général ; et en étanchant cette soif, il avait acquis une vision plus claire de lui-même et de sa place dans l'univers.

Et maintenant, tandis qu'il attendait Félix dans l'église de l'Immaculée Conception, il était enclin à considérer que les circonstances qui l'avaient mené à changer de camp, à traverser et retraverser des frontières aussi bien géographiques que métaphoriques, étaient le signe du destin. C'était l'histoire qui l'avait mené à devenir l'un de ses agents.

Son collègue renégat apparut, pile à l'heure. Félix Cabrera longea sans bruit l'allée centrale, vêtu d'un pantalon noir, d'une veste en cuir noir et de mocassins cirés. Il s'agenouilla face au sanctuaire de la Vierge sans un regard en direction du Professeur, se signa et alluma un cierge – probablement pour son père, qui se mourait d'un cancer dans un hôpital de Mexico. Il se signa une fois de plus, se leva et se glissa sur le banc à côté du Professeur, qui tira une enveloppe de sa poche intérieure et la tendit à Félix. À l'intérieur se trouvaient des photos de surveillance prises au cours de la semaine précédente.

Félix les examina, plissant des yeux dans la lumière faible.

« *Ahora hablaremos inglés* », murmura le Professeur. Ils parleraient anglais par précaution. Bien que personne ne pût les entendre, on n'était jamais trop prudent. « Vicente se cache de l'autre côté. Presque chaque soir il mange et boit dans un restaurant qui s'appelle Tehuantepec. Il s'assied à la même table, dans le coin du fond avec des amis. Il est accompagné d'un *pistolero*. Lui aussi, tu vas devoir l'abattre. »

Félix fit un petit geste du menton pour indiquer que ça n'était pas un problème, puis il le regarda avec une question dans ses yeux d'un vert jaunâtre.

« Dix mille. *¿Bien?* demanda le Professeur.

— *Está bien.*

— Et un bonus, ajouta le Professeur en lui tendant la carte de Gloria. Tout est déjà payé. Elle veut que tu l'emmènes d'abord dîner et elle m'a dit de te dire que tu n'avais pas le droit de toucher à son cul. »

Félix sourit.

« Un peu d'argent en plus serait mieux. Les factures d'hôpital de mon père…

— Elle est *muy mota*. Quand tu la verras, tu oublieras l'argent, tu risques même d'oublier ton père. » Il plongea la main dans une de ses poches et plaça un jeu de clés dans la main de Félix. « Elle est sur le parking derrière le McDonald's. Une Chevrolet Blazer bleu foncé. Immatriculée en Californie. L'arme est dans le compartiment de portière. Côté passager. Tu as des gants ? demanda-t-il, car les empreintes de Félix avaient été prélevées quand il était à Fort Benning.

— Bien sûr », répondit-il, quelque peu insulté que le Professeur puisse imaginer qu'il oublierait ce détail.

Une femme d'une cinquantaine d'années en tenue de deuil interrompit leur conversation. Elle s'agenouilla, alluma un cierge et pria pendant une minute ou deux.

« Suis-moi jusqu'au restaurant, reprit le Professeur lorsqu'elle fut partie. Tehuantepec se trouve sur une place commerciale. À une extrémité il y a une *farmacia*, Walgreens. Tu te gares là et tu attends. J'entre dans le restaurant en premier pour m'assurer qu'il est là et qu'il n'y a pas de problème. Je t'appelle sur ton portable. Si je dis *listos*, tu viens. Si je dis *espera*, tu attends. Si je dis *muy malo*, ça veut dire qu'il y a un gros problème et que tu dois partir immédiatement. Des questions ? »

Félix secoua la tête et s'en alla. Dehors, les réverbères s'allumaient et des cirrus colorés par le soleil couchant striaient le ciel au-dessus de la ville. Le Professeur suivit Félix dans López Mateo jusqu'à la Calle Juárez, passant devant le mur de la frontière avec ses slogans, ses croix et ses affiches annonçant des festivals et des concerts, Félix se glissant à travers la foule comme si elle n'était pas là, leste et détendu, tel un jaguar avançant parmi des lapins à la recherche d'une proie plus conséquente. Au poste frontière pour piétons, il montra calmement un faux permis à l'agent des douanes américaines qui se trouvait derrière le guichet, et on lui fit signe de passer. Derrière lui, le Professeur produisit son passeport américain, et lorsque l'agent des douanes lui demanda s'il avait des fruits ou des légumes en sa possession, il répondit en toute honnêteté que non.

Maintenant une distance entre eux, Félix et le Professeur gravirent les marches à côté du magnifique ancien bureau de douane, coupèrent à travers une station-service à l'angle de Crawford et Terrace, gravirent une autre volée de marches jusqu'au McDonald's, et pénétrèrent dans le parking ouvert vingt-quatre heures sur vingt-quatre où les touristes qui venaient passer la journée à Nogales garaient généralement leur véhicule.

Depuis sa voiture, le Professeur regarda Félix grimper dans la Blazer, qui avait été volée en Arizona par un gang qui fournissait Carrasco en véhicules. Les plaques de Californie avaient été fabriquées dans un atelier de carrosserie spécialisé dans ce type d'ouvrages. Il attendit que Félix récupère le colt dissimulé derrière le compartiment de la portière, puis quitta le parking, passant devant le McDonald's dont les arches dorées dégageaient une odeur qui ressemblait à des toasts brûlés. L'un des aspects intéressants de sa maladie était qu'elle était imprévisible. Il n'y avait aucune corrélation entre la perception d'un sens et le sens qu'elle réveillait. Sinon, le jaune vif des arches aurait suggéré une odeur qui lui aurait ressemblé, de la moutarde bon marché dans un flacon en plastique, par exemple. Mais à la place, c'étaient des toasts brûlés.

Un énorme centre de remise en forme quelque peu délabré occupait tout un côté de Mariposa Plaza sur Grand Avenue. Tehuantepec, dont le nom était peint sur la façade du bâtiment au-dessus des mots *¡MARISCOS FRESCOS!* et de dessins représentant un poisson et une crevette, se trouvait à l'extrémité d'une rangée de boutiques bas de gamme, à côté d'une pizzeria Shakey's dont un des néons de l'enseigne avait grillé : SHAK-Y'S. Le Professeur était venu trois fois au restaurant au cours des deux dernières semaines pour observer Vicente Cruz. L'intérieur était aussi peu prometteur que l'extérieur, mais le carrelage usé, les posters ringards, les tables miteuses et les chaises branlantes étaient trompeurs : la cuisine était excellente, surtout les crevettes dans une sauce à la crème et au brandy que Nacho avait recommandées. Le restaurant attirait très peu d'Anglo-Saxons ; pratiquement tous les clients, de même que le personnel, étaient mexicains, et il supposait que tous ne résidaient pas légalement aux *Estados Unidos*. Un plus. Des clandestins seraient moins susceptibles de venir témoigner auprès des autorités, si quelque chose devait aller de travers.

Il se gara et traversa le parking à pied, cherchant du regard la Lexus gris métallisé de Cruz, que celui-ci s'était probablement payée grâce aux douze kilos de coke qu'il avait piqués à Carrasco l'été précédent. La cargaison, planquée dans la carrosserie d'un pick-up, était à destination de Phoenix, mais, quelque part entre la frontière et Phoenix, le pick-up et la coke s'étaient volatilisés. Les instructions que Carrasco avait données au Professeur étaient simples : « Vingt mille pour griller ce porc. » Le Professeur n'avait jamais rencontré Cruz, mais il le connaissait de réputation : un ivrogne et une grande gueule, avec un goût pour les boîtes de nuit, les voitures de luxe et les femmes tape-à-l'œil. Il aurait dû être facile à retrouver, mais il s'était avéré insaisissable. Des informateurs avaient rapporté l'avoir vu en divers endroits, mais les informations étaient généralement fausses, ou trop anciennes. Environ deux mois plus tôt, un agent de la police des frontières s'était fait descendre lorsqu'il était tombé sur des mules qui découpaient le grillage à la frontière. Le même jour, le Professeur avait appris de la bouche d'indics que c'était Cruz qui avait tué l'agent – des oreilles dignes de foi avaient entendu le *gritón* s'en vanter dans un *pueblo* près de Cananea, à Imuris. Mais quand le Professeur s'était rendu sur place le soir même, il avait eu la mauvaise surprise de découvrir que Cruz s'était une fois de plus évaporé.

Même maintenant, alors qu'il repérait la Lexus, *El Profesor* était irrité d'avoir dû attendre le tuyau de Nacho pour localiser Cruz. Et l'imprudence de ce dernier l'irritait encore plus, même si elle tournait finalement à son avantage. Le *babo* avait enfreint une règle fondamentale – ne jamais établir de routine – en mangeant à la même table du même restaurant à la même heure presque chaque soir. Comment avait-il pu échouer à rattraper un tel idiot pendant aussi longtemps ? Il prenait soin de ne jamais laisser ses émotions interférer avec son travail, mais la négligence de Cruz l'atteignait personnellement, comme si l'autre avait su qu'il était traqué par l'un des meilleurs et n'en avait rien eu à foutre.

Il entra. Tehuantepec comprenait une salle de restaurant et un bar, reliés par une voûte. Pour prendre la fuite, Félix devrait traverser le bar jusqu'au restaurant, puis le restaurant jusqu'à la porte. Il était certain que l'ingéniosité de son élève et le choc provoqué par l'attaque lui permettraient de sortir sans dommages ; mais si un imbécile décidait de jouer les héros, il pourrait y avoir des victimes civiles – soit un carnage – et il avait promis à Nacho que ce ne serait pas le cas.

Il s'assit au bar et commanda une Dos Equis. En regardant par-dessus son épaule, il vit Cruz, un type rondouillard aux épais cheveux gris, qui présidait à sa table habituelle à côté de son *pistolero*. Tous deux tournaient le dos au mur. Cruz, avait-il appris de sources des deux côtés de la frontière, ne faisait pas autant profil bas que le croyait Nacho ; il transportait désormais de la *merca* pour Yvonne. (S'il demeurait fidèle à ses habitudes, il devait l'arnaquer à la moindre occasion.) Trois autres hommes étaient assis avec lui et son garde du corps, parlant fort par-dessus le tintement des bouteilles de bière. L'un d'eux était le neveu que Nacho avait mentionné, Billy Cruz, sur qui le Professeur avait glané quelques bribes d'informations. Billy, apparemment, travaillait en tant que coyote et conservait son entreprise de navettes comme façade légale. On pensait qu'il était impliqué dans le trafic de drogue, probablement en association avec *Tío* Vicente, mais c'était principalement une activité secondaire à petite échelle. Le Professeur avait refilé cette info à Nacho ; sinon, Billy et les deux autres ne l'intéressaient pas.

Une télé sur une plate-forme au-dessus du vieux Cruz était allumée sur une chaîne de sport. S'il suivait sa routine habituelle, Cruz commanderait son dîner dans quinze, vingt minutes, mais ce soir il ne l'avalerait pas. Une sensation de puissance presque divine traversa soudain le Professeur, un flux chaud et métallique, comme si son sang s'était transformé en mercure. Espèce de *cabrón*, je sais que ton espérance de vie est désormais plus courte que celle d'un moustique, et toi, tu ne le sais pas. Il se rendit aux toilettes, verrouilla la porte et composa le numéro de portable de Félix.

« *Listos* », prononça-t-il à mi-voix, puis il regagna le bar.

Félix entra discrètement quelques minutes plus tard, sa veste déboutonnée au milieu. Il s'installa à un tabouret à l'extrémité du bar, commanda un verre auquel il prit soin de ne pas toucher, puis pivota et fit mine de regarder la télé tout en étudiant sa proie – une jolie touche. Il concevait son plan, décidant où se positionner, se repassant la scène dans sa tête. Il était essentiel de se représenter le déroulement des événements avant qu'ils ne se déroulent. Puis il se rendit aux toilettes pour enfiler un gant en latex. Sa veste était totalement déboutonnée lorsqu'il réapparut, et maintenant tout serait une question de vitesse, d'entraînement, d'expérience, pour ne laisser à personne le temps de remarquer la crosse du pistolet qui ressortait de son pantalon. Il traversa la pièce en quatre ou cinq foulées régulières, les yeux rivés sur ses cibles, son champ de vision exclusivement limité à ces deux hommes. Félix ne pouvait pas se permettre de voir autre chose qu'eux, il ne pouvait pas s'autoriser à avoir conscience de quoi que ce soit d'autre.

Il était à environ deux mètres de la table lorsqu'il lança d'une voix amicale : « *¡Oye! ¡Vicente!* », tandis que Cruz levait la tête pour regarder d'un air interrogateur cet inconnu qui le saluait : « *¡Sabes por qué estoy aquí!* » – Tu sais pourquoi je suis ici ! Au même instant, d'un mouvement fluide, presque un mouvement de ballerine, il dégaina son colt et tira deux fois sur Cruz avant de déporter le pistolet de la gauche vers la droite et de tirer deux fois de plus sur le *pistolero*. Un calibre 45 semi-automatique fait un bruit terrible dans un espace confiné, et le vacarme et la rapidité du geste produisirent l'effet de surprise sur lequel le Professeur avait compté – personne n'eut le temps de réagir. Les clients étaient collés à leurs sièges, aussi immobiles que des silhouettes dans un arrêt sur image, tandis que Félix s'éloignait de la table à reculons, puis décrivait une pirouette sous la voûte et regagnait la salle de restaurant.

L'arrêt sur image prit fin, le mouvement revint. Billy et les autres survivants à la table de Vicente la renversèrent pour lui porter secours, les bouteilles se fracassant par terre. Plusieurs clients prirent la fuite, probablement parce qu'ils ne voulaient pas avoir affaire à la police, que le barman paniqué, par-dessus les hurlements d'une serveuse, appelait dans un méli-mélo de langues confus. « *¡Hola!* Bonjour ! Au secours ! Fusillade *aquí* ! *Restaurante* Tehuantepec ! *¡Sí!* Grand Avenue ! Une fusillade ! » Le Professeur joua des coudes à travers les badauds stupéfaits pour s'assurer que Cruz était mort. Il l'était – avachi dans le coin, la tête sur le côté, le mur derrière et au-dessus de lui maculé de sang, de fragments d'os, de bouts de cervelle. Quant au *pistolero*, il avait reçu deux balles dans la poitrine.

Sur le trottoir, trois ou quatre personnes se tenaient autour du colt que Félix avait abandonné quand il n'en avait plus eu l'utilité. Ils regardaient l'arme d'un air ahuri, comme si ç'avait été un objet sacré. Félix avait disparu, il était déjà reparti. Il abandonnerait la voiture dans le centre-ville – au cas improbable où quelqu'un aurait relevé son immatriculation – puis il retraverserait la frontière à pied et appellerait Gloria. Il avait assurément mérité son bonus. Deux balles en pleine tête. Le Professeur n'aurait pas couru un tel risque, il aurait visé le corps, par sécurité – mais si l'élève ne surpasse pas le maître, alors le maître a échoué.

Il entendit le vacarme frénétique de la police et des sirènes d'ambulance tandis qu'il s'engageait dans Mariposa et prenait la direction du sud. Un panneau vert au-dessus de la route annonçait : MEXIQUE 2 KM. Lorsqu'il franchit la barrière, montrant sa plaque de la police fédérale au douanier mexicain, il composa le numéro du ranch Santa Clara sur son téléphone portable. Carrasco répondit.

« *Hola*, dit le Professeur. C'est ton cuistot. Le porc a été grillé. »

8

Castle exécrait tous les types de musique *country & western*, sauf les vieux trucs qu'il avait écoutés pendant ses nuits blanches à la fac, quand le signal de stations basées à Gatlinburg, Jackson ou Fayetteville ricochait contre l'ionosphère et arrivait dans sa chambre à Princeton – Hank Williams, Johnny Cash ou Waylon Jennings chantant les cœurs infidèles, les routes cruelles, les temps difficiles et les pécheurs en quête de salut. Ces chansons rauques et bruyantes ou tristes et plaintives avaient l'authenticité de l'expérience vécue. Mais les morceaux modernes, ancrés dans les banlieues et les centres commerciaux au lieu des champs de coton et des cours de prison, sonnaient tout pareil à ses oreilles, pleins d'émotions factices, aussi prévisibles et standardisés qu'une chambre dans un Days Inn ou que la une de *USA Today*. Difficile de chanter les temps difficiles quand on vit dans un cul-de-sac et qu'on est sûr de pouvoir s'acheter un Happy Meal chez McDonald's à cinq minutes de chez soi ; et maintenant que les croyants avaient remplacé leurs tentes au fond des bois par des mégaéglises dont les ministres experts en communication prêchaient à leurs clients une rédemption allégée, aucun pécheur n'était forcé d'éprouver un besoin de salut, ni, tant qu'on y était, de se considérer comme un pécheur.

Il fut donc encouragé lorsque les Double Sixes – Rick Erskine au chant et à la guitare, accompagné d'un bassiste, d'un batteur, d'un clavjériste et d'un trompettiste – bondirent sur scène, vêtus de chemises blanches et de costumes en lin noir froissé, sans un seul chapeau de cow-boy en vue. Le premier morceau s'ouvrit sur un thème mexicain interprété à la trompette, soudain interrompu par les accords âpres et dissonants de la guitare de Rick, le claviériste et le batteur se lançant à leur tour par-dessus une ligne de basse *bluesy*. La chanson s'appelait *High Speed Chase*, c'était une sorte d'épopée dans la veine de *Pancho and Lefty* qui racontait une histoire de desperados camés poursuivis par la police des frontières. Et elle annonçait la couleur de ce qui allait suivre. Pas une once de sentimentalité, des paroles réfléchies, *trop* réfléchies pour les grosses maisons de disques, ce qui expliquait sans doute pourquoi le groupe était confiné à un succès local. C'étaient des chansons sur des hors-la-loi des temps modernes, des personnages qui ne venaient pas d'un Far West légendaire, mais d'un Ouest américain qui avait été apprivoisé avant de replonger dans une sauvagerie plus toxique encore – agents des stups et indics, gringos louches en quête de dope au Mexique, du sang et de l'argent et l'argent du sang, le claquement des balles, les flics véreux aux dents bien alignées aussi blanches que le crâne des immigrants qui rôtissaient sous les cactus – l'Ouest sauvage tout droit sorti de l'édition matinale de :

L'*ARIZONA DAILY STAR*
Au service de Tucson depuis 1877 •
mercredi 10 février 2003

Deux morts dans une fusillade façon guerre des gangs à Nogales
Par Ramon Alvarez et Melinda Norris

NOGALES – Un restaurant modeste en bordure de la ville a été jeudi soir le théâtre d'une fusillade qui a fait deux morts et qu'un agent de la police de Nogales a décrite comme « une scène tirée tout droit du *Parrain* ». Les victimes ont été identifiées comme…

Le journal se trouvait sur la banquette arrière quand Blaine et Monica étaient passés chercher Castle, et ce dernier, malgré sa phobie des nouvelles, avait été attiré par le gros titre avec la même fascination morbide que les automobilistes qui lorgnent bouche bée un accident atroce. Le centre commercial de Mariposa se trouvait derrière Walgreens, où il avait acheté ses somnifères la semaine précédente. Qu'un lieu si banal puisse être le théâtre d'un assassinat « façon guerre des gangs » allait à l'encontre de ses idées préconçues. De tels événements étaient censés se dérouler dans des restos italiens louches de Brooklyn ou du New Jersey, pas dans un restaurant de fruits de mer mexicain dans un centre commercial miteux d'une ville moyenne d'Arizona. Peut-être qu'il devait revoir son mantra : tout pouvait arriver à tout moment, *n'importe où*. Il avait commencé à se demander s'il avait choisi le bon endroit pour se réfugier. Peut-être qu'il aurait dû aller jusqu'au bout et vivre dans une lamaserie tibétaine, ou dans une cabane au fin fond de l'Alaska.

Ils n'avaient parlé que de l'exécution pendant tout le trajet jusqu'à Tucson. Castle avait regardé par la vitre le coucher de soleil spectaculaire qui rougissait les nuages au-dessus des Santa Rita et songé à Miguel, recroquevillé sur ses excréments tandis qu'il voyait ses deux amis se faire abattre de sang-froid. Dans ces zones frontalières, la beauté cohabitait avec la violence – d'un côté le monde de Blaine et de Gerardo, plein de bétail et de chevaux et de paysages féeriques, de l'autre celui des barons de la drogue, des coyotes et des meurtres.

À l'âge des ténèbres qui avait précédé les multiplex, le Rialto avait été un cinéma dont l'intérieur était censé rappeler les opéras d'une époque plus ancienne encore. Au cours d'une campagne – qui n'avait connu qu'un succès relatif – pour revivifier le centre-ville fatigué de Tucson, le cinéma avait été reconverti en salle de concert – une salle de concert pour les jeunes et les gens en forme, car les fauteuils du parterre avaient été retirés, ce qui forçait le public à rester debout pendant les concerts. Les plus sédentaires devaient aller sur le balcon, et c'est là que Castle, Tessa, Blaine et Monica avaient pris place, suffisamment loin de la scène pour ne pas être totalement assourdis par les enceintes grosses comme des réfrigérateurs. En contrebas, les fans, principalement des étudiants à en juger par les noms d'universités imprimés sur leurs sweat-shirts et leurs blousons, se tenaient dans une sorte de ravissement, oscillant au rythme de la musique, reprenant en chœur les refrains, acclamant, hurlant, tenant au-dessus de leur tête des briquets ou des téléphones portables dont les écrans brillants étaient comme des feux électroniques parmi les flammes des briquets.

La musique était dérangeante, mais pas à la manière désagréable de l'article du journal. Tout comme écouter du blues guérissait du blues, écouter la musique de Rick – un genre que Monica appelait du « rock du désert » – apaisait dans un sens l'agitation de Castle. Malgré lui, il prenait du bon temps. Les jeunes massés sous lui le faisaient se sentir plus jeune, et leur enthousiasme était contagieux ; pourtant, il savait qu'il ne se serait pas autant amusé si Tessa n'avait pas été à côté de lui. Elle avait troqué sa tenue de reine du rodéo contre quelque chose de plus urbain – chemisier satiné couleur crème, pantalon ample avec un motif de feuilles d'automne et une paire d'escarpins beiges à talons bas. La conversation était impossible, les vagues de son pénétrant la peau, faisant vibrer les organes internes. Tessa pencha la tête vers Castle pour dire : « Ils sont très bons ! » Il acquiesça et se frictionna le bras, la proximité de ses lèvres lui procurant soudain un agréable frisson.

Pendant l'entracte, ils allèrent voir le groupe en coulisses. Rick Erskine, un gamin dégingandé la dernière fois que Castle l'avait vu, était désormais un jeune homme imposant. Il dépassait son père de quelques centimètres et, par chance, avait hérité des traits de Monica. Il étreignit sa mère et serra la main de Blaine, puis de Castle.

« Papa m'a dit que tu logeais au ranch. Ça me fait plaisir de te revoir. »

Il y eut un silence gêné. Comme de nombreux musiciens, Rick était timide dès qu'il descendait de scène. Il passa les doigts dans ses longs cheveux clairs. Il était au courant pour Amanda, naturellement, mais semblait ne pas savoir que dire, ni même s'il devait dire quelque chose. Castle vint à son secours en lui demandant où le groupe avait tourné.

« Partout depuis El Paso jusqu'à San Diego, répondit-il. Le mois prochain, on joue à Puerto Peñasco. »

Ce village de pêcheurs, sur la mer de Cortez, était devenu la destination de choix des étudiants des facs du Sud-Ouest pendant les vacances de printemps.

« Il fait salle comble, là-bas », déclara Blaine avec enthousiasme.

Castle n'aurait pas cru que son dur à cuire de cousin était si heureux d'avoir un chanteur-compositeur pour fils – il pensait qu'il aurait voulu qu'il travaille au ranch, ou qu'il opte pour un métier pratique, ingénieur minier par exemple, comme son grand-père.

Le concert s'acheva sur une chanson antiguerre. Elle n'était pas aussi manifeste que les hymnes pacifistes des années 1960, et les paroles suramplifiées étaient à peine intelligibles, mais le message était clair et arrachait des hourras au public. Blaine lui-même acclamait le groupe, ne prêtant manifestement pas attention au message de la chanson, qui, s'il avait été exprimé lors d'une conversation, aurait probablement donné lieu à l'une de ses tirades belliqueuses.

À la fin du concert, Tessa resta assise tandis que Blaine, Monica et Castle se levèrent pour applaudir ;

puis, s'apercevant que son geste risquait d'être mal interprété, elle se leva et se joignit à eux, sans toutefois y mettre beaucoup de cœur. Inutile d'être extralucide pour voir que la chanson l'avait transportée très loin, jusqu'à un autre désert, où les machines de guerre projetaient leurs longues ombres. Elle desserra à peine les lèvres sur le chemin du retour. Castle et Tessa étaient assis côte à côte, maintenant entre eux une certaine distance, mais lorsque le pick-up se mit à bringuebaler sur le chemin qui menait chez elle, il tendit le bras et, aussi timoré qu'un lycéen à un premier rendez-vous, lui saisit la main. Il se disait que ce geste était censé faire comprendre à Tessa qu'il comprenait ce qui la préoccupait, qu'elle pouvait compter sur lui si elle avait besoin de parler. Il y avait plus que ça, bien entendu, mais il n'était pas prêt à affronter la vérité de son désir. Il fut heureux de la sentir exercer une brève pression en retour, comme pour le remercier, et peut-être aussi autre chose.

Lorsque Blaine immobilisa le pick-up devant le portail de Tessa, elle ôta vivement sa main et descendit avant que Castle ait pu lui proposer de l'accompagner jusqu'à la porte.

« Bonne nuit tout le monde, lança-t-elle brusquement. Et merci. Je me suis bien amusée. »

Portant sa veste sur ses épaules, Tessa longea l'allée, une silhouette dans l'obscurité, jusqu'à ce qu'un spot activé par un détecteur de mouvement s'allume au-dessus de sa porte. Dans la lumière vive, les feuilles orange et rousses imprimées sur son pantalon ample semblèrent tourbillonner autour de ses jambes, tourbillonner et tomber, comme de vraies feuilles agitées par la brise.

Ben Erskine

Transcription 1 de l'interview de Jeffrey Erskine menée par la Société historique d'Arizona. L'entretien s'est déroulé au ranch de M. Erskine, le San Ignacio, le 6 mai 1966.

Mon frère était aimé et admiré par beaucoup de gens des deux côtés de la frontière, à juste titre. Il était aussi craint et détesté, également à juste titre. La plupart de ceux qui le craignaient et le détestaient étaient des vauriens, mais certains étaient aussi des gens convenables, comme Mae Wilcox. Son mari et elle possédaient un petit ranch près du nôtre, et Mae avait interdit à ses enfants de jouer avec ceux de Ben parce que son fils, alors qu'il n'avait que 15 ans, s'était montré insolent envers Ben, et que Ben avait refusé ses excuses quand il les avait présentées après coup. D'ailleurs, il n'a plus jamais adressé la parole à ce garçon de toute sa vie. La simple notion de pardon chrétien lui était aussi inconcevable que manger des carottes est inconcevable pour un loup. Il pouvait être aussi rancunier qu'une mule. En général, il n'en fallait pas beaucoup pour se mettre Ben à dos, et une fois que c'était fait, on ne pouvait plus rien y changer – à moins de le menacer ou de menacer les siens. Mais dans ce cas, c'était six pieds sous terre que vous finissiez. Il a tué son premier homme quand il n'avait que 13 ans. Ça s'est produit quand notre mère l'a mis à la porte de la maison et envoyé vivre quelque temps chez son frère aîné à Lochiel. Un Mexicain l'avait menacé d'un couteau et avait essayé de lui voler son cheval, mais Ben s'était arrangé pour lui arracher le couteau des mains et le tuer avec. C'est l'histoire que m'a racontée l'oncle Josh. Ben lui-même refusait d'en parler.

Une autre histoire : en 1905, Ben et moi avions trouvé du travail dans la mine Pride of the West dans les montagnes Patagonia, près des villes de Washington Camp et Duquesne. Il y avait tout un tas de mines en activité dans cette région à l'époque, et les deux villes devaient compter chacune au moins mille habitants. Il n'en reste plus grand-chose aujourd'hui. La Pride of the West était l'une des plus grosses, principalement du cuivre et de l'argent, c'était une mine souterraine, et c'était sacrément épuisant de casser de la roche brute quatre cents mètres sous terre pendant dix heures par jour, six jours par semaine, dans un tunnel où on tenait à peine debout.

On s'était retrouvés là-bas parce que notre mère, Hattie, avait foutu le camp de Tucson et déménagé en Californie avec notre beau-père, et ils nous avaient tous les deux clairement fait comprendre sans pour autant le dire que nous n'étions pas les bienvenus. Notre mère était une femme particulière, pas l'idée que la plupart des gens se font d'une mère. Mais le problème principal était entre Ben et notre beau-père – Rudy Hollister qu'il s'appelait. Ils passaient leur temps à s'engueuler. Rudy était un gars plutôt gentil, mais Ben le détestait sous prétexte qu'il avait pris la place de notre père, ou du moins essayé. Notre père était ranger territorial et il était mort d'un coup de sabot donné par un cheval en 1901. Comme je disais, Ben détestait Rudy, et vous avez beau être le plus gentil des hommes, quand on vous déteste trop longtemps, vous finissez par détester aussi.

Aussi, quand la compagnie de chemins de fer Southern Pacific – c'était l'employeur de Rudy – l'a promu et transféré à San Diego, il y a vu une chance de se débarrasser de Ben. Notre mère, eh bien, elle ne débordait pas d'affection pour moi, mais elle en était venue à s'engueuler elle aussi tout le temps avec Ben, et elle était aussi contente que Rudy de s'éloigner de lui. Et Ben était ravi d'être débarrassé d'elle. Donc, quand Hattie et Rudy ont pris le train pour la Californie, nous sommes restés tous les deux en Arizona. Nous nous sommes trouvé du travail à la mine et sommes allés vivre dans une pension que la mine avait construite à Washington Camp. Ce que je me disais, et que je me dis toujours, soixante ans plus tard, c'était qu'Hattie était comme une louve qui abandonnait ses petits pour se faire la belle avec son nouveau mâle. Elle avait fait de nous des orphelins. Et je dis ça parce que c'est la vérité, sans m'apitoyer sur mon sort, ni sur celui de Ben.

Même à 17 ans, j'étais bien décidé à devenir cow-boy. Mon frère et moi avions travaillé pendant les vacances scolaires dans des ranches aux alentours de Tucson, nous étions sacrément doués avec un lasso et nous étions d'excellents cavaliers. Le salaire à la mine était convenable, et j'économisais tout ce que je pouvais pour un jour m'acheter quelques têtes et me lancer.

Bon, je m'éloigne du sujet. Je voulais vous expliquer que Ben ne tolérait jamais la moindre insulte, ni qu'un autre homme prenne le dessus sur lui. Je vous ai dit que le travail à la mine comme on le faisait à l'époque était sacrément difficile. Un jour, Ben, qui était aussi maigre que notre père, beaucoup plus que moi, bon sang, il était si maigre que d'aucuns disaient qu'il aurait pu prendre une douche dans un canon de fusil sans que ses coudes touchent les côtés, un jour, donc, il s'est fait mal au dos en ramassant à la pelle des débris de roches pour les placer dans un chariot. À l'époque, avant que les socialistes débarquent avec leurs syndicats de travailleurs, un mineur qui se blessait se retrouvait sans boulot et dans la panade. Mais le contremaître s'était pris d'affection pour Ben, et quand il a appris que Ben était allé deux ans au lycée et qu'il savait lire, écrire et faire des additions, il lui a donné du travail au bureau des paies.

Mais un jour de 1906, un mineur, un grand gaillard nommé Brophy, s'est soûlé et, dans le bureau de l'intendant, a accusé Ben de lui avoir crédité moins d'heures qu'il n'en avait effectué, à cause de quoi il avait deux dollars de moins dans son enveloppe. L'intendant a vérifié les chiffres et dit à Brophy de la mettre en sourdine, que ses heures étaient calculées par le pointeur, pas par Ben, et que si Brophy n'était pas content, il n'avait qu'à s'adresser au pointeur. D'après ce que j'ai entendu, Brophy aurait dit quelque chose comme : « Tu parles, c'est ce morveux maigrichon qu'a fait ça ! » Mon frère, qui n'était pas du genre à ignorer les provocations ni à laisser quelqu'un d'autre se battre à sa place, a répliqué que Brophy n'était pas fichu d'additionner deux et deux quand il était sobre, et encore moins dans son état présent, ce qui lui a valu de se prendre un coup de poing dans la mâchoire qui l'a mis KO.

Si on considère que Ben avait 16 ans et devait peser soixante-cinq kilos avec ses bottes alors que le mineur était adulte et pesait trente bons kilos de plus, ça n'avait rien de honteux, mais ce soir-là, alors que nous étions sur nos couchettes à la pension, il m'a dit qu'il s'était fait traiter de voleur et frapper sans raison, et qu'il n'allait pas laisser passer ça. Il y avait un maréchal-ferrant dans notre camp, un certain McNamara. Il avait été boxeur professionnel en Irlande et, à son arrivée en Amérique, il avait erré d'une ville minière à une autre et gagné de quoi se nourrir en allant dire dans les saloons qu'il pouvait mettre une raclée à n'importe quel homme présent. Si on tient compte du fait que ses opposants n'étaient pas experts en la matière et qu'ils étaient presque toujours ivres, il n'avait jamais connu la faim.

Ben a persuadé ce McNamara de lui enseigner la boxe. Les leçons avaient lieu le soir après le travail dans son atelier de maréchal-ferrant. Pour se muscler, Ben soulevait des haltères que McNamara avait fabriqués à partir de bouts de ferraille. J'allais voir mon frère rachitique et cet Irlandais costaud nu jusqu'à la taille s'entraîner, tout couverts de sueur qui brillait à la lumière de la lanterne. Il s'est entraîné longtemps, plus d'un mois, ce qui prouvait que Ben, qui d'habitude ne tenait pas en place, n'était pas du genre à lâcher quand il s'agissait de se venger.

Et puis, c'était un malin. Quand il s'est jugé prêt, il n'est pas allé chercher la bagarre à Brophy ; il a attendu que tout joue en sa faveur. C'était un samedi après-midi, après le boulot. Ben a emprunté un cheval au maréchal-ferrant et il s'est rendu au saloon où Brophy était en train de se prendre une cuite. Ce n'était pas un saloon comme ceux qu'on voit dans les westerns. Il comportait bien des portes battantes, mais sinon c'était comme une tente gigantesque dressée sur une plate-forme en bois. Je l'ai suivi pour m'assurer que mon frère n'allait pas se faire tuer.

Bon, je n'aurais pas dû m'en faire pour ça. Tout d'un coup, Ben a poussé un grand hurlement, comme un cri de guerre apache, il a précipité son cheval en haut des marches puis à l'intérieur de la tente et il a percuté Brophy. L'autre en avait un coup dans le nez et on aurait probablement pu le faire tomber rien qu'en lui soufflant dessus, alors vous pouvez imaginer ce qui s'est produit quand il a été heurté de plein fouet par le cheval. Il s'est affalé par terre comme s'il avait été assommé. Ben a sauté de sa selle et s'est mis à le tabasser de toutes ses forces. Il a réussi à se casser les deux mains, et il a mis Brophy dans un tel état que sa mère ne l'aurait pas reconnu.

Je n'ai pas reçu une grande éducation formelle. Je n'ai jamais passé mon diplôme de lycée, vu que j'ai abandonné en dernière année, quand ma mère a mis les voiles pour la Californie. Mais j'attache une grande importance à l'éducation et j'ai essayé d'apprendre seul ce que je n'avais pas appris à l'école. Je lis beaucoup, et je me rappelle avoir lu un essai d'un historien du nom de Frederick Jackson Turner. Il a été écrit en 1893, ou dans ces eaux-là, et M. Turner était de l'avis que les chiffres du recensement américain de 1890 montraient qu'on ne pouvait pas tracer de ligne claire entre les parties colonisées et les parties non colonisées de l'Ouest. Ç'a aussi été l'année de la bataille de Wounded Knee dans le Dakota – la dernière des guerres indiennes. Bref, la frontière qui avait existé pendant plus de trois siècles avait disparu, et l'ancien Far West était une chose du passé.

La raison pour laquelle j'évoque ça, c'est tout d'abord que Ben est né en 1890, et ensuite que le Far West avait peut-être disparu du Kansas et du Colorado et ainsi de suite, mais qu'il a continué d'exister très longtemps ici, à la frontière. Pour sûr, les Apaches s'étaient pris une dérouillée et avaient été parqués dans des réserves, mais nous avons eu des hors-la-loi, des voleurs de bétail et des as de la gâchette qui ont foutu le bazar en Arizona et au Nouveau-Mexique quasiment jusqu'aux années 1920. Pancho Villa a débuté dans la vie comme voleur de bétail. Si les rangers territoriaux ont été créés, c'était pour nettoyer l'Arizona afin qu'il devienne respectable et puisse être intégré à l'Union, ce qui, comme vous le savez, n'est pas arrivé avant 1912.

Je ne m'écarte pas de mon sujet, contrairement à ce que vous pouvez croire. Vous n'êtes pas la première personne à m'interroger sur Ben, vu la légende qu'il a été, et j'ai donc passé beaucoup de temps à réfléchir à sa vie. J'en reviens aux paroles qu'un de ses amis journalistes, Tim Forbes, a prononcées à l'enterrement de Ben il y a dix ans. Il a dit quelque chose comme : « Benjamin Erskine a été la dernière braise du véritable Ouest », et il a ajouté qu'avec ses croyances farouches et inflexibles il était comme les Hébreux de l'Ancien Testament, car il avait grandi dans un désert et vécu parmi ses troupeaux, dans une nature rigoureuse, exactement comme ces gens de l'Ancien Testament.

Bien sûr, j'ai grandi de la même manière à la même époque, mais Ben et moi étions complètement différents, comme si nous n'étions pas nés du même père et de la même mère. Ben était un aventurier, un soldat de fortune et un homme de loi, et il a dû envoyer une douzaine d'hommes sous terre – ceux qu'il n'a pas mis en prison. Je me considère comme un homme d'affaires et, hormis quelques rixes à l'école, je ne me suis jamais battu. Ce qui faisait la différence, c'était… eh bien, je suppose qu'il faut appeler ça le destin. Ben s'attirait les ennuis comme un paratonnerre attire la foudre ; parfois il les cherchait, et parfois ils arrivaient tout seuls.

C'est en 1907 que nous avons été licenciés de la mine. On ne le savait pas à l'époque, mais il y avait eu une panique financière à New York, et les prix de l'argent et du cuivre avaient dégringolé, alors les mines avaient réduit leur production ou carrément fermé. Pendant environ un an, Ben et moi avons erré à cheval, travaillant dans des ranches en Arizona et au Nouveau-Mexique. Puis on a fait équipe avec un *vaquero* du nom de Martín Mendoza pour capturer des taureaux qui n'étaient pas marqués. C'étaient des bêtes sauvages et difficiles à dénicher, vu qu'elles se planquaient dans les endroits les plus isolés et les plus broussailleux qu'elles trouvaient. Tous les trois, on passait des journées à les traquer dans les montagnes, et quand on en coinçait finalement une, on l'encerclait et on l'attrapait au lasso, puis on se relayait pour soit la tirer, soit la pousser. Ce Martín pouvait lancer un lasso comme personne – sa *riata* jaillissait de sa main comme un serpent de cuir. Et il ne manquait presque jamais sa cible, ce qui était une bonne chose, car si vous la manquiez, vous aviez de grandes chances de vous faire charger et éjecter de votre cheval par l'un de ces taureaux, et alors il risquait de vous embrocher ou de vous piétiner à mort.

C'était un travail dangereux et excitant, mais pas suffisamment au goût de mon frère, alors, pendant quelque temps, il est devenu apprenti chez un chasseur professionnel que les ranchers engageaient pour les débarrasser des couguars qui tuaient le bétail. Le chasseur les traquait avec une meute de chiens, de gros redbones élancés ou ce genre de race, et Ben disait souvent qu'aucun son ne vous fouettait les sangs comme leurs aboiements pendant la traque, à moins que ce ne soient leurs hurlements quand ils avaient acculé le couguar. Le chasseur et Ben chevauchaient à bride abattue pour rattraper la meute, et si le couguar avait décidé de se battre, ils découvraient une véritable boucherie, trois ou quatre chiens mutilés ou éventrés, et les autres qui tentaient de lui mordre l'arrière-train pendant que le couguar crachait et grondait et tentait de les griffer avec ses pattes antérieures. C'est alors que Ben et son patron descendaient de leur monture et se mêlaient à ces chiens ensanglantés et hurlants pour achever le couguar au revolver.

On disait de Ben qu'il aurait pu donner des cours de pistage à un Apache. Il avait appris à l'époque où il chassait les taureaux sauvages et les couguars.

Vers 1910, j'avais économisé assez d'argent pour acheter quelques bœufs corrientes au Mexique. La fureur de Ben ne s'étendait pas au whiskey et aux femmes, les deux choses qui vident le plus vite les poches d'un cowboy, il avait donc lui-même quelques économies et les a jointes aux miennes. J'ai obtenu un quart de section de terrain grâce à la loi agraire[1], et j'en ai loué dix autres, et ç'a été le début du San Ignacio. Nous étions des

1. Homestead Act, loi de 1862 permettant à quiconque occupait une terre depuis un certain temps d'en revendiquer officiellement la propriété. *(N.d.T.)*

rawhiders à l'ancienne et nous vivions comme tels, sous une tente avec un poêle à bois, et nous étions en selle presque chaque jour. À l'automne de cette année-là, nous avons conduit notre premier troupeau jusqu'à Sonoita pour le vendre.

Ben et moi avions quelques différences – il avait cette habitude de disparaître pendant des jours quand il allait à Sonora pour je ne sais quelles raisons. Au printemps de l'année suivante, Ben et un gars qui travaillait pour nous, un certain T. J. Babcock, m'ont laissé pour aller faire la révolution au Mexique. À mes yeux, c'était la chose la plus tordue que deux gringos pouvaient faire, mais ce Babcock avait principalement grandi au Mexique, à Cananea, où il y avait eu cette importante grève de mineurs en 1905. Je crois qu'il y avait entendu un paquet d'idées venues de l'étranger, c'était presque un foutu rouge, et je crois que c'est lui qui a convaincu mon frère de rejoindre ces voyous révolutionnaires comme Pancho Villa. Ben était avare de mots, alors je ne sais pas grand-chose de ce que lui et Babcock ont fait pendant la révolution. Si Babcock est toujours en vie et que vous arrivez à le retrouver, vous pouvez lui demander. Mais j'ai cru comprendre, d'après le peu que mon frère m'a raconté quand il est revenu cet été-là, qu'il avait assisté à un paquet d'horreurs et y avait aussi pris part.

Je me disais – peut-être même que je l'espérais – que tout ça l'aurait calmé, mais en fait il était encore plus agité et assoiffé d'action qu'avant. Il en avait besoin comme un ivrogne a besoin de son whiskey. Et il ne m'était pas d'une grande aide au ranch.

Je ne me souviens plus de l'année – c'était après mon mariage avec Lilly en 1912, alors que je nous avais construit une petite maison, qui est toujours debout, juste au bout de la route – mais Ben a eu quelques ennuis avec la justice. Il a capturé un mustang, un étalon bleu rouan qui avait erré en liberté dans les Huachuca et qui était devenu célèbre parce qu'il avait échappé à tous les cow-boys qui avaient essayé de l'attraper. Ben et Martín l'ont repéré un jour et se sont lancés à ses trousses. Martín l'a manqué au lasso – ç'a dû être la seule fois de sa vie qu'il a loupé sa cible. Mais Ben ne l'a pas manqué. Il a ramené l'étalon au ranch, il l'a marqué, baptisé Esprit à cause de sa couleur spectrale et de son tempérament, et il l'a dressé à la selle.

Il y avait une loi qui interdisait de s'approprier les chevaux non marqués. Ils étaient considérés comme une propriété publique et devaient être livrés à la cour du comté pour être vendus aux enchères. La nouvelle que Ben avait capturé un cheval s'est répandue, et quand le procureur du comté à Nogales l'a apprise, il a ordonné à Ben de restituer l'animal.

Mais pour lui, c'était hors de question. Alors le procureur a envoyé un détachement monté pour s'en emparer. Mais Ben a été prévenu, je ne sais ni par qui ni comment. Il a fait sortir Esprit du corral et a attendu le détachement en haut d'une crête, parmi les chênes. Quand il a vu les hommes, il s'est montré et a agité son chapeau en poussant un hurlement de *vaquero*. La poursuite a commencé. Il a entraîné le détachement dans les montagnes, où Esprit et lui connaissaient le moindre canyon et le moindre sentier. Puis, comme la lutte était inégale, il a décidé de leur donner une chance en les provoquant. Il grimpait jusqu'au sommet d'une colline et attendait, bien en vue. Et quand le détachement était à une cinquantaine de mètres, il talonnait Esprit et détalait. Le petit jeu a duré toute la matinée, jusqu'à ce que le détachement abandonne. Ben a poursuivi son chemin pendant environ cinquante kilomètres, jusqu'à un ranch au milieu du désert près de Tucson, où il a laissé Esprit aux soins d'un rancher pour qui nous avions travaillé des années auparavant. Puis il a sauté dans le premier train en direction du sud. Environ un mois plus tard, il est allé récupérer l'étalon et l'a ramené ici, fier comme un paon.

Je mentionne ces péripéties car elles font partie de toutes ces aventures qui ont contribué à bâtir sa légende. Non pas qu'il ait été une légende comme Wyatt Earp, mais il était devenu une sorte de héros pour certaines personnes dans les comtés de Santa Cruz, Cochise et Pima. Vous voyez, l'Arizona avait finalement accepté l'Union – le rideau était tombé sur l'époque tumultueuse des territoires. Ça convenait à la plupart des gens, moi y compris – il était temps que l'Arizona entre dans le XXe siècle. Mais ici, à la frontière, il y avait des gens à qui le progrès et la civilisation ne faisaient pas trop plaisir. Ils se disaient que ça allait être un peu trop régulé, vous savez, comme si on les entravait, et quelqu'un comme Ben leur rappelait le bon vieux temps, quand ils pouvaient faire ce qu'ils voulaient et se contrefoutre de la loi. C'est vraiment étrange, quand on y pense. Ben n'avait pas 25 ans, il aurait dû être tourné vers l'avenir, pas vers une époque révolue. Mais ça semblait lui convenir, et il faisait de son mieux pour se montrer à la hauteur de l'image que les gens se faisaient de lui.

Mais même capturer des chevaux sauvages et entraîner des détachements dans des poursuites effrénées a fini par le lasser. En 1915, il a une fois de plus disparu. J'ai par la suite découvert que, en compagnie de Mendoza et de son vieil acolyte Babcock, il avait rejoint les Yaquis qui faisaient de la contrebande d'armes au Mexique. Le Mexique était un sacré foutoir à l'époque. Un général prenait le pouvoir, puis un autre le renversait et devenait *el presidente* jusqu'à ce qu'un autre général le foute dehors. Alors aller faire de la contrebande dans cet asile de fous me semblait complètement dingue. J'avais peur que mon petit frère devienne un de ces renégats de la frontière et qu'il finisse derrière les barreaux ou mort. Je me revois – ça devait être en 1916 – lui disant : « Ben, soit tu es mon associé sur ce ranch, soit tu ne l'es pas. Si tu ne veux pas l'être, dis-le, et je te rachète ta part. Mais si tu es avec moi, alors, bon sang, tu dois rester ici et faire le boulot au lieu de t'embarquer dans ces aventures insensées. » Ben a promis de se ranger, comme un bon associé.

J'ai eu une conversation à son sujet avec Lilly, et on a décidé de jouer les entremetteurs, car on se disait que si Ben rencontrait la fille qu'il lui fallait et s'il endossait les responsabilités du mariage, il serait peut-être plus fiable, sans compter qu'il vivrait plus longtemps. Je crois qu'on mettait le nez là où on n'aurait pas dû. Pourtant, on se disait que c'était notre devoir de le pousser, pour ainsi dire, vers une vie plus normale. Il s'avérait que Lilly connaissait une jeune femme célibataire, Ida Barnes. Elle avait 17 ans et était la fille unique de Merle et Ellen Barnes, des gens assez prospères qui possédaient un dépôt de bois et une scierie près de la ville de

Canelo. Un jour, j'ai conduit mon chariot jusqu'à chez eux, soi-disant pour acheter des planches dont j'avais besoin pour un nouveau corral, mais en réalité parce que je voulais voir leur fille de mes yeux et me faire plus ou moins une idée de sa situation, vous savez, voir si elle avait un petit ami ou un fiancé.

Quand je suis arrivé et que j'ai attaché mon attelage, j'ai entendu cette voix féminine me lancer : « Bonjour, monsieur. Si vous venez voir mon père, il est en train de couper des arbres dans les montagnes avec son équipe, mais ma mère devrait pouvoir s'occuper de vous. » La voix provenait d'un endroit en hauteur, et quand j'ai levé les yeux, j'ai vu Ida, assise sur une branche d'arbre, vêtue d'une impeccable robe de mousseline blanche et d'un chapeau de paille. Ses pieds chaussés de bottines à boutons étaient croisés aux chevilles, elle était tout sourire et semblait parfaitement à l'aise, comme si elle avait été assise sur une balançoire et non sur une branche d'arbre à deux ou trois mètres du sol. Je l'ai remerciée pour le renseignement, lui ai demandé ce qu'elle faisait là-haut, et elle a répondu qu'elle aimait la vue.

Un peu plus tard, tandis que je chargeais mon chariot, le postier est arrivé. Ida a sauté de son arbre et, sans même trébucher, a couru jusqu'à lui pour lui demander s'il avait une lettre pour elle. Il n'en avait pas. Elle était sacrément déçue. « Vous ne m'apportez *jamais* de lettre ! » qu'elle a dit, comme si c'était sa faute à lui. Moi, je me disais qu'une fille qui pouvait grimper à un arbre en tenue du dimanche puis sauter par terre avec l'agilité d'un chat était faite pour Ben. À mon retour, je lui ai parlé de Mlle Barnes et raconté qu'elle aimerait bien que quelqu'un lui écrive une lettre.

J'en suis resté là, espérant qu'il comprendrait l'allusion, et il l'a comprise.

Elle a répondu à sa lettre, et il a bientôt reçu une invitation à venir dîner un dimanche. Je n'oublierai jamais l'allure de mon frère quand il s'est mis en route sur notre chariot, tout propre et rasé pour faire bonne impression. Stetson en castor, veste en velours, chemise blanche amidonnée, foulard avec une pince en argent, bottes mexicaines faites main. Ajoutez à ça sa réputation de garçon fringant, qui l'avait précédé, et vous comprendrez pourquoi il a fait chavirer sur-le-champ cette jeune fille impressionnable.

Ils se sont fait la cour pendant tout l'été, et en septembre Ben l'a demandée en mariage. Ida a accepté, mais elle a ajouté qu'il allait devoir demander l'approbation de son père. D'après l'histoire qu'on m'a racontée, Ben est allé là-bas le lendemain, et Merle Barnes et lui se sont installés sur le porche pour causer de chevaux et de prix du bétail. Ida était à l'intérieur, l'oreille collée à la porte. Il y a eu une pause dans la conversation, et Ben a demandé : « Qu'est-ce que vous diriez si Ida et moi, on se mariait ? » d'un ton si désinvolte que le paternel n'a pas entendu la question. Ben a répété, de manière toujours aussi informelle. « Je suppose que j'aurais rien contre », a répondu Merle, et ils se sont remis à causer de bétail.

Ils se sont donc mariés deux semaines plus tard, devant un juge de paix à Tucson. Une chose à porter au crédit de Ben – il a vraiment essayé de suivre mon conseil, de s'assagir et de se soumettre aux obligations du mariage et aux responsabilités familiales. Il s'est trouvé un boulot à la boutique de la réserve yaqui de

Xavier del Bac, au sud de Tucson, et il arrondissait ses fins de mois en vendant des mors, des éperons et des fers à cheval. Il a même pris un cours par correspondance pour passer un diplôme.

Mais il n'était pas taillé pour une telle vie. Un jour, Ida a écrit une lettre à Lilly et mentionné le fait que Ben était devenu sujet à ce qu'elle appelait des « accès orageux ». Lilly et moi savions ce que ça voulait dire – nous avions vu ces accès de nos yeux. Ben se fermait tout d'un coup et, sans raison apparente, il semblait furieux à cause de quelque chose, mais il ne disait pas quoi, et alors, tout aussi vite, il redevenait normal. Mais la lettre d'Ida nous a donné l'impression que ces tempêtes devenaient de plus en plus fréquentes. Je ne suis pas philosophe, et certainement pas psychologue, mais je me disais que Ben essayait d'être quelqu'un qu'il n'était pas et que ça lui jouait sur le moral. Il m'admirait – je le dis sans vantardise. Il admirait les hommes qui avaient un tempérament égal, qui prenaient le temps de réfléchir, qui savaient ce qu'ils voulaient, et il aurait lui-même voulu être comme ça. Bon sang, moi aussi je voulais qu'il soit comme ça. Mais il ne pouvait pas.

En 1917, quand les États-Unis se sont lancés dans la Première Guerre mondiale, Ben a déclaré qu'il allait s'engager. Il disait qu'avec l'expérience du combat qu'il avait acquise au Mexique il pourrait être d'une grande utilité à l'armée. Peut-être bien. Mais je me demande maintenant s'il ne cherchait pas à sauter le pas, je veux dire, à quitter un boulot ennuyeux et un mode de vie qui lui allait aussi bien qu'une chemise trop petite. Au bout du compte, c'est Ida qui l'a convaincu de ne pas s'engager. Elle était enceinte – elle ferait une fausse couche –

et Ben, à juste titre, a décidé que sa place était à ses côtés. Je crois néanmoins qu'il a toujours regretté de ne pas être allé à la guerre. Au cours des années suivantes, je l'ai plusieurs fois entendu dire qu'il avait le sentiment d'avoir manqué quelque chose de terrible et de grandiose.

Alors ce qu'il a fait, c'est qu'il est devenu éleveur de bétail. Il a quitté son emploi à la boutique et rempli une demande pour une section de terre non exploitée en invoquant la loi agraire. S'il faisait ses preuves, la terre lui appartiendrait au bout de cinq ans. Il l'a baptisée d'après les initiales d'Ida – IB-Bar. Elle était située au pied des montagnes Huachuca, ce qui n'était pas idéal pour le bétail avec tous les canyons étroits et les flancs de colline abrupts, mais elle comportait une source, une chose précieuse dans notre région aride. Il y avait une cabane de rondins délabrée construite par un ancien occupant en contrebas de la source. Ben l'a retapée, et Ida et lui y ont vécu pendant environ un an. Puis, sur la pente d'une crête qui donnait vers le sud, suffisamment basse pour être à l'abri du vent, mais suffisamment élevée pour être à l'abri des inondations pendant les moussons d'été, il a construit une maison d'adobe avec mon aide et celle de son ancien partenaire, Martín Mendoza. Martín est resté avec lui, et il a emménagé dans la cabane avec sa femme, Lourdes. Ben a creusé un puits, planté une clôture autour de la propriété, construit un corral et une grange. Ida a planté un jardin potager et commandé un nouveau poêle en fonte avec un four pour le chauffage et un compartiment pour chauffer l'eau dans le catalogue de Sears Roebuck. Il est arrivé de la gare de Nogales dans une charrette à bœufs, ainsi qu'un lit pour remplacer celui que Ben et Martín avaient fabriqué à partir de bois de chênes qu'ils avaient eux-mêmes abattus. Ils étaient là, presque vingt ans après le début du XXe siècle, à vivre comme des pionniers. Ida était heureuse. 18 ans tout juste, et elle avait sa maison à elle.

Et mon frère ? Il n'était pas taillé pour l'élevage de bétail non plus, même s'il savait y faire. Il a travaillé sur ce ranch par intermittence jusqu'en 1938, puis il a vendu, il a fusionné l'IB-Bar au San Ignacio, et il est une fois de plus devenu mon associé. Quand je dis « par intermittence », je veux dire qu'il n'y était pas souvent. Il a été shérif adjoint pendant environ dix de ces années, et il continuait à aller faire le soldat de fortune au Mexique. Toujours ce besoin d'action, de danger. Comme il l'avait fait avec moi, il laissait tomber Ida et leurs deux enfants, Frank et Grace, pendant des jours, voire des semaines. Et à cause de son mode de vie il y avait toutes sortes de types qui voulaient lui faire la peau pour se venger. Un jour, Martín et lui se sont retrouvés pris dans une fusillade avec deux desperados, dans la cour, sous le nez d'Ida et des enfants. Ida est morte jeune, vous savez, elle avait à peine 52 ans, et il y en a, dont sa propre fille et ma Lilly, qui estiment que ce qui l'a tuée, c'est le fait d'avoir vécu avec un homme comme Ben. Personnellement, je crois que c'est des foutaises, mais je sais que sa famille en a bavé à cause de lui, et je sais aussi que si j'avais été une femme, je n'aurais pas voulu être mariée à mon frère.

9

Deux jours après le concert, Tessa invita Castle à l'accompagner à cheval pour transférer un taureau vers un nouveau pâturage. Comme il ne connaissait rien au bétail et ne pourrait lui être d'aucune aide – il risquait même d'être un boulet –, il supposait qu'elle avait lancé cette invitation parce qu'elle souhaitait sa compagnie, ce qui l'enchantait et l'effrayait à la fois. En vérité, ce qui l'effrayait, c'était le fait qu'il appréciait indéniablement la compagnie de Tessa, chose qui lui semblait déplacée, voire dangereuse, et qui menaçait la stabilité de sa solitude.

Lorsqu'il arriva au corral de Tessa, il découvrit que l'assistant de celle-ci, un certain Tim McIntyre, avait déjà sellé et harnaché un cheval à son intention. Bien qu'il fût reconnaissant de ne pas avoir à démontrer son incompétence, il était encore plus embarrassé que quelqu'un d'autre ait préparé son cheval à sa place. McIntyre, un jeune cow-boy caricatural affublé d'éperons et de jambières couvertes d'épines, n'arrangea pas les choses lorsqu'il le salua d'un regard légèrement dédaigneux, tel un cow-boy accueillant un touriste. Mais sa dignité masculine fut en partie restaurée lorsque Tessa, qui s'était fait la veille une entorse au genou, lui demanda de l'aider à monter en selle. Elle cala son pied gauche dans l'étrier, il lui saisit la taille à deux mains, et comme il la hissait, ses cuisses et ses hanches effleurèrent son torse. Un frisson le parcourut. Il n'avait rien ressenti de tel depuis très longtemps.

Ils chevauchèrent tous les trois côte à côte. C'était un matin radieux. Une brise chaude venue du Mexique murmurait l'arrivée du printemps, et les hautes herbes jaunes d'une colline proche ondulaient telle la fourrure de quelque gigantesque bête blonde.

« J'étais plus en colère que triste, déclara brusquement Tessa, comme si elle reprenait le fil d'une ancienne conversation. Avant-hier soir », ajouta-t-elle, voyant son silence perplexe. Il comprit alors qu'elle parlait de son brusque changement d'humeur à la fin du concert. « Je ne pouvais rien dire à Blaine et Monica, alors je me suis juste… refermée.

— Aucune explication n'est nécessaire. »

La casquette de base-ball de Tessa – plus pratique qu'un chapeau de cow-boy lorsqu'il y avait du vent – était inclinée en arrière, et le soleil illumina son visage lorsqu'elle se tourna vers lui, faisant étinceler de minuscules mouchetures dorées dans ses yeux marron.

« Si j'estimais qu'une explication n'était pas *nécessaire*, je n'en donnerais pas.

— Soit, alors qu'est-ce qui vous a mise en colère ?

— Tous ces jeunes qui prenaient leur pied. Rick qui prenait son pied à être admiré par ses fans. *Moi* qui prenais mon pied.

— Et Beth qui est là-bas, dit Castle.

— Ça ne me semblait pas juste. Et Blaine… le fait qu'il a applaudi cette chanson protestataire, après tous ses grands discours du dîner, tout cet étalage de patriotisme à la con. Sous prétexte que c'était sa célébrité de fils qui chantait. Ça m'a mise hors de moi. »

Elle aurait continué sur sa lancée, mais McIntyre l'interrompit :

« Il doit être là-dedans, je l'ai vu hier », dit-il en désignant un canyon devant eux, où les ailes d'un moulin tournaient au-dessus d'un bosquet de chênes bas qui ressemblait à un parc.

Ils pénétrèrent en file indienne dans le canyon. L'ombre des arbres camouflait tant les angus que Castle ne les aperçut que lorsqu'ils s'agitèrent à l'approche des cavaliers. Le jeune taureau, qui se trouvait au milieu d'un troupeau de vaches et de veaux, les regarda d'un air menaçant.

« Restez ici, lança Tessa à Castle. Tim et moi allons l'isoler. » Elle marqua une brève pause, puis ajouta : « S'il se met à courir dans votre direction, repoussez-le vers nous. »

C'était une généreuse attention de sa part – elle voulait lui donner l'impression qu'il avait un rôle à jouer.

Tessa et McIntyre s'engagèrent parmi le troupeau. La scène était ensorcelante – le bétail noir qui tournait en rond dans la lueur pommelée du soleil, le ballet des deux cavaliers qui se faufilaient parmi les arbres, le balancement léger des cheveux châtains de Tessa tandis qu'elle orientait son cheval d'un côté et de l'autre, encerclant adroitement le taureau jusqu'à ce qu'il se retrouve isolé. Elle le garda à l'œil pendant que McIntyre séparait une vache de son veau puis poussait celui-ci vers le taureau.

« Prêts à y aller », lança Tessa.

Castle s'approcha au petit trot. Le veau séparé de sa mère beuglait pitoyablement.

« Pourquoi le veau ? demanda-t-il.

— Un compagnon de voyage. Ce sont des animaux grégaires. S'il était seul, ajouta-t-elle en désignant le taureau d'un petit geste de la tête, il serait plus difficile à déplacer. Un de ces jours, j'adhérerai au monde moderne et je m'achèterai du taureau en bouteille.

— C'est-à-dire ?

— Du sperme. Insémination artificielle. Mais en attendant, mes filles vont devoir tomber enceintes à la bonne vieille manière. »

Mais malgré la présence du veau, le taureau s'avérait réticent et il s'engagea d'un pas lourd dans un bosquet d'arbres, où il resta obstinément jusqu'à ce que McIntyre, voûté sous les branches basses, parvienne à le remettre en marche. La vache tenta à deux reprises de rejoindre son veau. En l'une de ces occasions, Castle se retrouva à proximité d'elle, et il se lança à ses trousses et la fit rebrousser chemin, s'attirant quelques hochements de tête approbateurs de la part de Tessa et McIntyre. Finalement, les deux bêtes se calmèrent, et ils longèrent lentement une clôture qui bordait la crête d'un long escarpement tapissé de genévriers et de *manzanitas*, dont la pente rejoignait progressivement de vastes prairies. Le temps plus chaud et plus sec avait commencé à faire fondre les neiges des Huachuca, à plusieurs kilomètres vers l'est ; il ne restait plus qu'une fine ligne blanche discontinue à la cime.

« C'est ce qu'il nous faut, une allure tranquille, déclara Tessa. Nous ne voulons pas que le taureau s'excite. Difficile de contrôler un taureau excité.

— C'est ce qu'on dit », lâcha McIntyre d'une voix traînante avec un grand sourire.

L'ambiguïté involontaire de sa phrase arracha un éclat de rire à Tessa, et Castle rit avec elle. Ça faisait si longtemps que ça ne lui était pas arrivé que le son de son propre rire l'étonna.

Ils s'engagèrent sur la pente dégagée, longeant un autre sentier qui menait à un abreuvoir et à un moulin entourés d'une clôture. Un sentier tracé par des passeurs de drogue, observa McIntyre.

« On peut le voir aux traces de pas et au fait qu'il est en ligne droite, expliqua-t-il. Ces passeurs ne zigzaguent pas comme le bétail, ils vont tout droit vers leur point de livraison. Je suppose que je ferais pareil si je me trimballais vingt-cinq kilos sur le dos. » Après cette brève parenthèse sur l'Ouest moderne, il désigna un petit troupeau d'angus qui formaient des taches noires sur un flanc de colline quatre cents mètres plus loin. « Les vaches sont là-bas, dit-il.

— D'accord, tu les rassembles, répondit Tessa. Gil et moi allons mener le futur marié à son enclos. »

Comme McIntyre s'éloignait, Castle et Tessa guidèrent le taureau et son compagnon de voyage jusqu'à la clôture qui entourait le moulin. Par égard pour le genou douloureux de Tessa, il descendit de selle pour ouvrir la barrière, une barrière du Texas typique, avec trois fils barbelés tendus entre des piquets et immobilisée par deux boucles de fil de fer enroulées autour du montant, une en haut, l'autre à la base. La tension était telle qu'il n'arriva pas à dégager d'une main la boucle d'en haut. Il lâcha donc les rênes pour la détacher à deux mains, et son cheval en profita pour se faire la belle.

Lorsque Tessa s'écria : « Connard ! », il se demanda si elle s'adressait à lui ou au cheval.

D'un coup d'éperons, elle se lança à la poursuite de l'animal en fuite, qui disparut une seconde dans une ravine, puis réapparut, bondissant de l'autre côté. Castle observa la poursuite, retenant son souffle, avec plus que jamais l'impression d'être un novice empoté. Penchée légèrement en avant sur sa selle, ses cheveux voletant sous sa casquette, Tessa galopa à côté du cheval de Castle jusqu'à ce que celui-ci, à bout de souffle, ralentisse son allure. Elle ralentit à son tour pour éviter de le paniquer et de le lancer dans un nouveau sprint vers la liberté, puis se pencha, saisit les rênes flottantes et le fit s'arrêter. Elle le ramena au petit trot.

« Eh bien, c'était excitant, dit-elle en regardant Castle avec un air de reproche. La prochaine fois…

— Je sais. Je vous tendrai les rênes. » Il leva les yeux vers elle. Sa poitrine se soulevait sous sa veste en jean et ses joues étaient colorées. « Vous étiez… » Il hésita. C'était une sacrée femme. « Vous étiez impressionnante à voir. »

Il ouvrit la barrière tandis qu'elle tenait son cheval ; puis ils firent pénétrer le taureau et le veau dans l'enclos.

« Gardez un œil sur eux, dit Tessa en lui rendant les rênes. Je vais donner un coup de main à Tim. »

Elle fila à travers l'herbe balayée par le vent. Castle la regarda pendant quelques instants, puis il s'efforça de détourner le regard, comme s'il l'avait aperçue en train de se déshabiller. Quelque chose comme ça. Ce n'était pas du désir qu'il éprouvait, mais le souvenir du désir, non, la *possibilité* du désir. Et c'était ce qui lui faisait honte – Mandy n'était pas morte depuis deux ans.

Une fois le taureau présenté à son nouveau harem, ils ramenèrent le veau à sa mère et regagnèrent la maison. Castle et Tessa dessellèrent leurs chevaux et les laissèrent brouter. McIntyre chargea le sien dans son fourgon et déclina une invitation à déjeuner – il avait encore du travail cet après-midi dans un autre ranch.

« J'espère que vous n'allez pas vous aussi refuser », lança Tessa à Castle.

Il ne refusa pas. Le travail du matin lui avait creusé l'appétit et, de fait, la perspective de déjeuner seul dans sa cabane le déprimait. Il la suivit jusqu'à une terrasse grillagée, où Klaus se leva pour accueillir sa maîtresse. À l'intérieur de la maison, une unique pièce faisait office de salon, salle à manger et cuisine, sous un plafond légèrement pointu doté de poutres. Trois hautes portes en bois, décolorées par l'âge, donnaient sur un couloir qui desservait probablement les chambres. Comme celle de Blaine et Monica, la maison de Tessa était en désordre, et elle le pria de l'excuser. Elle n'avait pas eu le temps de faire le ménage et fit mine de le faire maintenant, ramassant un coussin par terre, pliant une couverture navajo qui était roulée en boule sur une chaise. Mais il soupçonnait qu'elle n'aurait pas fait le ménage, même si elle avait eu le temps. Le jour où il était arrivé au San Ignacio, Blaine l'avait vu qui regardait d'un air désapprobateur le désordre de sa maison, et l'avait informé qu'on distinguait « un bon rancher d'un mauvais à l'état de ses clôtures et de son bétail, pas à la tenue de sa maison ». Il ne s'était néanmoins pas totalement habitué au mépris des apparences dont faisaient preuve les gens d'ici, aux espaces de vie encombrés, aux voitures et aux camionnettes pleines de bric-à-brac et aux équipements qui jonchaient les cours, même chez les ranchers prospères. Il ne put s'empêcher de comparer le foutoir de Tessa à l'ordre méticuleux de Mandy. Mais curieusement, la comparaison n'était pas défavorable. En y réfléchissant, la maison coloniale blanche d'Oenoke Ridge, où chaque pièce semblait aussi inhabitée que celles qu'on voyait sur les photos des magazines de décoration intérieure, avait quelque chose d'un peu stérile. En poussant un peu plus sa réflexion, il se rappela que le sens de l'ordre rigide de Mandy – le résultat de tout le temps qu'elle avait passé sur des voiliers, où chaque corde devait être minutieusement enroulée – lui avait parfois tapé sur les nerfs.

Il regarda autour de lui pendant que Tessa préparait du café et réchauffait un chili con carne de la veille. Au-dessus de la cheminée était suspendu un grand tableau, peint dans un style photoréaliste. Des pavillons bruns aussi identiques que des casernes militaires entassés sous une vaste éminence plate et désolée qui ressemblait à une mesa. Des oiseaux aux allures de buses tachetaient un ciel sale au-dessus de l'éminence ; un bulldozer jaune en gravissait lentement la pente. Des montagnes chatoyaient en arrière-plan, à peine visibles. En regardant de plus près le premier plan, il distingua une bannière drapée autour d'un mur qui s'étirait sur toute la largeur de la toile. Sur la bannière étaient inscrits les mots « Vista Montaña – maisons 2&3 chambres – À partir de 150K ».

« C'est vous qui l'avez peint ? »

Tessa s'écarta de la gazinière et posa les coudes sur le comptoir qui séparait la cuisine du reste de la pièce.

« Ouaip. Mon chef-d'œuvre. C'est moche, hein ?

— C'est la première fois que j'entends un artiste demander si son chef-d'œuvre est moche.

— C'est ça qui le rend beau. Cet endroit existe vraiment, au bord de l'autoroute qui mène à Tucson. Comme vous pouvez le voir, il n'y a pas vraiment de *vista* sur les *montañas*. Cette colline au milieu, c'est le site d'enfouissement de déchets de Tucson. Mais difficile d'appeler un ensemble immobilier Vista *sur le site d'enfouissement*, pas vrai ?

— L'un de vos tableaux dénués de sentiment.

— J'aime penser que j'ai inventé un sous-genre : le paysage de lotissement. »

Elle se tourna vers la gazinière, versa le chili dans des bols et les posa, accompagnés d'une assiette de tortillas chaudes, sur la longue table faite de planches de chêne massif maintenues par des bandes en fonte. Ils s'assirent l'un en face de l'autre et se mirent à manger.

« Comment est le chili ? demanda-t-elle.

— Vous êtes bonne cavalière, bonne tireuse et bonne cuisinière », répondit Castle.

Elle rougit à l'énumération de ses vertus ; puis, remarquant qu'il observait les photos de famille qui étaient posées sur une étagère dans des cadres chevalet, elle l'informa que le couple âgé sur l'une d'elles était ses parents, que les deux grands jeunes hommes qui la flanquaient sur une autre – prise il y a des années, précisa-t-elle – étaient ses frères, et que la jeune fille blonde souriante en costume d'étudiante était Beth le jour de sa remise de diplôme au lycée.

« Celle-là, c'est elle après la fin de ses classes, ajouta Tessa. On ne dirait pas la même personne, n'est-ce pas ? »

Non, en effet, et il supposait que cette jeune fille au regard sévère affublée d'un béret noir n'était pas la même personne.

« Vous êtes en train de regarder le résultat d'une erreur de jugement, déclara Tessa. L'adorable résultat d'une histoire déplaisante. »

Il laissa passer un silence, puis demanda d'un air gêné.

« Vous voulez dire qu'elle a été conçue hors mariage ? Ça n'a plus grande importance de nos jours.

— Ça en a si vous n'avez jamais voulu coucher avec le père. »

Il ne sut que répondre à ça et marmonna que ça ne le regardait pas.

Mais elle décida que ça le regardait. C'était arrivé à Scottsdale. Elle avait trop bu lors d'une fête après le concours des pur-sang arabes. Le propriétaire du cheval vainqueur l'avait ramenée chez elle. C'était un homme plus vieux qu'elle, âgé de 40 ans environ, un immigrant d'Europe de l'Est avec une écurie de chevaux hors de prix, une femme qu'il exhibait comme un trophée et trois voitures de sport. Un Roumain ou un Ukrainien… dont la rumeur disait qu'il était mêlé à la mafia russe à L.A.

« C'était un type costaud, mais il n'avait absolument rien d'un gangster, poursuivit Tessa, sa mâchoire se serrant. Courtois, à l'européenne, vous savez ? Il m'a ramenée à ma porte, et alors j'ai fait une bêtise. Je l'ai invité à entrer. Je ne sais pas ce qui m'est passé par la tête – enfin quoi, la *femme* du type était à la fête ! Je me suis aperçue de mon erreur et lui ai demandé de partir, et il a dit : “Tu vas m'offrir un verre et puis tu vas dire que tu vas te changer pour enfiler quelque chose de plus confortable.” Exactement comme ça. Comme un dialogue dans un vieux film qu’il aurait vu. J’ai répondu que je ne ferai rien de tel et qu’il ferait mieux de sortir, et c’est alors qu’il a cessé d’être courtois. » Elle regarda Castle d’un air provocateur, comme si elle le défiait de la croire. Les mouchetures dorées de ses iris scintillaient. « J’aurais voulu tuer ce salaud, reprit-elle, omettant par bonheur une description graphique des événements, mais avec une férocité accentuée par ses canines de louve. Mon père était avocat, et je savais ce qui se passerait si j’allais voir les flics. Quand j’ai découvert que j’étais enceinte, je me suis organisée. Si j’avais été moins bien élevée, j’aurais probablement fait chanter ce salaud pour qu’il paye l’avortement. Bon, au bout du compte, je suis allée à la clinique, et je me suis aperçue que je ne pouvais pas faire ça. Impossible. J’ai quitté mon boulot, suis rentrée en Californie. Mes frères voulaient le descendre, mon père était fou de rage, il voulait que je porte plainte et que je traîne le salaud en justice, mais je l’ai imploré de laisser tomber. Tout ce que je voulais, c’était oublier ce qui s’était passé. Non pas que j’y sois parvenue. J’ai donc eu Beth, et je me suis trouvé un autre boulot. La vérité, c’est que, sans l’argent de papa, j’aurais probablement fini dans un mobile home.

— Donc, vous êtes venue ici parce que vous étiez à l’étroit à Scottsdale ? demanda Castle, stupéfait.

— Non, répondit-elle, toujours avec son regard provocateur. J’ai menti. En revanche, ce qui est vrai, c’est que je n’aime pas les gens, du moins en grand nombre.

— Et Beth… ? » commença-t-il.

Tessa fit la grimace.

« Pendant un moment, j'ai regretté de ne pas avoir avorté. Elle me faisait penser à lui et à cette nuit. Je suis passée outre, mais… les mensonges que je lui ai dits quand elle était petite ! Je lui ai avoué la vérité quand elle a été en âge de comprendre, mais vous pouvez imaginer le choc qu'elle a eu. Elle ne savait pas quoi penser, comment appréhender cette histoire. Et vous savez, c'est étrange mais, après quelque chose comme ça, on peut se sentir coupable. Je crois que je me disais que tout était de ma faute. Si je ne l'avais pas fait entrer…

— Oh ! Tess, c'est juste…

— Bien sûr. C'est dingue de penser comme ça. Mais un homme ne peut pas comprendre à quel point on peut se sentir absolument infecte après une telle chose.

— Je comprends bien assez, dit-il, un peu vexé de l'entendre insinuer que son sexe le rendrait incapable d'empathie.

— Gil, personne ici n'est au courant. Vous garderez ça pour vous, d'accord ? »

Il se demanda pourquoi elle avait choisi de partager cette confidence avec lui. Elle créait un lien trouble entre eux, un lien qu'il n'avait pas recherché, mais il l'assura qu'il n'en parlerait à personne.

« Bon, voilà, vous connaissez mon mélodrame », dit Tessa.

Sa manière d'accentuer le *mon* invitait Castle à révéler quelque chose à son tour, et, ravi de quitter le sujet du viol, il la prit au mot. Il évoqua son premier mariage, la nuit mi-comique, mi-horrible, où Eileen avait avoué avoir une liaison lesbienne, les épouvantables auditions pour la garde des enfants. Tessa écouta son récit avec une attention qui n'était pas de la simple courtoisie. Il semblait absurdement insipide, tel un mélodrame des beaux quartiers, comparé à ce qu'elle lui avait raconté. Et tout en parlant, il ne cessait de s'imaginer la brute claquant la porte derrière lui, jetant Tessa au sol et lui arrachant ses vêtements. Il quitta finalement les récifs de leurs désastres respectifs et orienta la conversation vers des eaux plus calmes. Ils discutèrent de leurs enfants, Castle vantant la réussite de Morgan dans le monde de l'édition, les excellentes notes de Justine à la fac de droit de Columbia, Tessa admettant qu'elle avait été heureuse quand Beth s'était engagée dans l'armée, estimant que la discipline et l'entraînement lui feraient du bien, la remettraient sur les rails – elle s'était engagée deux mois *avant* le 11 Septembre, et ni Tessa ni Beth n'imaginaient qu'il y avait le moindre risque qu'elle parte faire la guerre.

« Je n'arrête pas d'espérer que cette guerre ne se produira pas, mais je sais que c'est inutile. C'est infernal d'attendre l'inévitable. Bon, on arrête ? On arrête les grands déballages ?

— On arrête, dit Castle.

— Marché conclu. Je préfère de loin nettoyer un cheval plutôt que faire la vaisselle – comme vous pouvez le voir », déclara-t-elle en désignant les assiettes sales empilées près de l'évier.

Pendant qu'il les rinçait avant de les placer dans le lave-vaisselle et récurait la casserole qui avait servi à réchauffer le chili, elle se rendit au salon et inséra un CD dans le lecteur. Il entendit Ella Fitzgerald chanter *Shall We Dance*. La chanson et la voix d'Ella semblaient étrangement urbaines dans un ranch d'Arizona dont chaque fenêtre encadrait un paysage de western ; elles éveillaient aussi en lui une vive nostalgie, une envie inattendue de quitter cet endroit, d'être de nouveau sur la côte est, dans un bar bruyant de Manhattan avec un martini devant lui et Mandy à ses côtés.

« Ça vous dit ? »

Il posa la brosse à récurer et se tourna vers Tessa, qui tendait la main dans sa direction.

« De danser ?

— Vous savez comment faire, non ?

— Bien sûr. À vrai dire, je ne suis pas mauvais.

— Eh bien, dans ce cas…

— Et votre genou ?

— Il va beaucoup mieux. Venez. »

Après quatre heures passées à jouer les cow-boys, il avait le dos et les jambes raides ; et il avait aussi d'autres raisons de ne pas être sûr de lui. Que signifiait cette invitation ? Le draguait-elle ? Surmontant ses inhibitions, il saisit sa main gauche, plaça sa main droite derrière son dos et la guida dans un fox-trot.

« Eh, nom de Dieu, vous êtes doué ! observa-t-elle.

— Les cours de danse de Mlle Covington en quatrième. »

Et quand Ella enchaîna sur le doux-amer *But Not For Me*, il tint Tessa comme il tenait ses partenaires à l'époque – à une distance chaste. Ce qui n'était pas aisé – éviter de toucher ses seins de walkyrie exigeait presque une extension totale des bras. Ils continuèrent sur *Nice Work If You Can Get It*, tous deux dégageant un relent de sueur de cheval et de cuir de selle, dansant sur Gershwin dans la vallée de San Rafael.

« Alors, après votre première épouse, avez-vous été aigri envers les femmes ?

— Pas aigri. Un peu prudent, c'est tout.

— Moi, j'ai été aigrie envers les hommes pendant dix bonnes années.

— J'imagine.

— Non que je sois restée abstinente. Tout sauf ça. Je suis devenue une vamp à l'ancienne. En mettre plein la gueule aux hommes, c'était tout ce que j'arrivais à faire. Les rendre dingues puis les laisser tomber. Pas étonnant que Beth ait fini par être un peu paumée. »

Ils reprenaient le grand déballage, et elle allait un peu trop loin à son goût. Sa franchise le déroutait. Peut-être avait-elle succombé à cette tendance de l'Amérique moderne à tout dire sur tout, tendance qu'il déplorait, un penchant pour les confessions favorisé par ces abominables talk-shows où des gens dévoilaient leurs secrets les plus intimes dans les salons de tout le pays. Ou alors Tessa se sentait tout simplement seule et avait besoin de parler à quelqu'un.

« Donc, quand j'ai commencé à me radoucir, continua-t-elle, j'ai découvert que soixante-quinze pour cent des hommes étaient déjà pris, et que les vingt-cinq pour cent restants ne l'étaient pas pour une bonne raison.

— Et c'est ce qui vous a amenée ici ? demanda-t-il.

— Ça faisait quelque temps que je voulais du changement, mais je devais attendre que Beth aille à la fac, répondit-elle. Elle aurait détesté vivre ici. Nous avions gardé ce ranch dans la famille après la mort de papa. Nous avions embauché quelqu'un pour s'en occuper. Mais il le faisait couler, et maman et mes frères voulaient vendre. Alors je les ai convaincus de m'en laisser la charge, et si je n'arrivais pas à le rendre rentable, au moins il cesserait de perdre de l'argent. Et c'est comme ça que je me suis retrouvée à vivre en ermite.

— Nous sommes deux dans ce cas, je suppose. »

Le morceau suivant était *Let's Call The Whole Thing Off*. La main posée au creux des reins de Tessa, sentant sa chaleur à travers son chemisier, il l'entraîna dans un pas de deux entre la cheminée et le canapé.

« Est-ce que cet isolement vous déprime parfois ?

— Parfois. La nuit, principalement. Mais comme je suis levée à 5 heures et couchée à 9, mes nuits sont courtes. Deux de mes amis à Patagonia pensent que je suis un peu maboule de vivre seule ici. Avec les clandestins, les trafiquants de drogue.

— Ça ne vous inquiète pas ?

— Les passeurs de drogue vous fichent la paix si vous leur fichez la paix dans quatre-vingt-dix-neuf pour cent des cas. C'est le dernier pour cent qui pose problème – il ne suffit que de ça. Un sale type.

— Comme celui qui a descendu les amis de Miguel.

— Miguel ? Ah ! oui, Miguel. Celui que vous avez secouru. Vous savez, bon nombre de ces mules sniffent de la coke ou se vaporisent de l'épinéphrine dans le nez. Ça les aide à trimballer leur chargement. Alors, on se retrouve avec des gosses de 18 ans défoncés qui ont peur de tomber sur la police des frontières. Ils ont faim, soif, ils voient ce ranch isolé… j'ai un calibre 12 anti-émeute dans ma chambre, juste au cas où.

— Eh bien, je ne crois pas que vous soyez maboule. Je crois que vous êtes une femme courageuse. »

Elle lâcha la main gauche de Castle, claqua des doigts et fit un geste ample de la tête, faisant furieusement voleter ses cheveux devant son visage.

« C'est tout à fait moi ! *¡Muy valiente!* »

Après avoir dansé cinq morceaux d'affilée, son genou commença à la gêner, et ils arrêtèrent. Elle remplit deux tasses de café, et ils s'assirent face à la cheminée kiva qui dégageait un souffle de chêne et de *mesquite* calcinés.

« Et vous, cet isolement vous déprime ? demanda-t-elle.

— Bien sûr. Mais j'ai ma tante, Blaine et Monica, Gerardo et Elena. Disons que je suis un sous-ermite.

— Vos filles doivent vous manquer.

— Oui. Mais c'est mieux que… »

Mieux qu'être là-bas, pensa-t-il.

Tessa, qui était assise avec sa jambe douloureuse posée sur la table basse, porta la tasse à ses lèvres et resta brièvement immobile, le regardant avec intensité.

« Est-ce que vous arrivez à vous déconnecter… je veux dire, est-ce que vous arrivez à vous occuper constamment ? Vous ne pouvez pas chasser à longueur de journée, et puis la saison est presque terminée.

— Je fais de longues balades, suffisamment longues pour me fatiguer et arriver à dormir. J'observe un peu les oiseaux. Parfois je lâche Sam simplement pour la voir tomber en arrêt. » Il haussa les épaules. Il devait lui sembler bien désœuvré et oisif. « Et je lis beaucoup.

— Que lisez-vous ?

— De la philosophie.

— Vous plaisantez ! On parle de Platon et d'Aristote ou de Deepak Chopra ?

— Les stoïques grecs et romains. Sénèque, principalement.

— Sénèque. J'ai peur de sécher.

— Il a écrit à l'époque de Néron. Le lire m'aide à vivre avec, expliqua-t-il, conscient qu'il baissait la garde. C'est tout ce que je veux – apprendre à vivre avec. Je ne m'attends pas à le surmonter. »

Au regard peiné que lui lança Tessa, il craignit d'avoir semblé implorer sa pitié. Telle n'avait pas été son intention – ce qui était une bonne chose, car elle ne l'accordait jamais.

« Ne fermez pas la porte comme ça. On surmonte tout, même le pire.

— Sénèque a songé au suicide, reprit-il sans l'écouter. Il était si malade dans sa jeunesse qu'il a songé à en finir. La seule chose qui l'a retenu, c'est la crainte que son père ne supporte pas de le perdre. Ça sonne tellement juste. Tellement juste. C'est comme s'il me parlait. » Il demeura un instant silencieux, puis ajouta à mi-voix : « Comme s'il parlait *de* moi. »

Tessa fronça les sourcils, se demandant où il voulait en venir avec cette digression. Il révéla alors le secret qu'il occultait au fond de lui depuis des mois. Il lui raconta tout, depuis son pèlerinage à Ground Zero jusqu'au moment où il s'était aperçu qu'il ne pouvait pas appuyer sur la détente et où il avait compris pourquoi : la peur de l'extinction, la peur plus grande encore de l'effet que son suicide aurait sur ses filles.

Tessa resta silencieuse, le front plissé. Il se demanda si elle était aussi étonnée d'entendre sa confession que lui l'était de l'avoir faite, ou si elle était mortifiée pour lui, comme si, sur un coup de tête, il s'était dévêtu pour montrer quelque horrible cicatrice. Il examina son visage et, voyant son expression s'adoucir, il comprit instinctivement que si elle n'avait pas essayé de se suicider, elle y avait à un moment sérieusement songé ; il comprit qu'il était en présence d'une personne à qui il pouvait tout dire, sans regrets, ni crainte de censure.

« Vous êtes la seule à savoir ça », reprit-il.

Elle acquiesça pour signifier en silence qu'elle acceptait de garder son secret comme il avait accepté de garder le sien, et par ce geste cimenta leur lien.

« Gil, ça ne vous dit pas quelque chose ? demanda-t-elle. Ça ne vous dit pas quelque chose, que vous n'ayez pas pu aller jusqu'au bout ? »

Il secoua la tête. Tout ce qu'il avait appris de son échec, c'était à désespérer du désespoir lui-même. Il s'était contenté de commuer son autoexécution en une condamnation à perpétuité.

« Vous n'avez pas pu appuyer sur la détente parce que vous *tenez* à vos filles. Vous tenez à vous-même. Vous n'êtes pas aussi mort à l'intérieur que vous le croyez. Vous avez des raisons de vivre. »

Il perçut dans ce commentaire un écho malheureux de Mme Hartley, mais au moins il venait, cette fois, de quelqu'un qui connaissait la perte. Quelle que soit la perte que le viol entraînait – perte de la foi, de la confiance, du respect de soi.

10

Ils se virent de temps à autre au cours du mois qui suivit. Ils se promenaient à cheval ou à pied sur le ranch de Tessa, et ils dansèrent de nouveau dans son salon sur Ella et Ellington. Ils se rencontrèrent un jour par hasard dans le bureau de poste de Patagonia et déjeunèrent au café Santos, puis allèrent observer les oiseaux à la réserve en dehors de la ville, où Castle, tel Henry Higgins éduquant son Eliza Doolittle, lui apprit à identifier le chant des oiseaux qui avaient entamé leur voyage depuis le Mexique vers le nord. Elle les appelait les « migrants ailés », et il aimait cette image de créatures libres s'élevant au-dessus des frontières des hommes.

Un matin, tandis que les peupliers commençaient à verdir, il s'assit avec elle à l'extrémité nord de la vallée et la regarda peindre une ferme en ruine – un sujet romantique, expliqua-t-elle, qu'elle espérait rendre sans le moindre romantisme. Quoi qu'elle ait voulu dire. Elle installa son chevalet portable et se mit à esquisser les murs brisés, le toit effondré, les morceaux de pisé éparpillés dans l'herbe. Samantha et Klaus étaient avec eux, courant en cercles de plus en plus larges. Elle avait commencé à appliquer de la peinture sur l'esquisse lorsque les chiens disparurent et ne répondirent pas aux appels de Castle. Il se mit à leur recherche et les trouva un quart d'heure plus tard, en arrêt devant une compagnie de cailles. Après avoir mis les oiseaux en fuite, il attacha les chiens en laisse et les ramena. Tessa, qui regardait sa toile en fronçant les sourcils, ne sembla pas remarquer son retour. Il regarda le tableau et fut émerveillé par la manière dont elle avait capturé son sujet sans le reproduire fidèlement.

« Vous la tenez, dit-il.

— Je tiens quoi ?

— La solitude, la désolation…

— Oui. C'est exactement ce que je ne voulais *pas* reproduire. La ferme abandonnée dans la prairie solitaire. » Elle serra la pointe du pinceau entre ses dents. « Quelqu'un m'a dit un jour qu'il n'y avait pas de sujets non poétiques, seulement des poètes non poétiques. *Idem*, je suppose, pour les peintres, mais, bon sang, il y a des choses dont on ne peut rien tirer. Elles sont sentimentales par nature.

— Pas assez moche pour vous ? »

Elle éclata de rire.

« Sentimental ou non, il me plaît, reprit-il. Il est vachement bien.

— Vendu », dit-elle.

Lorsqu'il regagna sa cabane plus tard dans l'après-midi, Castle trouva sa solitude franchement déplaisante. Il s'assit pour lire Sénèque mais n'arrivait pas à se concentrer, se rappelant le plaisir qu'il avait eu à observer Tessa tandis qu'elle était assise sous le petit parasol fixé à son chevalet, ses mains bougeant par petits coups assurés. Il songea aux secrets qu'ils s'étaient confiés. C'était incroyable. Il n'avait pas cherché d'amie ni de confidente, mais il en avait trouvé une.

Agité, il reposa le livre et se mit à arpenter la pièce. Sam le suivait comme s'il la tenait en laisse, ses griffes cliquetant sur le plancher. La chienne s'arrêta et sembla le regarder d'un air perplexe lorsque, Ella Fitzgerald chantant dans sa tête, Castle saisit la main imaginaire de Tessa, plaça un bras autour de sa taille et se lança dans un lent pas de deux harmonieux. Dans son simulacre, il ne s'aperçut pas qu'il ne la tenait pas à distance respectueuse, mais la serrait tout contre lui. Bien qu'il n'eût pas une grande imagination, la mélodie dans son esprit éveillait un fantasme suffisamment vif pour provoquer des sensations physiques – la joue de Tessa contre la sienne, sa poitrine généreuse écrasée contre la sienne. Il sentait qu'il flottait presque, dansant avec les jambes d'un homme deux fois plus jeune que lui. Il était comme une personne sous l'effet d'un puissant narcotique, car, à mesure qu'il tourbillonnait d'un coin à l'autre, il s'apercevait que l'angoisse qui le tourmentait depuis un an et demi avait disparu. Était-il possible que lui, dont les émotions s'étaient restreintes au chagrin et à la peur, éprouvât non seulement une cessation de la douleur, mais aussi du bonheur ? Pouvait-il tomber amoureux ?

Soudain, la voix d'Ella se tut, et il cessa de danser. Tomber amoureux ? se demanda-t-il, debout près du poêle, regardant les cendres qui en parsemaient le tablier. Impossible. Si son chagrin pouvait être soulagé si tôt après la mort d'Amanda, c'est qu'il n'était pas aussi intense qu'il l'avait pensé ; et dans ce cas, son amour n'avait pas pu être aussi profond qu'il l'avait cru. Ce qui allait à l'encontre de l'image qu'il se faisait de lui-même, à savoir celle d'un homme qui avait souffert d'une blessure quasi mortelle, qui ne s'en remettrait que dans un avenir lointain, pour autant qu'il s'en remît un jour ; un homme sérieux qui avait tant aimé sa femme que sa mort avait hypothéqué, pour des années à venir, ses chances de connaître de nouveau l'amour. Ce bonheur qu'il ressentait, ou croyait ressentir, devait être illusoire, comme sa partenaire de danse imaginaire, l'opposé d'une douleur fantôme – le soulagement fantôme. Réel ou non, il n'y croyait pas. Il ne l'avait pas mérité. Chaque martyr chérit son tourment jusqu'à un certain point, et Castle, qui se voyait comme un martyr de la folie du monde et de l'amour, chérissait le sien. Il lui manquait presque.

Mandy le lui rendit très tôt le lendemain matin ; il la vit clairement, debout près de son lit dans le tailleur-pantalon noir qu'elle portait le jour où elle avait pris la navette pour Boston. Ses cheveux étaient relevés, maintenus par des épingles, et deux mèches pendouillaient devant ses oreilles, exactement comme la dernière fois qu'il l'avait vue en vie. La dernière fois qu'il l'avait vue, point final. Une joie folle brûla soudain en lui. « Prends soin de toi, chéri, prends soin de toi », dit-elle, puis elle disparut, l'abandonnant à genoux sur le lit, bras tendus, comme s'il s'apprêtait à l'enlacer. Sa joie s'éteignit.

Il se réveilla en sursaut, tituba jusqu'à la salle de bains, alluma la lumière, tourna le robinet et s'aspergea le visage d'eau froide. Le rêve avait été si réel, l'apparition, si précise, qu'il croyait presque avoir réellement vu Amanda, ou son fantôme. Longtemps auparavant, Grace avait elle-même prétendu que sa mère venait souvent la voir après sa mort. La vision de Mandy avait-elle été une hallucination ? Une illusion provoquée par des neurones incohérents dans la pénombre du demi-sommeil ? Quelque chose de clair et de scientifique. Pourtant, il n'était pas convaincu. Bon sang, elle lui avait parlé ! Mais que ç'ait été un rêve, une hallucination ou un fantôme, il ne souhaitait qu'une chose, la revoir.

Le chagrin est une malaria chronique du cœur, des périodes de rémission alternant avec des périodes de rechute. Pendant les trois jours qui suivirent, il ne vit personne et ne fit presque rien, restant au lit jusque tard dans la matinée. Il aurait bien pu y rester toute la journée s'il n'y avait pas eu Sam, qui le tirait de son immobilité en gémissant pour qu'il la nourrisse ou la sorte. Il se négligeait, redevenait le reclus débraillé qui avait tant inquiété Morgan et Justine.

Le quatrième jour, Monica déposa Elena à sa cabane. Elle venait faire le ménage chaque samedi. Les deux femmes eurent un petit choc en voyant la silhouette qui ouvrit la porte – grisonnante, négligée, toujours en peignoir à 10 heures du matin.

« J'ai des courses à faire à Nogales, annonça Monica tandis qu'Elena se dandinait jusqu'à la remise pour y chercher la serpillière, le balai et l'aspirateur. Je n'aurai pas fini avant elle. Ça t'ennuie de la ramener ? »

Castle ne voyait pas pourquoi la femme ne pouvait pas marcher – sa maison n'était qu'à un kilomètre et demi –, mais il accepta de la reconduire.

« Et une livraison de ton service postal électronique. »

Monica lui tendit un e-mail de Morgan. Il avait demandé à ses filles de lui écrire des lettres, mais elles considéraient ça comme un moyen de communication aussi primitif que les signaux de fumée et continuaient de lui envoyer des e-mails à l'adresse du San Ignacio.

Monica le regarda en plissant les yeux, et il crut la voir froncer le nez ; après trois jours sans même une toilette à l'éponge, il ne devait pas sentir la rose.

« Ça va, Gil ? Ça fait des jours que personne ne t'a vu.

— Un petit coup de déprime.

— Tessa a dit qu'elle t'avait appelé plusieurs fois, mais en vain.

— J'ai laissé mon portable dans la voiture, répondit-il d'une voix morne. Il n'y a pas de réception ici.

— Alors utilise le fixe. Passe-lui un coup de fil. Elle est dans tous ses états. »

Un moment de silence s'écoula avant qu'il ne lui demande s'il y avait un problème.

« Elle n'a pas de nouvelles de Beth. Ce n'est pas étonnant. Mais c'est tout de même dur pour elle. » Monica vit la perplexité sur son visage. « Tu n'es pas au courant ?

— Au courant de quoi ?

— Nous avons bombardé Bagdad et envahi l'Irak.

— Quoi ? Quand ?

— Bush l'a annoncé hier soir. Blaine est quasiment prêt à s'enrôler de nouveau, ajouta-t-elle, teintant sa réflexion d'une once de sarcasme. Il dit qu'on va la gagner, celle-là, et qu'il aimerait être là quand ça arrivera. Appelle Tessa. Faut que je file. »

Il prépara du café et s'assit à la table de la cuisine pour lire le message de Morgan, qu'elle avait dû rédiger avant la déclaration du président ; sinon, il aurait comporté une tirade pacifiste. Elle commençait par donner de ses nouvelles – elle avait été nommée responsable d'une campagne marketing pour un nouveau roman commercial génial qui « transcendait les genres », mêlant occulte et enquête criminelle. Puis des nouvelles de la famille – la semaine précédente, Anne et Peter avaient invité Justine et elle à un brunch à leur club de Redding. Tout le monde avait regretté son absence. Ce qui la menait à réitérer le commentaire qu'elle avait prononcé avant qu'il quitte le Connecticut – à savoir qu'il faisait ce que les terroristes voulaient. Certaines familles de victimes s'étaient regroupées afin de conseiller une commission chargée de concevoir un mémorial du 11 Septembre. Il ferait bien de revenir et de se joindre à elles. Quelle merveilleuse manière d'honorer le souvenir d'Amanda ! Ce conseil qu'il n'avait pas demandé ajouta une pointe d'irritation à l'humeur déjà bien ombrageuse de Castle.

Pendant qu'Elena, une boule d'énergie revigorante, balayait et faisait la poussière, il tira un bloc et un stylo d'un tiroir et se rassit pour rédiger sa réponse. Il remercia Morgan d'avoir pris le temps d'écrire, la félicita pour ses nouvelles responsabilités, remarqua qu'elle avait émis quelques observations auxquelles il se devait de répondre, puis marqua une pause, se demandant comment il convenait d'y répondre.

Tu dis que j'ai fait exactement ce que les terroristes veulent, commença-t-il. *Mais sais-tu ce qu'ils veulent ? Quelqu'un le sait-il ? Eux-mêmes le savent-ils ? J'ai lu qu'ils détestent nos libertés et notre mode de vie, mais je me demande en fait s'ils n'aiment pas plutôt notre mode de vie et se détestent de l'aimer, et nous de le posséder. Alors ils se tuent et nous avec…*

Il marqua une nouvelle pause et vit, par la fenêtre de la cuisine, un colibri d'Anna qui plongeait son bec dans la mangeoire suspendue à une poutre à l'arrière de la maison. Il s'envola, si vite qu'il sembla s'évanouir. Castle saisit une deuxième feuille de papier et griffonna un paragraphe justifiant sa venue dans l'Ouest, puis répondit à son conseil inopportun.

J'admire ces gens dont tu me parles, ceux qui continuent de persévérer, qui sont impliqués dans cette histoire de mémorial et ainsi de suite. Mais je ne crois pas qu'il soit nécessaire d'en construire un. Les mémoriaux sont toujours des allées et des fleurs et des monuments bien jolis et bien propres, et ils créent une sorte d'amnésie. On oublie combien l'événement qu'ils commémorent était horrible et dégoûtant. Des gens ont sauté de fenêtres au 80ᵉ étage pour échapper aux flammes. Pense à ça. C'était si atroce là-haut que mieux valait sauter de trois cents mètres de haut. Tu sais ce qui arrive à un corps lorsqu'il heurte le sol après une chute de quatre-vingts étages ? Il explose. Comme un ballon rempli d'eau, sauf qu'il n'est pas rempli d'eau. Si les New-Yorkais veulent construire un mémorial, alors ils devraient accrocher des photos de ces corps sur les murs, pour que nous nous souvenions tous de ce qui se produit quand la foi se transforme en fanatisme et le fanatisme en nihilisme, de ce que les êtres humains sont capables de se faire les uns les autres.

Après avoir relu sa lettre, il regarda par la fenêtre. Ne sachant qu'ajouter, il écrivit : *Je t'embrasse, papa.* Il colla un timbre et nota l'adresse sur l'enveloppe, puis s'enfonça de nouveau dans ses ruminations morbides.

Morgan avait été proche d'Amanda, la considérant plus comme une grande sœur que comme une belle-mère, et c'était elle qui avait insisté pour qu'ils accrochent une affichette signalant sa disparition, non dans l'espoir que Mandy eût pu survivre, mais par solidarité avec tous ceux qui avaient perdu quelqu'un ce jour-là. Elle avait scanné une photo d'Amanda, imprimé plusieurs affichettes et convaincu Castle de se joindre à elle. Lui trouvait ça absurde, mais comme il était alors dans un état quasi hypnotique, dénué de volonté propre, prêt à faire tout ce qu'on lui disait de faire, il avait pris le train jusqu'à Manhattan avec Morgan et punaisé les avis de disparition au tableau d'affichage de Grand Central. Puis ils avaient pris le métro jusqu'à *downtown*, où la puanteur nocive qui s'échappait des ruines toujours fumantes quelques rues plus loin se mêlait à l'odeur des couronnes de fleurs alignées le long d'une caserne de pompiers, et depuis ce jour il n'avait pu sentir un parfum de fleur sans se rappeler l'autre odeur, qui ressemblait à la puanteur d'une décharge en feu. Certaines rues étaient recouvertes d'une épaisse couche de poussière et de cendres pâles, et leurs pieds laissaient des empreintes à mesure qu'ils avançaient d'un pas traînant, accrochant la photo de Mandy à des réverbères et à des arbres dans Thompson Park et sur les murs de casernes de pompiers et d'hôpitaux. La photo encadrée qui était posée sur son bureau à la maison lui retournait désormais son regard parmi les milliers d'autres affichettes qui avaient tapissé New York tel un papier peint lugubre au cours des jours qui avaient suivi l'attaque, des visages et des noms, et des supplications… AVEZ-VOUS VU CET HOMME… SI VOUS SAVEZ OÙ SE TROUVE CETTE FEMME… Des prières, en fait, chacune représentant une famille qui s'accrochait à l'illusion qu'une mère, un père, une sœur, un frère, un amant, un mari, une épouse, n'avait pas été réduit en cendres ni enterré sous une montagne de béton et de verre pulvérisé et d'acier fondu, mais se trouvait dans quelque service de traumatologie, ou bien errait à travers les rues sans se rappeler son nom. Castle avait été accablé par l'énormité de la situation. DISPARUE LE 9/11/01. AMANDA F. CASTLE. 1,78 M, 70 KG, CHEVEUX AUBURN, YEUX VERTS. SI VOUS SAVEZ OÙ ELLE SE TROUVE, S'IL VOUS PLAÎT CONTACTEZ… Bon sang, on aurait dit un avis de disparition pour un chat perdu.

« *Terminado*, déclara Elena, le faisant sursauter. Fini. » Il se tourna vers elle, et elle demanda, désignant l'e-mail de Morgan : « *¿Son malas noticias?* »

Il mit un moment à traduire la question, puis s'aperçut qu'il avait les yeux luisants.

« Non. Pas de mauvaises nouvelles… *No mala noticias*… C'est… *es*… »

Elle lui saisit les mains et les serra fermement, avec compassion, pour lui signifier, à travers le langage du toucher, qu'elle comprenait. Évidemment qu'elle comprenait. Le chagrin n'était pas étranger à cette femme qui avait perdu deux de ses cinq enfants. Castle observa le disque de cuivre de son visage, les cheveux noirs veinés de gris. Sa bonté le toucha. Elle le lâcha. Comme il se levait pour s'habiller avant de la reconduire, elle désigna la cafetière. Il acquiesça. Elle se remplit une tasse et s'installa dans un fauteuil, lui faisant ainsi comprendre qu'elle n'était pas pressée, qu'elle attendrait pendant qu'il faisait un brin de toilette.

Lorsqu'il ressortit de la salle de bains, douché et rasé, elle lui lança : « *Mucho mejor* », beaucoup mieux, puis elle lui parla d'un ton sérieux, mais il ne comprit pas ce qu'elle disait. Il lui demanda de répéter, *más despacio* – plus lentement. Ce qu'elle fit, articulant chaque mot comme si elle s'adressait à un enfant.

« *Lo siento*, dit-il, n'y comprenant toujours rien. *No entiendo.* »

Elena leva ses bras robustes dans un geste de frustration. Ils sortirent et marchèrent jusqu'à la voiture alors même que Monica revenait.

« De retour plus tôt que prévu, lança-t-elle. Je peux la ramener. » Elle jeta à Castle un regard approbateur. « Grosse amélioration. La dégaine de chercheur d'or grisonnant ne t'allait pas. »

Elena s'adressa à elle.

« Elle essayait de te dire quelque chose ? demanda Monica à Castle.

— Je crois.

— Elle veut que je traduise. »

Castle entendit la Mexicaine répéter à Monica les mêmes mots que ceux qu'elle lui avait dits : *Cuando perdí mis hijos, cuidé mi sentimiento en vez de ellos.*

« Je ne suis pas sûre d'avoir parfaitement saisi, déclara Monica. C'est quelque chose comme "Quand j'ai perdu mes enfants, je me suis occupée de mon chagrin plutôt que d'eux." » Elle haussa les épaules. « Je ne sais pas trop ce que ça veut dire. »

Castle non plus – la phrase était presque aussi obscure maintenant que quand la femme l'avait prononcée en espagnol.

L'énigme continua de le titiller lorsqu'il se rendit à Patagonia pour poster sa lettre. Après avoir vérifié sa boîte à lettres à la poste, qui était remplie de factures et de prospectus, il attacha Sam en laisse et la promena, passant devant la clinique pour atteindre le bureau du marshal, qui était aussi la prison de la ville, une boîte de béton sans fenêtres construite par la WPA [1] pendant la Grande Dépression, puis traversant la Troisième Avenue jusqu'à la large artère où s'étaient autrefois étirées les voies ferrées de la Southern Pacific, à l'époque où Patagonia avait été une ville minière et une ville de bétail. La dernière grande mine avait fermé plus de quarante ans plus tôt. Depuis, Patagonia s'était réinventée, sans toutefois opter pour une identité claire. C'était un peu une colonie d'artistes, un peu une ville touristique, un peu une retraite pour hippies vieillissants et autres excentriques qui préféraient les coins paumés aux grandes villes ; c'était encore un peu une ville de bétail, avec des fourgons à chevaux rouillés garés dans les petites rues, des selles usées posées en équilibre sur les rambardes des perrons de mobile homes doubles ; et plus qu'un peu un *pueblo* mexicain, peuplé de Mendoza, de Sánchez et de García. Dans leurs maisons à toit de tôle, des radios diffusaient à plein volume des ballades *norteñas* pleines de cuivres qui recouvraient les glapissements des chiens bâtards qui se battaient dans les cours poussiéreuses. Il marcha jusqu'à la limite de la ville, où il vit deux cerfs à queue blanche qui paissaient et un pécari qui fourrageait du groin dans une forêt de *mesquite*, puis reprit la direction du bureau de poste et de sa voiture. Deux pick-up maculés de boue séchée étaient garés devant le Wagon Wheel Saloon, et un groupe d'ornithologues amateurs

1. Works Progress Administration, agence fondée en 1935 dans le cadre du New Deal pour fournir des emplois et des revenus aux victimes de la Grande Dépression. *(N.d.T.)*

s'était réuni autour d'une camionnette près de l'hôtel Stage Stop. Les distributeurs de journaux devant l'hôtel avaient été dévalisés, tous sauf un, derrière la vitre duquel se trouvait un exemplaire de l'*Arizona Daily Star*. Il acheta le journal. La nouvelle de la guerre s'étalait en une. DES BOMBES SUR BAGDAD. Cent mille soldats américains prenaient d'assaut la vallée de l'Euphrate depuis le Koweït, sans avoir besoin de papiers en règle, leurs armes et leurs tanks faisant office de visas. Castle esquissa un sourire amer en se représentant l'armée américaine telle une horde d'immigrants clandestins.

Comme son estomac grondait – il n'avait rien mangé de la journée, n'avait de fait presque rien avalé depuis le début de son long accès de dépression –, il traversa Naugle Avenue jusqu'au café Santos. Il s'assit dehors sous l'auvent, attacha Sam à un pied de la table, commanda du *menudo* et des tortillas, et tenta de lire le journal, qui lui rappela pourquoi il évitait les informations. Choc et effroi. Missiles de croisière. Une bataille de chars avec la garde républicaine de Saddam Hussein. Le délire de la guerre, toute la violence aveugle du monde. Comparés au vaste spectacle sanglant qui se déroulait en Irak, ses propres soucis étaient microscopiques ; mais l'énormité des événements en cours ne l'en libérait pas pour autant, de la même manière que la conscience de son insignifiance ne libérerait pas une fourmi blessée – pour autant que les fourmis aient été des êtres doués de conscience – de sa souffrance. *Quand j'ai perdu mes enfants, je me suis occupée de mon chagrin plutôt que d'eux.* Il avait l'impression d'avoir déjà entendu cette phrase, ou une phrase similaire. La serveuse apporta son *menudo* fumant, les tortillas chaudes enveloppées dans un torchon, et alors ça lui revint. Il ne l'avait pas entendue – il l'avait lue, dans la lettre de Sénèque à Marcia. *Tu étreins le chagrin que tu as maintenu en vie à la place de ton fils.* La tournure était plus élégante, mais l'idée était la même, ce qui prouvait qu'il n'était pas nécessaire d'être un brillant philosophe pour savoir une ou deux choses de la vie, des blessures du cœur et de sa tendance perverse à aggraver ses blessures.

Et tandis qu'il mangeait du *menudo* dans un café d'une ville frontalière, Castle eut une illumination soudaine. Il avait toujours considéré son chagrin comme une force qui lui était extérieure, qui n'était pas sujette à sa volonté ; de fait, c'était souvent sa volonté qui y semblait assujettie. Et c'était vrai au début. Seulement maintenant, à cause de quelques mots prononcés par une simple Mexicaine, il comprenait qu'il avait entretenu et renforcé son malheur en y trouvant un plaisir morbide. Le rêve, l'apparition, ou quel que soit le nom qu'on voulait lui donner, avait été le fruit de son cerveau malheureux ; et quand on lui avait présenté la possibilité d'un soulagement, ce propre cerveau avait diaboliquement concocté les moyens d'entretenir sa douleur. Son chagrin s'était nourri de lui-même ; il était devenu une drogue.

La question était : comment s'en débarrasser ? Il avait prouvé qu'il n'avait aucun goût pour les thérapies formelles. Il devrait être son propre psychologue. Il régla sa note, saisit la laisse de Sam et regagna sa voiture. Comme il grimpait dedans, son regard tomba sur son téléphone portable posé dans un compartiment près du levier de vitesse. Il ne décida pas de vérifier ses messages ; il y fut comme contraint par une force extérieure. Il en avait deux. Le premier était de quelqu'un qui avait raccroché sans rien dire. Le deuxième était de Tessa. « *Bonjour, Gil. J'avais juste envie de parler. Je suis scotchée à la télé depuis l'annonce de Bush, et je... Passez-moi un coup de fil à l'occasion.* » Elle parlait avec une désinvolture qui était si artificielle qu'elle faisait ressortir la détresse qu'elle était censée dissimuler. Il entendait dans sa voix sa peur de recevoir la visite d'un homme en uniforme militaire. Elle n'avait pas envie de parler à quelqu'un, elle en avait besoin. Elle avait besoin de *lui*.

Le téléphone de Tessa sonna sept ou huit fois avant qu'elle décroche.

« Tess, c'est Gil. Je viens d'avoir...

— Oh ! salut ! salut ! interrompit-elle.

— Vous avez l'air à bout de souffle.

— Je suis rentrée en courant. J'étais en train de nettoyer la sellerie. J'essaie de rester occupée.

— J'ai reçu votre message.

— Oh ! je suis désolée d'avoir appelé si tard. Il était minuit passé.

— Je veux dire que je viens juste de l'écouter. Je n'avais pas vérifié mes messages avant. Vous avez toujours envie de parler ?

— Bien sûr. Bien sûr. »

Ça, c'était une raison de vivre – être à côté d'elle, soulager ses peurs s'il le pouvait, être un ami.

« Je suis en ville, dit-il. Je pourrais passer chez vous sur le chemin du retour, si ça vous va.

— Ça me ferait plaisir, Gil. Ça me ferait très plaisir. »

11

Le chauffeur d'Yvonne, qui était aussi chef d'équipe au ranch Los Tres Encinos, immobilisa la Land Cruiser au bout de la route, sur une crête qui dominait un canyon ombragé par des sycomores. On dirait des fantômes, pensa-t-elle. Les arbres à écorce blanche ressemblaient à des fantômes. Elle sentait leur présence.

« Ça s'étend jusque là-bas au nord, déclara Jiménez, et il pointa un doigt brun et noueux en direction d'une clôture de barbelés à environ un kilomètre de distance. *Allí está la frontera.* Derrière, ce sont les États-Unis. »

Après des heures à bringuebaler sur des routes de campagne plus adaptées aux chevaux ou aux *burros* qu'aux véhicules motorisés, Yvonne avait mal au dos et était un brin irritable.

« Qu'est-ce que vous voudriez que ce soit d'autre ? L'Europe ?

— *¿Señora?*

— Une plaisanterie. Continuons.

— Continuer où ?

— Jusqu'à la frontière. Je veux aller jusqu'au bout », déclara-t-elle d'une voix qui interdisait toute discussion.

N'étant pas habitué à ses manières impérieuses, Jiménez argua que la *señora* Menéndez n'en verrait pas plus là-bas qu'ici, et que, de plus, il n'y avait plus de route.

« Nous irons à pied. » Elle se retourna vers les passagers assis sur la banquette arrière : ses gardes du corps, Marco et Heraclio, et, assis entre eux, son fils, Julián. Avec sa maigreur et sa chemise rose, on aurait dit un flamant rose flanqué de deux vautours bien nourris. « Tout le monde est prêt pour une petite balade ? »

Bien sûr qu'ils étaient prêts. Ils feraient tout ce qu'elle demandait.

Elle tira un sac congélation de son sac à main, l'enfonça dans la poche de son pantalon et descendit de voiture. C'était une matinée tempérée, parfaite pour une promenade, mais le sentier qui descendait dans le canyon était rocailleux, et Julián avait des problèmes à le négocier avec ses bottes de cow-boy, les bottes rouge et blanc à bouts pointus qu'elle lui avait recommandé de ne pas porter. « Seul un *maricón*, une tapette, oserait se montrer avec de telles bottes », avait-elle raillé, mais il l'avait ignorée. Yvonne portait pour sa part de robustes chaussures de marche, un Levi's, une chemise en jean et un chapeau de paille à larges bords. Pas une tenue à la mode, mais elle était pratique et créait l'image qu'elle souhaitait projeter : celle de la *ranchera* qui inspectait sa nouvelle propriété. Sur le papier, le ranch Los Tres Encinos ne lui appartenait pas. La vente avait été conclue quelques semaines plus tôt entre l'ancien propriétaire et un cousin d'Yvonne, un agent immobilier de Douglas. Après quoi ce dernier en avait vendu une moitié à l'entreprise La Morita, S.A., puis l'autre moitié à San

Pedro Properties, S.A., deux sociétés-écrans dirigées par les deux sœurs aînées d'Yvonne et leurs maris. Ces transactions complexes étaient nécessaires pour dissimuler aux enquêteurs curieux l'identité de la véritable propriétaire – Yvonne elle-même. Elle avait financé les deux achats consécutifs, histoire de mieux brouiller les pistes.

Jiménez ouvrant la marche, le groupe traversa le canyon. Marco et Heraclio, chacun armé d'un pistolet automatique 10 mm, restaient au côté d'Yvonne, vigilants et sûrs d'eux, tels les prédateurs qu'ils étaient. Julián maudissait les cailloux qui éraflaient ses jolies bottes.

« Est-ce que tout ça sert à quelque chose, mère ? demanda-t-il avec humeur.

— Je ne fais jamais rien sans raison, tu le sais bien. »

Ils atteignirent la clôture délabrée qui marquait la frontière. Une pancarte en métal criblée d'impacts de balles était suspendue au fil barbelé supérieur : PROPRIÉTÉ DU GOUVERNEMENT AMÉRICAIN. TOUTE DÉGRADATION EST PUNIE PAR LA LOI. À proximité, un vieux monument de béton s'élevait parmi les branches d'un chêne d'Emory. La plaque à sa base était usée par les intempéries, mais les mots étaient toujours lisibles : FRONTIÈRE DES ÉTATS-UNIS. TRAITÉ DE 1853. RÉTABLI PAR LES TRAITÉS DE 1882 ET DE 1889.

« Ridicule, déclara Yvonne.

— Quoi donc ? demanda Jiménez.

— Voyez-vous la moindre différence entre ce côté-ci et l'autre côté ? Aucune marque naturelle n'indique qu'ici c'est le Mexique et là-bas les États-Unis. La simple notion de frontière me semble ridicule.

— Peut-être, observa Jiménez. Mais il y en a bel et bien une. »

Elle le dévisagea. C'était un *vaquero* de Sonora typique – des muscles comme du chanvre tordu, un esprit simple, ce qui ne signifiait pas qu'il était simple d'esprit, un visage bon, puissant, honnête. Ce visage lui plaisait. L'homme lui plaisait. Elle espérait qu'il ne serait jamais nécessaire de l'éliminer.

« Le ranch de l'autre côté s'appelle le San Ignacio, n'est-ce pas ? » demanda-t-elle, bien qu'elle connût pertinemment la réponse à sa question.

Elle avait entendu ce nom toute sa vie. Les fantômes y vivaient.

Jiménez acquiesça.

« Nous partageons la clôture. Sur presque vingt kilomètres.

— Que pouvez-vous me dire de vos voisins américains ?

— Ils s'appellent Erskine », répondit-il, accentuant la dernière syllabe – *Ers-kiiine*.

Ça, Yvonne le savait déjà.

« Que pouvez-vous me dire d'eux à part ça ?

— Pas grand-chose. Je ne les connais pas. Le patron les connaît. Il leur parle.

— De quoi ?

— Parfois, leur bétail s'aventure sur nos terres. Ils appellent le patron et lui demandent de rassembler les bêtes et de les ramener à la frontière. Parfois, c'est notre bétail qui s'aventure sur leurs terres. Le patron les appelle et leur demande de lui rendre la pareille, et ils le font. C'est facile de savoir quelle bête appartient à qui. Leur bétail est noir, le nôtre, blanc. » Il désigna un flanc de colline au loin, où des charolaises se tenaient dans l'herbe jaune telles des statues de plâtre. « Le patron dit qu'il est important d'entretenir de bonnes relations de voisinage.

— Prenons de bonnes habitudes, dit Yvonne. Il n'est plus le patron.

— *Claro, señora.*

— Écoutez. Je vais vous donner mes premières instructions en tant que *nueva jefa*. À partir de maintenant, nous ne rendrons plus service à ces gens de l'autre côté. Si nous trouvons leur bétail sur ce *rancho*, nous le gardons. Compris ? »

Jiménez coinça ses pouces sous son ceinturon et s'éclaircit la voix.

« *Sí, señora.*

— La fête commence bientôt. Ce serait bien si l'hôtesse se montrait », déclara Julián.

Elle le regarda, qui se tenait appuyé contre un sycomore, bras croisés sur sa poitrine étroite, un sourire insolent sur le visage.

« Tu m'accompagnes », ordonna-t-elle. Puis, à l'intention de Marco et Heraclio : « Écartez ça pour que je puisse passer. »

Tandis que Marco appuyait du pied sur un des fils barbelés du bas, Heraclio souleva celui du dessus, créant un espace dans lequel Yvonne se glissa en se baissant et en se tournant sur le côté, pénétrant ainsi sur le sol américain. Ce n'était pas un acte aussi audacieux qu'il y semblait. Elle était née aux États-Unis et y avait vécu jusqu'à l'âge de 12 ans, quand sa mère s'était remariée et était retournée au Mexique.

Pour sa part, Julián hésitait de l'autre côté de la clôture.

« Qu'est-ce que tu fabriques ? demanda-t-il.

— Aie un peu de couilles, *mi hijo*, et viens avec moi. »

Il y avait assez du macho latin en lui pour qu'il accepte le défi.

« C'est idiot. Et si *La Migra* débarque ? » Il désigna les traces de pas sur le chemin qui longeait le côté américain de la frontière. « Ils patrouillent tout le temps dans le coin.

— Je leur montrerai ça, répondit Yvonne en tirant son passeport américain de la poche revolver de son jean.

— Et moi ? Je leur montrerai quoi ?

— Tu te retourneras et tu leur montreras ton cul. »

Elle traversa le chemin, continua sur quelques mètres et enfonça ses talons dans la terre, fort, y laissant deux empreintes profondes.

« Voilà. J'ai planté mon drapeau. »

Julián la regarda d'un air perplexe.

« Ce ranch va m'appartenir, déclara Yvonne. Je vais l'acheter.

— Je ne savais pas qu'il était à vendre.

— Il ne l'est pas, mais il le sera. Toi et moi, on va discuter de l'avenir.

— Non. Pas ici. On ne discutera de rien tant qu'on sera ici comme deux *mojados* attendant de se faire embarquer. »

Elle aimait qu'il lui tienne tête ; elle aimait savoir que quand elle abandonnerait ses affaires, comme elle comptait le faire un jour, elle pourrait les lui confier avec la certitude qu'il aurait la présence d'esprit de ne pas tout foutre en l'air. Elle tendit la main et caressa les cheveux sur sa tempe, des cheveux roux comme les siens, la couleur dont elle avait hérité de son père, ce père qui l'aurait aimée, qui lui aurait fait des cadeaux à son anniversaire, et qui aurait toujours été gentil et attentionné avec elle. S'il avait vécu, elle n'aurait pas eu à subir ce que son beau-père lui avait fait endurer, parce qu'il n'y aurait pas eu de beau-père.

« Tu as raison, dit-elle à Julián. Ce n'est pas le lieu approprié. Mais une dernière chose avant que nous y allions. »

D'un violent coup de pied, elle creusa un trou dans le sol, ce sol taché du péché et du sang, le sang de son père perdu. Elle continua de donner des coups de pied jusqu'à former un petit monticule de terre, puis elle tira le sac congélation de sa poche et le tendit à son fils.

« Remplis-le avec ça. Nous allons répandre cette terre sur la tombe d'*abuela* la prochaine fois que nous irons la voir. Ça la rendra heureuse au paradis.

— Je me doutais qu'il s'agissait d'elle, marmonna Julián. Si elle est au paradis, elle ne pourra pas être plus heureuse qu'elle ne l'est maintenant. Voilà ce que te dirait un prêtre.

— Il n'y a pas de prêtre dans les parages, *mi hijo*. Maintenant, fais ce que je te demande. »

Julián, grommelant qu'elle ne *demandait* jamais mais ne faisait que donner des ordres, s'accroupit et remplit le sac de terre.

La maison principale du ranch, les corrals et les dépendances étaient regroupés parmi un bosquet de peupliers irrigué par une *ciénega*. Un barrage de dalles placées en travers de la *ciénega* formait une mare aux canards derrière la maison, qui était dominée par une colline basse au sommet de laquelle trois vieux chênes – d'où le nom du ranch – poussaient en ligne droite, tels des arbres dans un verger. Un joli endroit, songea Yvonne en revenant de sa balade. Surtout, il est bien protégé. Quiconque chercherait à l'atteindre ici aurait bien du mal à y parvenir ; et une fois qu'elle aurait obtenu l'allégeance des habitants du coin – ce à quoi elle comptait parvenir grâce à la campagne de séduction qu'elle entamait avec la *fiesta* de ce soir –, elle disposerait d'une multitude d'informateurs pour l'avertir bien à l'avance de l'arrivée d'intrus. Des radars humains, un système d'alerte éprouvé par le temps. Le seul problème serait l'ennui. La vie à la campagne n'avait jamais convenu à son tempérament ; elle en avait eu sa dose quand elle était petite. Elle aimait s'amuser. Elle aimait danser. Elle aimait tenir sa cour dans les boîtes et les bars bondés que l'organisation Menéndez possédait à Agua Prieta, Naco et Cananea. Bien sûr, quand la vie deviendrait trop morne, elle pourrait toujours s'échapper dans sa maison d'Agua Prieta ou dans sa villa de Zihuatanejo, avec ses vues spectaculaires sur l'océan ; mais le fait était qu'elle passerait l'essentiel de son temps sur le ranch, du moins jusqu'à ce qu'elle ait consolidé sa mainmise sur les routes qui traversaient la vallée de San Rafael. Son dédale de canyons cachés et de canyons secondaires avait servi à toutes sortes de contrebandes depuis des temps immémoriaux – alcool pendant la prohibition, pneus, essence et autres denrées rationnées pendant la Seconde Guerre mondiale ; aujourd'hui, marijuana, cocaïne et méthamphétamines. Joaquín Carrasco, ce gros porc, considérait que ces chemins lui appartenaient exclusivement. Bientôt, elle lui ferait perdre ses illusions. Elle possédait désormais dix mille hectares de son territoire, et continuerait de s'étendre jusqu'à atteindre le cœur de ses opérations. « Prise de parts de marché », c'était ainsi que Julián avait décrit ça, dans le jargon qu'il avait appris dans son école de commerce aux États-Unis. Mais on pouvait appeler ça comme on voulait, ce serait une entreprise difficile et dangereuse, sauf que maintenant qu'elle avait conclu une alliance avec le cartel du Golfe, elle avait le pouvoir de parvenir à ses fins ; les ressources humaines, la puissance financière et la puissance de feu, auxquelles elle pouvait ajouter la puissance de sa propre réputation impitoyable. Inspirer la terreur chez les alliés comme chez les adversaires ; telle était la clé qui permettait de maintenir la loyauté à l'intérieur et de triompher des ennemis de l'extérieur.

Les préparatifs pour la *fiesta* étaient bien avancés. L'orchestre *norteño* qu'elle avait engagé – Victor Castillo et les Coqs d'Or – accordait ses instruments. Des types costauds en chapeau de cow-boy montaient des tables de pique-nique sur la pelouse de devant ou déchargeaient des glacières remplies de bières d'un pick-up. Une demi-douzaine de ses *pistoleros*, rassemblés autour d'un brasero avec quelques *vaqueros* du coin, sifflaient des canettes de Tecate et fumaient de la marijuana, l'odeur âcre de leurs joints se mêlant au parfum savoureux des *carnitas* qui bouillonnaient sur le feu dans une cuve en cuivre.

« On prend de l'avance ? lança Yvonne tandis qu'elle se dirigeait vers la maison, Julián à ses côtés.

— *¡Sí!* répondit l'un de ses hommes. Et personne n'arrivera à nous rattraper ! »

Au milieu des rires, elle entendit un jeune *vaquero* demander à un autre : « *¿Es esa vieja la nueva jefa?* » Elle hésita, fut tentée de dire au cow-boy : « Oui, c'est moi le nouveau chef, et qui tu es pour me traiter de vieille ? » Mais elle se ravisa et entra dans la maison.

Celle-ci datait des années 1920. Elle comportait d'épais murs de pisé, et ses fenêtres à battants découpaient la lumière du soleil en carrés qui s'étalaient sur l'argile vernissée. Le cliquètement des talons des bottes de Julián résonnait dans le petit salon qui, comme les autres pièces, était presque vide. Hormis quelques articles, l'ancien propriétaire avait emporté son mobilier – héritage familial, qu'il avait dit.

« Attends-moi dans le bureau », dit-elle à Julián, puis elle pénétra dans la chambre, où un énorme lit à baldaquin se dressait sous un plafond doté de poutres à quatre mètres de hauteur.

Elle songea qu'elle aimerait bien se taper quelqu'un sur ces draps blancs amidonnés, au milieu de ces rideaux blancs vaporeux, mais aucun candidat attirant ne lui venait à l'esprit. Étant donné les sévices qu'elle avait endurés de son beau-père et les perversités auxquelles son mari l'avait soumise, ça l'étonnait qu'elle soit encore capable d'éprouver du désir sexuel.

Dámaso García et Fermín Menéndez – deux *pendejos* tordus. De toutes les morts dont elle était responsable, c'étaient les seules qui lui avaient procuré du plaisir. Elle s'était arrangée pour que d'autres la débarrassent de Fermín – c'était aussi bien une question de business qu'une affaire personnelle –, mais elle avait tué son beau-père de ses propres mains quand elle avait 16 ans. Ils vivaient dans un misérable *ejido* à l'époque, où Dámaso faisait pousser des courges et des melons, travaillant à l'occasion à la grande mine de cuivre de Cananea pour arrondir ses revenus, dont l'essentiel était dépensé en bière et en *bacanora*. Juste eux trois – lui, sa mère Rosario et Yvonne elle-même. Ses sœurs avaient quitté la maison deux ans plus tôt, s'enfuyant avec les premiers hommes qui leur avaient témoigné un tant soit peu d'affection pour échapper à Dámaso. Après quoi, Yvonne était devenue le seul objet de ses attentions inavouables. C'était un homme plutôt normal quand il était sobre, mais un monstre quand il était soûl. Et comme il buvait beaucoup, Yvonne et sa mère connaissaient surtout le monstre. Un après-midi d'hiver, alors qu'elle s'était retrouvée dans son lit la nuit précédente, elle l'aidait à couper du bois de *mesquite* pour le feu. Elle était forte et grande, plus grande que la plupart des filles de son âge (on disait qu'elle tenait sa taille de son père, qui était en partie irlandais), et faisait tout le boulot, car Dámaso avait sombré dans un de ces accès de remords qui s'emparaient de lui chaque fois qu'il collait une raclée à Rosario ou assouvissait ses envies avec sa fille. Il était assis par terre à côté du tas de bois, jurant qu'il était désolé d'avoir fait ce qu'il avait fait, promettant de ne jamais recommencer, d'arrêter de boire, d'aller se confesser et d'implorer le pardon de Dieu.

Mais Yvonne trouvait ses futiles repentirs plus méprisables encore que les actes qui les avaient provoqués. Si un homme devait se comporter en monstre, mieux valait qu'il soit un monstre tout le temps et qu'il ne se sente pas coupable après coup. Or, cet après-midi-là, il exprimait plus de regrets que d'habitude, et il avait fondu en larmes et baissé la tête vers ses genoux levés lorsqu'elle avait déclaré : « Dieu te pardonnera peut-être, mais moi, jamais. » Des années plus tard, elle songerait que s'il n'avait pas baissé la tête ainsi, comme s'il s'offrait en sacrifice, elle ne l'aurait peut-être pas frappé. Mais c'est ce qu'il avait fait, et elle lui avait planté la hache dans la nuque avec la force et la précision d'un bourreau, le décapitant presque. Puis, avec un grand calme (encore maintenant elle se rappelait son calme), elle était retournée dans la maison et avait annoncé à sa mère : « Dámaso est mort. Je l'ai tué. »

Rosario avait couru dans la cour et longuement regardé le cadavre de son mari et le sang qui coulait abondamment, sans dire un mot. Finalement, elle avait serré les mains d'Yvonne et déclaré :

« Dieu ne m'a pas accordé le bonheur d'avoir un fils, mais Il m'a donné une fille avec un cœur d'homme. »

Yvonne avait commencé à ressentir les premiers signes de panique.

« Je vais devoir m'enfuir ou aller en prison ! » s'était-elle écriée.

— Tu ne feras ni l'un ni l'autre, avait répliqué Rosario. Nous devons nous débarrasser du corps. De la hache aussi. Viens, nous avons beaucoup à faire. »

Elles avaient enveloppé le corps de Dámaso dans une bâche, s'étaient arrangées pour le charger sur le plateau de la camionnette délabrée qui lui avait servi à transporter ses courges et ses melons au marché, et elles avaient roulé loin dans le désert, où Yvonne avait creusé une tombe de fortune avec la hache. La tête de Dámaso s'était détachée pendant le trajet cahoteux.

Elles l'avaient enterrée avec le corps, avaient balancé la hache dans le trou et recouvert la tombe. « Nous allons laisser la camionnette ici, avait déclaré Rosario. Nous dirons que Dámaso s'est soûlé et qu'il est parti, et que nous ne l'avons jamais revu. »

Durant le long trajet jusqu'à l'*ejido*, Yvonne sanglotait, craignant toujours de n'avoir d'autre choix que la fuite si elle ne voulait pas finir en prison. Pourquoi, avait-elle demandé à Rosario, pourquoi pour l'amour de Dieu avait-elle épousé un homme aussi horrible ? « Pendant toutes ces années, je vous ai élevées, tes sœurs et toi, seule. J'en avais assez. Puis Dámaso est arrivé. Comment pouvais-je savoir qu'il serait ainsi ? » Elles avaient continué de marcher, suivant les traces de pneus quand elles le pouvaient. « Tu sais, les responsables, ce sont ces gringos. Ils ont tué ton père et je me suis retrouvée seule. Ce sont eux les coupables. » Ce n'était pas la première fois qu'Yvonne entendait parler des gringos qui avaient assassiné son père. En fait, un seul gringo, mais Rosario parlait toujours comme si toute la famille du tueur avait été complice.

Elles étaient arrivées à la maison au crépuscule, assoiffées et épuisées. « Souviens-toi, *mi hija*, nous dirons que Dámaso nous a abandonnées. Nous allons devoir aller vivre en ville et trouver du travail, ça va être dur, mais maintenant… » Elle avait étreint sa fille ; il y avait une solidarité entre elles, la solidarité des conspirateurs, et elle n'avait pas eu besoin d'achever sa phrase, parce qu'Yvonne savait – maintenant, elles étaient libres.

Comme sa mère avait été forte et lucide à ce moment-là, songea Yvonne, ôtant ses habits poussiéreux. Et comme elle avait été minuscule et fragile à la fin. Le cancer avait réduit Rosario, qui n'avait jamais été bien grande, à la taille d'un enfant ; et elle semblait plus petite chaque fois qu'Yvonne allait la voir là-bas, à l'hôpital Saint-Joseph de Tucson. Parfois, elle s'attendait à entrer dans la chambre et à ne plus rien trouver de sa mère, à part une blouse d'hôpital vide et un creux dans l'oreiller.

Elle écarta ce souvenir de son esprit et pénétra dans la salle de bains pour prendre une douche. Un coup d'œil de biais en direction du grand miroir fixé à la porte la poussa à se regarder de face. Une *vieja*, vraiment ? Pas mal comme silhouette pour une femme de 52 ans. Un peu d'affaissement dans les seins, d'épaississement à la taille et – se retournant pour regarder par-dessus son épaule – une peau flasque au niveau du cul et des cuisses, mais pas mal dans l'ensemble. Sa taille était un avantage car elle répartissait uniformément les quelques kilos qu'elle avait en trop. Elle se concentra sur son visage et décida qu'il n'était pas mal non plus. Son principal défaut, c'étaient les petits cratères, des vestiges de son acné d'adolescence, qui parsemaient ses joues ; mais un léger coup de poudre et de rouge suffisait à les faire disparaître.

La *fiesta* avait commencé lorsqu'elle acheva de s'habiller et de se maquiller. Des voix sonores, le hurlement des cuivres et les roucoulements haut perchés des Coqs d'Or provenaient de l'extérieur. Par la fenêtre de la chambre, elle vit les cabines des pick-up qui dépassaient du mur bas qui entourait la cour. Et aussi deux Hummer de l'armée avec des mitrailleuses montées sur le toit. La plupart des invités étaient des *rancheros* et des journaliers du coin, ou des habitants de Santa Cruz et de San Lazaro ; mais elle avait aussi invité le *comandante* de la zone militaire locale, qui lui avait été recommandé par un général, un ami personnel. Carrasco avait tout un tas de flics dans sa poche ; elle avait un général et toute une escouade de colonels, ainsi que le commandant de la garnison d'Agua Prieta. Entretenir de bonnes relations avec l'armée était crucial pour son activité ; les forces de défense rurales gardaient ses plantations de marijuana ; les soldats assuraient la sécurité de ses livraisons. La *mordida* s'élevait à plusieurs milliers de pesos par mois, mais elle valait chaque peso dépensé.

Lorsqu'elle entra dans l'étude, elle trouva Julián assis derrière le bureau en noyer, si grand qu'un ordinateur de bureau, un ordinateur portable, une imprimante, deux téléphones et un fax y tenaient aisément. Il buvait une canette de soda. Julián ne touchait jamais une goutte d'alcool et il ne prenait jamais de came. C'était ça qui avait déglingué son père, entre autres choses. Fermín avait été accro aux Marlboro agrémentées de crack.

« *¡Muy mota!* » s'exclama-t-il, admirant la tenue de sa mère.

Celle-ci portait une chemise western deux tons, crème sur les épaules, vert émeraude ailleurs, un pantalon couleur crème avec une ceinture concho, une paire de bottes en peau de lézard et un collier d'argent et d'obsidienne avec boucles d'oreilles assorties. La chemise faisait écho au vert de ses yeux et les bijoux formaient un joli contraste avec ses cheveux.

« Ce n'est pas franchement élégant, répliqua-t-elle d'un ton dédaigneux. Une robe de soirée noire serait élégante.

— Dans un style rustique, si. Tu es la *ranchera* à l'élégance rustique. »

Elle fit la moue lorsqu'il fit pivoter le fauteuil en cuir à haut dossier et croisa les jambes d'une façon efféminée, l'une de ses bottes pointues battant l'air.

« Ne t'assieds pas comme ça », dit-elle.

Il décroisa les jambes, les écarta et attrapa à pleine main son entrejambe.

« Assez viril pour toi ? »

Elle ignora son impudence. Ils formaient, après tout, une équipe. La combinaison de la nature fourbe et impitoyable d'Yvonne et des talents d'organisateur de Julián avait fait passer l'organisation Menéndez – ou le cartel d'Agua Prieta, comme l'appelaient les *chotas* – du statut de plaisanterie à celui d'entreprise disciplinée et efficace. Julián était peut-être un *maricón*, mais un *maricón* intelligent, et son éducation hors de prix n'avait pas été un gâchis d'argent. « Ceci est un business, et il est temps que nous le gérions en tant que tel », avait-il déclaré peu après la mort de son père, un événement qui avait été aussi libérateur pour lui qu'il l'avait été pour elle. Fermín était un paysan et un tyran qui avait imposé au cartel un despotisme dont les méthodes démodées auraient mieux convenu à la gestion d'une épicerie de quartier qu'à celle d'une industrie de plusieurs millions de dollars. L'une de ses décisions stupides avait été de conserver tous les profits de la famille dans simplement deux banques, toutes deux situées à Douglas. Un mandat de saisie du FBI ou des douanes américaines, et les Menéndez se seraient retrouvés sur la paille.

Avec l'aide d'avocats américains et mexicains, Julián avait réparti leurs comptes sur vingt banques et sociétés d'investissement à travers les États-Unis et le Mexique. Il avait monté les sociétés-écrans à travers lesquelles les bénéfices étaient blanchis grâce à des acquisitions foncières ou des entreprises légales qui allaient de sociétés de lavage de voitures à des restaurants ou des boîtes de nuit. Il avait informatisé les registres : où la *mota* – la marijuana – avait été cultivée, le poids de chaque cargaison et le nom du destinataire, la quantité de *mordida* et le nom des bénéficiaires (liste qui incluait des agents des douanes américaines du poste frontière de Douglas). Fermín conservait ce genre d'informations sur des bouts de papier ou dans sa tête, et comme son addiction au crack avait réduit les capacités déjà naturellement limitées de son cerveau, les personnes déloyales n'avaient aucun mal à l'escroquer ou à détourner une cargaison sans se faire prendre. Yvonne songeait souvent qu'elle aurait pu endurer ses perversions sexuelles s'il n'avait pas été aussi bête, ou sa bêtise s'il n'avait pas été aussi pervers. Mais les deux combinées étaient insupportables. Quand Fermín avait décliné une proposition du cartel du Golfe d'établir un partenariat pour faire transiter la coke par Agua Prieta – il ne voulait rien avoir à faire avec les Colombiens –, Yvonne y avait vu une opportunité. Elle avait fait savoir au boss du Golfe, qui gérait son business depuis sa cellule de la prison de Palomas, que s'il la débarrassait de Fermín, ils pourraient faire affaire ensemble.

Après sa prise de pouvoir, les voleurs et les mouchards avaient cru pouvoir la berner encore plus qu'ils n'avaient berné son défunt mari. À cause de son sexe, naturellement. Mais elle avait mis un terme à ce malentendu avec le désormais célèbre incident de « l'étang de la Mort ».

Faire le ménage, après tout, était une affaire de femme. C'est Yvonne elle-même qui avait passé le coup de fil « anonyme » qui avait mené la police à l'étang. Elle voulait que les corps soient découverts, et que cette découverte fasse les gros titres d'autant de tabloïds que possible. Il était important de faire un exemple dès le début.

« Tu voulais parler de l'avenir, dit Julián. C'est le moment idéal. »

Yvonne regardait par la fenêtre, lui tournant le dos. Des fantômes.

« Tu sais, je pensais au passé en me préparant. À *abuela*. Combien elle semblait petite. Toute, toute, toute petite. Elle ne devait pas peser plus de trente kilos. »

Julián soupira. Sa mère parlait à voix basse, comme à chaque fois que le sujet était Rosario. Même s'il appréciait ces inflexions douces dans sa voix, un contraste agréable par rapport à ses vociférations habituelles, il en avait sa claque d'entendre parler de sa sainte de grand-mère, qui était morte depuis six mois.

« Ne cédons pas à la nostalgie, dit-il. Le passé est révolu.

— Certainement pas ! » rétorqua Yvonne d'un ton qui lui ressemblait plus, chaque mot aussi perçant qu'une épine.

En observant de dos la grande silhouette de sa mère couronnée par une chevelure rousse, il songea à un cactus ocotillo au printemps, avec ses bourgeons écarlates, sa tige élancée. Il ne dit rien.

Yvonne non plus. Elle observait la mare. Des canards nageaient sur la surface polie qui reflétait les peupliers, les touffes d'herbe dorée qui bordaient ses rives. Superposée à cette scène, comme son reflet sur la fenêtre, elle voyait Rosario la veille de sa mort, emprisonnée par les barreaux de son lit, son crâne aussi chauve qu'un caillou, sa peau presque translucide qui aurait ressemblé à du papier paraffiné s'il n'y avait eu les ecchymoses. Une de ses mains squelettiques était presque bleue, et cette main s'était lentement levée vers Yvonne, comme si l'intraveineuse plantée dans son poignet était aussi lourde qu'une lance d'incendie. Pourtant, elle avait agrippé sa main avec une force étonnante.

« Je n'en ai plus pour longtemps, avait dit Rosario d'une voix râpeuse. Tu vas faire quelque chose, *mi hija* ?

— Oui, *mamá*.

— Dis-moi ce que tu vas faire.

— Je te le dirai quand j'aurai fini », avait répondu Yvonne, bien qu'elle n'eût aucune idée de ce qu'elle allait faire.

Maintenant, elle le savait, mais pas à l'époque.

« J'aimerais tant voir ça. Ces gens ont très bien vécu pendant que nous souffrions. »

Toutes ces chansons d'amour, songea Yvonne. Tous ces poèmes d'amour. Toutes ces âneries sur l'amour que les prêtres débitaient à la messe du dimanche. Pourquoi personne ne composait-il une chanson, un poème ou un sermon de haine ? La haine était plus forte que l'amour. La haine avait maintenu sa mère en vie plus longtemps que ce qu'avaient prédit les médecins. Elle avait coulé dans ses veines pendant un demi-siècle. Comme du mercure, elle avait empoisonné le lait de son sein, et ce liquide brûlant et amer, Yvonne l'avait tété. Parfois, c'était comme si elle, la fille au cœur d'homme, avait su dès sa plus tendre enfance qu'elle était destinée à être l'instrument de la vengeance de sa mère.

Rosario avait relâché son étreinte. La main exsangue était retombée sur le lit, faisant osciller la bouteille de perfusion sur son support métallique.

« Tu as le pouvoir d'agir maintenant, avait-elle murmuré d'une voix faible. Il t'a fallu longtemps pour l'obtenir, mais maintenant tu l'as. Sers-t'en. *Cuanto es mejor* – le plus tôt sera le mieux.

— Oui, *mamá*. Je le promets.

— Morte ou vive, je compte sur toi.

— Oui. »

Le passé, révolu ? songea Yvonne en silence tout en continuant de regarder par la fenêtre. Le passé n'est jamais révolu. La flèche du temps formait un tout : l'encoche et l'empennage du passé, le fût du présent, la pointe de l'avenir.

Elle fit signe à Julián de fermer la porte, à la fois pour préserver leur intimité et pour atténuer le vacarme qui provenait de l'extérieur, puis prit place dans le fauteuil qu'il venait de libérer. Il s'assit sur l'unique autre siège que comportait la pièce, un fauteuil élimé repoussé contre le mur opposé au bureau, entre deux bibliothèques qui atteignaient presque le plafond. Les étagères étaient vides, les livres ayant été expédiés en même temps que le mobilier.

« Bon, l'avenir, commença Yvonne. Comme j'ai dit, je vais acheter le ranch San Ignacio.

— Et comme j'ai dit, il y a un léger problème, il n'est pas à vendre.

— Cet endroit n'était pas à vendre il y a quelques mois, mais j'ai persuadé le *señor* Amador qu'il était de son intérêt de vendre.

— Tes méthodes de persuasion ne fonctionneront pas de l'autre côté aussi bien qu'ici.

— Il y a d'autres méthodes. Écoute. Je vais faire souffrir ces gringos. Je vais leur pourrir la vie. Quand j'en aurai fini avec eux, ils supplieront pour que quelqu'un, n'importe qui, les débarrasse de ce ranch. »

Une fois encore, sa voix était comme une épine, piquante, aiguisée.

« Donc, tout ça, c'est uniquement à cause d'*abuela*, n'est-ce pas ? *Abuela* et ses vieilles absurdités.

— C'est une question de justice. »

Croisant les mains sur ses cuisses, Julián leva les yeux vers les bibliothèques.

« Nous devrions acheter des livres pour remplir ces étagères vides. Ça réchaufferait la pièce.

— Arrête de faire ton malin. Tu m'as entendue ?

— Impossible de ne pas t'entendre », répondit-il, et il se pencha en avant, les mains sur les genoux, comme s'il était sur le point de lui bondir dessus.

Elle avait plus de bon sens que son père n'en avait jamais eu, sauf quand il était question de cette vengeance. Dans ce cas-là, elle était aussi cinglée que l'avait été *abuela*.

« Il n'y a pas de place dans mon business pour les sentiments. Pas de place pour assouvir la vendetta d'une vieille femme si ça ne rapporte rien. Tu as fait tout ce que tu as pu pour *abuela*. Elle est morte riche. Quel besoin y a-t-il d'en faire plus ? Elle est dans sa tombe. Enterrons les vieux griefs avec elle.

— Quel joli discours ! Des griefs… c'est ainsi que tu appelles ça ? *Pues*, ce sont aussi *mes* griefs. C'est mon père que ces gens ont impunément assassiné.

— Tu ne le connaissais même pas ! objecta Julián, élevant la voix.

— J'ai fait une promesse à ma mère sur son lit de mort. Une telle promesse est sacrée.

— Ce mot sonne bizarre dans ta bouche. Si tu insistes pour régler les vieux comptes, pourquoi n'envoies-tu pas Marco et Heraclio descendre les gringos ? Leur faire sauter leur putain de cervelle. Mettre un terme à tout ça.

— Tu sais, j'y ai songé. Mais j'ai décidé que ce serait trop risqué. »

Julián se détendit et se laissa retomber dans le fauteuil.

« Tu fais des progrès.

— Tu fais des progrès, imita Yvonne. Ce n'est pas uniquement une affaire personnelle. Mettre la main sur ce ranch sera une très bonne opération pour ce qui est de nos affaires. Je suis sûre que tu vois les avantages.

— Je ne suis pas sûr que toi, tu les voies.

— Avec ce ranch-ci et l'autre entre nos mains, nous *posséderons* les deux côtés de la frontière sur une distance de vingt kilomètres, déclara-t-elle pour montrer qu'elle savait pertinemment de quoi elle parlait. Quand la piste d'atterrissage sera achevée, nous ferons venir la *merca* par avion – notre *mota* et la coke du Golfe –, nous la chargerons sur le dos de passeurs ou dans des camionnettes, et nous l'expédierons de l'autre côté. Nous aurons des hommes de l'autre côté pour guider les convois et garder un œil sur les activités de *La Migra*. Plus de problèmes avec les cow-boys qui appellent les flics chaque fois qu'ils voient une personne suspecte, un véhicule suspect. Et nous n'aurons plus à graisser la patte aux agents des douanes aux ports d'entrée parce que…

— Nous aurons notre propre port d'entrée, acheva Julián à sa place.

— *Precisamente.* Pour nous, il n'y aura pas de frontière.

— Je préfère de loin ce genre de propos. Maintenant, tu dis des choses sensées.

— Quoi ? Tu croyais que je n'avais pas pris tout ça en considération ? J'ai pensé au moindre détail.

— Ce sont tes mobiles qui me troublent. Cette… cette soif de venger une chose qui s'est produite il y a si longtemps pourrait troubler ton jugement.

— Rien ne trouble mon jugement, répliqua-t-elle avec indignation. J'ai le sens pratique.

— Alors, dis-moi, *mi mujer pragmática*, comment vas-tu persuader nos voisins américains de vendre ? »

Elle laissa passer un moment.

« Je ne vais pas te le dire. Je vais te le montrer. Le neveu de Vicente, Billy Cruz… Je l'ai fait venir ici aujourd'hui. Pour cette raison précise.

— Billy Cruz ? Ce *pollero* ? demanda Julián, incrédule, conscient que sa mère détestait les passeurs de clandestins.

— Lui-même, répondit-elle. Va voir dehors s'il est arrivé. Dis-lui que nous aimerions avoir un mot avec lui en privé. »

Elle observa Cruz lorsqu'il entra avec Julián, un Stetson noir baissé par-dessus son front. Elle ne l'avait rencontré qu'une fois, et encore, brièvement. Vicente lui avait expliqué que son neveu avait été boxeur dans sa jeunesse, et elle voyait que maintenant, alors qu'il devait avoir dans les 35 ans, il conservait un physique athlétique dont les courbes plaisantes étaient accentuées par sa chemise ajustée à rayures et par son jean serré.

« *Buenas tardes, Billy*, roucoula-t-elle en se levant et en tendant la main.

— *Buenas tardes*, répondit-il d'une voix haut perchée de petit garçon qui ne collait pas avec son physique de macho.

— Je suis très à cheval sur les manières, déclara-t-elle. S'il te plaît, ôte ton chapeau. »

Il poussa un petit ricanement et obéit. Un beau mec – comment avait-elle fait pour ne pas s'en rendre compte lors de leur première rencontre ? Une chevelure dense qui tirait sur le blond, des yeux marron foncé, un menton carré. Son nez avait été cassé – sur le ring, supposait-elle – et des cicatrices gâchaient ses sourcils blonds ; mais ces imperfections ajoutaient à son charme. *Una buena cogida*, aurait-elle parié.

« Assieds-toi, dit-elle en désignant le fauteuil. Je suppose que tu préfères que nous parlions anglais.

— Je peux parler espagnol. »

Elle s'appuya sur le bureau, les paumes sur le rebord, et lui lança un regard légèrement aguicheur.

« Mais je crois que mon anglais est meilleur que ton espagnol, et je ne voudrais pas qu'il y ait le moindre malentendu entre nous. »

Il s'affala dans le fauteuil avec une nonchalance étudiée, plaça son chapeau sur ses cuisses et joignit les mains derrière la tête. Julián resta debout, appuyé contre la porte.

« Tout d'abord, commença Yvonne, laisse-moi te dire que je suis désolée pour ce qui est arrivé à *Tío* Vicente.

— C'est un peu tard. Il est mort il y a près de deux mois.

— J'ai été occupée. Mais j'ai été triste de le perdre. Il était très doué pour dissimuler la marchandise dans les camionnettes. Un jour, il a découpé le réservoir et installé un faux réservoir à l'intérieur. Les soudures étaient invisibles à la loupe, et les chiens ne pouvaient pas sentir la *merca*.

— Oui. Il a tenu une carrosserie pendant des années. À Nogales.

— Mais peut-être qu'il n'était pas très doué pour d'autres choses », ajouta-t-elle.

Julián s'écarta de la porte.

« Nous avons entendu dire qu'il avait volé une cargaison de *perico* à Joaquín Carrasco, dit-il. C'est lui qui a commandité le meurtre de ton oncle.

— Je ne suis au courant de rien, répondit Cruz.

— Le contraire m'aurait étonnée, dit Yvonne. Mais tu sais, quand il est venu travailler pour moi, je me suis parfois posé la question que se pose la maîtresse d'un homme marié – s'il trompe sa femme avec moi, est-ce qu'il me trompera avec quelqu'un d'autre ? »

Cruz se redressa et tritura le bord de son Stetson.

« Est-ce que c'est de ça que vous voulez me parler ? demanda-t-il.

— Non. Tu sembles un peu… tendu. Tu veux boire quelque chose ? Une bière ? Un verre de *bocanora* ? *Tengo lo bueno.*

— J'ai tout l'après-midi pour boire.

— Je veux que tu saches une chose, Billy, reprit-elle. Si j'avais été à la place de Carrasco, j'aurais placé un contrat sur la tête de ton *tío*. Mais je suis à ma place, et

Vicente travaillait pour moi quand ils l'ont tué. Il va y avoir un règlement de comptes.

— Je reste à l'écart de tout ça, déclara Cruz. Donc, je vais faire comme si je n'avais rien entendu.

— Oui, c'est bien d'être sourd parfois. Ton oncle m'a dit que tu étais un homme d'affaires. Que tu avais un petit commerce à Nogales.

— Un service de navettes. Nous emmenons les gens à Tucson et à Phoenix. Des Mexicains, principalement.

— Des Mexicains avec des papiers en règle, dit-elle.

— C'est exact.

— Mais ton activité principale est d'un autre genre. Alors, parle-moi de cette activité. Je n'y connais pas grand-chose. C'est un bon business ?

— Vous envisagez de vous y lancer ? » demanda Cruz avec un petit sourire narquois.

Il semblait avoir gagné en assurance. Elle fut surprise de ne pas être contrariée par ses manières effrontées. De fait, elles lui plaisaient. À cet instant, un fantasme lui traversa soudain l'esprit, comme une scène d'un film X : Billy est allongé sur son dos jeune et puissant, sur son lit à baldaquin, elle est grimpée sur lui ; le *vaquero* qui l'avait traitée de vieille est menotté à la colonne de lit, regardant à travers les rideaux vaporeux pendant que Billy la remplit de la douce marmelade de son petit membre. *La mermelada de membrillo.* Regarde ça, cow-boy, regarde-moi grimper cet homme, et viens me dire que je suis une vieille femme. L'image la fit perdre contenance. Elle mit plusieurs secondes à se ressaisir.

« J'ai amplement de quoi m'occuper, répondit-elle, de nouveau maîtresse d'elle-même, bien que sa voix fût soudain rauque. Je suis curieuse, c'est tout.

— Ôtez les sièges d'une camionnette conçue pour neuf passagers, et vous pouvez y faire entrer dix-huit, vingt *pollos*. Avec les Mexicains, vous dégagez un profit brut de mille cinq cents par tête. Pour les personnes d'Amérique centrale, c'est cinq mille. Les Chinois et les Arabes, dix mille.

— Tu as fait passer des Chinois et des Arabes ? À dix mille par tête ? Ça rapporte plus que je ne le croyais.

— Pas beaucoup. Quatre-vingt-dix pour cent de mes clients sont mexicains.

— Qu'est-ce qui se passe si un chargement est découvert ? Quand je perds une cargaison de *mota*, j'en suis pour mes frais.

— On fait payer d'avance. Et je ne perds pas trop de chargements. »

Es un poco presuntuoso, songea Yvonne. Il est un peu présomptueux.

« C'est vrai, ton *tío* m'a dit que tu étais très compétent. Que tu connaissais comme ta poche toutes les routes, tous les petits chemins des montagnes San Rafael et Huachuca. Une carte humaine, voilà comment il t'a décrit.

— Je connais plutôt bien la région. Je suis obligé. »

Elle contourna le bureau et s'assit derrière, directement face à lui.

« Et est-ce que tu connais un ranch nommé le San Ignacio ?

— Il est juste de l'autre côté de la frontière par rapport à ici, à quinze kilomètres, je dirais. Il appartient à une vieille femme et son fils.

— Et tu as fait passer tes poulets par ce ranch ?

— Non.

— Pourquoi pas ? »

Cruz hésita et se remit à triturer son chapeau.

« Il y a deux frères à Santa Cruz qui possèdent les routes de San Rafael. Je leur loue un droit de passage. C'est une sorte de péage, et pour le moment les routes qui traversent ce ranch ne sont pas à louer.

— Ce péage doit beaucoup ajouter à tes frais de fonctionnement.

— Le prix pour faire du business, déclara Cruz de sa voix de fausset ; on aurait dit un garçon de 16 ans.

— Ces cow-boys de Santa Cruz, ces frères, ils travaillent pour Joaquín Carrasco.

— Je… je ne sais pas pour qui ils travaillent. Je reste à l'écart de tout ça.

— Crois-moi, Carrasco est leur *mero mero*. Donc ce péage que tu leur verses va dans la poche de l'homme qui a commandité le meurtre de ton oncle. Ça ne te trouble pas, Billy ? Où est ta loyauté envers la famille ? »

Julián, elle le voyait, commençait à perdre patience, mais elle s'amusait.

« Comme j'ai dit, je reste à l'écart de ce bordel, répondit Cruz. Je ne sais rien et je me fous de savoir qui travaille pour qui.

— Et toi, pour qui travailles-tu ?

— Je suis mon propre employeur. Je travaille pour moi. »

Yvonne secoua la tête.

« *Trabajas para mí.* Tu travailles pour moi. »

Cruz écarquilla les yeux, feignant la surprise, ou peut-être sa surprise n'était-elle pas si feinte que ça.

« Depuis quand ?

— Depuis maintenant. Pour faire passer leur *merca* par le San Ignacio, tes cow-boys de Santa Cruz devraient d'abord la faire passer par ici. Tu en vois ? Non. Je suis la propriétaire de ce *rancho*. Ce qui signifie que je suis la propriétaire des routes qui le traversent. Si quelqu'un fait franchir la frontière à quoi que ce soit à partir d'ici – je me fous qu'il s'agisse de *mojados*, de *mota*, de coke ou d'un putain de chargement d'oignons –, il ne le fait pas sans ma permission. Et je ne l'accorde pas, sauf à toi. Tu as quelque chose à dire, Billy ?

— Pas grand-chose. Mais je suppose que vous, oui.

— Je parle en effet beaucoup, répondit Yvonne, retrouvant son ton aimable. Je suis une personne sociable. Peu importe ce que tu as pu entendre dire à mon sujet. Il est en fait facile de s'entendre avec moi.

— Tant que tu fais ce qu'elle veut, intervint Julián.

— Quel fils respectueux. » Elle se leva, regagna l'avant du bureau et s'assit dessus, chevilles croisées. « Et ce que je veux que tu fasses, c'est l'inverse de ce que tu fais maintenant. À partir de maintenant, à moins que je ne te donne un ordre contraire, tu feras passer tes poulets par ici jusqu'au San Ignacio, et *nulle part ailleurs*. Toutes les autres routes de la vallée de San Rafael sont interdites. Tu nous rendras service, à toi comme à moi – je ne te ferai payer aucun droit de passage. Tout ce que je te demande, c'est que tes cueilleurs de fraises et tes nettoyeurs de chiottes ne foutent pas le bordel ici. Ce qu'ils font de l'autre côté est une autre affaire. Plus ils y foutront le bordel, plus ça me plaira. Alors, tu as quelque chose à dire ? »

De toute évidence, non. Il plissa les yeux, ses sourcils sillonnés de cicatrices se rapprochant l'un de l'autre telles des chenilles auxquelles il manquerait des parties.

« Tu es inquiet à cause de ce que tes cow-boys de Santa Cruz diront de cet arrangement ?

— C'est une chose à envisager.

— Mais pas longtemps, parce que ce qu'ils auront à dire, c'est exactement, précisément, rien. »

Cruz souleva vivement les épaules, qui vinrent toucher ses oreilles. Un haussement d'épaules ? Un tic ? Elle n'aurait su dire.

« De quoi s'agit-il ? Vous voulez que je crée une diversion, c'est ça ? Si la police des frontières est occupée à traquer mes hommes, elle passera moins de temps à traquer les vôtres ?

— C'est en partie ça, Billy. Le reste ne te regarde pas. » Cédant à une soudaine envie de le toucher, elle bondit du bureau, traversa la pièce en deux rapides foulées et lui saisit les mains, caressant du bout des doigts ses paumes calleuses. « Des mains fortes. Tu sais, un homme fort dans cette grande région déserte pourrait se dire : "Merde, je peux faire ce qui me plaît ici. Qui va me voir ?" Il pourrait être tenté de faire passer ses sales poulets par les mauvais endroits. Ce serait une mauvaise idée. »

Il ne répondit rien. Yvonne, toujours désireuse de bien se faire comprendre, ajouta :

« Il y a eu un terrible incident en janvier dernier. Pas très loin d'ici. Des *bajadores* ont tendu une embuscade à des *mojados* et ils les ont tous tués. Tu te souviens de cet incident ? On en a parlé dans tous les journaux.

— Bien sûr que je m'en souviens. Ces gens étaient à moi.

— Vraiment ? Je l'ignorais », déclara-t-elle en toute honnêteté. Mais ce n'en était que mieux, une heureuse coïncidence. Les poulets morts continuaient de lui être utiles.

« Donc, c'est une cargaison que tu as perdue.

— Oui. Et ce ne sont pas des bandits qui ont fait ça. Rien n'a été volé. Pas une montre, pas un portefeuille. Ils ont été tués sans raison.

— Oui, c'est ce qu'ont dit les journaux. Tu sais, l'homme qui possédait ce ranch a été si effrayé par ces meurtres qu'il l'a mis en vente. Je lui en ai parlé. Il a dit qu'une personne qui pouvait commettre une telle horreur était susceptible de faire n'importe quoi. C'était tout simplement trop dangereux pour lui de rester ici. Mais bon, il était très vieux et seul. »

Cruz baissa les yeux, les releva. Tandis qu'elle lui tenait les mains, elle sentit la tension en lui, la peur. Il était à elle. Elle le tenait.

« Quelque chose qui te préoccupe, Billy ? Quelque chose que tu aimerais me dire ?

— Rien.

— Bon, très bien. » Elle le lâcha et fit un pas en arrière. « Que penses-tu de notre nouvel arrangement ?

— Est-ce que j'ai le choix ?

— D'après toi ? »

Après avoir congédié Billy, elle demanda à Julián :

« Et toi, qu'est-ce que tu en penses ?

— Tu devrais essayer d'être moins transparente. Tu le regardais comme si tu voulais lui arracher sa chemise. Tu pourrais presque être sa mère.

— Peut-être que c'est toi qui voulais lui arracher sa chemise.

— *Eres una perra. Siempre tienes la regla.*

— Ça fait deux ans que je ne les ai plus. Le plan, *mi hijo*. Qu'est-ce que tu en penses ? Des douzaines de *mojados*, peut-être des centaines, traversant le San Ignacio semaine après semaine, comme une invasion de sauterelles. Quelques mois de ce traitement et…

— Ils supplieront pour que quelqu'un les débarrasse de ce ranch. » Julián, qui était appuyé contre le mur, les mains dans les poches, adopta un air pensif. « Mais tu sais, ces *rancheros* sont attachés à leur terre. Mexicains ou gringos, *no le hace*. Ils y sont tous attachés. Et ces liens sont difficiles à rompre.

— Il n'a pas été difficile de rompre les liens de l'ancien propriétaire de ce ranch-ci. Tout est à vendre, c'est ce que dit mon cousin agent immobilier, et il a raison. Je vais m'arranger pour que nos voisins américains aient tellement peur de tout perdre qu'ils accepteront n'importe quoi.

— Tu deviens philosophe, mère.

— Philosophe ? Non, je deviens un général. Comme Pancho Villa. Il a envahi les États-Unis, et moi aussi je vais en envahir une petite partie. » Elle se sentait grisée. Elle éclata de rire. « Le *señor* Cruz sera mon commandant en chef, ses poulets, mon armée.

— Ne t'emballe pas, observa Julián. Pancho Villa a perdu sa bataille. »

12

Le printemps n'est pas la saison du renouveau dans le désert de Sonora. C'est la période aride, la sécheresse annuelle. De la mi-mars à la fin juillet, les cieux ne comportent pas un nuage, et, au bout d'un moment, le bleu pâle au-dessus de vous devient monotone et oppressant. Les arbres produisent cependant des feuilles, d'abord les peupliers, les *mesquites* en dernier, et les fleurs du désert s'épanouissent, ajoutant des éclats de couleur au paysage brun pâle ; mais les herbes sont bientôt aussi sèches qu'un vieux journal, les réservoirs naturels deviennent des flaques, puis des cratères craquelés, et les serpents à sonnette sortent de leur hibernation, chacun aussi mauvais qu'un homme se réveillant avec une vilaine gueule de bois, prêt à frapper tout ce qui s'approchera un peu trop près, humain, cheval, vache ou chien. Le printemps est la saison où les immigrants meurent en plus grand nombre, des centaines chaque année, leurs cadavres nus (nus parce que, dans la folie provoquée par la déshydratation, ils arrachent leurs vêtements) étalés dans les fourrés de broussailles, parfois à quelques mètres de la route ou de l'autoroute qu'ils cherchaient désespérément à atteindre. Le printemps est la saison où même les orages sont secs, mettant le feu aux broussailles et aux forêts sur les flancs des montagnes. Et le printemps est la saison où les fermiers et les ranchers des deux côtés de la frontière parlent de manière incessante et obsessionnelle de la pluie. Ils y pensent, en rêvent, l'attendent avec anxiété. Les moussons d'été débutent en juillet, poussées jusqu'aux États de Sonora et d'Arizona par les *chubascos* qui tourbillonnent depuis le golfe de Californie, et elles s'achèvent deux mois plus tard ; mais leur arrivée et leur abondance ne sont jamais garanties. Comme un enfant précoce, elles peuvent se montrer prometteuses puis ne rien donner ; ou elles peuvent se retenir puis se déverser en torrents trop tardivement ; ou elles peuvent s'avérer capricieuses – de longues journées ou semaines arides ponctuées de brefs déluges bibliques qui ne font guère que récurer le sol, nettoyer les routes, et produire des crues soudaines et écumantes qui rugissent dans les arroyos, arrachant de gigantesques arbres par les racines comme autant de pissenlits ; ou alors les pluies peuvent ne jamais arriver.

Cette année-là, le printemps était particulièrement éprouvant pour Tessa McBride. Il y avait les difficultés habituelles liées à la gestion d'un ranch – un couguar qui tuait un ou deux veaux, une pompe à puits qui rendait l'âme –, mais c'était la guerre qui jouait le plus avec ses nerfs. Environ une semaine après les premiers lâchers de bombes, Castle alla avec elle acheter une nouvelle pompe dans une boutique d'outillage de Sierra Vista, un vaste méli-mélo de centres commerciaux et de lotissements qui souillait le désert près de Fort Huachuca. La circulation s'immobilisa près du croisement entre la

Route 90 et la voie qui menait à l'entrée principale de la base, tandis qu'un convoi de camions et d'Hummer beiges prenait la direction de quelque aérodrome en vue d'un déploiement en Irak. Les véhicules militaires grondants et les soldats au visage sévère avec leur béret noir et leur uniforme de camouflage faisaient régner une atmosphère dramatique ; l'histoire universelle agitait ce coin reculé d'Arizona où les secousses du 11 Septembre avaient à peine été ressenties. En attendant que le convoi soit passé, Castle remarqua un monument de pierres, orné d'une plaque avec un bas-relief représentant deux cavaliers, sur laquelle étaient inscrits les mots FORT HUACHUCA – 1877. Derrière, construit avec les mêmes pierres arrachées à des lits de rivière, se dressait un petit bâtiment qui semblait dater de l'époque où le fort n'était qu'un avant-poste pendant les guerres contre les Apaches. Une pancarte à l'avant annonçait que c'était désormais un CENTRE DE SOUTIEN AUX VEUVES.

« Je parie qu'on va bientôt se bousculer là-dedans », déclara Tessa. Elle baissa sa vitre et cria à l'intention des deux agents de la police militaire qui dirigeaient la circulation : « Et les parents ? » Comme ils ne répondaient pas, elle klaxonna pour attirer leur attention. « Hé ! Est-ce que vous avez un centre de soutien pour les parents ? »

L'un des soldats, qui portait un brassard sur lequel étaient cousues les lettres MP, s'approcha lentement, tel un flic des autoroutes qui aurait coincé un automobiliste en plein excès de vitesse.

« Quel est le problème, madame ?

— Pas de problème. Vous avez un centre de soutien aux veuves. Je veux savoir si vous en avez un pour les parents. »

L'agent fronça les sourcils.

« Si vous voulez des renseignements, vous pouvez vous adresser au service d'information de la base, madame. Vous pouvez obtenir un passe visiteur à l'entrée principale.

— Je ne veux pas de passe visiteur ! s'écria Tessa d'une voix chevrotante, fragile. Si ma fille se fait tuer là-bas, est-ce que je peux compter sur le soutien de l'armée, ou est-ce que je me retrouve toute seule avec un cercueil et un drapeau ?

— Tess, qu'est-ce que vous fabriquez ? » demanda Castle, un peu inquiet.

Il ne l'avait jamais vue se comporter ainsi.

« Je ne peux pas vous répondre, répliqua l'agent. Je vous suggère de contacter le service d'information de la base. »

Pendant ce temps, la queue du convoi était passée et l'autre soldat faisait signe d'avancer. Le chauffeur de la voiture qui était coincée derrière le pick-up de Tessa klaxonna ; puis il se déporta sur la voie de gauche et la dépassa à toute allure.

« Vous allez devoir déplacer votre véhicule. Vous bloquez la route, madame, déclara le soldat, appuyant sur le dernier mot pour lui faire comprendre que sa réserve de patience s'épuisait rapidement.

— Je vais le faire, mais simplement parce que vous le demandez si poliment. Et merci de votre extrême obligeance.

— Qu'est-ce qui vous prend de l'agresser comme ça ? demanda Castle lorsqu'ils furent repartis. Ce n'est qu'un soldat comme Beth. Un gosse.

— Un robot, voilà ce que c'est, répliqua sèchement Tessa. Vous allez devoir déplacer votre véhicule, madame. Votre *vé-hi-cu-le.* » Elle semblait prendre plaisir à se montrer déraisonnable. « Il ne pouvait pas dire “pick-up” ? C'est quoi le problème avec “pick-up” ? »

Castle resta à ses côtés presque chaque soir durant les deux semaines qui suivirent. Il roulait jusqu'au Crown A vers 17 heures, ils dînaient – elle faisait la cuisine, lui la vaisselle – puis ils entamaient leur veille devant la télé. Assis sur le canapé avec un espace entre eux, tel un couple de vieux mariés, ils suivaient les progrès de la troisième division d'infanterie (l'unité à laquelle le bataillon de ravitaillement de Beth était rattaché) tandis qu'elle se frayait à coups de bombes un chemin vers Bagdad. Ils se familiarisaient avec des endroits dont ils n'avaient jamais entendu parler, Nadjaf et Nassiriya et Kerbala, et commençaient à prendre conscience des rivalités sectaires au sein de l'islam.

« Qu'est-ce qui fait exactement qu'un chiite est chiite et un sunnite, sunnite ? demanda un soir Tessa. Et pourquoi est-ce qu'ils se détestent ? »

Castle n'en savait rien ; il supposait que c'était pour les mêmes raisons que catholiques et protestants se détestaient en Irlande du Nord, à savoir, sans la moindre raison valable.

Ils regardaient CNN lorsqu'on annonça qu'un convoi de ravitaillement américain était tombé dans une embuscade. Plusieurs soldats avaient été tués ; plusieurs autres, dont deux femmes, étaient portés disparus. Tessa se précipita dans sa chambre pour réapparaître aussitôt, agrippant l'une des lettres de Beth. L'adresse au dos de l'enveloppe comportait le nom et le numéro du bataillon de sa fille.

« De quelle unité étaient-ils ? » hurla-t-elle en direction de la télé.

Un reporter, sur fond de huttes en terre et de palmiers-dattiers, donnait de nouveaux détails... Onze morts confirmés, cinq disparus, on supposait que les deux femmes avaient été capturées par l'armée irakienne...

« Alors, donne-nous le nom de la foutue unité ! » beugla Tessa, puis elle passa à CBS, NBC, ABC, Fox, hurlant sans cesse la même question. Elle se tourna vers la photo de Beth durant ses classes. « Quel besoin tu avais de t'engager dans la putain d'armée ? Si tu avais moins été à côté de la plaque, tu serais toujours à la fac. »

Elle ne redevint elle-même que lorsque, un ou deux jours plus tard, les femmes furent identifiées comme les soldats de première classe Jessica Lynch et Lori Piestewa. Lynch avait été secourue dans un hôpital irakien par les forces spéciales ; Piestewa, une Indienne hopi d'Arizona, était morte de ses blessures. Tessa serra Castle dans ses bras et pleura de soulagement en apprenant que sa fille allait bien, sa joie et sa reconnaissance faisant aussitôt naître en elle un sentiment de culpabilité. La famille de cette pauvre femme. Bon sang, quel droit avait-elle d'être si heureuse ?

Un après-midi d'avril, ils abandonnèrent le spectacle de la guerre pour traiter une vache qui souffrait d'un prolapsus de l'utérus. Castle fit en quelque sorte office de chirurgien assistant auprès de Tessa et Tim McIntyre, qui tenait dans une main une seringue de lidocaïne, et dans l'autre une longue aiguille incurvée et un fil de coton. McIntyre poussa la vache, talonnée par son veau de trois jours, dans une stalle d'acier d'un des corrals de Tessa. Celle-ci demanda la seringue, conseillant à Castle de se tenir à l'écart quand elle enfoncerait l'aiguille dans l'arrière-train de la bête – il risquait de se prendre un coup de sabot ou de se faire arroser de bouse de vache. Ni l'un ni l'autre ne se produisirent.

« Mon père m'a dit que mon grand-père faisait ça en plein champ avec une bouteille de coca, expliqua McIntyre pendant qu'ils attendaient que l'anesthésiant fasse effet. Il trimbalait une de ces bouteilles d'un demi-litre dans sa sacoche, ainsi qu'une aiguille de tapissier et de la ficelle de cuisine. S'il tombait sur une vache avec un prolapsus, il repoussait l'utérus avec la bouteille, puis il la recousait.

— Et la bouteille de coca ? demanda Tessa, intriguée par cette méthode innovante.

— Oh ! il la laissait là-dedans. Ça empêchait l'utérus de ressortir.

— J'imagine que ça empêchait aussi les taureaux d'entrer », déclara Tessa.

McIntyre rougit et regarda ses bottes miteuses. C'était un chrétien évangéliste pieux ; un autocollant à l'arrière de sa camionnette proclamait son appartenance à une organisation nommée Les Cow-boys pour le Christ.

« Je n'avais jamais vu les choses sous cet angle, dit-il, mais je suppose que tu as raison. »

La queue de la vache avait cessé de remuer, ce qui indiquait que son arrière-train était engourdi. McIntyre enfila un gant de latex et, du poing, remit en place l'utérus qui ressortait, enfonçant presque son bras jusqu'au coude. Castle grimaça lorsqu'il le ressortit et qu'il vit le gant couvert d'un liquide visqueux et moucheté de sang. Tessa saisit l'aiguille et le fil – il était aussi épais qu'un fil de pêche au gros – et se mit à recoudre le vagin de la vache. Elle avait fait deux sutures lorsque le téléphone de l'étable sonna. Elle releva brusquement la tête et regarda autour d'elle d'un air méfiant, comme s'il risquait d'y avoir un intrus caché quelque part.

« Finis de la recoudre », dit-elle, tendant l'aiguille à McIntyre.

Lorsqu'elle revint, elle était en larmes et se jeta dans les bras de Castle et l'étreignit.

« C'était elle ! Beth ! Elle appelait de Bagdad ! » Elle l'embrassa à pleines lèvres ; puis, pour montrer qu'elle ne faisait qu'exprimer sa joie, elle embrassa McIntyre de la même manière. Mais Castle observa que le baiser qu'il avait reçu avait peut-être duré une seconde de plus que celui du cow-boy. « Son unité est à l'aéroport de Bagdad, poursuivit Tessa. Vous imaginez ça ? Recevoir ici un coup de fil de là-bas ? Quelqu'un a installé un téléphone satellitaire. Elle ne pouvait pas parler longtemps, moins d'une minute. Mais elle va bien. Pas même une chaude alerte. Oh ! ce que ça m'a fait plaisir d'entendre sa voix ! »

Et à entendre Tessa, on aurait cru que la guerre était finie. En pratique elle l'était – Bagdad était tombée, Saddam était en fuite, sa statue avait été renversée. Castle regarda Tessa dans les yeux, conscient qu'il avait parcouru un long voyage intérieur au cours du dernier mois, un voyage qui n'était qu'à moitié achevé ; pourtant, il avait parcouru assez de chemin pour partager sa joie. Il offrit de l'emmener dîner pour fêter ça. Sans toutefois lui dire qu'ils ne fêteraient pas seulement la délivrance de Beth. Il ne trouvait pas les mots pour exprimer ce qu'il ressentait ; ou plutôt, si, mais il estimait que mieux valait ne pas les prononcer : elle avait besoin de lui, il avait besoin d'elle, et dans ce besoin mutuel il avait trouvé la clé qui lui permettrait de ne plus se considérer comme la victime d'une tragédie inexprimable.

Ils allèrent chez Elvira, du côté mexicain de Nogales. Comme elle portait encore l'une de ses tenues de reine du rodéo – pantalon serré, veste à franges par-dessus une chemise à boutons de nacre, chapeau coquet à bords plats –, elle s'attira les regards des chauffeurs de taxi rassemblés dans International Street. La coutume chez Elvira est de servir gratuitement des verres de tequila avant le dîner. Tessa but les siens à la manière traditionnelle, suçant une tranche de citron vert, léchant le sel sur sa main, puis sifflant son verre d'un trait. Castle se sentait légèrement étourdi tandis qu'il regardait ses lèvres luisantes de jus de citron vert, le bout de sa langue happer le sel dans le creux de son pouce.

Ils commandèrent des *margaritas* pour accompagner leur dîner et portèrent un toast à la santé de Beth. Après quoi, tandis que Castle mangeait son poulet *mole* et Tessa ses crevettes dans une sauce au beurre et à l'ail, ils parlèrent d'autre chose que de la guerre, pour la première fois depuis des semaines. Des trucs légers au début. Les films qu'ils avaient vus ou voulaient voir. Leurs disques préférés. Puis Tessa expliqua qu'elle peinait à tirer des bénéfices du ranch. Castle ne connaissait rien à l'élevage de bétail, mais il connaissait les profits et les pertes, et il lui suggéra de créer un site Internet pour faire la publicité de son bœuf bio, et de le combiner à une campagne de mailing à l'intention des marchés de viande indépendants de Tucson. Il avait l'impression qu'elle était captivée par le mode de vie des cow-boys et ne se souciait guère de l'aspect commercial. La conseiller en la matière était gratifiant pour lui ; il se disait que ça lui montrait que, même s'il n'était pas fichu d'attraper un veau au lasso, de réparer une clôture ni de soigner un prolapsus de l'utérus, il était néanmoins un mâle fort et compétent.

Ayant bu deux *margaritas* avec son dîner en plus des tequilas qu'elle avait précédemment sifflées, Tessa chancela un peu lorsqu'ils se levèrent pour partir et dut agripper le dossier de la chaise pour retrouver l'équilibre.

« Bon sang, je suis bourrée.

— Ça ne s'entend pas.

— Je parle encore normalement, mais je ne suis plus foutue d'aligner deux pas. Je vais devoir m'appuyer sur vous. »

Une fois dehors, il passa un bras autour de ses épaules, et elle glissa le sien autour de sa taille et s'accrocha à sa ceinture, s'appuyant contre lui tandis qu'ils marchaient en direction du passage clouté. Les réverbères étaient allumés, et les enseignes au néon étincelantes hurlaient le nom d'hôtels bon marché et de bars miteux. Les chauffeurs de taxi la lorgnèrent une fois de plus.

« Ils ne vont pas croire que je suis soûle, dit-elle d'une voix légèrement aguicheuse. Ils vont juste croire que nous sommes amoureux. »

Ils durent se lâcher au poste frontière. Tessa avait un peu récupéré et le passa sans tituber. De l'autre côté, ils recommencèrent à marcher bras dessus, bras dessous, grimpèrent la rampe de Terrace Street, puis longèrent

Crawford jusqu'au parking où Castle avait garé sa voiture.

« J'ai réussi, dit Tessa en s'affalant sur le siège. Je dois dire que c'est très gentil de votre part d'avoir supporté mes crises d'hystérie.

— Si une de mes filles était là-bas, je serais moi aussi hystérique.

— Vous croyez que ce serait moins effrayant si c'était un fils au lieu d'une fille ?

— Ça n'est plus censé faire la moindre différence.

— Oui, sauf que ça en fait une. »

Il quitta le parking et s'engagea dans South Grand, passant devant l'ancienne mairie.

« Alors, vous croyez qu'on pourrait l'être ? demanda Tessa.

— Quoi donc ?

— Ce dont on avait l'air en marchant jusqu'à la voiture. »

Une ivresse qui n'avait rien à voir avec la tequila s'empara du cerveau de Castle. Au même instant, elle tendit la main et lui posa deux doigts sur les lèvres.

« Ne répondez pas. Ce n'était pas juste de ma part, dit-elle. C'est la tequila qui parle. Je veux juste que vous sachiez que je le suis. Ce qui ne vous oblige à rien. »

Il la ramena jusqu'à sa porte, sous les innombrables étoiles d'un ciel épargné par la pollution ou les éclairages de la ville.

Elle demanda : « Est-ce qu'une nouvelle danse vous dirait, monsieur Castle ? », et ils entrèrent. Elle alluma une lumière, inséra le CD d'Ella Fitzgerald dans le lecteur, puis éteignit la lumière. Comme ils dansaient dans le noir sur ces morceaux de Gershwin, ces mélodies urbaines incongrues portées par la voix ensorcelante d'Ella, il oublia sa gêne, sa réserve habituelle. Il la serra dans ses bras et la fit tournoyer autour de lui sans heurter le moindre objet. Il se sentait magistral. Le baiser qu'il lui donna, durant la deuxième danse, fut aussi timide qu'un baiser d'adolescent. Elle répondit avec ferveur, l'encourageant à recommencer. Son corps s'abandonna, mais ce n'était pas un abandon passif. Ils se laissèrent tomber sur le divan, elle au-dessus de lui, tirant sur les boutons de sa chemise. Il défit maladroitement les boutons-pression du chemisier de Tessa, et alors elle se redressa, à genoux, nue jusqu'à la taille, et s'inclina, sa poitrine retombant sur les lèvres de Castle. Il saisit un mamelon entre ses lèvres, le suçant tandis qu'elle lui tenait la tête. Ils s'écartèrent l'un de l'autre et achevèrent de se déshabiller. Ni l'un ni l'autre ne parlaient, conscients qu'un seul mot romprait le charme ; qu'ils se trouveraient ridicules, un homme de près de 57 ans et une femme de 45 ans tirant sur leur boucle de ceinture et leur fermeture éclair, ôtant brusquement leurs chaussures, arrachant leurs chaussettes tels deux adolescents frénétiques. Lorsque leurs corps nus se réunirent de nouveau, Castle fut saisi par la crainte d'avoir une panne embarrassante. Il s'imagina Tessa lui caressant le bras tout en murmurant que ce n'était pas grave, chéri, ces choses arrivent à tous les hommes de temps à autre. Il fut ravi de découvrir qu'elle n'aurait pas à lui prodiguer un tel réconfort. Plus tard, ils restèrent allongés côte à côte, en silence, sereins. Tessa ébouriffa d'un air taquin ses cheveux qui commençaient à être clairsemés, lui tordit l'oreille. « Est-ce que Sam va t'en vouloir si tu passes la nuit ici ? demanda-t-elle. Parce que moi, oui, si tu ne restes pas. »

Le lendemain matin, tandis qu'il rentrait chez lui, Castle se rappela avoir surpris une conversation intime entre ses partenaires féminines chez Harriman-Cutler. Elles affirmaient, de fait, qu'un homme et une femme ne pouvaient pas être amis car l'acte sexuel, telle une bête sauvage, s'imposait inévitablement à eux, ne leur laissant d'autre choix que de se séparer ou de devenir amants. Elles parlaient comme si le désir était l'ennemi de l'amitié. Absurde, pensait-il désormais. Il ne pouvait y avoir de réelle communion entre homme et femme sans acte sexuel. Au moment de l'orgasme, ils devenaient un corps, une âme, toutes les distinctions entre charnel et spirituel devenaient aussi insignifiantes que la gravité pour un oiseau.

La route qui menait du ranch de Tessa au San Ignacio était pour l'essentiel plate, hormis un tronçon où elle gravissait une petite côte. Il se gara au sommet de celle-ci et regarda à travers la vallée, qui s'étirait telle une mer intérieure jusqu'aux rivages des montagnes qui la bordaient. Au loin, du côté mexicain, un feu de broussailles mourant formait la seule souillure sur le ciel du matin. Un faucon tournoyait au-dessus des reliefs du paysage, qui était traversé par le mince fil vert des peupliers qui bordaient la rivière Santa Cruz. Il perçut du mouvement dans cette direction et vit un troupeau d'antilopes de Sonora qui caracolaient en direction de la rivière et de sa promesse d'eau. Malgré la route, les clôtures, le reflet des toits de tôle des ranches ici ou là, il s'imagina que les missionnaires espagnols qui avaient traversé la vallée de San Rafael quatre cents ans plus tôt auraient retrouvé un paysage en grande partie familier. L'Ouest. Il avait été pillé, maltraité et défiguré des siècles durant. Et il semblait merveilleux que de tels endroits pussent encore exister, qu'il subsistât un tant soit peu de la vieille magie de l'Ouest, que sa géographie fût toujours celle de la promesse, son paysage celui de l'espoir. Des mirages, peut-être, qui exerçaient un charme vague, illusoire ; et pourtant, Castle voyait dans le panorama qui s'étalait devant lui la possibilité de bientôt briser les chaînes qui le reliaient au passé et de renverser le tyran qui l'opprimait à presque chaque heure du jour. Tessa lui avait donné conscience de cette possibilité, Tessa et le paysage. Était-ce une chimère ? Ça ne faisait presque aucune différence. La possibilité qui miroitait à l'horizon, la possibilité lui suffisait.

Ben Erskine

Transcription 3 – T. J. Babcock

Ynez et moi nous étions installés à Cananea, dans une petite *casita* juste à côté de chez sa mère. Je suis rapidement devenu le père d'un petit garçon, Roberto. Comme j'ai déjà dit, Ynez mesurait un poil plus d'un mètre cinquante, mais elle était forte pour sa taille et… vigoureuse, si vous voyez ce que je veux dire. Elle m'épuisait littéralement. Roberto en était toujours à la téter quand elle est retombée enceinte, et nous avons eu un autre garçon. Nous l'avons baptisé Candelario, en hommage à notre ancien *comandante*. Nous étions alors en 1915, et c'était le foutoir complet au Mexique. Pour commencer, Madero avait été renversé puis assassiné par un contre-révolutionnaire, le général Huerta. Toute une ribambelle de généraux s'était dressée contre lui – Villa, Zapata, Carranza, Obregón – et l'avaient forcé à l'exil. Puis ils s'étaient mis à se battre entre eux, Carranza et Obregón s'alliant au nord pour affronter Villa et Zapata au sud. C'était une guerre civile pure et simple. Il y avait des bandes armées à travers toute la campagne, dont certaines n'étaient rien que des gangs de bandits.

Quand elle n'était pas en train d'avoir des bébés, Ynez travaillait pour une commission qui s'occupait des mineurs à Cananea, un peu comme un syndicat. Elle gagnait quelques pesos comme ça, et moi j'en gagnais en faisant le cow-boy dans les *ranchos* à proximité de la ville. Mais à mesure que la guerre empirait, il devenait de plus en plus difficile de trouver du travail. Ynez découvrait que bâtir un nouveau Mexique était quasiment impossible ; autant essayer de bâtir une maison au milieu d'un tremblement de terre. Bref, à peu près l'un des seuls moyens de gagner sa vie, c'était de s'enrôler dans l'une des armées. Vous savez, chacune d'entre elles voyageait avec ses propres presses d'imprimerie et imprimait sa propre monnaie – il y avait les pesos zapatistes, les pesos carranzistes et ainsi de suite. Obregón était le chef dans l'État de Sonora, alors je me suis dit que j'allais m'enrôler avec lui. J'ai découvert par l'intermédiaire de notre ancien *compañero*, Francisco Montoya, que le colonel Bracamonte était désormais général de brigade au service d'Obregón. Je lui ai écrit pour l'informer que j'étais prêt à les rejoindre et lui demander où je pouvais m'engager.

Qu'on me pende si, environ une semaine plus tard, le colonel – je continuais de l'appeler comme ça même s'il était maintenant général – n'a pas débarqué dans notre *casita* en personne. Il m'a offert un emploi, mais pas du genre auquel je m'attendais.

Voici de quoi il retournait : Obregón s'apprêtait à affronter Villa, dont tout le monde pensait qu'il était quasiment imbattable, et il avait chargé le général de réunir et de former un bataillon d'Indiens yaquis. Vous savez, ces Yaquis étaient les Indiens les plus âpres au combat de tout le Mexique et peut-être de partout ailleurs, ils étaient les seuls à avoir collé une raclée aux Espagnols autrefois, et même les Apaches ne pouvaient pas en dire autant. Mais certains d'entre eux continuaient de se trimbaler avec des arcs et des flèches, alors que Villa avait des mitrailleuses et des canons allemands.

Alors Bracamonte m'a fait asseoir dans ma petite maison près de la mine de cuivre. Il avait toujours cette moustache en ailes de corbeau et ces yeux aussi pénétrants que des mèches de perceuse à diamant. Il m'a expliqué qu'il était entré en contact avec un gars qu'il appelait un « fournisseur de munitions » en Arizona, un gars avec un nom à moitié hollandais que j'ai oublié. Ce Hollandais avait dit au colonel qu'il avait mis la main sur un stock de fusils et de munitions de l'armée américaine qu'il serait heureux de vendre contre de l'or et des dollars yankees. Bracamonte avait l'or, mais aussi deux problèmes – comment le faire parvenir au Hollandais, et comment rapporter les fusils au Mexique. Autrefois, le deuxième problème n'en aurait pas été un – les Yaquis avaient fait de la contrebande de tout et n'importe quoi depuis qu'il y avait une frontière, mais maintenant les patrouilles de la cavalerie américaine étaient déployées sur toute sa longueur pour tenter d'empêcher le trafic d'armes au Mexique.

Le colonel m'a expliqué qu'il avait besoin qu'un gringo lui serve d'agent aux États-Unis, un gringo en qui il pouvait avoir confiance. Cet agent devrait livrer l'or au Hollandais, s'assurer que Bracamonte recevait en échange ce pour quoi il avait payé, puis donner un coup de main aux Yaquis pour rapatrier le matériel sous le nez des patrouilles de cavalerie. Il voulait que je sois cet agent, et si j'arrivais à mener la mission à bien, je serais moi aussi payé en or, dix pour cent des cinq mille dollars qu'il allait payer au Hollandais. Cinq cents billets, c'était une somme considérable en 1915 et une sacrée fortune au Mexique. Mais je n'avais aucune idée de la manière de procéder, je savais qu'il me faudrait de l'aide, et j'ai songé que Ben serait l'homme de la situation. Lui et moi avions encore des contacts de temps à autre, alors j'ai demandé au colonel s'il se souvenait du *capitán* Erskine et s'il lui ferait aussi confiance qu'à moi. Et il a répondu : « *Por supuesto.* » J'ai expliqué que je voulais le prendre avec moi parce que je ne pouvais pas accomplir un boulot comme celui-là tout seul. Il a réfléchi une minute et a dit que ce serait une bonne idée, et, juste au cas où Ben rechignerait, il m'a conseillé de rappeler à Ben qu'il avait une dette envers lui, et que s'il acceptait et que tout se passait bien, Bracamonte considérerait cette dette comme acquittée. Puis il m'a transpercé du regard et m'a recommandé de ne pas oublier que j'avais une femme à Cananea. J'ai saisi le message. Je suppose que la confiance de Bracamonte avait ses limites.

J'ai pris le train pour Nogales. J'avais un six-coups sous mon manteau, des sous-vêtements, des chaussettes de rechange et quinze livres de lingots d'or dans une sacoche à l'ancienne. J'ai même pas envisagé de franchir la frontière normalement. J'ai attendu la nuit et je suis passé en douce à pied. J'ai pris un autre train pour Patagonia, où je me suis mis en quête de Ben, et ai découvert qu'il vivait sur le ranch de son frère. Le lendemain, je me suis fait emmener là-bas par un ami de Jeff dans une Ford modèle A – la première fois que je suis monté dans une automobile.

Le bon vieux Jeff avait prospéré, agrandi le San Ignacio, il avait épousé une fille du nom de Lilly, s'était construit une petite maison et prévoyait d'en construire une plus grande. On s'est réunis tous les trois, après quoi j'ai emmené Ben dehors pour lui expliquer ce qui m'amenait et lui demander s'il pouvait me donner un coup de main. Je lui ai dit combien j'étais payé pour ça, mais que je ne pouvais lui offrir que dix pour cent de mes dix pour cent vu que j'étais maintenant le papa de deux enfants et qu'il n'y avait pas de travail au sud de la frontière. Ben se fichait de l'argent, il s'en était toujours fichu. Il a aussitôt été de la partie, disant qu'il avait une dette envers le colonel, si bien que je n'ai pas eu à en faire mention. Et le mieux dans tout ça, c'est qu'il s'avérait qu'il faisait équipe avec un Mexicain pour récupérer le bétail sauvage, et qu'ils avaient travaillé un temps dans la campagne à l'ouest de Nogales, où passait la vieille route yaqui, la principale voie de contrebande. Ce Mexicain était en partie yaqui et il connaissait la région comme sa poche, prétendait Ben. J'hésitais un peu à impliquer un troisième homme, mais Ben a insisté, et il s'est révélé qu'il avait bien fait.

J'ai emprunté un cheval à Jeff. Naturellement, Ben ne lui a pas dit ce qu'on manigançait. Il a prétendu qu'on avait été embauchés pour rattraper du bétail errant et que nous serions de retour deux semaines plus tard. Nous avons donc livré l'or au Hollandais. Il tenait une épicerie générale près de la mission indienne à Xavier del Bac, et il conservait la marchandise dans une fosse sous sa grange – cent Springfield, une mitrailleuse Colt et une foutue charretée de munitions. Le Mexicain – Mendoza qu'il s'appelait – avait de la famille à la mission, et ils se sont attelés à organiser un convoi. Il a fallu deux jours pour rassembler suffisamment de mules pour porter toute cette quincaillerie. Il y avait environ vingt Yaquis pour la garder, tous à pied, vu que les Yaquis n'étaient pas des Indiens qui montaient à cheval.

Nous trois étions à cheval. Notre boulot était de partir en éclaireurs et de prévenir les Indiens au cas où nous verrions des patrouilles ou des campements de cavalerie. On n'avait pas une grande distance à couvrir, quatre-vingts, cent kilomètres, mais comme on se déplaçait de nuit et que ces mules marchaient lentement, ça nous a pris un moment. Trois nuits, si je me souviens bien. À l'aube du troisième jour, Ben, Mendoza et moi, on a croisé le chemin d'une patrouille, ces soldats de couleur qu'on appelait des *buffalo soldiers*. Leur officier, un Blanc qui semblait être sorti la veille de l'école militaire, nous a demandé ce qu'on fabriquait là, et Ben lui a répondu : « On recherche du bétail sauvage, vous en avez vu ? » Le novice a secoué la tête et nous a demandé si nous avions vu quoi que ce soit de nature suspecte, comme des contrebandiers yaquis. Bon, cette patrouille remontait un canyon en direction de l'endroit où le convoi se reposait pour la journée, alors Ben lui a dit qu'on avait vu tout un tas de *contrabandistas* vers Ruby, qui se trouvait à quinze ou vingt bons kilomètres à l'ouest de l'endroit où se trouvaient nos hommes. Le lieutenant l'a remercié et est parti au petit trot chasser des fantômes. On a bien rigolé à leurs dépens. Mais la vérité, c'est que c'était plutôt excitant, pour ainsi dire romantique. On était de vrais renégats, on aidait les Indiens à échapper à la cavalerie américaine !

On a traversé la frontière cette nuit-là, et on était au camp de Bracamonte le lendemain à midi. Il y avait des Yaquis partout, qui apprenaient les manœuvres. Il s'est avéré par la suite que c'est leur bataillon qui a renversé la situation pendant la grande bataille de Celaya, où Obregón a infligé à ce *bandito* de Villa sa première défaite sévère. Quoi qu'il en soit, le colonel était sacrément content de notre travail. Il nous a donné à chacun *un gran abrazo* et m'a tendu un sac rempli d'or en petits lingots. J'ai donné cinquante dollars à Ben, qui en a donné la moitié à Mendoza. Nous sommes restés ensemble une semaine de plus pour aider le colonel à montrer aux Indiens comment tirer avec les Springfield et les mitrailleuses. C'est donc ainsi que nous avons finalement mis la main sur l'or qui nous avait été promis sur l'affiche de recrutement quatre ans plus tôt et que Ben a payé sa dette.

Lui, moi et le colonel, on se recroiserait bien plus tard, quand Ben aurait une deuxième dette envers Bracamonte. Je ne peux parler de ça pour le moment. Je suis enroué à force de jacasser ainsi et je dois aller voir le docteur demain à propos de mes nombreuses infirmités.

13

Une semaine s'était écoulée depuis que Castle et Tessa avaient mis un terme à leur vie d'abstinence – celle de Tessa avait été plus longue que celle de Castle. Ils avaient trouvé les plaisirs renouvelés de l'amour physique si délicieux qu'ils avaient répété le scénario de leur première nuit à deux reprises, le transformant en rituel. Ils dansaient – danser était comme faire l'amour tout habillé, disait-elle – avant de filer à la chambre, qui était un véritable champ de bataille vu que c'était aussi son atelier, et ils faisaient l'amour parmi les relents de peinture à l'huile, de vernis et de térébenthine. Il percevait ces odeurs faiblement accrochées à lui tandis que, sifflotant, il nettoyait la vaisselle du petit déjeuner dans l'évier taché de sa cabane.

Il entendit la Chevy de 1973 de sa tante s'arrêter dans son allée, le cliquetis de ses pistons et le bruit de ferraille de sa carrosserie aussi identifiables qu'un cri d'oiseau. Il n'eut pas le temps d'atteindre la porte que Sally entra brusquement sans frapper. Son apparence le surprit. Elle avait les cheveux attachés en un chignon parfait, elle était maquillée et portait, au lieu de son habituelle tenue de clocharde, un chemisier blanc, une jupe beige avec des poches fendues bordées de triangles brodés et des escarpins à talons bas.

« J'ai besoin que tu me conduises à Florence, annonça-t-elle, se dispensant de la formalité d'un salut poli. Si j'y vais toute seule dans mon épave, Blaine va piquer une telle crise que je devrai le faire taire à coups de ceinture.

— Et Florence est… ?

— À environ cent trente kilomètres au nord de Tucson. Miguel y est détenu dans une espèce de centre pour immigrés clandestins. Je dois lui rendre visite. Voir comment il se porte.

— Qu'est-ce qui s'est passé ? » demanda Castle.

Il avait quasiment oublié l'existence de Miguel Espinoza.

« Il va nous falloir trois heures pour arriver là-bas. Allons-y. Je t'expliquerai en route. »

Il était inutile de s'opposer à elle quand elle avait une idée en tête. Il attrapa donc son portefeuille et ses clés, donna à manger et à boire à Sam, et ils partirent.

Sally expliqua que son vieil ami Danny Rodriguez, le shérif du comté de Santa Cruz, était venu au ranch quelques jours plus tôt pour lui demander si elle serait disposée à vendre deux bons chevaux pour son équipe de recherche et de sauvetage. Elle avait répondu qu'elle avait un bai et un louvet dont elle pouvait se séparer s'il y mettait le prix. Et pendant qu'il les examinait, elle lui avait demandé comment progressait l'enquête sur les meurtres. Pas de nouvelle piste, avait répondu Rodriguez. En attendant, l'unique témoin avait été transféré en détention provisoire à Florence parce que la prison du comté était surpeuplée.

« Quand Danny est reparti – nous ne sommes pas parvenus à un accord pour les chevaux, soit dit en passant –, j'ai commencé à penser à Miguel, emprisonné dans un pays étranger à des milliers de kilomètres de sa femme et de ses enfants. J'avoue que j'ai un faible pour lui, je l'ai eu dès le jour où il a débarqué ici. J'ai donc appelé le shérif pour apprendre comment je pourrais aller voir Miguel. Il me semblait que le Seigneur m'ordonnait de lui rendre visite pour voir si je pouvais faire quoi que ce soit pour lui. »

Il était étrange de l'entendre affirmer qu'elle répondait à une injonction divine. Elle n'allait pas souvent à l'église et n'était pas la dernière à blasphémer, comme elle le fit lorsque Castle lui rappela d'attacher sa ceinture de sécurité et qu'elle s'exécuta en faisant la moue et en marmonnant : « Bon Dieu d'arthrite à l'épaule. »

Elle tira alors une feuille de papier de son sac à main.

« Cet endroit où ils le détiennent s'appelle le Centre de traitement spécial du département de la Sécurité intérieure. Sacré nom pour une prison. Ce papier dit que les horaires de visite sont de 9 heures à 15 heures et que les visiteurs de sexe féminin ne doivent pas porter de tenue provocante. Ha ! Je pourrais entrer là-dedans nue comme un ver et je ne provoquerai pas le type le plus en manque de toute la prison. »

Ils s'engagèrent sur la route sinueuse qui descendait depuis la vallée vers Patagonia. Ils croisèrent deux camionnettes de la police des frontières, la poussière voltigeant comme une fine brume rosâtre. Au bout d'une demi-heure, ils étaient sur la route principale, en direction du croisement de Sonoita.

« Blaine me croit folle de faire ça, déclara Sally. Ce garçon change en vieillissant.

— Vraiment ? J'ai l'impression qu'il est toujours le même.

— Tu ne l'as pas assez connu pour voir la différence. Il n'est pas aussi léger qu'il l'était. Toujours à faire des blagues. Cet aspect de lui me rappellait son père. Oh ! ce que Frank pouvait me faire rire. Il avait un don pour voir le côté amusant des choses. C'est ça qui l'a aidé à traverser la guerre. Blaine en a en grande partie hérité, mais dernièrement il est devenu beaucoup plus maussade, et cet aspect-là me rappelle son grand-père.

— Tu veux dire Ben ou ton père ?

— Ben. Il avait tendance à être comme ça. Tellement silencieux qu'on avait l'impression que si quelqu'un faisait quelque chose qui ne lui plaisait pas ou disait ce qu'il ne fallait pas, il le regretterait, et c'est ce qui s'est parfois passé. On ne plaisantait pas avec Ben Erskine.

— Blaine m'a dit un jour qu'il avait été jugé pour avoir abattu un homme, déclara Castle, espérant que ça encouragerait Sally à en révéler plus sur son mystérieux grand-père. Je ne peux pas dire que j'en sache beaucoup plus que ça. Ma mère ne m'a jamais soufflé un mot à ce sujet.

— Probablement parce qu'elle avait honte, commença Sally. Le type qu'il a descendu, Rafael Quinn, tout le monde l'appelait Rafe pour faire court. Il est apparu au procès que c'est Rafe qui avait tiré en premier, et il a découvert que si vous deviez tirer sur Ben Erskine, vous aviez intérêt à ne pas rater votre cible, et lui, il l'a ratée. Ben l'a descendu aussi sec. Le jury l'a acquitté, au motif que c'était de la légitime défense. » Elle marqua une pause. « Mais certains ne voyaient pas la chose de cet œil. Des Mexicains, principalement, mais aussi certains Blancs. Ils disaient que Ben n'avait pas besoin de le tuer.

— Pourquoi, si c'était de la légitime défense ?

— Rafe était irlandais et mexicain, pas la meilleure combinaison pour obtenir une nature pacifique, et lui n'en avait pas une. Mais si vous le laissiez s'exciter, il finissait par se calmer tout seul. Ben ne lui a pas laissé le temps. Rafe et lui ont eu des mots, je ne sais plus à quel sujet, et l'instant d'après ils étaient en train de se canarder. »

Sally devint silencieuse et n'ajouta rien jusqu'à ce qu'ils approchent du croisement.

« C'est ici que c'est arrivé, en 1951, dit-elle, pointant le doigt par la vitre vers le côté droit de la route, dans la direction d'une épicerie, d'une station-service et d'un restaurant nommé le Steak Out. Les parcs à expédition étaient là. Ça fait longtemps qu'ils ont disparu. Les journaux ont affirmé quc ç'avait été le dernier règlement de comptes à l'ancienne en Arizona. »

Ce récit lacunaire ne fit qu'éveiller la curiosité de Castle. L'expression *dernier règlement de comptes à l'ancienne* conférait à l'incident l'aura d'un passé mythique, lointain ; et pourtant il s'était produit de son vivant. Au croisement, il prit la Route 83, un ruban d'asphalte raccroché à l'autoroute, à quarante kilomètres au nord. Des fleurs de pavot jaillissaient ici et là, barbouillant de taches d'un jaune doux le vaste kaki des prairies de Sonoita, qui ondoyaient en direction des austères montagnes Whetstone.

« Alors, est-ce que ma mère était l'une des personnes qui estimaient que Ben n'avait pas besoin de faire ça ? demanda-t-il.

— Je ne saurais le dire. Je sais qu'elle était mortifiée de voir son père jugé pour meurtre. Ça faisait un bout de temps qu'ils ne se parlaient plus.

— Pourquoi ? »

Sally se pencha en avant et se massa les genoux.

« Plus d'une heure dans une voiture, et mes articulations ont besoin de lubrifiant. L'oncle Jeff disait que ton grand-père pouvait être aussi rancunier qu'une mule, et c'était vrai.

— Il en voulait à ma mère ?

— Elle s'était enfuie avec ton père pendant la guerre. J'espère qu'elle te l'a dit. Qu'elle s'était fait la belle.

— Oui, mais je…

— Le problème avec Ben, poursuivit Sally, c'est qu'on ne savait jamais ce qui vous le mettrait à dos. Il était imprévisible. Je me souviens d'un incident entre lui et un autre rancher, ça devait être environ un an après mon mariage avec Frank, quand des bêtes à Ben se sont aventurées sur les terres de l'autre rancher. Ce type était un belliqueux. Il a téléphoné à Ben et lui a ordonné de venir chercher ses bêtes, mais comme Ben n'est pas venu assez vite à son goût, il a attrapé un veau au lasso et l'a traîné jusqu'au San Ignacio. Puis il a tué la pauvre bête. Ben est parvenu à lui faire rembourser le veau, mais ça n'a pas été simple. Bon, on s'imaginerait qu'un homme comme Ben s'abattrait comme la fureur de Dieu sur un type qui lui aurait causé un tort sérieux. Mais plus tard, quand ce rancher a été blessé dans un accident de voiture juste avant le marquage de printemps, Ben est allé le voir à l'hôpital, puis avec quelques-uns de ses hommes il a rassemblé les veaux du type et les a marqués à sa place. Cet homme pouvait pardonner quand il le voulait, mais ce qui suscitait sa clémence ou non, personne ne le savait, et Ben encore moins que les autres, je parie.

— Donc, j'en déduis qu'il n'avait pas pardonné à ma mère de s'être fait la belle ?

— Il ne lui a pas parlé, ni à ton père non plus, du jour où ils se sont enfuis jusqu'au jour où Grace est venue assister à son procès. Sept ans. »

Castle poussa un sifflement. Étant donné son propre tempérament modéré, entretenir une rancœur si longue envers sa propre fille lui semblait un incroyable exploit émotionnel.

« Le plus drôle, c'est que jusqu'à ce qu'elle se fasse la belle, Ben la traitait comme une reine, ajouta sa tante. Il n'était pas aussi dur avec elle qu'il l'était avec mon Frank.

— Parce qu'il attendait plus de son fils ?

— Je ne saurais dire. Mais je sais que, quoi qu'il fasse, Frank n'était jamais à la hauteur aux yeux de Ben. Frank était un cow-boy de premier ordre quand il avait 16 ans, il gagnait des prix à des rodéos pour jeunes, il avait de bonnes notes à l'école et il était sacrément bon au base-ball. Mais ce n'était jamais assez pour le vieux Ben. Par exemple, même si Frank faisait gagner son équipe, Ben voulait savoir comment ça se faisait qu'il n'avait pas effectué un match parfait. Ce genre de chose. La guerre a changé tout ça. Frank s'est engagé chez les paras, probablement pour prouver quelque chose à son père, et il est rentré de France couvert de médailles, et Ben a été si fier de lui qu'il lui a donné le sabre et l'uniforme que les Mexicains lui avaient donnés. »

Castle plissa les yeux.

« Un sabre ? Un uniforme ?

— Ben a combattu pendant la révolution mexicaine. Il était capitaine ou colonel ou quelque chose comme ça. »

Son grand-père, un soldat de fortune. Il en avait plus appris sur cet homme au cours de la dernière demi-heure que pendant toute sa vie.

« Qu'est-ce que tu peux me dire sur ce sujet ?

— Je ne sais rien, sauf qu'il avait cet uniforme avec de jolies tresses dorées et le sabre. Quand il les lui a donnés, mon Frank était aussi excité qu'un gamin à Noël à cause de ce qu'ils signifiaient – lui et Ben étaient désormais sur un pied d'égalité. C'était comme ça après la guerre. Frank était sacrément remonté dans l'estime de son père, et Grace était descendue. »

Castle remarqua une inflexion dans son commentaire : sa description de la joie de Frank était teintée d'une once de désapprobation – comme si elle reprochait à Ben d'avoir été un père si exigeant, et à Frank d'avoir été si désireux de gagner son estime.

Il quitta la Route 83 et rejoignit la circulation qui s'écoulait le long de la I-10 en direction du centre-ville de Tucson, dont les tours de bureaux s'élevaient au loin à travers un léger voile de smog brunâtre. Sur la droite, sa silhouette se détachant sur les montagnes Santa Catalina, un avion de chasse descendit en piqué pour se poser à Davis Montham, la base aérienne qui s'étalait dans les déserts à l'est de la ville.

« C'est là que Grace a rencontré ton père, dit Sally, désignant la base d'un mouvement de tête.

— Ça, au moins, je le savais.

— Elle travaillait pour la Croix-Rouge, à distribuer du café et des beignets aux pilotes, et un jour Tony s'est arrêté près de son camion, et bingo ! Ç'a été le coup de foudre pour les deux. C'était une jolie fille et il était beau garçon. Et un vrai moulin à paroles ! Bon Dieu, qu'est-ce qu'il pouvait parler !

— En effet, fit Castle, souriant tandis qu'il se rappelait la volubilité de son père. Il suffisait d'aborder un sujet pour qu'il jacasse pendant une demi-heure.

— C'était Tony tout craché. Ben et lui ne se sont jamais trop bien entendus. Ben n'était pas très porté sur la conversation. Il disait ce qu'il avait à dire en aussi peu de mots que possible.

— Eh bien, je te remercie, Sally. Ma mère ne m'a jamais raconté un dixième de tout ça. » Il lui en voulait un peu de lui avoir caché toute cette histoire familiale. « Je ne sais pas pourquoi elle faisait un tel secret de tout ça. »

Sally se frotta une fois de plus les genoux, puis elle repoussa son siège vers l'arrière, poussant un soupir lorsqu'elle étendit complètement les jambes.

« Peut-être que Grace ne t'a jamais rien dit parce que ça la faisait trop souffrir. Sa mère est morte peu de temps après le procès, et un an plus tard, son frère, mon Frank, a été tué dans cet accident de mine. Et cinq ans plus tard, c'était au tour de son père. Elle avait perdu tout le monde. »

Tous ses souvenirs associés à cet endroit étaient de mauvais souvenirs, songea Castle. Une explication plausible, mais elle semblait pourtant incomplète.

« Prends la prochaine sortie, dit Sally. Elle te mènera à la route de Florence. »

Castle se déporta sur la voie de droite. Il avait presque oublié l'objet de ce voyage.

14

Florence était une ancienne ville minière bâtie sous les collines siliceuses, piquées de cactus saguaros, qui s'étiraient entre Phoenix et Tucson. Les filons d'argent et de cuivre avaient depuis longtemps été épuisés, et maintenant sa principale industrie, l'industrie qui lui avait évité de devenir une de ces villes fantômes de l'Ouest américain, était l'incarcération. Elle s'était lancée dans le business carcéral au début du XXe siècle avec la construction de la prison territoriale d'Arizona. Mais depuis ces modestes débuts, Florence s'était transformée en une sorte de goulag du désert.

Lorsque Castle et Sally arrivèrent vers midi, ils ne virent que des véhicules de police de tous types tout autour d'eux : voitures, camionnettes et camions ornés des emblèmes de la police de Florence, du bureau du shérif du comté de Pinal, de la police de l'État d'Arizona, de la police des frontières, du département de la Sécurité intérieure. La ville devait avoir le taux de criminalité le plus bas du monde. Des matons musclés et des employés d'une société privée nommée la Corporation correctionnelle d'Amérique emplissaient la *cantina* Gibby's au centre-ville, où ils avalèrent un déjeuner rapide. Après avoir demandé leur chemin, ils roulèrent devant le pénitencier d'État, une vaste réserve de baraquements préfabriqués gris cuirassé, de blocs de cellules et de miradors entourés de hautes clôtures grillagées surmontées de barbelés acérés, puis devant la prison du comté de Pinal, avant de traverser la rivière Gila, qui n'était pas une rivière, mais une large bande broussailleuse couverte de gravier et de poussière, avant d'arriver à leur destination, le Centre de traitement spécial du département de la Sécurité intérieure.

Telle une église bâtie sur les ruines d'un temple païen, cette prison dernier cri pour les immigrants clandestins en attente d'expulsion avait été construite (par la même société que celle qui gérait le pénitencier) sur les restes d'un camp de prisonniers de guerre destiné aux soldats des puissances de l'Axe capturés durant la campagne d'Afrique du Nord. Les baraquements et les bâtiments en préfabriqué avec des toits bleus et des motifs géométriques sur les murs – Castle supposa qu'ils étaient censés rappeler les décorations du Sud-Ouest – étaient regroupés derrière un autre grillage de six mètres de haut surmonté de barbelés acérés, scintillant au soleil telles des guirlandes sinistres. Ça n'était pas tout à fait aussi déprimant que le pénitencier d'État, mais ça n'en était pas loin.

Il se gara dans la rue. Sally retoucha son maquillage et tapota ses cheveux pour s'assurer que son chignon était bien en place. Ils s'enregistrèrent à l'entrée, donnèrent le nom du détenu qu'ils souhaitaient voir, puis furent escortés jusqu'à un bâtiment administratif, où ils présentèrent leurs permis de conduire pour une vérification d'identité tandis qu'on les soumettait à une fouille au corps, à laquelle Sally objecta – « Est-ce que j'ai l'air de quelqu'un qui prépare une évasion ? » lança-t-elle à la gardienne qui la passa au détecteur de métal. Son sac à main fut inspecté et, ce qui ne fit qu'aggraver son agacement, les cigarettes et les barres chocolatées qu'elle avait achetées en ville pour Miguel furent confisquées et placées dans un casier. La femme lui assura que Miguel les recevrait – après inspection, naturellement.

Un gardien les fit pénétrer dans le parloir. Une longue rangée de box séparés par des cloisons en plastique faisait face à une rangée identique de l'autre côté d'une paroi en vitre pare-balles. Les détenus affublés de survêtements rouges étaient assis d'un côté, leurs visiteurs de l'autre, et ils conversaient au moyen de téléphones. C'était la première fois que Castle mettait les pieds dans une prison, et bien que celle-ci ne se définît pas comme telle, il ressentait son étreinte étouffante. Guidé par un autre gardien, Miguel entra, avançant par petits pas traînants, comme s'il portait des fers. Il s'assit dans le box qui faisait face à celui de Castle et Sally, pendant que les gardiens se tenaient à proximité, les mains croisées sur leur entrejambe, leurs postures suggérant qu'ils pouvaient passer de l'immobilité totale au mouvement violent en un instant.

Soulevant le téléphone, Miguel affirma qu'il était très content de voir ses visiteurs, affirmation démentie par ses épaules voûtées et le mélange de peur et de confusion dans ses yeux. Il avait pris du poids – de toute évidence il était bien nourri. Sally, parlant en espagnol puis traduisant pour son neveu, lui expliqua pour les cigarettes et les barres chocolatées et lui demanda s'il avait besoin d'autre chose. Miguel poussa un petit grognement. Oui, de sortir d'ici ! Nous ne pouvons pas faire ça pour vous, déclara Sally à travers la vitre. Je sais que vous ne pouvez pas. Personne ne peut rien faire. Des personnes qui affirmaient défendre les droits des immigrants étaient venues interroger certains prisonniers dans la prison. Elles lui avaient dit que le gouvernement ne pouvait pas le retenir aussi longtemps et avaient promis de s'occuper de son cas et de le faire libérer, mais jusqu'à présent, rien. Encore sa malchance. Toute sa vie il avait fait preuve de malchance, mais jamais à ce point. Dieu l'avait abandonné. Castle demanda à sa tante de l'assurer que Dieu ne l'avait pas abandonné, même s'il soupçonnait qu'Il était indifférent au sort de Miguel. Non, Dieu m'a abandonné, insista Miguel. Deux fois Il m'a sauvé, la première fois de l'assassin, puis quand j'étais sur le point de mourir de froid et de faim. Mais pourquoi, si je dois passer ma vie dans cet endroit terrible, comme si j'étais un criminel ? On me garde derrière des barreaux, comme si c'était moi qui avais tué mes amis. Il alluma une cigarette. Pour quelle raison ceci m'arrive-t-il ?

Vous avez été le témoin d'un meurtre, expliqua Castle, évitant la plus vaste question métaphysique. Si la police capture l'assassin, elle vous demandera de l'identifier si vous le pouvez et de témoigner au tribunal. Lorsque Sally eut traduit, Miguel fronça le nez, comme s'il était sur le point d'éternuer ; c'était un gros nez saillant, en forme de bec de toucan. L'identifier ? Tout ce qu'il avait vu, c'était un jeune homme blond, grand et large d'épaules, avec un air mauvais, vous savez, comme un *boxeador*. Il devait y avoir des millions d'hommes qui ressemblaient à ça aux États-Unis.

S'il était dans cette même pièce, Miguel ne pourrait pas dire avec certitude que, oui, c'était l'homme qu'il avait vu abattre Héctor et Reynaldo. Il l'avait dit à la police quand on l'avait questionné au poste de police de Nogales et qu'on lui avait montré de nombreuses photos en lui demandant si l'un de ces visages lui disait quelque chose. Il n'en avait reconnu aucun.

Miguel lança un regard de biais en direction des autres détenus qui discutaient avec leurs visiteurs. Puis, se penchant vers les siens, il murmura qu'après avoir regardé ces photos, il avait été autorisé à téléphoner à sa femme. Il lui avait expliqué qu'on lui avait volé l'argent qu'il devait donner au coyote, qu'il avait accepté de porter de la drogue pour payer son droit de passage, que ses compagnons avaient été assassinés. Elle aussi avait de mauvaises nouvelles. Ce même jour, avant que son mari ne l'appelle, un homme était venu à la maison pour lui demander l'argent de son passage de l'autre côté de la frontière. Cet homme, supposait Miguel, devait avoir été envoyé par le coyote, le gros type aux doigts bagués. Esperanza avait eu très peur et n'y comprenait plus rien. Où était son mari ? N'avait-il pas payé l'argent ? Miguel était aux États-Unis avait assuré l'émissaire, mais il n'avait pas payé. Il lui accordait une semaine. Si elle n'avait pas la somme la prochaine fois qu'il venait, elle aurait beaucoup d'ennuis. Qu'est-ce que je dois faire ? avait-elle demandé à Miguel. Emprunte l'argent, avait-il répondu. Procure-le-toi par n'importe quel moyen. Ces gens sont très dangereux.

Quelques jours plus tard, après son transfert à Florence, Miguel avait été autorisé à passer un autre coup de fil pour informer sa femme de l'endroit où il se trouvait. Avait-elle payé la dette ? Oui, en empruntant de l'argent à des amis et à la famille. Mais maintenant elle avait un nouveau motif d'inquiétude. Quand l'homme était revenu, il avait demandé à Esperanza si elle avait eu des nouvelles de son *esposo*. Oui. Qu'est-ce qu'il a dit ? Elle lui avait répété tout ce que Miguel lui avait dit lors de leur première conversation. Alors l'homme avait déclaré : « Quand tu reparleras à ton *esposo*, nous avons un message pour lui. Il ne doit plus rien dire à la police sur ce qu'il a vu. Sinon, ça ira très mal pour lui et pour toi. Il n'a rien vu, tu comprends ? »

« Donc vous voyez, ce serait très mauvais pour moi de dire quoi que ce soit d'autre à la police, déclara Miguel, ses yeux s'emplissant de larmes. Je craindrais pour ma vie ! Celle d'Esperanza ! Celle de mes enfants ! N'y a-t-il pas moyen de me faire sortir d'ici ? »

Castle échangea un regard avec sa tante. Il éprouvait une pitié impuissante et se sentait un lien avec Miguel – après tout, la vie des deux hommes, chacune à sa manière, avait été anéantie par le 11 Septembre.

La visite s'acheva de façon abrupte lorsque l'un des gardiens tapa sur l'épaule de Miguel et annonça : « C'est l'heure. » Castle et Sally eurent à peine le temps de lui dire *adiós* avant qu'on l'emmène.

« Bon, il doit y avoir un moyen de le faire sortir, dit Sally lorsqu'ils furent de nouveau dans la voiture. Je vais avoir une conversation avec Rodriguez.

— Peut-être que je t'accompagnerai. Il y a une question que j'aimerais évoquer.

— Quoi donc ?

— Tu te souviens de ce pisteur de la police des frontières, Morales ? Quand nous étions sur les lieux du crime, il a émis la supposition que l'assassin savait ce qu'il cherchait, et qui il cherchait.

— Donc… fit Sally, fronçant les sourcils.

— Donc, la menace faite à la femme de Miguel confirme plus ou moins sa théorie. Le tueur et le coyote, le gros type, étaient de mèche et se servaient de clandestins pour importer la came. »

Elle lui donna un petit coup dans le bras.

« Tu devrais laisser le travail d'enquêteur aux enquêteurs. »

Elle téléphona au shérif le lendemain, lundi, et il accepta de prendre le temps de la rencontrer. Pendant l'après-midi, Sally et Castle se rendirent à son bureau de Nogales, derrière la prison du comté, dans un entrepôt morne situé face aux voies ferrées de la Southern Pacific. Rodriguez, un homme trapu au visage carré avec d'épais cheveux noirs qui grisonnaient sur les tempes, était assis derrière son bureau, le menton posé sur sa paume, écoutant patiemment tandis que Castle, malgré les conseils de Sally, racontait la menace dont avait été victime la femme de Miguel et exposait sa théorie.

« Ça semble suggérer, déclara-t-il d'une voix hésitante, que la personne qui a abattu ces types ne les a pas rencontrés par hasard, qu'il travaillait avec les coyotes. »

Le shérif accueillit ses hypothèses d'enquêteur amateur avec un sourire et un hochement de tête.

« Nous avions déjà deviné ça tout seuls, dit-il. Soto a interrogé un paquet d'informateurs. Jusqu'à présent, rien.

— Soto ?

— L'agent en charge de l'enquête. »

Castle se rappela l'inspecteur qui l'avait interrogé sur les lieux du crime.

« Miguel craint des représailles à l'encontre de sa famille », dit-il.

Rodriguez lui fit remarquer qu'il ne pouvait rien faire contre des menaces proférées à des milliers de kilomètres de là, dans un pays étranger.

« Je le sais bien. Mais je pensais que vous pourriez peut-être contacter la police d'Oaxaca pour qu'elle fournisse une protection à sa femme et ses enfants ? »

Une expression impatiente traversa le visage du shérif.

« Vous ne connaissez pas trop bien le Mexique, n'est-ce pas, monsieur Castle ? »

Non, il supposait que non. Eh bien dans ce cas, déclara Rodriguez, il était temps qu'il apprenne que dans l'univers trouble du trafic mexicain, que la marchandise soit de la drogue ou des gens, ce n'était pas simplement difficile de distinguer les flics des criminels, c'était impossible.

« En d'autres termes, continua-t-il, je préfère ne pas informer la police là-bas que j'ai entendu parler d'une menace. Vous saisissez ? Nous ne voulons pas faire empirer les choses pour M. et Mme Espinoza. »

Castle acquiesça pour signifier qu'il saisissait ses motifs de même que les implications que renfermait la petite leçon assénée par le shérif – à savoir, que l'enfer était pavé de bonnes intentions.

« Mais merci quand même, dit Rodriguez. Vous avez accompli votre devoir de citoyen.

— Ce n'est pas l'unique raison de notre venue, intervint Sally en soulevant le menton. Nous n'en avons pas tout à fait fini avec le cas de ce Miguel. »

Le shérif fit basculer sa chaise en arrière, croisa les doigts derrière sa tête et lui fit un grand sourire décontracté.

« Vous avez de nouveau réfléchi à ma proposition pour ces deux chevaux, le louvet et le bai ?

— Non, répliqua-t-elle sèchement. Et ne changez pas de sujet. Ça ne me semble pas correct – ou juste – de l'emprisonner à Florence comme un criminel ordinaire…

— Mais *c'est* un criminel. Un immigrant clandestin qui faisait passer de la drogue à travers la frontière.

— Vous ne l'avez pas inculpé, n'est-ce pas ? Ça doit faire trois mois qu'il est là-bas. Il devrait être relâché.

— Décidément, vous vous intéressez personnellement à ce *mojado*. Comment ça se fait ?

— Parce qu'il a été retrouvé sur notre ranch, je suppose, répondit Sally. Nous nous sentons plus ou moins responsables.

— Mais vous ne l'êtes pas. Il relève de ma responsabilité.

— Eh bien alors, ne pouvez-vous rien faire ?

— Vous serez heureuse d'apprendre que si. Miguel sera un homme libre d'ici une semaine. »

Sally écarta soudain les bras en grand.

« Mais pourquoi ne l'avez-vous pas dit tout de suite ?

— Parce que je ne savais pas que c'était ce dont vous vouliez parler. Le procureur du comté a reçu une lettre de quelque brave association de défense des droits des immigrants pour lui faire savoir que leur avocat allait demander une motion en vue de la libération de Miguel. Donc, notre avocat m'a informé que, pour nous éviter beaucoup de complications, il allait déposer M. Espinoza. Puis nous informerons le département de la Sécurité intérieure que nous mettons un terme à sa détention en tant que témoin matériel.

— Qu'est-ce que ça veut dire, le déposer ? demanda Sally.

— Prendre une déposition. Une déclaration sous serment sur ce qu'il a fait et vu. Elle sera enregistrée en vidéo. Puis nous le livrerons aux services d'immigration et il sera mis dans un bus et expulsé. » Rodriguez leva les paumes alors que Castle s'apprêtait à parler. « Et votre prochaine question sera : que se passe-t-il si nous attrapons un suspect ? Beaucoup de si. Si le type avoue, pas de problème. S'il n'avoue pas et si le procureur estime qu'il y a assez de preuves pour aller au tribunal, nous demandons aux autorités mexicaines de nous renvoyer Miguel pour qu'il témoigne, aux frais du contribuable. En supposant que notre témoin vedette reste au Mexique. Mais il y a gros à parier que, dès qu'il sera de l'autre côté, un *enganchador* le mettra en contact avec un autre coyote et il retentera sa chance et…

— Qu'est-ce qu'un *enganchador* ? interrompit Castle.

— Un intermédiaire qui met en relation les clandestins et les coyotes. Il y a toutes les chances pour qu'il en trouve un et si – encore un *si* –, s'il ne se fait pas attraper, ni descendre ni kidnapper, ou s'il ne meurt pas de soif, il disparaîtra aux États-Unis. Et dans ce cas, tout ce que nous pourrons faire, c'est placer sa déposition dans le dossier, et l'avocat de la défense demandera un non-lieu parce que son client se sera vu refuser son droit constitutionnel de faire subir un contre-interrogatoire au témoin. Il y a autre chose que vous voulez savoir ? »

Il accompagna sa question d'un coup d'œil à l'horloge murale pour indiquer que les vingt dernières minutes qu'il avait passées à parler de ce sujet en avaient duré quinze de trop.

Donc, Miguel Espinoza, pensa Castle, cet immigrant qui avait affronté des périls et des épreuves titanesques pour un boulot dans une usine d'emballage de viande à neuf dollars de l'heure, cette gouttelette dans le flot humain qui se déversait vers le nord, referait bientôt le voyage en sens inverse et retrouverait la pauvreté qu'il avait cherché à fuir. Soit ça, soit il tenterait de franchir une fois de plus la frontière à ses risques et périls.

« Et il n'y a pas d'autre recours ? »

Rodriguez considéra la question.

« Je suppose que je pourrais demander au département de la Sécurité intérieure de lui délivrer un permis de séjour temporaire pour qu'il reste dans les parages afin d'identifier un suspect éventuel. Ils sont généralement valables environ quatre-vingt-dix jours. Mais dès qu'il en aura un entre ses petites mains grassouillettes, Miguel fera ce qu'il ferait si on lui faisait de nouveau franchir la frontière clandestinement – il disparaîtra. Il se trouvera un boulot quelque part et il disparaîtra. »

Une lueur illumina les yeux de Sally tandis qu'elle se tournait vers Castle. Une communication presque télépathique s'établit entre eux – ils sentaient que le moment était venu de le secourir une deuxième fois, qu'ils ne pouvaient pas plus abandonner Miguel maintenant que quand Castle l'avait découvert.

« Et s'il ne disparaissait pas ? demanda-t-elle en se tournant vers le shérif. S'il avait un emploi ici dans le comté de Santa Cruz et que vous saviez où le trouver en cas de besoin ?

— Où voulez-vous en venir ?

— Il y a beaucoup de choses à faire au ranch. Suffisamment de petites tâches pour occuper un homme pendant un bon bout de temps. »

Rodriguez attendit de bien saisir ce qu'elle venait de dire avant de reprendre la parole.

« Vous embaucheriez Espinoza comme homme de main ?

— Bien sûr. Si ça lui convient, et si vous lui obtenez ce permis. Comme vous avez dit, ce petit gars se contentera de retenter sa chance si on le renvoie de l'autre côté, alors à quoi bon ? »

Une expression peinée assombrit le visage engageant de Rodriguez. Joignant son pouce à son index et son majeur, il frotta une zone au-dessus de l'arête de son nez.

« Ce serait aux fédéraux de délivrer le permis. Je devrais les convaincre que nous avançons dans l'enquête, que ce ne serait pas dans l'intérêt de la justice d'expulser Miguel. Ce qui signifie que je devrais sacrément déformer la vérité. »

Sally balaya ces questions de procédure d'un geste de ses mains ridées.

« Bon, écoutez-moi, mon petit Danny, je sais que vous savez contourner les obstacles. Pour ce qui est des clandestins, vous avez deux ou trois membres de votre famille mexicaine ici même à Nogales qui se sont éraflés le dos sous les barbelés de la frontière, mais ils sont en règle maintenant, et ils ne le sont pas devenus en prêtant serment devant le drapeau.

— Attention, vous ne savez pas la moitié de ce que vous croyez savoir, répliqua le shérif. Le fond du problème, c'est que mon service n'est pas une agence pour l'emploi pour immigrés clandestins. » Il se leva et ajusta la pince qui retenait sa cravate noire à sa chemise d'uniforme brun clair. « Maintenant j'ai une réunion avec le représentant du comté dans dix minutes.

— Si vous réfléchissiez un peu à la question, j'envisagerais de vous faire un prix pour le louvet et le bai. »

Pour Castle, cette proposition avait un relent de transaction sur un marché d'esclaves – on échangeait des chevaux contre un être humain –, mais il n'était pas en mesure de faire son difficile.

Rodriguez affecta une expression indignée qui n'était pas totalement convaincante.

« Sally, je pourrais presque vous inculper pour tentative de corruption.

— Allons bon, de la corruption ! s'écria-t-elle avec dédain tandis qu'il lui ouvrait la porte. Je proposais juste de faire une fleur à un ami.

— Je vais voir ce que je peux faire », déclara le shérif à mi-voix.

Miguel fut livré au San Ignacio comme un colis UPS le week-end suivant. Le jour de son arrivée, Blaine et Monica étaient à Douglas pour une réunion de l'Association des ranchers frontaliers, et Castle était avec Sally dans la cuisine de la maison principale. Ils furent interrompus par des coups frappés à la porte. Sally ouvrit. Un jeune homme au teint basané qui avait l'air d'un flic mais portait une tenue civile se tenait dehors avec Miguel à ses côtés, portant un petit sac de voyage. « Le voici », déclara le jeune homme, et il repartit sans ajouter un mot.

Voici ce que leur raconta Miguel : après son témoignage enregistré sur vidéo, on l'avait amené à une salle d'audience de la prison, puis on lui avait délivré un visa temporaire et, à sa grande joie, libéré. Ou presque. Car on l'avait d'abord conduit dans un fourgon qui ressemblait à une cage à la prison du comté de Nogales, où un policier, un *jefe* (il devait s'agir de Rodriguez lui-même), l'avait informé qu'un emploi l'attendait au San Ignacio, lui avait rappelé que son permis était valable trois mois et lui avait conseillé de ne pas quitter le ranch s'il ne voulait pas se retrouver de nouveau derrière les barreaux. Miguel ne possédait rien que les vêtements qu'il avait sur le dos, son visa, des chaussettes, des sous-vêtements de rechange et une brosse à dents dans son sac de voyage, mais, pour une fois, il se considérait comme un homme chanceux. Il était plein de reconnaissance et étreignit ses bienfaiteurs.

Rodriguez apparut le lendemain, tractant un fourgon à bestiaux derrière son pick-up. Il expliqua qu'il aimerait jeter un nouveau coup d'œil aux chevaux, et lorsque ce fut fait, il fit une proposition. Sally accepta sans discuter, et le louvet et le bai furent chargés dans le fourgon. Ce n'est qu'alors que le shérif posa les yeux sur Miguel – elle l'avait déjà mis au travail et il était occupé à élaguer ses mûriers.

« Je parie qu'il va mettre les bouts à la première occasion, déclara Rodriguez.

— Pari tenu, Danny. » Comme il s'éloignait, elle se tourna vers Castle avec une expression triomphante. « N'avais-je pas dit qu'il savait contourner les obstacles ? »

Et c'est ainsi que Miguel Espinoza devint un employé du ranch San Ignacio. Sally lui offrit pour commencer un salaire de huit cents dollars par mois et le logea, gratuitement, dans un petit mobile home Airstream qui était garé derrière la maison de Gerardo et Elena. Il faisait office de dortoir pour les travailleurs itinérants qu'elle embauchait à la saison du marquage ou lorsqu'il fallait rassembler les bêtes. Elena était ravie de son nouveau voisin – ça serait agréable d'avoir quelqu'un d'autre à qui parler – mais son mari était mécontent, très mécontent. Il insistait pour qu'on déplaçât le mobile home ailleurs, le plus loin possible de sa maison.

« *¿Por qué?* demanda Sally. *Está bien donde está.* »

Ce qui signifiait, supposa Castle, qu'elle estimait que le mobile home était bien où il était, mais Gerardo n'en démordit pas. Et il était peut-être la seule personne du ranch capable de tenir tête à Sally. Avec son aide, Castle accrocha donc le mobile home à sa Suburban et le tracta jusqu'à une zone plate et ombragée pas très loin de sa cabane. Mais Gerardo secoua la tête et déclara :

« *No. Este lugar no es bueno. Ahora está muy cerca à tu casa.* »

L'espagnol de Castle s'étant légèrement amélioré, il comprit que le nouvel emplacement du mobile home ne lui convenait pas, qu'il était trop proche de son habitation.

« Quel est le problème ? »

Repoussant son chapeau en arrière, Gerardo le regarda solennellement.

« *Hágame caso, señor Gil. Este mojado trae la mala suerte.* » Hormis le mot espagnol qui décrivait les clandestins – *mojado* –, Castle ne comprit rien. De toute manière, il n'allait pas tirer le mobile home à travers tout le ranch pour trouver un site qui conviendrait aux souhaits de Gerardo, quels qu'ils fussent.

« Il est bien ici, dit-il. *¿Comprende? Está bien aquí.* »

Le *vaquero* haussa les épaules comme pour dire : *comme ça vous chante*, et Castle poussa le mobile home sur son emplacement.

Lorsqu'il retourna à la maison principale, il trouva Sally en train d'interroger son nouvel employé. Avait-il déjà repeint une maison ? Oh ! oui. Après que son affaire de fruits et légumes avait fait faillite, il avait eu plein de petits boulots pour joindre les deux bouts. Elle le chargea de gratter les montants de fenêtres cloques et les peintures extérieures, puis Castle et elle se rendirent à Nogales pour acheter de l'apprêt, de la peinture, des rouleaux et des pinceaux. En chemin, il répéta les paroles que lui avait dites Gerardo – il était quasiment certain de se les rappeler correctement – et demanda une traduction.

« Il te disait de faire ce qu'il disait car Miguel porte malheur, dit-elle.

— Qu'est-ce qu'il voulait dire par là ?

— Demande-lui. J'ai fréquenté des Mexicains toute ma vie, Gil, et une chose que j'ai apprise, c'est qu'ils ne pensent pas comme nous. C'est à cause de l'Église catholique et de tout ce sang indien.

— Qu'est-ce que la religion catholique a à voir avec ça ?

— C'est une religion sinistre. Ajoutes-y une bonne dose de sang indien et tu te retrouves avec des gens qui ont des pensées sinistres. »

Chez Home Depot, à travers ses épaisses lunettes, Sally examina les nuanciers pendant une heure avant d'opter pour la peinture marron pâle qui convenait parfaitement aux murs extérieurs, et la bleue qui convenait aux montants de fenêtres et aux finitions. Lorsqu'ils retournèrent au ranch en fin d'après-midi, Miguel avait fini de gratter et de poncer les fenêtres de devant et était en plein travail sur celles du côté de la maison.

« Regarde-moi ça ! s'émerveilla Sally. Si c'était un gringo, il aurait déjà fini sa journée et serait en train de boire une bière. D'où viennent toutes ces absurdités sur la soi-disant paresse des Mexicains ? Je n'en ai jamais vu un qui ne se donnait pas un mal de chien. »

Quand Blaine et Monica revinrent de Douglas le dimanche après-midi, Miguel était en train de peindre les panneaux sous la véranda et Castle se trouvait dans le bureau étroit qui donnait sur le salon, parcourant des registres avec sa tante pour voir s'ils avaient les moyens de payer ne serait-ce que le modique salaire qu'elle avait proposé. Ils les avaient, mais tout juste – Monica n'avait pas exagéré quand, plusieurs mois auparavant, elle avait décrit la marge de profit du ranch comme « aussi fine qu'une carte de crédit ». Ils entendirent la camionnette de Blaine pénétrer dans la cour, puis ils l'entendirent s'exclamer :

« Qu'est-ce que c'est que ce bordel ? »

Sally poussa un soupir.

« Ça commence », dit-elle, et elle se rendit au salon, talonnée par Castle.

Ils n'avaient pas mentionné leur entretien avec le shérif, car ils n'avaient pas cru qu'il donnerait quoi que ce soit ; Blaine et Monica étaient donc complètement surpris de trouver Miguel ici.

« Ravie de vous revoir, lança Sally tandis que son fils et sa belle-fille entraient et posaient leurs valises. Comment ça s'est passé à Douglas ?

— Bien, répondit Blaine en fronçant les sourcils. Maman, ce Mexicain dehors, c'est…

— Oui. Assieds-toi. Il s'est passé beaucoup de choses ces deux derniers jours. »

Blaine traversa d'un pas lourd le sol carrelé et se laissa tomber sur le long divan de cuir. Monica s'assit près de lui. Sally resta debout, apparemment histoire de conserver son avantage, tandis qu'elle expliquait que la liste des employés du ranch comportait un nom de plus.

« Tu as vendu deux chevaux pour la moitié de leur prix et embauché ce clandestin sans m'en parler ? enragea Blaine. Bon sang, maman, tu n'as pas pris une seule bonne décision de ces dix dernières années, mais celle-ci bat toutes les autres.

— Ne me sermonne pas ! riposta-t-elle, agitant un doigt telle une maîtresse d'école furibonde de comédie.

— C'est bon, vous deux, intervint Monica. Sally, Blaine a raison. Tu aurais dû nous consulter d'abord. » Elle se tourna vers Castle et le réprimanda de n'avoir rien dit. « C'est comme si vous complotiez tous les deux dans notre dos. »

Il aurait voulu pouvoir se volatiliser. Il n'était guère plus qu'un invité ici et n'avait aucun droit de se mêler des affaires du ranch.

« Huit cents dollars par mois pour un homme à tout faire dont nous n'avons pas besoin, un clandestin par-dessus le marché, poursuivit Blaine.

— Pour le moment, il est en règle. Et je te rappellerai que ton cher *amigo* Gerardo n'était pas en règle quand il est arrivé ici, qu'il ne l'a pas été jusqu'à l'amnistie de 1986. Et huit cents dollars par mois, c'est seulement la moitié de ce qu'on paierait pour un employé normal.

Pour ce qui est de mon sens des affaires, j'ai vu une douzaine de familles vendre depuis que je dirige ce ranch, et nous sommes toujours ici.

— Nous n'y serions pas si je t'avais laissée faire.

— Maintenant, tu vas m'écouter. C'est encore moi qui décide ici, et c'est moi qui commande. Gil et moi avons consulté les comptes, et nous avons de quoi le payer. »

Blaine se tourna vers, ou plutôt *contre* son cousin.

« Il me semble que tu as beaucoup de temps libre. Tu aurais pu faire tous ces embellissements gratuitement, ou est-ce que ce genre de travail n'est pas digne de toi ? »

Huit cents dollars par mois, pensa Castle. La partie de son portefeuille qu'il avait conservée lui en rapportait quatre cents *par jour* rien qu'en dividendes et en intérêts. Ignorant les railleries de son cousin, il déclara qu'il aiderait à payer le salaire de Miguel.

Blaine lâcha un éclat de rire sarcastique.

« Sacrément généreux de ta part, Monsieur Plein aux As. Vous savez ce que j'ai envie de faire ? J'ai envie de foutre ce petit enfoiré à la porte et de le reconduire moi-même à la frontière et de le renvoyer au Mexique à coups de pompe dans le cul.

— Oh ! Blaine ! s'écria Monica. Arrête ! Tu parles comme un véritable plouc. Écoutez, si je nous préparais un pichet de *margarita*, et on pourra tous boire un verre et discuter de ça comme des gens civilisés.

— Je *suis* un putain de plouc et je ne veux pas de *margarita* ! » Il se rendit d'un pas lourd à la cuisine, où il tira une bière Tecate du réfrigérateur. Il regagna le canapé, arracha l'anneau de la canette et but une grande rasade, avant de se lécher les babines. « Voilà… nous autres, ploucs, on boit de la bière. Dommage que ce soit pas une Bud Light. Je vais te dire, cousin…

— Tu peux arrêter de m'appeler cousin, observa Castle d'une voix neutre.

— Bon, d'accord, *Gil*. Gil, tu vas faire plus que nous aider avec le salaire de l'homme à tout faire. Tu vas le payer intégralement. »

Le lendemain, vexé que Blaine ait suggéré que le travail manuel n'était pas digne de lui, Castle se mit au boulot et aida Miguel à peindre. C'était un tableau charmant, qui s'accordait parfaitement avec ses convictions égalitaristes : l'immigrant et l'ancien vice-président senior de la quatrième plus grande banque d'investissement de la planète travaillant côte à côte sous le soleil brûlant. Le soir, il invita Miguel à dîner dans sa cabane, où il prépara une conserve de haricots rouges avec les quelques cailles qui restaient dans le congélateur. Les deux hommes commencèrent à s'enseigner leurs langues mutuelles. *¿Cómo se dice frijoles?* Haricots. *¿Cómo se llama esto en español?* – désignant Sam, qui était couchée sur sa couverture près du poêle – *perro*. Chien. *¿Cómo se llama esto?* – levant une fourchette – *tenedor*.

Le lendemain, avec l'aide d'un dictionnaire et d'un guide de conversation, Castle apprit le nom des enfants de Miguel, que les légumes qu'il avait exportés provenaient de la ferme d'un oncle et que, jusqu'à sa fuite vers les États-Unis, il ne s'était jamais éloigné d'Oaxaca de plus de quelques kilomètres. Castle tenta de lui relater une partie de sa propre biographie, mais son espagnol était trop rudimentaire pour une histoire aussi compliquée. Tout ce que Miguel comprit fut que son compagnon américain était veuf, ce qui le désola. Ce n'était pas bon pour un homme d'être seul. Une amitié grandit entre eux, ou du moins ce qui pouvait en être entre deux hommes qui parvenaient à peine à communiquer.

Castle s'était arrangé pour que huit cents dollars soient automatiquement transférés chaque mois depuis son compte vers celui du San Ignacio à Tucson. À la fin de sa première semaine de travail, Sally paya deux cents dollars à Miguel, puis Castle le conduisit jusqu'à un bureau Western Union à Nogales pour qu'il puisse envoyer l'argent à sa femme.

Après quoi, il alla dîner chez Tessa. Il l'avait vue régulièrement depuis son voyage à Florence pour la tenir au courant de chaque nouvel épisode du feuilleton Miguel Espinoza. Elle observa qu'il s'emballait un peu : il avait pratiquement pris Miguel sous son aile. Était-il vraiment nécessaire de le conduire jusqu'à Nogales ? Il répondit qu'il n'en aurait probablement rien fait sans elle – elle l'avait libéré, elle avait ouvert la porte qui lui avait permis de retourner dans le monde, dans la *vie*. Mais la réflexion de Tessa le fit néanmoins réfléchir. Est-ce que je fais tout ça pour mon propre bénéfice autant que pour le sien ? Bon, et même si c'était le cas ? Rien n'empêchait d'être altruiste et égoïste à la fois.

Les travaux de peinture furent achevés en deux semaines. Les murs brun pâle brillaient comme du sable humide, et le bleu des portes et des montants de fenêtres reflétait la couleur du ciel d'Arizona. À la vue de sa maison, Blaine changea d'avis sur son nouvel employé.

« On dirait qu'elle vient d'être construite, déclara-t-il avec un brin d'exagération. Sacré bon boulot. Bon sang, avec un tel extérieur, on peut pas laisser l'intérieur en l'état, alors il ferait aussi bien de le refaire aussi. »

Mais Gerardo continuait de maintenir une certaine distance, échangeant à peine plus qu'un *buenos días* ou un *buenas tardes* avec Miguel. Castle réfléchissait souvent à la réflexion de Gerardo, et il crut un jour en saisir la signification. C'était lors d'un nouveau périple à la Western Union. Un homme qui poussait précipitamment un caddie rempli d'épicerie et d'un gamin qui braillait – le bureau de la Western Union se trouvait dans un supermarché Safeways – heurta accidentellement Miguel, l'envoyant presque par terre. Le type était de mauvaise humeur à cause du gosse qui hurlait, et au lieu de s'excuser il lança d'un ton haineux :

« Regardez où vous allez ! »

Castle s'en mêla.

« C'est vous qui devriez regarder où vous allez. »

Et ça faillit dégénérer en bagarre, qu'il aurait perdue puisque l'homme avait vingt ans de moins et pesait dix kilos de plus que lui. Une fois l'altercation passée, Miguel regarda en silence Castle tout en se frottant les côtes. Et c'est alors que Castle le vit avec les yeux durs et dénués de sentiment du vieux *vaquero*. Miguel était une victime-née. Ne l'avait-il pas dit lui-même ? « Toute ma vie j'ai fait preuve de malchance. » Un type de malchance particulier, cependant, une malchance contagieuse. Il y avait en lui quelque chose de doux, de triste, de malheureux, qui éveillait des sentiments de tendresse chez des gens comme Sally et Castle en même temps que ça invitait, presque inexorablement, la cruauté aveugle du monde à s'abattre sur lui ; et comme cette cruauté n'était pas sélective, elle était tout aussi susceptible de s'abattre sur les autres – Héctor et Reynaldo lui vinrent aussitôt à l'esprit – que sur lui.

À peine cette idée le traversa-t-elle que Castle la balaya telle une absurdité, une superstition, ce que sa tante aurait appelé une pensée sinistre. Plus tard, lorsque le pressentiment de Gerardo s'avérerait, il se demanderait s'il avait eu tort de faire confiance à sa raison plutôt qu'à son instinct. Miguel ne serait pas responsable des événements qui se dérouleraient au San Ignacio cet été-là, pas plus qu'il n'avait été responsable de la mort de ses amis ; pourtant, une série de malheurs si mystérieux suivit son arrivée qu'il sembla en être la cause. C'était comme si sa simple présence attirait le mal – un mal insensé que Castle cherchait à fuir – encore et encore.

Ben Erskine

Transcription d'un entretien avec Martín Mendoza, 75 ans, mené dans la résidence de M. Mendoza à Patagonia, Arizona, le 30 août 1966. Cette transcription a été traduite de l'espagnol par la Société historique d'Arizona.

Des fantômes et des os.

Voilà ce qui me vient à l'esprit quand je repense à ce vieux ranch, l'IB-Bar. Don Benjamín enterrait les os, et parfois leurs fantômes, vous savez, ils se promenaient. Je crois que mes os seront bientôt eux aussi sous terre, mais ils seront près de ceux de ma femme et je serai heureux là-bas, donc mon fantôme ne se promènera pas. Vous entendez comment je parle ? Beaucoup de gens aiment ma voix, ils disent qu'on dirait la voix de quelqu'un qui parlerait à la radio. Un médecin m'a dit que j'avais un cancer dans la gorge, à cause de trop de cigares, et que c'est à cause de ce cancer que mes os seront bientôt sous terre. Nombre d'entre eux sont brisés. J'ai été *vaquero* depuis mon enfance. Des chevaux mauvais m'ont fait tomber. Des vaches mauvaises m'ont écrasé contre les planches des corrals.

J'étais le bon ami de Don Benjamín. Nous avons monté ensemble pendant de nombreuses années, plus de vingt. Nous avons capturé des taureaux sauvages dans les montagnes. Nous avons capturé le cheval gris, celui qu'il a appelé Esprit. Nous avons fait passer des armes au Mexique pour les Yaquis. J'ai du sang yaqui, vous savez. Ma mère était une Yaqui et son père, mon grand-père, était un très bon danseur, un pur Yaqui, ce qu'on appelle un Yoeme, un homme avec de la magie dans le cœur. Vous savez, dans ce monde, il y a des gens avec de la magie dans le cœur et des gens avec de l'agitation dans le cœur.

Je ne sais pas ce qu'il y avait dans le cœur de Benjamín. C'était un gringo, et leurs cœurs sont difficiles à sonder. Ma femme Lourdes avait un peu peur de lui. Parfois elle me disait : « Il y a un diable en cet homme. » Elle disait qu'elle le voyait, que ce démon, elle le sentait. Je croyais qu'elle était idiote. Et puis, un jour, peut-être que moi aussi j'ai vu le diable de mes yeux.

Alors maintenant, je vais vous dire un secret. J'ai été le gardien de ce secret pendant très longtemps. J'avais juré à Benjamín de ne jamais le dévoiler, mais ça fait maintenant dix ans qu'il est mort, alors je ne crois pas que son âme m'en voudra.

Je crois que c'était l'année 1919. C'était l'été, un bon été avec de nombreuses rafales qui soufflaient du sud-ouest et apportaient la pluie dont nous avions terriblement besoin. Un bon été, oui, mais une mauvaise période. Il y avait la guerre au Mexique, et les bandits et les rebelles traversaient constamment la frontière pour faire des raids sur les ranches afin de prendre des chevaux, du bétail, tout ce qu'ils pouvaient voler. Benjamín et moi, on n'allait jamais nulle part sans nos pistolets et nos fusils. Nous avions des winchesters chargées dans nos maisons et nous avions appris à nos femmes à s'en servir pour quand nous n'étions pas là.

Donc, un jour, nous cherchions du bétail égaré, moi, Benjamín et deux jeunes *vaqueros* gringos qui travaillaient pour son *hermano*, le *señor* Jeffrey. Parker et Bond, oui, je me souviens de leur nom. Nous avons découvert que ces bêtes avaient été volées et emmenées au Mexique. Nous avons suivi leur trace jusqu'au Mexique. Mais une grande averse est tombée et a effacé les traces, et quand la pluie a cessé, Benjamín a dit que nous devions continuer à chercher, alors c'est ce que nous avons fait. Bientôt, nous avons vu un troupeau de herefords qui ressemblaient aux nôtres. Nous sommes allés inspecter leurs marques, et nous avons découvert qu'elles ne nous appartenaient pas. Mais Benjamín a dit : « Ça ne change rien, nous allons prendre ces bêtes. » Je lui ai dit que ce n'était pas une bonne idée, mais il n'a pas écouté. Je l'avais entendu dire que longtemps auparavant lui et le *señor* Jeffrey avaient volé du bétail sans se faire prendre. Peut-être qu'il croyait qu'il s'en tirerait une fois de plus.

Mais non. Nous étions en train de rassembler les vaches quand nous avons été surpris par le propriétaire et deux de ses *vaqueros*. Nous étions si occupés à rassembler le bétail que nous ne les avons pas vus approcher avec leurs pistolets dégainés. Ils nous ont pris nos armes et le propriétaire – il s'appelait Diego Puerta – a demandé qui était notre patron, et Benjamín a répondu que c'était lui. Don Diego a dit que moi, Parker et Bond, nous étions libres de partir, mais que Benjamín devait venir avec lui pour s'expliquer auprès de la police, les *rurales*. Nous avons refusé, nous voulions rester avec notre patron, faire autre chose aurait été, vous savez, très lâche. Mais Don Benjamín, ce n'était pas un lâche, non, il était très courageux. Il nous a dit que ce n'était pas la peine de risquer nos vies, et que nous ferions bien de faire comme avait dit Don Diego et de regagner la frontière pour informer le *señor* Jeffrey qu'il avait été arrêté. C'était, comme je vous ai dit, très courageux parce que les *rurales* allaient l'envoyer en prison pour un bon bout de temps et peut-être même le pendre.

Nous avons donc regagné la frontière, mais, après l'avoir franchie, nous nous sommes arrêtés et avons discuté de ce que nous devions faire. Nous nous sentions très coupables d'abandonner Benjamín comme ça.

C'est alors que nous avons vu des cavaliers approcher par le sud. Une minute plus tard, nous avons vu que c'étaient les *vaqueros* de Don Diego et qu'ils tiraient deux chevaux – celui de Don Diego et Esprit. Don Diego marchait à côté d'eux avec Benjamín, qui avait son drôle de pistolet – le Luger automatique – pointé sur l'arrière de la tête de Don Diego. Nous étions sans voix. Nous pensions avoir une hallucination.

Benjamín a poussé Don Diego de l'autre côté de la frontière, entre les mains de Parker et de Bond. Puis, braquant son arme sur les *vaqueros*, il a tiré nos pistolets des sacoches accrochées à la selle d'Esprit et nous les a rendus. Il avait récupéré son arme et les nôtres ! Nous étions encore plus stupéfaits. Et alors Benjamín a attrapé Don Diego et il l'a poussé à quatre pattes et lui a donné un coup de pied au cul, vous savez, comme si c'était un chien. Il l'a fait deux fois. Il l'a renvoyé de l'autre côté de la frontière, au Mexique, à coups de pompe dans le derrière, et il a dit que Don Diego ferait bien de retourner chez lui. Parker et Bond rigolaient. Don Diego s'est levé, très en colère, et il a lancé à ses *vaqueros* : « Abattez-le ! Tuez-le ! » Mais les pistolets des *vaqueros* étaient dans leur holster et nous avions les nôtres braqués sur eux, si bien qu'ils ne pouvaient rien faire. Don Diego est monté sur son cheval, il a regardé Benjamín et il a dit : « Tu vas mourir pour ça. » Puis il est reparti avec ses hommes.

Nous avons repris le chemin du ranch. Parker et Bond continuaient de rire. Ils ont serré la main de Benjamín, lui ont tapé dans le dos et ils lui ont demandé comment il avait réussi ce tour de magie. Comment lui, le prisonnier, avait retourné la situation ? Benjamín n'a rien expliqué, il voulait garder son tour de magie secret. Mais moi, je ne riais pas. J'avais un mauvais pressentiment. Don Diego était plus qu'un *ranchero*, c'était un *hacendado*, un homme de grande dignité. Je me disais que Benjamín aurait dû être heureux de retrouver sa liberté. Botter le cul de Don Diego, le déshonorer et l'humilier sous les yeux de ses hommes, c'était pousser trop loin. Sur le chemin du retour, j'ai murmuré à Benjamín : « Il est sérieux. Il va essayer de te tuer. » Et vous savez ce qu'il m'a répondu ? « Je sais. » C'est tout. « Je sais. »

Un jour, deux hommes à cheval sont venus au ranch, de vieux amis de Benjamín. Ils s'étaient battus avec lui pendant la révolution. Ils venaient le prévenir – Don Diego avait offert une grosse récompense à quiconque le tuerait. Deux cent cinquante dollars. En ce temps-là, le Mexique était plein de desperados qui auraient tué n'importe qui pour quelques pesos.

Les jours suivants ont été difficiles. Surtout pour nos femmes. La *señora* Ida était enceinte, et Lourdes aussi. Elle était en colère après Benjamín, et après moi aussi. « Vous ne valez pas mieux que les bandits qui ont volé notre bétail, qu'elle disait. Estimez-vous heureux si Dieu ne vous punit pas. » Nous dînions ensemble presque chaque soir, tous les quatre, et je me rappelle que chaque fois que les chiens du ranch se mettaient à aboyer, Benjamín posait son Luger sur la table, et nous éteignions les lampes et attendions en silence dans le noir, cherchant à entendre un bruit de pas ou de sabots de chevaux.

Maintenant, la chose que j'ai promis de ne jamais dire. C'était une journée de septembre très chaude, après la fin des rafales. Benjamín et moi devions récupérer du bétail dans un pâturage qu'il louait au gouvernement. Nous allions rapprocher les bêtes d'un point d'eau. Nous chevauchions à travers une zone qui était idéale pour une embuscade – beaucoup de collines, de bois, d'arroyos et de canyons. Nous étions tous les deux sur le qui-vive. Tout était immobile, pas de vent, et le seul bruit que nous entendions, c'était le chant des geais du Mexique. Nous étions à l'affût d'autres bruits, vous savez, un homme qui tousserait, ou un cheval qui s'ébrouerait, ou un bruissement dans les broussailles. Et nous cherchions tout autour de nous parmi les arbres quelque chose qui n'aurait pas dû se trouver là, comme le canon d'un fusil scintillant au soleil.

Nous avons atteint le sommet d'une colline. Pas très loin devant nous, sur la route, nous avons vu deux hommes à cheval qui approchaient. Benjamín a entraîné Esprit hors de la route, il a mis pied à terre et tiré sa winchester de l'étui accroché à sa selle. Tout ça s'est passé très vite et il m'a fait signe de le rejoindre, et j'ai obéi. Nous sommes montés sur un gros rocher qui dominait la route et nous nous sommes étendus. J'avais dégainé mon pistolet. Nous pouvions voir les cavaliers, mais eux ne nous voyaient pas. Ils se sont approchés – des Mexicains, vêtus de chapeaux de paille, de sandales et de chemises blanches sales. Un grand et un petit. Le grand ouvrait la voie, un fusil en travers du pommeau de sa selle. Le petit n'était pas armé, il montait un *burro* et en tirait un autre avec de lourds sacs attachés à son bât.

J'ai rengainé mon pistolet et dit à voix basse : « Des péons. Ce ne sont pas des assassins. »

Mais Benjamín a murmuré que c'étaient peut-être des assassins qui essayaient d'avoir l'air de péons.

Bientôt, le grand à cheval s'est retrouvé juste en dessous de nous. Benjamín s'est levé d'un bond, il a pointé sa winchester et il a dit : « Halte ! Les mains en l'air ! » Le grand type a été surpris, mais qui ne l'aurait pas été dans sa situation ? Il a vivement tourné la tête et hurlé à l'intention du plus petit : « Mon fils, attention ! » Je ne sais pas si Benjamín a entendu ça. Je sais que moi, je l'ai entendu. Et au même moment, tandis qu'il se retournait sur sa selle, son fusil a glissé du pommeau et il a essayé de le rattraper pour l'empêcher de tomber par terre, et c'est alors que Benjamín l'a descendu.

Tout ça s'est passé, vous comprenez, très vite. Le grand type est tombé de son cheval, mais son pied est resté coincé dans l'étrier, et la bête effrayée a détalé dans les bois en l'entraînant. Au même moment, le plus petit a lâché la corde avec laquelle il tirait l'âne de bât et a cherché à s'enfuir. Vite, très, très vite, Benjamín a actionné le levier de son fusil et il lui a tiré dans le dos, l'autre est tombé, les deux ânes sont devenus fous, ils se sont mis à ruer et à faire des bonds, et ils sont partis chacun dans une direction. L'âne de bât était si affolé qu'il a percuté un arbre, et les sacs se sont détachés et leur contenu s'est vidé par terre.

« Assurons-nous qu'ils sont bien morts ! » m'a lancé Benjamín, et nous sommes descendus du rocher et avons suivi la traînée de sang jusqu'au grand type dans les bois. Nous l'avons trouvé gisant sur les cailloux d'un arroyo proche. Son pied s'était dégagé de l'étrier et le cheval s'était enfui. Benjamín lui a lancé une pierre dessus pour s'assurer qu'il était bien mort. Il l'était. Il avait reçu une balle dans l'épaule, mais ce qui l'avait tué, c'était son cheval qui l'avait traîné au galop sur les rochers. Il avait le visage et la tête complètement défoncés, comme si quelqu'un l'avait tabassé à coups de massue. C'était terrible à voir.

Nous avons regagné la route en courant pour jeter un coup d'œil au petit homme. Lui aussi était mort. La balle l'avait traversé et elle avait fait un grand trou dans sa poitrine en ressortant. C'est ce que nous avons découvert en le retournant, et aussi que ce n'était pas un homme de petite taille, mais un enfant. Il devait avoir 13 ou 14 ans. Et c'est alors que j'ai su que j'avais entendu correctement quand le grand type avait lancé : « Mon fils ! » Je suis allé voir ce qui était tombé des sacs qui étaient attachés au bât du *burro* et j'ai découvert du tabac et des bouteilles de whiskey et de bière enveloppées dans de la paille, et je me suis écrié : « *Ayyy*, Benjamín, ce n'étaient pas des assassins, comme je te l'ai dit. C'étaient des contrebandiers. Des contrebandiers et rien d'autre. »

Oui, c'était tout, et des contrebandiers de deuxième ordre, en plus, un père et son fils qui arrondissaient leurs fins de mois en faisant entrer du whiskey et du tabac au Mexique. Vous voyez, à cette époque, avant la prohibition, les Mexicains achetaient de l'alcool aux États-Unis et ils le rapportaient au Mexique, parce que le whiskey, et le tabac aussi, y étaient fortement taxés.

« Si c'étaient des contrebandiers, m'a demandé Benjamín, pourquoi allaient-ils vers le nord avec leur marchandise ? » Je lui ai répondu : « Je ne sais pas. Comment je pourrais le savoir ? Mais ce n'étaient pas des assassins. »

Je revois Benjamín posant un genou à terre, son fusil à la main, et regardant le garçon mort. Il l'a longuement regardé sans rien dire. Je ne sais pas ce qu'il pensait. Mais je sais ce que moi, je pensais, que mon ami avait assassiné ces deux péons et que j'étais à ses côtés quand il l'avait fait. J'avais peur de mes propres pensées.

Au bout d'un moment, Benjamín s'est relevé et il a dit qu'il était désolé que les choses aient dû se passer ainsi. S'il avait su que ce n'était qu'un enfant, il n'aurait pas tiré. Si le grand type n'avait pas cherché à attraper son fusil, il ne l'aurait pas abattu. Mais moi, je n'étais pas certain que l'homme avait essayé d'attraper son fusil, et même s'il l'avait fait, à quoi s'attendait Benjamín, en bondissant comme ça et en pointant son arme sur un homme sur une route solitaire ? Mais qu'est-ce que ça pouvait faire ?

Benjamín a déclaré que nous devions les enterrer, et c'est ce que nous avons fait. Des fantômes et des os ! Nous avons traîné le garçon jusqu'à l'endroit où se trouvait son père dans l'arroyo et nous les avons recouverts de pierres. Nous avons aussi enterré le fusil et la marchandise de contrebande parce que, je crois, Benjamín avait peur que quelqu'un les découvre et se pose des questions. À cette époque, vous savez, les gringos pouvaient souvent tuer des Mexicains impunément, mais comme il avait abattu un enfant par-derrière, je crois que Benjamín avait peur de ne pas s'en tirer à si bon compte.

Il a dit qu'il ne parlerait de ce qui s'était passé à personne, pas même à sa femme, Ida. Et moi non plus je ne devais rien dire à personne. Il m'a fait jurer. Je me souviendrai toujours de la manière dont il m'a regardé – ses yeux étaient gris et durs, comme le métal d'un pistolet. J'ai dû, vous savez, prêter serment, et je l'ai fait, parce que je ne pouvais pas trahir mon ami, et pour une autre raison. J'étais comme Lourdes. J'avais un peu peur de lui.

15

Les calamités qui devaient affliger le San Ignacio – la malchance annoncée par Gerardo (même si on finirait par découvrir qu'il ne s'agissait pas uniquement de pure malchance) – commencèrent par une journée chaude et venteuse de juin. Castle, toujours décidé à prouver à Blaine qu'il était disposé à prendre part au sale boulot du ranch, avait proposé d'aider à reconstruire une clôture dans un pâturage éloigné. Elle avait été arrachée, apparemment par des clandestins, et un tuyau d'irrigation avait été coupé, tarissant un réservoir. Comme Blaine prévoyait de faire plus tard brouter le bétail sur ce pâturage, pour l'engraisser grâce à l'herbe grasse qui pousserait durant les moussons d'été, les réparations devaient être effectuées immédiatement.

Juste après l'aube, Castle partit à pied en direction de la maison principale, tenant Sam en laisse car le temps était désormais suffisamment chaud pour que les serpents à sonnette se réveillent. Gerardo avait récemment vu un crotale de Mojave d'un mètre vingt de long près des corrals des chevaux. Mourant comme toujours d'envie de courir et de chasser, Sam tirait sur sa laisse, traînant son maître à une allure bien supérieure à ses six kilomètres-heure habituels. À ce train, il était l'image même du cinquantenaire fringant qui faisait une énergique promenade ; mais le pli qui creusait un fossé vertical sur son front indiquait que quelque chose le préoccupait. Et c'était le cas. Tessa et lui avaient eu leur première dispute.

Deux soirs plus tôt, ils étaient allés au restaurant et au cinéma à Tucson. Trop fatigués pour parcourir de nouveau le long trajet jusqu'au ranch, ils s'étaient arrêtés dans un motel à proximité de l'autoroute. L'anonymat apaisant de leur chambre était étrangement excitant, et ils s'étaient retrouvés à faire l'amour avec abandon, tels deux desperados romantiques profitant d'une nuit volée. Le matin, en quittant le motel, il avait attrapé un journal à la réception, mais lorsqu'il avait remarqué la date – le 12 juin –, les longs plaisirs de la nuit s'étaient transformés en honte.

Il avait été distant sur le chemin du retour, incapable de chasser son humeur maussade. Quand ils étaient arrivés chez Tessa, celle-ci, troublée par le changement qu'elle percevait en lui, lui avait demandé ce qui n'allait pas.

« Rien », avait-il répondu.

Que pouvait-il dire d'autre ?

« Rien ? Tout d'abord, tu ne peux pas te passer de moi, puis tu décroches à peine un mot pendant cent kilomètres.

— Écoute, je n'arrive même pas à me l'expliquer, avait-il répondu, agacé qu'elle lui demande une explication et irrité de ne pas parvenir à en fournir une. C'était son anniversaire. Je ne m'en suis même pas rendu compte jusqu'à ce que je prenne le journal au motel. Elle aurait eu 44 ans. »

Tessa était restée immobile, une main sur la poignée de la portière, et avait poussé un soupir.

« Et tu t'en veux à cause de la nuit dernière, n'est-ce pas ? Tu as l'impression d'une escapade amoureuse ? D'un adultère ?

— Une escapade amoureuse ? Un *adultère* ? avait-il répété. Non, non, ce n'est pas ça. »

Mais il n'était pas parvenu à poursuivre ; l'exactitude de l'intuition de Tessa – pas exactement en plein dans le mille, mais pas loin – le laissait muet.

« Tu sais quoi ? avait fait Tessa, non sans colère. Je refuse de me retrouver dans la position ridicule d'être en rivalité avec un fantôme.

— Bon sang, Tess, tu es à côté de la plaque.

— Je ne crois pas. » Elle était descendue de voiture et restait là à le regarder par la portière ouverte. « Je pensais que tu avais mis de l'ordre dans ta vie. Je suppose que non. Tu as besoin de plus de temps, et je te l'accorde.

— Ce qui signifie ?

— Tu sais ce que ça signifie. Appelle-moi quand tu sauras où tu en es. »

Il se disait qu'elle se montrait déraisonnable, insensible à sa situation. Croyait-elle vraiment qu'un homme qui avait perdu sa femme d'une telle manière pouvait s'en remettre en moins de deux ans ?

« Je saisis, avait-il dit, perdant son calme. Tu attendais une excuse de ce genre. Les rendre dingues puis les laisser tomber, c'est ce que tu as dit à ton sujet. Les baiser et les oublier. »

Il avait aussitôt regretté ses paroles et s'était excusé ; mais autant tirer au pistolet et essayer de replacer la balle dans le chargeur.

« Tu mériterais une gifle ! »

Elle avait alors claqué la portière et rapidement gagné la porte de sa maison.

Et maintenant, tandis qu'il marchait, il se représentait sa chevelure abondante et les minuscules points qui scintillaient dans ses iris, tels des jetons d'ambre sur une terre brune ; il entendait sa voix de contralto dans ses divers modes – franc, tendre, désinvolte – et savait que la vie serait morose sans elle. Mais il se méfiait du bonheur que Tessa apportait dans sa vie. Il avait écrit à Morgan et à Justine le mois précédent pour leur annoncer sa nouvelle liaison. Il avait alors cru rechercher leur approbation, qu'il avait d'ailleurs reçue dans une lettre de Morgan – pas un e-mail, mais une véritable lettre de son écriture tout en boucles d'écolière – dans laquelle elle exprimait leur joie et leur espoir de bientôt venir en Arizona pour rencontrer Tessa. Mais il se demandait désormais s'il n'avait pas secrètement voulu leur désapprobation pour confirmer que la voix dans sa tête, cette voix qui objectait à l'amour, qui refusait le bonheur, était celle qu'il devait écouter.

Sam le tira de ses réflexions brumeuses en bondissant vers l'arroyo ombragé par les chênes qui s'étirait à proximité de la route. Elle tomba soudain en arrêt. Une paire de cailles de Mearns jaillit de sous un écheveau de branches tombées au sol, la femelle filant vers la gauche, le mâle s'enfonçant parmi les arbres de l'autre côté de l'arroyo. Sam s'élança dans la direction qu'avait prise la femelle, mais Castle la retint lorsqu'il vit un serpent à sonnette qui se prélassait sur un rocher à moins de cinq mètres. Il tira sur sa laisse pour la faire revenir sur la route, son cœur cognant dans sa poitrine.

La route et l'arroyo descendaient en sinuant jusqu'au plateau encombré par le fatras qui entourait la maison principale du ranch, fatras qui avait considérablement diminué depuis que Miguel et lui avaient nettoyé la cour, emportant une quantité impressionnante de déchets à la décharge de Patagonia. Il retrouva sa bonne humeur – sa frayeur avait en quelque sorte eu un effet thérapeutique – et lança un bonjour à Sally, qui était en train de verser un complément alimentaire d'un sac en toile pour ses bêtes hors d'âge.

« Bonjour, Gil, répondit-elle depuis l'autre côté des planches brutes du corral.

— J'ai vu un serpent à sonnette en descendant, à peu près aussi gros que celui qu'a tué Gerardo. »

Elle haussa les épaules ; les serpents à sonnette étaient si communs à cette époque qu'il aurait tout aussi bien pu lui dire qu'il avait vu un écureuil.

« Je ne me suis pas attardé pour voir s'il s'agissait d'un mojave ou d'un diamantin.

— Les mojaves sont verdâtres, les diamants sont plus bruns. Mais l'un comme l'autre vous foutraient votre journée en l'air. »

Elle s'éloigna avec son sac, incitant ses animaux à « venir manger ou à aller se faire voir ».

Castle détacha Sam pour qu'elle aille se défouler avec les heelers australiens de Blaine dans la cour, qui était entourée d'un grillage attaché à des poteaux de chêne brut. Au milieu de la cour, les vestiges rouillés d'un pick-up modèle T reposaient sur leurs jantes, telle une sculpture d'acier. C'était l'unique débris qui n'avait pas été enlevé, en partie parce qu'il était trop gros et en partie parce que Blaine refusait de s'en séparer. Ç'avait été le premier pick-up de leur grand-père, ce qui en faisait un trésor familial. En regardant l'antiquité corrodée, la cour bien rangée, les chiens qui se couraient les uns après les autres, un sentiment de fierté s'empara de Castle, bien qu'il n'eût aucune part dans ce ranch hormis le peu de sueur qu'il y avait investi. Il avait fait une découverte. Un morceau de plâtre s'était décroché d'un coin d'un mur extérieur de sa cabane, exposant les briques de pisé. Un nom et une date, J. B. ERSKINE – 1912, avaient été inscrits sur l'une d'elles, probablement au doigt ou avec un bout de bois, avant que la boue n'ait séché. On lui avait dit que la cabane avait jadis été la ferme originale, mais voir cette preuve archéologique lui avait procuré un doux frisson. Cette conscience que les murs qui avaient abrité ses ancêtres l'abritaient désormais lui donnait une impression de continuité, d'appartenance. La maison de deux pièces n'était plus une cachette provisoire ; c'était chez lui.

« Comment tu es venu ? demanda Blaine, qui sortait de la maison.

— J'ai marché, histoire de faire un peu d'exercice. »

Blaine ôta son chapeau, ébouriffa la crête-de-coq au sommet de son crâne et poussa un petit grognement. Pour lui, hors de question d'aller à pied tant qu'il y avait un cheval ou un pick-up à portée de main ; marcher pour faire de l'exercice était le comble de l'inutile.

« Eh bien, si c'est de l'exercice que tu veux, tu vas en avoir ta dose aujourd'hui », déclara-t-il.

Miguel, sous la supervision d'un Gerardo renfrogné, chargeait du matériel dans la Ford de Blaine ; rouleaux de barbelés qui ressemblaient à des couronnes d'épines en acier, tuyau d'irrigation flexible, paquets de poteaux en T et deux enfonce-pieux. Comme il se débattait avec l'un de ces derniers, Castle l'aida à le hisser dans la camionnette. L'engin consistait en une robuste pièce de fonte dotée d'une courte poignée, qui s'achevait par un tube d'environ un mètre de long. Il devait peser vingt ou vingt-cinq kilos.

Ils grimpèrent dans la camionnette, Miguel dehors sur le plateau, Gerardo à l'avant, Castle à l'arrière, qui ressemblait fortement à l'intérieur d'une benne à ordure – outils, sacs en plastique, gants de travail, une pelle, deux blousons Carhartt tachés et raidis par la sueur séchée.

Blaine baissa sa vitre et annonça à sa mère qu'ils partaient.

« J'avais compris que si vous étiez dans la camionnette, c'était pour aller quelque part, répliqua-t-elle, sortant d'un pas traînant du corral.

— Vous pouvez compter sur elle pour vous lancer une vanne à la moindre occasion, grogna-t-il tandis qu'ils se mettaient en route, la Ford aux amortisseurs usés bringuebalant sur la route inégale, tel un petit bateau sur une mer démontée. Regardez-la, à nourrir ces foutues bestioles en pyjama et en peignoir. Ce longhorn est le bovin le plus choyé qui ait jamais existé. C'est lui qui fait la loi ici, il n'a peur ni des hommes ni des chevaux, non monsieur, pas le moindre respect. La seule raison pour laquelle elle a claqué un paquet d'argent pour ce salopard, c'est qu'il lui rappelle l'Ouest d'autrefois. Elle peut être aussi hargneuse qu'une femelle crotale avec un syndrome postmenstruel, mais elle a son côté sentimental. Si ce longhorn ne suffit pas, alors ce Mexicain à l'arrière en est la preuve vivante. »

Castle ne répondit rien. Miguel était la preuve vivante que lui aussi avait son côté sentimental.

« Ça va être son quatre-vingtième anniversaire à la fin du mois, poursuivit Blaine. J'ai besoin de ton avis, Gil. Plus que ça, j'ai besoin de ton aide pour quelque chose.

— J'écoute », dit Castle.

C'était la première fois que son cousin lui demandait le moindre conseil.

« Voilà. Maman possède la moitié du ranch, et Monica et moi, l'autre moitié. Nous avons mis le ranch en servitude environnementale il y a à peu près dix ans, donc il ne vaut pas ce qu'il vaudrait si on avait conservé le droit de le développer. Néanmoins, le prix de la terre a monté, et je suppose que sa part doit s'élever à un peu plus de cinq millions.

— Et tu devrais payer quatre millions de droits de succession dessus si elle mourait, déclara Castle, devinant où Blaine voulait en venir.

— Que nous n'avons pas. Nous serions obligés soit d'emprunter, soit de vendre. De diviser le ranch. Et si nous le vendons, nous devrons payer des impôts sur la plus-value en plus des droits de succession. J'ai discuté avec un avocat il y a quelque temps, et il m'a dit que selon lui un transfert de propriété serait une bonne idée. Maman placerait ses cinquante pour cent dans un transfert irr…

— Un transfert de propriété irrévocable, exact, dit Castle, ravi de montrer son expertise.

— Et c'est là que j'ai besoin de ton aide. La façon dont il a présenté ça, c'est que maman devrait confier sa part à un administrateur, qui aurait son mot à dire sur son utilisation. Autant essayer de convaincre un pilote de confier son avion à un passager. Monica dit de la vieille qu'elle veut toujours tout contrôler. Moi, je dis qu'elle est têtue comme une mule et conservatrice. Bon sang, nous avons mis plus d'un an à la convaincre pour la servitude environnementale. Mais je crois que si tu lui parlais…

— Moi ?

— Elle refuse de m'écouter. Elle me prend pour un gamin de 18 ans, et idiot par-dessus le marché. » Blaine marqua une pause le temps de négocier une portion de route difficile, où des ornières de trente centimètres de profondeur formaient des rails tordus le long d'une bosse rocailleuse qui aurait cassé un essieu à n'importe quelle vitesse supérieure à cinq kilomètres-heure. « Mais toi, elle te respecte. Elle fait ton éloge auprès de ses vieilles copines. Elle raconte qu'elle a ce neveu qui était un grand ponte à Wall Street. »

Castle s'esclaffa.

« C'est parce qu'elle n'a jamais rencontré un véritable grand ponte de Wall Street. J'étais plutôt un petit ponte.

— Qu'importe, elle t'écoutera peut-être. Ce ranch, c'est ce qui me fait me lever le matin. Ne crois pas que je le ferais s'il n'était pas là.

— Chanté à la terre, dit Castle. Je crois que c'est ce que tu avais dit.

— C'est cet Australien que je connaissais au Viêtnam qui disait ça. Cette terre a une histoire, crois-moi. Cette route sur laquelle nous roulons était une ancienne piste espagnole qui allait depuis Chihuahua au Mexique jusqu'à San Diego. Je l'ai vue indiquée sur une carte en vélin qui devait avoir deux cents ans. Les Espagnols avaient du bétail ici avant même que les États-Unis existent. Je pense à ça et à Ben et à Jeff qui occupaient cet endroit et à comment ils ont dû lutter contre les voleurs de bétail et les sécheresses, comment ils se sont accrochés pendant la Grande Dépression, et c'est comme si nous ne la possédions pas, c'est comme si nous… eh bien, je ne trouve pas le mot.

— Comme si on vous l'avait confiée ?

— C'est à peu près ça. Ça me tuerait de la vendre ou d'en perdre une partie. »

Et, songea Castle en regardant les prairies balayées par le vent, les chênes, les faucons tournoyant, il ne voulait pas la perdre non plus.

« Soit. Je vais lui parler dès que l'occasion se présentera. »

Ils continuèrent de rouler, guère plus vite que les marchands espagnols dans leurs chars à bœufs grinçants, bifurquèrent sur une deux-voies qui traversait une prairie de boutelou jonchée de fleurs à tiges rouges, et s'arrêtèrent près d'un moulin à l'entrée d'un canyon. Le réservoir se trouvait à proximité, et le sol tout autour avait été transformé en un petit marécage, l'herbe humide scintillant au soleil, des mares luisant dans les dépressions du terrain. Ils descendirent du pick-up et pataugèrent dans la gadoue jusqu'au réservoir, sur lequel Blaine tapa à deux reprises avec une pierre, chaque coup produisant un tintement creux.

« Saloperie, marmonna-t-il à voix basse. Gerardo ne plaisantait pas. Complètement sec. Quinze mille litres de perdus, purement et simplement. » Il attrapa le tuyau de caoutchouc noir, à peu près épais comme une lance d'arrosage, qui serpentait depuis le réservoir jusqu'à un abreuvoir rond quelques mètres plus loin.

« S'ils voulaient boire, tout ce qu'ils avaient à faire, c'était actionner la pompe du réservoir puis la fermer. Mais à la place, ils coupent le foutu tuyau.

— *Hay mucha basura – allí* », dit Gerardo en désignant une large ravine.

Ils s'y rendirent et découvrirent une décharge miniature. C'était un ramassis de vestes, chaussettes, pantalons, bidons d'eau, slips d'hommes et culottes de femmes, kits de maquillage, paquets de cigarettes vides, peignes, brosses à cheveux, bougies, bottes, baskets, cartes religieuses représentant la Vierge ou le Sacré-Cœur, gouttant du sang.

« Tout ce foutoir n'a pas été laissé par un seul groupe, déclara Blaine. Quelqu'un fait passer des clandés par ici, et c'est bizarre. D'habitude, ce qu'on a, c'est des passeurs de drogue. » Il ramassa l'un des kits de maquillage – il ressemblait à une minuscule boîte de peinture –, le lança sur le côté. « Non, ce ne sont pas des mules qui ont laissé ça. Je n'en connais pas beaucoup qui mettent du rouge à lèvres. Allons à la clôture. »

Celle-ci longeait le canyon sur une distance d'environ cinquante mètres et avait été complètement démolie à deux endroits, tandis qu'ailleurs les poteaux branlants étaient inclinés et les barbelés s'affaissaient ou pendouillaient telles des vrilles acérées. C'étaient partout des empreintes de pas, des empreintes chevauchant d'autres empreintes, et aussi des traces de pneus.

« Tu vois ce qui s'est passé, cousin ? Cette ravine là-bas serpente jusqu'à la frontière, à environ cinq kilomètres. Les coyotes leur ont fait franchir la frontière, puis longer la ravine jusqu'ici. Le dernier groupe a coupé le tuyau, et ils se sont changés et lavés ici – histoire de ne pas trop avoir l'apparence ni l'odeur de clandestins quand ils arriveront à leur destination. Puis ils ont attendu qu'on vienne les chercher. Les chauffeurs se sont frayé deux passages en défonçant la clôture avec leurs camionnettes. Si je devais choisir entre les coyotes et les passeurs de drogue, je choisirais les passeurs de drogue sans hésitation. Ils ont de meilleures manières, ils ne foutent pas le bordel. Bon, nous allons devoir tendre de nouveaux barbelés et remplacer ou replanter les poteaux, d'un bout à l'autre. »

Il recula le pick-up jusqu'à la clôture, et ils déchargèrent les barbelés, les poteaux et les enfonce-pieux.

« Voici comment on procède », expliqua-t-il en attrapant un enfonce-pieu par les poignées. Il le souleva en grognant, glissant l'extrémité creuse par-dessus le sommet d'un poteau, puis il le laissa retomber, donnant un coup de main à la pesanteur en poussant violemment vers le bas avec ses bras. La partie d'acier au sommet de l'outil heurta le poteau, l'enfonçant de quelques centimètres dans le sol. « C'est tout ce qu'il y a à faire. Essaie. »

Castle attrapa les poignées et, pliant les genoux, souleva le monstre jusqu'à ce que ses bras tremblants soient quasiment tendus. Il le laissa retomber tout en appuyant dessus, le tintement de l'acier contre l'acier retentit, et le poteau s'enfonça de quelques centimètres supplémentaires.

« Plus qu'une quinzaine de centimètres, déclara Blaine en donnant à Castle une tape sur la nuque. On traite les types qui font ça de pleurnicheurs, et maintenant tu sais pourquoi. Dix minutes avec l'un de ces engins suffisent à arracher des larmes à n'importe qui. »

Miguel et Gerardo commencèrent à une extrémité du canyon, Blaine et Castle à l'autre. Ils continuèrent toute la matinée, se relayant à l'enfonce-pieu, découpant les vieux barbelés, en tendant de nouveaux, ne s'arrêtant que pour s'essuyer le visage ou boire de l'eau tiède à des gourdes de cavaliers. Castle ne versa pas de larmes, mais il versa du sang et de la sueur, s'écorchant les bras aux barbelés, le soleil le brûlant avec une vigueur et une intensité inconnues à des latitudes plus septentrionales. Lorsqu'ils eurent fini, il avait tellement mal aux épaules qu'il avait l'impression d'avoir passé les deux ou trois dernières heures à soulever des haltères ; mais le travail physique avait effacé les derniers vestiges de la morose introspection qui l'avait plus tôt tourmenté. Peut-être que je devrais faire ça plus souvent, songea-t-il en regardant avec satisfaction la clôture, totalement réparée, et les nouveaux barbelés tendus et luisants dans la lumière féroce de midi.

Ils dévorèrent leurs sandwichs, les faisant passer avec des bières fraîches tirées de la glacière. Après le déjeuner, Blaine alla chercher deux boîtes de sacs-poubelle de jardinage dans le camion et demanda à Castle et Miguel de ramasser les détritus pendant que Gerardo et lui répareraient le tuyau sectionné. Ce travail d'entretien n'avait pas un but esthétique ni sanitaire. Le bétail mangeait presque tout ; une vache s'étoufferait en essayant d'avaler une veste, et les éclats de bidon en plastique pouvaient lui déchirer les intestins.

« Ce bordel me fout encore plus en rogne que la clôture ou le réservoir, déclara Blaine d'un ton amer. C'est comme si une foule était entrée chez moi et avait tout bousillé. »

Si Castle comprenait la rancœur de son cousin – le fait de transformer ce paysage vierge en décharge dénotait une négligence qui le foutait lui aussi en rogne –, il trouva parmi les détritus des objets qui éveillèrent sa curiosité, voire sa compassion. Un livre de poche, *El diario de Anne Frank*, avec un nom féminin inscrit sur la page de garde. Une veste de sport méticuleusement pliée, comme si son propriétaire s'était attendu à revenir la récupérer à tout moment. Ce n'étaient pas les possessions d'ouvriers agricoles itinérants, pauvres et quasi illettrés. Qu'est-ce qui les avait poussés à se transformer en articles de contrebande humains, à franchir clandestinement une ligne imaginaire dans le désert ? Peut-être avaient-ils vu ce que les colons et les chercheurs de fortune avaient vu lorsqu'ils avaient traversé les grandes plaines, ce que les Irlandais et les Juifs et les Italiens (comme l'arrière-grand-père de Castle) avaient vu, chatoyant à l'ouest de l'autre côté de l'océan – de l'or et de la terre à prendre, certes, une chance de changer leur destinée, certes, mais plus encore : une promesse aussi vaste que le continent, aussi infinie que l'imagination humaine, qui semblait dire : *Ici tout est possible.* Peu importait de savoir ce qu'était ce « tout ». Lui donner un nom, ç'aurait été rendre trivial cet espoir sublime, ce rêve ineffable dans l'esprit des personnes éveillées. De la même manière que cette promesse avait jadis appelé les immigrants vers l'ouest, elle appelait ceux-ci vers le nord. Ces pensées étaient-elles un nouvel exemple de sa sentimentalité ? se demanda Castle. Romançait-il les choses ? Il ne pouvait ignorer la possibilité que les multitudes qui se déversaient depuis le sud allaient simplement là où se trouvaient les dollars et considéraient les États-Unis comme rien de plus qu'une vaste agence pour l'emploi. Il y avait cependant une chose dont il était sûr – ce n'étaient pas des vêtements, des chaussures et des sacs à dos qu'il enfonçait dans les sacs-poubelle, c'était le passé abandonné de personnes qui comptaient reconstruire leur vie. Et dans ce sens, lui et eux étaient citoyens d'un même pays.

Il n'osa pas faire part de ses réflexions à Blaine lorsque, une fois le tuyau réparé, celui-ci et Gerardo vinrent les aider à nettoyer. L'humeur de Blaine s'était assombrie, il n'était pas dans les bonnes dispositions pour s'entendre dire que les personnes qui avaient vandalisé son ranch méritaient peut-être un peu de compassion. Il écrasa du pied un bidon d'eau et murmura, plus à lui-même qu'à Castle : « Je fais vraiment tout mon possible pour ne pas détester les gens qui ont fait ça. » Puis il s'enfonça dans une rumination silencieuse et y passa le restant de l'après-midi. Castle se rappela la description qu'avait faite Sally de leur grand-père : « Il devenait tellement silencieux qu'on avait l'impression que si quelqu'un faisait quelque chose qui ne lui plaisait pas ou disait ce qu'il ne fallait pas, il le regretterait. »

16

Le lendemain, les choses ne tournèrent pas aussi mal qu'elles auraient pu.

Blaine et Gerardo avaient décidé de vérifier les clôtures des pâturages des collines Canelo, une zone accidentée sillonnée de profonds ravins, et Castle les accompagna. Ils quittèrent la maison principale avant l'aube, emportant trois chevaux et une mule de bât dans un fourgon, et arrivèrent à la limite du pâturage aux premières lueurs. Les animaux furent sortis, sellés et harnachés, Gerardo chargea le matériel pour les clôtures – des barbelés, des poteaux et les redoutables enfonce-pieux – sur le dos de la mule et recouvrit le tout d'une bâche en toile maintenue en place au moyen d'une corde nouée en diamant. Ils grimpèrent sur leurs montures et entamèrent l'ascension des collines. Des nuages fins rougeoyaient comme des filaments de cuivre en fusion au-dessus des Huachuca, une grande paroi sombre et fissurée haute de près de trois mille mètres. Blaine était sur son cheval préféré, le hongre noir nommé Tequila, Castle sur un pie au nom féroce – Comanche. Gerardo, qui fermait la marche, montait un cheval gris et tirait la mule derrière lui. Tous trois portaient des pistolets : Blaine le Luger de son grand-père, Gerardo son six-coups, Castle son 357 magnum. Blaine avait insisté pour qu'ils les prennent afin de se défendre contre les serpents à sonnette et les contrebandiers – qui étaient à peu près une seule et même chose à ses yeux. Castle avait continué de s'entraîner avec son revolver et était raisonnablement certain de pouvoir atteindre un serpent. En revanche, un contrebandier…

La ligne de la clôture grimpait au-delà des plateaux couverts de chênes et de genévriers, puis elle formait un angle et se dirigeait vers le nord à travers de hautes forêts de pins à pignons et de pins de Chihuahua et de Ponderosa, si vieux que c'étaient de jeunes arbres à l'époque où les Espagnols bâtissaient des missions en Amérique du Nord. Une odeur de résineux parfumait l'air chaud, les sabots des chevaux martelaient le terreau d'épines de pin tendres. Blaine ralentit l'allure et désigna du doigt un ours qui traversait paisiblement une plaine de l'autre côté du canyon, sa fourrure noire et dense ondoyant et brillant. Si Castle n'avait pas su qu'il n'était qu'à huit kilomètres de la frontière mexicaine, il se serait cru dans le Montana. Le monde était plein d'horribles possibilités, certes, mais elles semblaient si lointaines ici, sur ces pentes d'altitude.

Ils traversèrent le canyon, puis suivirent la ligne de la clôture dans sa descente vers les plateaux. Ici et là, des vaches et leur veau broutaient sur les flancs de colline clairsemés. À midi, ils avaient longé plus de la moitié de la clôture qui délimitait la parcelle et n'avaient trouvé qu'une seule section endommagée, qu'ils avaient réparée. Ils atteignirent une barrière à bétail sur une étroite route jonchée de gravats et s'arrêtèrent pour déjeuner.

En mettant pied à terre, Castle sentit les effets des treize kilomètres qu'ils avaient parcourus : ses genoux étaient raides, les muscles de ses cuisses douloureux. Gerardo tendit une corde entre deux arbres, et ils y attachèrent les chevaux et la mule, desserrèrent les sangles et s'assirent à l'ombre pour manger de la *machaca* froide enveloppée dans les tortillas d'Elena, accompagnant leur repas de l'eau tiède de leurs gourdes. Le vent s'était levé, un vent chaud venu du sud. Les mouches bourdonnaient. Un pivert de Gila descendit le long de la route dans un vol erratique et saccadé, comme s'il était tiré par des ficelles invisibles. Après avoir ôté son chapeau, Blaine s'adossa à un genévrier et alluma une cigarette – l'une de ces cigarettes naturelles qu'il croyait bonnes pour la santé.

« Tu sais ce que je pensais ? demanda-t-il à Castle.

— Pas la moindre idée.

— Que le mot *lariat* venait de l'espagnol *la reata* et que *buckaroo*[1] était la manière dont les anciens cow-boys du Texas prononçaient le mot *vaquero*. »

Déconcerté par ces considérations étymologiques, Castle l'interrogea du regard.

« Ces Espagnols dont je parlais hier, les premiers *vaqueros* ? Y a pas grande différence entre la manière dont ils faisaient les choses et celle dont je les fais aujourd'hui. On est au XXIe siècle, et je vais à cheval, j'attrape les bêtes errantes au lasso, je marque mes vaches au fer. Je suis tellement en retard sur mon époque que je pourrais pas la rattraper même si je portais des

1. *Lariat* : lasso ; *buckaroo* : cow-boy. *(N.d.T.)*

baskets à réaction. Je suis comme ces fermiers amish, sauf que je roule pas en carriole. »

Castle entendit dans le commentaire de Blaine une résignation à son sort anachronique – et de la fierté dans son activité démodée.

« Les *vaqueros* espagnols n'avaient pas de téléphone portable, observa-t-il, désignant celui que son cousin portait à la ceinture. Tu n'es pas si en retard que ça.

— Non, je suppose que non… »

Il fut interrompu par un cri de femme : « *¡Señores! ¡Socorro!* »

Ce n'était pas une femme, mais une adolescente. Elles étaient trois, à descendre la route en titubant, portant des jeans sales, des T-shirts tachés de sueur et des coupe-vent attachés autour de la taille. Des brins d'herbe étaient accrochés à leurs cheveux noirs, leurs yeux étaient rendus vitreux et ternes par l'épuisement. Celle qui avait crié, la plus petite des trois, tendit une bouteille de tequila vide.

« *Agua*, implora-t-elle, s'effondrant par terre. *Un poco de agua, por favor.* »

Blaine lui tendit sa gourde. Elle but avidement et la passa à ses amies, et la gourde de deux litres fut vide en un rien de temps. Gerardo étala à même le sol le torchon qui contenait le reste des tortillas, tel un domestique lors d'un élégant pique-nique. Les tortillas disparurent presque aussi vite que l'eau. L'expression désespérée dans le regard des filles s'atténua – elles n'allaient pas mourir.

La plus petite, dans un hybride d'espagnol et d'anglais, expliqua que ses compagnes étaient sœurs et qu'elle était leur cousine. Elles cherchaient à atteindre

Denver, où un membre de leur famille leur avait trouvé des emplois de femmes de chambre dans un motel. Elles avaient franchi la frontière deux nuits plus tôt avec vingt autres immigrants, des ouvriers agricoles habitués à arpenter à pied des zones accidentées. Mais elles venaient de la ville, d'Hermosillo, et n'avaient pas réussi à suivre l'allure. Leur coyote les avait abandonnées sans nourriture et avec juste un peu d'eau dans la bouteille de tequila. Après quarante-huit heures à errer et à dormir au milieu de nulle part, elles étaient tombées sur cette route et la suivaient depuis ce matin, dans l'espoir qu'elle mènerait à une maison ou à une ville. Y avait-il une maison ou une ville sur cette route ?

Non, répondit Gerardo. Ni l'une ni l'autre.

Blaine tenta d'appeler la police des frontières sur son portable, mais il n'y avait pas de signal dans cette zone.

« Ces coyotes sont décidément des gens merveilleux, dit-il. Comment peut-on laisser trois gamines ici sans rien à manger ni à boire tout en sachant qu'elles vont probablement mourir à petit feu ? Faut vraiment être un drôle de salaud pour faire ça.

— Hier, tu essayais de ne pas détester ces gens, remarqua Castle.

— Va te faire foutre, cousin.

— Bon, qu'est-ce qu'on fait maintenant ?

— On peut pas les emmener avec nous et on peut pas les laisser ici, c'est tout ce que je sais pour le moment. »

Étant donné les circonstances, l'apparition d'une camionnette de la police des frontières qui gravissait lentement la route sembla providentielle. L'agent, arborant lunettes de soleil et chapeau de cow-boy brun clair, était penché par la vitre et avait les yeux rivés au sol.

Blaine lui fit signe. Lorsqu'il descendit de la camionnette, ils reconnurent Morales, le pisteur navajo.

Il regarda les filles.

« Salut, Blaine. Faut qu'on arrête de se croiser comme ça.

— Au moins celles-ci sont vivantes. Un jour de plus, et elles l'auraient plus été. »

Morales questionna brièvement le trio, puis il les embarqua, les enfermant à l'arrière de sa camionnette. Les filles ne protestèrent pas, l'expulsion étant ce qui pouvait leur arriver de mieux.

« Nous avons attrapé le groupe avec lequel elles voyageaient la nuit dernière, expliqua-t-il. Ils nous ont dit que ces trois-là étaient à la traîne. J'ai retrouvé leur trace ce matin.

— Vous avez attrapé le coyote ?

— Oui. Un type que nous avons déjà arrêté par le passé, et cette fois il va passer un moment au trou.

— Vous devriez inculper ce salopard pour tentative de meurtre.

— J'aimerais bien. » Il ôta ses lunettes de soleil, souffla dessus et frotta les verres avec un mouchoir. « J'allais passer par chez vous pour vous donner les dernières nouvelles. Il s'est avéré que ce type était un bavard. Il nous a dit qu'il trimbalait des immigrants pour une grosse organisation. Le *mero mero* est un Américain nommé Cruz. Cruz a eu la permission de faire passer les clandestins par ici.

— La permission de qui ? demanda Blaine. Je peux vous assurer que c'était pas de moi. »

Morales éclata de rire.

« De la famille Menéndez. Le cartel d'Agua Prieta. La femme qui le dirige a réussi à se faire un nom dans le milieu des trafiquants de drogue. Yvonne Menéndez. Je me disais que vous aimeriez savoir ce qui se passe.

— Je vous suis reconnaissant, John. Et je le serais encore plus si vous autres faisiez quelque chose pour empêcher ça.

— Ça ne dépend pas de moi. »

Lorsque Morales fut reparti avec ses prisonnières, Blaine déclara :

« Donc maintenant, nous savons quelque chose que nous ignorions il y a dix minutes. Je me disais que c'était franchement étrange de croiser des clandés par ici.

— Il y a une chose que je ne saisis pas, dit Castle. Un trafiquant de drogue a accordé à un passeur de clandestins sa *permission* ? Qu'est-ce que c'est que cette histoire ? »

Son cousin ôta son chapeau et en essuya le cuir à l'intérieur.

« Les narcotrafiquants possèdent les routes. Ils décident de ce qui passe par où parce qu'ils ont l'argent et les armes. »

Il se tourna vers Gerardo et lui communiqua les informations qu'il venait de recevoir de Morales, à quoi Gerardo fit une longue réponse.

« *Sí, es verdad*, dit Blaine, puis il regarda Castle. Gerardo pense que le coyote qui a abandonné ces gamines n'a pas plus d'âme qu'un coyote à quatre pattes, et pas parce qu'il l'a perdue, mais parce qu'il l'a vendue. Ça me rappelle un vieux proverbe mexicain qui dit que Dieu a enfermé le diable dans une grotte près du Rio Grande, mais qu'il sort parfois grâce à une balançoire tendue entre les montagnes. Il est possible que la balançoire l'ait amené par chez nous. » Il regarda en direction de la vallée. « C'est un bel endroit où il se passe des choses sacrément moches, Gil. Peut-être que ç'a toujours été le cas, mais il y a désormais ici quelque chose qui n'y était pas auparavant. »

Ils remontèrent à cheval et continuèrent de longer la clôture, descendant dans un ravin de gravier et de roche rosés, gravissant une colline, s'enfonçant dans un nouveau ravin, puis grimpant une fois de plus. Au sommet, ils marquèrent une pause pour reposer les chevaux. En contrebas, la vallée de San Rafael s'étirait jusqu'aux pentes brumeuses des montagnes Patagonia. De cette hauteur, la vallée ressemblait à une plaine faite d'un seul tenant, l'éloignement dissimulant ses innombrables canyons, ravins, couloirs, gorges.

Quelque chose qui n'y était pas auparavant. Cette phrase continuait de trotter dans la tête de Castle. Les zones frontalières étaient dégagées et pleines de lumière, mais leur enchantement dissimulait un paysage plus dense et compliqué, de la même manière que l'éloignement cachait les labyrinthes ombrageux de la vallée, là où se produisaient des choses infâmes. Comme le massacre des immigrants, la nuit qui avait précédé l'assassinat des compagnons de Miguel. Comment pouvait-on commettre un tel acte si on n'avait pas vendu son âme ? Et comment – ses pensées s'éloignaient désormais de cette partie du monde –, comment pouvait-on s'accrocher une ceinture de plastic autour de la taille et aller se faire sauter dans un restaurant bondé de Tel-Aviv ? Cette chose qui était désormais ici et qui n'y était pas auparavant était en fait partout. Il n'y avait pas de sanctuaire.

La balançoire du diable l'avait porté bien loin de sa grotte sur le Rio Grande.

L'après-midi était bien avancé lorsqu'ils trouvèrent une barrière grande ouverte et les traces fraîches d'un véhicule tout-terrain qui avait pénétré dans le pâturage.

« Y' en a un qui sait pas lire, déclara Blaine en tapant du doigt sur une pancarte métallique qui disait : MERCI DE REFERMER LA BARRIÈRE. Voyons voir si on peut le rattraper. »

Ils suivirent les traces sur environ quatre cents mètres et tombèrent sur le quad, qui était garé sous un arbre. Sa peinture reproduisait un camouflage de chasseur ; une batterie à anode sèche se trouvait sur le porte-bagages, attachée au moyen d'un tendeur.

« Ça ne peut pas être un chasseur à cette saison », observa Blaine.

Gerardo se redressa alors sur sa selle et dit : « *Escuche* » – Écoutez.

« *Punto uno... Punto...* Reçu... Clair... Attendez... » Une voix, portée jusqu'à leurs oreilles par un courant frais descendant, provenait du sommet d'un escarpement abrupt et broussailleux devant eux... « Un qui arrive... Ne vous montrez pas. »

Blaine porta un doigt à ses lèvres et fit signe de mettre pied à terre.

« Je crois que c'est pas un simple *bozo* qu'est venu se promener en pleine campagne, chuchota-t-il. Je veux découvrir qui il est et ce qu'il fait. »

Ses yeux étaient soudain aussi brillants que des pièces de monnaie, tels ceux d'un prédateur avide.

« Tu crois que c'est une bonne idée ? demanda Castle.

— Pourquoi pas ?

— Tu te souviens de ce que Miguel a dit quand nous l'avons trouvé ? L'assassin conduisait un quad.

— Cousin, tout le monde par ici possède un quad. Même moi, j'en ai un. Allons-y. »

Lorsque, en sueur et essoufflés par l'ascension, ils arrivèrent au sommet de la crête, ils entendirent clairement la voix.

« Ils ont déjà traversé ? OK, *está bien*. Dis-leur d'attendre. » Une pause. « Je te dirai quand la voie sera libre. »

Blaine ouvrant la voie, recroquevillé tel un éclaireur, ils traversèrent en file indienne une jungle de *manzanitas* pour atteindre une clairière qui offrait une vue aérienne sur la vallée, la frontière et une portion non négligeable du Mexique. Dix mètres plus loin, un homme en chemise de camouflage était assis, dos tourné à eux, et balayait le paysage avec ses jumelles tandis qu'il suivait la progression d'un véhicule sur une route située beaucoup plus bas, à un kilomètre et demi de distance. Un véhicule blanc, observa Castle à l'œil nu. Probablement une camionnette de la police des frontières. L'homme baissa ses jumelles et porta un talkie-walkie à ses lèvres.

« *¿Punto uno? Punto dos.* Un autre arrive. *Viene otro mapista.* Exact… OK, il est passé. Dis-leur de traverser… Faites vite… *¿Comprende? Duro adelante…* »

Blaine s'engagea sur la clairière et lança : « Je peux savoir qui vous êtes ? »

L'homme lâcha le talkie-walkie, se leva d'un bond, pivota sur lui-même et dévisagea en clignant des yeux trois types qui devaient ressembler à des figurants dans un western – jambières en cuir, éperons et pistolets.

C'était un grand maigre de plus d'un mètre quatre-vingts, avec des cheveux châtains en désordre et un visage pâle couvert de marbrures.

« Je vous ai demandé qui vous étiez. Je sais que vous savez parler. Je viens de vous entendre en pleine conversation. »

L'homme reprit contenance et, avec un sourire qui dévoila plusieurs dents manquantes, tendit la main.

« Idaho Jim. »

Blaine le regarda en plissant des yeux.

« Je crois vous avoir déjà vu en ville, dit-il.

— Quelle ville ?

— Patagonia. Vous êtes un de ces junkies qui vivent dans Roadrunner Lane. »

Idaho Jim laissa retomber sa main, mais conserva son sourire.

« Je crois vous avoir vu aussi. Vous êtes Blaine Erskine, pas vrai ?

— Qu'est-ce que vous faites ici ?

— J'observe les oiseaux, répondit Idaho Jim en touchant les jumelles qui pendaient à la longue tige qui lui faisait office de cou.

— Vous en avez vu ?

— Un faucon pèlerin.

— Vraiment ? Mon cousin, là, dit-il en désignant Castle, est amateur d'ornithologie. Pourquoi vous lui dites pas à quoi ça ressemble, un faucon pèlerin ?

— Ç'a des ailes et des plumes.

— En plus, vous avez le sens de l'humour, Idaho. » Blaine se pencha en avant et ramassa le talkie-walkie et une feuille de bristol plastifiée. Il lut à voix haute les inscriptions qu'elle comportait. « Shérif du comté de

Santa Cruz… Police des frontières… Shérif du comté de Cochise. Est-ce que tous les ornithologues amateurs trimbalent la liste des fréquences radio de la police ?

— Vous parlez comme un flic. Vous en êtes un ?

— Non. Mais j'ai entendu un ami qui l'est dire qu'une salope de narcotrafiquante nommée Menéndez avait donné son feu vert à un coyote nommé Cruz pour qu'il fasse passer des clandestins à travers mon ranch. Pour lequel vous travaillez ? »

Idaho Jim ne répondit rien. Blaine posa les mains sur ses épaules osseuses d'un geste faussement amical. Il s'amusait avec ce type, songeait Castle, et il y prenait un peu trop de plaisir. D'un mouvement soudain, il tira sur les jumelles, projetant en avant la tête d'Idaho Jim et faisant céder la sangle.

« Je les garde, et ce joli talkie-walkie aussi. Maintenant tirez-vous d'ici, espèce de junkie de merde.

— Cette terre est publique, protesta Idaho Jim, défendant ses droits de citoyen. Vous ne pouvez dire à personne d'en partir. »

Il avait plus de cran que Castle, au premier abord, ne l'aurait cru.

« Vous allez faire trois choses, reprit Blaine. Vous allez retourner à votre quad et foutre le camp. Puis vous refermerez la porte derrière vous, comme une personne bien élevée. Et vous refoutrez jamais les pieds sur mon ranch.

— Vous savez quoi ? Vous feriez mieux de ne pas jouer au con, parce que vous ne jouez pas seulement au con avec moi. »

Blaine le frappa au visage, puis deux fois à l'estomac, et tandis qu'Idaho Jim tombait en avant, il l'attrapa par le col et le plaqua nez contre terre.

« Jouer au con ? Vous croyez que je joue au con, espèce de vermine de merde ? » Il fit un pas en arrière, lui donna un coup de pied dans les côtes. Idaho Jim poussa un cri et s'agrippa le flanc. Blaine abattit violemment le talon de sa chaussure sur le creux de ses reins, lui arrachant un nouveau cri, puis il lui bondit dessus. Saisissant ses cheveux de la main gauche, il lui tira la tête en arrière, puis il dégaina son Luger de la main droite et lui colla le canon contre la tempe. « Je vais te montrer comment je joue au con. »

Castle, qui était jusqu'alors resté immobile – l'accès de fureur de Blaine avait été aussi rapide et stupéfiant qu'une collision soudaine –, attrapa son cousin par la taille et, tirant de toutes ses forces, l'écarta d'Idaho Jim. Blaine tenta de se dégager. Castle resserra son emprise, craignant que le coup ne parte accidentellement.

« Ça suffit ! Range ça ! »

Ils oscillaient d'avant en arrière, comme s'ils dansaient une danse étrange. Gerardo s'en mêla et arracha le Luger des mains de Blaine.

Ce dernier cessa de se débattre.

« Lâche-moi, Gil. C'est bon.

— Tu es sûr ? »

Son cœur battant à se rompre, Castle le lâcha.

Une voix grinçante avec un accent mexicain jaillit alors du talkie-walkie : « *¿Punto dos? Punto uno...* Hé ! tu es là, mec ? »

Blaine ramassa l'appareil et lança d'un ton féroce : « Hé ! *cabrón. Punto dos* a rendu la putain d'antenne ! »

Il jeta le talkie-walkie par terre, souleva une pierre grosse comme une boule de bowling et le pulvérisa, puis il fit de même avec les jumelles.

« Ça va, mais ça va pas aller longtemps si l'autre vermine décampe pas », déclara Blaine en se tournant vers Idaho Jim, qui était désormais à quatre pattes.

À ses yeux, il s'était battu non pas avec le diable échappé de sa grotte solitaire, mais avec l'un de ses sous-fifres, que Castle aidait désormais à se relever.

« Vous pouvez marcher ? »

Son visage marbré maculé de terre, portant une paume à sa bouche en sang, Idaho Jim acquiesça.

« Eh bien faites-le, reprit Castle. Tirez-vous maintenant. »

17

« Quand tout a été fini, il est resté là à nous regarder, Gerardo et moi, comme si… comme s'il venait de s'apercevoir de ce qu'il avait failli faire. »

Castle venait de raconter à Tessa l'explosion de colère de Blaine, ou plutôt son coup de folie.

« Tu crois qu'il comptait vraiment tuer ce type ? demanda-t-elle en fronçant les sourcils.

— Oui, je crois, admit Castle. Je crois qu'il l'aurait fait si je n'étais pas intervenu. » Cette dernière remarque lui semblant quelque peu présomptueuse, il se reprit. « Enfin, il l'aurait peut-être tué. »

Ils longeaient un ancien chemin de mineurs dans un canyon des montagnes Patagonia, à la recherche de deux chouettes tachetées mexicaines que l'un des collègues profs de Monica, un fanatique d'ornithologie, avait repérées.

La pénible rencontre avec Idaho Jim n'avait que temporairement fait oublier à Castle le vide qu'il ressentait en l'absence de Tessa. Il devait se racheter. Ne sachant comment s'y prendre, il avait consulté Monica qui, maintenant que les grandes vacances avaient commencé, était à la maison pendant la journée. Il l'avait trouvée dans le bureau, calculatrice en main, en train de faire les comptes du ranch.

Après avoir entendu les détails de leur dispute, elle avait avoué être un peu déçue par Castle.

« Tu l'as pour ainsi dire traitée de traînée, s'était-elle indignée en secouant la tête. Je sais ce que tu as traversé, et elle aussi, mais, franchement, tu es un vrai con de dire de telles saloperies. »

Tentant piteusement de se défendre, il avait expliqué qu'il s'était aussitôt excusé.

« Tu dis à une femme avec qui tu as couché, à qui tu t'es confié, que tu crois que tout ce qu'elle veut, c'est te baiser puis t'oublier, et après tu dis que tu es désolé ? Je t'en prie ! » Elle s'était interrompue et lui avait lancé un regard interrogateur. « Es-tu amoureux d'elle ? »

Castle avait été désarçonné par la question.

« Alors, oui ou non ?

— Oui, avait-il avoué, ravalant sa salive.

— Tu lui as dit ?

— Non.

— Alors essaie de penser à elle au lieu de penser à ta petite personne torturée. Tu fais l'amour avec elle, tu lui déballes toute ton histoire, mais peut-être qu'elle a le sentiment que tu te sers d'elle. Qu'elle n'est qu'une étape sur ta route vers la guérison, et que quand tu y seras parvenu, ce sera *adiós* Tessa.

— Jamais je ne… » avait-il commencé à protester.

Mais Monica l'avait interrompu, levant une main craquelée par le soleil.

« Mes conseils au cœur transi s'arrêtent ici. J'ai à faire. Les fleurs sont un moyen traditionnel, et tu es un type plutôt traditionnel. Essaie ça, et rappelle-moi demain matin. »

Il avait donc commandé un bouquet de roses jaunes chez un fleuriste de Nogales, auquel il avait mêlé quelques coquelicots d'Arizona sélectionnés par ses soins – estimant qu'ils ajouteraient une touche plus personnelle –, puis il avait écrit une lettre d'excuse qui radotait sur trois pages, avant de la réduire à une seule après une première révision, et à seulement deux phrases après plusieurs relectures : « Je ne m'en suis jamais autant voulu d'avoir dit ou fait quelque chose. Je dois absolument te revoir. » Puis il s'était rendu au ranch de Tessa, avait attendu que son pick-up disparaisse de l'allée, et il s'était garé, avait marché rapidement jusqu'à la porte et déposé en frissonnant le bouquet enveloppé dans du papier cellophane, orné d'un ruban auquel était attaché son mot.

Il avait dû attendre ce qui lui avait paru une éternité avant de recevoir sa réponse. Elle la lui avait donnée en personne, débarquant à sa cabane tandis qu'il était assis sur son porche, en train de démêler la fourrure de Sam. En la voyant descendre de sa camionnette avec un paquet sous le bras, il avait ressenti un mélange d'excitation, d'attente, d'appréhension et de curiosité. Ses cheveux étaient épinglés sous un foulard, elle portait un jean et une chemise en toile mouchetée de taches de peinture dont les pans étaient noués autour de sa taille. Elle l'avait salué d'un geste de la main raide et hésitant. Il lui avait rendu son geste, puis avait perçu une odeur de peinture et de vernis tandis qu'elle gravissait les marches. Sans un mot, elle lui avait tendu le paquet. Il était enveloppé dans du papier brun et était à peu près aussi grand et lourd qu'un plateau.

« Pour te remercier pour les fleurs et le mot », avait-elle fini par dire.

Il avait arraché le papier et découvert le tableau qu'il admirait, celui qui représentait une ferme en ruine, dans un cadre en chêne rustique. Elle l'avait retouché, créant un ciel brunâtre et crépusculaire dans lequel un soleil brillait d'un éclat de bronze à la Turner.

« Je me suis dit qu'en enlevant le bleu du ciel je le sauverais. J'espère qu'il te plaît toujours.

— Je l'adore. »

En le retournant, il avait remarqué une carte repliée au-dessus du fil de fer qui servait à suspendre le tableau. Il l'avait regardée d'un air interrogateur, et elle lui avait fait signe de l'ouvrir. À l'intérieur de la carte elle avait noté, d'une écriture qui rappelait un faire-part de mariage : « Je dois moi aussi absolument te revoir. »

« Ah ! Tess, je… »

Il avait fait un geste dans sa direction, mais elle avait légèrement incliné la tête et levé les mains.

« Pas encore, Gil. Je voulais simplement que tu saches que je te pardonne, et j'espère que tu me pardonnes aussi.

— Pour quoi ?

— Pour… Pour ce que j'ai dit, à propos de ma rivalité avec un fantôme. C'était un peu idiot. »

Elle s'était alors retournée pour s'en aller. Il lui avait demandé où elle allait. À la maison, avait-elle répondu. Elle avait beaucoup à faire, des choses qu'elle avait négligées pour pouvoir achever son tableau.

« Puisque nous devons tous les deux nous revoir absolument, quand nous reverrons-nous ? avait-il demandé.

— C'est toi qui choisis. »

Il l'avait alors invitée à venir chercher les chouettes avec lui dans l'après-midi.

Il avait évité de mentionner leur querelle et la confusion qui régnait dans son cœur. Parler de Blaine semblait un sujet plus sûr. Lorsqu'il eut décrit l'incident, elle expliqua qu'un de ses amis qui travaillait à la police des frontières lui avait dit que les trafiquants avaient des guetteurs partout.

« Ils ont des codes et des scanners, c'est très sophistiqué, presque comme une opération militaire, ajouta-t-elle. Pour ce que nous en savons, l'un d'eux pourrait nous observer en ce moment même. »

Le regard de Castle suivit son bras tandis qu'elle désignait un promontoire qui faisait saillie trois cents mètres plus haut. Les montagnes Patagonia étaient loin d'être aussi hautes que les Huachuca ou les Santa Rita, mais leurs pentes abruptes, surmontées d'éminences de roche rouge, étaient à la fois spectaculaires et dramatiques. Ici et là, l'entrée d'une mine abandonnée perçait le flanc d'une montagne, des pancartes bilingues avertissant les voyageurs de ne pas s'y aventurer. DANGER ! *¡PELIGROSO!* Comme les Apaches, les mineurs et les prospecteurs avaient depuis longtemps déserté les lieux, la dernière mine ayant fermé dans les années 1950 ; mais les hommes continuaient de laisser leur marque dans les montagnes. On trouvait par endroits des boîtes de conserve avec des étiquettes en espagnol, des bouts de corde, une veste abandonnée ou un pantalon. Les canyons et les défilés tortueux étaient faits pour les contrebandiers.

« Je me demande parfois si j'ai fait une bêtise en venant ici », dit-il.

Elle lui toucha le bras.

« J'espère que ça n'a pas été *totalement* une bêtise.

— D'accord. Mauvais choix de mots. Je commence à être comme Blaine – à toujours dire ce qu'il ne faut pas.

— Tu avais un autre endroit en tête ?

— Non. Mais je suppose qu'il y a plus de problèmes ici que je ne m'y attendais.

— On dirait que ton cousin cause certains de ces problèmes, plus qu'il n'en a besoin. »

C'était également l'opinion de Castle, il se sentit pourtant obligé de défendre Blaine.

« Il ne fait que protéger ce qui lui appartient. Il veut s'occuper de ce ranch sans que des gens viennent démolir les clôtures et assécher les réservoirs, et sans tomber sur des types qui font le guet pour des trafiquants de drogue. Tu sais, j'avais moi aussi envie de frapper cet olibrius. Ça m'a fait plaisir quand Blaine l'a fait.

— Est-ce que tu lui aurais collé un flingue sur la tête en menaçant de le tuer ?

— Non.

— C'est là que Blaine est allé trop loin. Parfois je crois qu'il se croit encore en 1880. Parfois je crois qu'il regrette de ne pas y être. »

Ils marchèrent lentement dans un silence confortable, s'arrêtant de temps à autre pour parcourir les arbres du regard à travers leurs jumelles. L'altitude, l'ombre profonde projetée par les pins et le moment de la journée – il était 17 heures – adoucissaient la férocité du soleil.

« OK, monsieur l'oiseaulogue, qu'est-ce que c'est que ça ? » demanda-t-elle lorsqu'un oiseau passa devant eux pour se poser sur le tronc d'un pin.

Castle braqua ses jumelles dessus et, notant la tête d'un brun-roux, annonça : « Pivert d'Arizona. »

Tessa consulta son guide Sibley.

« Ça dit ici que c'est un oiseau rare. C'est magnifique. » Puis, tandis que le pivert s'éloignait et qu'elle tentait de suivre son vol dans ses jumelles, elle s'exclama : « Gil, regarde ça. »

L'entrée d'une grotte bâillait dix ou quinze mètres plus loin, au-dessus de la route. À côté, taillé dans la roche, se trouvait un relief de la Vierge, dont la robe était peinte en bleu et blanc. Une sorte de sanctuaire. Ils gravirent un sentier abrupt que l'eau avait creusé dans la roche, sillonné de dépôts de cuivre d'un vert bleuâtre, et grimpèrent sur une saillie devant l'entrée de la grotte, qui n'était en fait qu'une alcôve d'environ deux mètres de profondeur. À l'intérieur, des bougies brûlaient dans de petits pots de verre ; des scapulaires, un petit chapelet en bois et quelques autres amulettes étaient posés à même le sol. Les plis du vêtement de la Vierge et les traits de son visage avaient été ciselés par des mains habiles, et la peinture de la frise avait été retouchée.

« Il est encore utilisé, dit Tessa d'une voix étouffée. Qui peut bien venir jusqu'ici pour allumer ces bougies ?

— Des immigrants ? » suggéra Castle.

Tessa s'assit, laissant ses jambes pendre dans le vide. Castle s'assit à côté d'elle.

La sueur sur le front et la lèvre supérieure de Tessa scintillait au soleil, qui déclinait au-dessus de la paroi rocheuse à l'ouest. À la lueur du couchant, il remarqua que les défauts de son visage – ses dents en avant, son nez, qui ressemblaient à ceux qu'on associait d'ordinaire à l'aristocratie anglaise – se neutralisaient de telle sorte que le composite qu'ils formaient était beau.

« Tu ne trouverais pas quelque chose comme ça dans ton Connecticut ennuyeux, n'est-ce pas ? demanda-t-elle d'un ton enjoué. Des cocktails, oui, et des golden retrievers, et du fromage français. Du fromage français, pour l'amour de Dieu ! Je t'interdis de songer à partir d'ici.

— Je n'ai aucun projet de voyage dans l'immédiat.

— Parfait. As-tu réfléchi ?

— Tu veux dire, est-ce que j'ai mis de l'ordre dans mes idées ?

— Oui.

— Écoute, je ne m'attendais pas à… Tu sais, aussi vite. Tu vas devoir être patiente avec moi.

— Bon Dieu, j'espère que tu n'as pas l'impression que je te force la main. Je ne voudrais simplement pas être une… une phase en attendant que tu te sois remis. » Elle s'interrompit. « Je ne suis pas mal non plus pour dire les choses de travers. Je suppose que ce n'est pas une chose dont on se remet. »

Le commentaire de Tessa sur le fait qu'elle craignait d'être une phase était si proche de ce qu'avait dit Monica qu'il se demanda si elles s'étaient parlé.

« Non, dit-il, mais on apprend à vivre avec, comme on apprend à vivre avec un membre en moins. On a toujours conscience de l'absence, mais on continue. Voilà où j'en suis arrivé au cours de ces six derniers mois. J'ai appris qu'il était possible de continuer.

— Tiens, tu vois. Venir ici t'a fait du bien, malgré tous les problèmes.

— C'est toi qui m'as fait du bien.

— Ça n'est pas à sens unique. Je pourrais traverser cette période difficile seule, mais je n'en ai pas envie. »

Les nouvelles d'Irak n'étaient pas bonnes. Il y avait des pillages et des émeutes à Bagdad, des bombes au bord des routes, des embuscades – autant de signes qui indiquaient que l'annonce de la victoire prononcée par le président le mois précédent depuis le pont d'un porte-avions avait été prématurée.

« Des nouvelles de Beth ? demanda-t-il.

— Un e-mail. Elle dit que c'est calme où elle est et que des rumeurs affirment que son unité pourrait être redéployée au Koweït puis rentrer à la maison. C'est tellement dur. Beth croit que ce que nous faisons là-bas est juste – je suppose qu'elle est forcée d'y croire. Moi, je crois le contraire, mais je ne peux pas le lui dire.

— Ça vous opposerait l'une à l'autre.

— Oui. Et je ne supporterais pas que quoi que ce soit nous oppose. » Tessa se tourna vers le sanctuaire, où la lueur des bougies oscillait sur les murs rugueux. « C'est étrange, n'est-ce pas ? On se demande ce qui rend cet endroit sacré et qui a sculpté cette statue. Ç'a dû lui prendre longtemps. Regarde les détails, tout est si magnifiquement peint. C'est vraiment magique.

— Ma tante trouverait ça sinistre. Elle trouve que la religion catholique, ou la manière dont les Mexicains la pratiquent, est sinistre.

— Une façon tout à fait *norteamericana* de voir les choses. »

Sur un coup de tête, elle se leva et pénétra en se voûtant dans l'alcôve, ramassa une longue brindille fine qui servait à allumer les bougies, la plaça dans la flamme de l'une jusqu'à ce qu'elle s'embrase, puis ralluma les trois qui s'étaient éteintes.

« Juste au cas où, déclara-t-elle en reculant. Une pour Beth, une pour toi, et une pour toi et moi. »

Il joignit les deux mains derrière le creux des reins de Tessa et l'attira vers lui. Elle le regarda, pleine d'attente.

« Tu n'es pas une phase, dit-il. Tu es… Je ne sais pas pourquoi je peux presque tout te dire sauf ce que je ressens pour toi.

— Essaie.

— J'ai besoin de toi. Je suis amoureux de toi. »

Elle plaça les mains derrière la tête de Castle, tira son visage vers le sien et lui fit le baiser de sa vie, long, ardent et impudique. Il se retrouva sans mots lorsqu'elle le lâcha, puis il la saisit de nouveau dans ses bras et l'embrassa comme elle venait de le faire. Ils tombèrent tous les deux à genoux. Elle fit sauter les boutons de sa chemise et, légèrement, doucement, caressa les poils de son torse, puis la peau de son ventre, ses doigts aussi doux que des plumes effleurant son corps. Il la sentit qui cherchait à lui défaire sa ceinture tandis qu'elle murmurait : « Et moi, j'ai besoin de toi, Gil. Maintenant. »

Soudain, s'écartant un peu, elle ôta son T-shirt, faisant jaillir sa splendide poitrine, une explosion de chair luxuriante.

« Au diable les chouettes. Ça te dit, chéri ?

— Maintenant ? Ici ? »

Elle lança un regard espiègle en direction de la statue.

« Quoi ? Tu crois que ce serait sacrilège ?

— Non. » Il éclata de rire et tapota de la main la surface de la roche. « Inconfortable.

— Laisse-toi aller, dit-elle, et elle se débarrassa rapidement de ses tennis avant d'ôter en se tortillant son jean et sa culotte. C'est parfait. Aussi doux que du marbre. »

Il s'agenouilla entre ses jambes et l'embrassa une fois de plus.

« Tu me sidères, dit-il.

— Je vais faire plus que ça. »

18

La chemise d'Yvonne sentait comme si elle avait été roussie par un fer à repasser, le soleil brûlait à travers son chapeau, dont les bords étaient si larges qu'elle semblait porter un parasol en paille sur la tête, et l'air paraissait aspirer toute l'humidité de son corps. Une bonne chose qu'elle se soit enduit le visage et les mains de lotion avant de s'aventurer dans la fournaise de l'après-midi ; à son âge, une femme ne pouvait être trop prudente avec sa peau.

Elle regardait un bulldozer qui creusait un chemin à travers les broussailles arides d'une large mesa. Des ouvriers traînaient des pieds derrière, empilant les broussailles pour les brûler plus tard, pendant que d'autres en avant abattaient les *mesquites* au moyen de tronçonneuses et qu'une pelleteuse arrachait les souches du sol. C'était beau à voir, toute cette activité. Les seuls à ne rien faire étaient les soldats qui avaient été prêtés par le *comandante* régional pour surveiller la construction de la piste d'atterrissage. Ils fainéantaient autour d'un camion-citerne de l'armée, des vagues de chaleur chatoyant sur le métal.

« Encore combien de temps ? demanda-t-elle à Julián, qui se tenait près d'elle, plissant les yeux à travers ses lunettes de soleil.

— Deux ou trois jours, d'après ce qu'on m'a dit.

— Bien. J'ai parlé à nos partenaires au téléphone ce matin. Ils s'attendent à livrer une cargaison par avion la semaine prochaine.

— Viens, je vais te montrer quelque chose. »

Marco et Heraclio leur emboîtant le pas, il lui fit traverser des broussailles jusqu'à une tranchée remplie de bidons d'essence en plastique.

« Nous allons stocker la *merca* là-dedans jusqu'à ce qu'elle soit prête à partir.

— Avec l'essence ?

— Non, mère, répondit patiemment Julián. L'essence sera stockée ailleurs. La coke va là, dans ces bidons. Nous recouvrirons cette tranchée de plaques d'acier et nous construirons un abri au-dessus pour la protéger de la chaleur. »

Il était dans son mode professionnel, ce qui plut également à Yvonne.

« Tu penses à tout. »

Julián fit une petite révérence.

« Linares et Acevado sont ici. Dans l'*almacén*, morts de trouille.

— On le serait à moins. Allons entendre leurs excuses. »

L'*almacén*, l'entrepôt où elle faisait sécher et préparer la marijuana, était une structure aux parois d'aluminium qui ressemblait à un énorme préfabriqué. Il était situé à l'autre extrémité de la mesa. À l'intérieur, une équipe arrachait et triait les feuilles, une autre les comprimait en balles de vingt kilos dans un compacteur de déchets, et une troisième enveloppait les balles dans de la toile. L'odeur suffisait à elle seule à vous faire planer. Dans un coin du bâtiment se trouvait un petit bureau où Julián conservait ses registres et ses comptes méticuleusement rangés dans des classeurs. De la fumée de cigarette embrumait la pièce minuscule ; des mégots formaient une haute pile dans le cendrier. Linares et Acevado, assis sur des chaises pliantes et tirant avidement sur des Marlboro, avaient en effet la trouille. Yvonne pouvait tolérer de perdre un chargement de temps en temps, mais la taille de celui qu'elle avait perdu trois jours plus tôt et le fait que *La Migra* se vantait haut et fort de la saisie dans la presse américaine excédaient les limites de sa tolérance. Les personnes à qui elle avait parlé plus tôt avaient entendu la nouvelle et l'avaient évoquée au cours de leur conversation. L'implication était claire : ses partenaires du cartel du Golfe risquaient de perdre confiance si elle ne pouvait garantir la sécurité de leur *merca*. Cinq cents kilos de *mota* était une chose, cinq cents kilos de coke en serait une tout autre.

Tels des écoliers espiègles dans le bureau du principal, les deux hommes se levèrent d'un bond lorsque Yvonne entra avec Julián et ses gardes du corps. Il y avait à peine la place pour six personnes dans la pièce, et Acevado lui fit signe de prendre sa chaise.

« Non, toi, tu t'assieds, répliqua-t-elle de sa voix la plus cassante. Bon, lequel de vous deux veut commencer ? »

Les deux hommes se regardèrent. Linares, qui était bâti comme un taureau, supervisait ses guetteurs du côté américain ; Acevado, un type svelte au visage ténébreux, était en charge de ses passeurs. Ils étaient tous deux expérimentés – ils avaient travaillé pour Carrasco avant qu'elle ne les persuade qu'ils avaient tout intérêt à changer d'employeur – et elle lut dans leur expression qu'ils espéraient que leur compétence serait un motif de clémence.

Acevado prit la parole en premier.

« On nous a dit que la voie était libre, et elle l'était. J'ai fait passer cinq *burreros*, puis cinq autres. Sans problème. Il n'y a eu aucun souci jusqu'à ce qu'ils arrivent au lieu de livraison. *La Migra* était sur place, elle les attendait. Une putain d'embuscade. Quelqu'un a mouchardé, si vous voulez mon avis.

— Je ne veux pas de ton avis. » Elle se tourna vers Linares, qui allumait une nouvelle cigarette. « Éteins ça ! J'arrive à peine à respirer ici. Comment tes hommes ont-ils fait pour ne pas voir *La Migra* ? Ils ont des scanners, ils peuvent écouter les fréquences radio des *chotas*. »

Linares haussa ses épaules massives.

« Mon type s'est fait griller. Ils ont détruit sa radio et ses jumelles. Il était aveugle et sourd. Il ne pouvait pas savoir que ces enfoirés tendaient un guet-apens.

— De qui s'agit-il ?

— Un de mes gringos. Je les utilise parce que, vous savez, ils n'ont pas de problème à comprendre ce que les *chotas* racontent dans leurs radios. »

Elle fit signe à Heraclio d'ouvrir la porte pour évacuer la fumée.

« *Chico*, dit-elle calmement à Linares, nous ne parlons pas de petite monnaie ici. Nous parlons d'une valeur de huit cent mille dollars à la revente. Ton type a tout ce bazar – des scanners, des radios, des jumelles, des lunettes de vision nocturne. Comment a-t-il fait pour ne pas savoir que *La Migra* le suivait ? »

Linares, manifestement confus, secoua la tête, qui était aussi grosse que le reste de son corps, une tête monumentale.

« *La Migra ?* C'est le rancher qui l'a grillé. Le rancher et deux de ses cow-boys.

— Le rancher, murmura Yvonne. Tu veux dire Erskine ?

— Oui.

— Qu'est-ce qu'il faisait là ? Cette route n'est pas sur son ranch.

— C'est la terre qu'il loue au gouvernement, pour faire paître ses bêtes.

— Dis-m'en plus, Linares. Dis-moi tout ce que tu sais. »

Il écarta les mains comme s'il l'implorait.

« Tout ce que je peux vous dire, c'est ce que mon type m'a dit. »

Lorsqu'il eut fini, une sensation comparable aux montées de chaleur de la ménopause grimpa au cerveau d'Yvonne. Elle n'arrivait plus à réfléchir. Faisant tout son possible pour contenir sa rage, elle marcha jusqu'au climatiseur et, se penchant au niveau de la taille, laissa le souffle glacial lui fouetter le visage.

« Et ton gringo, il a laissé ce connard s'en tirer comme ça ? Il doit avoir des grains de raisin à la place des couilles. »

Marco et Heraclio éclatèrent de rire.

« Qu'est-ce qu'il était censé faire ? implora Linares. Ils étaient trois hommes armés.

— Tu habites à Patagonia. Est-ce que tu connais cet Erskine ?

— Seulement de vue.

— Pas suffisant. Il ne doit pas s'en tirer comme ça. J'attends de toi que tu lui donnes une leçon. Je me fous de savoir comment, tout ce que je veux, c'est que tu le fasses.

— *Señora*, je…

— Quel est le problème ? l'interrompit-elle. Tu es un grand garçon. Ou est-ce que toi aussi tu as des grains de raisin à la place des couilles ?

— J'allais dire que je crois que nous devrions laisser tomber. Vous savez comment c'est *en el otro lado*. Erskine est un *ranchero* influent là-bas, un homme important. Si quelque chose lui arrive, ça attirera beaucoup de problèmes. Ce serait mauvais pour les affaires.

— Mauvais pour les affaires. On dirait Carrasco. Tu ne travailles plus pour lui. Mauvais pour les affaires. » Contrôler sa colère n'était pas une chose naturelle pour Yvonne. Plus elle essayait de la contenir, plus celle-ci empirait, jusqu'à ce que la pression devienne intolérable. Elle se rua sur Linares, hurlant : « Est-ce que ce qui s'est passé l'autre jour était *bon* pour les affaires ? » Elle le gifla, suffisamment fort pour se faire mal à la main. « Est-ce que c'est bon pour les affaires de perdre une cargaison comme ça parce que ce *hijo de su chingada madre* a fourré son nez là où il n'aurait pas dû ? »

Linares se frotta la joue.

« Non, bien sûr que non, mais…

— Mais rien ! Casse-lui les bras, casse-lui les jambes, tue-le, mais arrange-toi pour qu'il ne recommence pas.

Sinon, c'est pour toi que ça ira mal. Tu as besoin que je te fasse un dessin ? »

Il secoua sa grosse tête et eut un mouvement de recul lorsqu'elle projeta le bras en avant, non pas pour le frapper de nouveau, mais pour désigner la porte.

« J'en ai fini avec vous deux. »

Acevado et Linares sortirent, manifestement très soulagés de s'en tirer à si bon compte.

Julián la reconduisit jusqu'à la maison, Marco et Heraclio les suivant de près dans leur propre voiture. Bien qu'elle ne fût qu'à cinq kilomètres, le trajet sur la route de campagne accidentée prit une demi-heure, et les cahots à vous briser les os ne contribuèrent guère à adoucir l'humeur d'Yvonne. Comme elle ne dormait pas plus de quatre heures par nuit depuis un mois, elle était épuisée. S'imposant un rythme frénétique, elle avait conclu des marchés avec des clients américains nerveux dans des chambres de motel depuis Agua Prieta jusqu'à Nogales, collecté l'argent, distribué la *mordida* à ses généraux, à ses colonels et aux agents des douanes américaines, réuni une équipe de construction pour la piste d'atterrissage, tout en livrant une guerre sporadique à Joaquín Carrasco.

Guerre qu'elle avait entamée en commanditant l'assassinat de sous-fifres de Carrasco à Santa Cruz, les deux frères qui avaient loué des routes à Billy Cruz. Carrasco avait riposté en détournant l'une de ses cargaisons et en tuant deux de ses meilleurs passeurs. Elle avait répliqué en ordonnant à Marco et à Heraclio de tendre une embuscade à quatre hommes de Carrasco à Puerto Peñasco, la station balnéaire au bord de la mer de

Cortez où il possédait des hôtels et des boîtes de nuit. Ses garçons avaient coupé la tête des victimes et les avaient placées dans des sacs en toile, puis ils s'étaient rendus dans une discothèque et avaient fait rouler leurs trophées sur la piste de danse, à la grande terreur des touristes qui fréquentaient la ville. Elle avait depuis entendu dire que les hôtels de Carrasco étaient en manque de clients et que les orchestres de ses boîtes de nuit jouaient devant des salles pratiquement vides. Elle frappait ce petit connard obèse au porte-monnaie, là où ça faisait le plus mal. Mais elle en payait le prix. Elle commençait à être marquée par la tension et le manque de sommeil. Des demi-lunes sombres bordaient ses yeux, elle avait les traits tirés, ses rides se multipliaient.

« Avec ta permission, dit Julián comme ils approchaient de la maison, je pense que je ferais bien de dire à Linares d'ignorer tes ordres.

— Quoi ? *Quoi ?* Tu es fou ?

— Il a raison. S'en prendre à Erskine causerait des problèmes dont tu n'as pas besoin. Absolument pas besoin.

— Ces gens ont été la malédiction de ma vie, rétorqua-t-elle, et elle frappa de la main sur le tableau de bord. De toute ma vie ! Et maintenant ils font ça !

— Je sais ce que tu penses. Ça te donne une excuse. Tu crois que si tu envoies Erskine à l'hôpital ou à la morgue, ça rétablira l'équilibre et ça t'aidera à mettre plus vite la main sur leur ranch.

— Et alors ?

— Rappelle-toi ce que j'ai dit il y a quelque temps. Que la passion qui t'anime peut obscurcir ton jugement ? *Pues*, c'est ce qui est en train de se produire. »

Ils franchirent le portail du ranch. Trois gardes armés d'AR-15 les saluèrent de la main.

« Ce ne serait pas la même chose que régler son compte à un mouchard, poursuivit Julián, à la grande irritation d'Yvonne. Erskine n'est pas du métier. Si les *chotas* découvrent que c'est toi qui as ordonné de s'occuper de lui, leur attention va se concentrer sur toi.

— Ils ne le découvriront pas si le travail est bien fait.

— Le risque n'en vaut pas la chandelle. » Julián gara la voiture, sortit et, affichant à son tour sa colère, claqua la portière. « *¡Escúchame! ¡No puedes resolver todos tus problemas por medio de la violencia! ¡Debes enfrentar este problema de una manera razonable!*

— La violence a résolu la plupart de mes problèmes », répliqua-t-elle.

Ils empruntèrent le chemin de graviers jusqu'à la porte de la maison. D'autres gardes paressaient sur des chaises longues, fusil d'assaut sur les cuisses.

« Elle ne résoudra pas celui-ci, reprit Julián. Elle en créera de nouveaux. *Ten paciencia.* Le moment viendra de te venger. »

La maison était sombre et fraîche à l'intérieur, protégée de la chaleur féroce par l'ombre des arbres et les murs épais. Yvonne ôta son chapeau, le lança à travers la pièce, et il atterrit sur une chaise.

« *Está bien.* Dis à Linares de ne rien faire. Dis-lui, entre *panochas*. »

Entre lavettes, pensa Julián. Quelle mère j'ai la chance d'avoir.

« Je savais que tu entendrais raison, dit-il d'un ton plaisant. Je veux que tu écoutes quelque chose. Victor a composé un *corrido* en ton honneur. Ça va te faire chaud au cœur. »

Dans la bibliothèque, dont les étagères étaient toujours vides, elle s'assit à l'énorme bureau tandis que Julián tirait un DVD d'un tiroir, lui montrant le titre sur la jaquette : *Besos para mis enemigos*, par Victor Castillo et les Coqs d'Or. Se penchant au-dessus de son épaule, il alluma l'ordinateur portable et inséra le disque.

Une photo surgit à l'écran – un policier debout près d'une camionnette criblée de balles, un homme mort affalé derrière le volant. Un battement de tambour irrégulier imite le son d'une fusillade tandis que, dans un fondu, une nouvelle photo apparaît, représentant un corps étalé au milieu d'une rue dans une mare de sang, puis une troisième, deux hommes abattus dans une voiture, l'un gisant sur la banquette arrière, l'autre à l'avant, et les Coqs d'Or se lancent dans une polka *norteña* au rythme marqué et entraînant, Castillo commence à chanter…

Je connais l'aboiement des chiens,
Je connais le hurlement des chacals.
*Fille de l'*ejido *partie de rien*
Pour régner en reine des eaux sombres…

Un cadavre sous un drap couvert d'éclaboussures écarlates se fond dans le corps d'une jeune femme affalée sur une banquette de voiture dans une pose de putain, jambes écartées, seins en partie exposés, des filets rouges ruisselant sur son visage depuis le trou sur son front…

Trois baisers j'adresse à mes ennemis.
Ils hurlent comme des serpents
Mais je les embrasse de tout mon cœur...

La photo d'identité judiciaire d'un jeune homme avec les cheveux en brosse. Son nom et son surnom sont imprimés dessous, El Cholo. Puis apparaît le large visage souriant d'El Toro, qui se fond dans celui d'un bel Indien aux yeux légèrement bridés, Chino, qui devient le visage d'El Chapo...

J'entends les chiens aboyer dans le désert,
Les chacals pleurer sur des os,
Et les serpents qui crient toujours
*Depuis l'*ejido *de ma jeunesse*
Je leur murmure avec des armes
Et presse mes lèvres sur les leurs...

Deux nouveaux visages, ceux des frères de Santa Cruz, surnommés Guerrerro et El Colchón, laissent la place à une vidéo sur laquelle on voit un moustachu costaud assis par terre, nu jusqu'à la taille, menottes aux poignets. Une voix en fond sonore prononce des mots inintelligibles, et l'homme lève les yeux et tourne la tête sur le côté tandis qu'un pistolet muni d'un silencieux apparaît au bord du cadre et vient se coller à sa tempe. Un claquement étouffé retentit, ses yeux se révulsent dans sa tête, du sang lui coule du nez et d'une joue alors qu'il glisse doucement vers le bas, tel un ivrogne qui ne peut plus se tenir droit, il glisse et finit par tomber en arrière contre un mur. Fondu rapide sur une photo du même homme à une autre époque, regardant directement l'appareil photo, les cuivres, l'accordéon et le tambour animé accompagnant avec entrain les roucoulades de Victor Castillo…

Moi qui suis partie de rien pour prendre
Ce qui m'appartient,
Depuis mon trône sur les eaux sombres
J'adresse ces baisers à mes ennemis…

Fondu au noir.

Yvonne était fascinée. Elle reconnaissait la plupart des noms – tous des hommes de Carrasco.

« Je n'ai jamais rien vu de tel. »

Julián éjecta le DVD et le replaça dans sa pochette.

« J'aime considérer ça comme un documentaire mis en musique, un rappel des dégâts que tu as causés à l'organisation de Carrasco.

— Le montage fait très professionnel.

— C'est l'œuvre d'un de mes amis, répondit Julián avec un sourire satisfait. Il produit des vidéos musicales. Nous avons récupéré les photos dans des journaux et des dossiers de la police. La vidéo de l'exécution a été tournée par Marco avec sa propre caméra. C'est Heraclio qui tenait le pistolet.

— Une production intéressante pour quelqu'un qui me faisait à l'instant un sermon sur le fait que la violence ne résolvait pas les problèmes.

— J'ai dit qu'elle ne résolvait pas *tous* les problèmes. Considère ça, dit-il en agitant le DVD devant le visage d'Yvonne, comme une guerre psychologique. C'est novateur. Tous ceux qui le verront comprendront que Carrasco a perdu le contrôle. Ce sera la disgrâce pour lui. Une femme, la reine des eaux sombres, est plus forte que lui.

— Et comment comptes-tu t'y prendre ?

— Nous allons le produire en grande quantité. Le distribuer partout. Les gens qui ont un ordinateur le téléchargeront, ils l'enverront à leurs amis. Carrasco lui-même finira par le voir, j'en suis certain. Tout ce dont nous avons besoin, c'est de ton feu vert.

— C'est une idée absolument géniale, *mi hijo.* » Elle tendit la main et effleura sa joue du bout des doigts. « Tu as les yeux de ton père, mais ce qu'il y a derrière, ça vient de moi. »

Yvonne se leva et décida de faire une sieste dont elle avait grand besoin.

Ben Erskine

Transcription d'un entretien avec Timothy Forbes. M. Forbes, 68 ans, un reporter de presse à la retraite, est désormais professeur auxiliaire de journalisme à l'université d'Arizona. Cette transcription regroupe deux conversations distinctes qui se sont tenues les 12 et 23 juin 1966 à l'Arizona Inn.

« Le dernier des tueurs d'Atascosa arrêté ! La foule de Sonora attaque le shérif adjoint ! Des soldats mexicains escortent le policier et le prisonnier de l'autre côté de la frontière ! Récit complet de l'audacieuse arrestation ! – Le troisième coupable recherché pour le meurtre sauvage d'un couple à Atascosa s'est fait prendre au Mexique hier par un audacieux policier qui a enfreint toutes les règles pour faire traduire le monstre en justice aux États-Unis. » [Note de l'interviewer : M. Forbes lisait divers gros titres parus dans la presse et le premier paragraphe d'un article qu'il a écrit pour l'édition du 7 avril 1922 du *Nogales Herald*.]

Aïe ! Si l'un de mes étudiants proposait un tel éditorial, je lui conseillerais de se mettre à la plomberie. J'aurais au moins pu écrire le monstre *supposé*.

Les meurtres d'Atascosa ont été la première grosse affaire de Ben et mon premier reportage. Ils ont établi sa réputation en tant que policier, et la mienne en tant que reporter. Non qu'être une star dans un quotidien d'une ville frontalière eût fait de moi un prétendant au prix Pulitzer. Je suis venu à Nogales après avoir abandonné Harvard. Oui, Harvard. C'était pas pour moi. Tout ce qui me plaisait là-bas, c'était écrire pour le *Crimson* et combattre avec l'équipe de boxe – j'étais champion mi-lourd.

Le personnel du *Herald* était constitué du rédacteur, Jason Childs, du rédacteur adjoint et de trois reporters, deux à temps partiel, un à temps plein – moi. Je couvrais principalement les affaires criminelles et les procès à la cour du comté. Nogales était une ville animée pour cinq mille habitants, alors je ne m'ennuyais pas. C'est grâce à la boxe que j'en suis venu à faire la connaissance de Ben. Il me respectait parce que je pouvais cogner. Lui-même croyait savoir se battre. Il disait qu'il avait appris à boxer dans les camps miniers après avoir laissé tomber l'école, qu'un maréchal-ferrant irlandais lui avait enseigné. Un jour, peu de temps après mes débuts dans le journal, je consultais le registre de la police dans le bureau du shérif. Ben s'entraînait à la boxe avec le geôlier, qui avait l'air d'avoir été élevé aux enchiladas et qui était en train de lui coller une dérouillée. Quand ils ont eu fini, j'ai mentionné que j'avais moi aussi fait un peu de boxe. Ben a pris ça comme un défi. Il a dit : « Enlève ta chemise et mets ces gants, et voyons ce que t'as dans le ventre. » J'avais seulement 21 ans et je savais que lui et le shérif Lassiter – c'est-à-dire Harold Lassiter – se prenaient pour des costauds de l'Ouest et me considéraient comme une lavette de l'Est. Alors j'ai enlevé ma chemise, j'ai enfilé les gants, et j'ai corrigé cette fausse impression. Je ne sais pas ce que cet Irlandais avait enseigné à Ben, mais disons que, comme boxeur, il connaissait les paroles mais n'entendait pas la musique.

Ç'a été le début de ce que j'appellerais notre amitié, à défaut de meilleur terme. C'était un homme difficile à connaître. Il avait un côté renfermé et indépendant. Sur ses gardes. C'était un homme qui s'exprimait avec éloquence par ses actes, mais pas par ses mots. Il n'était certainement pas du genre introspectif. Je ne me souviens que d'une occasion où il a baissé la garde et m'a donné un aperçu de son fonctionnement intérieur. J'avais écrit un article plein de louanges à propos d'un de ses exploits – il avait capturé un voleur armé – et dit quelque chose comme : « Le shérif adjoint Ben Erskine semble être un policier qui n'a peur de rien. » Ben s'était moqué de cette description ampoulée. « J'ai eu peur un paquet de fois, Tim, qu'il m'a dit. Parfois, je me suis fait peur. » C'était une remarque inhabituelle de sa part, et je lui ai demandé ce qu'il entendait par là. Il a semblé s'apercevoir qu'il s'était engagé en territoire inconnu et il s'est refermé, j'ai donc dû tirer mes propres conclusions.

Il semblait bien y avoir une sorte de… oh ! de… de tension dans sa manière d'être, comme s'il se serrait fermement la bride. Nombre de flics que j'ai connus en quarante ans de journalisme étaient comme ça. Ce vieux proverbe : « À voleur, voleur et demi », qu'est-ce qu'il signifie ? Qu'un flic qui est doué pour capturer les criminels l'est justement parce qu'il y a du criminel en lui.

L'homme de loi et le hors-la-loi ont entre eux plus de choses en commun qu'avec le reste de l'humanité. On pourrait dire qu'ils partagent le même démon, mais avec une différence. Le véritable hors-la-loi est quelqu'un qui se croit au-delà de la rédemption et s'abandonne à son démon. Le sociopathe nie en avoir un, et je suppose que le chrétien pieux et généreux cherche à exorciser le sien.

Ce que je veux dire, ayant fréquenté Ben pendant un paquet d'années, c'est ceci : il avait fait quelque chose par le passé – je ne savais pas quoi à l'époque et je ne le sais toujours pas – qui le poussait à avoir peur de ce dont il était capable. Il savait qu'il avait un démon en lui. Mais il avait un code moral qui l'empêchait de s'y abandonner. Comme ce n'était pas un sociopathe, il ne pouvait pas nier son existence, et il n'était pas non plus porté sur la religion, donc le chasser était hors de question. Tout ce qu'il pouvait faire, c'était l'enchaîner – à son étoile de shérif. Je crois qu'il est devenu flic pour éviter de devenir criminel. Non, je ne peux pas dire que nous étions amis. J'étais reporter, il était ma source et, après notre match de boxe, il n'a jamais manqué d'appeler le journal pour me refiler de nouveaux tuyaux. J'étais reconnaissant, et Childs aussi. Car Lassiter méprisait la presse, et lui soutirer quoi que ce soit, c'était comme demander à un prêtre ce qu'il avait entendu dans le confessionnal.

Je me souviens encore de la date – le 26 août 1921. J'étais à mon bureau en train de taper un article quand Childs m'a dit de me rendre chez le shérif – le bureau de poste d'Atascosa, qui faisait aussi office d'épicerie, avait été dévalisé, le receveur et sa femme avaient été assassinés, et une autre femme, blessée.

J'entrais en courant quand Ben sortait en courant accompagné d'un autre policier, un ranger nommé Curt Tibbets. Les rangers du comté étaient des adjoints bénévoles. La plupart d'entre eux étaient d'anciens professionnels qui avaient quitté la police pour une raison ou pour une autre avant de s'apercevoir qu'ils ne pouvaient pas vivre sans. Je cite Hemingway : « Il n'y a certainement aucune chasse comme la chasse à l'homme, et ceux qui ont chassé des hommes armés suffisamment longtemps et ont aimé ça n'ont plus vraiment goût à quoi que ce soit d'autre par la suite. » Tibbets avait la tête de l'emploi. Moustache en guidon de vélo, des pattes d'oie au coin des yeux, deux revolvers Colt à crosse perlée, et l'air de quelqu'un qui pouvait se montrer sacrément désagréable si l'occasion l'exigeait. Ce qui pouvait aussi décrire Ben. Une sacrée équipe, ces deux-là.

C'est Ben qui avait appelé Childs pour le prévenir des meurtres. Quand il m'a vu, il a dit : « On y va maintenant. Tu veux nous accompagner ? » C'était à mes yeux la question la plus idiote qu'on puisse poser à un reporter. Nous sommes montés dans la voiture de patrouille du shérif et avons récupéré une ambulance à l'hôpital, puis, à la gare, un expert en empreintes digitales qui était venu du bureau du shérif du comté de Pima à Tucson. Nous avons pris la direction de l'ouest vers Atascosa, suivis par l'ambulance. Ben était au volant. Tibbets m'a mis au parfum : les victimes étaient Oliver et Margaret Palmer, tous deux âgés de 25 ans ; la femme blessée – elle avait été légèrement touchée au bras – était la jeune sœur de Meg, Dorothy Killian. Il y avait deux autres survivantes, la sœur d'Oliver âgée de 19 ans, Ellen, et la fille de 4 ans des Palmer, Catherine.

Atascosa se trouvait à une trentaine de kilomètres de Nogales, c'était une ville minière typique d'Arizona. Essor. Déclin. Essor. Déclin. En 1921, c'était le déclin, et il semblait que les choses en resteraient là, à part pour ces cinq personnes. Cinq ans plus tôt, la population avait été de mille habitants ; désormais, plus âme qui vive. Des maisons de bois délabrées et condamnées, une école en pisé, elle aussi condamnée. Les mines sur les flancs de colline avaient fermé. Un vent sec sifflait dans les rues désertes, les ailes d'un moulin tournaient en produisant un son qui était mi-grincement, mi-gémissement, comme une bête vivante en proie à une douleur sourde. Même si je n'avais pas su ce qui venait de se passer, cet endroit m'aurait foutu les jetons.

Vous vous demandez sans doute pourquoi le bureau de poste et l'épicerie étaient toujours ouverts. C'était pour rendre service aux familles des ranches locaux. Et puis le bureau de poste avait un téléphone, le seul à des kilomètres à la ronde. À l'intérieur, c'était le foutoir – chaises retournées, tiroirs vidés, des boîtes, des bouteilles, des conserves, des sacs de farine éparpillés partout, le téléphone arraché du mur. Oliver Palmer gisait face contre terre devant un coffre-fort ouvert, deux blessures par balle dans le dos. Meg était la pire à voir, avec ses yeux qui continuaient de regarder fixement, sa bouche grande ouverte. Toutes ses dents de devant avaient été fracassées, et ses lèvres étaient bleu foncé, gonflées et lacérées à cause des coups violents qu'elle avait reçus. Il y avait une blessure par balle sur le côté de son front, une perforation nette de la taille d'un ongle de pouce. Mais le point de sortie était tout sauf net. Des giclées de sang sur un mur, des taches de sang par terre. Bon Dieu, je n'en revenais pas que deux corps puissent contenir autant de sang. Les Palmer étaient morts depuis vingt-quatre heures, si bien que nous devions nous couvrir le nez et la bouche avec ce que nous pouvions.

Je n'étais pas préparé à voir ça, et je ne crois pas que les autres l'étaient non plus. Ce que nous avions devant nous, ce n'était pas un crime – c'était une atrocité. En ce qui me concerne, ç'a été mon premier aperçu de ce dont les hommes sont capables quand ils n'ont plus de limite – la conscience, la loi, la peur du châtiment, tout ce qui maintient la bête à l'écart. J'ai entendu Ben marmonner : « Leur fillette a dû tout voir. »

Ben et Tibbets ont passé le carnage au crible à la recherche d'indices. L'expert en empreintes digitales a examiné la cabine téléphonique en bois qui gisait par terre. Ben a extrait une balle d'un mur avec son canif. Tibbets a ramassé un mégot de cigarette dehors, devant la porte, et il a observé que la personne qui l'avait fumée l'avait éteinte en la cassant entre deux doigts. Il y avait trois séries de traces de pas dans la cour, les profondes empreintes de talons indiquant qu'elles avaient été laissées par des hommes qui portaient des bottes de cowboy. Le corral près de la boutique était vide, le portail grand ouvert. Ben a supposé que le gang avait mis les chevaux des Palmer en fuite – il s'est avéré qu'il avait raison à ce sujet. Il était sacrément fort pour lire les signes, il pouvait déchiffrer des traces sur le sol comme un cryptologue perce un code, et il a bientôt identifié les empreintes des montures des tueurs. Nous les avons suivies le long d'une rue jusqu'au bout de la ville. Comme nous nous y attendions, elles allaient vers le sud, vers la frontière. Avec un jour d'avance, les tueurs devaient désormais être au cœur de l'État de Sonora. Les suivre en voiture serait impossible. Tibbets a dit : « On va avoir un mal de chien à les attraper », et Ben a répliqué : « Oh ! on les attrapera. Même s'il faut dix ans, on les verra balancer au bout d'une corde. » Tibbets a acquiescé, plus pour signifier qu'il partageait l'indignation de Ben que parce qu'il avait la moindre certitude qu'ils captureraient les assassins. Il a ajouté : « Et même si on les attrape, ce sera quasiment impossible de les faire sortir du Mexique. » À quoi Ben a répondu que ce serait difficile, mais pas impossible.

Voici ce qu'il voulait dire : les États-Unis ne reconnaissaient pas le gouvernement mexicain, principalement parce qu'il n'y avait pas vraiment de gouvernement à reconnaître, et il n'y avait donc pas de traité d'extradition entre les deux pays. C'est pour ça que le Mexique était devenu un refuge pour chaque escroc et assassin qui pouvait l'atteindre et qui n'était pas sujet au mal du pays. Un Mexicain qui commettait un crime aux États-Unis était assuré de sa sécurité, mais si le criminel était américain, le peu d'autorités mexicaines qui restait pouvait être persuadé de le livrer. Et Ben avait l'intuition que les assassins des Palmer étaient américains. Il a pointé les traces de sabots et il a dit : « Ces chevaux portent des fers américains. Un fer américain est courbé vers l'intérieur aux extrémités, et les extrémités sont arrondies. Un fer mexicain (*messicain*, comme il disait) est un U droit et les extrémités sont carrées. Ça veut peut-être rien dire. Si ça se trouve, ces fils de pute ont volé leurs chevaux dans le ranch d'un gringo. Mais il est possible qu'ils soient aussi américains que nous autres. »

Les ambulanciers ont emmené les corps pour les transférer à la morgue du comté. Nous sommes allés au ranch O'Donnell pour parler à Ellen Palmer et à Dorothy Killian. De sacrées dures à cuire, ces deux-là. Après que les bandits s'étaient enfuis, elles avaient parcouru douze kilomètres à pied à travers le désert avec la petite Catherine, dans la chaleur de l'été, pour demander de l'aide aux O'Donnell – leurs voisins les plus proches. Que Dorothy ait fait ce périple avec un bras blessé est encore plus remarquable. C'est O'Donnell qui a donné l'alerte, après avoir roulé jusqu'au bureau du shérif sur cette route misérable en pleine nuit.

Dorothy avait un bandage autour du bras. Elle et Ellen étaient assises sur le divan, avec Catherine au milieu. Je me souviendrai toujours d'elle, une petite fille aux cheveux blond cendré, aussi immobile qu'une grande poupée, avec un regard fixe, aucune expression sur le visage, pas un bruit qui s'échappait de sa bouche. Je ne connaissais pas à l'époque le terme « choc catatonique », mais c'était l'état dans lequel elle se trouvait. Et nous n'avons pas tardé à découvrir pourquoi.

Ça s'était produit la veille pendant l'après-midi. Ellen et Dorothy étaient dans la partie habitée, à l'arrière du bâtiment, en train d'aider Meg à ses tâches ménagères et de surveiller Catherine, quand Oliver avait appelé sa femme à l'avant. Ils avaient des clients. Comme ceux-ci étaient rares, les deux jeunes femmes étaient allées à la porte pour voir de qui il s'agissait : trois *vaqueros*, deux Mexicains et un Américain – enfin, il avait les cheveux et la peau clairs et le type américain, même si les filles l'avaient entendu demander à Oliver du tabac et du papier à rouler en espagnol. L'un des Mexicains était barbu, l'autre portait une moustache. Une fois leur curiosité satisfaite, Ellen et Dorothy avaient regagné l'arrière du bâtiment.

Quelques minutes plus tard, elles avaient entendu un coup de feu, suivi d'une détonation de fusil, puis un nouveau coup de feu, le tout en environ cinq secondes. Meg avait hurlé. Catherine s'était ruée à la porte et était restée là un moment, paralysée par ce qu'elle voyait. Ellen l'avait alors attrapée et poussée sous le divan avant de se glisser tout contre elle en lui couvrant la bouche de la main. Dorothy avait tenté de s'échapper par une porte à l'arrière, mais le bandit moustachu l'avait repérée et il l'avait rattrapée, puis traînée sur le sol jusqu'à l'avant. Elle s'était mise à crier en voyant son beau-frère gisant dans une mare de sang, son fusil à côté de lui. Meg avait alors imploré : « Oh ! je vous en prie, pour l'amour de Dieu ! Arrêtez ! » À cet instant, le bandit avait lâché Dorothy et il avait regardé Meg en s'écriant : « *¡Oro!* » De l'or ! Meg avait en effet les dents de devant couronnées d'or. Le moustachu lui avait tiré une balle dans l'épaule. Elle était tombée face contre terre. Et Dorothy avait vu l'homme la rouler sur le dos et lui ouvrir de force la bouche avec ses doigts. Puis, avec la crosse de son pistolet, il avait brisé les dents de Meg. Elle était restée là, à se tordre de douleur et à gémir, jusqu'à ce qu'il lui colle une balle dans la tête.

Pendant que le type aux cheveux clairs vidait le coffre-fort – tout ce qu'ils ont trouvé, au fait, c'est cent dollars en espèces et quelques timbres, plus un carnet de mandats postaux vierges –, le moustachu avait arraché le téléphone du mur, et le barbu avait attrapé les boîtes de conserve qui se trouvaient sur les étagères et les avait placées dans un sac. Dorothy – c'était une jeune femme qui avait des tripes – avait rampé jusqu'au fusil avec l'intention de tuer le type qui vidait le coffre-fort. Mais celui-ci avait aperçu son mouvement du coin de l'œil et il lui avait tiré dessus, et elle avait perdu connaissance.

Après le dernier coup de feu, Ellen et Catherine, qui étaient cachées sous le divan, avaient entendu l'un des bandits entrer dans la pièce où elles se trouvaient. Lui et ses complices croyaient sans doute qu'ils avaient tué Dorothy, et maintenant ils voulaient s'assurer qu'ils ne laisseraient pas d'autres témoins derrière eux. Il avait ouvert la porte d'un placard qu'il avait rapidement fouillé, puis il s'était approché du divan et était resté planté devant. Ellen voyait la pointe de ses bottes, à quelques centimètres, et je me rappelle encore ses mots exacts : « Je croyais qu'il entendait mon cœur battre, alors je l'ai fait s'arrêter. Je l'ai réellement fait s'arrêter. Et j'entendrai pour le restant de mes jours le bruit de ses talons sur le parquet et le tintement de ses éperons. »

Rien n'avait jamais autant fait sensation en Arizona que les meurtres d'Atascosa. Bien sûr, l'Arizona n'avait pas une longue histoire en 1921. J'étais soudain le poulain de Childs. Il m'a accordé une augmentation d'un dollar par semaine. Le frisson que l'horreur et la tragédie nous inspirent est ce qui fait qu'on nous aime tant, nous autres reporters.

Lassiter a envoyé des avis de recherche aux quatre coins du pays, et une récompense de cinq mille dollars a été offerte pour chacun des tueurs. Des ranchers et des cow-boys de quatre comtés se sont lancés à leur recherche – à cheval, car les automobiles ne servaient à rien. Childs m'a demandé de me joindre à l'une des équipes de recherche. Je n'en ai pas tiré grand-chose, juste ce qu'on appelle de nos jours des papiers d'ambiance, mais quelle ambiance. Des miliciens qui pourchassaient de sinistres hors-la-loi à travers le désert. Des cavaliers au visage sombre. Des winchesters dans les étuis de selle. Des feux de camp sous la Voie lactée. Je vivais l'un de ces romans de western que j'avais lus quand j'étais gosse. Difficile de croire, quand on voit où je suis maintenant, à siroter un martini près d'une piscine, que tout ça s'est produit il y a tout juste quarante-cinq ans.

Revenons-en à Ben et à Tibbets. Ils vérifiaient des tuyaux, parlaient à des informateurs au Mexique. Ben était obsédé par ces meurtres. Il a convaincu Lassiter de lui retirer toutes les autres affaires. La première piste sérieuse n'est pas arrivée avant l'hiver. Ben avait beaucoup d'amis au Mexique, haut placés ou non, et l'un d'eux était un général de division, un certain Bracamonte, qui commandait toutes les forces militaires de l'État de Sonora. En ce temps-là, l'armée et la police étaient une seule et même chose au Mexique. Ben l'a contacté en lui disant que le gang était au Mexique et en lui demandant d'être à l'affût de tout ce qu'il pourrait apprendre. Et à la fin novembre, le général lui a envoyé un télégramme. Certains de ses soldats étaient intervenus dans une *cantina* d'un *pueblo* nommé Soric. Apparemment, un homme à la peau claire qui parlait espagnol avec un accent américain s'était soûlé et il s'était vanté d'avoir pillé quelque endroit de l'autre côté de la frontière, avant de menacer un client avec un pistolet. Un autre client était allé chercher les soldats à une caserne proche, mais quand ils étaient arrivés à la *cantina*, le type belliqueux était parti.

Ben m'a raconté dans le détail ce qui s'est passé ensuite. Tibbets et lui se sont rendus à Soric en voiture, aussi vite que ces horribles routes le permettaient. Ils ont emprunté des chevaux et retrouvé la trace du bandit. Elle menait de l'autre côté de la frontière. Ils l'ont suivie pendant deux jours avant de repérer leur homme dans les montagnes Parajito. Il était visible de loin – il faisait froid et il portait une épaisse veste rouge.

Mais il les a lui aussi repérés. Une poursuite effrénée s'est ensuivie, exactement comme dans *The Lone Ranger* et tous les westerns hollywoodiens. Au bout de trois kilomètres, le cheval du fugitif a trébuché et l'a envoyé par terre. Il a essayé de s'enfuir, mais les deux hommes l'ont rattrapé en quelques secondes. Son sombrero était tombé, et ils ont alors vu qu'ils avaient affaire à un grand blond aux yeux bleus. Cependant, quand Ben lui a ordonné : « Mains en l'air ! », il a feint de ne pas comprendre, alors Ben lui a fait plaisir et a dit : « *¡Las manos arriba, pronto!* », et le type a levé les mains.

Pendant que Tibbets le couvrait, Ben a ôté son holster au prisonnier, puis il lui a passé les menottes. Une fouille a révélé un carnet de mandats postaux vierges dans la poche de sa veste et vingt dollars dans son portefeuille. Ben lui a annoncé qu'il était en état d'arrestation pour meurtre et vol à main armée et, toujours en espagnol, il lui a demandé son nom. L'autre a répondu qu'il s'appelait Jorge Ramos et qu'il n'avait rien fait de mal. « Si, a répliqué Ben, désormais en anglais. Vous avez fait beaucoup de mal, toi et tes deux *amigos*. Qui sont-ils ? Donne-nous leur nom. » Mais le prisonnier a répondu :

« *No entiendo inglés.* » Ben en avait sa claque des problèmes linguistiques de ce type. Il a regardé Tibbets et il a dit : « Ça fait une trotte pour retourner à Nogales, et ce salopard a perdu son cheval. Si on le pendait ici ? » Tibbets a acquiescé. Sans un mot de plus, Ben a enroulé une longe autour du cou de Jorge Ramos, et il a lancé l'autre extrémité par-dessus la branche d'un peuplier avant de l'attacher au pommeau de sa selle. Puis il est monté sur son cheval et a commencé à le faire avancer, et la corde a commencé à se tendre.

Samuel Johnson a un jour observé que le fait d'être condamné à la pendaison aide merveilleusement l'esprit à se concentrer. Et c'est ce qui s'est produit avec Ramos. Il a acquis une maîtrise totale de la langue anglaise en deux secondes. « Je n'ai tué personne ! a-t-il protesté. C'étaient ces deux Mexicains *locos*. C'est eux qui ont tiré. » Comme Ben maintenait la tension de la corde, le type a fini par identifier les cinglés de Mexicains – Manuel Quiroga et Plácido Santos.

« Et toi, ton nom ?

— George Ramsey. »

Les policiers ont rattrapé le cheval de Ramsey, puis ils l'ont menotté à la selle et escorté jusqu'à la prison du comté, où il a de nouveau nié avoir tué les Palmer et expliqué que Quiroga, Santos et lui s'étaient rendus à un repaire au Mexique, où ils avaient partagé le butin avant de se séparer. Il jurait n'avoir aucune idée de l'endroit où les autres se trouvaient. Il était revenu aux États-Unis avec l'intention d'encaisser les mandats postaux.

Un petit aparté – cette anecdote dit quelque chose de Ben, même si je ne sais pas exactement quoi. Quand j'ai interrogé Ben et Tibbets à propos de l'arrestation, j'ai observé que le coup de bluff de la pendaison avait plutôt bien fonctionné. Ben m'a souri – il avait un drôle de sourire tordu – et il a répondu : « Ça a fonctionné parce que ce n'était pas un coup de bluff. » Ce qui a semblé surprendre Tibbets autant que ça m'a surpris.

Mon article sur l'arrestation et la confession de Ramsey est paru dans les journaux de Tucson et de Phoenix et a donné lieu à une ribambelle de tuyaux. Tous sauf un se sont avérés bidon. L'exception est venue d'un rancher de Bear Valley, qui a rapporté que l'un de ses *vaqueros* connaissait Plácido Santos et savait où il se planquait – dans un ranch qui appartenait à ses frères dans les montagnes Peña Blanca.

Encore une histoire digne d'un western. Ben et Tibbets s'y sont rendus à cheval, ils ont fait irruption dans la maison du ranch et braqué leurs armes sur les cinq personnes qui dînaient à la lueur d'une lanterne – la mère de Plácido, ses trois frères et Plácido lui-même, qu'ils ont facilement repéré grâce à sa barbe.

Ils l'ont amené devant le juge de paix local, l'ont enfermé sur place pour la nuit, avant de le transférer à la prison du comté le lendemain matin. Ellen et Dorothy ont été appelées pour l'identifier, et c'est ce qu'elles ont fait. J'étais présent quand Ben et Tibbets ont commencé à l'interroger. Plácido, bien entendu, jurait qu'il était innocent.

« Ramsey nous a dit que c'était toi et Manuel Quiroga qui aviez abattu Palmer et sa femme », a répliqué Ben.

Plácido avait tout juste 20 ans et il n'était pas très futé comme bandit. Au lieu de la boucler, il a lâché que c'étaient Quiroga et Ramsey qui avaient tué les Palmer. Alors Ben et son partenaire ont rendu visite à Ramsey dans sa cellule. Ils m'ont conseillé d'aller déjeuner et de prendre mon temps. Puis ils l'ont cuisiné sans trop se soucier du décorum. Ramsey a craqué et avoué que c'était lui et Quiroga qui avaient abattu Oliver Palmer, Quiroga tirant le premier, puis Ramsey l'achevant après que Palmer avait fait feu avec son fusil. Mais il jurait que c'était Quiroga qui avait assassiné Meg et lui avait fracassé les dents.

Ben m'a confié qu'il aurait échangé Ramsey, Plácido et dix autres criminels pour mettre la main sur Quiroga. Histoire de compliquer les choses, il avait entendu dire que ce dernier était citoyen mexicain. Mais Ben n'y croyait pas, parce que deux séries d'empreintes digitales avaient été prélevées sur la scène de crime. L'une correspondait à celles de Plácido. L'autre série, prélevée sur la cabine téléphonique, appartenait à un type qui avait purgé deux ans à Leavenworth pour avoir fait entrer des clandestins chinois par la frontière californienne – un certain Manuel Quiroga, un citoyen américain né à Yuma, Arizona. Donc, si Ben et Tibbets le retrouvaient, ils n'auraient pas trop de mal à le faire sortir du Mexique pour le juger ici. C'est du moins ce qu'ils pensaient.

Vous savez, si j'avais eu la moindre ambition, j'aurais fait un livre de cette histoire. Ou peut-être un scénario – elle comportait des rebondissements parfaits pour Hollywood. Au début d'avril 1922, l'un des informateurs mexicains de Ben a traversé la rue pour lui rendre visite. Francisco Montoya. Je crois me souvenir que Ben et lui s'étaient battus ensemble pendant la révolution. Il savait ce que Ben cherchait. Cet après-midi-là, ce Montoya avait bu une bière dans une *cantina* du côté mexicain de Nogales, et il avait remarqué que le barman essayait de refourguer quelque chose à un autre client, qui n'était pas intéressé. Le barman s'était ensuite approché de Montoya et il lui avait demandé : « Tu me donnerais combien pour ça ? » Il avait renversé une petite bourse en daim, et trois dents en or avaient cliqueté sur le bar. Montoya lui avait demandé où il les avait eues. Un *hombre* qui était venu au bar plus tôt dans la journée, avait-il répondu. Il avait demandé un peso pour chaque. Le barman lui en avait payé deux. « Je t'en donnerai trois », avait offert Montoya, et il avait empoché la bourse. Puis il l'avait portée à Ben.

Ben était au comble de l'excitation, comme vous pouvez imaginer. Aux dernières nouvelles, Quiroga se planquait quelque part dans le nord de la Sierra Madre. Peut-être qu'il en avait sa claque du grand air et était venu à Nogales pour s'amuser un peu. Peut-être qu'il avait un besoin urgent d'argent. L'autopsie avait déterminé qu'il manquait six dents à Meg – trois en haut, trois en bas. Ben était certain que Quiroga essaierait de vendre les trois dernières, s'il ne l'avait pas déjà fait. Son plan était de vérifier toutes les boutiques de prêteurs sur gages du côté mexicain. Le problème était qu'il n'avait aucune autorité pour mener une enquête de l'autre côté de la frontière et que, s'il trouvait son homme, il n'avait aucune autorité pour l'arrêter.

Mais il y est tout de même allé. Il a rendu une visite de courtoisie au commandant de la garnison militaire de Nogales, un certain colonel Suárez, et il lui a expliqué qu'il était au Mexique à titre non officiel et sans arme, qu'il était juste en quête d'informations sur l'insaisissable *señor* Quiroga. Suárez n'était pas très enthousiaste, mais il a répondu qu'il coopérerait avec Ben si

Ben coopérait avec lui. Il était censé donner aux autorités mexicaines tous les indices qu'il trouverait, et s'il localisait Quiroga, il devait en informer immédiatement Suárez. « Cet homme est peut-être mexicain, qu'il disait. Et si c'est le cas, je vous rappelle que même le président du Mexique ne pourrait extrader ce Manuel Quiroga. »

Ben a fait la tournée des prêteurs sur gages. En vain. Et il était en route pour la *cantina* où Montoya avait acheté les dents quand il a remarqué un homme penché au-dessus du comptoir d'une bijouterie, en pleine conversation avec le propriétaire. Une chevelure qui semblait commencer deux centimètres au-dessus des sourcils, un nez tordu au-dessus d'une épaisse moustache noire – il correspondait à la description de Quiroga. Ben est entré pour le regarder de plus près, et il a vu mieux que ça : sur le comptoir se trouvaient trois dents couronnées d'or.

Ne parvenant à obtenir le prix qu'il souhaitait, l'homme est ressorti. Le bijoutier l'a suivi dans la rue et a dit : « D'accord, deux pesos. » Ben était juste derrière. Le type fumait une cigarette, et quand il s'est retourné pour regarder le bijoutier, il l'a cassée en deux. Ç'a été la confirmation pour Ben. Vous vous souvenez ? Tibbets avait trouvé une cigarette cassée de la même manière au bureau de poste. Ben a alors annoncé qu'il paierait trois pesos, et Quiroga a déclaré que c'était marché conclu avec le gringo. Ben l'a payé, il a empoché les dents, puis il lui en a décoché une à la mâchoire et l'a plaqué au sol. Mais à l'instant où il saisissait ses menottes, le bijoutier a hurlé : « Au voleur ! », ce qui a distrait Ben pendant une seconde, et Quiroga en a profité pour se dégager. Mais au lieu de s'enfuir, il a tiré un cran d'arrêt et l'a ouvert.

Ben m'a dit que la lame semblait aussi longue qu'une épée. Quiroga a fait un grand sourire, jambes pliées, et il a dit : « Viens, *cabrón*. Mon ami veut t'embrasser ! » Ben a commencé à lui tourner autour, les yeux rivés sur le couteau. Quiroga a frappé, Ben a esquivé, puis il y a eu un autre coup de couteau rapide, Ben a pivoté sur le côté et fait un croche-pied à Quiroga tandis qu'il se ruait en avant. Ben lui a bondi sur le dos, l'a saisi par les cheveux et s'est mis à lui cogner le front par terre. L'autre a lâché le couteau. Ben lui a passé un bracelet au poignet, puis il a attaché l'autre au sien et il a tiré le prisonnier à demi-conscient sur ses pieds.

Le bijoutier continuait de sonner l'alarme, une petite foule s'était rassemblée, et aux yeux des badauds, il semblait clair qu'un gringo était en train de dépouiller un Mexicain. Quelqu'un a lancé une bouteille qui a fait voler le chapeau de Ben – son Stetson préféré, m'a-t-il dit. Il lui avait coûté trente dollars. Il a attrapé le couteau et l'a collé contre la gorge de Quiroga en hurlant qu'il lui trancherait la gorge si quiconque essayait de le libérer. Encore un de ses bluffs qui n'en était pas un ? Je n'en sais rien.

Quelqu'un avait alerté la garnison. Une escouade de soldats est apparue, a fendu la foule, et a embarqué Ben et Quiroga. Suárez était furieux après Ben sous prétexte qu'il avait manqué à sa parole. « Regardez les troubles que vous avez causés, et pour quoi ? Ne vous avais-je pas dit que même le président ne pouvait pas vous livrer un Mexicain ? » Quand il s'est calmé, Ben a juré qu'il pouvait prouver que Quiroga était un citoyen américain, si Suárez acceptait de le garder quarante-huit heures. Et comment le prouverait-il ? voulait savoir le colonel. Ben a essuyé la lame du couteau et, tournant la pointe vers Quiroga, il a ordonné à celui-ci de le saisir. Bien que confus, Suárez a semblé comprendre où il voulait en venir. « Obéissez », a-t-il ordonné à Quiroga.

Ben est retourné au bureau du shérif avec le couteau enveloppé dans son bandana. La rumeur de son invasion solitaire du Mexique avait traversé la frontière, et Lassiter lui a passé un savon sous prétexte qu'il avait créé un incident diplomatique, avant de le féliciter. Ben a téléphoné à l'expert en empreintes digitales à Tucson. Celui-ci est arrivé par le train du lendemain, il a examiné le couteau et prélevé les empreintes de Quiroga. Elles correspondaient à celles de la cabine téléphonique.

Muni des cartes qui portaient les empreintes, Ben s'est dépêché de retourner au quartier général du colonel avec l'expert dans son sillage. Mais le colonel n'était pas totalement convaincu, probablement parce qu'à ce stade la population de Nogales avait fait de Quiroga un héros. Suárez craignait une émeute s'il le livrait. Ben avait une dernière carte à jouer. Appeler le général Bracamonte à Hermosillo. C'est ce que Suárez a fait et, après quelques discussions, le général a ordonné au colonel de remettre Quiroga à Ben en tant que criminel étranger entré au Mexique illégalement.

Depuis Jesse James jusqu'à Al Capone, nous sommes plutôt doués pour vouer un culte aux criminels, mais nous n'arrivons pas à la cheville des Mexicains dans ce domaine. Suárez a dû réunir une compagnie entière de soldats et la mener sabre à la main pour escorter Ben et son prisonnier jusqu'à la frontière. Ils ont parcouru ce long trajet sous une pluie de cailloux, de bouteilles et de briques, les gens traitant Suárez de traître et réclamant le sang de Ben. Quand ils ont atteint International Street, une foule de gringos attendait de l'autre côté, prête à lyncher Quiroga. Celui-ci a refusé de continuer. Suárez lui a alors piqué le derrière avec son sabre pour le faire avancer et, durant le temps qu'il lui a fallu pour traverser la rue, le héros du peuple est devenu l'incarnation du diable. Les bons citoyens de Nogales, Arizona, hurlaient : « Pendez le sale Mexicain ! Passez la corde au cou du métèque ! »

J'étais sur place pour couvrir les événements. Si vous vous faites des illusions sur la nature bienveillante des hommes, une foule vous les ôtera. Je regardais les Mexicains d'un côté qui réclamaient le sang de Ben, et les Anglo-Saxons de l'autre qui réclamaient celui de Quiroga, et tout ce que je voyais, c'étaient deux bandes de babouins. Lassiter est arrivé en voiture avec deux adjoints et il a embarqué Quiroga, et j'imagine qu'il y a un criminel qui a été sacrément heureux de voir l'intérieur d'une prison.

Les procès ont débuté en juillet. George Ramsey a plaidé coupable du meurtre d'Oliver Palmer et accepté de témoigner contre Quiroga. En échange de quoi, il a été condamné à perpétuité. Plácido Santos a plaidé non coupable de vol à main armée et de complicité de meurtre, il a été condamné et a lui aussi pris perpète. Le procès de Quiroga a duré plus de deux semaines. Son avocat a présenté deux témoins qui prétendaient avoir vu l'accusé à Sonora le jour du crime, mais leur témoignage a été mis en pièces par celui de Ramsey. Dorothy Killian est allée à la barre et a décrit ce qu'il avait fait à Meg, et quand le procureur lui a demandé d'identifier l'homme qui avait assassiné et mutilé sa sœur, elle a pointé le doigt en direction de Quiroga et déclaré : « C'est lui, là-bas. » Le jury a délibéré pendant moins d'une demi-heure. Coupable de tous les chefs d'accusation, sans recommandation de clémence. Le juge a accepté de répéter le verdict rendu par le jury quand Quiroga est venu entendre sa sentence deux semaines plus tard. « Manuel Quiroga, je vous condamne à la pendaison jusqu'à ce que mort s'ensuive, l'exécution aura lieu le 30 octobre 1922. »

De tous nos espoirs vains, je suppose que le plus vain est que la raison prendra le dessus sur l'émotion. Malgré les preuves du contraire, beaucoup de Mexicains s'accrochaient à la conviction que Quiroga était innocent, que c'était un citoyen mexicain qui avait été enlevé par les gringos, la victime d'un coup monté, et ainsi de suite. Un *corrido* avait été composé dans ce sens. Et une nuée de ses admirateurs s'est rassemblée autour du tribunal le jour où Quiroga et Plácido devaient être transférés de la prison du comté vers le pénitencier d'État à Florence. Lassiter a dû faire venir un détachement de soldats de Camp Little pour disperser la foule. Il a aussi décidé qu'il serait plus sûr de procéder au transfert de nuit. Vers 22 heures – ça devait être vers la fin août, début septembre –, le shérif et un adjoint, Bill Wilson, ont enchaîné Quiroga et Plácido l'un à l'autre et les ont placés à l'arrière de la voiture de Lassiter. Ben était censé accompagner le shérif pendant le trajet jusqu'à Florence, mais il s'était fait excuser. Il avait une femme et un enfant, et il venait de découvrir que sa femme était de nouveau enceinte. Il avait passé si peu de temps avec elle au cours des derniers mois qu'il lui semblait préférable de rentrer à la maison, maintenant que le drame était fini. Wilson y est donc allé à sa place. Et c'est ce qui lui a sauvé la vie.

Voici ce qui s'est passé. D'une manière ou d'une autre, l'un des adorateurs de Quiroga avait réussi à introduire une clé à molette dans la voiture de Lassiter. Après environ cinquante kilomètres sur la route qui reliait Nogales à Tucson, Quiroga a saisi la clé de sa main libre et a violemment frappé Wilson derrière la tête – c'était lui qui conduisait. Alors que la voiture était incontrôlable, Lassiter a dégainé son pistolet et s'est retourné, et Quiroga l'a frappé à la tempe ; puis Plácido et lui, toujours menottés l'un à l'autre, ont sauté dehors. La voiture a plongé dans un fossé, écrasant Wilson contre le volant et éjectant Lassiter à l'extérieur. Un rancher a trouvé l'épave tôt le lendemain matin, les deux hommes étaient morts.

Quelqu'un m'a dit que ç'a été la plus grosse chasse à l'homme de toute l'histoire du Sud-Ouest. Cinq cents policiers, rangers et ranchers engagés par le shérif ont arpenté le désert à cheval des jours durant. Quelques éclaireurs apaches de Fort Huachuca se sont même joints à eux. Le vieil Ouest renaissait une fois de plus, mais avec une touche moderne – un biplan de l'armée qui observait la zone depuis les airs.

Mais même avec un avion et des enquêteurs et toute une armée qui menaient les recherches, j'étais sûr que ce seraient Ben et Tibbets qui retrouveraient les fugitifs. Ils ont réuni un groupe de six adjoints, et j'ai eu le feu vert pour les accompagner. Je n'avais jamais vu Ben si… eh bien, « sombre » et « déterminé » ne suffisent pas à décrire son état d'esprit. Il était animé par une sorte de résolution terrible. Il appréciait beaucoup Lassiter.

L'équipe est partie de l'endroit où Quiroga et Plácido avaient sauté de la voiture – leurs traces étaient nettes dans la poussière. Deux séries d'empreintes, côte à côte – les fugitifs étaient toujours enchaînés l'un à l'autre. Le matin du troisième jour, Tibbets a repéré du sang sur une touffe de yucca *gloriosa*, il était toujours poisseux. Un peu plus loin, nous avons atteint une cabane près d'une mine abandonnée, et Ben y a trouvé une lime tachée de sang. Maintenant qu'ils s'étaient débarrassés de leurs chaînes, les bandits pouvaient se déplacer plus vite. Qu'ils soient arrivés aussi loin dans une région aussi hostile et par une telle chaleur était déjà surprenant. « De vrais coriaces, ils pourraient bien atteindre le Mexique », a déclaré Tibbets, comme s'il en était venu à éprouver malgré lui un certain respect à leur encontre. Mais ce n'était pas le cas de Ben. « Je les suivrai jusqu'au foutu Brésil s'il le faut, qu'il a dit, et vous êtes libres de m'accompagner ou non. »

Nous les avons traqués un peu plus longtemps jusqu'à un canyon obstrué par une paroi presque à pic qui se dressait à son extrémité. « Ils sont là-dedans, ils se reposent pour la journée », a murmuré Ben, puis il nous a ordonné de mettre pied à terre et d'attacher nos chevaux. Il a envoyé deux agents sur la crête d'un côté et deux autres sur la crête opposée. Les deux derniers devaient bloquer la sortie du canyon pendant que Ben et Tibbets s'y engageraient. Vous savez à quel point c'est calme dans le désert à midi ? Vous jureriez entendre votre sang gargouiller dans vos veines. Je me chantais le chant de guerre d'Harvard. Je n'arrivais pas à me l'ôter de la tête. *Atteignez la ligne pour Harvard, car Harvard gagne aujourd'hui. Nous allons montrer aux fils d'Élie que le rouge domine toujours*... Lorsque deux coups de feu ont retenti – c'était le signal –, nous nous sommes précipités dans le canyon. Près de l'extrémité, à l'ombre de la paroi rocheuse, se tenaient Ben et Tibbets, leurs armes pointées sur Quiroga et Plácido. Les menottes limées pendouillaient à leur poignet, et il a fallu utiliser une nouvelle paire pour les enchaîner une fois de plus l'un à l'autre. Leurs vêtements avaient été déchiquetés par les cactus et les buissons, ils avaient les bras lacérés, les lèvres si gonflées qu'on aurait dit des saucisses, et ils déliraient à cause de la soif et de l'épuisement.

Ils ont eu droit à un peu d'eau, mais la clémence de Ben et de Tibbets s'est arrêtée là. « Vous avez marché bras dessus, bras dessous, pendant quatre-vingts foutus kilomètres, vous pouvez marcher un peu plus », leur a dit Ben. Un peu plus tard, sous bonne escorte, ils ont rapidement été transférés à Florence, Plácido pour y passer le restant de ses jours, Quiroga pour y attendre son rendez-vous avec le bourreau. Il avait avoué avoir tué Lassiter et Wilson, s'en était même vanté.

Et donc j'ai eu un autre gros scoop et, quelques jours plus tard, j'ai reçu une proposition d'emploi du *Daily Star*, avec un salaire deux fois plus important que ce que je touchais au *Herald*. J'hésitais à accepter, par loyauté envers Childs. Mais c'était un gentleman, à sa manière bourrue. « Si tu n'acceptes pas, qu'il a dit, je te foutrai à la porte parce que tu es un idiot. »

Tibbets et Ben ont chacun reçu sept mille cinq cents dollars pour la capture de Ramsey, Santos et Quiroga, et là je dois leur tirer mon chapeau. Ils ont accepté de ne garder que la moitié de leur part et de déposer l'autre moitié sur un compte pour la fille des Palmer, Catherine.

La banque où ils ont placé l'argent a survécu à la Grande Dépression, et Catherine s'en est servie pour payer ses frais d'université. Alors parfaitement, je leur tire mon chapeau, et à elle aussi.

Mais il était dit que cette histoire n'en resterait pas là. Le 30 octobre, huit heures avant son exécution, Quiroga s'est vu accorder un sursis par le gouverneur. Le consul général du Mexique à Phoenix lui avait adressé une lettre dans laquelle il affirmait que la question de la nationalité de Quiroga n'avait pas été correctement examinée. Tant que celle-ci n'était pas résolue, l'Arizona n'avait pas le droit de l'exécuter. Et le gouverneur renvoyait la balle à la Cour suprême de l'État. Cet étrange rebondissement était la première histoire que je couvrais pour le *Star*. J'ai appelé Ben pour avoir sa réaction, et je me rappelle cette conversation mot pour mot.

Il a dit :

« Tu veux ma réaction officielle ou ce que je pense vraiment ?

— Ce que tu penses vraiment.

— D'accord, mais je n'ai pas intérêt à voir ça imprimé dans ton journal.

— Dans ce cas, donne-moi les deux.

— Officiellement, je suis certain que, une fois que les preuves auront été examinées, la Cour verra que Quiroga est un citoyen américain et fera ce qui convient. Officieusement, quand Curt et moi, on a coincé ces deux fils de pute dans ce canyon, on a convenu que si l'un d'eux remuait ne serait-ce qu'un sourcil d'une manière qui nous plaisait pas, on les descendrait tous les deux. Bon, ils ont pas remué, alors on les a pas descendus, et aujourd'hui je le regrette sacrément. »

En fin de compte, la Cour a décrété que Quiroga était de nationalité américaine. Une nouvelle date d'exécution a été fixée – le 18 novembre 1922.

Ben et Tibbets ont été invités à assister à la pendaison, et j'ai été autorisé par le directeur à la couvrir. La potence était érigée au bout d'un couloir dans le quartier des condamnés à mort. Mené par deux gardiens, Quiroga est entré, calme et serein. Il s'est confessé à un prêtre et a reçu les derniers sacrements de l'Église, donc je suppose qu'il se disait que son âme souillée de sang irait au paradis après tout. Je l'ai regardé peigner des doigts ses cheveux et sa moustache avant qu'un gardien ne lui passe une capuche noire au-dessus de la tête. Puis le nœud a été serré, la trappe s'est ouverte et Manuel Quiroga est mort.

Ce n'est pas joli de voir un homme se faire pendre, même un homme tel que lui. Tandis que nous sortions les uns derrière les autres, tous d'une humeur sombre, j'ai demandé à Ben s'il avait un commentaire à faire. Il s'est contenté de secouer la tête.

L'exécution a fait la une de tous les journaux de l'État. L'organisation républicaine du comté de Santa Cruz a demandé à Ben de briguer le poste de shérif. Il aurait été élu à coup sûr. Bon sang, il aurait pu briguer un poste de sénateur et il aurait été élu. Mais il a décliné. Voici comment il m'a expliqué sa décision : « Ça ne m'intéresse pas d'embrasser des joues de bébés ni de lécher des derrières d'adultes. »

Et pour ça aussi, je lui tire mon chapeau.

19

Castle était assis sur son porche dans la chaleur de la fin de matinée, lisant *De vita beata*.

Tout ce que l'univers nous oblige à souffrir doit être enduré avec un grand courage, lui disait Sénèque à travers le fossé du temps. *Telle est l'obligation sacrée qui nous lie – nous soumettre à notre sort et ne pas nous laisser troubler par ces choses que nous n'avons pas le pouvoir d'éviter.*

Il posa le livre sur ses cuisses. L'univers nous oblige à souffrir ? Quel genre d'univers est-ce là ? se demanda-t-il. Vraiment, il n'obligeait personne à faire quoi que ce soit. Il se fichait que l'on souffre ou non, se moquait éperdument de nos espoirs ou de nos craintes, de nos douleurs ou de nos plaisirs. La souffrance n'avait pas de signification objective, dissimulée dans le vide mais perceptible à travers le télescope de la philosophie ou de la foi. Sa seule signification était celle que la personne qui souffrait décidait de lui accorder, et si elle ne lui trouvait aucune raison, eh bien alors elle ne signifiait absolument rien. Il n'était pas d'humeur à accepter les remèdes sévères du Romain ; peut-être qu'il était passé du stoïcisme à l'hédonisme, car il se rappelait sans cesse ce qu'il avait éprouvé en faisant l'amour à Tessa près du sanctuaire dans les montagnes.

Ils avaient fini par trouver les chouettes, perchées sur une branche de chêne dans l'isolement du canyon supérieur. L'une d'elles avait regardé Castle et Tessa tandis qu'ils se dirigeaient vers l'arbre. Ses yeux ronds et sombres étaient plantés dans une tête en forme de pomme coupée en deux, les plumes de sa poitrine striée remuaient dans la brise tournoyante qui ricochait contre les parois du canyon. Tessa avait souri et serré son bras, murmurant : « Nous avons tellement de chance. » De la chance – peut-être. Être avec elle et voir ces oiseaux dans ce cadre ressemblait plus à de la grâce.

Le fracas d'épave de la camionnette de Sally l'arracha à sa transe. Il la vit à travers le pare-brise couvert d'éclaboussures, sa petite tête dotée de lunettes en cul-de-bouteille penchée au-dessus du volant. Des balles de foin étaient entassées sur le plateau. Elle passait chercher Castle avant d'aller nourrir ses autres animaux, une demi-douzaine de bœufs corrientes que Blaine avait décrits comme « si vieux qu'ils seraient dans une maison de retraite si c'étaient des humains ». Castle avait promis à Blaine qu'il parlerait à Sally de sa succession et, comme celle-ci n'était plus qu'à quelques jours de son quatre-vingtième anniversaire, le moment semblait opportun.

Les bœufs avaient été mis en pâture dans une section louée située au nord des terres qui appartenaient au San Ignacio. Sally ne conduisait pas de façon rassurante. Elle freinait quand ce n'était pas nécessaire et oubliait de le faire quand ça l'était, comme quand elle négociait un virage trop vite et quittait presque la route. Castle proposa de prendre le volant.

« Ne sois pas nerveux. Je pourrais emprunter cette route les yeux bandés », répondit-elle.

Vu qu'elle était miro comme une taupe, c'était pratiquement le cas.

Ils franchirent une barrière de barbelés et pénétrèrent sur les collines brûlées par le soleil avec leurs bosquets d'arbres qui ressemblaient à un parc. Sur une pancarte, une silhouette de vache accompagnée des mots EN LIBERTÉ avertissait les automobilistes qu'ils risquaient de rencontrer du bétail sur la route.

« Ça me plaît, déclara Sally. En liberté. Fut une époque où il n'y avait pas tant de foutues clôtures dans cette vallée. Ça me rappelle où j'ai grandi dans l'ouest du Nouveau-Mexique. Pas la moindre clôture. Les grands espaces. »

Et elle se remémora son enfance, son père, les ranchers du voisinage qui réunissaient leur bétail à l'automne, parfois mille têtes ou plus, et qui le conduisaient de l'autre côté de la ligne de partage du continent et des plaines de Saint Augustin jusqu'au chemin de fer de Magdalena. Sa mère conduisait parfois le chariot de ravitaillement, et Sally et ses frères – elle était la plus jeune de quatre enfants – étaient exemptés d'école pour les accompagner, ses frères surveillant le troupeau avec les hommes.

« Mon souvenir le plus ancien remonte à quand j'avais 5 ans. J'étais assise à côté de ma mère et tout ce bétail s'écoulait comme une rivière. Doux Jésus, c'était quelque chose à voir. »

Elle immobilisa sa camionnette au sommet d'une élévation et donna trois longs coups de klaxon.

« Mes garçons sont bien dressés. Ils vont arriver d'un instant à l'autre. Il y avait des puits environ tous les quinze kilomètres sur la route de Magdalena. Vous ne pouviez pas parcourir beaucoup plus chaque jour avec le bétail. Le trajet total prenait peut-être dix jours. Quand nous arrivions à Magdalena, les cow-boys allaient en ville pour faire ce que les cow-boys ont toujours fait à la fin d'un long périple. » Un éclat de rire. « J'ai découvert quand j'ai été plus grande que quand ma mère ne l'accompagnait pas, mon père allait lui aussi voir les dames. Est-ce que tu vois les bœufs ? »

Castle secoua la tête. Elle klaxonna une fois de plus.

« Il y a quelques années, Blaine, Monica et moi sommes retournés là-bas. Je voulais revoir notre ancienne maison. Il ne reste plus rien qu'un moulin en ruine et quelques planches de corrals. Puis nous avons pris la grande route et roulé à travers les plaines, et nous avons vu ces grands disques blancs, il devait y en avoir deux douzaines. Des radiotélescopes, m'a dit Blaine. Il a expliqué que les astronomes s'en servaient pour envoyer des signaux au fin fond de l'univers. Il avait un nom pour ça, mais je ne m'en souviens pas.

— Le *Very Large Array*, dit Castle.

— C'est ça. Eh bien, en regardant ces choses sur ce qui était autrefois la route de Magdalena, j'ai eu l'impression d'avoir 1 000 ans. Je n'arrivais pas à croire que j'avais traversé la plaine de Saint Augustin en chariot quand j'étais petite et que j'avais vécu assez longtemps pour voir ces bidules qui envoyaient des signaux Dieu sait où. »

Ça semblait être l'ouverture que Castle attendait, mais il n'arriva pas à trouver une façon gracieuse d'aborder le sujet.

Les corrientes apparurent au sommet d'une colline, marchant lentement, presque difficilement, des bœufs aux muscles filiformes dotés de peaux tachetées et de larges cornes recourbées, les descendants directs des premières bêtes importées au Nouveau Monde, des reliques vivantes, un peu comme Sally.

« C'étaient des animaux de rodéo, expliqua-t-elle. Je les ai achetés pour une bouchée de pain à la fin de leur carrière. Ces bêtes mexicaines sont comme les Mexicains eux-mêmes, de vrais survivants, mais cette herbe n'est pas très nourrissante, et ils ont besoin que leur maman les nourrisse. »

Criant : « Hou, hou, hou ! Venez manger ou allez vous faire voir ! », elle descendit de la camionnette, abaissa le hayon et, avec une agilité qui stupéfia Castle, se hissa sur le plateau. Au diable les genoux arthritiques ! Il grimpa à sa suite, et ils poussèrent les balles hors du plateau, puis les tirèrent hors de la route.

« Bon sang, Sally, tu fais ça toute seule ? demanda Castle, assis à côté d'elle au bord du plateau et regardant les corrientes qui mâchonnaient le fourrage vert.

— Bien sûr. Ce que je me dis, c'est que je suis comme un gars perdu dans le blizzard. Si j'arrête de bouger, je vais me congeler et je serai morte en un rien de temps.

— 80 ans et toujours la forme, dit-il d'un ton enjoué.

— Je viens d'une famille solide, des deux côtés. Ma mère m'a eue à 42 ans. Elle est née l'année où Billy the Kid s'est fait descendre, et elle a vécu assez longtemps pour voir le président Kennedy se faire descendre. »

Castle songea que c'était une manière inhabituelle de décrire l'étendue d'une vie.

« Une famille solide, certes, mais… eh bien, on ne sait jamais… écoute, je ne veux pas te cacher de secrets. Blaine m'a parlé de…

— Ce qui se passera quand je casserai ma pipe, interrompit-elle, lui évitant l'embarras d'avoir à aborder lui-même le sujet. Je suppose qu'il t'a parlé de son idée de transfert de propriété.

— Oui. Et je crois qu'elle est bonne.

— Pas moi.

— Pourquoi ?

— La façon dont Blaine a expliqué ça, je serais obligée de tout confier à un administrateur. Plutôt être pendue que de laisser un banquier ou un avocat que je ne connais pas, et qui ne connaît pas plus le bétail que je ne connais la finance ou le droit, diriger les choses à ma place. »

Sa résistance et son obstination étaient palpables, elles irradiaient de sa personne comme la chaleur d'un poêle.

« Tu pourrais écouter mes conseils, reprit-il fermement. C'est en faisant ce genre de choses que j'ai gagné ma vie, et je l'ai très bien gagnée.

— Je croyais que tu étais agent de change.

— Consultant financier. Consultant financier *senior*. Je gérais de l'argent pour des clients qui en avaient beaucoup, et ceux qui en gagnaient le plus étaient ceux qui écoutaient. Ce ne serait pas juste envers Blaine et Monica de les laisser avec des impôts qui… »

Elle lui tapota le genou et leva vivement le menton.

« Tu crois que je suis injuste ?

— Je crois que tu as la vue courte, répondit-il. Un transfert ne signifie pas que tu n'as plus aucune influence. Tu peux stipuler dans l'accord comment ta propriété doit être utilisée, comment tu veux que tes affaires soient gérées. Tant que tu es vivante et une fois que tu seras partie. »

Elle le jaugea longuement.

« C'est vrai ? Blaine n'a rien dit de tout ça.

— Il faudrait que tu voies les détails avec un expert, mais oui, c'est vrai. »

Sally baissa précautionneusement les pieds jusqu'au sol, fit quelques pas en avant et resta là à regarder ses bœufs qui ruminaient le fourrage. Puis elle pivota sur ses talons et vint se planter devant son neveu, levant vers lui ses yeux bleus perçants.

« Supposons que j'accepte cet accord et supposons que je te nomme administrateur. Qu'est-ce que tu en dirais, monsieur Je-Sais-Tout ? »

Pris de court, Castle ne sut que répondre.

« Si je devais le faire, je voudrais que ça reste dans la famille. Je préférerais que ce soit toi plutôt que quelqu'un que je ne connais ni d'Ève ni d'Adam. »

Et, songea-t-il, avec un tel arrangement, il serait plus facile pour Sally de rester aux commandes. Elle aurait plus d'influence sur lui que sur n'importe quel banquier ou avocat. Il savait ce qu'il aurait à faire en tant qu'administrateur – gérer les comptes, distribuer les revenus de Sally –, et comme sa succession était constituée de terres et de bétail, il gérerait de fait sa part du ranch. Étant donné son ignorance en matière d'élevage, cela signifiait qu'il serait obligé de la consulter pour chaque décision importante. Il serait soumis aux désirs de Sally, à sa volonté de fer. Voulait-il se retrouver empêtré là-dedans ? Il prévoyait quantité d'embûches, de conflits et de disputes.

« Je ne connais rien au bétail non plus, déclara-t-il, sur la réserve.

— Si tu as été assez intelligent pour devenir un grand ponte de Wall Street, tu seras assez intelligent pour apprendre, et je pourrai être ton professeur.

— Il faudrait que j'y réfléchisse.

— C'est ça, réfléchis, et je vais faire de même. C'est un marché équitable. »

Ben Erskine

Il y a une suite au récit de Tim Forbes ; pour l'apprendre nous devons une fois de plus remonter dans le temps et l'espace.

Au Mexique, la légende de Quiroga grandit. De nouveaux *corridos* sont composés en son honneur. Les chansons sont chantées dans les *cantinas* et autour des feux de camp des *vaqueros*. Une ballade décrit George Ramsey comme le véritable assassin qui ment sous serment pour sauver sa peau. Une autre chante l'audacieuse évasion de Quiroga et s'achève lorsqu'il va à la potence, hurlant d'un ton de défi aux gringos : « Maintenant, ouvrez la trappe et assouvissez votre soif de sang mexicain ! »

Ben a conscience de ce ressentiment. Il sait que les *corridos* ont le pouvoir de pousser les hommes à l'acte. Il s'attend à des représailles. En avril 1923, alors qu'Ida est enceinte de huit mois de leur deuxième enfant, un coursier arrive du bureau du shérif et livre une note tapée à la machine adressée à Ben. Elle provient du Bureau du service des douanes américaines du district de Tucson :

Cher ami,

Nous avons appris d'informateurs fiables qu'un Américain vivant au Mexique, un certain William Sykes, s'est vu offrir 500 $ pour vous supprimer. Sykes a été vu à Cananea, où il négocierait une prime plus importante. Si nous en apprenons plus, nous vous tiendrons au courant. Un homme averti en vaut deux.

(Signé) Allen McDermott, douanier chef.

Ben n'a jamais entendu parler de Sykes. Il se rend au bureau de la Western Union et envoie un télégramme à T. J. Babcock, lui demandant de découvrir ce qu'il peut. Puis il retourne chez lui dans le nouveau pick-up modèle T qu'il s'est offert grâce à l'argent de la récompense.

Il faut une heure et demie pour parcourir les cinquante kilomètres depuis Nogales jusqu'à l'IB-Bar. Au crépuscule, il franchit le haut portail de bois sur lequel le nom et le symbole du ranch ont été gravés. Les heelers australiens traversent la cour en courant pour l'accueillir. Martín Mendoza est en train de ferrer un cheval dans le corral, de la fumée s'élève du tuyau du poêle de la cuisine qui dépasse du toit en tôle, des lampes à pétrole rougeoient dans les fenêtres. Tout va bien. Il marque une pause pour contempler avec satisfaction sa demeure – le mur de pierres qui ceint la cour, la maison entourée d'un porche et l'extension à demi achevée qui sera la chambre de son fils, Frank, quand le nouveau-né arrivera, les deux mares alimentées par une source, le moulin qui se dresse telle une gigantesque fleur d'acier. Encore un an et il aura fait ses preuves, et tout ça, de même que la parcelle de terre, lui appartiendra. Il savoure cette perspective, mais une pensée troublante vient gâcher son plaisir : Ida est isolée ici, aussi isolée et vulnérable que Meg Palmer l'était dans son bureau de poste de ville fantôme. Martín passe l'essentiel de la journée sur les terres pendant que Ben est à son travail. Il a appris à Ida à se servir d'une arme à feu, mais il n'est pas sûr qu'elle appuierait sur la détente en cas de besoin. Il y a une certaine innocence en elle, la conviction invincible qu'il demeure un peu de bonté même dans le pire des hommes, ce qui pourrait la faire hésiter, et une hésitation pourrait être fatale.

Elle arrive à la porte, son ventre gonflé sous la robe à fleurs, son visage puissant et carré encadré par ses cheveux sombres, qui sont coupés au carré, à la garçonne. Frank apparaît en se dandinant entre elle et le montant de la porte, et il trotte vers Ben, ses petits bras tendus. « Baba maison ! » crie-t-il. Ben le soulève et lui caresse la tête, et un féroce sentiment protecteur s'empare de son cœur. Il n'y a rien qu'il ne ferait pour protéger cette femme et ce garçon. Si Ida croit qu'il y a de la bonté dans le pire des hommes, lui sait qu'il y a du mal dans le meilleur d'entre eux.

Devant un ragoût et des biscuits, Martín et lui parlent de bétail – Martín a trouvé quelques vaches atteintes de conjonctivite –, puis ils discutent d'un nouveau projet d'aménagement : munir le moulin d'une pompe à gasoil et installer un tuyau jusqu'à la maison pour y apporter l'eau courante. Pour le moment, Ida doit porter l'eau pour la cuisine, la toilette et la lessive, et Ben s'inquiète des effets que cette tâche ardue a sur elle à ce stade de sa grossesse. Ce souci, cependant, est pour le moment supplanté par un autre. Il se tourne vers elle et dit :

« Je crois que nous devrions emménager en ville. Nous pourrions louer une maison.

— Pourquoi ?

— Ce sera plus facile pour toi.

— Et cette maison ?

— Martín pourrait s'en occuper. Je serais un gentleman-rancher. »

Ida se lève pour débarrasser la table.

« Je m'en sors bien », dit-elle, même si la lassitude dans sa voix suggère le contraire.

Les assiettes sont placées dans une bassine en métal ; de l'eau chaude est prélevée du compartiment à eau qui est rattaché au poêle. Elle fait la vaisselle, il essuie, observant que les mains de sa femme, bien que celle-ci n'ait que 24 ans, sont irritées et craquelées. Dehors, il commence à faire froid – le ranch se trouve à mille sept cents mètres d'altitude et les nuits sont glaciales, même au printemps – mais le poêle emplit la cuisine d'une chaleur presque inconfortable. Martín sort fumer une cigarette sur le porche ; Ida n'aime pas l'odeur de la fumée. Ben empile les assiettes dans un placard.

« Ça pourrait être dangereux pour toi ici.

— Ce n'est pas une nouveauté. »

Il lui parle de l'avertissement du douanier.

Elle est choquée, agrippe son ventre.

« Quelqu'un veut t'abattre ?

— C'est ce qu'on dirait. »

Le dimanche suivant, Ben et Martín construisent le toit de l'extension de la maison, posant des poutres qui dépassent de plus de trente centimètres à l'extérieur pour créer un avant-toit et empêcher la pluie d'éroder les murs de pisé. Les chiens se mettent à aboyer. Ben baisse les yeux et voit une silhouette debout près du portail du ranch, un homme en costume. Celui-ci explique qu'il a des problèmes de voiture. Avant qu'il ne puisse la retenir, Ida sort de la maison et dit à l'inconnu que les chiens ne le mordront pas. Tandis qu'il s'engage dans la cour, Ben descend à toute allure de l'échelle, file chercher son pistolet dans la chambre et l'enfonce sous sa ceinture, tirant sur les pans de sa chemise pour le recouvrir. L'homme a un visage de bébé, il n'est probablement pas plus vieux qu'Ida. Son costume et ses chaussures sont usés, sa chemise aurait besoin d'être lavée. Ben suppose que la jeunesse de l'inconnu et son apparence miteuse ont trompé sa femme. Il n'a pas l'air d'un tueur à gages.

« Je m'en occupe. Retourne à la maison ! » commande Ben.

Il ne lui donne généralement pas d'ordre, et elle demeure un instant interdite.

« Va, Ida ! » ajoute-t-il du même ton péremptoire.

Puis, comme elle s'éloigne, il demande au jeune homme quel est le problème avec sa voiture. Celui-ci répond qu'il n'en sait rien, qu'elle a calé au bas de la colline, et il demande à Ben s'il pourrait y jeter un coup d'œil. Il ne montre aucun signe de nervosité ; il est possible qu'il s'agisse d'un honnête voyageur en détresse.

« Je vais voir ce que je peux faire », dit Ben.

Il reste un demi-pas derrière l'étranger tandis qu'ils longent la route. Au sommet de la colline, il regarde la voiture en contrebas, une Ford ancien modèle avec une capote en toile, et il remarque quelque chose qui cloche.

« Vous attendez de la pluie ?

— Pardon ?

— Vous avez mis la protection contre le mauvais temps. »

Le jeune homme époussette sa manche.

« Ça protège de la poussière. Un peu. »

Ben ralentit légèrement l'allure, il tire son pistolet et abat la crosse sur le crâne de l'inconnu, qui s'effondre, puis il le tire dans les broussailles qui bordent la route. L'homme reprend connaissance au bout d'une minute ou deux, le sang qui ruisselle depuis sa blessure peignant une toile d'araignée sur son visage. Ben se tient au-dessus de lui, le Luger pointé sur sa tête.

« Tu n'as jamais tué personne de ta vie, Sykes, dit-il, et il devine à l'expression de terreur mêlée de surprise de l'inconnu qu'il ne s'est pas trompé sur son identité. Mais la personne qui se trouve dans cette voiture, si. Un Mexicain, je suppose. Tu as été engagé pour ton apparence. Ils ont pensé que je ne me méfierais pas d'un gringo avec du duvet sur les joues. Tu m'attires avec ta voiture en panne, ton partenaire se charge du reste.

— Allez-vous me tuer ?

— Si j'avais voulu te tuer, tu serais déjà mort. » Il saisit Sykes par le revers de son veston et le tire sur ses pieds. « Tu vas dire à ton acolyte et à la personne qui vous a engagés que le prochain qui viendra ici n'aura pas droit à une conversation. Il se fera descendre à vue. »

Il attend de voir la voiture de Sykes s'éloigner avant de regagner la maison. Ida est dehors, en train de nourrir les poulets dans le poulailler.

« Tu as réparé sa voiture ?

— Oui », répond Ben.

Il rentre dans la maison pour replacer le pistolet dans son tiroir.

« Quel était le problème ? demande-t-elle lorsqu'il ressort.

— Pas grand-chose. »

Elle observe qu'il a de nouveau enfoncé sa chemise dans son pantalon. Elle est peut-être innocente, mais elle n'est pas idiote.

« Rien du tout, je parie. »

Il ne répond pas et jette un regard en direction de Martín, qui est occupé à enfoncer des clous dans la poutre.

« Je n'aurais pas dû… commence Ida. Il paraissait si jeune et…

— Je sais. La prochaine fois que quelqu'un vient, laisse-moi m'en occuper.

— Je ne veux pas emménager en ville, mais je le ferai si tu penses que c'est mieux.

— Je le pense. Tu auras l'eau courante, l'électricité, un téléphone, la totale. »

Elle marque une pause, plantée derrière le grillage du poulailler, un sac de maïs écrasé dans la main.

« Ça me faciliterait les choses si tu démissionnais, dit-elle.

— Ça ne les empêcherait pas de venir. Plus maintenant. »

Non, plus maintenant, car c'est son destin de traquer et d'être traqué. La loi qu'il a juré de faire respecter, la loi codifiée dans des livres, compte peu à la frontière, où la loi de la vengeance prend le dessus. Il en a toujours été ainsi ; il n'en sera jamais autrement.

Le couple loue une petite maison dans Beck Street à Nogales, près du tribunal et à deux rues des voies de la Southern Pacific. C'est là que, avec l'aide d'une sage-femme mexicaine, Ida donne naissance à une fille, Grace, le 21 mai 1923. La famille occupe cette adresse pendant près de sept ans, passant de fréquents week-ends au ranch, dont la gestion quotidienne est laissée aux mains habiles des Mendoza.

Question confort matériel, la vie d'Ida à la ville s'améliore considérablement ; pour le reste, elle continue d'endurer les épreuves inhérentes au fait d'être mariée à Benjamin Erskine. Il s'absente souvent pendant deux ou trois jours d'affilée, traquant criminels et bootleggers, car la prohibition est en vigueur, et les *contrabandistas* mexicains qui auparavant importaient illégalement de l'alcool depuis les États-Unis gagnent désormais confortablement leur vie en effectuant le même commerce en sens inverse, souvent avec la connivence des agents des douanes américaines. Les exploits de Ben paraissent à deux ou trois reprises dans des magazines policiers à sensation, avec des titres grandiloquents tels que LA LOI DES DEUX PISTOLETS (bien que Ben n'en porte qu'un, un calibre 38 spécial police). Un récit relate l'arrestation d'un banquier qui a détourné des fonds et fui au Mexique ; un autre, la capture d'un cambrioleur qui a quasiment battu à mort sa victime, une femme âgée. Cette publicité le rend célèbre au-delà des limites du comté de Santa Cruz. Il apprécie la notoriété autant qu'il savoure les risques du métier ; et, ayant résolu tant d'affaires, ayant survécu à tant de dangers, il commence à se considérer comme protégé des dieux, imperméable aux balles, pour ainsi dire. Il commence à croire à sa propre légende.

Peut-être ceci explique-t-il pourquoi il prend des risques démesurés. Il s'enfonce une fois de plus dans le bourbier traître de la politique mexicaine. Des hommes mystérieux apparaissent à sa porte à des heures étranges et, dans des murmures précipités, l'incitent à prendre part à quelque intrigue. Il fait sa valise et disparaît, parfois pendant des heures, parfois un jour ou deux, laissant sa famille se demander si elle le reverra un jour. Le fait qu'Ida ne proteste pas surprend leurs amis, sa belle-sœur et son beau-frère. Il est possible qu'elle croie qu'il a été appelé pour une affaire officielle, ou du moins qu'elle s'en persuade, de la même manière que la femme d'un mari infidèle se persuade que celui-ci travaille tard.

Comment un shérif adjoint s'arrange pour s'absenter périodiquement pour aller jouer au soldat de fortune demeure l'un des mystères non résolus de la vie de Ben. Il en va de même pour ses activités au Mexique. Il n'en reste aucune trace, à une seule exception. À la fin 1929, une vieille dette arrive à échéance, dont le paiement met un terme à la carrière de policier de Ben.

20

Au début du mois de juillet, la chaleur implacable force les habitants des enclaves cernées de murs à Tucson et à Phoenix à jouer au golf de bonne heure puis à s'enfermer dans l'isolement climatisé de leur maison en faux pisé. Mais pour ceux dont le mode de vie dépend du temps, cette tribu en voie de disparition de fermiers et d'éleveurs de bétail, le début du mois de juillet dans le désert de Sonora est la période où l'on commence à chercher du regard les nuages – pas les effilochements blafards du printemps, mais de gros cumulus arrivant du sud telles des flottes de dirigeables molletonnés. Car ceux-ci annoncent les cumulonimbus chargés de l'humidité du golfe du Mexique ou de la mer de Cortez qui s'amoncellent au-dessus des montagnes et interrompent la sécheresse annuelle. Les gens observent les images radar à la télévision, cherchant de lointains orages qui monteraient vers le nord ; ils écoutent attentivement la météo à la radio ; ils ont aussi recours à des méthodes de prédiction plus primitives, reniflant l'air en quête d'un soupçon d'humidité ou levant le doigt pour repérer un changement d'orientation du vent depuis l'ouest, le sud ou l'est. Plus ils attendent, plus leur anxiété croît. L'herbe est alors aussi sèche que du vieux papier journal, les feuilles des chênes sont cassantes, une couche de deux centimètres de poussière recouvre les routes des ranches. Le bétail se masse autour de l'abreuvoir ; les cerfs efflanqués se rassemblent sur les rives des quelques ruisseaux pérennes ; la nuit, les coyotes hurlent inconsolablement sous des cieux étoilés et avares. Chaque être sensible est à cran, anticipant les pluies promises qui redonneront vie au monde.

C'est avec cet espoir à l'esprit que Blaine engagea McIntyre, le cow-boy évangéliste, pour les aider, Gerardo et lui, à rassembler le bétail qui se trouvait sur les hauteurs du ranch afin de le déplacer vers la vallée où l'herbe, si Dieu et la météo le voulaient bien, serait bientôt aussi verte que la Pennsylvanie. Le périple de onze kilomètres leur prit l'essentiel de la journée. Lorsqu'ils atteignirent le pâturage, ils découvrirent que la nouvelle clôture, qui avait été érigée au prix de tant d'efforts, avait de nouveau été découpée en deux endroits, et que de nouvelles piles de déchets laissées par des immigrants jonchaient la ravine. Ils réparèrent les dégâts et revinrent à la maison bien après la nuit tombée. Comme le rapporta Monica à Castle, Blaine s'était aussitôt couché, trop fatigué pour se laver ou manger, et trop furieux pour parler.

Une calamité pire encore se produisit trois jours plus tard, lorsqu'un incendie dévasta mille acres d'un autre pâturage du San Ignacio à la frontière du Mexique. Le premier signe, au petit matin, avait été un filet de fumée qui s'élevait à l'horizon ; une demi-heure plus tard, des flammes fouettées par un vent vigoureux étaient visibles depuis la maison principale du ranch. Il fallait intervenir d'urgence, cinquante vaches et veaux paissaient là-bas. Blaine, Gerardo, Monica et Castle se précipitèrent sur place, emportant quatre chevaux dans un fourgon, et découvrirent les bêtes affolées qui fuyaient l'incendie en beuglant, certaines sautant par-dessus les clôtures, d'autres les percutant à toute vitesse. Ils montèrent en selle, galopèrent à côté du troupeau paniqué, tentant de le rediriger vers une barrière. Lorsque leurs efforts s'avérèrent futiles, Blaine sauta de cheval et découpa un passage dans la clôture au moyen de cisailles. Il faillit être piétiné lorsque les animaux se ruèrent vers l'ouverture. L'incendie franchit un lit de ruisseau asséché et continua de rugir sous un voile aussi noir que du pétrole. Les cavaliers sentirent sa chaleur sur leur nuque lorsqu'ils lui tournèrent le dos pour repousser le troupeau plus loin, au-delà d'une crête broussailleuse, jusqu'à un réservoir naturel, où enfin ils s'arrêtèrent.

Des pompiers volontaires de Patagonia filaient à toute allure sur la route à l'ouest du réservoir, leurs sirènes et leurs klaxons créant un vacarme urbain. Un fourgon d'incendie arriva de Nogales, et un hélicoptère du service des forêts déversa des produits chimiques sur les flammes ; mais celles-ci furent finalement éteintes par un énorme cumulonimbus qui s'était dressé au-dessus des montagnes San Antonio, puis incliné vers le nord, telle une tour s'effondrant. Le ciel s'assombrit, et les premières pluies de la saison tombèrent. Ce n'étaient pas des gouttes, mais des globules denses qui fouettaient la peau et frappaient la terre assoiffée avec une force presque comparable à de la grêle. L'orage fut bref mais intense, un orgasme de pluie, et lorsqu'il fut passé, le relent âcre de l'herbe humide se mêla à l'odeur des cendres mouillées. Trempé, son visage lavé de la suie et de la sueur, Castle suivit les autres jusqu'au pâturage, s'immobilisant lorsqu'ils atteignirent la ligne irrégulière où la progression du feu avait été stoppée. Devant eux s'étalait une bande de terre fumante qui ressemblait à un parking ondoyant, fraîchement recouvert d'asphalte brûlant. Toutes les bêtes n'en avaient pas réchappé. Les carcasses calcinées de deux veaux dégageaient une puanteur de viande et de tripes roussies. Plus loin, une vache s'était apparemment jetée tête la première dans la clôture, emmêlée dans les barbelés et, dans ses efforts effrénés pour se libérer, étranglée. En se débattant, elle avait cependant fait s'affaisser les barbelés, permettant à son veau de s'enfuir. Il se tenait désormais à proximité, un petit mâle, meuglant en direction de sa mère. C'était comme si elle s'était sacrifiée.

« *Y todavía más mala suerte* », grommela Gerardo, faisant allusion à Miguel, Miguel l'oiseau de malheur.

Avec ses hautes bottes dont la partie supérieure était repliée et son long manteau, le chef des pompiers de Patagonia traîna des pieds jusqu'à Blaine.

« Il est éteint, mais nous allons rester au cas où il repartirait. On dirait que ce sont des clandestins qui l'ont allumé. Nous avons découvert un camp et quelques-unes de ces boîtes. » Il montra dans sa main gantée une boîte noircie de gel combustible. « Ils en ont probablement laissé une ou deux allumées, et ça a suffi. »

Blaine toucha son chapeau en guise de remerciement, il regarda les veaux morts, la vache étranglée et le jeune mâle orphelin, et il ne répondit rien.

Après l'incendie, Castle retrouva sa routine : promenades avec sa chienne, lecture, observation des oiseaux. Parfois, il donnait un coup de main à Miguel et pratiquait son espagnol tandis que Miguel pratiquait son anglais. Deux ou trois soirs par semaine, il allait dîner chez Tessa. Après quoi, ils dansaient sur Ella Fitzgerald, ou allaient dehors avec son guide d'astronomie et cherchaient à identifier les constellations et les groupes d'étoiles. C'étaient pour lui des moments de joie intense, juste eux deux sous la vaste voûte du ciel ; et pourtant un sentiment d'insatisfaction s'était insinué en lui. Il avait le sentiment de simplement passer le temps et non de vivre. Il voulait faire quelque chose mais ne savait pas quoi. Il retournait dans sa tête la proposition de sa tante. Lui servir d'administrateur pourrait lui donner un but, mais il repoussait la décision, appréhendant les complications. Il s'était habitué à son autonomie, à la simplicité de sa solitude.

Un jour, alors que le chauffe-eau de sa cabane s'était mis à fuir, inondant la salle de bains, il se rendit en compagnie de Miguel et de Blaine à une boutique de bricolage de Sierra Vista pour en choisir un neuf. Blaine s'y connaissait en plomberie, et il saurait quel type de chauffe-eau acheter, quel matériel et quelle longueur de tuyaux de cuivre. Il indiqua à Castle un raccourci, et ils empruntèrent une route du Service des forêts qui les mena derrière Fort Huachuca, puis à Sierra Vista. Ce fut un périple ordinaire, une course banale, jusqu'à ce que, à la sortie d'un virage en épingle à cheveux sur le chemin du retour, Castle manque d'emboutir une camionnette de livraison délabrée qui était arrêtée au milieu de la route étroite avec un pneu crevé. Un Mexicain maigre se tenait à côté, la roue de secours appuyée contre ses jambes, tandis qu'un autre homme, un blond à la carrure puissante, desserrait les boulons de la roue crevée. Les deux hommes sursautèrent lorsque Castle enfonça la pédale de frein, sa Suburban s'arrêtant en dérapant à deux mètres à peine de la camionnette. Il abaissa la vitre et leur lança qu'ils auraient pu se ranger sur le côté pour changer le pneu.

« Pas la place », répondit l'homme aux cheveux clairs, pointant la clé à boulon en direction des *manzanitas* et des genévriers qui étouffaient les deux côtés de la route.

Il avait l'air d'un dur, dépassait le mètre quatre-vingt-cinq, avait des épaules tombantes, des bras musclés et un nez écrasé, mais sa voix avait un timbre adolescent.

« Je ne peux pas passer pour la même raison, répliqua Castle avec irritation.

— Si vous attendez quelques minutes, on va finir ça. »

Il acheva de desserrer les boulons, puis glissa le cric sous l'essieu arrière. Lorsqu'il se pencha pour lever le cric, la crosse d'un pistolet dépassa de la poche revolver de son jean. Cela n'avait en soi rien d'alarmant – beaucoup de gens dans le sud de l'Arizona portaient des armes –, mais si on ajoutait les autres éléments de l'équation – deux hommes jeunes, un camion cabossé sur une route en pleine campagne –, il y avait des raisons de soupçonner une activité criminelle. Blaine tira un stylo-bille de sa poche de chemise et nota l'immatriculation de la camionnette sur sa paume.

« *Señor Gil. Vámonos* », dit Miguel depuis la banquette arrière.

Castle vit que celui-ci s'était mis à transpirer, en dépit de la climatisation qui tournait à fond. Le pistolet avait dû l'effrayer.

« *No es posible. Espérate un momentito*, répondit-il.

— Ce serait intéressant de voir ce qu'il y a dans cette camionnette », murmura Blaine.

Mais il n'y avait rien à l'intérieur, comme ils purent le constater lorsque le blond ouvrit les portières et balança le cric et le pneu crevé à l'arrière. Puis, tandis qu'il déportait lentement la camionnette sur le côté, laissant à Castle juste assez de place pour passer, son compagnon mal nourri au teint basané s'approcha d'un pas nonchalant du côté passager de la Suburban et demanda d'un geste de la main une cigarette. Blaine lui en donna une ; puis, avec de nouveaux gestes, il demanda du feu.

« Bientôt il va me demander de la fumer à sa place. »

Le Mexicain passa la tête par la vitre pour allumer la cigarette, son regard glissant vers Miguel, qui sursauta, comme s'il avait touché un fil électrique.

« *Gracias* », dit le Mexicain, et il regagna la camionnette.

D'un geste de la main, l'autre homme fit signe à Castle de le contourner.

« Attends une seconde », dit alors Blaine. Puis, à l'intention du conducteur de la camionnette : « Ne nous suivez pas. Dans quatre cents mètres il y a une barrière fermée à clé. Propriété privée de l'autre côté. La mienne. Et pas d'accès public.

— Vraiment ?

— Vraiment. J'ai votre immatriculation, alors si je trouve ce verrou cassé, je saurai où chercher.

— C'est pas des façons de causer, mon pote, répliqua l'homme d'un ton vexé.

— Je clarifie juste les choses. »

Avant que son cousin ne provoque une nouvelle confrontation, Castle démarra.

Ils avaient parcouru un bon kilomètre lorsque ses réflexions éparses s'alignèrent, chacune trouvant sa place, tels les rouleaux d'une machine à sous. Il immobilisa soudain la voiture et se tourna vers Miguel.

« C'était lui, n'est-ce pas ? » demanda-t-il d'une voix pleine de tension.

Miguel, qui essayait – sans grand succès – de ne pas paraître effrayé, secoua la tête.

« *No comprendo.*

— *El hombre con...* » Bon Dieu, comment disait-on blond ? *Amarillo*, jaune, ferait l'affaire. « *El hombre con cabello amarillo...* C'était lui ? »

Miguel bégaya qu'il ne comprenait toujours pas.

« Demande-lui s'il a reconnu ces types, dit Castle à Blaine. Demande-lui si le blond est celui qui a tué ses amis.

— Cousin, qu'est-ce que...

— Ça fait un quart d'heure qu'on dirait qu'il va se pisser dessus. Tu te souviens de ce qu'il nous a dit ? Que ses amis et lui avaient été conduits à la frontière par un Mexicain maigre qu'ils avaient surnommé le Crayon ? Que le type qui a descendu Héctor et Reynaldo était un grand gringo avec des cheveux blonds ?

— Oui. Maintenant que tu le dis, oui.

— Demande-lui. »

Ce que fit Blaine, à deux reprises ; et la deuxième fois, après un silence, Miguel répondit doucement :

« *Sí. Es el mismo.* »

Le lieutenant Soto, l'inspecteur en charge de l'affaire, était un homme svelte aux cheveux noirs et brillants et à la peau de la couleur du vieil ivoire. Dans son bureau du département du shérif, il montra à Miguel plusieurs photos, dont aucune ne ressemblait aux hommes qu'ils avaient vus. Miguel semblait soulagé.

« Allons voir le patron, peut-être qu'il aura une idée », déclara Soto, et il les amena au bureau de Rodriguez.

Le shérif écouta leur histoire, tambourinant impatiemment son bureau des doigts.

« Vous dites que le blond avait le nez cassé ? demanda-t-il à Castle.

— Je ne sais pas s'il était cassé. Écrasé – vous savez, de travers.

— De travers ? Ça me plaît. De travers. Comment ça, *de travers* ?

— Tordu sur le côté. »

Nouveau tambourinement. L'alliance de Rodriguez claqua contre le bois. Puis il fit rouler sa chaise jusqu'à un ordinateur, pianota sur le clavier et passa deux ou trois minutes à faire défiler une liste. Lorsqu'il trouva ce qu'il cherchait, il téléphona à un agent des archives et demanda qu'on lui apporte un dossier, dont il lut le numéro à l'écran.

« Ça va prendre une minute, dit-il en s'adossant de nouveau à sa chaise, puis il regarda Castle. Vous aimez décidément jouer au gendarme et au voleur. »

Castle haussa les épaules, ne sachant trop comment interpréter cette réflexion. Blaine se tenait près d'un mur, un coude appuyé sur un meuble de classement. Soto était assis à côté de Miguel, qui fixait le sol, serrant avec anxiété sa casquette de base-ball. Il devait penser à la menace dont sa femme avait fait l'objet. À ce stade, il regrettait probablement de ne pas avoir été expulsé, renvoyé chez lui à Oaxaca, libéré des chaînes de ce qu'il savait.

Une policière apparut, déposa une chemise sur le bureau du shérif, et ressortit. Rodriguez tira une photo de la chemise, y jeta un coup d'œil et la tendit à Miguel. Castle et Blaine s'approchèrent pour regarder par-dessus son épaule et virent qu'il s'agissait du même homme. Rodriguez recouvrit le nom sur la photo et déclara :

« Ne l'influencez pas. C'est lui le témoin. »

Dos voûté, fronçant les sourcils, se mordillant la lèvre, Miguel examina la photo pendant ce qui sembla une minute entière avant de la rendre au shérif.

« *¿Es este el hombre qué vió matar a Héctor Valenzuela y Reynaldo Guzmán?* demanda Rodriguez.

— *Sí, es el* », répondit Miguel, qui connut une transformation soudaine. Sa grimace s'estompa, il cessa de se mordiller la lèvre, et il redressa les épaules.

« *¡Boom! ¡Boom! Así. Primero Héctor y luego Reynaldo. ¡Boom! ¡Boom!*

— *¿Estás seguro?*

— *¡Sí! ¡Sí! Estoy seguro. El hombre en la foto es lo que mató a mis amigos.* »

Castle était sidéré par le changement qui s'était opéré en Miguel. Il semblait avoir accepté, s'être résigné à la situation, et avoir trouvé dans cette résignation la détermination nécessaire pour aller jusqu'au bout.

Le shérif le questionna un peu plus – Castle ne parvint pas à suivre la conversation – puis il tendit la chemise à Soto.

« Qu'est-ce que tu en penses, Mike ? On dirait qu'on a un suspect. Miguel a dit qu'il le reconnaîtrait lors d'une séance d'identification. On va demander un mandat et émettre un avis de recherche. Quelque chose sur les plaques d'immatriculation ?

— La camionnette appartient à un type de Phoenix, répondit Soto. Rien sur lui, mais je vais demander à Phoenix de vérifier. »

Rodriguez se tourna vers Blaine et Castle.

« Est-ce que vous avez pu voir l'arme qu'il portait ?

— Juste la crosse, répondit Blaine. Un semi-automatique.

— Les tests balistiques montrent que les balles provenaient d'un 10 mm, probablement un Ruger. Ils n'en sont pas sûrs. Les balles étaient très abîmées. Si on arrête ce type, j'adorerais mettre la main sur son pistolet. Car ce que nous avons en termes de preuves, c'est à peine mieux que que dalle. »

Soto lâcha un petit rire.

« Et un témoignage oculaire ne vaut pas beaucoup mieux. Ils sont faux dans cinquante pour cent des cas.

— J'en peux plus de ce suspense, intervint Blaine. Vous cherchez qui ?

— Son nom est William Cruz, répondit le shérif. C'est le nez cassé qui m'a mis sur la voie. Je l'ai arrêté pour la première fois il y a environ dix ans. Pour coups et blessures. Cruz était boxeur et il lui arrivait d'oublier qu'il n'était plus sur le ring. En 1997, nous l'avons coincé pour deal de méthamphétamines. Il a pris quatre ans à Florence. Il en a purgé deux et demi, le reste en liberté surveillée. »

Blaine échangea un regard avec Castle.

« Il se fait appeler Billy Cruz ?

— Je suppose, répondit Rodriguez. Pourquoi ?

— Le mois dernier, un type de la police des frontières que je connais m'a dit que ce Cruz dirigeait un réseau de passeurs de clandestins, qu'il les faisait passer à travers notre ranch.

— Sans déconner ? J'aurais aimé qu'ils nous en informent. Mike, assure-toi que la police des frontières reçoive l'avis de recherche, dit-il à Soto, puis il porta de nouveau son attention sur Blaine et Castle. N'allez pas crier ça sur tous les toits. C'est un petit comté, et si Cruz apprend qu'il y a un mandat à son nom, il traversera la frontière. Et si vous le revoyez, appelez-nous aussitôt, Mike ou moi, et laissez-le tranquille. Ce n'est pas quelqu'un à qui vous voulez vous frotter. »

21

Maudite, pensa le Professeur tout en regardant les kilomètres de fourrés de *mesquite* défiler à l'infini derrière la vitre. Si loin de Dieu, si près des États-Unis, une terre maudite par la géographie – plate, sèche, délavée par le soleil, vide de promesses, stérile – et par l'histoire – la « Route des missions », ainsi que les guides appelaient cette partie du nord de l'État de Sonora, où les *padres* avaient arpenté le désert pour bâtir des églises et sauver l'âme des Yaquis et des Pimas afin qu'ils rejoignent directement Dieu quand ils mouraient au fond des mines d'or et d'argent qui enrichissaient les trésors des rois d'Espagne. Les tiges des agaves se détachaient comme des sentinelles sur le ciel qui virait au pourpre, les raquettes épineuses des figuiers de Barbarie attendaient de meurtrir les immigrants dans leur pénible périple vers la frontière, et une lune à mi-hauteur rendait le paysage blafard, accentuant sa désolation. On aurait dit une vaste plaine blanchie par une pluie de sel et de cendres.

Le Professeur sentait l'odeur de cette lumière pâle et celle de la couleur du ciel, car il était sur le fil du rasoir, un fil très ténu, et ses sens s'entremêlaient, la frontière qui les séparait s'évanouissant. Devant lui, les feux arrière du bus de tournée rougeoyaient dans l'obscurité, et il les sentait aussi, c'est-à-dire qu'il sentait leur rougeur, comme il voyait le parfum de créosote que la climatisation injectait dans la voiture – un trapézoïde d'un bleu chatoyant. Son don, cette conscience multisensorielle, lui permettant de percevoir la réalité dans toutes ses dimensions.

Félix, qui conduisait, plaça sa main en visière pour se protéger de l'éclat des phares d'une voiture qui arrivait en sens inverse, la première voiture qu'ils voyaient depuis qu'ils avaient quitté Magdalena, vingt minutes plus tôt. Rares étaient les automobilistes qui voyageaient par ici la nuit. Même l'autoroute fédérale était presque aussi déserte qu'une route de campagne.

Le Professeur regarda le caméraman, qui était assis à l'arrière, une caméra posée sur les cuisses.

« On va les faire s'arrêter dans une minute. Reste dans la voiture jusqu'à ce que je te fasse signe. »

L'homme fit un petit geste de la main pour indiquer qu'il avait compris les instructions. Tout comme Félix, il avait été trié sur le volet pour l'opération de ce soir. Tous deux avaient servi dans le bataillon aéromobile spécial, et deux de leurs anciens camarades figuraient parmi les victimes du DVD à succès des Coqs d'Or, qu'ils avaient visionné la semaine précédente avec le Professeur, le *comandante* Zaragoza et Joaquín Carrasco, dans le salon du yacht de ce dernier, dans le port de San Carlos. S'ils avaient manqué de motivation, la dernière scène, la vidéo qui montrait l'exécution de leur ancien capitaine, aurait à elle seule amplement suffi. Le Professeur avait tenté d'envisager les choses sans émotion, de façon analytique. La guerre des cartels avait pris une nouvelle forme. *Besos para mis enemigos.* Le DVD rappelait ces vidéos de décapitations et d'assassinats que les terroristes d'al-Qaida adressaient au monde pour prouver ce dont ils étaient capables, mais en beaucoup plus sophistiqué, voire esthétique. Yvonne Menéndez avait emprunté leur technique aux terroristes islamistes, mais elle l'avait améliorée, y ajoutant sa touche personnelle. De la boucherie mise en musique.

Joaquín avait essuyé un affront qu'il ne pouvait ignorer. Il devait riposter. Le Professeur le comprenait ; néanmoins, il n'était pas d'accord avec le mode de représailles choisi par Joaquín, et avait indiqué que l'escalade de la violence avait déjà poussé le Département d'État américain à conseiller à ses ressortissants d'éviter la frontière. L'industrie du tourisme souffrait, les entreprises légales de Joaquín perdaient de l'argent. Et la méthode qu'il préconisait n'arrangerait probablement rien.

« Tu sais, *Profesor*, avait répondu Joaquín d'un ton paternel, parfois je crois qu'il y a trop d'*Anglo* dans ton sang. Tu es trop froid. Tu ne comprends pas qu'il y a des moments où venger son honneur est plus important que l'argent. »

Rien qu'une petite réprimande, mais sa signification était claire : Joaquín voulait un massacre suffisamment spectaculaire pour dissuader de nouveaux *corridistas* de prêter leurs talents à Yvonne ou à n'importe lequel de ses autres rivaux.

« *¿Félix, listos?*

— *Siempre* », répondit-il, d'une voix plate.

Le Professeur colla le gyrophare sur le tableau de bord et l'alluma. Félix se déporta sur la voie centrale pour que le conducteur du bus voie son clignotement et s'arrête, mais celui-ci poursuivit sa route. Félix déclencha la sirène, la laissa retentir deux ou trois fois, puis la coupa lorsque les feux stop du bus s'allumèrent et que celui-ci – qui était en fait un camping-car grand comme un yacht – se déporta sur le bas-côté et s'immobilisa.

Félix s'arrêta quelques mètres derrière le bus et laissa le gyrophare allumé pour dissuader tout bon Samaritain de prêter assistance à ce qui pouvait ressembler à un véhicule en rade au bord de la route. Le Professeur et lui enfilèrent des cagoules, au cas où quelqu'un s'échapperait, ce qui était peu probable. Une voiture approcha, elle roulait vers l'est. Ils attendirent qu'elle soit passée, puis bondirent hors du véhicule, chacun armé d'une mitraillette Tec-9 munie d'un silencieux, et se glissèrent rapidement le long du bus, recroquevillés sur eux-mêmes. Les mots LOS GALLOS DE ORO – Les Coqs d'Or – étaient peints en italique, en lettres d'or étincelantes, sur un panneau latéral sous les vitres, dans lesquelles brillaient des lumières tamisées.

Le Professeur cogna à la portière avant.

« Police ! Ouvrez !

— Qu'est-ce qui se passe ? Quel est le problème ? demanda une voix à l'intérieur.

— Nous sommes de la police fédérale ! Nous avons l'autorisation de fouiller ce bus ! Maintenant ouvrez, ou ça va mal se passer ! »

De nouvelles voix. Puis le chauffeur ouvrit la portière. Le Professeur l'abattit de deux balles, les détonations produisant un bruit de bouchons de champagne.

Puis ils enjambèrent rapidement le corps, gravirent une marche, et braquèrent leurs mitraillettes vers le salon à l'arrière du véhicule, où Victor Castillo, son manager, ses musiciens et deux petites amies du groupe bondirent de leur banquette, le tremblotement d'une télé accrochée au plafond dansant sur leurs visages stupéfaits. L'une des femmes hurla juste avant que les deux hommes se mettent à canarder en tous sens. Une pétarade de bouchons de champagne, on se serait cru au nouvel an. Les corps s'écrasaient par terre et s'affalaient en travers des banquettes ; les balles arrachaient des morceaux de faux lambris, perçaient des trous dans les coussins des banquettes en vinyle. Castillo, touché à la poitrine, fut projeté contre la porte des toilettes et glissa jusqu'au sol. Un musicien, un type gras aux cheveux gras, se rua en direction d'une vitre et mourut en s'y accrochant. Tout fut fini en quinze secondes. Félix tira sèchement une paire de chaussons d'hôpital de sa poche, les passa au-dessus de ses chaussures, avança dans la mare de sang qui se formait, et colla une balle dans chaque tête avec son pistolet. Pendant qu'il administrait les coups de grâce, le Professeur trouva sur le tableau de bord l'interrupteur qui allumait les plafonniers. Le caméraman en aurait besoin pour sa prise de vue.

« Lequel est Castillo ? » lança Félix depuis l'arrière.

Un peu essoufflé, le Professeur désigna la longue silhouette hâve étalée au pied de la porte des toilettes. Castillo avait un visage qui aurait pu être peint par le Greco, un visage dont les traits, pour le Professeur, avaient une texture – oui, il sentait sa forme, et aussi la forme du corps, au bout de ses doigts. À la fois lisse et âpre ; comme une statue taillée dans du bois. La statue d'un saint, car Castillo ressemblait à un saint martyr, gisant là criblé de trous, même si le *narco-corrido* qu'il avait composé en l'honneur d'Yvonne Menéndez lui ferait probablement perdre toutes ses chances de canonisation.

Avec un grand geste de magicien, Félix produisit une feuille de papier à imprimante sur laquelle était inscrit un message – *Pour Yvonne. De la part de vos ennemis.* Il l'accrocha à un pic à glace, et plongea le pic à glace dans la poitrine de Castillo.

Toujours essoufflé – ça faisait des années qu'il n'avait pas utilisé une arme à feu et était, pour ainsi dire, hors d'état de marche –, le Professeur sortit et fit signe au caméraman de venir filmer.

« Cinq minutes, pas plus. Assure-toi d'avoir un gros plan de chacun, et du mot. »

Félix – ses yeux verts dénués d'expression – le rejoignit, et ils se tinrent en retrait pendant que le caméraman enchaînait les panoramiques et les gros plans. La scène avait une beauté maléfique ; les chemises en lamé or des Coqs d'Or, saturées de rouge, ressortaient particulièrement. Mais ce carnage n'était pas de l'art. Tuer un adversaire dangereux d'une seule balle à bout portant était de l'art. Ça, c'était un spectacle sanguinolent typiquement mexicain, le genre de massacre que le Professeur abhorrait. Une provocation extrême, supposait-il, appelait une réponse extrême. Pourtant, cette entorse à ses principes esthétiques le révoltait. Il appela Joaquín sur son portable.

« *Hola.* Le concert est annulé », dit-il.

Ben Erskine

Transcription 4 – T. J. Babcock

Je vous ai déjà dit que ma femme avait trouvé la religion pour se racheter des horreurs qu'elle avait commises pendant la révolution. Eh bien, avec le temps, ça ne s'est pas arrangé. Messe tous les jours. Rosaires. En 1927 ou dans ces eaux-là, j'ai décroché un boulot de chef d'équipe dans un grand ranch de la vallée d'Altar, près de la ville du même nom. Je touchais un bon salaire, mais ça ne faisait toujours pas des masses avec cinq bouches à nourrir. Trois filles, deux garçons. Après le quatrième, j'avais dit à Ynez : « Ça suffit », mais elle n'avait rien voulu entendre. L'Église affirmait que c'était un péché mortel d'empêcher les bébés de venir au monde, alors le *número cinqo* n'avait pas tardé à arriver, une autre fille. Ynez avait pour ainsi dire oublié l'idée de bâtir un nouveau Mexique et elle se soûlait à coups de religion, et son bootlegger était le *padre* de l'église d'Altar, le père Torres.

Elle s'est retrouvée mêlée aux *Cristeros*. Peut-être que vous avez entendu parler d'eux. Des gens qui s'étaient rebellés contre le gouvernement sous prétexte qu'il s'en était violemment pris à l'Église, qu'il avait quasiment mis hors la loi les *padres* et les nonnes. Ça a salement dégénéré, comme toujours au Mexique. Les *padres* ont résisté, certains d'entre eux ont même formé leurs propres armées. Vous savez comment c'est quand les gens décident qu'ils se battent pour le Seigneur tout-puissant. Certains de ces rebelles *cristeros* lançaient des raids sur les écoles publiques, ils pendaient les professeurs et accrochaient sur les cadavres des pancartes qui disaient : VIVA CRISTO REY.

Ynez n'a pas pris part à ce genre de boucherie, mais elle a assisté à des réunions secrètes dans l'église du père Torres, et il l'a chargée de convaincre les péons et les *vaqueros* de la ville et des alentours de ne plus faire leurs courses au magasin et de ne pas envoyer leurs enfants dans les écoles publiques. Ynez et moi, on a eu quelques prises de bec à ce sujet, mais Ynez étant ce qu'elle était, elle a refusé d'entendre raison et d'arrêter ses activités.

Donc, arrive 1928. Obregón allait être fait président, mais un de ces cinglés de *Cristeros* l'a assassiné. Alors le gouvernement leur est vraiment tombé dessus, en exécutant certains, arrêtant les autres, et Ynez a été de ceux qui se sont fait arrêter.

La prison se trouvait au sud d'Altar et elle était aussi affreuse et infecte qu'on pouvait s'y attendre. La première fois que je lui ai rendu visite, j'ai vu des mannequins de paille contre les murs afin que les pelotons d'exécution s'entraînent, et plein de taches de sang et d'impacts de balles pour les fois où ils ne s'entraînaient pas. Ils avaient aussi une autre manière d'exécuter les prisonniers. Ils les affamaient pendant des jours et ne leur donnaient rien à boire. Et quand ils étaient suffisamment affamés pour manger leurs chaussures et assoiffés pour boire leur urine, ils leur donnaient autant de tortillas, de haricots et d'eau qu'ils voulaient. La nourriture formait une grosse boule dans leur ventre et obstruait tout, et ils mouraient avec les entrailles crevées.

Je ne savais pas à qui m'adresser. Ben et moi étions restés en contact et je lui ai écrit pour lui expliquer ma situation. « Nous devons la sortir de là », qu'il a dit dans sa réponse, ajoutant qu'il allait contacter notre ancien colonel, Bracamonte, pour voir s'il pouvait nous aider. Cet homme avait survécu à tous les changements de gouvernement et il était désormais lieutenant général avec un poste haut placé au ministère de la Guerre. Je n'avais pas grand espoir. Vous vous souvenez que le colonel n'avait pas une haute opinion de l'Église.

Je suis resté longtemps sans nouvelles. J'étais là, à essayer de diriger un grand ranch et d'élever cinq *niños* et *niñas* tout seul pendant que ma femme était en prison. Puis un télégramme est arrivé pour moi au bureau télégraphique d'Altar. Il provenait de Bracamonte en personne, et il disait que je devais le retrouver à la prison à telle date. Pour autant que je me souvienne, c'était au milieu de l'année 1929. Nous nous sommes retrouvés dans le bureau du directeur, seuls. C'était une prison militaire et Bracamonte avait dit au directeur d'aller voir ailleurs s'il y était pendant un moment. Je ne l'avais pas vu depuis des années, et il avait assurément changé, il avait pris un coup de vieux et il était presque chauve, et ce qu'il avait perdu en cheveux, il l'avait pris en poids. Il aurait eu l'air d'un homme d'affaires prospère s'il n'y avait pas eu son uniforme. Il avait toujours cette grosse moustache, mais elle était désormais grise au lieu de noire.

Il n'a pas perdu trop de temps à ressasser le bon vieux temps. Il m'a dit que Ben l'avait contacté, qu'il pouvait faire sortir Ynez, mais que je devais d'abord lui rendre un service, un gros service. Il m'a mis au parfum. Le nouveau président, Calles, avait fait deux ou trois choses qui n'avaient pas plu à certaines personnes dans l'armée, des colonels et des généraux, et ceux-ci avaient entamé une révolte. Ce groupe d'officiers avait envoyé deux hommes aux États-Unis pour acheter des armes et des munitions et les rapporter en douce au Mexique.

Ces deux hommes étaient les colonels Hilario Pedroza et Nicolas López. Ils opéraient à Nogales, du côté américain, et le gouvernement voulait qu'ils soient arrêtés et remis aux autorités militaires du Mexique. Mais vu qu'il n'y avait pas de traité d'extradition, le gouvernement américain ne pouvait pas les livrer.

Bracamonte a alors croisé les mains sur son ventre énorme et il a dit : « Toi, Babcock, tu vas nous aider à capturer ces traîtres. » J'ai failli tomber de ma chaise. Comment étais-je censé faire ce que le foutu gouvernement américain ne pouvait pas faire ? Et il a dit : « Notre ami, Don Benjamín, les appréhendera et te les remettra. Il est shérif. Il trouvera certainement une raison de les arrêter. » « Vous voulez dire que Ben a accepté de participer à ça ? » que je lui ai demandé. Et il a répondu : « Don Benjamín a une fois de plus une dette envers moi. Il y a six ans, je l'ai aidé à récupérer un criminel américain qui était au Mexique. Maintenant, c'est à lui de m'aider à récupérer des criminels mexicains qui sont aux États-Unis. Et tu vas l'aider. »

Je me rappelais tout le tapage que ça avait fait quand Ben avait attrapé un assassin à Nogales, dont certains disaient qu'il était citoyen mexicain. Mais je ne savais pas que Bracamonte avait trempé là-dedans. Il a expliqué que Calles en personne avait autorisé le paiement d'une récompense pour cette mission, cent mille pesos pour chacun d'entre nous.

J'ai été encore plus près de tomber de ma chaise, mais j'ai accepté. Il m'a tendu un dossier qui comportait des photos de López et Pedroza et quelques informations à leur sujet, et il a dit que Ben et moi n'avions rien à craindre. Nos noms ne seraient pas révélés, ils feraient croire que les traîtres étaient revenus au Mexique pour y importer des armes et s'étaient fait pincer par l'armée mexicaine.

Ben ne pouvait pas demander à un de ses collègues de la police de lui prêter main-forte. Cette affaire devait être menée en douce, hors de ses heures de travail. Il savait qu'il dépassait les bornes en utilisant son étoile pour coincer des gens au profit d'un gouvernement étranger. Mais il avait un code d'honneur – un homme vous rend service, vous lui rendez service s'il vous le demande. Et puis il y avait Ynez et moi – on était ses vieux *compas* de la révolution, et il ne pouvait pas nous laisser tomber.

Moi, je trouvais ça plutôt paradoxal. Des années auparavant, Bracamonte nous avait payés pour faire passer des armes au Mexique, maintenant on allait se faire payer pour coincer deux types qui faisaient la même chose. Mais c'est comme ça au Mexique. L'homme qui est votre ami aujourd'hui pourrait être votre ennemi demain.

J'ai pris une chambre à l'hôtel Montezuma dans Grand Avenue. Ben a monté une surveillance. López et Pedroza avaient une couverture, une société d'import export, dans un entrepôt de fruits et légumes de Grand Avenue, pas très loin de mon hôtel. Ils louaient une maison dans Noon Hill avec deux filles auxquelles je suis bien certain qu'ils n'étaient pas mariés. Ben et moi les suivions parfois dans sa modèle T, tous les deux habillés comme des cow-boys, ce qui était facile pour moi vu que j'en étais un. Un soir, on a suivi un camion depuis l'entrepôt jusque dans le désert – la vieille route yaqui qu'on connaissait aussi bien que vous connaissez votre jardin – et on a vu des types décharger des caisses puis des Yaquis charger les mêmes caisses sur des *burros*. Comme si rien n'avait changé depuis 1915, sauf que maintenant on était de l'autre côté de la barrière. Ben avait toujours des amis parmi les Yaquis, et par la suite l'un d'eux a confirmé que, oui, ils transportaient des armes pour López et Pedroza.

Une autre chose que nous avons découverte – les colonels adoraient les films. Ils allaient avec leurs traînées au cinéma du centre-ville un soir sur deux. On se disait qu'ils devaient voir les mêmes films trois fois de suite. Ben a dit : « C'est là qu'on va les pincer, à la sortie du cinéma. » Il a monté le coup pour un mercredi soir. Marrant comme je me souviens de ça, un mercredi soir.

On a attendu devant le cinéma dans une voiture de patrouille, une grosse Pontiac, je crois. Ben portait son étoile de shérif sur son gilet. Il m'a donné une paire de menottes. J'étais assez nerveux, mais aussi plutôt excité, comme si j'étais moi-même dans un film. Une autre chose marrante dont je me souviens, c'est le film qui passait ce soir-là – *Les Endiablés*, avec Clara Bow. Les spectateurs sont sortis. López et Pedroza étaient faciles à repérer vu qu'ils s'habillaient comme de vrais dandies et qu'ils avaient leurs traînées avec eux. Pedroza était grand, peut-être un mètre quatre-vingt-trois, mais López faisait huit bons centimètres de moins que sa petite amie en talons hauts.

On les a suivis jusqu'à leur voiture, histoire de ne pas causer un scandale en public. Moi, je commençais à avoir des bouffées de chaleur, mais Ben avait l'air tellement froid que j'aurais pu mettre une bouteille de lait contre lui et la garder au frais pendant une semaine. Juste au moment où ils grimpaient dans la voiture, Ben s'est approché et a annoncé qu'ils étaient en état d'arrestation pour être entrés illégalement aux États-Unis. Pedroza s'est écarté, il a produit un passeport et déclaré qu'il avait l'autorisation d'être aux États-Unis. López a fait de même. Ben a regardé les permis, il a répondu qu'ils avaient l'air faux et a passé les menottes à Pedroza. J'ai passé les miennes au plus petit. Les traînées ont commencé à faire un scandale. C'étaient des Mexicaines et Ben leur a dit de décamper sinon il les arrêterait et les expulserait elles aussi.

On a poussé nos prisonniers dans la voiture de patrouille avant qu'une foule ne s'assemble. Les colonels braillaient qu'on faisait une grosse erreur, qu'ils allaient appeler le consul mexicain et tout le tintouin, et Ben leur a dit de la boucler – ils n'étaient pas juste des étrangers illégaux, ils prenaient part à des activités illégales, et on le savait.

Il avait été convenu à l'avance que Ben devait appeler un numéro au Mexique quand on les aurait arrêtés. Tout était codé. Ça me paraît plutôt idiot aujourd'hui. Ben était censé dire : « Les tomates sont prêtes à être livrées », et alors on lui dirait où les livrer. Je me souviens qu'il a passé cet appel depuis sa maison dans Beck Street. Je ne sais pas ce que sa femme et ses gosses ont dû penser, s'ils étaient réveillés. Je suis resté dans la voiture, et, à vrai dire, je n'en menais pas large. Bon sang, ces colonels ne faisaient rien de pire que ce que Ben et moi avions fait en 1915. Et j'avais une assez bonne idée de ce qui arriverait aux tomates après leur livraison.

Ben est ressorti, et nous avons quitté la ville, roulant vers le sud sur une route qui ne méritait pas d'être appelée une route. López a demandé d'une voix tremblante : « Où nous emmenez-vous ? » Ben a répondu qu'il allait les expulser. Pedroza est devenu fou de rage, affirmant que Ben était juste un simple flic et qu'il n'avait aucune autorité pour expulser qui que ce soit. Ben s'est arrêté, il a ôté son bandana et m'en a donné un qu'il avait en rab, et il a dit qu'on ferait aussi bien de les bâillonner, et c'est ce qu'on a fait. « C'est une chose difficile que nous faisons », que j'ai dit. « Nous avons fait beaucoup de choses difficiles, T. J. », qu'il a répondu. Puis il est resté silencieux un moment, avant d'ajouter : « Pense à Ynez. Ça rendra les choses plus faciles. »

On a traversé la frontière. Ben a découpé la clôture avec ses cisailles, et on a continué de rouler, sur une deux-voies si défoncée qu'on ne devait pas aller plus vite qu'un homme à pied. Au bout d'un moment, on a vu des lampes qui brûlaient dans un ranch. Ben s'est dirigé dans cette direction. Quand on est arrivés au portail, deux phares ont clignoté, et quelqu'un a hurlé : « *¡Alto!* » Soudain, toute une escouade de soldats a jailli d'une camionnette, ils ont entouré notre voiture, ouvert la portière arrière, et tiré López et Pedroza. Ils avaient beau être menottés, ils se sont débattus comme des diables. Un officier a éclairé leurs visages à la lampe torche et déclaré que c'étaient bien eux. J'ai reconnu la voix de Bracamonte. « Vous pouvez sortir », qu'il a lancé à Ben et à moi, et dès qu'on est sortis, un flash s'est déclenché. Bracamonte a dit : « S'il vous plaît, écartez-vous. Vous ne voulez pas figurer sur ces photos. » Bien sûr, comme je l'ai découvert par la suite, c'était trop tard.

Le photographe était un soldat, il a fait poser Bracamonte et les militaires avec les prisonniers, et il a pris d'autres photos. Après ça, Bracamonte nous a remerciés et il a affirmé que, grâce à ce qu'on avait fait, un bain de sang serait évité au Mexique. Autant vous dire que c'est ce que je voulais croire.

Bracamonte nous a amenés, Ben et moi, jusqu'à sa voiture. Un jeune officier en est sorti avec une sacoche qu'il a ouverte, et Bracamonte a braqué le faisceau de sa lampe torche sur des liasses de cinquante billets de mille pesos. Il en a donné deux à Ben et deux à moi et il a dit : « Tu vas m'accompagner, Babcock. Ta femme doit être relâchée dans la matinée. » Je me suis soudain senti beaucoup mieux.

Ben a alors enfoncé les billets dans ses poches de gilet, il a lancé : « *Hasta luego* », et il a repris la route des États-Unis. Vous savez, l'argent n'a jamais beaucoup compté pour lui, et je m'attendais presque à ce qu'il refuse sa part de la récompense. Parce que, vraiment, c'était une *mordida*, vous savez, un pot-de-vin. Mais quand j'y repense, je crois que Ben l'a pris comme une assurance. Il s'était servi de son étoile pour capturer deux gars au profit d'un gouvernement étranger et il les avait livrés en vue de leur exécution. Il savait qu'il serait renvoyé si ça s'apprenait, donc l'argent tomberait à point nommé au cas où.

Le lendemain matin, Ynez a été libérée, et c'était fantastique de la serrer de nouveau dans mes bras. Bracamonte m'a dit que López et Pedroza avaient avoué être des traîtres et lui avaient donné le nom des autres officiers mêlés à la rébellion. Je suppose qu'ils espéraient que leurs aveux leur permettraient d'échapper au peloton d'exécution, mais ils y ont tout de même eu droit, juste là, dans cette même prison. Comme Ben avait dit longtemps auparavant, les Mexicains étaient portés sur la justice, nettement moins sur la clémence.

Quelques mois plus tard, le pot aux roses a été découvert.

Au début, Bracamonte a fait paraître une version bidon de la capture dans les journaux mexicains, et le gouvernement Calles a coincé les officiers rebelles que López et Pedroza avaient identifiés. Mais certains n'ont pas été arrêtés et ils se sont arrangés pour apprendre la vérité et mettre la main sur la photo de Ben et moi qui avait été prise par accident. Ils ont communiqué ces informations à un journal, *El Diario de Sonora*. Ce journal était la voix de l'opposition à laquelle avaient appartenu López et Pedroza. Le plus drôle, c'est que mon nom n'était pas mentionné dans l'article et que la légende de la photo m'identifiait à tort comme Ben ! Donc, si le nom de T. J. Babcock n'était pas connu de certains groupes au Mexique, son visage l'était assurément ! Et ces groupes ont commencé à se venger. Ç'a été le bout du chemin pour Bracamonte – il a été abattu un matin devant chez lui, à Mexico.

J'étais triste pour mon colonel, mais Ben et moi étions désormais nous aussi dans de sales draps. Cette photo était comme un avis de recherche, et des amis m'ont informé qu'il y avait des gens bien décidés à me faire la peau qui risquaient même de kidnapper Ynez et mes enfants et que ce serait une bonne idée de déménager au nord de la frontière – loin au nord. Je pourrais passer une heure à vous raconter combien Ynez était opposée à l'idée de quitter son pays, mais il fallait le faire. Je me suis trouvé un poste de chef d'équipe dans un ranch à Prescott, et c'est là que nous sommes allés, moi, Ynez et les gosses.

Nous nous sommes arrêtés en chemin pour rendre visite à Ben au bureau du shérif. Il savait qu'il était dans le pétrin. Vous voyez, un nouveau gouvernement avait pris le pouvoir en 1930, le 1er janvier, et le nouveau *presidente*, un gars du nom d'Ortiz Rubio, ne voulait pas se retrouver avec un scandale sur les bras, et il ne voulait pas qu'on croie qu'il avait quoi que ce soit à voir avec l'enlèvement de López et Pedroza, alors il a écrit une lettre de protestation au gouverneur d'Arizona, exigeant que des mesures soient prises à l'encontre de Ben. Vous connaissez la vieille règle, c'est toujours les sous-fifres qui se retrouvent dans la merde, si vous me pardonnez l'expression. Le gouverneur a transmis la lettre au comité des superviseurs du comté de Santa Cruz.

Quinze jours plus tard, alors que nous étions installés dans notre nouveau ranch, j'ai passé un coup de fil à Ben et appris que le comité avait passé un savon au shérif, et que celui-ci avait passé un savon à Ben et lui avait demandé s'il avait vraiment fait ce qu'ils affirmaient, et il avait répondu que oui. Ben n'était pas du genre à se débiner. Ce shérif, j'ai oublié son nom, a ordonné à Ben de rendre son étoile. Étant donné les états de service de Ben, il a dit qu'il garderait secret le motif de son renvoi, qu'il prétendrait que Ben avait démissionné pour des raisons personnelles. Je me rappelle avoir dit à Ben que, quels que soient les ennuis qu'il avait eus avec son patron, il en avait de plus gros encore avec certains groupes au Mexique. Les amis de López et de Pedroza savaient probablement où il habitait et ils allaient chercher à lui faire la peau. Il m'a répondu qu'il le savait déjà et qu'il était préparé, et je n'en doutais pas. Ben était toujours prêt pour les ennuis.

Voilà, je vous ai tout dit, sauf une chose. Mon Ynez est morte en 1933, à 41 ans ou dans ces eaux-là. Le toubib a dit que c'était un cancer du sein, mais d'après moi c'était autre chose. Il y a une fleur qui fleurit dans le bas désert au printemps, une fleur blanche qu'on appelle primevère des dunes. Arracher Ynez au Mexique pour l'amener à Prescott avait été comme arracher une de ces primevères du sable et essayer de la faire vivre dans ces montagnes froides recouvertes de pins. Donc, je l'avais sauvée de la prison, mais je l'avais tout de même perdue. J'ai ramené son corps à Cananea et engagé un orchestre pour jouer *La Adelita* quand nous l'avons inhumée dans sa terre natale. Il n'y a rien d'autre à ajouter.

22

Miguel attendait l'arrestation de Cruz et sa convocation à une séance d'identification. Après quatre jours sans la moindre nouvelle, Castle appela Soto et lui demanda ce qui se passait. Apparemment, Cruz s'était volatilisé. Sa trace avait été remontée jusqu'à une adresse à la périphérie de Nogales, où il vivait avec un frère de feu son oncle ; mais quand Soto et un détachement d'agents s'y étaient rendus pour l'arrêter, il n'y était plus. Au cours d'un interrogatoire serré, le frère de l'oncle avait révélé que Cruz était au Mexique « pour affaires », c'est-à-dire qu'il était en train de réunir un nouveau groupe de clandestins pour les faire entrer illégalement aux États-Unis. Soto supposait qu'il était toujours là-bas ; quelqu'un – un membre de sa famille ou un ami – avait dû le prévenir que la police le recherchait. Quoi qu'il en soit, les autorités mexicaines avaient été notifiées, et une demande d'extradition avait été déposée. Il ne restait qu'à attendre que les *federales* le pincent et le renvoient de l'autre côté de la frontière. L'inspecteur avait cependant une bonne nouvelle pour Miguel – les « intérêts de la justice » seraient mieux servis s'il restait aux États-Unis. Le shérif avait donc demandé aux services d'immigration d'étendre son permis de séjour temporaire de soixante jours.

En entendant tout ça, Miguel fut totalement découragé. Identifier Cruz lui avait demandé du courage ; il aurait pu faire semblant de ne pas reconnaître le visage sur la photo. Mais il avait espéré que sa bravoure et son honnêteté seraient récompensées par une arrestation et un procès, et qu'il en finirait une bonne fois pour toutes avec le cauchemar qu'il vivait depuis plus de six mois. Maintenant, celui-ci allait être prolongé, et le fait d'avoir un permis de séjour pour deux mois de plus n'était pas une consolation.

Castle aussi accusait le coup. Pour occuper Miguel, et s'occuper lui-même, il décida de redonner un coup de jeune à sa cabane. Retaper le pisé. Repeindre l'intérieur et l'extérieur. Remplacer le mobilier vétuste qui n'avait ni le confort du mobilier moderne, ni le charme des antiquités. Miguel s'avéra être un maçon hors pair, étalant le pisé à la truelle de façon si uniforme qu'il était impossible de distinguer le nouveau revêtement de l'ancien une fois les murs repeints.

Ils étaient en train de mettre les dernières touches à l'extérieur lorsque Tessa arriva. Elle bondit de sa voiture, agitant ce qui ressemblait à une lettre, et ne sembla pas remarquer les rénovations lorsqu'elle courut vers Castle et le saisit entre ses bras. Beth était hors de danger, elle rentrait à la maison. Son unité avait été retirée d'Irak et redéployée au Koweït. De là, elle devait être renvoyée à sa base, Fort Bliss, au Texas.

« Je veux t'emmener déjeuner pour fêter ça, comme nous l'avons déjà fait. » Elle fit un large sourire. « Je vais me soûler à coups de *margaritas* et m'accrocher à toi pour ne pas tomber. »

Il prit une douche, enfila un jean et un polo propres, et ils partirent dans la voiture de Tessa. La vallée de San Rafael, d'un vert émeraude moucheté de fleurs dorées et blanches, aurait pu être prise pour une vallée du Colorado au printemps. Des puits de lumière tombaient entre les nuages chargés de pluie qui s'amassaient au-dessus des Patagonia, et, à mesure que les nuages étaient poussés par le vent, les puits avançaient avec eux, balayant les pentes des montagnes tels des projecteurs flous. Dans toute cette beauté, Tessa voyait les couleurs, les formes mêmes de son bonheur.

« J'adore ! s'exclama-t-elle. J'adore cette période de l'année ! Fort Bliss[1], si ça c'est pas un nom parfait ! C'est juste à une journée de route de Tucson. J'y serai pour son retour.

— Qui est prévu pour quand ?

— Elle ne me l'a pas dit. Je crois que cette information est censurée pour le moment. Mais j'ai l'impression que c'est pour bientôt. J'aimerais bien que tu viennes avec moi. Je veux que tu rencontres Beth.

— Et j'aimerais la rencontrer… »

Il s'interrompit tandis qu'une image se formait dans son esprit : des soldats en tenue de camouflage en train de défiler devant une foule d'épouses et de parents, applaudissant et agitant de minuscules drapeaux américains. Il ne se voyait pas dans ce tableau.

« Tu crois que c'est une bonne idée ? demanda-t-il.

— Pourquoi pas ?

— Nous voir ensemble…

1. *Bliss* : béatitude. *(N.d.T.)*

— Rencontrer le nouvel homme dans la vie de sa mère serait trop difficile pour elle ? dit Tessa, d'un ton qui indiquait clairement qu'elle trouvait cette idée absurde. Je lui ai parlé de toi dans mes lettres. Et puis elle vient de vivre une guerre. Je crois qu'elle peut encaisser à peu près tout. »

La réalité, c'était que Castle était plus préoccupé par son état d'esprit à lui. Certes, il aimait Tessa, mais il n'était pas sûr de ce que donnerait leur liaison. Rencontrer Beth reviendrait à prendre un engagement qu'il n'était pas encore prêt à prendre, car il savait qu'Amanda faisait toujours partie de lui.

« Écoute, il vaudrait peut-être mieux que tu la voies d'abord, seule. Que vous vous retrouviez. Il y aura plein de temps pour moi après.

— Soit », répondit Tessa.

Il la décevait. Il se décevait lui-même, se reprochait son manque d'enthousiasme. Lorsqu'ils traversèrent un orage compact et violent, il changea de sujet au profit de cette banalité ultime, le temps qu'il faisait. Il expliqua que douze centimètres de pluie étaient tombés sur le San Ignacio jusqu'à présent, et Tessa, son instructrice en matière d'étiquette locale, le réprimanda. Étant donné la nature inégale et capricieuse des moussons, un ranch pouvait ne recevoir que quelques gouttes de pluie alors que son voisin recevait un déluge. Dire qu'on avait reçu une abondance de pluie, c'était se vanter, et c'était aussi vulgaire que se vanter de la quantité d'argent qu'on gagnait. Il fit des salamalecs et implora son pardon. Elle le pardonna parce qu'elle pouvait se le permettre. Son pluviomètre avait mesuré un peu plus de dix centimètres ; si ça continuait, son ranch recevrait cinquante centimètres d'ici la fin de la saison, et son bétail bio aurait aussi fière allure que n'importe quel troupeau engraissé de façon industrielle.

« Comment va Blaine ? demanda-t-elle. Il devrait être heureux avec cette pluie. »

Il l'était, répondit Castle. Mais il n'en pouvait plus de ce trafic de clandestins. L'autre jour, il avait trouvé des bidons d'essence planqués dans les broussailles – la réserve d'un trafiquant. Au lieu de balancer l'essence, il était retourné jusqu'à la maison à cheval pour récupérer un sac de sucre, qu'il avait vidé dans les bidons.

Tessa fit claquer sa langue.

« Il dit que c'est la guerre entre lui et eux, poursuivit Castle. Il parle de demander à des milices de patrouiller sur son ranch. Sally et Monica s'y sont opposées. Elles ne veulent pas qu'une bande d'inconnus armés se trimballent chez elles.

— Je les comprends, observa Tessa, quittant Duquesne Road pour s'engager sur l'autoroute de Nogales. Et je le comprends lui aussi. Et je comprends les Mexicains. Juste de l'autre côté, il y a des gens qui bossent comme des chiens dans des *maquiladoras* pour dix dollars par jour. » Elle pointa le doigt vers les maisons qui jonchaient de façon désordonnée les flancs de colline du côté mexicain de Nogales.

« Et ils n'ont qu'à ramper sous une clôture ou escalader un mur pour gagner dix dollars de l'heure en passant le balai chez Wal-Mart. Y a pas photo. Je ferais pareil. Mais on m'a découpé mes clôtures. Et il y a deux ans, McIntyre a attrapé un clandestin qui essayait de piquer ma camionnette. Je suis désolée pour ces gens, mais en même temps ils me font vraiment chier, et je crois que je ne devrais pas avoir de scrupules.

— La vie n'est pas en noir et blanc, observa Castle avec philosophie. Il n'y a pas de mal à être ambivalent. »

Ils déjeunèrent à La Roca. Tessa ne but qu'une *margarita* et n'eut pas besoin d'être soutenue tandis qu'ils faisaient le tour des boutiques d'Avenida Obregón, à la recherche de meubles pour le projet de réaménagement de Castle. Un autre orage les accompagna sur le chemin du retour. Il fut vif et brutal, un vent violent mit les nuages en lambeaux, et Tessa s'arrêta au col qui se trouvait sous le mont Washington pour admirer un double arc-en-ciel au-dessus de la vallée de San Rafael, et la lune pleine, parfaitement nette dans le ciel de la fin d'après-midi, qui flottait entre les arches chatoyantes.

« Parfois, c'est si beau que je me sens coupable de vivre ici. »

Un bel endroit où il se passe des choses moches. Castle décida de raconter à Tessa sa récente aventure.

« Rodriguez voulait que nous gardions le secret, mais maintenant que Cruz est au Mexique, je suppose que ça n'a plus d'importance.

— Comme si nous n'avions pas assez de problèmes comme ça par ici. Oh ! Gil, tu as fait ce que tu avais à faire. Tu seras prudent à partir de maintenant ? Promets-moi que tu seras prudent. »

Il caressa sa nuque, exposée par ses cheveux qui étaient relevés sur sa tête. C'était une promesse facile à faire ; il avait absolument toutes les raisons de vouloir rester en vie.

« Et d'accord, ajouta-t-il. Nous irons à Fort Bliss ensemble. »

Tessa lui donna un petit coup de poing dans le bras.

« Tu t'améliores. »

Elle s'engagea sur la route du San Ignacio. Une ambulance arrivait en contresens, gyrophare allumé, sirène éteinte. Tessa se déporta vivement pour lui laisser la place, et l'ambulance passa aussi vite que l'état de la route le permettait, ses pneus projetant des mottes de boue. Lorsqu'ils furent à la maison principale, ils se ruèrent à l'intérieur et trouvèrent Monica dans le salon en compagnie de Gerardo et d'Elena, dont les yeux luisaient tandis qu'elle triturait un chapelet.

« Qu'est-ce qu'il y a ? demanda Castle, alarmé. Qu'est-ce qui s'est passé ? »

Monica se leva et plaça les mains sur ses épaules.

« C'est Sally. Elle est allée nourrir ses taureaux et elle a fait une sortie de route.

— Oh ! bon Dieu. C'est grave ?

— Je ne sais pas. Elle est blessée à la tête. Elle est inconsciente. Ils l'emmènent à Holy Cross à Nogales. Blaine est avec elle. Il nous appellera quand il en saura plus. »

Castle et Tessa s'assirent et attendirent avec Monica près du téléphone. Celle-ci leur raconta que Sally était partie après le déjeuner, l'ignorant quand elle l'avait suppliée de rester à la maison à cause de l'état des routes, qui étaient recouvertes d'une couche de boue aussi glissante que du verglas. Trois heures plus tard, comme elle n'était toujours pas revenue, Monica avait appelé Blaine sur son portable.

« Gerardo et lui étaient encore en train de réparer une clôture, poursuivit-elle. C'est un miracle que j'aie réussi à le joindre. Ils ont laissé tomber ce qu'ils faisaient et se sont mis à sa recherche, et ils ont trouvé sa camionnette dans un fossé. Apparemment, elle a manqué un virage. Elle était affalée sur le volant, le front en sang. Blaine a voulu appeler les secours, mais son téléphone ne captait pas de signal, alors il est revenu ici et les a appelés depuis le fixe. Il voulait un hélicoptère, mais c'était impossible – il pleuvait comme pas possible. Alors ils ont envoyé une ambulance. »

Ils attendirent une heure ; puis Elena réchauffa des restes, et ils s'assirent autour de la table de la cuisine et mangèrent en se remémorant des anecdotes sur Sally. Monica parla des fois où son entêtement avait eu des effets positifs. Des années auparavant, elle avait mené une campagne pour obliger les sociétés de téléphone et d'électricité à enterrer leurs lignes dans la vallée de San Rafael.

« C'est pour ça que vous ne voyez pas de poteaux téléphoniques ni de tours électriques ici. Elle ne voulait pas qu'ils défigurent le paysage. Et après, elle a tenté de convaincre nos voisins d'enlever leurs clôtures, mais cette bataille-là, elle ne l'a pas remportée. Elle n'a jamais été à l'aise avec le monde moderne. Elle voulait que cette vallée ressemble à l'endroit où elle avait grandi.

— Les plaines de Saint Augustin, dit Castle.

— Oui. Bon sang, elle pouvait avoir une tête de cochon mais, sans elle, ce ranch ne serait plus dans la famille. Elle s'en est occupée après la mort de Jeff, juste elle et deux vieux cow-boys qui avaient travaillé pendant des années au San Ignacio.

— Est-ce qu'elle a emménagé ici juste après la mort de son mari ? demanda Tessa, secouant la tête lorsque Elena proposa de la resservir.

— Pas longtemps après. Je ne sais pas grand-chose sur Frank. Ils formaient un couple plutôt bizarre, d'après ce que j'ai entendu dire. Frank avait un diplôme d'ingénieur minier, alors que Sally n'avait pas dépassé la troisième, pour autant qu'elle soit allée si loin. »

Après un silence – ils se la remémoraient comme si elle était déjà morte –, Castle déclara :

« Elle devait sacrément l'aimer, elle ne s'est jamais remariée. »

Puis il jeta un coup d'œil à Tessa, craignant qu'elle ne s'imagine qu'il faisait indirectement référence à sa propre situation, ce qui n'était pas le cas.

Monica le regarda, écarquillant ses yeux pâles.

« Tu n'es pas au courant ?

— Quoi ? Elle s'est remariée ?

— Quand elle avait 60 ans. Elle l'a pris au berceau – il en avait 35. Il tenait la boutique de fourrage à Sonoita. Deux mois après le mariage, elle l'a foutu à la porte et a demandé le divorce. Blaine et moi, on n'y comprenait rien. Ils avaient l'air de bien s'entendre. "Il était impuissant et il me l'avait caché", nous a expliqué Sally. On était sur le cul. Je lui ai demandé : "Tu veux dire que ça fait une différence à ton âge ?" Et elle a répondu : "Un peu que ça en fait une. Je ne m'attends pas à ce que ça se produise fréquemment, mais j'aime savoir que c'est possible, et puis il aurait dû me le dire." »

Ils éclatèrent tous de rire. Le téléphone sonna alors, et pendant les minutes qui suivirent Monica arpenta la cuisine, enroulant et déroulant le fil du téléphone autour de ses doigts, disant peu de choses hormis l'occasionnel « D'accord… Oui… Je vois… »

Elle raccrocha et s'appuya lourdement au comptoir de la cuisine.

« Elle est dans le coma. Ils ont fait des scanners. Elle a une fracture du crâne et une hémorragie cérébrale, une hémorragie sous-durale, voilà ce qu'ils ont dit à Blaine. Ils vont l'évacuer vers Tucson ce soir pour l'opérer afin de soulager la pression. Elle a de bonnes chances de s'en sortir. »

Elle expliqua tout ça à Gerardo et à Elena, qui se signa. Monica était en larmes.

« Je me sens tellement responsable. J'aurais dû lui prendre ses clés de voiture. »

Castle lui dit de ne pas s'en vouloir ; vu l'obstination de sa tante, elle aurait forcé le neiman de sa camionnette.

L'opération eut lieu le lendemain matin à l'hôpital de l'université d'Arizona. Sally ne reprit pas connaissance et mourut deux jours plus tard, à 22 h 30.

Elle fut enterrée dans le cimetière de Black Oak Pioneer, par une journée chaude, lourde et couverte de la mi-juillet. Le cimetière se trouvait dans les collines Canelo, au bord d'un sentier de gravier qui partait d'une route goudronnée à deux voies. À l'entrée, une barrière en fer forgé se dressait entre deux énormes piliers de pierre ; son cercueil fut transféré du corbillard à un chariot loué dans un ranch pour touristes, car Sally avait demandé dans son testament à être transportée jusqu'à sa tombe de cette manière. L'attelage tira lentement le chariot, la famille traînant des pieds derrière. Nombre des ancêtres maternels de Castle étaient inhumés à Black Oak, et tandis que la procession passait devant leurs tombes, il lisait les noms et les dates et parfois la biographie d'un ou deux mots qui étaient gravés sur les pierres tombales toutes simples.

Un arrière-grand-père :

THOMAS ERSKINE – RANGER D'ARIZONA – 1859-1901

Un arrière-grand-oncle dont la femme avait dû mourir en couches, les deux parents et le nouveau-né gisant ensemble :

JOSHUA PITTMAN 1861-1928

son épouse

GABRIELA FLORES PITTMAN 1873-1894

et

BÉBÉ PITTMAN 2 JUIN 1894-2 JUIN 1894

Ses grands-parents :

BENJAMIN ERSKINE – HOMME DE LOI-RANCHER 1890-1956

et son épouse

IDA BARNES ERSKINE 1899-1951

Et à côté d'eux :

JEFFREY ERSKINE – RANCHER 1888-1967

Et à côté de lui :

LILLY ERSKINE 1891-1969

Comme le nom et la date qu'il avait trouvés gravés dans la brique de pisé, ces monuments laconiques et austères lui donnaient le sentiment qu'il était lié à cette terre, à l'histoire que sa mère lui avait cachée.

La tombe de Sally avait été creusée sur une pente ombragée près de celle de son mari :

FRANK ERSKINE 1920-1952

Toutes deux étaient tournées vers l'est, face aux collines parsemées de chênes en direction des montagnes Huachuca. Le paysage était vierge de lignes électriques et de poteaux téléphoniques, et il n'y avait pas une clôture à l'horizon. Castle songea que ça lui allait bien. Les grands espaces.

Elle était bien connue dans les comtés de Santa Cruz et de Cochise, mais comme la plupart de ses amis étaient soit partis avant elle, soit cloués dans des lits ou des fauteuils roulants, les personnes présentes étaient peu nombreuses, trente ou quarante en tout, et presque toutes avaient les cheveux blancs, des cow-boys et des ranchers au visage taillé à coups de serpe, des gens qui appartenaient à une époque révolue, les derniers de leur espèce. Tessa, McIntyre et Rick Erskine, qui avait interrompu sa tournée pour assister à l'enterrement de sa grand-mère, étaient les seuls à avoir moins de 50 ans.

Un groupe de country joua des hymnes anciens et un pasteur prononça des paroles anciennes tandis que le cercueil était descendu dans le trou grossier qui avait été creusé dans le sol. Blaine, qui portait une veste en daim et une cravate-lacet par-dessus une chemise blanche amidonnée, prononça une brève oraison funèbre, luttant pour ne pas fondre en larmes.

« Merci d'être venus. Tous ceux d'entre vous qui connaissaient ma mère savent qu'elle aimait donner des ordres, et je parie qu'elle continue à le faire, où qu'elle soit. Elle suivait les chariots au Nouveau-Mexique quand elle était jeune, et j'espère que celui-ci l'a emmenée dans un endroit plein de bonne herbe verte. Elle aurait pas voulu que j'en dise plus, alors je vais pas le faire. »

L'orchestre entonna *Shall We Gather by the River*. Les interprètes, un homme et une femme, chantaient en harmonie, la foule reprenant en chœur…

Rassemblons-nous près de la rivière,
La belle, belle rivière,
Retrouvons les saints près de la rivière,
Qui coule près du trône de Dieu.

Les voix et les notes aiguës et déchirantes d'un violon et d'une mandoline s'élevèrent dans l'air paisible, se mêlant au bruit de la terre qui tombait sur le métal, tandis que Blaine, Rick et Castle, pelle en main, recouvraient Sally de la terre qu'elle aimait.

23

Le fisc, une administration qui n'était pas réputée pour sa sensibilité, n'avait accordé à Blaine et à Monica que peu de temps pour le deuil. Ceux-ci n'avaient en effet pas tardé à recevoir une déclaration de droits de succession par courrier recommandé, moyennant quoi, lorsqu'ils n'étaient pas occupés à préparer le rassemblement et le marquage d'été du bétail, ils étaient chez leur avocat à Tucson. Castle les voyait donc peu. Puis Monica passa le voir un jour pour lui dire qu'elle avait reçu une adorable lettre de condoléances d'Anne, la sœur de Castle, à qui ce dernier avait annoncé la nouvelle par téléphone.

La peau autour des yeux de Monica semblait tendue ; les soucis lui plissaient le front. Castle l'invita à entrer et lui servit du café. Tenant sa tasse à deux mains, Monica s'enfonça dans l'un des nouveaux fauteuils en cuir que Tessa avait choisis pour lui à Tucson.

« Bon, fit Monica, ils sont tous au cimetière maintenant, Ben et Ida, Jeff et Lilly, Frank et Sally. Elle me rendait parfois dingue, mais bon Dieu ce qu'elle me manque. »

Castle s'assit et acquiesça. L'absence qui devient une présence. Plusieurs fois depuis l'enterrement, en passant devant la maison principale, il avait regardé en direction du corral, s'attendant presque à y voir Sally avec son peignoir et ses bottes en caoutchouc, lançant son : « Venez manger ou allez vous faire voir », à ses longhorns rachitiques, à ses hongres avachis avec leur queue emmêlée. Blaine s'était séparé des animaux, mais il avait gardé les corrientes. « Je devrais m'en débarrasser, mais je peux pas », disait-il, et Castle comprenait. Des mois durant, il s'était accroché aux affaires de Mandy, incapable de déplacer ne serait-ce qu'une brosse à cheveux.

« Miguel et toi, vous avez fait du sacré bon boulot, déclara Monica, qui semblait remarquer pour la première fois les nouveaux meubles, les murs fraîchement repeints, le plancher verni. Je crois que cette pièce n'a jamais été aussi belle.

— Ça va être au tour de la cuisine. »

Elle but une gorgée de café et regarda ses pieds d'un air pensif.

« Avant de poursuivre tes travaux, il y a quelque chose que tu dois savoir. Il semblerait que nous allons devoir un sacré paquet aux impôts. Notre avocat va essayer d'arranger quelque chose avec le fisc, mais… » Elle hésita et leva les yeux. « Nous allons probablement devoir diviser le ranch, nous séparer de la moitié de Sally. Nous la mettons en vente, juste au cas où. »

Castle ne dit rien. Avait-il perçu une note de reproche dans cette annonce ? Si oui, alors elle était le fruit de sa propre conscience. Sa tante aurait depuis longtemps dû prendre ses dispositions, et il doutait qu'un contrat de transfert de propriété aurait pu être rédigé et mis en place avant sa mort, même s'il avait accepté la proposition de Sally sur-le-champ. Pourtant, il se disait que si Blaine et Monica se trouvaient dans cette situation, c'était en partie parce qu'il avait laissé traîner les choses.

« Cette cabane serait vendue avec le reste, poursuivit-elle. Nous ne voudrions donc pas que tu investisses plus de temps et d'argent dans des rénovations. » Il dut avoir l'air d'un locataire qui venait d'être mis à la porte par son propriétaire, car elle se hâta d'ajouter : « Ne t'en fais pas. Les chances d'une vente rapide sont plutôt minces.

— Tu reveux du café ? » demanda-t-il en désignant la tasse de Monica.

Elle secoua la tête. Il se rendit à la cuisine et remplit de nouveau sa propre tasse, songeant à la brique avec l'inscription – J. B. Erskine, 1912 – que Miguel et lui avaient récemment recouverte de plâtre. La tristesse s'empara de lui, une conscience mélancolique du caractère éphémère des choses.

« Quoi qu'il en soit, je ferais bien de commencer à chercher un autre endroit. J'aurais dû le faire il y a des mois. » Il regarda Monica par-dessus le mur bas qui séparait la cuisine du salon. « C'est étrange, je me suis attaché… à toi et à Blaine, à ce ranch, à cette vallée, à Tessa. Je croyais que je ne m'attacherais plus jamais à rien.

— Si ça peut te rassurer, nous nous sommes aussi attachés à toi. Blaine ne l'avouerait jamais, mais c'est la vérité. C'est comme si nos familles avaient été réunies après tant d'années. » Elle se leva, marcha jusqu'à lui et l'étreignit brièvement. « Faut que j'y aille. Notre agent immobilier organise une visite groupée. Ils seront ici demain. Je préférais te prévenir.

— Je prendrai soin de faire la vaisselle avant qu'ils ne débarquent », dit-il.

Une camionnette arriva en fin de matinée, avec à son bord huit vendeurs conduits par une femme aux cheveux gris acier coupés court. Ils avaient déjà fait le tour de la propriété, prenant des photos avec leurs appareils numériques, et la cabane était leur dernier arrêt. Castle resta dehors tandis qu'ils franchissaient la porte comme un seul homme, tenant à la main des carnets à couverture de vinyle. Leur inspection ne dura que quelques minutes. La femme aux cheveux gris le remercia et ramena ses collègues à la camionnette. En la regardant s'éloigner, il ressentit comme une sorte de viol le fait que ces inconnus avaient envahi sa solitude. Qu'était le San Ignacio pour eux ? Juste un autre bout de terre à acheter et à revendre. Ils n'entendaient pas les battements de son cœur.

Quelques jours plus tard, le ranch fut mis sur le marché, et Monica l'invita à dîner et à rencontrer l'avocat, expliquant que Blaine, conscient de l'expérience de Castle en matière de finance, voulait son avis. Il se gara dans la cour, et, avant d'entrer, se tint dos à la portière, écoutant la musique de la nuit – un chœur de coyotes, le craquement du moulin, le bruissement des peupliers. Une bruine était tombée pendant l'après-midi, mais le ciel était désormais dégagé, à l'exception de quelques nuages que le vent poussait à travers les étoiles étincelantes. En tendant le cou, il vit Véga qui brillait à son zénith, la Croix du Nord et les deux autres étoiles qui formaient le Triangle d'été, Deneb et Altaïr. À l'échelle cosmologique, ces étoiles étaient nos voisines de palier, et pourtant la distance qui les séparait de la Terre était inimaginable. Ces réflexions étaient naturellement une leçon d'humilité – il n'était qu'un grain transitoire sur la peau d'une petite planète bleue dans un système solaire mineur d'une galaxie spirale qui n'était elle-même qu'un grain de poussière dans le tissu de l'univers – mais il éprouvait aussi une certaine exaltation. Le fait de songer à sa relation au ciel éveillait en lui une conscience de sa relation à la Terre, particulièrement à la minuscule parcelle de la planète qu'il habitait. La conversation de la veille avec Monica lui avait fait comprendre une chose : il ne voulait pas quitter le San Ignacio, ni le voir coupé en deux. Sa venue ici avait été plus que des retrouvailles familiales ; elle avait restauré son lien à la terre de ses ancêtres. Leur cœur ne battait plus dans leur corps, mais il continuait de battre ici, dans les herbes rendues vertes par les pluies d'été, dans le miracle éternel des fleurs ressuscitées. Et le sien aussi.

Il entra dans la maison.

Castle s'était imaginé que l'avocat serait un notable avec des cheveux gris et le visage ridé des gens de l'Ouest, mais l'homme brun à qui il fut présenté, Will Lovelace, avait l'air de sortir tout droit du lycée. Il avait en fait une petite trentaine d'années. Castle avait atteint ce stade de sa vie où toutes les personnes entre 18 et 35 ans semblaient avoir le même âge.

Ils dînèrent dans la salle à manger, qui servait rarement et qui, avec son mobilier sombre et lourd et ses bougies qui brûlaient dans des chandeliers de fer forgé, ressemblait à un réfectoire de monastère espagnol pendant le jour des Morts. Elle en avait aussi l'atmosphère. Monica était silencieuse, et Blaine, qui ne s'était toujours pas remis du décès de sa mère, était déjà accablé par le sort qui attendait probablement le San Ignacio. Castle et Lovelace firent l'essentiel de la conversation. L'avocat avait récemment découvert la pêche à la mouche et, apprenant que Castle était expert en la matière, il lui demanda des tuyaux. Il était bâti comme un pro de tennis surentraîné et mangeait comme s'il rompait un jeûne de trois jours : il reprit du steak et des pommes de terre. Après la tarte aux pommes servie avec de la glace, que Lovelace engloutit de la même manière qu'il avait englouti le plat principal, récupérant avec les doigts les miettes, Blaine s'adossa à sa chaise et déclara : « Bon, finissons-en. »

Monica éteignit les bougies et alluma les lumières, et l'avocat se rendit à la chambre d'amis (il restait pour la nuit) pour y récupérer son attaché-case.

« Je crois que j'ai d'assez bons arguments à faire valoir auprès du fisc, déclara-t-il, étalant des papiers sur la table. Les bénéfices nets du ranch ont été en moyenne de quatre-vingt mille dollars, en arrondissant, au cours des cinq dernières années. Des revenus convenables pour une famille, mais pas si impressionnants que ça pour une petite entreprise.

— Ce qui signifie ? demanda Monica, le bout de ses doigts formant un triangle sous son menton.

— Ce qui signifie que l'estimation de la succession de Mme Erskine est quelque peu artificielle. Elle consiste presque exclusivement en terre, et la terre n'est bonne qu'à l'élevage de bétail. Pour obtenir sa valeur réelle, il faudrait prendre en compte le revenu généré par cette terre, qui ne s'élève pas à tant que ça. Donc, je suis certain de pouvoir convaincre le fisc que la succession vaut moins de cinq millions.

— Combien ? demanda Blaine tout en faisant tourner en rond sa tarte à demi mangée dans son assiette.

— Une estimation réaliste serait probablement de trois millions à trois millions et demi. Disons trois et demi. Moins l'exonération, ça fait deux millions et demi imposables. Ce qui réduirait votre impôt à un million deux cent cinquante mille dollars.

— Ce qui ne change rien, dit Monica. Nous n'avons pas cette somme.

— Nous ferions mieux de laisser en vente », déclara Blaine. Puis il étudia les chiffres, faisant tourner une cigarette éteinte entre ses lèvres – Monica interdisait qu'on fume à la maison. « Mais je peux pas vous dire à quel point je déteste l'idée de vendre la moitié de ce ranch. Pour moi, c'est comme couper une partie de sa jambe pour en sauver le reste.

— En supposant qu'on vende, reprit Monica avec une nuance de désespoir dans la voix, les gens ne vont pas se bousculer au portillon pour acheter un morceau de ranch pile à la frontière mexicaine.

— Tu oublies de préciser, à trente kilomètres de la ville la plus proche par une route de terre », ajouta Blaine. Il alluma la cigarette, s'attirant un regard plein de reproche de la part de Monica, puis poussa une feuille recouverte de chiffres vers Castle. « Qu'est-ce que tu en penses, Gil ? »

Castle examina la proposition de Lovelace, observant qu'il recommandait de payer les impôts en cinq ans au lieu des quatorze proposés par le fisc – ceci afin de réduire le montant des intérêts.

« Ces trois millions et demi – êtes-vous vraiment sûr que vous arriverez à les faire accepter par le fisc ?

demanda-t-il d'une voix que ni Blaine ni Monica n'avaient entendue jusqu'alors et qui sembla même un peu inhabituelle à Castle lui-même – la voix de l'homme d'affaires qu'il avait été : ferme, sèche, exigeante.

L'avocat pencha la tête et affirma qu'il était quasiment sûr de son coup ; il avait déjà traité des dossiers similaires.

Castle emprunta le stylo et le bloc-notes de Lovelace et, se tenant la tête d'une main, effectua quelques calculs simples. Le résultat n'avait aucun sens du point de vue financier, mais l'argent n'était pas tout. Il savait, après avoir géré tant de fortunes, que lorsqu'il était question d'argent et de propriété, les relations familiales volaient en éclats. Des conflits et des rivalités naissaient, des incompréhensions, des frictions. Et tandis qu'il était là à multiplier, à diviser, à réfléchir, il était comme à son habitude posé et mesuré, exactement comme il l'avait été quand il avait rechigné à accepter la proposition de sa tante, ou quand il avait vexé Tessa en repoussant le moment de rencontrer sa fille – et ce trait de sa personnalité commençait à le fatiguer. Après tout, au terme des cinq années, il aurait toujours beaucoup d'argent sur son compte, en supposant un taux de croissance raisonnable de ses investissements. Il pouvait régler ce problème. Et après toutes ces réflexions et tous ces calculs, il prit une décision, ou plutôt son esprit ratifia une décision que son cœur avait déjà prise tandis qu'il regardait les étoiles.

« Je vais payer les droits de succession », annonça-t-il en relevant la tête.

Les trois autres le dévisagèrent.

« Vous faites ce que vous pouvez pour faire baisser le montant, dit-il à Lovelace, et je les paierai. »

Tendant un bras à travers la table, Blaine lui saisit l'épaule.

« Monica et moi, on n'a jamais accepté un dollar d'un ami ou d'un parent, on n'a jamais accepté la charité, et on est bien trop vieux pour commencer maintenant.

— Ce ne serait ni un prêt ni un don. Ce serait un investissement dans le ranch. Un partenariat. Nous le gérerions ensemble, comme le faisaient Ben et Jeff.

— Cousin, on apprécie la proposition, pour sûr, mais si tu devais écrire tout ce que tu sais sur l'élevage du bétail, tu ne remplirais pas une carte postale.

— Mais je m'y connais en affaires. Et pour ce qui est du bétail, ce n'est pas de la physique nucléaire. Je pourrais apprendre. »

Personne ne parla pendant une demi-minute. Puis Blaine brisa le silence.

« Ah ! bon sang ! Chérie, t'en penses quoi ? demanda-t-il en regardant Monica.

— Je ne sais pas ce que je dois penser pour le moment, répondit-elle.

— Et vous, conseiller ?

— Je ne vois aucun problème, répondit Lovelace. Vous pourriez vous réorganiser en "S corporation", avec vous et Monica en actionnaires majoritaires. Mais, ajouta-t-il en se tournant vers Castle, pardonnez-moi de vous demander ça, mais pourriez-vous… Je suppose que vous n'auriez pas fait cette proposition si… Nous parlons ici d'un montant à sept chiffres. »

Castle regarda en souriant le visage jeune et sérieux de l'avocat.

« L'argent n'est pas un problème. J'étais un grand ponte à Wall Street. »

24

Briser le lit avec Billy. Yvonne aimait le son de cette phrase – les consonnes heurtées, allitératives, étaient plus directes, elles avaient plus de punch que l'espagnol *desvencijar la cama con Billy.* Le lit, le gigantesque lit à baldaquin, elle aimait son étendue, la fraîcheur du satin qu'elle avait commandé à Mexico, son intimité quand les rideaux translucides étaient tirés, comme c'était le cas en ce moment. Elle avait l'impression que Billy et elle étaient dans un cocon, un petit monde rien qu'à eux, où, dans l'acte d'amour, elle pouvait échapper un moment à ses soucis.

Les moments d'intimité étaient devenus très rares dans sa vie, avec la douzaine de gardes du corps qui arpentaient la propriété dehors, le chef d'équipe et ses *vaqueros* qui allaient et venaient. Il semblait toujours y avoir quelque crise à gérer, quelque client à rencontrer, un marché à conclure, un officiel de l'armée qui venait quémander de l'argent, des ploucs du coin qui l'imploraient, elle, leur *madrina*, pour un tuyau d'irrigation en plastique ou un générateur, ou un tracteur, ou l'une de ces mille choses que le misérable gouvernement aurait dû leur fournir mais ne pouvait ou ne voulait pas. Et puis il y avait la guerre, avec toutes les machinations et tous les préparatifs qu'elle exigeait. Offensive et contre-offensive. Attaque et représailles. La dernière offensive de Carrasco avait été audacieuse, brillante, elle devait bien l'admettre. Les Coqs d'Or ne chanteraient plus. Maintenant, elle allait à son tour devoir franchir un nouvel échelon dans la violence. Telle était la dynamique. Touche-moi et je te ferai bien pire.

Parfois, elle était assaillie par les doutes. Avait-elle la capacité d'atteindre ses objectifs ? Tout ça lui demandait trop de temps et d'énergie, et elle avait commencé à enfreindre la règle qu'elle s'était imposée : *Ne consomme jamais de produit.* Elle n'en prenait pas beaucoup, juste quelques rails de temps à autre pour tenir le coup. La coke du cartel du Golfe était la plus pure qui soit, aussi douce à sa manière qu'une excellente tequila qui aurait bien vieilli. Pas de brûlure dans les narines, et, oh ! l'élévation qu'elle entraînait, le sentiment de bien-être, la pêche, la patate, l'intense excitation.

Elle aurait bien pris de longues vacances, un mois ou deux dans sa villa de Zihuatanejo. Ou à Cancún. Ou à Puerto Vallarta. Quel bonheur de revoir la mer, de nager, de s'étendre sur le sable blanc brûlant avec… quelqu'un. Avec l'homme de ses rêves. Car Yvonne Menéndez avait un homme de ses rêves. De fait, il était invisible. Il lui était pour la première fois apparu quand elle était enfant, à l'*ejido*, une nuit, après que Dámaso l'avait violée. Il l'avait soulevée du lit dans ses bras incroyablement forts et l'avait portée à travers le désert, loin de ce taudis infâme, loin de son pervers de beau-père. L'illusion avait été si puissante qu'elle s'était sentie léviter, puis s'envoler de la chambre sombre où flottaient l'infecte haleine d'ivrogne de Dámaso, sa sueur alcoolisée, et le plus beau dans tout ça, c'était qu'elle se sentait à l'abri entre ces bras puissants. Elle n'avait rien à craindre, elle serait hors de danger tant qu'ils la porteraient. Il lui avait rendu de nombreuses visites, la délivrant de son avilissement, jusqu'au jour où elle s'en était délivrée elle-même. Parfois, elle croyait qu'il était peut-être le père qu'elle n'avait jamais vu, pas même en photo.

Billy Cruz n'était pas cet homme. Billy était fort, avec son physique de boxeur, et il était viril, comme elle l'avait deviné dès le début – trois fois hier soir et une fois de plus ce matin ! – mais ses pouvoirs résidaient tous dans son corps, alors que l'homme de ses rêves avait une force qui transcendait le physique. Billy n'était pas capable de la délivrer, ni de la faire se sentir à l'abri. En fait, c'est elle qui lui était venue en aide en lui offrant le sanctuaire de son ranch en attendant que ses difficultés se tassent de l'autre côté de la frontière. Ou en attendant de ne plus avoir besoin de lui. Ou d'en avoir tout simplement ras-le-bol.

Elle se tourna sur le côté et lui passa la main sur le front, qui était encore humide de leurs derniers ébats amoureux. Bon, non, il n'était pas question d'amour, ils baisaient juste.

« Je me disais, commença-t-elle, que tu as de la chance de m'avoir rencontrée. Sinon, en ce moment, tu serais dans un autre lit que celui-ci. »

Un grand sourire se dessina sous son nez dévasté.

« J'ai fait de mon mieux pour te remercier. »

Il ne se prend pas pour de la merde, songea Yvonne. Et il estime que c'est moi, *la vieja*, qui devrait être reconnaissante.

« Je vais voir mon avocat aujourd'hui, mon avocat américain. Il connaît beaucoup de gens. Je vais lui demander s'il peut régler ton problème.

— Ce serait chouette s'il pouvait. »

Yvonne aussi voulait que ce problème soit réglé. Elle était déçue que Billy se soit fourré dans un tel pétrin, et tout ça à cause de quelques nettoyeurs de chiottes sans importance. Gérer l'activité de Billy depuis le côté mexicain s'avérait pesant. Pas impossible, mais plus compliqué, et elle avait déjà assez de complications comme ça.

« Un meurtre, c'est sérieux, dit-elle. Alex va devoir connaître tous les faits, alors laisse-moi m'assurer que j'ai bien tout saisi. Tu as descendu ces *mojados* parce qu'ils ne t'avaient pas payé. Ils étaient censés te payer quand tu les récupérerais, mais ils ont dit qu'ils n'avaient pas l'argent et ils ont essayé de s'enfuir. C'est exact ? »

Billy se tourna sur le côté et la regarda, une joue appuyée sur sa main.

« C'est exact.

— Ils étaient deux. Tu ne sais pas ce qui est arrivé au troisième ?

— Je me suis dit qu'ils s'étaient séparés.

— Donc, il ne se passe rien pendant six mois, et un beau jour tu apprends que les *chotas* veulent t'interroger au sujet de ces meurtres. Est-ce que ton ami t'a dit pourquoi ils ont mis si longtemps ? Est-ce qu'ils ont trouvé des indices ? Pourquoi, tout d'un coup, se sont-ils lancés à ta recherche ?

— Aucune idée. Mon ami est flic à Nogales. Tout ce qu'il savait, c'était que le troisième type, une petite *verga*, m'avait identifié et que le shérif avait émis un mandat d'arrêt à mon nom.

— Et c'est tout ?

— C'est tout.

— La presse affirmait que les *mojados* avaient de la *merca*.

— C'est des conneries. Ils n'avaient pas un gramme sur eux. »

Yvonne croyait avoir un détecteur de mensonges intégré à son système sensoriel, et même si celui-ci ne repérait pas de mensonge pour le moment, il lui disait que quelque chose clochait dans ce récit incomplet.

« Ça ne fait pas lourd, je vais donc demander à mon avocat de découvrir tout ce qu'il pourra. Et je pense qu'il voudra te parler. J'ai besoin de toi *en el otro lado*, tu sais ?

— Bien sûr. Mais je peux gérer mes affaires depuis ici pendant quelque temps. Tout ce qu'il me faut, c'est un téléphone. »

Elle lui poussa l'épaule, doucement, et lorsqu'il s'étendit de nouveau sur le dos, elle passa une jambe par-dessus lui pour l'enfourcher.

« Tu ne me baiseras jamais autrement, Billy. »

Il éclata de rire et lui agrippa le postérieur.

« Tu es du genre à toujours vouloir avoir le dessus.

— Oui, mais tu sais ce que je veux dire.

— Bien sûr.

— Je veux te faire confiance, *chico*, et j'ai appris que je fais confiance aux gens qui savent exactement ce qui leur arrivera s'ils – elle tapa du doigt sur son nez tordu – me trompent – elle donna un nouveau coup –, s'ils me volent – encore un –, s'ils mouchardent ou… – encore un – s'ils me mentent. »

Vêtue comme pour un dîner à la capitale – jupe noire, chemisier de coton à motif, collant, chaussures sexy à talons hauts avec des lanières aux chevilles –, Yvonne retrouva Alex Daoud pour déjeuner à Las Palmeras, sur la *plaza* centrale d'Agua Prieta. Juste avant de descendre de voiture, elle avait tiré une petite fiole de verre de son sac à main et inhalé deux petites doses de *la puta blanca* sur une minuscule cuiller en or. La « pute blanche » lui avait affûté l'esprit et coupé l'appétit. Maintenant qu'elle avait un amant plus jeune qu'elle, elle ne voulait pas grossir. Alex et Julián étaient déjà assis lorsqu'elle entra, flanquée d'Heraclio et de Marco, un maître d'hôtel servile à ses petits soins. Elle – ou plutôt une de ses sociétés – avait acheté le restaurant un an plus tôt, et elle avait dépensé une petite fortune en engageant un décorateur pour le remettre à neuf. Le résultat était un mariage de styles malheureux, un croisement de villa romaine et de maison coloniale espagnole, avec quelques touches de village de pêcheurs mexicain. Las Palmeras était un restaurant de poisson et de fruits de mer, qui arrivaient par avion trois fois par semaine – vivaneau et mérou du golfe du Mexique, crevettes et thon de la mer de Cortez.

Tandis que ses gardes du corps allaient prendre place à une autre table, depuis laquelle ils pourraient garder un œil sur la porte, elle s'assit avec son fils et son avocat et commanda des *camarones* avec une sauce aux figues de Barbarie. Julián et Alex la complimentèrent sur son apparence – elle paraissait dix ans de moins, déclara ce dernier – et, de fait, Yvonne se sentait plus jeune. Elle venait de s'envoyer en l'air, une rougeur teintait ses joues, les étreintes ardentes de Billy l'avaient fait rajeunir.

Elle lança la discussion, en anglais – malgré ses années de pratique à la frontière, Alex parlait espagnol comme un élève de primaire, et puis il était plus prudent de parler affaires en anglais. Le principal sujet du jour était le problème au poste frontière de Douglas, à quelques pâtés de maisons de l'endroit où ils se trouvaient en ce moment même. Les douaniers américains qui étaient payés pour laisser passer les véhicules de la famille Menéndez sans trop chercher à savoir ce qu'il y avait dedans avaient été relevés de leurs fonctions.

« La rumeur dit qu'ils font l'objet d'une enquête », expliqua Alex.

Comme elle était plus facile à dissimuler que la *mota*, la coke franchissait la frontière dans des voitures. Avoir un ou deux agents des douanes dans sa poche n'était ni une absolue nécessité, ni un luxe ; c'était quelque part entre les deux. Si vous saviez quand votre homme était de service et à quelle voie il était affecté, le transport de la *merca* n'en était que plus aisé et plus sûr.

« Vous connaissez leur patron, répondit Yvonne. Qu'est-ce qu'il dit ? »

Alex écarta ses mains monstrueusement grandes.

« Si les hommes font l'objet d'une enquête, alors lui aussi. Et peut-être que moi aussi.

— Ça vous est déjà arrivé », observa-t-elle.

Elle faisait allusion aux fois où le FBI avait enquêté sur lui pour des histoires de blanchiment d'argent. Il s'en était tiré sans une égratignure, n'avait même pas été radié du barreau.

« Je ne suis pas inquiet, mais je vous conseillerais de passer par un autre poste frontière pour le moment. Et si vous passez par Douglas, vous savez…

— Arrangez-vous pour mieux maquiller les véhicules », coupa Julián.

Alex inclina légèrement la tête. Il était d'origine arabe, libanaise ou syrienne, Yvonne ne savait plus laquelle, et elle ne l'aimait pas, ne serait-ce qu'à cause de sa tête, de ses yeux globuleux sous son grand front incliné, de ses lèvres épaisses, de son nez crochu. Dans un concours d'homme le plus laid du monde, il aurait été finaliste. Mais Yvonne et lui formaient un couple royal. Elle était la reine d'Agua Prieta, et il était le roi de Douglas, puisqu'il en avait été, à des époques diverses, le maire, le chef de la police et le juge de paix, sans compter les deux mandats qu'il avait effectués à la législature de l'État d'Arizona. Il avait toutes sortes de relations, des relations qui comptaient. Peu de choses se passaient à Douglas sans qu'il donne son feu vert, et rien ne se passait sans qu'il soit au courant.

« C'est dommage que nous n'ayons pas Vicente, déclara-t-elle comme leur repas arrivait. C'était un génie pour ce qui était des voitures. »

La coke avait produit l'effet désiré. Elle se sentit rassasiée au bout de trois *camarones*. Tandis que Julián et Alex dévoraient leurs plats, elle sirota son vin, un rouge espagnol, et songea à cette histoire de douaniers. Acquérir le San Ignacio n'en semblait que plus urgent. Son propre poste frontière de trente kilomètres de large, et fini les problèmes d'enquêtes, de *mordida* et de tout le reste. Ces considérations la ramenèrent à Billy. Elle fit à Alex un bref compte rendu de sa situation, lui demanda s'il pouvait faire quelque chose. Julián fit la moue. Il réprouvait le fait qu'elle mêlait business et plaisir, qu'elle couchait avec un « homme de main », comme il disait. Mais elle ne considérait pas Billy comme un « homme de main » ; plutôt comme un partenaire d'affaires. Et elle ne voyait pas le mal qu'il y avait à mêler business et plaisir. Inutile d'avoir l'argent et le pouvoir si elle ne pouvait pas s'offrir tout ce qu'elle voulait. Et que savait son fils des besoins des femmes de toute manière ? Quoique, en y réfléchissant, peut-être que le *mariposa* en savait trop sur les besoins des femmes.

« La première chose que je vous conseille de faire, c'est de mettre Cruz à la porte de votre ranch, répondit Alex à sa requête.

— Je ne crois pas que ma mère va vouloir faire ça », intervint Julián avec un regard faussement lascif.

L'avocat regarda Julián en faisant cligner ses yeux globuleux, puis sa mère.

« Bon sang, Yvonne. Vous vous tapez un petit jeune ? »

Elle rougit, s'en voulut de rougir.

« Héberger un fugitif américain ne peut pas vous être bénéfique », poursuivit Alex.

Julián fit tinter son verre avec sa fourchette.

« Exactement ce que je lui ai dit.

— Je parle à Alex, d'accord ? répliqua Yvonne, irritée par les interventions de son fils. *Escúchame*, Alex, qu'est-ce que vous pouvez faire pour lui ?

— Vous voulez que je vous recommande un bon avocat criminel ?

— Non.

— Vous me demandez si je peux faire casser un mandat d'arrêt ? demanda-t-il à mi-voix.

— Comment ça, casser ?

— Annuler.

— Oui, c'est ce que je vous demande. Faites-le annuler.

— Ça ne serait pas simple. Ça demanderait du temps et de l'argent.

— Mais est-ce que ce serait impossible ? Pourquoi les gringos auraient-ils quoi que ce soit à foutre de ces deux nettoyeurs de chiottes morts ? Tout ce qu'ils veulent, c'est empêcher les nettoyeurs de chiottes et les cueilleurs de fraises d'entrer. Au moins, ces deux-là, ils n'ont plus à s'en soucier.

— Je vais voir ce que je peux faire, répondit Alex à contrecœur. Je ne peux rien promettre de plus. »

Elle avait besoin d'aller aux toilettes et de se faire un autre sniff.

« Et pour votre gouverne, dit-elle en s'écartant de la table, je n'ai pas besoin de lui pour ce que vous croyez. J'ai besoin qu'il travaille pour moi de l'autre côté, pour des raisons que vous n'avez pas besoin de connaître. »

Elle se rendit aux toilettes, ses talons claquant sur le carrelage d'argile. Assise dans la cabine, ses genoux enchaînés par son collant et sa culotte, elle tira le flacon de son sac, y plongea la cuiller en or, puis la porta à l'une de ses narines, gardant une main recourbée en dessous, et inhala vivement. Même chose pour l'autre narine. Voilà. *Dos y no más.* Elle entendit *El Degüello*, la sonnerie de clairon que le général Santa Anna avait fait retentir à Fort Alamo pour signifier qu'il n'y aurait « pas de quartier » et dont les notes mauresques à la fois glaçantes et tristes semblaient dire : *Nous sommes déso-*

lés de devoir vous trancher la gorge. Elle saisit son téléphone portable dans son sac et répondit. C'était Clemente Morales, son cousin, l'agent immobilier.

« Yvonne, où es-tu ? Je n'arrivais pas à te joindre au ranch.

— En ce moment, je suis dans le *cuartito*, en train de changer l'eau du canari. »

Clemente éclata de rire, puis s'excusa de l'appeler alors qu'elle était dans une position si embarrassante. Il avait une bonne nouvelle à lui annoncer. Elle déclara qu'une bonne nouvelle ne lui ferait pas de mal. De quoi s'agissait-il ?

« Ce *rancho* qui t'intéresse, le San Ignacio, il est à vendre. »

C'était incroyable. Son désir le plus cher allait être exaucé.

« Où es-tu, Clemente ?

— À Douglas. À mon bureau.

— Je suis tout près. À Las Palmeras. Viens ici dès que possible. »

Elle sortit de la cabine, se planta devant le miroir, où elle retoucha son maquillage et essuya les traces de poudre sous son nez.

Son cousin était un petit homme corpulent dont le visage toujours radieux était une lune brune et lisse. Un agent immobilier se devait de projeter une impression d'optimisme enjoué. Il arriva après le dessert et tendit à Yvonne les deux pages de l'annonce.

DESERT DIAMOND LTD
Douglas, AZ • Agua Prieta, Son.
Spécialisé dans les grandes propriétés agricoles
dans le sud de l'Arizona et l'État de Sonora, Mexique.

Agent responsable • Clemente Morales
RANCH SAN IGNACIO
COMTÉS DE SANTA CRUZ
ET COCHISE, ARIZONA

Description générale : Le ranch San Ignacio a été fondé en 1910 et est l'un des plus grands et des plus anciens ranches du sud de l'Arizona.
Superficie et bail : Le San Ignacio recouvre environ 32 415 acres. Les terres privées consistent en quatre parcelles contiguës d'une surface totale de 19 850 acres. Le permis de pâture du ranch dans la forêt nationale Coronado recouvre environ 12 565 acres…
Le ranch doit être subdivisé : *Deux des quatre parcelles de terres privées sont mises en vente.* Ces parcelles, 1 & 2, sont d'un seul tenant et recouvrent environ 10 115 acres…
Prix, termes et conditions : Les parcelles 1 & 2 du ranch San Ignacio sont mises en vente pour un prix de 5 000 000 $ comptant.

En regardant le plan sur une page, elle remarqua que les deux parcelles à vendre ne bordaient pas la frontière. À quoi pourraient-elles bien lui servir ? Les photos sur la dernière page – de larges prairies sur fond de montagne, une petite maison incluse dans la vente – retinrent son attention, non parce qu'elles étaient particulièrement saisissantes, mais parce qu'elles lui offraient son premier aperçu de la terre qu'elle convoitait.

Elle regarda Clemente.

« Tu as dit que le ranch était à vendre. Mais il est dit là-dessus que seule une moitié est à vendre.

— Oui. Ils le divisent.

— Je ne veux pas d'une moitié. Je veux la totalité.

— Mais la totalité n'est pas à vendre.

— Je le vois bien, c'est ce que je viens de dire, espèce d'idiot », répliqua-t-elle sèchement. Elle se sentait de nouveau irritable, à cran. « Pourquoi n'en vendent-ils que la moitié ?

— On m'a dit qu'ils avaient des problèmes d'impôts », répondit Clemente, d'un ton méfiant. Il semblait craindre de dire quelque chose qui ne lui plairait pas. « La vieille femme est morte. La vieille Erskine. Son fils et elle étaient les propriétaires. On m'a dit qu'elle s'était tuée dans un accident de voiture, donc maintenant le fils doit s'acquitter de droits de succession, et il doit vendre une moitié pour les payer. Ils ont, tu sais, la *motivación*. Ce sont des vendeurs motivés.

— Qui ça, ils ? De qui me parles-tu maintenant ?

— Du fils et de sa femme, répondit Clemente, projetant en avant la lune brune de son visage. Ils sont motivés pour vendre. »

La curiosité d'Yvonne était piquée.

« Tu les as rencontrés ?

— Non.

— Alors comment sais-tu qu'ils sont motivés ? »

Clemente gonfla les joues et soupira.

« Parce qu'ils doivent payer ces impôts. En ce moment tu pourrais leur faire une proposition bien inférieure à ce qu'ils demandent, et je crois qu'ils accepteraient.

— Et si tu allais les voir et que tu leur disais que tu as un acheteur qui veut la totalité de la propriété ? » intervint Julián.

Clemente haussa les épaules.

« Tout est à vendre, tu sais. » Il ouvrit la chemise qui contenait l'annonce et en sortit quelques clichés. « Ils ont plus que des problèmes d'impôts, d'après ce que j'ai entendu dire. Il y a beaucoup de *mojados* qui traversent ce *rancho* et qui salopent tout. Il est possible qu'ils accepteraient que quelqu'un les débarrasse du ranch et de leurs problèmes. J'ai pris ces photos quand je suis allé là-bas. »

Il distribua les photos à Yvonne et à Julián comme des cartes à jouer. Elles montraient des clôtures découpées, une barrière brisée, des détritus qui jonchaient un arroyo. L'œuvre de Billy. Ou plutôt l'œuvre d'Yvonne. Mais produisait-elle l'effet escompté ? Technique de guérilla. Attaquer Erskine au moral. Et son moral à elle ? Sa tête était pleine de pensées qui se télescopaient et clignotaient comme des points lumineux devant ses yeux. Elle fit grincer ses ongles sur la table, puis se leva d'un bond, retourna aux toilettes et se fit deux sniffs supplémentaires, inhalant si profondément que la poudre sembla lui transpercer le crâne et exploser dans son cerveau. Elle se camait. Merde. Dégoûtée, Yvonne se pencha au-dessus de la cuvette et s'apprêtait à y jeter le flacon mais, juste à cet instant, les points lumineux disparurent et un sentiment d'euphorie jaillit en elle. Elle replaça le flacon dans son sac et sortit, traversant la pièce avec un port d'altesse, de nouveau pleinement maîtresse d'elle-même, des hommes à sa table, la reine des eaux sombres.

« Bon, et qu'est-ce qui se passe s'ils ne payent pas ces impôts ? » demanda-t-elle à son cousin.

C'est Daoud qui répondit.

« Le gouvernement saisit la propriété. Elle est mise aux enchères, à un prix dérisoire. Ils ont neuf mois pour commencer à payer à partir de la date du décès de la défunte.

— Ils se retrouveraient sans rien.

— À peu près, oui. »

Elle regarda par la fenêtre la *plaza* inondée de lumière, le kiosque à musique et les arbres qui commençaient à projeter des ombres, ces arbres dont les troncs délavés lui rappelaient les sycomores du canyon, les arbres fantômes. Tout était très clair. La vieille Erskine avait claqué dans l'intérêt d'Yvonne, et dans celui de Rosario. *Ces gens ont très bien vécu pendant que nous souffrions.* Tandis que les paroles de sa mère lui revenaient, elle s'aperçut que, certes, elle voulait posséder le ranch, mais que ce qu'elle voulait par-dessus tout, c'était voir les Erskine ruinés.

« Alors je crois que je vais attendre. La totalité, pas la moitié. »

Clemente s'éclaircit la voix.

« Il y a un risque. Je n'ai pas l'exclusivité. Il y a d'autres agents sur le coup. Si la terre est vendue d'ici là, tu perds tout.

— Et quelles sont les probabilités que ça se produise ?

— Il faut longtemps pour vendre une telle propriété.

— J'ai l'habitude de prendre des risques.

— Les Américains disent : mieux vaut un demi-pain que pas de pain du tout, chantonna Julián avec un grand sourire narquois.

— Ferme-la ! » cria-t-elle avec un grand geste de la main, faisant malencontreusement voler un verre, qui se brisa par terre dans un fracas qui lui transperça les tympans. Son emportement la surprit autant qu'il surprit ses compagnons de table. « J'en ai ras-le-bol que tu me dises ce qu'il ne faut pas faire. Est-ce que je suis la seule à avoir des couilles à cette table ? »

25

Le trajet était long depuis le ranch de Carrasco jusqu'à Bisbee, et le Professeur avait décidé de distraire Nacho Gomez en lui faisant une leçon sur la synesthésie. Ce dernier, cependant, était plus perplexe qu'amusé.

« Je pige que dalle à ces histoires de cortex et de cerveau limbique, dit-il.

— Le cerveau limbique est juste là, expliqua le Professeur, tapotant la base de son crâne. Le cerveau reptilien, le cerveau grâce auquel on sait avant de savoir qu'on sait. C'est la préconscience. » Les phares illuminèrent une compagnie de cailles de Gambel qui traversaient précipitamment la route devant eux. « Vous aimez chasser ces oiseaux, n'est-ce pas ? Votre chien de chasse ne tomberait pas en arrêt devant un coucou, si ? Ni devant un faucon, ou une corneille. Il flaire une odeur et il sait que c'est une caille. Comment ? Le chien voit l'odeur. Il voit la caille, mais pas avec ses yeux.

— Je vais devoir demander à mon chien.

— Vous devez être plus ouvert d'esprit. Vous devez cesser de croire que je suis un peu *loco*. Pour commencer, les synesthètes ont une mémoire étonnante, ce qui peut être utile aux gens de notre métier.

— Je ne considère pas que nous fassions le même métier, répliqua Nacho, offensé.

— Vous êtes un flic infiltré, et je suis un criminel infiltré, dit le Professeur.

— Vous seriez plutôt un flic véreux.

— Ça revient au même. Vous et moi, nous sommes comme des espions au service de gouvernements rivaux. Nous utilisons les mêmes techniques, les mêmes tromperies, et de temps à autre nous trouvons opportun d'unir nos forces.

— Comme maintenant.

— Comme maintenant.

— Donc, vous avez une mémoire étonnante ?

— Je n'oublie jamais un visage ni un nom. Par exemple, prenez quand j'étais à la DEA et que je travaillais sur le cartel de Juárez. J'ai rencontré un flic d'El Paso, un type mi-italien, mi-mexicain, qui était un agent des stups infiltré. La rencontre a été brève, je ne lui ai pas parlé plus de cinq minutes. Des semaines plus tard, je surveille une planque de l'autre côté de la frontière. Et qui en sort, donnant des *abrazos grandes* à deux gros trafiquants ? Mon flic. Comment je le reconnais ? L'expérience sensorielle. Quand je l'avais rencontré, son visage avait produit un son spécifique, quelque chose comme un carillon. J'entends le carillon et je me dis : "Je connais ce visage", et alors le nom me revient. Bon, est-ce qu'il mène une enquête, ou est-ce que c'est un traître ? Je dois en avoir le cœur net, parce que je suis censé infiltrer le réseau de Juárez, et s'il est de mèche avec eux, je risque d'avoir des problèmes.

— Juste au cas où lui aussi aurait une mémoire étonnante, dit Nacho.

— Exactement. J'ai effectué quelques vérifications, découvert qu'il était mouillé jusqu'au cou, j'ai transmis l'info aux services des enquêtes internes d'El Paso, ils l'ont pincé, et j'ai eu la voie libre. Vous voyez combien ce trouble peut être utile ?

— On apprend toujours quelque chose avec *El Profesor*.

— Je vais peut-être commencer à vous faire payer les leçons. »

Nacho quitta l'autoroute fédérale et s'engagea sur la petite route qui menait à Naco, tenant le volant d'une main, se massant la nuque de l'autre. Il était entré au Mexique douze heures plus tôt grâce à ce qu'on appelait un permis d'entrée sans inspection – à savoir, illégalement, par une brèche dans la clôture de la frontière –, puis avait roulé jusqu'au ranch de Carrasco près de Caborca pour une réunion stratégique avec Carrasco, Zaragoza et le Professeur ; et sa journée était loin d'être terminée.

« J'aimerais tester vos incroyables pouvoirs, dit-il. Il y a une photo dans ma serviette. Jetez-y un coup d'œil. »

Le Professeur tira la photo et la tint sous la veilleuse. Il éclata de rire.

« Vous plaisantez ? Son nom est inscrit dessus.

— Oui, mais qui est Billy Cruz ?

— Le neveu de feu Vicente. Un *pollero*. Il buvait des bières avec son oncle le soir où celui-ci s'est fait descendre. Il était assis à la droite de Vicente.

— Pas mal. Je ne suis pas censé savoir que vous savez ça, mais qu'importe. Bon, le test. Il y a huit mois, je vous ai montré une coupure de presse concernant un incident qui s'est produit le 21 janvier dans les Huachuca. Que disait cet article ? »

Le Professeur vit l'article défiler dans son esprit, comme un prompteur de télévision, et résuma les faits essentiels, incluant le nom des victimes et du témoin survivant.

« Impressionnant ! Il semble que M. Miguel Espinoza ait identifié Cruz comme l'assassin. Le shérif du comté de Santa Cruz a voulu l'arrêter, mais quelqu'un a prévenu Cruz, et il s'est fait la belle. On pense qu'il est ici au Mexique. Un avis de recherche a été envoyé aux fédés mexicains. Vous êtes un fédé mexicain, enfin, parfois. Est-ce que vous l'avez vu ?

— Pas dans mon service.

— Il y a des rumeurs qui disent qu'il se planque sur le ranch d'Yvonne. Qu'il travaille pour elle.

— Pour elle ? Les seuls à détester les *pollos* et les *polleros* plus qu'elle sont les Minutemen.

— La Roja s'est peut-être diversifiée dans le business des poulets, et Cruz est son vice-président en charge. Cruz fait passer des clandestins avec sa bénédiction et partage les bénéfices avec elle. C'est ce que j'ai entendu dire. Ce serait logique. Un bon passeur de clandestins peut rapporter cinquante mille dollars par mois.

— Un gringo fugitif planqué au bon vieux Me-hi-co ! s'exclama le Professeur après avoir digéré cette information qu'il ignorait jusqu'alors. Dans un monde qui change en permanence, il est rassurant de savoir que certaines choses ne changent jamais.

— Il y a une raison à tout ça, déclara Nacho, agacé par la désinvolture du Professeur. Le shérif va se présenter pour être réélu en 2004. Il veut ce type. Il veut montrer aux électeurs qu'il s'occupe de la violence à la frontière. »

Le Professeur acheva sa pensée :

« Si je vous suis, le bon ami du shérif, l'agent Nacho Gomez, me demande de l'aider à localiser et à appréhender M. Cruz. Tout le monde est gagnant. La police des frontières interpelle le *mero mero* d'un réseau de clandestins, le shérif attrape un assassin.

— Je ne vous demande pas un effort particulier, mais vous avez une dette envers moi.

— Je vous rembourse déjà. C'est quoi, ça ? Les intérêts ? »

Ils continuèrent de rouler. La Roja – mêlée au trafic de clandestins ? songea le Professeur. Il ne l'aurait pas cru. D'ailleurs, il n'y croyait pas.

Un peu plus loin, les lumières de Naco scintillaient sur la face noire du désert, des lueurs clairsemées, clairsemées et faibles comparées aux lampes à arc aveuglantes qui brillaient de l'autre côté du mur de la frontière, qui s'étirait à l'est et à l'ouest de la petite ville sur huit kilomètres, une barrière faite de plaques d'acier, du genre de celles utilisées pour construire les pistes d'atterrissage des terrains d'aviation militaires temporaires, et, après ce mur, c'étaient des tours de surveillance qui se dressaient, clôturant les arroyos et les canyons peu profonds. Le Professeur ne voyait pas ces tours, mais il savait qu'elles étaient là, de grands poteaux d'acier avec des bras d'acier aux extrémités desquels pivotaient des caméras qui transmettaient leurs images verdâtres aux écrans du poste de la police des frontières de Naco. Lorsque l'une d'entre elles repérait des mules ou des *mojados* qui approchaient, un agent saisissait une manette, prenait le contrôle manuel de la caméra et, tout en traquant les silhouettes qui détalaient sur son écran, joignait par radio des agents à cheval qui portaient des lunettes de vision nocturne sous leurs chapeaux de cow-boy – « Douze personnes à pied à deux cents mètres au sud de votre position » – pour qu'ils aillent capturer les clandestins. *La Guerre des étoiles* qui rencontrait le Far West, deux mythes reliés par la foi des gringos dans le triomphe de la technologie – les fusils winchester à répétition qui avaient débarrassé les plaines des bisons et des Indiens étaient les ancêtres des capteurs électroniques et des caméras à infrarouge qui empêchaient les Mexicains d'entrer.

Ou qui étaient censés les empêcher d'entrer. Car cette foi était aussi puissante et aveugle que n'importe quelle conviction religieuse, et elle avait transformé l'Amérique en une nation d'idiots fainéants, superficiels, accros à Internet et aux jeux vidéo, qui avaient perdu de vue ce qui faisait le cœur de la vie. Lui, le synesthète, le comprenait mieux que la plupart des gens. Car de la même manière que ce qu'il voyait, il ne le voyait pas uniquement avec ses yeux, ce qu'il savait, il ne le savait pas uniquement avec sa raison. Et ce qu'il savait, c'était que les clandestins passaient malgré les gadgets et les bidules, parce qu'ils vivaient dans les profondeurs que les gringos avaient depuis longtemps abandonnées ; ils vivaient à la limite et comptaient sur leur intelligence et leur courage pour triompher (il se rappelait qu'à Juárez, il y avait eu une razzia sur les tournevis cruciformes parce que les Mexicains les plantaient dans la clôture de la frontière et les utilisaient comme des pitons d'escalade pour fuir la terre du sang et du souvenir, et gagner la terre des machines et de l'avenir) ; parce qu'ils étaient poussés par l'histoire – leur destinée était d'aller vers le nord plutôt que vers l'ouest – et par l'émotion, par la même soif de richesses, ou de ce qui était pour eux des richesses, que celle qui avait poussé Coronado depuis la ville de Mexico jusqu'à ce qui est de nos jours le Kansas dans sa quête des Sept Cités de Cibola. Cette migration était une sorte de ruée vers l'or, mais plus importante et inexorable que celle qui avait eu lieu en Californie un siècle et demi plus tôt. La première ruée vers l'or n'aurait pas pu être arrêtée par des tours high-tech et des barricades virtuelles si de telles merveilles avaient existé à l'époque ; et celle-ci ne serait pas arrêtée non plus. La *reconquista* finirait par triompher, et la langue espagnole par s'imposer sur les terres dont elle avait été bannie.

Ils pénétrèrent dans Naco, où continuait de régner une atmosphère de ville frontalière du Far West. À certains égards – rues poussiéreuses, maisons pittoresques en briques d'adobe –, on aurait dit le décor d'un western de Clint Eastwood. Mais certains bâtiments auraient cependant fait tache pendant le tournage, comme l'immense discothèque qui se dressait de façon incongrue au-dessus des maisons basses, des boutiques et des *cantinas* de l'artère principale. THE GALAXY, disait son enseigne au néon, l'une des entreprises de blanchiment d'argent d'Yvonne. Le Professeur perçut l'odeur des poêles où brûlait le *mesquite*, celle des tacos et des tortillas frits, et les odeurs se transformèrent en couleurs : violet, rose, jaune pâle. Des *burreros* traînaient au coin d'une rue, aussi échevelés et épuisés que des soldats de retour d'une mission dans le désert.

« Ils se sont débarrassés de leur chargement, et maintenant ils sont de retour à la maison pour se reposer et s'amuser, observa Nacho. Vous savez, dans un sens j'admire ces types. De vrais durs. Allez trimballer vingt-cinq kilos sur le dos pendant quarante kilomètres, avant de vous taper de nouveau quarante bornes pour rentrer, le tout pour cinq cents billets par voyage.

— À deux ou trois voyages par mois, ça fait une sacrée somme d'argent pour un jeune Mexicain, déclara le Professeur. Camionnette neuve, fringues neuves, du fric à claquer en boîte. Voyez les choses sous cet angle. Chaque passeur de drogue représente un clandestin dont vous n'aurez pas à vous occuper, et un chômeur furieux dont le gouvernement mexicain n'a pas à craindre qu'il fasse la révolution. Les bénéfices sociaux sont énormes.

— Oui, c'est ça. De vrais durs quand même. Il y a quelques années, quand j'étais sur le terrain, j'ai pincé un type de 19 ans qui avait été séparé des autres dans un coin complètement paumé. Je lui demande "*¿Dónde está la mota?*", mais il n'a jamais entendu parler de came, alors je le menotte à un arbre et je lui repose la question. Il ne sait toujours rien. Ça continue pendant un quart d'heure. Puis je lui demande le nom et l'adresse de sa mère. Pourquoi je veux savoir ça ? "Parce que, je lui dis, je suis un brave type qui veut que ta *mamacita* sache ce qui est arrivé à son fils quand il a refusé de me dire où était la came." Il se met à trembler, et je me dis : Là, il va craquer. Faux. "Quelle came ? qu'il demande. Je ne transporte pas de came. Juste de la nourriture et de l'eau." Ils disent tous ça. Finalement, je sors mon flingue, je l'arme et je le lui colle derrière la tête. "Une dernière fois, espèce de petit *pendejo*, où est la putain de came ? ou je recouvre cet arbre avec ta cervelle." Vous savez ce qu'il dit ? "Alors je suppose que le moment est venu pour moi de mourir." J'ai rengainé mon pistolet, je l'ai laissé repartir. C'est moi qui ai craqué.

— Encore une leçon, soupira le Professeur. Ne proférez jamais de menace que vous n'êtes pas prêt à mettre à exécution.

— C'était sa première livraison. Il ne le savait pas.

— Maintenant, il le sait. »

À la frontière, Nacho montra sa plaque à l'agent, et le Professeur produisit le permis de conduire de l'État d'Arizona qui l'identifiait sous son cryptonyme d'E. J. Carrington. Naco, Arizona, était plus petite, plus sombre et moins vivante que Naco, Sonora. Il y avait le poste frontière de style mission – dont les lignes élégantes rappelaient une époque où les bâtiments municipaux américains ne ressemblaient pas tous à des prisons –, un bar où les gringos qui vivaient de l'aide sociale côtoyaient des *contrabandistas* et… pas grand-chose d'autre. Nacho s'engagea sur la route de Bisbee tandis qu'un orage d'été mitraillait les montagnes Mule. Un quart d'heure plus tard, il se garait devant le San Jose Lodge, à la périphérie de Bisbee. Les deux hommes montèrent au premier étage, où un agent des douanes américaines nommé Brent Pierce avait loué une chambre.

« Il est motivé, déclara Nacho tandis qu'ils gravissaient les marches. Il travaillait sur l'affaire qu'Yvonne a foutue en l'air avec son massacre d'informateurs.

— L'étang de la Mort. Vous êtes sûr qu'il est partant ?

— Ce ne sera pas la première fois qu'il passera un pacte avec le diable pour se débarrasser d'une ordure. »

Contrairement à Nacho, qui avait une allure d'employé de bureau ventripotent, Pierce ressemblait tellement à un flic infiltré qu'il aurait tout aussi bien pu porter une plaque et un uniforme : cheveux hirsutes, barbe de trois jours, carrure de culturiste gavé de stéroïdes. Le jeu de clubs de golf dans le sac de cuir posé à côté de la commode n'allait pas avec son apparence de voyou ; c'était comme si un *biker* s'était mis au golf.

Après les présentations, Pierce alla chercher une bouteille d'Herradura dans le minibar et versa trois doses généreuses dans des gobelets en plastique.

« Dommage qu'on n'ait pas de vrais verres, s'excusa-t-il en s'asseyant à califourchon sur une chaise, appuyant son torse contre le dossier. Ça gâche le goût d'une bonne tequila. *Salud.*

— *Salud*, répondit le Professeur en levant son gobelet et en s'asseyant à côté de Nacho sur le canapé.

— Commençons par nous assurer que nous sommes sur la même longueur d'onde, dit Pierce. Nacho me dit que Carrasco veut la même chose que nous – se débarrasser d'Yvonne. Et que vous avez des idées pour y parvenir. C'est exact ?

— Oui.

— Pourquoi Carrasco a-t-il besoin de nous ? Il a des ressources. Pourquoi ne s'occupe-t-il pas d'elle lui-même ? Ou pourquoi ne lui colle-t-il pas les fédés mexicains sur le dos ?

— Vous voulez que j'énumère les raisons ? »

Pierce le regarda de ses yeux secs et luisants, des yeux de sniper.

« Oui, énumérez les raisons.

— Premièrement, Yvonne a des protections à tous les niveaux. Deuxièmement, elle a l'armée de son côté – ce qui exclut les fédés, à moins que vous ne vouliez voir des flics mexicains et des soldats mexicains se foutre sur la gueule. Troisièmement, elle s'est alliée au cartel du Golfe, elle a donc un renfort d'hommes armés. Quatrièmement, Joaquín veut en finir avec la guerre. Elle ne profite à personne. »

Et, pensa-t-il, moi aussi j'en ai assez. Il en avait assez depuis le massacre des Coqs d'Or.

Pierce enveloppa ses bras épais comme des poteaux autour du dossier de sa chaise. Il semblait capable de briser les barreaux d'une simple pression.

« La violence monte, les profits baissent.

— On peut résumer ça comme ça, dit le Professeur. Mieux vaut qu'Yvonne se fasse prendre aux États-Unis. Joaquín est débarrassé d'elle sans nouveau bain de sang. Une bonne chose pour lui, une bonne chose pour les douanes américaines.

— Et comment exactement va-t-il coopérer avec nous, ou, si vous préférez, nous avec lui ? demanda Pierce.

— Je me mets à votre service. Yvonne ne m'a jamais vu – ni son fils, Julián. Pour autant que je sache, et j'en sais beaucoup, personne dans son organisation ne sait à quoi je ressemble. Je vais infiltrer son cartel d'Agua Prieta. Je vais être votre informateur. »

Pierce se leva, remplit les gobelets, puis il tira un club de son sac et tapa dans une balle.

« Je suis tout ouïe.

— Je me fais passer pour un dealer de coke américain, j'entre en contact avec Yvonne et je gagne sa confiance en effectuant quelques achats. Une fois que je me suis imposé comme un client fiable, je joue la tentation. J'ai un gros client qui veut effectuer des transactions de plusieurs kilos. » Puis, son regard passant de Nacho à Pierce : « Vous serez le client. Un poids lourd, mais trop méfiant pour traiter au Mexique. Vous ne ferez affaire qu'aux États-Unis. C'est comme ça que nous l'attirons de l'autre côté de la frontière avec un chargement. La transaction a lieu, vous la coincez, et il n'y a aucune complication vu qu'elle a la nationalité américaine. Si nous nous y prenons bien, nous coinçons aussi Julián. Nous décapitons l'organisation Menéndez. »

Pierce replaça le putter dans le sac. Il était sceptique. L'opération supposait de la part d'Yvonne un degré d'imprudence dont il ne la pensait pas capable. Pourquoi le Professeur était-il si certain de pouvoir gagner sa confiance au point de lui faire traverser la frontière avec un chargement ?

« Avidité. Il n'y a pas plus avide qu'elle dans le milieu. Si la récompense lui semble assez grosse, elle courra le risque. »

Pierce plissa les yeux pour indiquer qu'il n'était toujours pas convaincu.

« Je l'ai déjà fait, reprit le Professeur, tel un VRP vantant ses propres qualités.

— C'est ce que m'a dit Nacho. Il y a longtemps. Vous risquez d'avoir perdu la main.

— On n'oublie pas ces choses-là. C'est comme faire du vélo. Si vous vous demandez ce que ça coûterait au gouvernement américain à part votre salaire, la réponse est : rien. Carrasco financera les transactions. »

La couleur des yeux de Pierce – ils ressemblaient à des disques d'aluminium – dégageait une odeur amère. Il les tourna vers Nacho.

« Tu as parlé à Carrasco ?

— Cet après-midi. C'est l'idée du Professeur, mais Joaquín la soutient, à cent pour cent.

— Tout ce que Joaquín demande, c'est que son rôle dans tout ça soit tenu secret, ajouta le Professeur. Nous travaillons conjointement, les douanes américaines et les fédés mexicains unissent leurs forces pour faire tomber un gros bonnet du trafic de drogue.

— Vous écrivez déjà les gros titres ? demanda Pierce. Il reste un petit problème. Comment comptez-vous faire la connaissance d'Yvonne ?

— J'y travaille. Mais je dois être sûr avant d'aller plus loin que vous en êtes tous.

— Vous avez du cran, je dois l'avouer. Si elle vous démasque, le mieux que vous puissiez espérer, c'est qu'elle mette moins de trois jours à vous tuer. »

Pierce se leva de sa chaise en pivotant sur lui-même et tendit une main qui semblait à peine plus petite qu'un gant de base-ball.

Le Professeur la serra.

« À vrai dire, répondit-il avec une pointe d'accent britannique, je meurs d'impatience. Je sens que je vais m'amuser. »

26

Au cours de son travail clandestin, le Professeur avait rarement eu recours à des déguisements à la Sherlock Holmes ; cependant, les circonstances actuelles exigeaient qu'il se fonde dans le paysage. Son plan était de monter Billy Cruz contre Yvonne, et c'était ce qui l'amenait ici, sur ce qui était autrefois le territoire de Carrasco, mais qui appartenait désormais à cette dernière. Il était derrière les lignes ennemies. Vêtu d'un chapeau de cow-boy en paille, d'un jean et d'une chemise en jean sale, tractant un fourgon à chevaux derrière un pick-up Ford qui aurait eu un aller-retour de la terre à la lune au compteur s'il avait fonctionné – l'aiguille s'était bloquée à trois cent mille kilomètres dans un passé lointain –, il avait tout du *vaquero* miteux dans un pick-up miteux. De grandes zones caillouteuses défiguraient les flancs de colline à l'herbe rare sur lesquelles des bêtes maigres fourrageaient ou paressaient sous les *mesquites* aux branches courbées et tordues comme des doigts arthritiques. Il n'était pas tombé de pluie depuis une semaine – les *chubascos* s'étaient interrompus –, et il suivait le convoi à bonne distance (trois camionnettes menées par Billy Cruz dans un Dodge Ram blanc) pour ne pas être asphyxié et aveuglé par la poussière. Il avait rattrapé le convoi au motel de Cananea où les *mojados* avaient été planqués pour la nuit, puis l'avait suivi sur la Mex-2, puis sur la route de Santa Cruz, sa destination, où Billy assemblerait son chargement humain pour passer de nuit la frontière, sept kilomètres plus loin.

Les soldats du poste de contrôle de San Lazaro firent signe au Professeur de s'arrêter, et tandis que l'un d'eux, un Indien, inspectait le fourgon, un autre jetait un coup d'œil à l'intérieur du pick-up et lui demandait où il allait. À un *rancho* pour récupérer des chevaux, répondit-il, et il poursuivit son chemin. En approchant d'une barrière à bétail, une puanteur familière lui assaillit les narines. Au bord de la route gisait une carcasse de cheval gonflée et couverte de mouches, ses quatre pattes coupées au niveau des genoux. L'animal, aveugle ou extrêmement stupide, avait dû tenter de traverser la barrière à bétail et s'était retrouvé coincé entre les barres, bloquant la route jusqu'à ce que quelqu'un l'abatte, ampute la partie inférieure de ses membres et le traîne hors du chemin. La frontière. *La línea. La frontera.* Un endroit merveilleux.

De l'eau coulait dans le lit de la rivière Santa Cruz, pas beaucoup, peut-être trente centimètres. Derrière se trouvait la ville du même nom, un amas compact et ordonné de maisons et de boutiques à toit plat dont les fenêtres étaient ornées de barreaux en acier torsadés. Un peu plus loin devant lui, le convoi s'arrêta au niveau d'une épicerie. Le Professeur regarda les chauffeurs entrer dans la boutique et en ressortir dix minutes plus tard, portant des sacs en plastique. Probablement les provisions habituelles des *pollos* – boîtes de *frijoles*, du gel combustible pour se réchauffer, des bouteilles d'eau, de l'Electrolit. Un coup de fouet pour l'économie locale.

Il attrapa sa radio Motorola sous son siège et appela le poste de la police fédérale.

« Je suis en ville et lui aussi. Je vous dirai où le cueillir.

— *Sí, mi capitán* », répondit une voix.

Le petit contingent de *federales* du coin constituait ses seuls alliés. Ils étaient restés fidèles à Joaquín après la prise de pouvoir rapide d'Yvonne, en partie parce que celle-ci, calculant que ses alliés de l'armée suffiraient à la protéger, avait négligé de les soudoyer.

Il suivit les véhicules à travers la *plaza* jusqu'à la station-service Pemex, où ils firent le plein. De là, ils s'engagèrent dans une petite rue non pavée, s'arrêtant devant un bâtiment d'adobe où des draps faisaient office de rideaux. Une auberge à clandestins. Une planque. Les migrants sortirent précipitamment des camionnettes – ils devaient être quarante à serrer des sacs de voyage, des sacs à dos et de petites valises – et furent poussés à l'intérieur. Cruz entra avec eux, portant un attaché-case. Les camionnettes repartirent, direction Cananea pour y chercher un autre chargement. Puis Cruz ressortit de la planque après avoir récupéré ses commissions et roula jusqu'à la *plaza*, où une petite fille avec un pied bot regardait ses camarades grimper aux poutres d'un château d'eau pendant que plusieurs jeunes hommes tuaient le temps sur les bancs en fumant et en discutant. Depuis son pick-up garé près du poste de police, de l'autre côté de la *plaza*, le Professeur vit Cruz rassembler les jeunes hommes autour de son Dodge pour s'entretenir avec eux. C'étaient les guides qui aideraient les migrants à affronter les serpents, les scorpions, la chaleur, pour les mener au nord, où les rêves devenaient réalité, mais pas toujours. Cruz semblait très détendu, sirotant sa bière tout en donnant ses instructions. C'est Yvonne qui avait dû lui procurer les plaques d'immatriculation de l'État de Sonora qui se trouvaient sur sa camionnette ; il devait y avoir une fausse carte grise mexicaine dans la boîte à gants et un permis de conduire mexicain dans le portefeuille de Cruz, tout ce dont il avait besoin pour prouver qu'il avait bien la nationalité mexicaine.

Les réverbères s'allumèrent, les fillettes rentrèrent chez elles, la gamine au pied bot clopinant derrière, et les coyotes prirent rapidement la direction de la planque. Comme Cruz s'en allait, le Professeur déclencha sa radio.

« Il part maintenant, vers le sud », dit-il. Il donna l'immatriculation et la description du véhicule. « Souvenez-vous, en dehors de la ville. Et assurez-vous qu'il n'y aura pas de témoins.

— *Sí, mi capitán.* »

Il se laissa glisser derrière le volant, abaissant le chapeau de cow-boy par-dessus ses yeux, et attendit. Vingt minutes plus tard, la radio crépita. Ils le tenaient, et non, il n'y avait pas eu de problème. Vingt minutes supplémentaires s'écoulèrent. Un véhicule utilitaire de la police fédérale s'arrêta devant le poste de police aux murs blanchis à la chaux, face au tribunal. Menotté, Cruz fut mené à l'intérieur par deux *federales*. Le Professeur attendit un peu, puis il remonta la rue à pied, passa devant l'église et pénétra dans le poste de police, qui était si peu meublé qu'on l'aurait presque dit inhabité. Un flic était assis à un bureau, remplissant le compte-rendu d'arrestation sur une machine à écrire manuelle – le XXIe siècle n'était pas encore arrivé à Santa Cruz, et il n'y arriverait probablement jamais. Le flic ouvrit l'attaché-case de Cruz, qui était rempli de liasses de billets de cent dollars, peut-être cinquante mille en tout, assez pour tenter le plus vertueux des hommes, et tendit au Professeur un sachet en plastique qui contenait le portefeuille et les clés de voiture de Cruz. À l'intérieur du portefeuille se trouvaient mille pesos et deux cents dollars en espèces, un permis de conduire mexicain au nom de Jaime Ortega, et, dans un compartiment séparé, un permis d'Arizona et des cartes de crédit au nom de William Cruz. Négligent. Exceptionnellement négligent. Cruz était pire qu'un amateur.

Il était dans ce qui passait pour la cellule de détention provisoire – une pièce aux murs nus, juste assez grande pour accueillir un lit pliant et un cabinet de toilette. Il y flottait une puanteur d'urine, le relent de tous les corps cradingues qui y avaient passé un temps. Toujours menotté, un Cruz inconsolable était assis dans un coin, à même le sol en béton. Il ne pouvait pas s'asseoir sur le lit, qui était infesté de puces. Le Professeur fit signe au *federale* de lui ôter ses menottes.

« *Buenas noches, Jaime. Quisiera tener unas palabritas con usted. ¿Está bien?* »

Cruz se massa les poignets. Le bout de ses doigts était noirci par l'encre qui avait servi à prélever ses empreintes. Il leva avec méfiance les yeux sous ses sourcils pâles et sillonnés de cicatrices.

« *¿Quién eres?*

— Pour le moment, le seul ami que tu aies au monde. »

Cruz cligna des yeux, surpris d'entendre ce type à l'allure de *vaquero* s'adresser à lui dans un anglais parfait.

« Américain ?

— Ça n'a aucune importance, Jaime. Je devrais dire Billy. La seule chose qui a de l'importance, c'est que je suis ton ami.

— Qui… qui êtes-vous… que voulez-vous ?

— Je veux que tu te lèves et que tu t'assoies sur les toilettes.

— Hé ! mec… je suis bien par terre. »

Le Professeur soupira d'un air consterné.

« Tu es dans le pétrin. Tu es un citoyen américain entré illégalement au Mexique, en possession d'un permis de conduire bidon sous un faux nom. Tu as un attaché-case plein d'argent dont tu nc pcux pas justifier la provenance. Tu es aussi recherché en Arizona pour être interrogé à propos d'un double meurtre. Je suis certain que les hommes qui t'ont arrêté t'ont déjà expliqué tout ça.

— Et après ?

— Si tu veux te sortir de ce pétrin, tu vas faire ce que je vais te dire. »

Cruz se releva et s'assit sur les toilettes. Leur odeur âcre avait une couleur et une forme – une boule visqueuse verdâtre –, et le visage à la fois beau et cabossé de Cruz produisait un bruit distinct, un bruit de pas écrasant du gravier.

« Vous êtes qui ?

— Carrington. Il y a quelques années, tu as purgé une peine en Arizona pour trafic de drogue. C'est alors que toi et moi sommes devenus amis.

— Je vous ai jamais vu de ma vie, répliqua Cruz, après un silence.

— Je le sais. Tu le sais. Mais Yvonne Menéndez ne le sait pas. Tu vas me présenter à Yvonne, tu vas te porter garant de moi. Tu vas lui dire que je suis ton ancien compagnon de cellule de Florence et que je veux faire affaire avec elle. Pas de *mota*, seulement de la coke, en grande quantité. Voilà ce que je veux. Je veux rencontrer Yvonne Menéndez.

— Mec, je ne… »

Le Professeur lui fit signe de se taire.

« Arrangeons-nous pour que cette conversation soit courte et plaisante plutôt que longue et déplaisante. S'il te plaît, ne me dis pas que tu ne connais pas Yvonne Menéndez. Tu vis sur son ranch, tu fais passer des clandestins aux États-Unis avec sa bénédiction et tu couches avec elle. »

Cruz le fixa pendant une demi-seconde avant de détourner le regard. Il marmonna quelque chose.

« Je ne suis pas sûr que tu comprennes bien ta situation. Si je sors d'ici déçu, les fédés mexicains vont t'emmener au poste frontière de Nogales et te remettre au shérif Danny Rodriguez. Il a un témoin oculaire qui t'identifie comme le type qui a tué deux Mexicains en janvier. Ils transportaient de la drogue, que tu as volée. Vingt-cinq ans minimum, peut-être perpète, ou peut-être, si le procureur fait un sacré bon boulot, une injection létale. Maintenant, je peux comprendre que tu sois prêt à courir ce risque. Une condamnation est une possibilité, mais il y a une certitude. »

Il commençait à avoir toute l'attention de Cruz.

« Quelle certitude ?

— Ce qu'Yvonne te fera si elle découvre que toi et feu ton oncle l'arnaquiez.

— Vous racontez des conneries ! s'exclama Cruz.

— Je suis féru d'histoire, Billy, et j'ai effectué ces derniers jours des recherches sur l'histoire récente. Vicente était kleptomane, il ne pouvait s'empêcher de voler les gens pour qui il travaillait, et il volait Yvonne. Une partie de livraison par-ci, une partie de livraison par-là. Parfois, il avait des problèmes pour faire passer la *merca* volée de l'autre côté. Alors il appelait son *pollero* de neveu pour qu'il lui trouve quelques *mojados* pour faire le boulot. Et un jour, l'hiver dernier, tu t'es arrangé pour que trois clandestins qui n'avaient pas eu de pot transportent soixante ou soixante-dix kilos de *mota*. Le plan était de les faire avancer derrière une camionnette bourrée de clandestins qui étaient censés leurrer la police des frontières au cas où elle aurait été dans le coin. Mais les choses ont mal tourné. Tu ne savais pas quoi ni pourquoi – j'imagine que tu le sais maintenant –, tout ce que tu savais, c'était que les trois mules ne sont jamais arrivées. "Ils sont en train de m'arnaquer !", voilà ce que tu as pensé. Tu as traqué les trois types et tu en as buté deux. Tu n'as pas retrouvé le troisième, mais tu t'es dit que tu ferais mieux de récupérer la livraison et de te tirer. Et c'est exactement ce que tu as fait. »

Les mains jointes entre ses genoux, Cruz ne répondit rien.

« C'est intéressant quand on y réfléchit. C'est, oh ! ironique. Tu ne savais pas sur le coup que la femme que ton oncle et toi aviez arnaquée était aussi celle qui avait ordonné le massacre des clandestins dans la camionnette de devant, juste pour l'exemple. Et elle ne savait pas que juste derrière cette camionnette il y en avait une autre, avec sa *merca* à l'intérieur. Je tremble en pensant à ce qu'elle ferait si elle venait à l'apprendre. Et le fait que tu sois son amant du jour n'arrange rien. L'enfer n'a pas plus de furie qu'une femme dédaignée. Donc tu es là, à devoir choisir entre d'un côté un procès pour meurtre, et de l'autre la fureur d'Yvonne Menéndez. Non, tu ne veux pas que je sorte d'ici déçu. »

Cruz se frotta le visage à deux mains.

« Mon meilleur ami au monde.

— Le meilleur et le seul. Tout ce que tu as à faire, c'est nous présenter l'un à l'autre et, oh ! oui, chaque fois que tu y songeras, tiens-moi au courant des activités de ta maîtresse et patronne.

— Vous ne m'aviez pas dit que vous vouliez que je moucharde.

— Ç'a dû me sortir de la tête.

— Alors, vous êtes quoi ? DEA ? ICE ? FBI ?

— Tu maîtrises parfaitement l'alphabet, observa le Professeur. Ce que je suis n'a aucune importance. Tout ce qui compte, c'est que nous soyons amis. »

27

« Je te présente mon cousin et nouvel associé, dit Blaine au barman du Wagon Wheel Saloon (LE PLUS VIEUX BAR DE COW-BOYS DE PATAGONIA – FONDÉ EN 1937, annonçait l'enseigne à l'avant). Il a signé les papiers aujourd'hui. »

Le barman, un homme grand et solide avec une couronne de cheveux tirant sur le brun, tendit la main en direction de Castle.

« Toute la ville dit que vous avez tiré une sacrée épine du pied de Blaine. Je ne sais pas si je dois vous féliciter ou être désolé pour vous. Qu'est-ce que vous prendrez ? »

C'était la première fois que Castle venait au Wagon Wheel. Le juke-box diffusait un vieux morceau d'Hank Williams, et deux hommes tournaient autour de la table de billard, queue de billard à la main ; un lynx empaillé était tapi sur un mur de briques cuites auquel étaient accrochés des armes à feu anciennes et divers équipements de cow-boy. Castle voulait un martini, mais le saloon ne semblait pas être le genre d'endroit où on en servait, aussi commanda-t-il une bière Pacífico avec un petit verre de tequila.

« Et pas de cette tequila qu'on pourrait faire brûler dans une lampe à pétrole, dit Blaine. Mon cousin a des goûts raffinés.

— Ça vous ira, monsieur ? » demanda le barman en levant une bouteille de Patrón Silver.

Blaine fit claquer deux billets de vingt sur le bar et indiqua du doigt que c'était sa tournée. Deux femmes lui sourirent discrètement, des hommes affublés de chapeaux de cow-boy, de casquettes de base-ball, de chemises de travail, approuvèrent ou le remercièrent en levant deux doigts à travers une brume de fumée de cigarette agitée par la chaude brise d'août qui pénétrait par la porte-écran. Castle, qui était toujours affublé du pantalon de coton, du polo et des mocassins qu'il avait portés pour se rendre au cabinet de Lovelace à Tucson, ne se sentait pas à sa place, en dépit de son nouveau statut de rancher. Blaine, Monica et lui avaient signé les papiers d'incorporation dans la matinée, et il avait rédigé un chèque à l'ordre de l'administration fiscale en règlement de la première échéance des droits de succession. La vue du chiffre avait soulevé en lui une vague de remords – pas à cause du montant lui-même, mais à cause de l'implication qu'il représentait.

Le barman revint après avoir servi un autre client et se versa un verre de tequila bon marché.

« J'ai besoin d'allumer ma lampe à pétrole interne. *Salud* à vous deux.

— *Salud*, répondit Blaine en levant sa bière.

— Donc, le ranch n'est plus à vendre ? Je peux dire à Ted Turner de laisser tomber la prochaine fois qu'il viendra boire un coup ici ?

— À partir *d'aujourd'hui*. Et à partir de *demain*, Gil va découvrir ce pour quoi il a payé. On va… »

Le claquement sec d'une bouteille vide sur le bar l'interrompit.

« On peut se faire servir à boire ici ?

— Regardez qui voilà, prononça lentement Blaine, lançant un regard noir en direction de la silhouette décharnée qui se tenait entre deux clients assis, une queue de billard à la main. Mon offre n'est pas valable pour lui », dit-il au barman.

Ce dernier saisit la bouteille vide, en tira une autre du réfrigérateur et annonça :

« Trois dollars cinquante.

— Tu devrais faire attention à qui tu laisses entrer ici », lança Blaine d'une voix sonore.

Idaho Jim régla sa boisson et lui lança un regard mauvais.

« Je me disais justement la même chose. »

Il regagna la table de billard et, posant la bière par terre, disposa les boules. Son partenaire, un Mexicain taillé comme un défenseur de football à la retraite, cassa, la queue claquant comme un pistolet de starter, les boules explosant dans toutes les directions.

« Tu sembles avoir un problème avec ce type, observa le barman à l'intention de Blaine.

— C'est plutôt lui qui en a un avec moi. Qui est le grand Mexicain ?

— Son nom est Linares. C'est tout ce que je sais. »

Blaine s'enfonça dans un de ses silences maussades, puis finit sa bière.

« Vide ton verre, Gil. Tout d'un coup j'ai plus envie de faire la fête. »

Comme ils s'en allaient, Idaho Jim était penché au-dessus de la table, préparant son prochain coup. À l'instant où il allait jouer, Blaine s'arrangea pour le heurter tandis qu'il marchait vers la porte. La pointe de la queue produisit un son creux, et la boule blanche manqua lamentablement sa cible.

Ils venaient de monter dans la Suburban de Castle quand le géant mexicain apparut à l'extérieur. Malgré ses bras et ses mains qui annonçaient une force phénoménale, il arborait un sourire presque avenant.

« Hé ! mec, faut que je te dise quelque chose, lança-t-il en regardant Blaine. Tu as beaucoup de chance. Tu ne sais pas à quel point. Mais tu ne devrais pas en abuser, hein ? »

Blaine s'apprêtait à répondre, mais Castle passa la marche arrière et s'engagea dans la rue avant qu'il ait le temps de le faire.

Depuis huit mois qu'il était au San Ignacio, Castle avait eu un aperçu du caractère pénible de la vie d'un rancher ; le lendemain matin, il eut la chance de goûter à son côté romantique lors d'un rassemblement de bétail. La veille, après l'altercation évitée de peu au Wagon Wheel, Blaine lui avait donné un cours accéléré sur la terminologie de son nouveau métier – les différentes parties de la selle, les divers types de mors et de brides – et fait un topo sur les espèces de bétail, les espèces d'herbe, l'état actuel du marché du bétail, les objectifs du San Ignacio (vendre des bœufs de 1 an à sept cent quatre-vingts livres). Blaine entendait démontrer grâce à cet exposé que si le business du bétail n'était pas de la physique nucléaire, pour reprendre les termes de Castle, ce n'était pas non plus un jeu d'enfant.

Sous le ciel gris pâle du petit matin, ils étaient neuf à s'éloigner au petit trot de la maison principale du ranch – Blaine, Monica, Gerardo, Castle, Tessa, McIntyre et le propriétaire d'un ranch voisin accompagné de ses deux employés, un *Anglo* et un Mexicain. Il n'y avait pas de vent et pas un bruit hormis celui des sabots. Les Huachuca retardaient l'arrivée de l'aube, et Vénus brillait à l'est, son éclat diminuant à mesure que le soleil se levait derrière les montagnes et qu'une barrière de nuages prenait une teinte rose pâle, puis pêche, avant de finalement briller d'un or flamboyant. L'employé mexicain s'élança à vive allure devant les autres. Le voisin de Blaine se lança à sa suite et, après l'avoir rattrapé, donna un coup de chapeau dans le dos du jeune cow-boy et le réprimanda sèchement en espagnol. Le cow-boy tira sur les rênes, puis attendit que les autres le dépassent pour reprendre sa place à l'arrière.

Castle demanda ce qui s'était passé.

« Une leçon d'étiquette, répondit son cousin. On se place jamais devant le propriétaire des vaches. Les *vaqueros* de jadis savaient ça alors qu'ils portaient encore des couches. Mais les jeunes d'aujourd'hui savent plus rien. »

Ils poursuivirent leur route, puis firent halte à un endroit où le terrain formait un bassin. Blaine attribua à chacun sa mission : son voisin et les deux cow-boys devaient prendre le côté droit et rassembler les bêtes le long de la frontière mexicaine ; Monica, Gerardo et lui prendraient le milieu ; Tessa, McIntyre et Castle, le côté gauche. Ils devaient tous se retrouver dans le bassin, puis conduire le troupeau jusqu'au pâturage qui se trouvait à proximité des corrals d'expédition afin de le marquer le lendemain.

« Tessa, tu es en charge. Il devrait y avoir soixante têtes là-haut. Montre à mon cousin comment on fait. »

Les harnais craquaient et ballottaient, et les pattes des chevaux bruissaient dans les hautes herbes mouchetées de fleurs couleur moutarde. Ils avançaient en file indienne, Tessa ouvrant la voie et Castle fermant la marche sur Comanche, le long d'une ligne de crête qui surplombait un canyon de quatre cents mètres de large à son embouchure. Des carouges à tête jaune perchées sur la clôture s'envolèrent dans les nuages à l'approche des cavaliers. Ils descendirent prudemment jusqu'au fond du canyon, où s'écoulait un ruban d'eau qui franchissait des barrages rocheux pour former des mares étincelantes. Une splendide antilope mâle à la peau comme du cuir brossé jaillit soudain, traversa l'arroyo d'un bond et grimpa à toute allure vers la crête avec une agilité saisissante. Une douzaine de vaches angus, avec des étiquettes vertes accrochées à leurs oreilles, se reposaient en compagnie de leurs veaux un peu plus loin. Tessa conseilla à Castle de ne pas trop s'approcher, sinon les veaux croiraient qu'il faisait partie du troupeau et le suivraient lui au lieu de leur mère. Elle n'était pas là pour s'amuser et portait une tenue de circonstance : chemise en jean, chapeau taché de sueur, jambières de cuir éraflées. Castle se laissa néanmoins distraire par une vague de désir soudain, car elle montait son cheval telle une cavalière de parade, sa posture droite exagérant le gonflement de sa poitrine (qui n'avait pas besoin d'être exagéré). Ses hanches, ses cuisses et ses genoux pliés dessinant une courbe serpentine.

Elle s'approcha du troupeau à faible allure, flanquée de Castle et McIntyre. Les vaches se levèrent et se mirent immédiatement à appeler leurs veaux, chacun d'entre eux paraissant reconnaître la voix de sa mère dans ce concert de beuglements qui semblaient tous identiques à une oreille humaine.

Un peu plus loin, dans une prairie presque dénuée d'arbres, vingt autres bêtes broutaient. Laissant à Castle la garde des douze premières, Tessa et McIntyre s'éloignèrent, faisant claquer leurs longes enroulées, et réunirent les bêtes. Une vache se mit à détaler, son veau courant derrière elle. Tessa la rattrapa, mais le veau paniqué poursuivit sa fuite. Elle fit tournoyer son lasso dans les airs et le lança, la boucle retombant autour du cou du petit mâle aussi proprement qu'un anneau autour d'un piquet. Tessa tira doucement ; le veau bascula sur le flanc, puis se releva, secoué mais indemne. La poursuite, le lancer, la capture, tout s'était passé dans un mouvement fluide et merveilleux à voir. Castle sentit son cœur se gonfler, comme une fleur s'épanouissant, s'ouvrant.

Ils pourchassèrent des vaches sur des crêtes, dans des ravines, à travers de petits canyons boisés et des pâturages à flanc de colline. Des fortes têtes tentaient de s'échapper, fuyant dans d'étroits défilés d'où le cowboy chrétien les délogeait en usant d'épithètes peu chrétiennes. Castle se lança seul à la poursuite de quatre vaches rebelles, deux accompagnées de leurs veaux, deux seules, et il les ramena, grisé par la poursuite stimulante, ravi d'avoir accompli un tel exploit sans aide.

Ils guidèrent le troupeau à une allure paisible pour éviter que les veaux ne prennent un coup de chaleur – la matinée était désormais bien avancée et la température dépassait largement les trente degrés – et s'arrêtèrent à l'embouchure du canyon, où ils décrivirent des cercles lents jusqu'à ce que les bêtes s'immobilisent, une masse grouillante de têtes et de dos auréolés de mouches. Après les avoir comptées, ils conclurent qu'il leur manquait trois têtes. McIntyre expliqua qu'il les avait vues dans un canyon secondaire. Tessa décida de garder le troupeau pendant qu'il irait les chercher. Castle proposa de l'accompagner.

« Je pensais que vous commenceriez à avoir le cul en compote, lança McIntyre tandis qu'ils rebroussaient chemin à vive allure.

— En effet, mais je n'ai pas l'impression de travailler.

— Être cow-boy, ce n'est pas un travail – c'est une maladie. Le meilleur boulot du monde, sauf quand vous êtes ici en plein orage ou quand il fait moins dix et qu'un vent du nord vous fouette le visage. » McIntyre se baissa sous une branche basse. « Là, en voici une. »

Il désigna une tache noire entre les arbres, à l'endroit où le canyon secondaire rejoignait le canyon principal. Mais la vache ne bougeait pas, et lorsqu'ils s'approchèrent, ils comprirent pourquoi : c'était une bâche en plastique noir, en partie camouflée par des branches coupées, qui recouvrait des sacs de marijuana empilés comme des balles de foin.

McIntyre regarda nerveusement autour de lui, se leva sur ses étriers et lança : « *¡Buscamos ganado y nada* *más!* » Il hésita un instant, puis cria une fois de plus : « *¡Buscamos ganado y nada más!*

— Qu'est-ce qui se passe ? demanda doucement Castle.

— Je leur dis que nous cherchons du bétail et rien de plus. Je ne veux pas qu'ils nous prennent pour des flics, ou, pire encore, pour des *bajadores* qui chercheraient à leur piquer leur cargaison.

— Ils sont ici ? Ils sont dans les parages ?

— Je parie qu'ils nous observent en ce moment même, et je parie aussi qu'au moins un d'entre eux a un fusil d'assaut. Ils ne vont pas se laisser piquer une cargaison de cette taille. Il doit y avoir vingt sacs, mille kilos. Ils attendent probablement qu'un véhicule vienne les récupérer.

— On continue de chercher ou on décampe ? »

McIntyre croisa les mains par-dessus le pommeau de sa selle.

« Les mules ne vont pas nous causer de problèmes tant qu'on ne leur en cause pas. »

Ils pénétrèrent dans le canyon secondaire, regardant tout autour d'eux de peur de surprendre les passeurs de drogue. Le paysage avait changé ; du moins, la perception qu'en avait Castle, qui s'imaginait désormais les broussailles et les fourrés de chênes peuplés de trafiquants en train d'observer le moindre de ses mouvements. Pourtant, une colère bouillonnait sous son malaise. Qui ces trafiquants croyaient-ils être pour utiliser sa propriété – oui, elle était à lui – comme entrepôt pour leur marchandise ? Il n'était pas, contrairement à auparavant, enclin à pardonner à ceux qui empiétaient sur sa propriété. Il commençait à penser comme Blaine.

Ils trouvèrent les trois vaches égarées et les ramenèrent jusqu'au troupeau par un autre chemin après avoir convenu que les trafiquants ne toléreraient peut-être pas de les voir passer une seconde fois.

« Dites, Gil, d'après vous, combien de joints on peut se rouler avec mille kilos ? » demanda McIntyre.

Castle n'en était pas encore au stade où il pouvait guider des vaches, discuter et faire des maths en même temps, mais il tenta le coup.

« Ça dépend de combien de grammes par joint. Disons deux. Mille grammes pour un kilo, ce qui fait cinq cents joints par kilo, multiplié par mille. » Il marqua une pause, se représentant les zéros. « Un demi-million. »

Le cow-boy siffla entre ses dents.

« Et il s'agit d'une seule livraison. Enfin merde, *qui* peut bien fumer tout ça ? »

Après avoir rejoint Tessa, ils guidèrent leur troupeau de soixante têtes jusqu'au bassin et le gardèrent jusqu'au retour des autres. Le rancher du voisinage, qui était reconnaissable de loin grâce à son bandana d'un rouge flamboyant, apparut en premier au sommet de la crête sud du bassin. Le bétail suivait derrière lui telle une rivière noire ininterrompue, déferlant le long de la faible pente ; des sturnelles apeurées s'envolèrent devant l'arrivée du troupeau. Les bêtes étaient encadrées par Blaine et Gerardo d'un côté, et Monica et l'*Anglo* de l'autre. Le Mexicain aux mauvaises manières fermait la marche, un foulard couvrant sa bouche et son nez. Castle trouva le spectacle grandiose.

Blaine s'approcha de Tessa et lui demanda combien de vaches elle avait récupérées.

« De belles bêtes, hein ? s'exclama-t-il en admirant son bétail cerné par les cavaliers. Elles vont faire de bonnes vaches de 4 ou 5 ans. »

Castle n'avait aucune envie de lui saper le moral, mais il lui annonça leur découverte.

Blaine s'essuya le visage.

« Où ça ?

— Peut-être quatre cents mètres après l'entrée du canyon, côté nord. »

L'étrange sourire oblique traversa le visage de son cousin.

« Tu sais ce que notre grand-père aurait fait ? Il aurait foutu le feu à la came, et quand les dealers seraient sortis des buissons pour l'éteindre, il aurait buté chacun de ces enculés.

— Les temps ont changé, déclara Castle, un peu irrité par son cinéma à la John Wayne. Et puis, je n'avais pas d'allumette.

— Ouais, et puis bon sang, Blaine, ajouta McIntyre, si on avait foutu le feu à toute cette dope, tout le monde à trente kilomètres à la ronde aurait été défoncé pour le restant de la journée. »

Castle et Tessa éclatèrent de rire. Mais Blaine n'était pas d'humeur à plaisanter.

« On va devoir faire passer toutes ces bêtes par deux barrières, cousin. Parfois c'est facile, et parfois c'est comme essayer d'enfoncer une nouille mouillée dans le cul d'un lynx. Toi, tu vas chercher les vaches qui veulent se faire la malle. Tu vas te positionner sur le côté pour voir si elles tournent la tête. Comme ça tu sauras ce qu'elles veulent avant elles. »

Le troupeau se mit en route, entraîné par le cavalier de tête. Les mères appelaient une fois de plus leurs petits, et les veaux répondaient par des beuglements aigus ; les cow-boys faisaient avancer les traînardes en sifflant et en lançant des « Yah ! Yah ! » La procession traversa d'un pas lourd un marécage boueux, puis le pâturage qui avait été ravagé par l'incendie, avant de franchir la première barrière dans la bousculade.

Obéissant aux instructions qui lui avaient été données, Castle gardait à l'œil une jeune vache qui semblait vouloir se faire la belle. Elle traînait à l'arrière, lançant des coups d'œil en direction du lit d'un ruisseau. Avant qu'il ait le temps de réagir, elle fila à toute allure, son veau trottant derrière elle sur ses pattes grêles. Il lança Comanche à sa suite et la pourchassa jusqu'au ruisseau, où elle changea brusquement de direction. Il voulut lui aussi tourner, mais tira par inadvertance sur les rênes tout en donnant des coups d'éperons, créant une totale confusion chez son cheval.

Tessa le rejoignit.

« Lâche-lui la bride, dit-elle. Il sait mieux que toi ce qu'il doit faire. »

Vache et veau détalaient le long du ruisseau. Castle relâcha les rênes et lança Comanche à vive allure. La vache pivota pour s'enfuir à un angle droit de sa course originale, mais Comanche, devinant son intention, l'arrêta rapidement. Et lorsqu'elle voulut repartir dans la direction opposée, Tessa était là pour lui bloquer la voie. Mais c'était une bête obstinée dotée d'un sale caractère, et tandis qu'ils la poussaient hors du lit du ruisseau, elle sauta par-dessus et se mit à grimper de l'autre côté, piétinant presque son veau.

Tessa se précipita jusqu'à elle et, penchée sur le côté, lui fouetta l'arrière-train avec son lasso enroulé.

« Espèce d'abrutie ! Tu as failli écraser ton petit ! » Nouveau coup de lasso. « Tu veux courir ? Je vais te faire courir ! Je vais te faire courir jusqu'à ce que tu ne tiennes plus sur tes pattes ! »

Les coups de fouet et les invectives eurent raison de la vache entêtée, qui se mit à marcher d'un pas docile.

En sueur et à bout de souffle, Castle les rattrapa.

« Je ne connaissais pas ce côté de ta personnalité, Tess. »

Elle avait le visage rougi par l'effort et la colère. Elle prit une inspiration, s'apprêta à répondre, puis se ravisa et le regarda, les lèvres entrouvertes.

Ils suivirent la vache rebelle et son veau jusqu'au troupeau, qui franchit la deuxième barrière sans incident. Devant eux, face à la route, se trouvaient les rails et les poteaux d'acier des enclos où le marquage aurait lieu. Dans le pâturage, les vaches assoiffées marchèrent jusqu'à un réservoir naturel et se massèrent autour, telles des bêtes sauvages autour d'un point d'eau. Des pluviers effrayés s'élevèrent des rives jonchées de touffes d'herbe en poussant des cris stridents. Gerardo et McIntyre restèrent derrière pour surveiller le troupeau pendant que les autres retournaient à la maison principale du ranch en empruntant la vieille piste espagnole. Des rafales de pluie balayaient les Huachuca, et la lumière qui les éclairait avait un rougeoiement presque surnaturel.

« Alors, tu as appris quelque chose, monsieur l'expert en physique nucléaire ? demanda Blaine, chevauchant avec une décontraction de cow-boy, de la sueur séchée bordant les aisselles de sa chemise.

— Je crois.

— Il a appris qu'il n'était pas plus malin qu'un bon cheval de ranch, lança Tessa.

— Hum, hum. Bon, tu t'es bien débrouillé pour quelqu'un qui y connaît que dalle. »

Venant de Blaine, c'était un sacré compliment, et Castle fit un grand sourire. Il avait pris son pied comme jamais.

Cette nuit-là, il se réveilla dans la maison d'Oenoke Ridge et regarda Amanda dormir. Elle était magnifique quand elle dormait, avec sa somptueuse chevelure auburn étalée sur l'oreiller et son visage serein. Il se pencha pour l'embrasser, et elle ouvrit grand les yeux. C'était en fait un peu effrayant, la manière dont ses yeux s'étaient soudain ouverts, comme des yeux de poupée, puis ils avaient fait l'amour, les bras de Mandy l'encerclant, ses jambes puissantes croisées autour du creux de ses reins, serrant de plus en plus fort, jusqu'à lui couper le souffle. Il tenta de prononcer son nom mais ne parvint qu'à pousser un cri étouffé et confus. Il sentait que ce n'était pas Mandy qui le serrait, mais quelque créature puissante, enroulée autour de lui comme un python. Il lui saisit les bras et, au prix d'un effort surhumain, s'arracha à son emprise, la libération soudaine faisant naître en lui un soulagement triomphal aussi intense que l'avait été la sensation d'étranglement. Presque une extase.

La sonnerie de son réveil le ramena à la réalité. Il se redressa, enveloppé dans les draps emmêlés, et regarda Sam, toute blanche dans l'obscurité de la pièce. Les nombres rougeoyants de son réveil indiquaient 4 heures du matin. Il devait être aux corrals pour le marquage à 5 heures. Il était pleinement éveillé, oui, et pourtant le sentiment d'extase ne se dissipa pas lorsqu'il quitta son lit, se lava le visage, s'habilla et fit sortir Sam pour ses besoins ; lorsqu'il but une tasse de café réchauffé, alla dehors et se tint sous le ciel pâlissant pour voir Pégase et Andromède qui s'estompaient au sud-ouest. Comme il roulait vers les corrals, il s'interrogea sur la signification du rêve. Trois possibilités : dans son sommeil agité, il s'était empêtré dans les draps et son subconscient avait créé un rêve de libération. Ou alors l'explication mystique, qui signifiait qu'Amanda l'avait laissé partir. Ou bien celle qu'il préférait, c'était lui qui était parti de lui-même, qui s'était enfin libéré de l'étreinte du passé. Un nouvel amour, un nouveau bonheur, une nouvelle vie – il était libre d'accepter tout ça.

28

Lorsque Castle arriva aux corrals, l'aube ressemblait à un feu de forêt qui ravageait la cime des montagnes. Blaine et Gerardo étaient avec le troupeau, et Tessa et Monica étaient appuyées contre la barrière, deux authentiques cow-girls à l'ancienne avec leur bandana et leur chapeau haut saupoudré de poussière. Divers fers à marquer étaient posés sur un poêle fabriqué à partir de bidons d'acier rouillés, à côté duquel se trouvaient une torche à acétylène et des branches de *mesquite*. Ce n'était pas le moment de raconter son rêve étrange à Tessa, même s'il en mourait d'envie. Comme la veille, elle n'était pas là pour s'amuser, et Monica non plus. Elles lui montrèrent le matériel : deux jeux de fers à marquer, un pour les femelles, l'autre pour les mâles ; une pince à castrer qui ressemblait à des tenailles pour transformer les taureaux en bœufs ; un perforateur d'oreilles qui ressemblait à une grosse perforeuse à papier ; et deux pistolets à seringue dotés d'échelles graduées, un pour vacciner les bêtes contre la maladie de Carré, l'autre contre les maladies respiratoires. Il effectuerait les injections, qui exigeaient moins de savoir-faire. Tessa marquerait au fer, et Monica perforerait les oreilles et castrerait les bêtes, tâche à laquelle, dit-elle en plaisantant, elle essayait de ne pas trop prendre de plaisir.

Il tint une petite bouteille à l'envers et aspira un liquide laiteux dans l'une des seringues. Celui-ci devait être injecté dans la partie charnue qui se trouvait en haut des pattes antérieures des veaux. Le second, un fluide clair, devait être injecté dans le cou.

« N'aie pas peur, enfonce l'aiguille, recommanda Monica. Et ne les inverse pas. Ce que je fais, poursuivit-elle comme si elle s'adressait à un de ses élèves de primaire, c'est que je tiens le vaccin contre la maladie de Carré dans ma main droite, et l'autre dans ma main gauche, et je me dis : "Droite, patte, gauche, cou." »

McIntyre arriva en voiture, tractant un fourgon à chevaux, suivi du voisin et de ses cow-boys. McIntyre et l'homme montèrent en selle et se postèrent dans un enclos près du corral. Les cow-boys, dont le rôle consisterait à plaquer les bêtes au sol, restèrent à pied. Monica plaça le *mesquite* dans le poêle et alluma la torche sous le bois. Il produisit un rugissement sourd et comprimé, puis Tessa enfonça les fers dans le feu. Plissant les yeux face au soleil, Castle vit Blaine et Gerardo qui rassemblaient le troupeau. Quelques minutes plus tard, ils poussaient le bétail dans l'enclos, et le silence enchanteur du matin fut interrompu par un vacarme terrible, ponctué par les hurlements des hommes à cheval. Ils séparaient la moitié des vaches pour attraper plus facilement les veaux, expliqua Tessa, en élevant la voix.

« Ils en gardent la moitié pour que les veaux ne flippent pas complètement. »

Il était un peu plus de 6 heures lorsqu'ils se mirent au travail. Les lassos tournoyèrent au-dessus de la masse agitée des bêtes, puis s'envolèrent des mains des cavaliers. Blaine et Gerardo tirèrent deux veaux dans le corral pendant que le voisin et McIntyre empêchaient les mères de suivre les petits qu'on leur enlevait. Le cow-boy *anglo*, qui n'avait pas l'air de peser beaucoup plus que la génisse qu'il avait plaquée au sol, s'agenouilla dessus tandis que Gerardo faisait avancer son cheval pour que le lasso reste tendu. Monica se précipita pour lui perforer l'oreille ; Castle, qui se répétait « droite, patte, gauche, cou », enfonça ses seringues. Tessa arriva derrière lui, positionna les fers sur les arrière-trains, et une puanteur de poils et de chair roussis s'éleva en même temps que de la fumée. Gerardo détendit la boucle de son lasso, et l'animal regagna l'enclos en braillant. Castle se précipita vers la deuxième génisse, maintenue par le cow-boy mexicain, et rata la première injection, projetant le vaccin sur sa patte antérieure.

« Va en chercher un autre, vite ! » cria Monica.

Il courut remplir la seringue et réussit son coup la deuxième fois.

Deux autres bêtes avaient déjà été attrapées, une génisse et un mâle. Castle fit une grimace compatissante lorsque Monica, appuyée sur un genou, découpa le contour de ses bourses avec un couteau de poche, puis cisailla les vaisseaux avec la pince à castrer. Du sang éclaboussa ses jambières. Blaine s'approcha, traînant un nouveau mâle. Juste au moment où Tessa le marquait au fer, sa mère s'engouffra dans le corral et, prise d'une fureur maternelle, se mit à charger tout autour d'elle, envoyant le cow-boy *anglo* contre les barrières et faisant presque de même avec Castle avant que Gerardo ne parvienne à la faire sortir.

Ils continuèrent ainsi pendant une heure. Castle trouva son rythme, la vitesse, la coordination, le travail d'équipe éveillant en lui un sentiment de jubilation – le marquage était quasiment une épreuve athlétique. De la poussière, des lassos qui tournoyaient, le vacarme du bétail qui beuglait. L'odeur douce du *mesquite* qui brûlait se mêlant à la puanteur du fumier, des chevaux, des vaches, du cuir roussi. Une heure de plus. Les morceaux d'oreilles et les testicules coupés s'accumulaient sur un banc près du poêle. Des cumulonimbus s'amoncelaient au-dessus des montagnes à l'ouest, et des éclairs fendaient les nuages. L'air était lourd, chargé de l'humidité venue des tropiques, où naissaient les *chubascos*. Les équipes à pied et à cheval échangèrent leurs postes, à l'exception de Castle. Pour compléter son éducation, Blaine le chargea de prendre la place des cow-boys, et il passa la troisième heure à se colleter avec des veaux qui se tortillaient, donnaient des coups de pied et se débattaient. Avant cette expérience, il avait été désolé pour eux, ces adorables petites créatures de Walt Disney qu'on transperçait avec des aiguilles et qu'on marquait au fer, puis qui se retrouvaient avec les oreilles perforées et les couilles coupées. Mais après s'être pris un coup au genou et avoir été mis au sol par un bœuf qui s'était dégagé de son étreinte, ses sentiments devinrent moins bienveillants.

À 7 heures, ils avaient fini, et tous étaient couverts de sueur et de poussière. Le bétail fut libéré de l'enclos pour regagner le pâturage. Castle avait débuté la journée courbaturé à cause de leur périple de la veille ; il avait désormais l'impression d'avoir effectué deux quarts-temps de football. Mais la tape que lui donna Blaine dans le dos en guise de félicitations adoucit les douleurs de son corps vieillissant.

Ils comptèrent les morceaux d'oreilles triangulaires et les testicules. Soixante-dix-sept bœufs, quatre-vingt-neuf génisses. Cent quatre-vingts vaches avaient vêlé au printemps, les cent soixante-six bêtes représentaient donc un taux de survie de quatre-vingt-dix pour cent.

« Pas mal », déclara Blaine. Il affûta une longue brindille de *mesquite*, embrocha une douzaine de testicules et les fit griller au-dessus des charbons qui rougeoyaient dans le poêle. « On va déjeuner à la maison – ces huîtres des Rocheuses sont le hors-d'œuvre. »

Castle en tira une de la brochette, mordit dedans et avala d'un trait le morceau filandreux. Son cousin tendit la brochette à Monica et à Tessa, qui s'abstinrent, puis au voisin et à ses cow-boys, qui les mâchèrent avec délectation. Gerardo et McIntyre, toujours en selle, ramenaient au pâturage quelques bêtes qui s'étaient aventurées sur la route.

Voici comment Castle se rappellerait la scène : les deux hommes montés, lui et les autres affalés contre la barrière du corral, mâchonnant les « huîtres », le bétail sur la route. Il se rappellerait que tout ce qu'ils virent, ce fut la camionnette s'envolant au-dessus d'une élévation de la route à peut-être cent mètres d'eux. Elle fendit les airs comme une voiture de cascadeur, retomba lourdement, ses deux pneus avant explosant, et poursuivit sa route à toute allure, dérapant sur ses jantes. Il se rappellerait les gyrophares du break de la police des frontières qui la pourchassait et tout le monde hurlant à

Gerardo et à McIntyre de se tirer de là, et les deux cavaliers faisant bondir leurs chevaux par-dessus un fossé au bord de la route et une vache et un veau tournant en rond, paniqués, pour finir par se jeter devant la camionnette qui arrivait. Elle frappa les deux bêtes presque simultanément. Le veau, propulsé dans les airs, s'écrasa contre le pare-brise ; la vache fut projetée sur le côté, et une de ses pattes postérieures fut sectionnée au niveau de l'articulation. Il se rappellerait la stridence du verre volant en éclats, le bruit sourd du métal heurtant la viande, et les portières latérales et arrière de la camionnette s'ouvrant pour déverser des corps, des corps qui effectuaient des torsions acrobatiques et des sauts périlleux, qui s'envolaient bras écartés tels des plongeurs. Il se rappellerait avoir saisi Tessa par la taille et l'avoir poussée vers le centre du corral tandis que la camionnette basculait et glissait sur le flanc vers eux avant de percuter les rails de la barrière dans un effroyable fracas.

Ses souvenirs de ce qui suivit seraient à jamais décousus, une série de clips vidéo sans queue ni tête. Un hélicoptère atterrissant pour évacuer les blessés. Des ambulances. Un homme titubant, agité de mouvements convulsifs et émettant des sons inintelligibles, un morceau gros comme le poing manquant à son crâne, exposant une partie de son cerveau. Un garçon mort gisant jambes et bras écartés dans le fossé inondé, ses yeux immobiles fixant le ciel à travers l'eau. Des hurlements et des gémissements. Les beuglements horribles de la vache blessée. Gerardo boitant, car son cheval l'avait éjecté au moment de la collision. Un agent de la police des frontières s'entretenant par radio avec le poste de

Sonoita et débitant des statistiques – vingt-deux clandestins entassés dans la camionnette, cinq tués, neuf blessés dans un état critique. Blaine se tenant au-dessus de la vache. Le claquement de son pistolet.

29

Tandis qu'Yvonne était assise dans les tribunes, attendant le début de la deuxième course, le Professeur faisait la queue aux guichets du pari mutuel. Les instructions, qui lui avaient été transmises par Billy Cruz, étaient précises : il devait se présenter au guichet des grosses mises avant la deuxième course et placer un certain pari. Il recevrait alors de nouvelles directives. L'hippodrome du comté de Cochise lui semblait un endroit curieux pour faire la connaissance d'Yvonne, et il trouvait le secret qui entourait l'arrangement un brin comique. Le lieu était cependant un signe favorable. Elle avait presque autant de flics et de politiciens dans sa poche à Douglas que de l'autre côté de la frontière à Agua Prieta. Elle se sentait à l'aise ici, ce qui pouvait signifier que l'attirer du côté américain pour effectuer une transaction, le moment venu, ne serait pas difficile.

Il s'approcha du guichet et déclara : « Couplé 5 et 8 gagnant dans la deuxième. »

Comme il prenait son ticket, un jeune homme aux cheveux d'un blond-roux qui lisait un programme appuyé à un poteau l'aborda.

« *Señor* Carrington ? » demanda-t-il en roulant fortement les *r*.

Le Professeur acquiesça.

« Julián Menéndez, déclara le jeune homme. Par ici, je vous prie. »

Ils furent immédiatement rejoints par un primate aux cheveux noirs qui portait un T-shirt brodé par-dessus son pantalon. Les deux hommes guidèrent le Professeur jusqu'à la tribune, où Yvonne était assise sur un coussin de vinyle, face à la ligne d'arrivée, et à côté d'un autre *pistolero*, encore plus costaud que le premier. Elle portait des lunettes de soleil à la mode, un pantalon corsaire jaune canari et un débardeur noir qui laissait voir ses bras pâles légèrement couverts de taches de rousseur. Elle était plus jolie qu'en photo – ses cheveux rouges n'étaient pas le nid de serpents qu'il avait vu sur les clichés, et son corps ferme était assez attirant pour intéresser un type de 35 ans comme Billy Cruz, même si celui-ci avait d'autres raisons de rechercher ses faveurs – mais son apparence était néanmoins décevante. La reine d'Agua Prieta, l'instigatrice de massacres et de l'assassinat de son mari, aurait dû être soit fantastiquement glamour, soit formidablement grotesque. Alors qu'Yvonne aurait pu être n'importe quelle femme de 50 ans qui prendrait soin de sa ligne. Bon sang, on aurait presque dit une mère au foyer avec son pantalon jaune.

À part un coup d'œil des plus brefs, elle ne prêta aucune attention au Professeur lorsqu'il s'assit. Elle étudia le programme de la deuxième course, réservée aux pur-sang n'ayant jamais gagné, six cent soixante-quinze mètres, la moitié de la piste. Du côté opposé, les chevaux entraient dans les starting-gates. Le commentateur annonça : « Et ils sont partis ! » Les spectateurs se levèrent de leur siège, grommelant ou lançant des encouragements. Yvonne suivait la course à travers des jumelles d'opéra, agitant son programme enroulé, criant : « *¡Ándale Sassy Prince!* » Sa voix était irritante à l'oreille du Professeur, mais agréable au toucher – une sensation de bois finement poncé. « *¡Ándale Sassy Prince!* » Dans le dernier virage, Sassy Prince, à la corde, menait la course, talonné par La Corona Blanca, qui se rapprocha dans la dernière ligne droite mais termina deuxième.

« Bravo, Sassy Prince ! s'exclama Yvonne, et elle se rassit. Donc, j'ai gagné le doublé du jour. » Son fils et ses gardiens l'applaudirent obséquieusement. « Et vous ? » demanda-t-elle en se tournant vers le Professeur pour la première fois. Elle parlait un anglais sans accent et s'adressait à lui comme s'ils étaient de vieux amis. « Qu'est-ce que vous avez eu ?

— J'avais parié le 5 et le 8 gagnants. »

Elle regarda le tableau de résultats.

« Alors, allons chercher nos gains. »

Ils descendirent aux guichets et encaissèrent leurs tickets. Sassy Prince rapporta neuf cent quatre-vingts dollars à Yvonne. Elle paria la totalité de ses gains sur la victoire d'un cheval nommé Cholla Tango dans la dernière course de la journée.

« Elle m'appartient. Allons la voir. »

Ils passèrent devant un chapiteau où jouait un orchestre *norteño*, atteignirent un enclos délimité par des cordes dans lequel les entraîneurs faisaient défiler leurs chevaux devant une foule de spectateurs – des hommes à la peau sombre portant des chapeaux de cow-boys en paille, des hommes à la peau claire portant d'élégants Stetson, plusieurs jeunes femmes en jeans moulants, sexy et vulgaires à la fois. Yvonne elle-même n'était pas sans sex-appeal – l'attrait du danger, supposait-il. Un très beau cul pour une femme de son âge, parfaitement mis en valeur par son pantalon moulant.

« C'est elle, dit Yvonne en désignant une pouliche pur-sang noir de jais. Je l'ai achetée il y a un mois. Elle a 3 ans. Elle a gagné sa première course à Tucson. Onze cents mètres. C'est sa première course à six. »

Le Professeur consulta son programme.

« Il est indiqué ici que le propriétaire est un certain Alex Daoud.

— Le propriétaire sur le papier. Est-ce que vous jouez souvent aux courses, Carrington ?

— Non.

— J'ai un système. Je parie sur les couleurs des casaques des jockeys. Elles me donnent un pressentiment, vous savez ? J'ai parié sur la victoire de Sassy Prince parce que les couleurs disaient que c'était ce qui allait se produire. Mon fils appelle ça de la "pensée magique", mais souvent la magie fonctionne.

— Comme c'est intéressant. Promenons-nous un peu. »

Elle glissa un bras sous le sien, et ce geste intime le surprit, lui qui était rarement surpris par quoi que ce soit. Ils déambulèrent à travers le champ de foire tel un couple, Yvonne lui posant des questions fourbes sur le temps qu'il avait passé en prison avec Cruz. Prévoyant qu'elle le cuisinerait, il avait longuement interrogé Cruz et était à peu près certain d'en savoir plus qu'elle sur l'incarcération de son amant. Il décida de l'appâter, affirmant qu'il était bien décidé à rattraper le temps qu'il avait perdu en prison. Un an plus tôt, l'oncle de Cruz, Vicente, l'avait mis en contact avec Carrasco, et il avait acheté à ce dernier, mais…

« Carrasco ? coupa-t-elle. Il est vieux et gras. Un vieux bonhomme gras et fini.

— C'est pour ça que je suis ici. Je cherche à arranger le coup pour un gros dealer à Phoenix. Il veut des quantités que Carrasco ne peut pas fournir. »

Elle s'immobilisa devant un stand de taureau mécanique, qui pour le moment n'avait pas de client et dont l'opérateur paressait sur une chaise en lisant un magazine. Yvonne ne savait pas quoi penser de Carrington. Son apparence lui plaisait. Tant de ses clients ressemblaient à ce qu'ils étaient, de sinistres criminels, alors que l'impeccable Carrington, avec son visage beau quoique oubliable, aurait pu passer pour un agent d'assurances s'il n'y avait pas eu ses yeux bleus, qui étaient perçants et presque impossibles à fixer pendant plus d'une seconde. Son pressentiment, ce que Julián aurait peut-être appelé sa « pensée magique », lui disait qu'il pouvait être un client régulier et fiable. Pourtant, il y avait en lui quelque chose d'un peu bizarre, d'un peu particulier. Mais elle n'aurait su dire quoi.

« Vous savez, on ne dirait pas un gringo. Votre façon de parler. Votre accent. »

Une oreille fine, songea le Professeur. Il avait appris que lorsqu'il tissait une toile de mensonges, il était souvent sage d'y mêler autant de fils de vérité que possible, tant qu'on se rappelait ce qui était quoi.

« Mon père était anglais, ma mère mexicaine, et je suis allé à l'école aux États-Unis.

— Donc, vous parlez espagnol ? »

Il forma un cercle ouvert avec son pouce et son index.

« *Un poco.* Suffisamment pour me faire comprendre. »

Juste alors, une sonnerie de clairon retentit, à l'intérieur du sac à main d'Yvonne. Elle remarqua sa mine perplexe et sourit.

« La sonnerie de mon portable.

— *El Degüello*, dit-il. Santa Anna l'a joué avant de lancer l'assaut sur Fort Alamo.

— Ça alors, comment savez-vous ça ?

— Je suis féru d'histoire. Vous voulez peut-être répondre au téléphone ?

— Ça peut attendre. » Elle lui saisit de nouveau le bras, s'éloignant du taureau mécanique et de son opérateur désœuvré. « Vous êtes plus important. Qu'avez-vous à l'esprit ?

— Robes de mariées, répondit-il, usant d'une métaphore commune. *Vestidas de novias.* Un échantillon pour commencer. Un kilo. »

Le portable d'Yvonne se remit à sonner. Irritée, elle répondit. C'était Clemente, son cousin agent immobilier. « *Más tarde* », dit-elle. Elle était en réunion.

« Il s'agit du San Ignacio », répliqua Clemente.

Recouvrant le téléphone de la main, elle demanda à Carrington de l'excuser un moment et s'éloigna de quelques pas, appuyant sa main contre son oreille pour couvrir le bruit des tribunes. Les impôts avaient été payés ; la propriété n'était plus à vendre, continua Clemente. C'est l'agent qui avait publié l'annonce qui le lui avait dit en personne. Il avait alors appelé le ranch pour avoir une confirmation et parlé à une femme, la belle-fille de la vieille femme. Oui, c'était vrai. Plus à vendre. Il l'avait informée qu'il avait un acheteur disposé à faire une offre pour la totalité du ranch, mais elle avait répondu qu'ils n'étaient pas intéressés.

Yvonne était stupéfaite. Comment, demanda-t-elle, comment ces gens, ces cow-boys, avaient-ils pu trouver autant d'argent en si peu de temps ? Clemente s'était lui-même posé cette question et avait discrètement mené son enquête, pour découvrir que quelqu'un, un ami ou un parent des Erskine, un type riche, avait payé les droits de succession. Il pouvait essayer d'en apprendre plus si Yvonne le souhaitait… Oui, fais-le ! ordonna-t-elle. Il devait découvrir tout ce qu'il pourrait. Elle lui reparlerait plus tard.

Elle referma sèchement le portable. Cette putain de famille ! La malédiction de sa vie. C'était presque comme s'ils avaient eu connaissance de ses plans et de ses désirs et les avaient délibérément contrecarrés, rien que pour la tourmenter encore plus. Des pensées troubles se télescopaient dans son esprit, qui avait été si clair juste quelques minutes auparavant.

« S'il vous plaît, attendez quelques minutes », dit-elle à Carrington, et elle se rendit aux toilettes, sous les tribunes.

Assise dans la cabine, elle sortit son flacon et sniffa deux doses. Elle consommait désormais plus de trois grammes par jour pour empêcher son échafaudage mental de s'effondrer. Julián la harcelait – tu es en train de devenir exactement comme lui, grondait-il, faisant allusion à Fermín. Comme si sniffer de la poudre était la même chose que fumer du crack. Quel emmerdeur ! Si seulement il se trouvait une femme et qu'il la mettait enceinte, il aurait d'autres chats à fouetter que surveiller sa mère. Qu'avait-elle fait pour mériter un fils unique qui préférait jouer de la trompette plutôt que de coucher avec des femmes ? Mais il avait raison. Elle ferait mieux d'arrêter. D'ailleurs, elle avait prévu de prendre des vacances à Zihuatanejo et d'arrêter la came, et peut-être après d'aller faire du shopping à New York. Mais plus maintenant, pas après ce que lui avait annoncé Clemente. Maintenant, elle allait devoir travailler plus dur, ce qui signifierait prendre plus de cette saloperie. Deux sniffs de plus. Personne ne pourrait lui en vouloir si son addiction s'aggravait. Ce serait la faute de ces gens. Son sang-froid et son assurance commencèrent à revenir, et elle sortit, marchant telle une reine.

« Mauvaise nouvelle ? » demanda Carrington.

Elle fit un geste dédaigneux de la main.

« Une transaction immobilière. Elle est tombée à l'eau… mais qu'importe. Vous vouliez un échantillon. Soit. Je peux arranger la livraison. Où ? Quand ? »

Le Professeur perçut son débit tendu, trop rapide, et il la vit s'essuyer le nez avec le dos de sa main. Ça alors ! Yvonne qui se dope. Cela jouerait-il à son avantage ou à son désavantage ?

« Nous n'avons pas parlé du prix, dit-il.

— Dix-sept.

— Prix de gros standard. Joaquín fait payer dix.

— Évidemment ! s'écria-t-elle, une octave trop haut. Un produit de merde à un prix de merde ! Sortons de ce putain de soleil. »

Ils se retirèrent au bar sous le chapiteau et commandèrent deux bières. L'endroit était presque désert, l'orchestre faisait une pause, et il faisait confiance à Yvonne pour parler à voix basse.

« Qu'est-ce qui s'est passé avec votre transaction immobilière ? » demanda-t-il.

On ne savait jamais, dans de telles situations, quelle bribe d'information pourrait s'avérer utile à l'avenir.

« Un ranch que je veux acheter… vraiment, ça ne vous regarde pas. *Escúchame*, Carrington. Je n'aime pas les coups d'une nuit. Je ne m'intéresse qu'aux relations à long terme.

— Moi aussi. » Pourquoi pas ? se demanda-t-il. Pourquoi ne pas l'appâter un peu plus ? « Le type pour qui j'essaie d'arranger le coup… » Il ouvrit deux fois les deux mains en grand pour signifier des livraisons de vingt kilos. « Régulièrement, peut-être une fois par semaine. »

L'expression d'Yvonne s'illumina – elle rayonna littéralement. Il voyait presque défiler les chiffres lumineux de sa calculatrice mentale. Peut-être seize millions par an. Bon sang, dans deux ans elle pourrait s'acheter la pyramide du Soleil.

« D'accord. Quinze pour l'échantillon.

— Ça ira. »

L'appel des partants leur parvint depuis le champ de courses. Yvonne consulta sa montre.

« Ça doit être la septième. Ma pouliche court dans la prochaine. Misez cent dollars dessus, Carrington. Je *sais* qu'elle va gagner.

— La couleur de la casaque ?

— Entre autres. »

Ben Erskine

Texte d'une lettre adressée à la Société historique d'Arizona par Grace Erskine Castle, fille de Benjamin Castle

125 Scott's Cove Rd.
Darien, Conn.
14 novembre 1966

Société historique d'Arizona
929 E. 2nd St.
Tucson, Arizona

Messieurs,

Vous m'avez demandé dans votre lettre datée du 3 nov. d'évoquer mes souvenirs de mon père, et vouliez notamment savoir si je pouvais ajouter quoi que ce soit au sujet du « scandale » lié à son départ du département du shérif. Je n'avais pas 8 ans, à l'époque. Je me rappelle notre mère, Ida, nous disant, à mon frère et à moi, que nous retournerions définitivement au ranch parce que mon père n'était plus shérif adjoint. La seule explication qu'elle a fournie était qu'il avait démissionné à cause d'un désaccord indéterminé avec le shérif de l'époque, Edwin Cox. Ce n'est que lorsque j'étais à l'université que j'ai appris la vérité, et encore, par hasard. J'étais à la maison pour les vacances de Noël, en train d'aider ma mère à nettoyer un placard, quand j'ai découvert un article paru dans un journal mexicain que mes parents avaient conservé. Comme je parlais couramment espagnol, je l'ai lu. Il s'agissait probablement de l'article auquel vous faisiez allusion dans votre lettre. Je ne sais pas ce qu'il est devenu. Inutile de dire que j'étais très vexée que mes parents nous aient menti, à mon frère Frank et à moi.

Je confesse éprouver des sentiments partagés à l'égard de mon père. Il n'y a pas très longtemps, alors que je préparais une liste de lecture pour le cours d'anglais que j'enseigne à mes meilleurs élèves, je suis tombée sur un commentaire de D. H. Lawrence à propos des Histoires de Bas-de-Cuir *de Fenimore Cooper : « L'âme américaine est fondamentalement dure, solitaire, stoïque, c'est une âme de tueur. » La première personne à laquelle j'ai pensé a été mon père. Il était dur et stoïque, et même s'il avait beaucoup d'amis, il y avait une partie de lui qui était coupée du monde, même de sa famille. Et je dois avouer que c'était un tueur. (Qu'il est douloureux d'écrire cela.) J'ai entendu dire qu'il avait abattu un voleur de chevaux mexicain quand il était adolescent. J'ai aussi entendu dire qu'il pouvait être responsable de la mort de douze hommes. Dans certains cas, c'était justifié, et dans d'autres, eh bien, c'était discutable.*

Pour citer un exemple, mon père est abondamment mentionné dans une histoire de la police des frontières américaine qui a été publiée peu de temps après sa mort. Pour résumer, il servait en 1938 dans le comté de Santa Cruz en tant que ranger – une sorte d'agent de police à temps partiel. Il était ami avec un agent de la police des frontières, Lee MacLeod. Apparemment, mon père et lui avaient arrêté un certain contrebandier mexicain à plusieurs reprises, mais celui-ci était systématiquement relâché au bout de quelques jours ou quelques semaines. MacLeod et mon père ont donc décidé de se débarrasser de ce gêneur en lui tendant une embuscade dans les montagnes Huachuca. Ils se disaient que le corps ne serait jamais retrouvé dans cette zone sauvage, et que s'il l'était, personne ne saurait qui l'avait abattu.

Ce que nous avons ici, ce sont donc deux agents des forces de l'ordre qui ont comploté pour assassiner un suspect. Je ne peux pas l'exprimer autrement. Mais il y a eu un renversement de situation. Le contrebandier a tendu une embuscade à MacLeod alors que celui-ci patrouillait seul à cheval. MacLeod a réussi à ramper jusqu'à un ranch voisin et à vivre suffisamment longtemps pour identifier son agresseur. Mon père a traqué l'assassin et l'a retrouvé assis devant son feu de camp. La scène aurait pu être tirée d'un western. Mais avec une touche de modernité – l'homme fumait de la marijuana. À en croire le livre, mon père a suivi l'odeur tel un chien de meute, il s'est approché furtivement du contrebandier et il l'a abattu sur place.

Je ne sais absolument pas comment l'auteur a obtenu cette information. Et je ne peux pas non plus vérifier son exactitude. Ben était, et est toujours, une figure mythique, le sujet de nombreuses légendes, desquelles il est difficile de démêler les faits de la fiction.

En supposant que cette histoire soit vraie, j'ai du mal à retrouver en ce Ben Erskine le père que j'ai connu. Je le revois clairement, après une dure journée à marquer le bétail ou à réparer des clôtures, plantant un jardin de cactus dans notre cour pour la rendre plus présentable, ou s'occupant de veaux malades avec une tendresse presque maternelle, ou jetant un coup d'œil dans notre chambre pour s'assurer que nous faisions nos devoirs. Un souvenir qui me reste particulièrement est celui d'une nuit orageuse après notre installation permanente dans le ranch. Je me suis réveillée en criant à mes parents que j'avais besoin d'aller aux toilettes. Une pluie violente claquait sur le toit de tôle, accompagnée de puissants grondements de tonnerre et d'éclairs. Vêtu de sa chemise de nuit, tenant un parapluie dans une main et ma main dans l'autre, mon père m'a escortée le long de la passerelle branlante jusqu'aux cabinets.

Il y a eu un fracas assourdissant, terrifiant, et une lumière d'un blanc bleuâtre a embrasé toute la cour. La foudre avait frappé le moulin. Mon père m'a soulevée, il m'a serrée contre lui et il a dit : « Ce n'est rien, Grace. » Puis il m'a reposée et il a ouvert la porte des cabinets. Je ne sais pas pourquoi ce moment est resté gravé dans mon esprit. Peut-être parce que, bien que tremblante, je me sentais tellement en sécurité entre les bras de mon père.

J'ai aussi du mal à reconnaître mon père dans l'homme qui était décrit dans l'article du journal mexicain. Qu'il ait accepté l'argent après avoir livré ces deux hommes à leurs bourreaux rend cette histoire encore plus difficile à accepter. C'était le genre de chose qu'aurait faite un vulgaire chasseur de primes.

Même pendant la grande dépression, nous possédions notre propriété et mangions à notre faim. Mais l'IB-Bar était dans une situation précaire ; le prix du bétail s'était effondré avec le reste de l'économie, et la sécheresse rendait les choses plus difficiles encore. Mon père a informé Martín Mendoza, notre cow-boy à plein temps, qu'il ne pouvait plus lui payer un salaire régulier, et il lui a conseillé de se chercher un autre emploi. Martín, cependant, s'est dit que les choses seraient aussi difficiles ailleurs, et il est resté. Et nous sommes devenus une grande famille, les Erskine et les Mendoza, luttant pour nous en sortir dans les contreforts arides des montagnes Huachuca.

Pour ce qui était des enfants, Frank et moi n'avions pas conscience des soucis financiers de nos parents. Nous étions, en revanche, conscients d'une autre sorte d'anxiété, dont la nature et les origines étaient pour nous un mystère à l'époque. Car nous ignorions que les alliés de Pedroza et López voulaient régler son compte à mon père. Le soir, chaque fois que nous entendions une automobile, une carriole ou un cheval approcher sur la route, mes parents tendaient l'oreille, sur le qui-vive, comme des chiens de garde. Et si nous autres enfants faisions du bruit, ils nous disaient : « Silence. Écoutez. » Puis, quand l'automobile, la carriole ou le cheval était passé : « C'est bon, ce n'est rien. » Ces mots sont devenus une litanie à la maison. « Silence… Écoutez… C'est bon, ce n'est rien. »

Mais le jour est venu où ça n'a pas été bon, où ç'a été beaucoup plus que rien, et je ne l'oublierai jamais.

C'était un dimanche soir humide de 1931. Nous étions tous réunis dans la cuisine, en train de mettre des piments poblanos en conserve. Ida et Lourdes les faisaient griller à la poêle, puis elles les rinçaient à l'eau froide, pendant que le petit dernier des Mendoza jouait par terre. Frank, moi et l'aîné des Mendoza épluchions les peaux craquantes, et Ben et Martín stérilisaient des bocaux à conserve dans une marmite d'eau bouillante. C'était une scène domestique qui aurait pu faire la couverture d'un magazine à l'époque de la Grande Dépression, à un détail près – les deux hommes portaient des pistolets. Ils n'étaient jamais désarmés, sauf quand ils étaient couchés.

Les chiens du ranch se sont mis à aboyer dehors, les adultes ont cessé de parler et brièvement écouté. Une meute de coyotes hurlait non loin. Le travail et la conversation ont repris ; nous supposions que c'étaient les coyotes qui avaient perturbé les chiens. Ma mère a alors dit à mon père que l'eau de rinçage devait être changée, et il est sorti avec Martín pour remplir les seaux d'eau fraîche.

Je n'ai pas vu tout ce qui s'est passé. C'est Martín qui me l'a raconté par la suite. Il a vu quelqu'un jaillir de derrière le talus qui entourait la mare près du moulin, et il s'est jeté au sol à l'instant où deux coups de feu ont éclaté. Les balles ont percuté l'arrière de la maison. Mon père et Martín ont riposté. Le tireur est retombé derrière le talus, et Martín a hurlé : « Nous l'avons eu ! », et il a couru vers lui pour s'en assurer. Mais l'homme était seulement légèrement blessé. Il a bondi sur ses pieds et s'est battu avec Martín, tentant de lui arracher son pistolet des mains, car il avait lâché le sien. À cet instant, un second tireur, tapi derrière le mur de pierres qui entourait la cour, a fait feu avec un fusil. Mon père a pivoté sur lui-même et répliqué, et il l'a vu s'effondrer en travers du mur. Mais le tireur qui se battait avec Martín a alors réussi à se dégager et il s'est mis à courir en direction de la maison.

À l'intérieur, nous étions tous allongés sur le sol de la cuisine, pétrifiés. Lourdes était sous la table, protégeant ses enfants de son corps volumineux. Frank a gémi : « Est-ce que papa est blessé ? », et de l'extérieur nous avons entendu mon père hurler : « Éteignez les lumières ! Verrouillez les portes ! » Lourdes s'est précipitée pour éteindre les lanternes tandis que ma mère se ruait vers la porte ; mais elle n'a réussi qu'à mettre le crochet de la porte grillagée, car l'homme est soudain apparu et a cherché à l'arracher de ses gonds. Je le revois encore, juste avant que Lourdes n'éteigne la dernière lampe – un homme avec un énorme visage rond et poilu, comme un melon barbu, et des dents de devant en or qui le rendaient encore plus hideux. À sa vue, ma mère a semblé paralysée. Je hurlais. Les enfants Mendoza aussi. À mains nues, Lourdes a alors saisi la marmite d'eau bouillante sur le poêle et l'a jetée à travers la porte grillagée en direction du visage de l'homme. Ébouillanté, poussant des hurlements tels que je n'en avais jamais entendu, il a titubé en arrière. Et c'est alors que mon père lui a tiré une balle dans la tempe à bout portant. À en croire Martín, il a levé son pistolet et fait feu aussi calmement que s'il tirait sur une cible.

À l'intérieur, nous avons entendu la détonation et le bruit du corps qui tombait sur le porche. Pendant un moment atroce, j'ai cru que c'était mon père qui avait été tué ; puis il a lancé : « Est-ce que tout le monde va bien ? » Ma mère était clouée sur place, les yeux rivés à la porte telle une aveugle. Ben est apparu de l'autre côté, et nous a ordonné de rester à l'intérieur et de laisser les portes verrouillées tant que Martín et lui ne se seraient pas assurés qu'il n'y avait pas d'autres assaillants. Ida a retrouvé ses moyens et nous a emmenés, Frank et moi, dans un coin, nous recommandant d'une voix tremblante de ne pas bouger. Au bout d'un moment, nous avons entendu le moteur de la Ford T se mettre en route et la camionnette s'éloigner. Frank a demandé : « Où vont-ils ? », à quoi Ida a répondu : « Ça ne te regarde pas ! » Bien entendu, ils emmenaient les corps. Elle a rallumé les lampes et remercié Lourdes pour son courage, avant d'appliquer du beurre sur ses mains couvertes de cloques. Mon frère a voulu savoir si les hommes étaient des voleurs, et notre mère a répondu que oui, c'étaient des voleurs, mais que maintenant nous étions en sécurité.

Mais je ne me suis sentie en sécurité qu'au retour de mon père et de Martín. Lourdes a chanté les louanges de Dieu tout en étreignant son mari. Mais Ida, la tête inclinée sur le côté, regardait Ben comme on regarde un étranger qu'on croit connaître sans réellement parvenir à le remettre. Frank et moi voulions le serrer dans nos bras, mais quelque chose nous a retenus de le faire, et nous aussi sommes restés là à le regarder. Le manteau du tueur continuait de le recouvrir, comme la poussière et les épines qui étaient accrochées à ses vêtements. Une sorte de force répulsive nous maintenait à distance.

Il a commencé par dire : « Le problème est réglé. » Notre mère a acquiescé. Puis il a ajouté : « Je suis désolé que toi et les enfants ayez dû... je suis désolé qu'on ait dû en arriver là. »

Dans mon souvenir, elle est restée un moment silencieuse. Je n'ai aucun moyen de savoir ce qu'elle pensait. Mais je l'ai entendue dire, finalement : « Nous n'étions pas forcés d'en arriver là. »

J'espère que ce récit vous aidera dans votre projet. Si vous avez besoin d'informations supplémentaires, vous savez comment me contacter.

Meilleurs sentiments,

Grace Castle.

30

Les Minutemen arrivèrent au San Ignacio au début du mois de septembre dans un convoi de 4 × 4. Ils installèrent leur camp sous l'abri du champ de luzerne, qui bientôt ressembla à un poste de commandement en Irak : des lits pliants et des sacs de couchage alignés d'un côté, une immense carte dressée contre un poteau et un récepteur radio sur une table de fortune de l'autre. À l'extérieur, un drapeau américain flottait au-dessus d'une bannière jaune représentant un serpent enroulé au-dessus de la devise « Ne me marchez pas dessus ».

Blaine avait demandé aux miliciens de mener une « opération » de trente jours en dépit des objections de Castle et de Monica. Ils ne voulaient pas d'une foule d'inconnus armés errant dans les parages, mais Blaine avait déclaré la guerre aux coyotes, aux passeurs de drogue et aux clandestins. « On n'a pas besoin d'Irak ou d'Afghanistan, qu'il disait. On a un combat à mener ici même. » Castle était plus que réticent – le simple mot *milicien* éveillait des images de péquenots armés, d'austères cavaliers masqués bien disposés à pendre le premier Mexicain à l'arbre le plus proche.

Mais la seule chose qui s'avéra exacte fut le fait qu'ils étaient armés, car tous portaient en effet un pistolet ; sinon, les treize hommes et les deux femmes avaient l'âge de Castle, ou plus, et étaient loin d'être au top de leur forme. Quelques-uns avaient probablement des cartes d'assurance troisième âge dans leur portefeuille : des retraités qui en avaient marre du golf et de vivre barricadés derrière des murs, qui cherchaient l'aventure à la frontière. Un ou deux parlaient d'un ton sinistre de métèques, de bronzés, de bouffeurs de haricots, d'envahisseurs qui polluaient leur Amérique, mais les autres étaient simplement des citoyens qui avaient décidé de s'impliquer. Le jour, ils ramassaient les détritus laissés par les groupes de migrants, ou alors ils s'installaient sur des chaises longues pour observer le Mexique à la jumelle. La nuit, ils regardaient à travers des lunettes de vision nocturne ou patrouillaient dans leur 4 × 4. S'ils repéraient des personnes qui franchissaient la frontière, ils ne se ruaient pas sur eux en les canardant ou en agitant des cordes pour les pendre, mais ils appelaient la police des frontières. Dans l'ensemble, ils formaient un groupe tolérable, certains étaient même agréables. Et Castle était forcé d'admettre que leur présence faisait une différence ; les clandestins qui avaient traversé le ranch tel un torrent passaient désormais au compte-gouttes.

Ce n'étaient pas les Minutemen qui l'inquiétaient ; c'était son cousin. Aucune des personnes qui avaient vu les corps éjectés de la camionnette telles des poupées désarticulées n'oublierait la scène ; mais Blaine était rongé par cette image. Les plaques tectoniques de sa géologie interne avaient bougé, une fissure s'était ouverte dans sa personnalité ; ses aspects souterrains, qui étaient auparavant à peine visibles, remontaient désormais à la surface. Il avait ressorti son vieil uniforme de combat d'une malle – une tenue de camouflage tigrée avec un écusson des forces spéciales cousu sur une épaule – et il le portait durant ses raids avec les Minutemen, armé de son fusil de chasse, un 30-06 à lunette, en plus de son Luger, son visage noirci au cirage. Il avait abandonné le travail au ranch et passait des heures au QG des miliciens, planifiant des sorties, étudiant des cartes, blaguant comme il avait dû le faire avec ses anciens équipiers des forces spéciales trente ans plus tôt. Son discours s'émailla de jargon militaire : voies d'approche, PDN (pour position défensive de nuit), PO (pour poste d'observation), champs de tir. Cette métamorphose perturbait Monica. « C'est presque comme s'il était à nouveau là-bas, dit-elle un jour à Castle. Comme s'il prenait son pied. »

Un après-midi, Castle se rendit au champ de luzerne de la ferme avec Gerardo pour apprendre à utiliser une ramasseuse-presse. Après la leçon, il eut une discussion avec le meneur des Minutemen, un homme sérieux aux cheveux coupés en brosse âgé d'une quarantaine d'années, de loin le plus jeune de toute la bande.

« J'ai discuté avec Blaine ce matin, et peut-être que vous feriez bien de faire pareil, déclara l'homme. Ce type commence à me faire un peu flipper. Ce qui s'est passé, c'est qu'il était sorti avec deux de mes hommes et ils ont repéré des clandestins qui filaient le long d'une ligne de crête deux cents mètres plus loin. Alors, un de mes gars m'appelle par radio pour que je prévienne la police des frontières, et pendant qu'il me donne les coordonnées GPS, Blaine ouvre le feu avec son fusil. Il tire quatre ou cinq cartouches juste devant les clandestins. Je suppose qu'il est plutôt bon tireur, mais, à cette distance, il aurait suffi d'un faux mouvement et on se serait retrouvés avec un mort sur les bras. On aurait été bien dans la merde. On essaie juste de vous aider. On ne veut pas de problèmes de ce genre. On ne veut pas de mauvaise publicité. »

Cette réflexion prudente, ce souci des relations publiques semblaient étranges de la part d'un milicien, mais bon, les retraités bedonnants de son groupe n'étaient pas vraiment des miliciens. Castle relata l'épisode à Monica, et ce soir-là, dans le salon de la maison principale, ils supplièrent Blaine de se calmer avant que quelqu'un soit blessé ou pire. « Commencez pas à me donner des conseils que j'ai pas demandés », répliqua-t-il, ses lèvres fines esquissant son sourire tordu. À cet instant, alors qu'il était assis sous la photo de Ben Erskine arborant le même sourire sur son cheval cabré, on aurait dit la réincarnation de son grand-père.

Castle avait reçu des nouvelles de ses filles, après qu'il leur avait écrit pour les informer qu'il était devenu associé du ranch. Morgan, faisant comme d'habitude office de porte-parole pour les deux, avait répondu que Justine et elle étaient tristes d'apprendre que son déménagement en Arizona était désormais définitif, mais qu'elles étaient aussi heureuses qu'il reconstruise sa vie. Il semblait qu'il avait enfin « tourné la page ». Cette simple notion de « tourner la page », songea-t-il, était le résultat d'une culture tellement imprégnée de télévision qu'on en venait à envisager la vie comme un feuilleton, chaque épisode se résolvant en une heure, dans l'attente du prochain.

À mesure que le 11 Septembre approchait, craignant une rechute, il évita consciencieusement de regarder la télé, d'écouter la radio ou de regarder les journaux. Le 10, il demanda à Monica s'il pouvait utiliser son téléphone pour commander des fleurs. Essayait-il de se rattraper après une nouvelle dispute avec Tessa ? demanda-t-elle. Non, elles étaient destinées aux parents d'Amanda à Boston. « Je veux qu'ils sachent que je pense à eux », répondit-il. Ce n'est qu'après avoir passé la commande qu'il s'aperçut que c'était la première fois en deux ans qu'il prononçait son nom à voix haute. Le lendemain, il se ménagea, tel un patient après une opération, tâtant son pouls émotionnel. Il était plus ou moins normal.

Vers la fin du mois, le shérif Rodriguez vint l'informer que l'extension de visa de Miguel avait été approuvée. Non, avait-il répondu à une question de Castle, ils n'en savaient pas plus sur l'endroit où se trouvait Billy Cruz. Les fédés mexicains lui avaient assuré qu'ils étaient sur le qui-vive, mais il avait des doutes. Soit les flics mexicains combattaient les cartels de drogue, soit ils travaillaient pour eux, ou alors les deux à la fois. En tout état de cause, ils chassaient le gros gibier, et Billy Cruz était un lapin.

Lorsque Castle communiqua la nouvelle à Miguel, celui-ci poussa un petit soupir résigné et haussa les épaules, puis il répondit : « *No le hace* » – ça ne change rien. Malgré son courage, son épreuve n'était pas près de s'achever ; il allait devoir continuer d'attendre, avec la crainte que Cruz ou ses acolytes ne s'en prennent à sa femme et à ses enfants. Ça ferait bientôt un an qu'il avait quitté Oaxaca, et la malchance continuait de le poursuivre.

Castle perdit patience. Ç'aurait pu être pire – il aurait pu connaître le même sort qu'Héctor et Reynaldo. Pour se consoler, Miguel aménagea un jardin potager derrière son mobile home. Ce n'était pas le bon moment ; les pluies d'été avaient laissé la place à la sécheresse de l'automne. Mais il persévéra avec un acharnement paysan, retournant la terre pour y planter des rangées de maïs, de haricots et de courges, semant des graines, portant l'eau à la main, répandant de l'engrais. Il disait qu'il voulait voir quelque chose pousser.

Vers la fin du mois, Beth McBride était rentrée au pays, et Tessa, au comble de l'excitation, avait roulé jusqu'à Fort Bliss pour l'accueillir, mais sans Castle. C'était Beth elle-même qui avait demandé à voir sa mère seule, après avoir appris que Tessa avait prévu de l'emmener. La mère et la fille-soldate avaient logé dans un motel d'El Paso, dîné en ville et assisté à un festival de musique.

« J'avais tout organisé, comme un tour operator », expliqua Tessa à Castle le lendemain de son retour de Fort Bliss. Ils étaient en train de danser dans son salon. Il y avait une note étrange dans sa voix, une gaieté forcée, une fragilité. « Pour dimanche, je nous avais prévu une balade en tram jusqu'à Juárez, et Beth a dit : "Putain, non ! Je veux juste dormir dans un lit propre et rien branler de la journée." Sa façon de parler ne s'est pas arrangée, mais ça n'est pas étonnant. »

Ils dansaient sur le doux-amer *But Not For Me*. Castle avait un peu honte. Il n'avait pas vu ses filles depuis neuf mois et n'avait aucune excuse pour cette séparation, hormis le fait qu'il avait décidé de s'en aller. Il avait aussi honte que Morgan et Justine aient pu vivre leurs vies et poursuivre leurs carrières pendant que Beth était exposée aux bombes et aux engins explosifs improvisés sur les routes défoncées d'Irak.

« Donc, elle a dormi, poursuivit Tessa. Elle a dormi jusqu'à midi, et… et… »

Soudain, elle cessa de parler, cessa de danser et se mit à sangloter.

« Tess, qu'est-ce qu'il y a ? Qu'est-ce qui ne va pas ?

— Est-ce qu'il faut absolument que quelque chose n'aille pas pour que je pleure ?

— Tu veux dire que tu pleures de joie parce qu'elle est rentrée ?

— Non ! Bon sang, il me faut quelque chose à boire. »

Elle s'écarta de lui, alla au placard, versa deux tequilas et lui en tendit une. Elle se laissa tomber sur le divan, but la moitié de son verre, puis s'essuya les yeux du dos de la main. Elle tremblait.

Castle s'assit à côté d'elle et la prit dans ses bras.

« Qu'est-ce qui s'est passé ?

— C'est plutôt ce qui ne s'est pas passé, répondit-elle, retrouvant son calme. Tout ce que nous avons fait, c'est lézarder autour de la piscine de l'hôtel, sans vraiment nous parler. C'était comme si elle ne savait absolument pas quoi me dire, et moi non plus. Je me demandais si elle avait vu des choses dont elle ne m'avait pas parlé. Elle semblait si loin, allongée là juste à côté de moi. Il y a toujours eu une certaine distance entre nous, mais cette fois, c'était comme un océan. Alors je l'ai de nouveau emmenée dîner le soir, dans un vieil hôtel adorable et élégant d'El Paso, et nous avons passé tout le repas comme… comme… tu as déjà vu ça… ces vieux couples qui ont appris à se mépriser et qui sont assis à un mètre l'un de l'autre mais ça pourrait tout aussi bien être un kilomètre. Beth buvait comme je ne l'avais jamais vue boire, elle a enchaîné les verres de vin, jusqu'à vider une bouteille à elle seule. J'ai fini par lui demander : "Tu voulais me voir seule. Tu as quelque chose à me dire ?" Et elle a répondu, de cette voix froide : "Rien que tu pourrais comprendre." Alors j'ai répliqué : "Eh bien, tente ta chance." Elle a simplement agité la main et parcouru la pièce du regard, et puis elle a dit, suffisamment fort pour que les têtes se tournent aux tables d'à côté : "Au moins tout le monde s'éclate dans ce putain de pays." Je me suis mise en colère et lui ai rappelé qu'elle n'était pas au mess, et elle m'a regardée… » La voix de Tessa se brisa. « Elle m'a regardée comme si elle ne m'avait jamais vue. Nous sommes retournées au motel et nous nous sommes couchées sans nous souhaiter bonne nuit, et elle a été tout simplement glaciale le lendemain matin. À savoir hier. Le chemin du retour a été un calvaire pour moi, j'étais si furieuse et si triste. »

Je suis content de ne pas avoir été là, songea Castle, puis il se reprocha d'être si égoïste.

Tess finit son verre.

« Je pensais être remise, mais je suppose que non. J'ai cette horrible, horrible impression que je suis en train de la perdre.

— Tu ne vas pas la perdre, assura Castle. Elle a besoin de temps pour décompresser, d'une période de réadaptation. »

Ces paroles semblaient niaises, même à ses oreilles, comme si Beth, tout comme Justine, venait de finir une année difficile à la fac de droit.

Le morceau suivant, *Lady Be Good*, était trop entraînant, trop en décalage avec cette conversation. Tessa se leva d'un bond, éteignit le lecteur CD et se rassit, repliant les jambes sous elle.

« J'ai passé toute la journée d'aujourd'hui à m'imaginer dans dix, vingt ans, assise seule dans cette pièce, loin de ma fille. » Cette vision morne la fit frissonner. « C'est une pensée irrationnelle, peut-être hystérique, mais…

— Mais tu ne seras pas seule ici dans dix ans, interrompit-il. Ni dans vingt. Je serai ici. Je serai toujours avec toi.

— Chéri, s'il te plaît, ne dis pas ça. Tu ne sais pas ce qui peut arriver.

— Alors disons les choses ainsi – tant que mon cœur battra, je serai ici. Je le sais. Nous pouvons aller à la mairie demain et officialiser la situation. »

Cette déclaration le sidéra autant qu'elle sidéra Tess. Elle agrippa son bras et le secoua doucement.

« Mon Dieu. Je n'ai pas besoin de ça. Je n'ai pas besoin d'officialiser quoi que ce soit. J'ai simplement besoin de toi.

— Je suis là. » Il se leva et ralluma le lecteur CD. Ella se mit à chanter *Someone From Somewhere*. « Une autre danse ? » demanda-t-il, lui saisissant les mains et la tirant sur ses pieds.

31

Ils se traînaient lentement des deux côtés de la route, par groupes de dix ou vingt pèlerins, quelques rares à cheval, la plupart à pied, chaussés de baskets ou de sandales de corde, car la *peregrinación* d'octobre jusqu'à Magdalena de Kino ne pouvait être effectuée en voiture ni en bus. On prouvait sa dévotion en marchant ou en parcourant à cheval une grande distance. Les chefs de village tenaient en l'air des bannières à l'image du père Kino et de son saint patron, François-Xavier, pendant que les *peregrinos* portaient dans leurs mains brunes et rugueuses de minuscules *milagros* qu'ils déposeraient aux pieds de l'effigie du saint dans l'espoir de la guérison d'une femme ou d'un enfant, c'est-à-dire dans l'espoir d'un miracle.

Le Professeur était ému par ces processions aux allures médiévales ; sa poitrine se gonfla de fierté pour son Mexique. En quel autre endroit du monde verrait-on des centaines de gens piétiner sur des centaines de kilomètres parce qu'ils croyaient aux miracles ? Certainement pas à Gringoland, où les gens parlaient beaucoup de foi mais n'étaient pas prêts à marcher pour elle, d'ailleurs ils ne marchaient jamais beaucoup plus loin que de leur voiture à la porte du supermarché. Et ils se demandaient comment les Mexicains pouvaient traverser des déserts et franchir des montagnes pour faire les chambres dans leurs motels et plumer leurs poulets élevés en batterie pour cinq dollars de l'heure ! Voilà pourquoi – ils traversaient des déserts et franchissaient des montagnes persuadés qu'un *padre* du XVIIe siècle descendrait des cieux pour tout guérir, depuis un bec-de-lièvre jusqu'à un cancer.

Il arriva de bonne heure, comme à son habitude, et se gara près du *Palacio de Gobierno* avant de gagner d'un pas tranquille la *plaza*. Il avait acheté son *ranchito* à la périphérie de Magdalena de Kino parce que le climat y était sain, parce que c'était la ville la plus propre et la plus jolie de tout l'État de Sonora, avec ses bâtiments municipaux aussi blancs que des plumes d'aigrette, ses trottoirs carrelés sous les *porticos* des boutiques qui étaient balayés et lavés quotidiennement, ses parcs ombragés où traînait à peine un morceau de papier. Parce que c'était une ville de miracles. Dans ce XXIe siècle numérique, mondialisé, capitaliste, et à bien des égards anesthésié, il se devait d'y avoir des sanctuaires pour le mystère, comme des réserves naturelles. Il passa devant une maison sur la porte de laquelle se trouvait une pancarte. *ESTE HOGAR ES CATÓLICO. NO ACCEPTAMOS PROPAGANDA PROTESTANTE NI DE OTRAS SECTAS. ¡VIVA CRISTO REY! ¡VIVA LA VIRGEN DE GUADALUPE, MADRE DE DIOS!* Exactement ! songea-t-il. Empêchez-les d'entrer, les baptistes, les pentecôtistes, les témoins de Jéhovah. Quelle que soit la forme sous laquelle il était présenté, le protestantisme était une soupe diluée. Alors que le catholicisme, c'était

– des *chicharrones* ! Un vendeur de rue en remuait justement une marmite avec une grosse cuiller en bois, les succulents morceaux de couenne de porc bouillonnant dans leur propre graisse, et les pèlerins affamés par leur longue marche faisant la queue pour acheter ces *chicharrones* et les étaler sur des tortillas avec du fromage râpé.

De nombreux autres pèlerins encombraient la *plaza*, passant les uns après les autres devant la tombe de père Eusebio Kino, le bon jésuite qui avait défendu les Indiens de la Pimería Alta. Gisant dans la poussière en dessous du niveau de la rue, le squelette pouvait être aperçu à travers une vitre, les mains croisées sur le pelvis. Un vieil homme qui semblait lui-même plutôt squelettique s'agenouilla près de la rotonde, les deux genoux sur les pavés, les bras écartés, son visage brun et ridé comme une noix tourné vers le ciel. Le Professeur s'assit sur un banc pour le regarder. Yeux fermés, il était parfaitement immobile ; seules ses lèvres bougeaient dans une supplication silencieuse. Il avait un visage véritablement tragique, sobre et hâve, comme le vieux guitariste de Picasso. Pour quoi le *viejo* priait-il ? *¿Quién sabe?* Encore une scène qu'on ne verrait pas à Gringoland. Imaginez un de ces fidèles bien propres, bien coiffés, bien habillés, qu'on trouve dans ces auditoriums climatisés de banlieue agenouillés sur le béton des heures durant sous un soleil brûlant.

En jetant un coup d'œil en direction de l'église de Santa María de Kino, il vit Billy Cruz qui attendait près de la porte latérale. Accordons ça à Billy – il était ponctuel. Lorsqu'il se leva du banc, une sensation de découragement gagna le Professeur. Il était réticent à abandonner le *viejo* et ses dévotions magiques.

« *¿ Qué tal?* » demanda-t-il à Cruz, puis il pénétra dans la chapelle sur le côté de l'église, où les *peregrinos* défilaient devant la statue grandeur nature de saint François étendue sur un piédestal, sur lequel ils plaçaient leurs *milagros* – de petites sculptures en bois représentant une main, un pied, un cœur ou toute autre partie du corps qui devait être guérie – puis, murmurant leurs prières, ils soulevaient et rabaissaient la tête de l'effigie.

« Qu'est-ce que c'est que ce bordel ? demanda Cruz.

— Tu es dans une église, Billy, tança le Professeur. Ils croient que si les pieds de la statue se lèvent quand on soulève la tête, on sera guéri de toutes les maladies. Ça s'appelle de la magie. C'est l'arme secrète du Mexique.

— Hé ! mec, comment on va faire pour parler dans une *église* ?

— J'aime faire affaire dans les églises. Elles ont une histoire – et on y est au calme. Contente-toi de parler anglais, et à voix basse. »

Mais cette église était bondée, il n'y avait pas un seul banc de libre. Et il y avait un risque qu'un pèlerin qui comprenait l'anglais surprenne leur conversation. Il entraîna Cruz dehors et le mena à la rotonde déserte dont le dôme était barbouillé de fresques représentant *padre* Kino en train de prêcher aux convertis de Pima, mais aussi du bétail, des chèvres, des paniers, des gourdes, des épis de maïs empilés, le tout dans des couleurs vives, chaque nuance emplissant les narines du Professeur de son odeur unique – une succession d'arômes aussi complexes que ceux d'une cuisine française.

Cruz secoua la tête, déconcerté.

« J'ai un nouveau… » Il leva les yeux, momentanément distrait par la silhouette d'une jeune fille de Pima sur le dôme. Elle portait une jupe en peau de biche et rien d'autre, et le peintre ne devait pas être préoccupé par des pensées spirituelles, car il l'avait affublée d'une paire de seins à faire pâlir de jalousie la playmate du mois. « J'ai un nouveau tuyau pour vous, reprit-il, baissant les yeux. Dix kilos de blanche. Ils seront planqués dans quatre cylindres d'un pick-up qui doit passer la frontière à Campini Mesa à la fin de la semaine. »

Deux cent cinquante mille dollars au prix de gros, deux millions dans la rue, songea le Professeur.

« Est-ce que l'info est sûre ?

— C'est moi qui modifie le véhicule. J'ai appris deux ou trois choses de mon oncle. Et elle veut que je fasse traverser un groupe de *pollos* pour attirer *La Migra* au cas où elle serait dans les parages. Elle a dit que je toucherai une part des bénéfices.

— Elle fait normalement passer la blanche par Douglas. Campini Mesa, c'est le bout du monde. Pourquoi là-bas ?

— Il y a des questions que je ne pose pas, mais j'ai entendu dire que passer par Douglas était devenu risqué. »

Peut-être, mais le Professeur soupçonnait qu'Yvonne cherchait à rouler ses protecteurs de l'armée. Ils avaient des espions à la frontière qui les informaient des mouvements de drogue, histoire de s'assurer qu'ils percevaient bien ce qui leur était dû. Quand il avait eu affaire à elle, il l'avait entendue se plaindre des sommes énormes qu'elle devait verser aux types en uniforme. Et une des façons de réduire la *mordida* était de faire passer de temps en temps une livraison en douce par une petite route isolée. Tous les trafiquants le faisaient.

« Je prends des risques en vous disant ça, murmura Cruz. Elle devient incontrôlable. Elle a le nez dans la poudre matin, midi et soir. Elle commence à soupçonner tout le monde, même son fils. Il est furieux après elle à cause de toute la dope qu'elle s'enfile, et elle est furieuse après lui parce qu'il a balancé un kilo de sa came dans les toilettes.

— Et avec toi, ça se passe comment ?

— Tranquille pour le moment.

— Elle a dit quoi que ce soit à mon sujet ?

— Vous aussi, vous êtes tranquille. Pour le moment. Je ne sais pas ce que vous comptez faire, mais si j'étais vous, j'agirais le plus vite possible. Avant qu'elle ne devienne encore plus incontrôlable. »

Le Professeur médita ce conseil. Les tuyaux de Cruz – au cours des six dernières semaines, il l'avait informé de deux grosses livraisons de *mota*, qui avaient été interceptées par la police fédérale – étaient un écran de fumée destiné à prouver que le *comandante* Zaragoza luttait contre le commerce de la drogue. L'astuce était de ne pas en faire trop pour qu'elle ne se lance pas dans une nouvelle traque aux mouchards, qui pourrait la mener jusqu'à Billy. Il n'était pas prêt à le perdre, pas encore, car il devait encore décrocher le gros lot. Le Professeur avait effectué cinq achats depuis le mois d'août ; il avait gagné la confiance d'Yvonne, au point qu'elle l'avait même emmené deux fois à son ranch, et une fois à sa piste d'atterrissage, où il avait assisté au déchargement de deux cent trente kilos de cocaïne pure arrivée de Colombie. Dans l'ensemble, tout se passait comme prévu, mais il était aussi conscient que Cruz du comportement fantasque d'Yvonne, dont les périodes d'exaltation alternaient avec des accès d'hostilité paranoïaque. Le soir où elle l'avait emmené à la piste d'atterrissage, il avait vu Yvonne et ses deux chiens de garde, Marco et Heraclio, tester la qualité de la coke en sniffant des rails sur le chargeur d'un AK-47. Sa façon de montrer qu'elle pouvait être encore plus macho que les machos. Elle riait et plaisantait, avant de s'en prendre soudain à Marco, l'accusant d'avoir sniffé un rail de plus qu'elle et menaçant de l'abattre elle-même s'il recommençait. Pierce, l'agent de la douane américaine, n'était pas pressé d'en finir – il avait l'habitude des enquêtes longues – mais Joaquín commençait à être nerveux. « Quand tes *chotas* américains et toi allez-vous nous débarrasser de cette connasse ? » Ce n'était pas une question, c'était un ordre.

« Continuons d'ouvrir l'œil, dit le Professeur à Cruz. Cet entretien est terminé. »

Il commença à s'éloigner, mais Cruz le tira par la manche.

« Pas encore. Je veux tout arrêter. Je ne veux plus l'avoir au-dessus de moi.

— Tu veux dire, littéralement ? »

Cruz lâcha un petit rire.

« Ouais, elle refuse qu'on baise autrement. Ce témoin ? J'ai appris où il était. Je me suis dit que vous deviez connaître des gens. Je me suis dit que vous pourriez m'aider. Je me suis dit qu'après ce que j'ai fait pour vous, vous pourriez faire quelque chose pour moi.

— Tu te dis beaucoup de choses, Billy. Et qu'est-ce que tu t'es dit que je pourrais faire pour toi ?

— Vous arranger pour que la police des frontières ou les services d'immigration chopent ce *pollo* en tant qu'étranger illégal. Qu'ils l'expulsent. Une fois qu'il sera de ce côté-ci, je pourrai m'en occuper tout seul. »

C'était là un aspect de Cruz qu'il ignorait jusqu'à présent – la capacité à réfléchir intelligemment.

« Comme ça tu serais libre de rentrer chez toi. Je vais voir ce que je peux faire, mais je ne promets rien », mentit-il. Pour le moment, il voulait que Cruz reste là où il était. « Et maintenant cet entretien est terminé. Tu pars en premier. »

Le Professeur trouva un banc vide près de la rotonde, tira l'un de ses portables de sa poche et composa l'indicatif téléphonique des États-Unis, suivi du numéro de Nacho. Il avait décidé de lui communiquer le nouveau tuyau plutôt qu'à Zaragoza, histoire d'entretenir de bonnes relations internationales.

« Ça fait un bail que je n'ai pas eu de vos nouvelles, déclara Nacho.

— J'ai été occupé. Je vais aller droit au but. Notre chère Yvonne va faire passer dix kilos de blanche par Campini Mesa vendredi soir dans un pick-up. Regardez dans le bloc-moteur pour trouver la surprise. Un chargement de clandestins sera utilisé pour faire diversion. Si j'apprends autre chose, vous serez le premier à le savoir. Maintenant, vous avez une dette envers moi. »

Il coupa la communication. Il estima que les soupçons d'Yvonne ne tomberaient pas sur Cruz après la saisie. Après tout, elle l'intéressait aux bénéfices – pourquoi irait-il moucharder ? Sur le banc qui formait un angle avec le sien, un jeune couple était assis avec un sac en plastique provenant d'une boutique d'icônes religieuses sur les genoux. Un flot de pèlerins s'écoulait devant lui. À leurs yeux, il n'était de toute évidence qu'un touriste gringo de plus venu à Magdalena de Kino pour la *fiesta*. Il tira son deuxième téléphone de sa poche et appela Yvonne sur son portable. Pas de réponse. Il essaya son fixe au ranch. Julián décrocha. Le Professeur demanda à parler à sa mère.

« *¡Hola, Carrington!* lança-t-elle une minute plus tard, manifestement dans une de ses phases d'exaltation. *¿Qué tal?*

— *In inglés, por favor.*

— D'accord. Comment ça va ?

— Bien. J'ai besoin de vous voir. Le type dont je vous ai parlé. Le type de Phoenix.

— Qu'est-ce qu'il a ?

— C'est arrangé. Il veut acheter cinquante kilos dès que vous les aurez. »

Une pause.

« C'est une bonne nouvelle.

— Je vous explique. Il ne traitera directement qu'avec vous. En face à face. Il est très méfiant. Et il refuse de faire affaire au Mexique. Il veut vous rencontrer du côté américain. C'est pour ça que je dois vous voir. »

Une nouvelle pause, plus longue.

« Oui, en effet. Quand pouvez-vous être ici ?

— Demain matin.

— Pas possible. Je pars pour Zihuatanejo dans la matinée.

— Cet après-midi, alors. »

Il raccrocha et traversa la *plaza*, éprouvant un frémissement familier, la fébrilité du chasseur. Le vieil homme était toujours en train de prier, à genoux devant la tombe de *padre* Kino. Il devait demander un gros miracle.

32

Castle en était à sa première tasse de café lorsque Blaine cogna à sa porte. « On a du boulot, cousin », annonça-t-il après que Castle l'eut fait entrer. Tessa avait appelé une demi-heure plus tôt pour l'informer que la barrière du champ où elle gardait ses taureaux avait été défoncée et que trois des taureaux de son troupeau s'étaient échappés sur les terres du San Ignacio. Elle et McIntyre avaient besoin d'un coup de main pour récupérer les fuyards. Il y avait aussi urgence pour Blaine ; les taureaux s'étaient enfuis dans un pâturage où il faisait brouter les génisses qui étaient trop jeunes pour avoir des petits, leur bassin n'étant pas assez développé. Si les taureaux les fécondaient, elles pouvaient mourir en vêlant.

Castle attrapa ses jambières et ses éperons et grimpa dans le pick-up à côté de Gerardo. Les chevaux étaient déjà dans le fourgon. Blaine avait les yeux injectés de sang et il semblait à cran, plus que d'habitude. Il s'était réveillé à 3 heures du matin, quand un hélicoptère de la police des frontières était passé au-dessus de sa maison, le battement des pales de rotor ravivant de vieux souvenirs déplaisants. Castle n'avait pas entendu l'hélicoptère, ce que son cousin trouvait remarquable. Il était passé deux fois, assez bas, et quand Blaine était sorti pour voir ce qui se passait, il décrivait des cercles au loin, ses projecteurs balayant les collines Canelo.

Ils apprirent la raison de toute cette agitation lorsque, tandis qu'ils approchaient du ranch de Tessa, ils furent arrêtés par un barrage de la police des frontières constitué de deux camions – l'un garé en travers de la route, les lumières stroboscopiques de son toit clignotant, l'autre garé sur le bord de la route – et de quatre agents armés de fusils d'assaut. Il était fréquent que la police des frontières installe des barrages sur les routes principales pour décourager les contrebandiers de les emprunter, mais en rencontrer un sur une petite route isolée était rare. C'était le signe qu'il y avait un sérieux problème. Blaine repéra Morales et lui demanda ce qui se passait. La nuit avait été mouvementée, répondit le Navajo. Tout d'abord un convoi de clandestins avait été intercepté, puis ils avaient intercepté un convoi de drogue, du moins ils avaient essayé. Deux hommes dans un pick-up, censés transporter de la cocaïne, avaient ouvert le feu sur les agents. Une poursuite endiablée s'était ensuivie, mais ils s'étaient échappés.

« Nous pensons qu'ils ont refranchi la frontière, mais nous continuons de les chercher de ce côté-ci, expliqua Morales. Ils conduisaient un GMC gris métallisé. Si vous le voyez, prévenez-nous sur-le-champ. Et restez à distance, prévint-il. Ces gens sont sérieux. »

Après avoir transmis cette information à Tessa et à McIntyre, Castle, craignant pour la sécurité de celle-ci, lui recommanda de rester chez elle – les quatre hommes pourraient chercher les taureaux seuls.

« Ce sont mes bêtes, répliqua-t-elle. Et puis nous serons à l'écart des routes. »

Ce devait être les trafiquants qui avaient défoncé sa barrière. Elle gisait en travers du chemin, ses barres transversales tordues, sa chaîne munie d'un cadenas enroulée autour du poteau qui avait été arraché du sol par l'impact. Des fragments de verre et de métal scintillaient dans la poussière.

« *Y aún más mala suerte* », grommela Gerardo tandis que Castle et lui tiraient la barrière hors du chemin.

L'incendie. La *señora* Sally. Le terrible accident près des corrals. Il dressa la liste des incidents récents, tel un greffier énumérant les chefs d'accusation à un procès. Il ne nomma pas l'accusé ; c'était inutile.

« Ils ont dû la heurter à cent à l'heure, déclara McIntyre. Je ne crois pas que les taureaux se soient échappés il y a très longtemps. »

Tessa boucla ses jambières et examina les empreintes de sabots fraîches qui se superposaient aux traces de pneus.

« Espérons qu'ils ne sont pas d'humeur voyageuse.

— Ni romantique », ajouta Blaine d'une voix traînante, attachant le holster de son Luger.

Ils firent sortir les chevaux du fourgon et suivirent les empreintes des taureaux à travers le lit sablonneux d'un ruisseau creusé par les moussons et jonché d'amas de branches qui avaient été charriées par les crues soudaines. La terre et l'herbe étaient de nouveau sèches et le resteraient jusqu'aux chutes d'eau et de neige de l'hiver, si elles se produisaient. On était le 3 octobre.

Les feuilles en Nouvelle-Angleterre doivent être en train de jaunir, songea Castle avec une pointe de nostalgie ; mais ici le vert continuait de s'accrocher aux sycomores, et le soleil brûlant brillait dans un ciel vide. Des chevaux marchant lourdement dans le sable, le claquement d'un sabot contre une pierre, le glissement silencieux du vent et des faucons, et quelque part devant eux un hurlement de coyote suivi des cris de la meute, un yodel délirant qui se tut soudain, comme une chorale obéissant au chef d'orchestre. Ils ont trouvé quelque chose à manger, marmonna Blaine. Un veau mort, plus que probablement. Ils chevauchèrent quatre cents mètres de plus, puis perçurent une odeur portée par le vent, un relent nauséabond, comme une bête gisant au bord de la route après une journée au soleil.

Blaine tira sur les rênes.

« Ouais. Une charogne. J'ai perdu un veau. »

C'est alors que, un peu plus loin dans le lit du ruisseau, ils virent un coyote sortir des broussailles et trotter dans leur direction avec quelque chose dans la gueule, quelque chose de sombre et sanguinolent d'environ trente centimètres de long. Les cavaliers étaient sous le vent et le coyote ne remarqua pas leur présence, jusqu'à ce que Tessa dise : « Il a attrapé un lièvre. » Au son de sa voix, l'animal s'arrêta et regarda les chevaux et les humains qui se trouvaient à trente ou quarante mètres de lui, sa fourrure soyeuse presque aussi brillante que du platine dans la lumière vive. Soudain, Blaine s'écria : « Bon Dieu ! », et au même instant Gerardo et lui dégainèrent leur pistolet. Ils firent feu, manquèrent leur cible, mais une balle atteignit la terre entre les pattes du coyote et l'effraya. Il lâcha sa proie et prit la fuite, sa queue épaisse rasant le sol. Un peu plus loin, les cinq autres bêtes de la meute détalèrent en file indienne, aussi rapides que des chevaux de course.

Blaine lança son cheval en avant, criant par-dessus son épaule : « Tess, tu restes où tu es ! »

Perplexe, Castle suivit son cousin et Gerardo jusqu'à la créature qui était tombée de la gueule du coyote. Au début, il n'arriva pas à voir de quoi il s'agissait. Il mit quelques secondes à identifier la chose bleue, luisante et ensanglantée qui gisait au sol, puis quelques secondes de plus à accepter que ses sens ne le trompaient pas. Il n'en revenait pas que Blaine et Gerardo aient réussi à l'identifier d'aussi loin. Succombant à quelque conception archaïque de la galanterie masculine, lui aussi voulut protéger Tessa. Mais il était trop tard. Elle avait ignoré l'avertissement de Blaine et les avait rejoints, et lorsque ses yeux se posèrent sur la proie, elle laissa échapper un bruit sifflant et porta le dos de sa main à sa bouche. Castle approcha son cheval de celui de Tessa et lui saisit le bras, craignant peut-être qu'elle ne s'évanouisse.

« Seigneur tout-puissant, marmonna McIntyre.

— Tim, reste ici avec elle, ordonna Blaine, puis il fit un geste de la tête. Là-haut. La meute était là-haut. »

Blaine, Gerardo et Castle découvrirent le corps derrière un amas de broussailles et de brindilles. Ils mirent pied à terre, se masquant la bouche et le nez avec leurs bandanas. La femme gisait sur le dos, son visage gonflé était d'un vert jaunâtre, et ce qu'ils prirent tout d'abord pour un filet de sang s'écoulant de ses narines était en fait une procession de fourmis qui s'y engouffraient, tels des mineurs dans des tunnels jumeaux. Gerardo, qui n'était pourtant pas enclin aux démonstrations de foi de sa femme, se signa d'un geste lent et mesuré qui n'était pas révérencieux, mais plutôt une incantation silencieuse. Castle sentit lui aussi une présence dont ils devaient se protéger. *Il y a ici quelque chose qui n'y était pas avant.* Il se rappela les paroles que Blaine avait prononcées quelques mois auparavant, et les cris des coyotes quelques minutes plus tôt, une sérénade démoniaque, le chœur du diable. Même si ce n'étaient en réalité que des coyotes qui s'étaient trouvé un repas tout prêt. De la viande. Des protéines. Ne pouvant plus retenir la boule salée et amère dans son gosier, il baissa son bandana et s'éloigna pour vomir.

« Je suppose qu'elle a pas pu suivre le rythme, vu son état, déclara son cousin lorsqu'il eut fini. Alors, ils l'ont abandonnée, et elle est plus que probablement morte de soif.

— Mais pourquoi aurait-elle… ?

— Pour que son enfant naisse aux États-Unis, je suppose. Doux Jésus, j'ai jamais rien vu de tel, pas même au Viêtnam. »

Il alla jusqu'à son cheval, tira une chemise de rechange de sa sacoche de selle, puis marcha jusqu'à l'endroit où attendaient Tessa et McIntyre. Ils revinrent avec lui, Tessa s'armant de courage, Blaine portant le bébé – ce mot résonnait dans la tête de Castle – enveloppé dans la chemise. Il le posa près de sa mère, et ils passèrent la demi-heure qui suivit à empiler des pierres sur les corps. McIntyre trouva deux bouts de bois solides, les attacha au moyen d'une lanière en cuir et coinça la croix de fortune entre les pierres. Blaine demanda à Castle s'il avait son GPS sur lui. Il l'avait.

« Alors, note les coordonnées. J'appellerai la police des frontières quand on sera à la maison. Ils pourront venir la chercher. Peut-être qu'ils auront un moyen de découvrir qui elle était. » Il regarda la tombe, puis McIntyre. « Tu veux dire quelque chose ? »

McIntyre ôta son chapeau. Ils l'imitèrent tous et baissèrent la tête. Mais après un bref silence, le cow-boy leva les yeux d'un air contrit.

« Je sais pas quoi dire. Je sais pas quoi dire devant une telle chose.

— Amen, fit Blaine. On a fait tout ce qu'on pouvait. Maintenant, on a du travail à finir. »

Le visage de Tessa était blême. Castle lui lança un regard interrogateur – voulait-elle continuer ?

« Allons-y », dit-elle.

Ils repartirent tous ensemble, mais ne formaient plus une équipe unie par une tâche commune à accomplir ; c'étaient cinq individus, chacun pris dans ses propres pensées.

Ils repérèrent les taureaux avachis sur un flanc de colline, lorgnant les génisses rassemblées dans la clairière en contrebas. Ils étaient si immobiles qu'on aurait dit trois rochers noirs. À l'approche des cavaliers, ils se levèrent lourdement et se mirent à dévaler la colline côte à côte. Tessa et McIntyre s'élancèrent devant eux et leur coupèrent la voie, pendant que Blaine, Castle et Gerardo les coinçaient par les côtés. Deux taureaux abandonnèrent docilement leur fuite, mais le troisième, le chef de la bande, fit mine de charger Blaine, puis pivota et détala à toute allure. Gerardo se lança à sa poursuite et le rattrapa quelques secondes plus tard. Il se pencha sur le côté, à tel point qu'il sembla près de tomber de sa selle, puis saisit la queue du taureau près de sa base et la tordit sèchement. L'énorme animal tomba comme s'il s'était pris une balle en pleine tête, puis roula sur ses pieds, gonflant le poitrail, de la morve jaillissant de ses naseaux dilatés. Il était complètement désorienté, et le Mexicain n'eut aucun mal à le ramener en haut de la colline.

« *¡Vaquero!* » s'exclama Blaine en lui donnant une tape sur l'épaule.

Gerardo accueillit le compliment avec un petit hochement de tête. Rien de plus.

Ils ramenèrent les taureaux au ranch de Tessa en coupant par un canyon qui traversait les collines Canelo. Dans d'autres circonstances ils auraient commenté l'exploit de Gerardo, mais ce qu'ils avaient vu continuait de les hanter et ils étaient silencieux. Ils n'éprouvaient pas le plaisir que procure d'ordinaire le travail accompli. Castle se demandait si ses compagnons ressentaient la même chose que lui – une émotion bâtarde faite de dégoût, de pitié et de honte. Il n'avait aucune raison d'avoir honte, et pourtant c'était le cas ; comme s'il avait vu une chose interdite, comme si quelque effroyable secret lui avait été révélé.

Mais le pire de la journée était encore à venir.

Le canyon se resserra pour n'être plus qu'un ravin à peu près aussi large qu'une rue creusée entre des parois hautes de trois mètres. Les taureaux avançaient l'un derrière l'autre, flanqués de Tessa et de McIntyre, Gerardo fermant la marche, Castle ouvrant la voie avec son cousin. À la sortie d'un méandre, Tequila, le cheval de Blaine, s'arrêta net, arc-boutant ses pattes postérieures tel un cheval de rodéo. À dix mètres à peine, près de l'endroit où un chemin rejoignait le ravin, un pick-up en rade leur faisait face, ses phares fracassés, son capot ouvert. Un homme maigre perché sur le toit incliné leur tournait le dos, parlant en espagnol dans un émetteur radio. Un autre homme se trouvait sur le côté, creusant le sol avec une pelle à manche court similaire à celles utilisées par les soldats pour creuser des tranchées. Il vit les cavaliers en premier et lança à son compagnon : « *¡Luis! ¡Ojo!* » L'homme sur le toit du pick-up pivota sur lui-même, manquant de tomber de son perchoir.

Les personnes qui ont survécu à une collision ou à un accident d'avion racontent souvent avoir vu l'événement se dérouler au ralenti, et c'est ainsi que les sens de Castle enregistrèrent les secondes qui suivirent. Tout commença par un semi-automatique chromé enfoncé sous le ceinturon de l'homme, sa crosse en ivoire dépassant au-dessus d'une boucle de rodéo brillante. Puis la radio et le GPS qui tombaient de sa main et semblaient flotter comme des feuilles mortes ; l'homme qui reprenait son équilibre, son bras s'approchant lentement du milieu de son corps. Et Castle se retournait alors sur sa selle et hurlait en direction de Tessa, qui se trouvait deux mètres derrière lui : « Tess ! Attention ! Pistolet ! » Dans l'espace confiné, une détonation éclatait, presque aussi forte que s'ils avaient été dans une pièce close. Les chevaux se cabraient et bronchaient, les taureaux s'enfuyaient, l'un d'eux percutait le pick-up. Comanche se jetait en avant, et tandis qu'il sautait maladroitement de sa selle, Castle voyait l'homme tomber du toit – non pas, comprenait-il, à cause du taureau qui avait percuté le véhicule, mais parce qu'il avait été touché par une balle. Et l'homme atterrissait sur le dos, agitait spasmodiquement les jambes, son pistolet était toujours sous son ceinturon, du sang se répandait sur sa chemise. Et ce n'est que lorsque ses jambes se figèrent et qu'il fut aussi immobile qu'un mannequin que les perceptions de Castle redevinrent normales.

Sa première pensée fut pour Tessa. Éjectée de sa selle par son cheval apeuré, elle était assise par terre, secouant la tête. Il passa les mains sous ses bras, l'aida à se relever, et ils s'étreignirent.

« Qu'est-ce… qu'est-ce… bégaya-t-elle.

— Je ne sais pas. Je… » commença Castle.

Puis il vit Blaine, Luger à la main, s'agenouiller et poser un doigt sur le cou de l'homme, juste sous l'oreille. Il se releva, et tous regardèrent l'homme mort avant de se dévisager les uns les autres pendant ce qui leur sembla une éternité. Castle sentait son cœur battre irrégulièrement.

C'est finalement Blaine qui parla.

« J'ai cru que tu avais dit qu'il allait tirer.

— Non, je…

— C'est ce que j'ai cru. L'autre a pris la fuite.

— Les taureaux aussi, déclara McIntyre. Tu parles d'une journée.

— Gerardo et toi, allez les rattraper. Ils n'ont pas pu aller bien loin.

— Ç'a été une foutue journée. C'est tout ce que j'ai à dire. Une *foutue* journée », répéta McIntyre.

Tandis que les deux hommes s'éloignaient, Blaine passa la tête sous le capot du pick-up.

« Venez voir ça. »

Le bloc-moteur était en partie démonté, les soupapes, les pistons et les bielles avaient été ôtés de quatre des huit cylindres. Blaine ouvrit les pinces de son couteau suisse et tira un sac en plastique qui était coincé dans l'un des cylindres. Celui-ci était fermement enveloppé dans de la toile adhésive, du genre de celle dont on se servait pour réparer une durite. Il tailla une encoche dedans, et une poudre blanche vaguement rosée se déversa par terre, près des pieds de l'homme qu'il venait de tuer.

Blaine a tué un homme. Castle prit soudain conscience de ce qui venait de se passer. Et le fait que la victime était un trafiquant de drogue armé semblait, pour le moment, sans importance. *J'ai cru que tu avais dit qu'il allait tirer.* Mais Castle n'avait rien dit de tel. Si Blaine avait entendu ça, c'était parce que c'était ce qu'il voulait entendre. Pourtant, il se sentait un peu complice. Il avait suffi qu'il hurle un seul mot – *Pistolet !* – pour que son cousin se venge enfin de ces trafiquants qui le tourmentaient jour et nuit. Et pourquoi Castle avait-il sonné l'alarme ? Par peur. Pour protéger Tessa – pour se protéger lui-même d'une nouvelle perte.

Maintenant, Blaine était en train d'échafauder un scénario : les trafiquants, tentant d'échapper à la police des frontières, s'étaient engagés dans le canyon, le prenant probablement par erreur pour une route dans l'obscurité. Ils s'étaient embourbés et n'avaient pas réussi à dégager le pick-up, pas avec la moitié de ses cylindres hors d'état de marche. Après une nuit au milieu de nulle part, ils avaient décidé d'abandonner le véhicule et de regagner le Mexique à pied. L'homme était en train de communiquer par radio à son patron les coordonnées GPS de l'endroit où ils allaient enterrer la drogue.

Et Castle l'écoutait, fasciné non pas par la faculté de Blaine à reconstituer les événements, mais par son ton prosaïque. Il venait d'abattre un homme, et il était là à disserter comme un enquêteur amateur, Miss Marple avec un accent de cow-boy.

« Qu'est-ce qu'on en a à foutre de tout ça ? lâcha Castle. Qu'est-ce qu'on fait maintenant ? »

Blaine saisit la pelle.

« Facile : on l'enterre et on la boucle.

— Tu n'es pas sérieux ? »

Blaine se mit à creuser. Castle ramassa le sac de cocaïne.

« Et ça, on en fait quoi ? On le laisse ici ? On l'emporte avec nous et on le revend ?

— On enterre ce type, répéta Blaine, poussant un grognement. Puis on appelle la police des frontières et on leur dit qu'on est tombés sur un camion abandonné et qu'on a trouvé la came dedans. » *Grognement.* « On leur dit où elle est, et s'ils découvrent ce salaud – *grognement* –, ils penseront qu'il s'est fait buter par un autre trafiquant. »

Mon Dieu, pensa Castle, il ferait de nous tous ses complices.

« Je ne marche pas, Blaine. »

Tessa fit un pas en avant, se massant le dos.

« Gil a raison », dit-elle. Blaine continua de creuser. Elle lui tira le bras. « Il est hors de question que nous fassions comme si rien ne s'était passé.

— Nous n'allons pas mentir pour toi, reprit Castle en tentant de lui arracher la pelle des mains, pas pour quelque chose d'aussi sérieux. »

Blaine planta la pelle dans le sol et les regarda.

« Très bien, nom de Dieu. Qu'est-ce que vous proposez, bande de scouts ?

— Si on disait la vérité ? suggéra Castle. J'ai crié "Pistolet !", tu as cru que j'avais dit qu'il allait tirer, et tu as fait feu en pensant nous défendre. » Il avait conscience que ce n'était pas totalement la vérité, qu'il tissait une sorte d'alibi, mais ça devrait faire l'affaire. « Nous te soutiendrons. Je ne peux pas imaginer qu'il y aura une enquête. Ce n'est pas comme si ce type était un citoyen modèle. »

Comme il y avait eu mort d'homme et que celui-ci s'était fait tuer par balle, l'affaire était du ressort du shérif. Rodriguez se montra coopératif, et son rapport fut on ne peut plus clair : le Mexicain, identifié comme un certain Luis Acevado, avait été abattu en légitime défense. Castle avait supplié le shérif de garder le silence sur l'incident, mais c'était naturellement impossible. Tout le pays avait les yeux rivés sur la frontière, et cette histoire était trop dramatique pour être ignorée, le choc des iconographies trop riche – le vieil Ouest contre le nouvel Ouest, les cow-boys et les trafiquants. GUERRES FRONTALIÈRES. UN RANCHER ABAT UN TRAFIQUANT DE DROGUE. 2 MILLIONS DE DOLLARS DE COCAÏNE SAISIS. Dans certains médias, la vérité connut quelques mutations. Le trafiquant avait dégainé avant que Blaine ne fasse feu, parfois le trafiquant avait même tiré – mensonge rendu crédible par les résidus de poudre découverts dans le canon du colt semi-automatique (qui provenaient sans doute de la nuit précédente, quand le Mexicain avait tiré sur les agents de la police des frontières qui étaient à leurs trousses). Castle accorda une interview à une chaîne de télé de Tucson pour remettre les pendules à l'heure, sans grand succès. La réalité était trop ambiguë pour un reportage de trente secondes, un spot radio de quinze secondes ou un article de quatre cents mots.

Cette publicité le mettait mal à l'aise, et pas seulement à cause de la déformation des faits. Blaine, qui avait été prêt à cacher toute l'affaire, déballait désormais tout. Tout et plus. Il se pavanait devant les caméras, peignant de lui-même le portrait d'un cow-boy droit dans ses bottes, petit-fils du dernier homme de loi de la frontière d'Arizona. Des messages étranges leur parvenaient de bords opposés du spectre politique. Un groupe de défense des immigrants menaça d'enquêter sur la mort d'Acevado et, si elle n'était pas justifiée, de poursuivre Blaine pour violation des droits civiques de ce dernier. Des courriers et des e-mails de soutien arrivèrent, certains issus des tréfonds les plus nauséabonds de l'âme américaine – « Au lieu de lui tirer dessus, vous auriez dû faire ce que ces gars ont fait à ce nègre au Texas, l'enchaîner à votre pare-chocs et le traîner jusqu'à ce que sa tête se détache. » Des bloggeurs, qui avaient repris le flambeau d'organisations d'extrême droite comme la John Bircher Society et le Posse Comitatus, postèrent des messages de félicitations et des propositions d'assistance. « Serais ravi de me joindre à vous la prochaine fois. J'ai un chouette Ruger Mini-14 qui ne tue rien que des Mexicains. » Blaine encourageait ce genre de réactions en ne les décourageant pas. Et lors d'une interview, il regarda fixement la caméra et déclara : « Tous ceux qui veulent faire passer du poison par mon ranch sont attendus de pied ferme. »

33

À moins de trente kilomètres de là, dans la *sala* de son ranch, Yvonne regardait l'interview sur sa télé satellite en compagnie de Julián et de Billy. C'était la première fois qu'elle voyait son ennemi, et elle ne le trouvait pas physiquement attirant, même s'il n'était pas aussi laid qu'elle l'aurait souhaité. Cet homme qui lui causait tant d'ennuis aurait dû ressembler au cafard qu'il était. À la place, avec sa tête étroite et ses cheveux dressés sur le dessus, il ressemblait à un coq mal nourri. Et il chantait assurément cocorico.

Julián l'avait appelée à Zihuatanejo pour lui annoncer la mauvaise nouvelle dès que celle-ci était parue dans la presse. Yvonne avait aussitôt interrompu ses vacances, affrété un jet privé et directement regagné avec ses gardes du corps le ranch de Los Tres Encinos. La perte d'une cargaison et de son meilleur passeur n'était pas en soi une catastrophe – Acevado était remplaçable, et les dix kilos de coke n'étaient qu'une fraction de ce qu'elle vendait chaque semaine, ils ne représentaient pas plus que quelques tomates pourries pour un fermier qui les cultivait par hectares. C'était une question de principe.

Qu'une telle perte lui ait été infligée non par *La Migra*, ni par la DEA, ni par les *federales*, mais par un stupide cow-boy était un déshonneur. L'atteinte à sa réputation, voilà ce qui la préoccupait. Le cartel du Golfe et, plus important encore, les gens au sein de son organisation penseraient qu'elle perdait la main. Et puis il y avait l'ami de Billy, Carrington. La veille de son départ pour la côte, il lui avait fait une proposition extrêmement alléchante. Son client voulait cinquante kilos par semaine, chaque semaine. Elle lui avait dit qu'elle y réfléchirait pendant ses vacances – elle n'aimait pas le fait qu'il exigeait de ne traiter que du côté américain de la frontière. Elle trouvait ça bizarre. Mais si la proposition du client de Carrington était sérieuse, alors il irait s'approvisionner ailleurs s'il la jugeait incapable de garantir des livraisons sûres.

Elle n'avait pas passé beaucoup de temps à Zihuatanejo, mais ce bref séjour lui avait fait du bien. Pas un rail, pas un sniff. Elle avait bien mangé, nagé dans l'océan, s'était inscrite à des cours de gym dans un hôtel. Son esprit recommençait à fonctionner comme avant. Elle ne sautait plus nerveusement d'une idée à une autre – une illusion de vivacité d'esprit engendrée par la coke. Ses pensées étaient de nouveau une ligne droite, claire, inébranlable, un rayon laser. Pendant le vol en Cessna, elle s'était aperçue que ses méthodes de guerre psychologique avaient été peu judicieuses. En vérité, elle avait péché par orgueil en croyant pouvoir harceler et épuiser Erskine. C'était plutôt lui qui l'épuisait. Lui, dont la famille avait ruiné la sienne, qui la faisait désormais passer pour une idiote incompétente. Mais au moins, en tuant Acevado, il avait clarifié la situation. Une riposte directe, décisive, s'imposait. La voie était désormais libre pour qu'elle atteigne son objectif d'un seul coup. Lorsque l'avion avait atterri sur sa piste privée, l'esquisse d'un plan avait commencé à se dessiner.

Mais avant de le mettre en œuvre, elle devait prouver qu'elle avait les choses bien en main. Elle avait interrogé le passeur qui avait accompagné Acevado et regagné le Mexique – est-ce que la police des frontières avait été informée de la livraison, ou les deux hommes avaient-ils simplement joué de malchance ? Dans un cas comme dans l'autre, elle était déçue par le compagnon d'Acevado. Un homme d'honneur, un homme avec des *huevos*, un vrai homme, ne se serait pas enfui ; il aurait lutté jusqu'à la mort. Elle devait rappeler à tous les membres de son organisation qu'elle ne tolérerait aucune lâcheté ni aucune erreur. Marco et Heraclio avaient donc emmené le *cobarde* jusqu'à la piste d'atterrissage, ils lui avaient tiré dans les deux jambes, puis l'avaient arrosé de kérosène avant de le brûler vif.

Et puis il y avait Billy, son Billy, qui lui avait procuré tant de plaisir, le commandant en chef de ses armées de nettoyeurs de chiottes et de cueilleurs de fraises. Les poulets de Billy étaient censés leurrer *La Migra*, mais ils avaient échoué. Pourquoi ? lui avait-elle demandé le soir de son retour tandis qu'ils étaient étendus nus sur son lit. Il ne se l'expliquait pas.

« Manque de pot, s'était-il contenté de répondre, un commentaire très intelligent.

— Certes, chéri, mais normalement il y a une raison. »

Il avait croisé les mains sur son ventre et lui avait demandé ce qu'elle voulait dire.

« Ton ami, Carrington. Il a un client qui veut effectuer de grosses transactions, mais je me demande si ce client ne serait pas un *chota*. Il dit qu'il refuse de traiter hors des États-Unis. Je me demande même parfois si Carrington n'est pas un *chota*. » Elle s'était tournée sur le côté et avait tiré l'oreille de Billy contre sa poitrine. « Tu entends, mon petit chihuahua ? Il fait *yip, yip* quand quelque chose lui semble bizarre. Comment *La Migra* savait-elle où la cargaison traverserait ? »

Billy avait levé la tête.

« Hé ! Yvonne, allez, arrête… »

Le nez esquinté, les sourcils amochés, les épais cheveux blonds. Elle s'était attachée à lui, plus qu'elle ne l'aurait cru, et ça la peinait réellement de soupçonner qu'il l'avait peut-être trahie. Mais ça la peinait encore plus de songer au traitement qu'elle allait devoir lui réserver s'il l'avait réellement fait.

Elle s'était mise à rire.

« Je ne pense pas ce que tu crois que je pense, avait-elle menti. Mon client doit me payer un quart de million pour cette livraison, et je t'ai promis dix pour cent. Pourquoi irais-tu moucharder ?

— Moucharder ! avait protesté Billy en se redressant.

— Je ne t'accuse pas, *chico*. Je réfléchis juste à voix haute. Pourquoi irais-tu moucharder et risquer de perdre une telle somme ?

— Exact. Tout à fait exact. »

Et peut-être que ça l'était, avait-elle songé, consciente qu'elle cherchait peut-être midi à quatorze heures. Mais au moins, se plaisait-elle à penser, elle ne le faisait pas uniquement pour des raisons sentimentales. Billy aurait un rôle très constructif à jouer dans son plan. Elle l'avait perfectionné au cours des deux derniers jours mais n'en avait encore parlé à personne. Le moment était désormais venu d'en exposer les grandes lignes, même si elle n'avait aucune intention de le révéler immédiatement dans sa totalité. Les personnes chargées de le mettre en œuvre ne sauraient que ce qu'elles auraient besoin de savoir, pas plus.

Elle saisit la télécommande et éteignit la télé. L'interview d'Erskine était terminée.

« Il a l'air très fier de lui, ce *pendejo.* »

Julián et Billy en convinrent. Elle se leva de la place qu'elle occupait entre eux sur le divan, s'assit sur une chaise et leur fit face.

« Il nous doit deux cent cinquante mille dollars, vous ne croyez pas ? »

Julián haussa les épaules. Billy eut un geste tout aussi évasif.

« Eh bien, c'est un fait, et nous allons récupérer notre argent. » Elle se tourna vers Julián. « Je veux que son ranch soit placé sous surveillance. Je veux savoir combien de personnes s'y trouvent. Je veux connaître leurs allées et venues. Je veux savoir quand elles se lèvent, quand elles se couchent et quand elles vont aux chiottes. Je veux tout savoir sur elles. »

Julián voulut parler, mais elle lui fit signe de se taire et se tourna vers Billy.

« Tu connais bien la région. La carte humaine. Est-ce que ce serait difficile pour toi d'y emmener quelques personnes de nuit ? »

Il plissa les yeux d'un air interrogateur.

« La question me semble simple, reprit-elle.

— Où ça, exactement ? demanda-t-il. C'est un grand ranch.

— À la maison principale du San Ignacio.

— Non, ça ne serait pas difficile. Mais je ne crois pas que ce soit une bonne idée pour moi d'aller de l'autre côté en ce moment, de jour comme de nuit.

— Ça me ferait plaisir que tu le fasses. Ça ne prendrait pas longtemps. Une heure ou deux au plus. » Il remua les épaules et la regarda attentivement. Il tenait à lui faire plaisir. Bien sûr qu'il y tenait, surtout après leur précédente conversation, quand elle avait insinué qu'il avait pu la trahir. Elle songea néanmoins qu'il aurait peut-être besoin d'une motivation supplémentaire.

« Je crois savoir que tu as une affaire à régler de l'autre côté. Suppose que je te dise qu'elle le sera si tu fais ce que je te demande. Tu serais alors libre d'aller et venir comme avant.

— Ce serait une bonne chose, bien sûr. »

Julián croisa les jambes comme elle détestait qu'il le fasse et inclina la tête en arrière, fermant à demi les yeux.

« Mère, je sais ce que…

— Tais-toi, *mi hijo*. Tu ne sais rien. »

Ben Erskine

Dans les archives de la Société historique d'Arizona, les photocopies de la transcription d'un procès aussi épaisses qu'un best-seller reposent dans unc boîtc, accompagnées d'un compte-rendu d'arrestation, d'un acte d'accusation, de témoignages, de dépositions et de coupures de presse. La lecture de ces documents, pour peu qu'on fasse un effort d'imagination, nous ramène à une matinée de février 1951.

Nous voyons un brouillard de poussière étincelante flotter au-dessus d'un corral, où des croisements de vaches brahmanes avec des fanons pendants, des épaules énormes et une tendance au vacarme, beuglent et cognent contre les planches. Quatre cavaliers encerclent la masse mouvante de muscles et de cornes – Ben ; deux cow-boys, Alberto Hernández et Jim Tierney ; et Caroline Burton, une amie venue de Scottsdale.

Plus de dix ans ont passé depuis que Ben a dissous l'IB-Bar et l'a fusionné avec le ranch de son frère, le San Ignacio. Ce petit empire s'en est bien sorti, mais les pluies de l'été précédent ont été mesquines, et celles d'hiver ont été rares. Le niveau des réservoirs est bas, certains sont carrément taris, et les pâturages sont en sale état. Ben et Jeff ont décidé de les soulager en vendant quelques têtes. Le rassemblement des bêtes a commencé à l'aube. Ben, Hernández, Tierney et Caroline ont récupéré le bétail dans les Huachuca et les collines Canelo, l'ont guidé sur la route jusqu'au corral, Ida les suivant dans le pick-up Chevrolet de Ben. Maintenant, ils attendent les deux camions qu'ils ont loués pour emmener le bétail aux enclos d'expédition de Sonoita, une petite ville bâtie autour du croisement de deux routes, située sur une ligne secondaire de la Southern Pacific. Il y a encore peu, ils auraient eux-mêmes conduit le troupeau jusqu'aux enclos et campé pour la nuit ; mais, au cours de ces dernières années, des clôtures de plus en plus nombreuses ont commencé à sillonner la campagne, et les routes ont été améliorées pour permettre le passage des gros camions. En transportant les bêtes ainsi, on évite qu'elles perdent du poids, et chaque kilo compte ; pourtant Ben regrette les périples de jadis, les grands espaces vierges.

Un pick-up Dodge cabossé tractant un fourgon à bétail arrive. Il est conduit par Rafael Quinn, un rancher du coin que Ben a engagé pour emmener, le cas échéant, le bétail supplémentaire. Il quitte la route, s'arrête près d'une barrière grillagée et descend pour l'ouvrir. Hernández crie par-dessus les beuglements des vaches et des bœufs : « Hé ! Ben ! Il est à la mauvaise barrière ! » Ben guide son cheval hors du corral et s'approche de Rafe pour lui indiquer son erreur et le diriger vers la bonne barrière.

« Tu as oublié où tu es censé aller ? plaisante Ben. Tu dois perdre la mémoire avec l'âge.

— Ça doit être ça », répond Quinn en riant. Il a à peu près le même âge que Ben, c'est un grand type efflanqué d'origine irlandaise et mexicaine, plus mexicaine qu'irlandaise, même si ses cheveux roussâtres, ses yeux bleu-vert et ses taches de rousseur suggèrent le contraire. En regardant en direction du corral, il désigne Caroline Burton.

« À propos d'âge, je vois que t'as une vieille qui travaille avec toi. C'est qui ?

— Une amie de Jeff et Lilly. Et elle n'est pas si vieille que ça. »

Quinn arque les sourcils. Son regard se porte sur Ida, qui se tient près du Chevy.

« Tu as *deux* femmes. Une seule vieille jument te suffit pas, hein ? »

Quinn est connu pour sa vulgarité, et même si Ben y est habitué, cette réflexion le hérisse.

« Qu'est-ce que c'est que cette façon de parler, Rafe ?

— C'était une blague.

— Tu penserais quoi si je parlais de ta femme comme ça ?

— Tu pourrais pas, répond Quinn en gloussant. La mienne, elle est pas vieille. »

Il parle de sa seconde femme. Il a connu un double deuil durant la guerre, son fils qui s'est fait tuer dans le Pacifique sud, et sa femme qui est morte peu après – d'un cœur brisé, à ce qu'on a dit. Mais il n'est pas resté seul longtemps et a épousé à 52 ans une Mexicaine de 19 ans. Elle lui a déjà donné deux enfants et en attend un troisième.

« Une jeunette vaut mieux que deux vieilles, je peux te l'assurer, ajoute-t-il.

— Bon, ça suffit. Nous avons du pain sur la planche.

— Juste une blague, Ben.

— Je ne trouve pas ça drôle. »

Les camions sont arrivés, ils reculent vers les rampes dans un boucan du diable.

« Tu comprends plus les blagues ? Tout ce que je voulais savoir, ajoute-t-il en faisant un geste obscène de la main, c'est comment sont tes deux juments au plumard.

— Espèce de salopard dégueulasse ! » Ben saute de sa selle avec autant de vivacité et de souplesse que le permet son âge, et enfonce un doigt dans le torse de Quinn, plusieurs fois de suite, tel un pivert perçant un trou dans un arbre. « Tu es sur ma terre, et tu ne parles pas comme ça quand tu es sur ma terre !

— Moi, je crois que je peux parler comme ça me chante », réplique Quinn.

Bien que ce soit le début de l'après-midi, Ben sent que Quinn a l'haleine chargée de whiskey.

« Non, pas ici. Je vais trouver quelqu'un d'autre pour emmener les bêtes. Décampe. »

Ce sont deux hommes au sang chaud, et Quinn s'emporte.

« Si tu peux pas accepter une blague, va te faire foutre !

— Fous le camp, nom de Dieu !

— *Chinga tu madre* », jure Quinn, puis il grimpe dans son pick-up et regagne la route en marche arrière, projetant de la poussière tandis qu'il accélère.

Ben remonte en selle et retourne au corral.

« Quelle mouche l'a piqué ? » demande Hernández.

Ben ne répond rien, trop en colère pour parler.

Sa colère ne diminue pas tandis que le bétail est chargé dans les camions, ni quand il le suit dans son pick-up, Ida et Caroline assises à côté de lui, Ida au milieu. Sa winchester 30-30 vibre dans le râtelier derrière lui. Il jette un rapide coup d'œil à Ida, qui porte pour l'occasion un jean, une veste de campagne et son chapeau préféré, qui, avec ses bords raides et son haut dôme enfoncé, ressemble à un chapeau de chef scout. Elle a eu 51 ans en décembre. Ses cheveux sont désormais sillonnés de gris, et bien qu'elle ait conservé une silhouette svelte, les années de dur labeur en plein air ont conféré à sa peau une texture de papier froissé. Les années ont laissé leur trace sur elle. Ben sait qu'il a lui aussi laissé sa trace, avec ses absences fréquentes, les dangers auxquels il s'est exposé. Dans les années 1930, quand Ben a perdu sa plaque, elle espérait qu'il se consacrerait au ranch à plein temps. Elle a été consternée lorsqu'il a rejoint les rangers du comté, sans être payé, mais avec les pleins pouvoirs pour effectuer des arrestations, car il ne pouvait pas plus abandonner sa vie d'aventure qu'un gros fumeur ne peut abandonner les cigarettes. Il faisait équipe avec les agents des douanes et poursuivait les contrebandiers, et un jour l'un d'eux l'a pris par surprise et envoyé à l'hôpital avec une fracture du crâne. Ben a souvent dit qu'aucune autre femme n'aurait pu rester mariée à lui aussi longtemps. Elle est son épouse depuis trente-cinq ans, il lui a été fidèle, et l'idée qu'il pourrait la pilonner comme une vieille jument le dégoûte. Il ne parvient pas à effacer le geste obscène de Rafe de son esprit, ni le sourire lubrique qui l'a accompagné. Sa fureur se nourrit de cette image, mais aussi d'elle-même, c'est un feu de forêt dans sa tête qui semble aspirer l'air de ses poumons. Il négocie trop vite un virage creusé d'ornières transversales et pousse un juron alors que le Chevy quitte presque la route.

« Qu'est-ce qui ne va pas ? demande Ida.

— Rien.

— Ne me dis pas "rien".

— Moi et Rafe, on a eu des mots, c'est tout.

— À quel propos ?

— Je n'ai pas envie de le répéter. »

Au parc à bestiaux, des wagons à planches rouges sont alignés derrière une locomotive à l'arrêt, sa cheminée saignant de la fumée dans les airs. C'est une journée claire et fraîche, et un vent âpre gémit à travers la prairie de Sonoita, qui ondoie vers les montagnes Mustang et Whetstone, à des kilomètres de là.

« Ça va prendre un moment », annonce Otis Reed, l'homme chargé d'inspecter le bétail, à Ida et à Caroline. Il désigne une petite maison de briques de l'autre côté des voies. « Pourquoi n'iriez-vous pas vous mettre à l'aise ? Ma femme vous préparera une tasse de café. »

Les femmes acceptent l'invitation et s'en vont.

Ben se met au travail. Pendant qu'il est penché au-dessus du capot de son pick-up, remplissant les paperasses avec Reed et l'acheteur, Hernández et Tierney déchargent le bétail et le poussent le long de la rampe jusqu'aux balances. Dans le vacarme – les animaux beuglent, les sabots claquent sur les rampes d'acier, la locomotive à l'arrêt siffle et gronde –, Reed enregistre le poids et la description de chaque vache et de chaque bœuf, et Ben signe le formulaire d'auto-inspection du marquage. La routine fastidieuse atténue l'incendie dans son cerveau, mais elle ne l'éteint pas. Deux vieilles juments. Ce regard lubrique et sournois.

Le travail est presque fini lorsque Rafe Quinn arrive, tirant derrière lui quelques bêtes provenant du troupeau d'un autre rancher. Tandis que les bêtes sont déchargées du fourgon de Quinn, celui-ci aperçoit Ben et se dirige vers lui d'une foulée rapide et saccadée.

« Hé ! où sont tes deux vieilles juments ? Toujours avec toi, ou tu les as expédiées ? »

Ben sait qu'il devrait laisser passer, mais il ne le fait pas ; il ne peut pas. Il s'approche de l'homme au visage couvert de taches de rousseur et à la voix railleuse.

« Je ne veux plus entendre un foutu mot de ta part.

— Tu vas en entendre plein.

— Ferme-la !

— Je suis pas à tes ordres ! »

Il pousse Ben, qui le pousse à son tour. C'est un concours de bousculades d'écoliers entre deux hommes âgés, et c'est presque comique à voir, jusqu'au moment où Ben lui envoie un swing. Le coup de poing effleure le crâne de Quinn, faisant voler son chapeau. Aussitôt, Ben frappe avec l'autre main. C'est plus une gifle qu'un coup de poing, mais elle atteint Quinn à la tempe suffisamment fort pour le faire vaciller.

« *¡Cabrón! ¡Hijo de puta!* hurle Quinn, passant à l'espagnol dans sa fureur. Je ne peux pas te régler ton compte comme ça, mais je vais chez moi chercher mon arme, et je vais m'occuper de toi à ma manière. » Il ramasse son chapeau, le frappe contre sa cuisse. « Attends ici. »

Et que dit Ben maintenant ? Comme le montre le compte-rendu du procès, ses paroles exactes seront cruciales pour l'accusation.

Otis Reed affirmera avoir entendu Ben dire : « Va chercher ton arme. J'ai du bétail à expédier et je serai ici. »

Hernández affirmera avoir entendu : « J'ai tout ce bétail à charger et je serai ici jusqu'à ce que ce soit fini. Je ne veux plus avoir affaire à toi. »

Tierney affirmera avoir entendu : « Va chercher ton arme. Je ne veux plus avoir affaire à toi. J'ai du bétail à expédier et je serai ici jusqu'à ce que ce soit fini. »

Lorsque Quinn, jurant toujours, grimpe dans son pick-up, Reed regarde Ben en plissant les yeux.

« Qu'est-ce qui se passe ? Je croyais que Rafe et toi, vous étiez amis.

— Juste une dispute. C'est réglé, répond Ben.

— Il a dit qu'il allait chercher une arme.

— Oublie. Il ne reviendra pas. »

Reed citera cette réponse dans sa déposition au shérif. Il la répétera lors de son témoignage, et elle sera cruciale pour la défense.

Les deux femmes reviennent de leur pause-café. Ben ne leur parle pas de l'altercation. Elles grimpent dans le Chevy pour s'abriter du vent pendant que Ben, Reed et l'acheteur achèvent la pesée et l'inspection. Tierney et Hernández commencent à pousser le bétail depuis les enclos vers les wagons. Le Dodge de Quinn, sans le fourgon, pénètre à vive allure dans le parc à bestiaux et s'arrête brutalement. Quinn ouvre la portière en grand et bondit, un fusil entre les mains.

À cette vue, la colère de Ben se dissipe et un calme glacial s'empare de lui. Il n'y a pas de décalage chez lui entre la pensée et l'action ; les mouvements de l'esprit et du corps sont simultanés tandis qu'il passe le bras dans la cabine du pick-up pour arracher son fusil du râtelier. Il enfonce une cartouche dans la chambre tout en se précipitant vers une zone dégagée pour mettre Ida, Caroline et les autres spectateurs hors de la ligne de feu. Ses mouvements, souples, presque chorégraphiques, ne sont pas ceux d'un homme qui approche de son soixante et unième anniversaire. C'est comme si les années s'effaçaient sous l'effet de l'excitation. Il lève une main et hurle : « Ne tire pas, Rafe ! »

Quinn fait feu et manque sa cible, la balle passant si près du torse de Ben qu'il sent son onde de choc. Posant un genou à terre pour être moins exposé et pour mettre Quinn en joue, il tire et le touche au bras gauche. Sous la force de l'impact, Quinn pivote sur lui-même ; il lâche son fusil et s'abrite derrière son pick-up. Hernández, qui est le plus proche, le voit saisir un revolver sur la banquette avant. « Il a un pistolet ! » crie Hernández. Le champ de vision de Ben est bloqué par le véhicule. Il tire dans la vitre latérale pour forcer Quinn à se découvrir. La tactique fonctionne. Quinn bondit et fait feu par-dessus le capot, manquant une fois de plus sa cible.

Quinn se précipite vers les enclos, qui sont faits de robustes planches séparées d'environ trente centimètres. Tapi derrière la barrière, il appuie son pistolet sur une planche et fait feu une troisième fois, la balle heurtant le sol loin de sa cible. Quinn est enflammé, consumé par le feu de l'action, tout en mouvements frénétiques ; Ben est glacial, presque immobile, agenouillé dans la poussière. Maintenant, voyez son œil froid centrer le guidon à l'avant du canon dans le cran de mire à l'arrière, voyez son doigt appuyer rapidement mais sans à-coup sur la détente.

La balle égratigne le haut de la planche et pénètre dans la poitrine de Quinn, qui tombe sur le dos.

La fusillade a duré moins d'une minute, et Ida a tout vu à travers le pare-brise du pick-up Chevrolet. Tout ce qu'elle sait, c'est que Ben et Quinn ont échangé des mots. Comment en sont-ils arrivés là ? Quand elle a vu son mari tomber à genoux après le premier coup de feu de Quinn, elle a cru qu'il avait été touché. Elle témoignera par la suite : « Je n'ai jamais été si terrifiée de ma vie », et quand on songe à ce qu'elle a traversé au cours de sa vie, ça n'est pas anodin.

Ida et Caroline descendent du pick-up et courent vers les hommes massés autour de Quinn. Il a le visage tourné vers le ciel, et un trou bordé de sang sous la clavicule droite. Ben se tient au-dessus de lui, tenant sa winchester sur le côté – presque 61 ans et toujours un homme dangereux.

« Je suis désolé qu'on ait dû en arriver là, Rafe », dit-il, comme s'ils venaient d'interpréter les rôles d'un scénario écrit depuis longtemps.

Ida a déjà entendu ces mots.

La respiration de Quinn est une succession de petits halètements faibles, et à chaque souffle une bulle rosée apparaît et éclate dans sa bouche.

« Achève-moi, gémit-il.

— Je ferais tout pour toi, répond Ben, mais pas ça.

— Tout ça à cause d'une petite blague. »

Quelqu'un exhorte Quinn à ne plus parler, mais c'est inutile. Une bulle se forme et éclate, ses lèvres s'écartent et demeurent entrouvertes, ses yeux cessent de cligner.

Texte d'une lettre adressée à la Société historique d'Arizona par Grace Erskine Castle

125 Scott's Cove Rd.
Darien, Conn.
9 janvier 1967

Société historique d'Arizona
929 E. 2nd St.
Tucson, Arizona

Messieurs,

En réponse à votre dernier courrier, je vais vous relater ci-après la manière dont j'ai vécu le procès de mon père pour meurtre au deuxième degré.

À vrai dire, je trouve étrange de vous écrire, principalement parce que je vous raconte des choses sur mon père que je n'ai même pas racontées à mes enfants. À cause de ces sentiments partagés que j'ai évoqués dans ma dernière lettre. Je n'ai jamais réussi à y mettre de l'ordre. Et pour être sincère, j'avais peur que mon fils finisse par vénérer Ben, qu'il le considère comme une sorte de héros de Far West invincible et inflexible et qu'il cherche à l'imiter. Car telle était l'image que beaucoup de jeunes hommes avaient de lui, comme mon neveu, Blaine Erskine.

Mon père a fait beaucoup de choses courageuses et honorables dans sa vie. Mais il a aussi fait des choses qui me donnent le frisson – encore aujourd'hui. La manière dont il a tué M. Quinn en est une. J'espère pouvoir expliquer pourquoi.

Ma mère nous avait écrit, à mon frère et à moi, pour nous demander d'être à ses côtés pendant le procès. Ce n'était pas un problème pour Frank – il était ingénieur minier à Bisbee –, mais j'étais ici dans le Connecticut, avec un garçon de 4 ans à surveiller, et je venais de découvrir que j'étais de nouveau enceinte. Et il fallait compter trois jours pour se rendre à Tucson. Il va sans dire que je n'avais aucune envie de voir mon père jugé pour meurtre. Et puis il y avait autre chose : nos relations étaient très mauvaises à cette époque.

Je vais vous raconter une chose qui vous donnera un aperçu du côté sombre de Ben. Durant la guerre, mon mari, Tony, et moi, nous sommes enfuis. Il était chirurgien à la base de l'armée de l'air qui se trouvait à proximité de Tucson. Nous avons fui quand il a reçu un ordre annonçant qu'il allait être envoyé à l'étranger. Ben ne m'a jamais pardonnée, et il n'a jamais pardonné à Tony de ne pas lui avoir demandé ma main. Après la naissance de notre fils en 1947, ma mère a pris le train pour voir son petit-fils, et elle est venue seule.

Mais quels qu'aient été mes sentiments à l'égard de mon père, je ne pouvais laisser ma mère assister seule au procès. Ma belle-mère a donc proposé de garder notre fils. Pardonnez-moi cet aparté, mais je me rappelle clairement la réaction de celle-ci aux articles de presse qu'Ida avait envoyés et qui annonçaient l'arrestation et l'inculpation de mon père après la fusillade. Ma belle-mère les a lus avec une expression perplexe, comme si elle lisait des articles sur les mœurs de quelque tribu farfelue à l'autre bout du monde. Elle m'a assuré qu'il n'y avait aucune raison de s'en faire – ça ressemblait à une simple affaire de légitime défense. Puis elle a ajouté : « Ton père a l'air d'un personnage haut en couleur, et d'un... comment puis-je dire ça ? D'une sorte d'anachronisme ? »

Les journaux d'Arizona insistaient lourdement sur le côté haut en couleur et anachronique. C'étaient des gros titres comme « Règlement de comptes au corral de Sonoita ! » et « Duel au soleil ! », des comparaisons à Wyatt Earp et OK Corral. Ce genre de choses.

Le Sunset Limited est entré dans Tucson à 10 heures du matin le 7 mai 1951, la veille du procès. Ma tante et mon oncle m'ont conduite au San Ignacio. Mes parents étaient à Nogales, en train de consulter l'avocat de Ben. Ils avaient continué de vivre dans leur ancienne maison après la vente de l'IB-Bar mais logeaient chez Jeff et Lilly depuis deux semaines car c'était plus près de Nogales que leur maison dans la montagne.

Frank et Sally, ma belle-sœur, étaient arrivés plus tôt avec mon neveu. Tard dans l'après-midi, mes parents sont revenus, et nous nous sommes tous réunis dans le salon de la maison principale. Ben, vêtu d'un jean, d'une chemise blanche, d'un bandana et de bottes de cow-boy vert et noir, était à l'image de l'homme qui était décrit dans les journaux, à savoir – je cite presque mot pour mot – « le rancher efflanqué et brûlé par le soleil, le portrait craché de l'homme de loi et du cow-boy qu'il avait jadis été ».

Ma mère semblait avoir vieilli de dix ans depuis la dernière fois que je l'avais vue. Et pourtant ça semblait être elle qui commandait, et Ben qui obéissait. Après les salutations préliminaires, elle m'a annoncé : « Ton père a quelque chose à te dire », puis, lui lançant un regard de biais, lui a fait signe de venir.

Il m'a remerciée d'être venue de si loin dans mon état, puis s'est excusé de nous avoir rejetés, mon mari et moi.

« Je vous en voulais sacrément, a-t-il dit, mais tu as raison, j'ai été déraisonnable. Et ce ne sont pas juste des paroles, Grace. Je suis terriblement désolé. Pour de nombreuses raisons. »

La première chose qui me vient à l'esprit quand je repense au jour où le procès a commencé, c'est le tribunal du comté de Santa Cruz. Au cas où vous ne l'auriez jamais vu, c'est un bâtiment de pierres carré surmonté d'une allégorie de la Justice, les yeux bandés, munie de son épée et de sa balance. Il occupe le sommet d'une colline au-dessus de Morley Avenue. Depuis la rue, trois volées de marches abruptes, flanquées de cyprès et d'orangers, mènent à l'entrée principale. L'intention de l'architecte devait être de donner l'impression d'un temple et d'éveiller chez tous ceux qui gravissaient ces marches, les innocents comme les coupables, le senti-

ment de révérence qu'il convenait d'accorder au système judiciaire anglo-saxon.

Mais tout ce que je ressentais tandis que je montais les marches avec Jeff et Lilly et d'autres membres de ma famille, c'était de l'angoisse.

La salle d'audience était aussi bondée qu'un bar un samedi soir ou qu'une église baptiste un dimanche matin. Des ventilateurs au plafond tentaient de repousser la chaleur du mois de mai, sans grand succès. Le procureur du comté était assis à côté d'un assistant à la table de l'accusation, mon père était à la table de la défense avec son avocat. Il avait l'air pitoyable. Il n'était pas du tout certain de s'en tirer, et nous non plus.

Notre famille était assise d'un côté de l'allée centrale, celle de Quinn de l'autre, comme des familles à un mariage. J'ai lancé un coup d'œil à la très jeune femme de Quinn, Rosario, qui portait une tenue de deuil. Je la revois encore clairement. Elle avait l'un de ces visages mexicains classiques – sévère, digne, tragique – et paraissait plus que son âge avec sa robe noire, ses cheveux noirs remontés en chignon, sa silhouette qui s'était élargie après ses trois grossesses en cinq ans. Trois filles, ai-je découvert, dont la dernière n'était née que quelques semaines plus tôt.

Le greffier a ouvert la séance, les jurés – neuf hommes, trois femmes – sont entrés en file indienne, le juge s'est installé dans sa chaise imposante, et les débats ont commencé.

Le procès a duré quatre jours, et quand l'accusation a prononcé son réquisitoire, il était clair qu'elle n'avait pas grand-chose contre mon père. Ida n'avait pas été autorisée à entrer dans la salle d'audience, car elle devait apparaître en tant que témoin de la défense. Au milieu du troisième jour, elle a été appelée à la barre. Elle avait fière allure dans son meilleur tailleur, le seul qu'elle possédait à vrai dire, un tailleur en laine grise trop chaud pour la saison. Interrogatoire direct, contre interrogatoire. Je regardais Rosario, qui regardait ma mère, la femme de l'homme qui avait tué son mari. Rosario a pratiquement tout le temps conservé sa posture droite et son expression impassible. De temps à autre, elle inclinait la tête sur le côté pour écouter un homme à côté d'elle lui murmurer des traductions abrégées du témoignage d'Ida.

Le procès a atteint son paroxysme au quatrième jour, quand mon père a passé deux heures à témoigner pour sa propre défense. Pendant le contre-interrogatoire, il est resté imperturbable, répondant aux questions de l'accusation de sa voix traînante de cow-boy.

Le juge a ordonné une suspension d'audience avant que les avocats ne prononcent leurs dernières plaidoiries.

L'avocat de l'accusation a prétendu que Ben n'avait pas fait feu en légitime défense, que la fusillade avait en fait été un duel. Puisqu'il n'était pas parti quand Quinn avait proféré sa menace, il avait, de fait, relevé le défi. Je crois me souvenir qu'il a exhorté les jurés à agir en réformateurs de la société – en déclarant Ben coupable, ils démontreraient que l'Arizona ne tolérerait pas un retour à l'ancienne justice de l'Ouest.

La plaidoirie de l'avocat de la défense a été plus succincte. Il a décrit Ben comme le genre d'homme que tout le monde voudrait être, un homme qui s'était exposé au feu et avait abattu son agresseur pour protéger sa vie et celle de sa femme et d'innocents spectateurs.

Je ne pensais pas que les arguments de l'avocat de l'accusation feraient vaciller le jury, mais j'avoue que ses commentaires ont éveillé quelques pensées déloyales en moi. Même si je soutenais mon père de tout mon cœur, je ne pouvais m'empêcher de me demander si cet effroyable gâchis n'aurait pu être évité. Était-il obligé de frapper Quinn ? N'aurait-il pas pu dire à ma mère et à Mme Burton : « Il y a un problème, allons boire un café en attendant que ça passe » ? Ma pauvre mère, après tout ce qu'elle avait traversé, a dû assister à ça. Mais je connais mon père. Ne jamais laisser une insulte sans réponse ; ne jamais reculer ; nettoyer par le sang la moindre atteinte à son honneur ; si une menace se présente, détruire cette menace, même si sa destruction fait naître une autre menace à sa place. Quinn n'était pas différent – lui aussi ne jurait que par la fierté et par l'honneur. Deux vieux qui n'étaient plus de leur temps mais qui ne le savaient pas, deux vieux qui se tiraient dessus dans un enclos poussiéreux au milieu du XXe siècle, et à cause de quoi ? D'une réflexion grossière. De rien. Non pas que j'estime que mon père ait été coupable de meurtre. Pour moi, son crime a été de rester inflexiblement fidèle à son code archaïque.

Le jury a délibéré pendant moins d'une heure. Nous avons été rappelés dans la salle d'audience. Le représentant des jurés a tendu le verdict au greffier, qui l'a lu : non coupable. Mon père n'a pas montré la moindre émotion.

Nous sommes sortis dans la lumière cuivrée de la fin d'après-midi. Ida n'a pas pu s'empêcher d'aller voir

Rosario. Je n'ai aucune idée de ce qu'elle croyait pouvoir dire pour réconforter cette femme, mais quand elle a eu fini, Rosario a levé les yeux vers elle – elle mesurait à peine plus d'un mètre cinquante – et elle a répondu dans un murmure plein de haine. Et quand elle s'est retournée pour s'éloigner, ma mère était blême. Mon espagnol était alors rouillé, et j'ai mis un moment à comprendre la réponse de Rosario. Mais je ne l'oublierai jamais : « Mon espoir, señora, c'est que vous souffriez autant que moi, vous, ou vos enfants, ou les enfants de vos enfants. »

Une malédiction, comme seule peut en prononcer une Mexicaine déterminée. Nous étions ébranlés, mais nous avons repris nos esprits et rejoint mon père tandis qu'il acceptait les félicitations d'amis et de sympathisants. J'étais un peu embarrassée à cause des pensées déloyales que j'avais eues, et je l'ai embrassé sur la joue. Il m'a étreinte. Et tandis qu'il me tenait, j'étais de nouveau cette petite fille, la nuit où la foudre avait frappé le moulin. Je sentais que tout se passerait bien.

J'aurais dû savoir que c'était impossible. Cet été-là, Ida m'a écrit que papa avait reçu trois menaces de mort, le prix à payer pour s'être mis tant de Mexicains à dos des deux côtés de la frontière. Mais elle faisait désormais elle aussi les frais de leur hostilité. Une semaine après le procès, elle était allée faire des courses dans un marché de gros d'International Street, face à la clôture de la frontière. Tandis qu'elle se garait, des enfants mexicains perchés sur une colline qui dominait la clôture avaient bombardé sa voiture de cailloux. Elle commençait par ailleurs à souffrir de vertiges et de maux de tête fulgurants.

En septembre, alors que j'en étais au cinquième mois d'une grossesse difficile, le téléphone a sonné. C'était ma tante Lilly, qui a déclaré qu'elle avait une très mauvaise nouvelle à m'annoncer. J'ai tout de suite su de quoi il s'agissait. Ce matin-là, Lilly, Ida et ma belle-sœur, qui leur rendait visite, préparaient un chili pour les employés du ranch quand ma mère avait poussé un petit cri, s'était agrippé l'arrière de la tête et avait prononcé : « Oh ! quel mal de tête », avant de tomber par terre. Elle avait dû mourir sur le coup, car quand ma tante et Sally s'étaient précipitées jusqu'à elle, elles avaient senti la chaleur qui quittait son corps. Le médecin a expliqué qu'elle avait succombé à une hémorragie cérébrale foudroyante. L'enterrement aurait lieu deux jours plus tard. Ida n'avait que 52 ans.

Il était hors de question de traverser une fois de plus le continent dans mon état. Je suppose que c'était tout aussi bien. Je n'aurais pas pu supporter de la voir gisant dans un cercueil, ni de voir le cercueil s'enfonçant dans la tombe. Je sais que certains estimaient que les épreuves qu'elle avait endurées à cause de mon père avaient contribué à sa mort précoce. Et j'avoue que cette idée m'a traversé l'esprit. Il me semblait que mon père avait été égoïste en n'obéissant qu'à sa nature et en vivant comme il le voulait, sans jamais se soucier des conséquences sur ma mère ni sur qui que ce soit d'autre. Peut-être Ben était-il trop bien dans sa peau ; ça le rendait littéralement borné, incapable de changer sa façon de vivre.

Un an après la mort d'Ida, mon frère a été tué dans un accident à la mine de cuivre Phelps Dodge de Bisbee. Ils déclenchaient des explosions dans un puits, et il a été écrasé quand des tonnes de roche et de débris lui sont tombées dessus. Je suis retournée en Arizona pour son enterrement. Mon père et moi étions dévastés. En douze mois, il avait perdu sa femme et son fils, et moi j'avais perdu une mère et un frère adoré. Nous avons enterré Frank dans le cimetière de Black Oak. Je me considère comme une femme rationnelle, aussi est-ce avec une certaine réticence que j'avoue m'être rappelé la malédiction de Rosario pendant le service, et avoir presque cru que c'était la malédiction qui était responsable de ces décès.

Pendant les cinq années qui ont suivi, Ben a vécu seul dans la maison de la montagne, chassant dans les canyons et les ravins boisés tel l'un de ces taureaux solitaires et sauvages qu'il avait pourchassés dans sa jeunesse. Qui sait quels fantômes l'ont hanté là-bas les nuits où les chouettes hululaient et où les coyotes poussaient leurs hurlements lugubres ? Dans la famille, certains craignaient qu'il ne devienne un peu fou à cause de la solitude. L'oncle Jeff a écrit qu'un soir il buvait un verre avec Ben quand ils ont entendu une voiture approcher. Mon père a saisi un pistolet de détresse (je me demande où il l'avait dégoté) et son vrai pistolet, et il a couru dehors et s'est caché derrière l'atelier. Puis il a déclenché le pistolet de détresse. La cour s'est illuminée, et les personnes dans la voiture ont eu la frayeur de leur vie. Il s'avérait que c'étaient juste deux touristes égarés qui s'étaient arrêtés pour demander le chemin de la grande route.

Pour moi, c'était Ben tout craché, toujours à craindre une attaque de ses ennemis. Encore heureux pour lui, et pour Jeff, et surtout pour les touristes, qu'il n'ait pas tiré d'abord puis posé les questions ensuite.

Mais il n'était pas complètement isolé. Ma belle-sœur a emménagé dans le ranch avec mon neveu après la mort de Frank. Sally écrivait que Ben était comme un père de substitution pour Blaine. Il lui apprenait à monter à cheval, à lancer le lasso, à tirer au pistolet, à pister les empreintes.

Un matin de juin 1956, Blaine était assis sur la clôture d'un corral pendant que Ben lui montrait comment dresser un cheval. L'animal était un jeune étalon doté d'un sale caractère. Ben l'avait maté en le forçant à traîner une traverse de chemin de fer autour du corral jusqu'à ce qu'il soit fatigué et cesse d'essayer de s'enfuir. Maintenant, c'était le moment de l'étape suivante, qui consistait à agiter un sac de toile sous les yeux du cheval pour lui apprendre à ne pas se cabrer et à ne pas donner de coups de sabot.

Ben est entré dans le corral avec le sac. Et quand le cheval s'est dressé sur ses pattes postérieures, battant l'air de ses sabots de devant, Ben s'est précipité en avant, agitant le sac. Mais il avait 66 ans, ses réactions étaient lentes, son corps n'était plus aussi agile qu'il l'avait été. L'étalon l'a frappé à la poitrine, le projetant au sol, puis il lui a piétiné la tête. Les employés du ranch ont saisi des cordes et attrapé l'animal. Lorsqu'il a été maîtrisé, ils ont couru porter secours à Ben, mais il était trop tard. Il avait le crâne défoncé.

Et c'est ainsi que l'homme qui avait survécu à tant de périls, qui avait échappé à la mort de la main de tant d'ennemis, a été tué de la même manière que son père, par un cheval rétif.

Et c'est ainsi que, accompagnée de mon mari et de mes deux enfants, je suis retournée en Arizona pour un nouvel enterrement, le dernier.

Le service s'est tenu dans l'église de Patagonia, qui était trop petite pour accueillir toutes les personnes qui avaient fait le déplacement. La foule débordait dans la rue, et j'ai entendu des Mexicains murmurer que ce n'était pas un cheval qui avait tué Don Benjamín, mais un diablo possédé par l'âme vengeresse de Rafael Quinn. Une fois encore, j'ai repensé à la malédiction de Rosario et espéré qu'elle était désormais satisfaite.

Il y a un post-scriptum étrange à cette histoire. J'ai appris une leçon : il est dangereux de fouiller trop profondément dans les secrets de famille ; on risque de découvrir certaines choses qu'il vaut mieux ne pas découvrir. Après l'enterrement de mon père, Sally et moi avons passé en revue le contenu de la maison pendant que mon mari nettoyait l'atelier, une cabane en tôle sans fenêtre où Ben s'était adonné à son passe-temps, la fabrication de fers à cheval, de mors et de boucles de ceinturon. Tony est revenu avec une boîte, et il a dit quelque chose comme : « Vous avez une idée de ce qu'on devrait faire de ça ? » Puis il a enfoncé la main dans la boîte et en a tiré deux crânes humains. L'un d'eux avait été décoré : des bois de daim ressortaient de trous percés au sommet ; des défenses de sangliers avaient été attachées à la mâchoire supérieure, créant un effet qui rappelait des crocs. L'autre crâne n'avait pas été décoré, même s'il portait des signes d'une tentative avortée, puisqu'il y avait un petit trou dans une tempe et un autre, plus gros, de l'autre côté, un orifice irrégulier un peu plus large qu'une pièce de vingt-cinq cents. Les dents de devant manquaient. « Elles sont peut-être là-dedans », a dit Tony, et il a replongé la main dans la boîte pour en tirer une sorte de bracelet constitué de deux minces fils de fer tressés passés à travers une série de dents en or. Nous étions tous les trois déconcertés et troublés. Tony s'est demandé à voix haute si mon père avait profané des cimetières. Et Sally a répliqué : « Nous sommes dans l'Ouest. Il y a beaucoup de cadavres par ici qui ne reposent pas dans des cimetières. »

J'ai appris plus tard ce même jour de la bouche de l'un des employés du ranch que Ben plaçait parfois les crânes à la fenêtre pour éloigner les visiteurs indésirables. Mais où les avait-il trouvés ? C'est alors que je me suis souvenue de cette terrible nuit de 1931 (décrite dans ma précédente lettre), quand le tireur avec des dents en or avait tenté de faire irruption dans notre maison.

Le lendemain, je suis allée à Patagonia pour m'entretenir avec Martín Mendoza. Il avait pris sa retraite et vivait avec Lourdes dans un petit mobile home de Smelter Lane. Quand j'ai évoqué l'incident, il a dit : « Los espectros y los huesos » *– les fantômes et les os. La manière dont il a prononcé ces mots m'a donné la chair de poule. Je lui ai demandé ce qu'il voulait dire, et il s'est alors lancé dans un étrange récit. Au début des années 1930, après qu'il avait quitté le ranch pour aller travailler pour le Civilian Conservation Corps*[1]*, il avait entendu une équipe de collègues raconter d'un ton animé qu'ils avaient retrouvé deux squelettes dans le lit d'une rivière asséchée pendant qu'ils déblayaient les sentiers. En entendant leur description des lieux,*

1. Programme initié par Franklin D. Roosevelt destiné à fournir du travail manuel non qualifié aux jeunes hommes sans emploi durant la Grande Dépression. *(N.d.T.)*

Martín avait compris qu'il s'agissait des restes des deux hommes que Ben et lui avaient enterrés après la fusillade. Des crues soudaines avaient dû déterrer les squelettes. Mais les deux crânes manquaient. La rumeur s'était répandue aux autres camps et aux autres ranches. Et un soir, un vaquero *était arrivé au CCC sur un cheval couvert de sueur, racontant qu'il venait d'échapper à deux fantômes qui erraient dans les collines. Des fantômes sans tête. Quand Martín avait entendu ça, il avait compris que le cow-boy avait rencontré les esprits des deux tireurs.*

Je ne croyais pas aux fantômes, mais j'ai été très troublée par cette histoire de squelettes décapités. J'ai demandé à Martin s'il savait comment ceux-ci s'étaient retrouvés sin cabezas *– sans têtes. Il n'en savait rien.*

« ¿Quién sabe? *Peut-être que les fantômes que le* vaquero *a vus cherchaient leur tête. Je ne sais pas. »*

Je lui ai alors demandé s'il se rappelait si l'un des hommes avait des dents en or, et il a répondu que oui. Il les avait vues à la lueur d'une lampe torche pendant qu'ils chargeaient les corps sur la camionnette. J'ai alors demandé – d'un ton hésitant, ajouterais-je – si lui ou mon père avait coupé les têtes et pris les dents. Je me souviens qu'il a été choqué, qu'il a eu un mouvement de recul et fait la grimace. « Non, señora *! J'aurais trop peur de faire une telle chose ! Non, nous n'avons rien fait d'autre que les enterrer. »*

J'avais une dernière question : « Et vous dites que c'est en 1933 que les hommes ont trouvé les squelettes ? »

Martín n'était pas sûr. Dans ces eaux-là, a-t-il répondu.

Donc, les crânes avaient été en possession de mon père pendant plus de vingt ans, cachés quelque part. Il était retourné à cet arroyo entre la fusillade et le moment où les restes avaient été découverts, et il les avait décapités. Pourquoi ? Un trophée de chasseur d'hommes ? Était-il devenu tellement insensible qu'il ne voyait rien de barbare à cette profanation ? Je supposais qu'il n'avait sorti ces objets de leur cachette qu'après la mort de ma mère. Je supposais aussi que c'était alors qu'il avait laissé libre cours à sa créativité, arrachant les dents, fixant les bois, les défenses. Les trous dans les tempes du second crâne ne provenaient pas d'une tentative avortée de le décorer ; ils avaient été percés par la balle que mon père avait tirée longtemps, longtemps auparavant.

Des fantômes et des os. Eh bien, c'est tout ce qu'il reste de Ben Erskine aujourd'hui, ses os dans le sol, son fantôme qui hante les couloirs de mon esprit. Je n'ai qu'une chose à ajouter : il y avait trop de recoins dans l'âme « dure et solitaire » de mon père pour que je les pénètre tous, et, franchement, je n'en ai aucune envie.

Meilleurs sentiments,
Grace Castle

34

Y avait-il quelque chose dehors ? Les aboiements de Samantha réveillèrent Castle alors qu'il était minuit passé. Il acheva de recouvrer ses esprits, tira sa lampe torche et son revolver du tiroir de la table de chevet, et sortit. Une lune pleine, si lumineuse que les arbres projetaient des ombres comme en plein jour, rendait presque superflue la lampe torche. Tandis qu'il faisait courir son faisceau autour de lui, une paire d'yeux scintilla telles des émeraudes électrifiées ; il distingua alors la silhouette trapue et hirsute d'un pécari. Il descendit du porche et agita le bras. L'animal prit la fuite.

« Rien qu'un sanglier », dit-il à Sam tandis qu'il retournait à l'intérieur.

Elle le suivit doucement dans la chambre, où il rangea la lampe torche et le pistolet. Ne parvenant pas à retrouver le sommeil, il lut Sénèque jusqu'à avoir les paupières lourdes, puis éteignit sa lampe.

Le réveil se déclencha à 6 heures. Blaine et lui devaient se rendre au parc à bestiaux de Wilcox pour y vendre quelques vaches aux enchères. C'étaient, pour reprendre les termes de Blaine, des « bonnes à rien », des bêtes qui n'avaient pas donné de veau. Deux semaines s'étaient écoulées depuis la mort du trafiquant, le tapage médiatique avait cessé, et la vie de Castle avait retrouvé sa normalité, ou du moins un semblant convaincant de normalité. Il y avait eu des répliques émotionnelles ; les choses auxquelles il avait assisté ce jour-là défilaient dans son esprit, comme une sorte de cassette vidéo qui passait en continu. En revanche, Blaine, selon toute apparence, n'était nullement affecté. Non pas que Castle éprouvât la moindre compassion pour un trafiquant de drogue. Il croyait simplement que tuer quelqu'un à bout portant, le voir mourir de ses yeux, changerait un homme à jamais.

Après s'être habillé, il remplit un thermos de café et marcha jusqu'au mobile home de Miguel, contournant la clôture électrique que celui-ci avait érigée pour éloigner cerfs et pécaris de son potager. Comme Gerardo et Elena étaient partis passer le week-end avec leurs filles à Chandler, Miguel allait les aider à charger les bêtes et accompagner Blaine et Castle à la vente aux enchères. La porte du mobile home était entrouverte. Castle frappa, lançant : « *¡Hola, Miguel!* » Ne recevant pas de réponse, il entra et découvrit le mobile home désert et le lit pliant défait. Miguel avait dû se réveiller de bonne heure et aller au bâtiment principal du ranch à pied, ce qui était bizarre ; depuis le jour où il avait passé la frontière, il répugnait à marcher quand il pouvait se rendre quelque part en voiture.

Mais lorsque Castle arriva à la maison principale, personne ne répondit aux coups qu'il frappa à la porte. La voiture de Monica était à sa place habituelle, à côté de la maison, mais le pick-up de Blaine avait disparu.

Avaient-ils pu aller à Wilcox sans lui ? Non, parce que les vaches étaient dans le corral, et le fourgon à bétail était à côté. Il essaya d'ouvrir la porte de la cuisine. Fermée à clé. Il fit le tour jusqu'à la porte de devant, qui était ouverte, et entra. La lumière était allumée et le Luger de Blaine gisait sur le sol. Il se précipita dans leur chambre, puis retourna dehors et fouilla la grange et la remise à outils. Personne. Il se laissa tomber contre les planches du corral, tentant de trouver une explication à leur disparition. Une raison logique. Le moulin émit un grincement, un son troublant, comme le cri d'un petit animal pris dans un piège. Les chiens. Les heelers australiens de Blaine – pourquoi n'avaient-ils pas aboyé à son arrivée ? C'est ce qu'ils faisaient toujours. Il quitta le corral et regarda dans la cour. Pas de chiens. Puis, tandis qu'il longeait le côté de la maison, il remarqua unc patte qui dépassait derrière la roue avant de la voiture de Monica. Il se pencha, saisit la patte antérieure, qui était aussi raide qu'un tuyau et froide au toucher, et lorsqu'il tira le chien de sous la voiture, il n'aurait su dire duquel il s'agissait car la moitié de sa tête avait été arrachée.

Castle n'avait pas fumé une cigarette depuis sa première année à Princeton, mais il crevait désormais d'envie d'en fumer une. Son cerveau s'était mis en veille, une sorte de panne de courant mental, et il s'imaginait que la nicotine le remettrait en marche. Attendez. Blaine fumait. Il se rua dans la maison, fonça tout droit dans la chambre, où il se mit à arracher les tiroirs tel un cambrioleur pressé. Il trouva un paquet neuf dans la table de chevet, l'ouvrit fébrilement, en tira une cigarette qu'il alluma à la gazinière. En inhalant la fumée, il faillit tourner de l'œil. Il s'assit à la table de la cuisine et tira une seconde bouffée moins profonde. Elle ne lui fit pas tourner la tête comme la première.

La brume de panique commença à se dissiper. Il se souvint que Blaine n'allait jamais nulle part sans son portable. Castle composa le numéro depuis le téléphone de la cuisine et sursauta lorsqu'il entendit une sonnerie retentir à l'intérieur de la maison. Il courut en direction du bruit et trouva le portable de Blaine dans le bureau. Appeler la police semblait désormais la seule chose à faire. Il réfléchissait à ce qu'il allait dire à l'opérateur lorsque son propre portable se mit à sonner. L'écran annonçait NUMÉRO INCONNU. Peut-être que c'était Blaine, qui l'appelait d'un autre téléphone. Il répondit.

« Monsieur Castle ? demanda une étrange voix de femme.

— Oui, répondit-il d'une voix tremblante. Qui est à l'appareil ?

— Ne soyez pas idiot. Laissez-moi vous dire une chose. Nous tenons Erskine et sa femme. Ils sont en parfaite santé. Et si vous voulez qu'ils le restent, vous allez faire ce que nous disons. »

Il ne répondit pas. Il avait la gorge serrée, l'impression de respirer à travers une paille.

« Voulez-vous qu'ils restent en bonne santé ou non ? demanda la femme. Laissez-moi vous dire autre chose. Nous avons déjà tué un type. Ce ne serait pas un problème de tuer ces deux-là. C'est ce que vous voulez ?

— Qui êtes-vous ?

— Taisez-vous et écoutez. Erskine nous doit deux cent cinquante mille dollars, mais il n'a pas l'argent. Vous, si. Nous le savons. Vous êtes un homme riche. Maintenant –

vous m'entendez ? –, maintenant vous allez commencer à retirer votre putain de fric. Les banques ferment à 17 heures. Vous aurez l'argent à la fermeture, en espèces. Nous vous rappellerons et nous vous dirons quoi en faire, alors laissez votre mobile allumé. Y a-t-il quoi que ce soit que vous n'ayez pas compris ?

— Non… Je…

— Écoutez. Ne faites rien de stupide, comme appeler la police. Si vous faites quoi que ce soit de stupide, n'importe quoi, même une chose insignifiante, Erskine et sa femme sont morts. Peut-être que vous ne me croyez pas, alors laissez-moi vous dire une dernière chose. Le type que nous avons tué s'appelle Miguel Espinoza. Erskine est grand et maigre, sa femme s'appelle Monica, et elle a les cheveux blonds et les yeux bleus. Vous me croyez maintenant, monsieur Castle ? »

Il lâcha un « oui » rauque.

« N'oubliez pas, 17 heures. »

Castle resta immobile, abasourdi. Il se sentait comme un piéton qui a regardé des deux côtés et qui, ne voyant aucune circulation, s'est engagé dans la rue pour se faire percuter par un bus surgi de nulle part. Un quart de million de dollars. Comment pouvaient-ils s'attendre à ce qu'il retire un quart de million en quelques heures ? En espèces. C'était absurde. Et pourquoi, si les ravisseurs voulaient vraiment soutirer de l'argent à Blaine, auraient-ils enlevé Miguel ? Pouvait-il s'agir d'un canular ? Non, bien sûr que non. Ils avaient son numéro de portable. Blaine ou Monica avaient dû le leur donner. *La maladie accable ceux qui vivent une vie des plus saines… le châtiment, les parfaits innocents, la violence, les plus isolés…* Il avait relu ce passage la veille au soir et avait encore une fois oublié le pouvoir qu'avait le malheur de se rappeler au bon souvenir de ceux qui se laissaient aller à l'oublier. Mais cette fois, il ne pouvait se pardonner. Il avait vécu suffisamment longtemps à la frontière, et en avait assurément assez vu, pour savoir que la vie par ici était précaire. Tout pouvait arriver à tout moment, tout était possible. Il monta dans sa voiture et regagna son – ha ! – sanctuaire, s'arma du Smith et Wesson, enferma Sam dans sa niche à l'arrière et repartit.

Il voulut tout d'abord se rendre à la banque du San Ignacio à Tucson avec l'intention de transférer deux cent cinquante mille dollars depuis son compte à New York ; mais il changea d'avis. Une telle transaction ne manquerait pas d'éveiller les soupçons. On poserait des questions, et il n'avait pas le temps d'y répondre.

Il fit demi-tour et prit la direction du ranch de Tessa, vérifiant dans ses rétroviseurs qu'on ne le suivait pas. Il ne voulait pas mêler Tessa à cette horreur, mais Blaine et Monica étaient ses amis ; elle devait être informée. De plus – et c'était sans doute la principale raison –, il avait besoin de parler, de décider d'une marche à suivre.

Elle sembla tout d'abord totalement assommée, puis elle l'écouta calmement, versa deux whiskeys et lui demanda de s'asseoir et de reprendre depuis le début.

« Tu as l'argent ? demanda-t-elle, assise à côté de lui dans le salon. C'est une question effroyable, mais s'il n'est pas possible de réunir l'argent de la rançon, nous devons réfléchir à ce que tu vas dire quand ils te rappelleront.

— Oui, je l'ai, mais ce serait la même chose si je ne l'avais pas, répondit-il, et il lui expliqua pourquoi.

— Et si tu leur disais ? Que leurs exigences sont impossibles à satisfaire ?

— Qu'est-ce que tu crois qu'ils répondront ? ironisa Castle. Oh ! d'accord, retirez ce que vous pouvez, on s'en contentera ? Ces gens doivent être cinglés pour croire que je peux retirer un quart de million en espèces en quelques heures. »

Ils restèrent sans parler, regardant dans le vide. Puis Tessa déclara :

« Tu n'as pas le choix. Tu dois appeler la police.

— Cette femme n'avait pas l'air de plaisanter. Pas de flics. »

Tessa se leva, attrapa son téléphone portable et le posa sur les cuisses de Castle.

« Nous devons supposer que la police saura quoi faire. Toi, tu ne sais pas. Moi non plus. Nous ne savons pas qui les a enlevés ni où ils sont. Nous sommes totalement dans le noir. Tu dois courir le risque. »

Castle n'arrivait pas à croire les mots qui sortaient de sa bouche tandis qu'il relatait les événements au shérif Rodriguez, qu'il avait arraché à une réunion. Après quoi, il n'entendit plus que le bruit de la respiration de Rodriguez.

« Shérif ?

— Oui, je suis là. Où êtes-vous en ce moment ? »

Castle lui répondit.

« Quelqu'un vous a-t-il suivi ? demanda Rodriguez.

— Pas que je sache.

— OK, restez où vous êtes. Il est possible qu'ils surveillent le San Ignacio. S'ils voient du monde débarquer, ils mettront probablement leur menace à exécution.

— Du monde ?

— Moi, pour commencer. Et aussi le FBI. Quand il y a un enlèvement, c'est pour le FBI. Je vais contacter leur bureau de Tucson dès que j'aurai raccroché. Il est très, très important que vous et Mlle McBride restiez aussi calmes que possible. Ne parlez à personne jusqu'à notre arrivée. Je dis bien absolument personne.

— Mais Rick, leur fils…

— Laissez-nous nous occuper de ça. Restez où vous êtes, ne dites rien. »

En fin d'après-midi, une convention de membres des forces de l'ordre s'était réunie dans le salon de Tessa : Rodriguez ; un agent de la police des frontières bedonnant qui portait des lunettes et s'appelait Gomez (il rappela à Castle qu'ils s'étaient déjà rencontrés) ; et deux agents spéciaux du FBI, dont l'un portait une valise remplie de matériel pour enregistrer les conversations téléphoniques et de divers appareils électroniques. Le shérif et Gomez, habillés en civil, étaient arrivés dans une voiture banalisée, et les agents du FBI, dans ce qui ressemblait à une camionnette de livraison, qu'ils avaient garée devant la grange à foin de Tessa.

L'un des agents se présenta avec une grande formalité comme Ralph Inserra, agent senior attaché à l'antenne de Tucson. C'était un grand maigre au front dégarni avec des cheveux noirs et le teint cireux. Il parlait avec les intonations plates du Midwest. Il assura immédiatement Castle et Tessa que la priorité numéro un du FBI était d'obtenir la libération des otages sains et saufs.

Otages. Le mot résonna à travers la pièce. Blaine et Monica étaient des *otages*.

« Nous ferons tout ce que nous pouvons pour les tirer de là, continua Inserra. Tous nos agents disponibles sont affectés à cette affaire, cinquante en tout.

— *Cinquante !* » Castle sentit un picotement lui parcourir le cuir chevelu. « Et s'ils se font repérer ?

— Je peux vous assurer qu'il n'en sera rien. Les ravisseurs ne sauront pas que nous avons été appelés. » Inserra ouvrit un carnet. « Je dois connaître le contexte. »

Pendant que l'autre agent branchait un enregistreur à activation vocale sur le téléphone portable de Castle, plaçait un micro sur le fixe de Tessa et installait une parabole satellite, Inserra questionna Castle. La personne qui avait appelé était-elle un homme ou une femme ? Une femme. Parlait-elle avec un accent ? Non. Avait-il entendu d'autres voix ou des bruits en fond sonore ? Non. Y avait-il des signes d'infraction ou de lutte chez les Erskine ? Non – si l'on exceptait le pistolet de Blaine, tout laissait penser qu'on avait fait entrer les ravisseurs. Et le mobile home ? Aucun signe là-bas non plus. Castle avait-il touché à quoi que ce soit ? Oui. Poignées de porte, tiroirs. La personne qui avait appelé avait-elle dit quoi que ce soit qui pourrait indiquer où elle se trouvait, quoi que ce soit d'inhabituel ?

Castle réfléchit un instant.

« Elle a dit "mobile". Elle m'a dit de laisser mon mobile allumé, en parlant de mon portable. La plupart des gens parleraient de téléphone portable. »

Inserra et Gomez se regardèrent.

« Ça pourrait être important. Un Américain aurait dit portable, mais un Mexicain appellerait peut-être ça un mobile. Mais vous avez affirmé ne pas avoir perçu d'accent ?

— Non.

— Je connais une femme qui monterait un coup de ce genre et qui parle sans accent, intervint Gomez, qui se tenait à côté de Rodriguez près de la cheminée.

— Il est encore trop tôt pour essayer d'identifier un suspect. Chaque chose en son temps », répliqua Inserra, quelque peu agacé. Il se tourna vers Castle. « Nous allons essayer quelque chose. Quand ils appelleront, dites-leur que vous ne les entendez pas sur votre portable et demandez-leur de vous rappeler au numéro d'ici. » Il désigna le technicien. « Ce sera plus facile de tracer l'origine du coup de fil s'ils appellent sur une ligne fixe. Même si je suppose qu'ils utilisent un portable prépayé. Nous pouvons essayer de géolocaliser l'appel. Si les antennes relais sont à une distance raisonnable d'ici, nous pourrons au moins nous faire une idée de l'endroit d'où ils appellent. Le plus important, c'est que vous restiez aussi calme que possible, que vous essayiez de les faire parler un maximum. »

Castle acquiesça bêtement tandis que l'agent tirait de son attaché-case une feuille sur laquelle figuraient des instructions censées permettre de garder les ravisseurs en ligne et de leur arracher autant d'informations que possible. « Des points de négociation », qu'il appelait ça. Il demanda à Castle de les examiner, mais les mots étaient flous, et ses lunettes n'y changèrent rien. Pendant ce temps, le génial technicien avait fini de brancher son matériel. Tessa servit du café, comme si elle accueillait une simple réunion de voisinage. Mais ce semblant de normalité ne faisait qu'ajouter à l'anormalité de la situation. Elle s'assit à côté de Castle, lui prit la main. Elle avait la paume moite, et lui aussi. Ils attendirent.

La montre de Castle indiquait 16 h 57 lorsque son portable sonna. La même voix de femme. Il fit mine de ne rien entendre et lui demanda si elle accepterait de l'appeler à un autre numéro, qu'il lui communiqua.

« Vous êtes un connard, vous le savez ? dit-elle. Vous voulez que ça tourne mal ?

— Si vous voulez l'argent, vous me rappellerez », répliqua-t-il, s'efforçant de conserver une voix ferme.

Puis, son cœur cognant dans sa poitrine, il coupa la connexion. Quelques instants plus tard, l'autre téléphone se mit à sonner. Inserra enfila un casque et le brancha à l'enregistreur pour écouter la conversation.

Se montrer coopératif, disait l'un des points de négociation, *mais gagner du temps en prétendant avoir du mal à obtenir les fonds demandés*.

« Ça fait une grosse somme à réunir en espèces, déclara Castle d'un ton ferme. Il me faut du temps, mais je vous promets que je vais l'obtenir.

— Vous êtes vraiment un connard. Que vaut leur vie pour vous ?

— Je vais obtenir l'argent, mais ça va prendre du temps. » *Dire au ravisseur ou à l'interlocuteur qu'aucune rançon ne sera payée tant qu'une preuve de vie n'aura pas été fournie.* « Mais j'ai besoin d'être sûr qu'ils sont vivants. Je ne vous paierai rien tant que je ne serai pas sûr qu'ils sont vivants. Passez-moi l'un d'eux au téléphone, tout de suite, s'il vous plaît. »

Des bruits retentirent en fond sonore, des voix étouffées, un son qui ressemblait à une chaise raclant le sol. Puis :

« Gil… C'est moi… on va bien… »

La voix traînante familière, mais sans son assurance et sa puissance habituelles. On aurait dit un homme de 80 ans.

« Blaine ! s'écria Castle. Comment se porte Monica ?

— Ça va.

— Mais Miguel… est-ce qu'ils…

— Ça suffit, coupa la femme. Nous allons être généreux. Nous allons vous accorder vingt-quatre heures pour réunir l'argent. Nous vous rappellerons alors et nous vous dirons où et quand le livrer. »

Elle raccrocha. Castle reposa le téléphone. Les agents du FBI, ainsi que Rodriguez et Gomez, étaient massés autour d'un ordinateur portable, désignant une carte à l'écran et discutant énigmatiquement à voix basse de « ping » et de « triangulation ».

« Elle appelait d'un portable, annonça Inserra, son expression naturellement morose s'assombrissant encore plus. Nous avons pu tracer un signal à l'une de ces antennes relais, dans cette zone. » Il désigna vaguement l'écran de l'ordinateur. « Au Mexique. Ce qui complique sacrément les choses. Nous ne pouvons pas intervenir au Mexique. Nous allons devoir impliquer les fédés mexicains.

— Réécoutons la conversation », suggéra Gomez.

L'agent du FBI rembobina la cassette et repassa la conversation, et tous se penchèrent en avant sur leur siège, tentant de capter la moindre nuance, la moindre inflexion.

Gomez alluma une cigarette, puis, après réflexion, demanda poliment à Tessa s'il pouvait fumer à l'intérieur.

« Bon Dieu, évidemment », répondit-elle.

Gomez se leva et alla se poster près de la cheminée, laissant la fumée de sa cigarette s'échapper par le conduit.

« C'est elle, dit-il. C'est elle en personne, La Roja. »

Tessa fronça les sourcils.

« *Qui ça ?* La Roja ?

— Yvonne Menéndez. La Roja parce qu'elle est rousse. C'est la *jefa* du cartel d'Agua Prieta. »

Castle sursauta en entendant ce nom. Il se rappela ce que Morales leur avait dit, à Blaine et à lui-même, des semaines et des semaines auparavant. Savoir qu'il y avait une personne identifiable derrière tout ça rendait dans un sens la situation moins surréaliste, moins inquiétante. C'était comme aller voir le médecin avec des symptômes mystérieux et entendre son diagnostic ; même s'il s'avérait que c'était un cancer, mieux valait savoir que rester dans l'ignorance.

« Oui, j'ai entendu parler de son association avec M. Cruz, déclara Gomez lorsque Castle lui répéta la conversation qu'il avait eue avec Morales. Et le type que votre cousin a descendu travaillait pour elle. C'est sa vengeance, monsieur Castle. Yvonne est très à cheval sur la vengeance.

— Vengeance, répéta Castle dans un murmure. Mais Miguel… qu'avait-il à voir avec tout ça ? »

Rodriguez croisa ses doigts épais sur son torse et regarda le plafond, comme s'il était en méditation.

« Rien, répondit-il. Nous avons entendu dire que Cruz se cachait sur le ranch des Menéndez mais, pour le moment, les fédés mexicains n'ont rien confirmé. Cruz est peut-être mêlé à cet enlèvement. Ça l'arrangerait certainement d'être débarrassé de Miguel. Une autre possibilité est qu'ils l'ont tué – pour autant qu'ils l'aient vraiment tué – pour montrer qu'ils ne plaisantent pas. »

Castle ne répondit rien, son cœur était tiraillé entre tristesse et dégoût de la vie, peur et colère.

« Nous aurions dû le laisser là-bas, déclara-t-il enfin. Nous aurions dû le laisser à Florence. Nous aurions vraiment mieux fait de ne pas nous en mêler.

— Messieurs, intervint Inserra sur un ton de sergent-chef, messieurs, nous pourrons élaborer des théories plus tard. Nous devons avant tout libérer ces otages. Et pour le moment, tout ce que nous savons, c'est qu'ils sont de l'autre côté, quelque part. »

Gomez s'écarta de la cheminée et posa une main en travers de la carte sur l'écran de l'ordinateur portable.

« Le ranch d'Yvonne est juste au sud de la frontière, à une quinzaine de kilomètres. Il y a de grandes chances pour qu'elle les retienne là-bas. » Il fit face à l'agent du FBI. « Je ne veux empiéter sur les plates-bandes de personne, mais je connais un capitaine de fédés mexicains qui peut nous aider.

— Et de qui s'agit-il ? » demanda Inserra, sa voix haut perchée et ses sourcils arqués suggérant qu'un agent de la police des frontières ne pouvait pas avoir de meilleurs contacts qu'un agent du FBI.

Gomez balaya le sous-entendu d'un haussement d'épaules.

« Gregorio Bonham. Si quelqu'un peut découvrir où elle les retient, c'est lui.

— Toute coordination avec les fédés mexicains sera supervisée par notre attaché légal à Mexico.

— Bonham n'acceptera pas ça, pour de nombreuses raisons que je ne mentionnerai pas, déclara Gomez. Mais il est l'homme de la situation.

— Est-ce que vous parlez d'une opération de sauvetage ?

— Possible. »

Inserra secoua la tête.

« Vous connaissez les fédés mexicains. Ils chargent comme la cavalerie de Pancho Villa, et nous pourrions nous retrouver avec deux otages morts. Il me semble que payer la rançon pourrait être le seul moyen de les libérer. Notre bureau peut aider M. Castle à rassembler l'argent demain.

— Je ne suis pas sûr que l'argent soit vraiment la question. Un quart de million, c'est de l'argent de poche pour Yvonne. Et puis, notre politique n'est-elle pas de ne pas céder face aux terroristes ?

— Ces gens sont des trafiquants de drogue, répliqua Inserra. Des voyous. Ce ne sont pas des terroristes.

— Si, rétorqua Gomez. Juste un autre genre de terrorisme. Allez-y, rassemblez l'argent. Pendant ce temps je vais contacter Bonham. Au moins il sera peut-être en mesure de découvrir où elle les retient. Est-ce que ça vous convient, monsieur Castle ? »

La tête lui tournait de nouveau. Il songea que s'il se levait brusquement, il tomberait dans les pommes.

« Ça n'a aucun sens. Rien de tout ça n'a de sens, dit-il.

— Si j'étais vous, je n'essaierais pas d'y trouver du sens. C'est comme ça, et nous devons faire avec. »

35

Le Professeur et le *comandante* Zaragoza étaient en train de lire les journaux dans la *comandancia* de la police fédérale à Cananea. Il était tard et tout était calme, le bruissement feutré et paisible du papier était seulement troublé par les cris occasionnels en provenance de la salle d'interrogatoire à l'arrière.

Zaragoza, qui était arrivé moins d'une heure plus tôt, occupait le fauteuil du *subcomandante*, ses bottes de cow-boy en peau de serpent posées sur la table. L'affaire était suffisamment urgente pour qu'il ait parcouru à toute allure, gyrophares allumés et sirène hurlante, les quatre cents kilomètres depuis son quartier général à Hermosillo. Maintenant, il devait attendre que les garçons achèvent le travail préparatoire.

« J'ai entendu à la radio en venant que les Yankees avaient remporté le deuxième match des séries », déclara-t-il en reposant son journal. C'était un grand fan de base-ball et un fervent supporter des Naranjeros d'Hermosillo. « Soriano en a fait rentrer deux, et ce Japonais, comment on dit ? Maht-soo-ee, il a frappé un home run. Le premier Jap à frapper un home run dans les séries. »

Le Professeur grogna. Il préférait le *fútbol* au *béisbol* et lisait un article sur l'entraîneur de Monterrey dans *El Sol de México*. Ou plutôt faisait semblant de lire. C'était difficile de se concentrer avec toutes les pensées qui se télescopaient dans sa tête.

Il comparait souvent son travail au pilotage d'un petit avion en pleine nuit, sans instruments. Sa marge d'erreur étant proche de zéro, l'agent infiltré n'avait jamais l'opportunité de se familiariser avec l'échec. Soit il réussissait, soit il finissait sa carrière dans une tombe creusée à la hâte. Le fait qu'il avait échoué à piéger Yvonne était donc pour lui une expérience aussi étrange que déplaisante. Ils avaient tout prévu. Une chambre dans un motel de Douglas avait été louée et truffée de micros, une caméra avait été installée, l'argent avait été rassemblé ; mais quand le Professeur avait appelé Yvonne à Zihuatanejo, affirmant que son client était prêt à faire affaire, elle s'était dégonflée. « Ils peuvent me rencontrer au Mexique, Carrington. J'ai un drôle de pressentiment. »

Et pas moyen de la faire changer d'avis. Pierce avait été contrarié. Le Professeur avait fait le voyage jusqu'au ranch de Carrasco à Caborca pour l'informer que l'opération n'aurait pas lieu. Celui-ci, fou de rage, lui avait offert un demi-million pour qu'il tue cette *puta jodida* sur-le-champ, pour qu'il aille la buter pendant qu'elle se dorait la pilule. Soulignant qu'Yvonne était partie en vacances entourée d'un service d'ordre digne d'un président, le Professeur avait répondu : « Je ne vais pas me suicider pour toi, Joaquín », et il lui avait recommandé d'être patient pendant qu'il échafauderait un nouveau plan.

Il semblait désormais qu'Yvonne lui en avait fourni un. Elle avait pris un risque incroyable en allant enlever deux gringos chez eux en pleine nuit, en les traînant à travers la frontière et en demandant une rançon. Des gringos qui n'avaient rien à voir avec le business. Des gringos blancs, respectueux des lois, avec des noms bien anglais. Quand ça sortirait dans la presse, ce qui était inévitable, les patriotes qui voulaient construire un mur de Brownsville à San Diego exigeraient à cor et à cri que la garde nationale déploie des soldats à la frontière. Ça aurait un effet désastreux sur le business. C'est pourquoi, dès que le Professeur l'avait appelé pour l'informer, le *comandante* avait rappliqué d'Hermosillo en moins de deux. Yvonne avait enfin poussé le bouchon trop loin. Elle était passée à travers les balles pendant trop longtemps et devait commencer à se croire invincible. Mais cet enlèvement ne profiterait pas à ses protecteurs de l'armée et du gouvernement. Bien au contraire. Dans le tollé qui s'ensuivrait inéluctablement, des questions seraient soulevées. Qui est cette cinglée, et pourquoi le Mexique ne s'est-il pas encore occupé de son cas ? Sa protection fondrait comme du pisé dans un orage.

« Les Marlins sont donnés perdants, disait Zaragoza, mais j'ai misé mon argent sur eux.

— Pourquoi ? demanda le Professeur, indifférent.

— À cause de leurs lanceurs. Urbina, Beckett… »

Un coup frappé à la porte interrompit les commentaires sportifs du *comandante*. Un agent en uniforme noir passa la tête à l'intérieur.

« Il est prêt.

— Si ça ne vous ennuie pas, c'est moi qui vais poser les questions, déclara le Professeur. Son espagnol est limité. »

Ils suivirent l'agent jusqu'à la pièce du fond, où Cruz, en sous-vêtements, était menotté à une chaise de cafétéria, la tête recouverte d'une capuche. Un autre flic se tenait à côté de lui, une matraque électrique à la main. Une épaisse odeur de sueur et d'urine flottait dans l'air. Le *comandante* fit signe qu'on lui enlève sa capuche, et Cruz posa des yeux surpris sur le visage de loup de Zaragoza, puis sur celui du Professeur. C'était une bonne chose qu'il ait appris à connaître les habitudes de Cruz. Presque exactement cinq heures plus tôt, après le coup de fil de Nacho, le Professeur avait ordonné à une escouade de *federales* de surveiller les *casas ilegales* où Cruz planquait ses poulets. Ils l'avaient trouvé, un peu plus tard, au motel El Mirador et l'avaient embarqué discrètement.

« Tu sais, je ne pensais pas te reparler un jour dans un tel endroit », déclara le Professeur. Puis il chanta gaiement : *Oh ! où étais-tu, Billy Boy, Billy Boy, oh ! où étais-tu, charmant Billy ?* Mais nous savons où tu étais, non ? Et tu devais me tenir au courant des activités d'Yvonne. Je suis extrêmement déçu. Maintenant, tu as une chance de te rattraper. *Sabes porque estoy aquí.* Où les cache-t-elle ? »

Cruz baissa la tête. Le flic derrière lui la releva sèchement en le tirant par les cheveux.

« J'ai cinq minutes à t'accorder. Nous n'avons pas beaucoup de temps.

— Le ranch, répondit Cruz, grimaçant.

— Sois plus précis.

— L'*almacén*. L'entrepôt.

— Dans quel état sont-ils ?

— Je ne sais pas. »

Le Professeur saisit la matraque et tint l'extrémité à deux centimètres de l'entrejambe de Cruz.

« S'il y a quatre mots que je déteste entendre, ce sont bien ceux-ci : *Je ne sais pas.*

— C'est la vérité ! Ils allaient bien la nuit dernière. C'est la dernière fois que je les ai vus. On ne leur a pas fait de mal, je vous le jure. On les a amenés à l'entrepôt et on les a laissés là, et ils étaient en bonne santé.

— Qui ça, on ?

— Moi, Marco, Heraclio. Je leur ai servi de guide. Et il y avait aussi trois autres types qu'Yvonne a fait venir. Des pros du cartel du Golfe. Et les deux filles.

— Des filles ?

— C'est comme ça qu'on est entrés. On les a payées mille dollars chacune pour faire semblant d'être des migrantes perdues qui crevaient de faim et de soif. Les chiens du ranch se sont mis à hurler, alors on les a abattus. On avait des silencieux. Puis les filles ont frappé à la porte, et quand Erskine a ouvert, on est entrés et on l'a mis KO. Puis on s'est emparés de sa femme. »

Malin, songea le Professeur. La ruse devait être l'idée d'Yvonne.

« Je croyais que vous ne lui aviez pas fait de mal.

— C'est la vérité. Juste un petit coup sur la tête. Il avait un pistolet…

— Et le Mexicain ? Vous l'avez enlevé de la même manière ? »

Cruz resta silencieux, mais il poussa un cri lorsque le Professeur lui donna un petit coup de matraque, à l'intérieur de la cuisse. Un avant-goût.

« On savait où se trouvait son mobile home. Des hommes d'Yvonne avaient déjà repéré les lieux. Il n'y avait même pas de verrou à la porte. On l'a embarqué.

— Il est mort, exact ? Qui l'a tué ? Je sais que tu jureras sur ta tête que ce n'est pas toi.

— C'est vrai ! s'écria-t-il. C'est Heraclio qui l'a buté. Après avoir franchi la frontière.

— Combien d'hommes gardent l'entrepôt ? Ne dis pas que tu ne sais pas.

— Six, sept peut-être.

— Comment sont-ils armés ?

— AR-15, pistolets.

— Quelque chose que tu aurais oublié de me dire ?

— Le pick-up. Elle nous a dit d'embarquer le pick-up d'Erskine. On les a ramenés dedans.

— Pourquoi ?

— Je peux dire que je ne sais pas ? Parce que c'est la vérité.

— *Muchas gracias*, Billy Boy. Tu as été un modèle de coopération. Tu vas rester avec nous quelque temps. »

Comme ils regagnaient le bureau du *subcomandante*, le Professeur traduisit dans les grandes lignes la conversation à Zaragoza, qui se laissa tomber dans le fauteuil face au bureau et regarda une carte murale de la région, faisant claquer sa langue.

« Si on pouvait libérer ces gens et la capturer en même temps, si on pouvait faire ça, ce serait très bon pour notre image. On serait débarrassés d'elle, Joaquín serait débarrassé d'elle, et ce serait très bon pour notre image. »

Très bon pour leur image auprès des Américains, songea le Professeur. Nous cherchons toujours à leur faire plaisir même si nous les détestons.

« Et très mauvais si on faisait tout foirer, ajouta le Professeur. Le problème, c'est comment faire. Son ranch, *muy lejano*, hein ? Impossible de l'atteindre sans qu'elle le sache.

— Hors de question d'y aller par la route. Et puisqu'on ne peut pas y aller par la mer, déclara Zaragoza avec un grand sourire, ça nous laisse les airs. Je sais qu'il y a des hélicoptères à Culiacán. Je peux contacter le procureur général dans la matinée et les faire venir à Hermosillo pour les ravitailler en carburant. Puis…

— Elle a des yeux et des oreilles partout. Je parie qu'ils n'auront pas le temps de franchir l'autoroute que ses espions les auront repérés et l'auront avertie », dit le Professeur en pointant un crayon sur l'autoroute qui reliait Nogales à Hermosillo, la Route fédérale 15.

Le *comandante* tira un bloc-notes d'un tiroir et le fit glisser à travers le bureau.

« Vous connaissez bien ce ranch. Dessinez-moi un plan. Montrez-moi où se trouve la maison, l'entrepôt, la piste d'atterrissage. Montrez-moi tout ça. »

Après avoir étudié le croquis, il demanda quelle était la distance qui séparait l'entrepôt de la frontière.

« *Más o menos* quinze kilomètres.

— Calderoni a capturé Pablo Acosta dans les années 1980 en faisant voler des hélicoptères depuis les États-Unis, déclara Zaragoza, en référence au légendaire commandant fédéral. Il a franchi le Río Bravo depuis le côté américain et il lui est tombé dessus. Donc, si nous pouvions faire la même chose… Nous volons aux États-Unis et effectuons le ravitaillement en carburant là-bas.

— L'aéroport de Nogales, interrompit le Professeur, voyant où il voulait en venir.

— Exact, confirma Zaragoza. Les hélicoptères décollent du côté américain de Nogales. Ils passent la frontière, *arrivant d'une direction à laquelle Yvonne ne s'attend pas*. Quinze kilomètres, cinq minutes, et nous lui tombons dessus, *como el halcón en la rata.* » Il imita des griffes avec sa main, puis attrapa le croquis et le froissa. « Nous allons avoir besoin de nos meilleurs hommes pour cette mission. Et nous allons devoir parler à nos amis américains pour obtenir l'autorisation. »

Le Professeur exprima, sans trop d'obséquiosité espérait-il, son admiration pour le génie tactique de Zaragoza ; mais il devait aussi lui faire part d'une autre difficulté. Les otages étaient dans un entrepôt *la nuit précédente*. Yvonne avait pu les déplacer. Ou alors elle pouvait le faire d'ici le lendemain. Il serait sage d'avoir quelqu'un sur place pour les guider.

« Je ne vois pas comment nous pourrions faire ça.

— J'ai une idée », répondit le Professeur, et il décrocha aussitôt le téléphone et tira Félix Cabrera du lit.

Celui-ci vivait à Cananea, ce qui leur ferait gagner beaucoup de temps. Il demanda à Félix de le retrouver à la *comandancia* aux premières heures de la matinée. Ceci fait, il lui restait une personne à réveiller.

Ce fut la femme de Nacho qui répondit, d'une voix lourde de sommeil. Il s'excusa de téléphoner aussi tard et demanda à parler à Nacho qui, après s'être raclé la gorge, déclara qu'il attendait impatiemment de ses nouvelles. Le Professeur l'informa des révélations de Cruz.

« *Cruz ?* Vous tenez Cruz ?

— En garde à vue. » Mais ce n'était pas le moment d'avouer qu'il savait depuis longtemps où se trouvait Billy. « Vous vous souvenez, il y a quinze jours, je vous ai dit que vous aviez une dette envers moi ? Le moment est venu de vous en acquitter. Je veux que vous parliez à vos *compas* du FBI et que vous m'obteniez une autorisation de faire atterrir deux de nos hélicoptères à l'aéroport de Nogales demain.

— Bon sang, vous n'y allez pas de main morte, hein ? fit Nacho après un long silence.

— Je vous le demande.

— Je vois le tableau. Écoutez, le FBI veut éviter une opération de sauvetage. Ils estiment qu'il vaut mieux payer la rançon, et j'aurais tendance à penser comme eux. Enfin quoi, vous autres, les flics mexicains, sans vouloir vous vexer, vous savez… vous ne faites pas dans la dentelle.

— Je travaille toujours proprement, Ignacio. Maintenant, écoutez-moi. Vous allez comprendre où je veux en venir. Yvonne a dû effectuer beaucoup de préparatifs pour cette opération, consacrer beaucoup d'efforts…

— D'accord, coupa Nacho, elle n'a pas pu faire ça pour l'argent. Elle veut plus que ça.

— Elle veut toujours plus.

— Je crois que vous pensez qu'elle va les tuer quoi qu'il arrive.

— *Exactamente.* »

Le lendemain matin, après avoir grappillé quelques heures de sommeil au motel Real del Cobre, le Professeur donna rendez-vous à Félix au poste de la police fédérale, où ce dernier se vit remettre un fusil d'assaut, un gilet pare-balles, des jumelles et une radio portable. Il expliqua à Félix ce qu'il devait faire, ce qu'il devait dire et comment il devait se comporter. Après tout, c'était un tueur à gages, un homme de main, et il n'avait pas l'habitude de faire semblant d'être autre chose. Ce qu'on lui demandait de faire – jouer un rôle – était nouveau pour lui ; mais le Professeur avait simplement besoin qu'il se montre convaincant pendant une demi-heure. Félix, comme à son habitude, écouta attentivement, presque sans prononcer un mot – le prédateur silencieux.

Le Professeur composa le numéro de portable d'Yvonne. Feignant de ne pas savoir où elle se trouvait, et à l'affût du moindre signe pouvant indiquer qu'elle soupçonnait une intervention de la police, il demanda :

« Comment ça se passe à Zihuatanejo ?

— C'était très bien. Mais je suis rentrée au ranch.

— Tant mieux, dit-il.

— Que puis-je faire pour vous, Carrington ? »

Un peu distante, un peu froide, remarquablement calme pour quelqu'un qui venait d'organiser un enlèvement de l'autre côté de la frontière.

« Il s'agit plutôt de ce que nous pouvons faire l'un pour l'autre. J'ai parlé à mon ami. Il a changé d'avis. Il est disposé à vous rencontrer au Mexique, pas de problème.

— De combien parlons-nous ? »

Il couvrit le combiné de la main et se leva pour fermer la porte ; elle risquait d'entendre le *comandante*, qui était dans la pièce d'à côté, en train d'organiser l'envoi d'hélicoptères.

« Cent kilos », répondit-il.

Ça devrait l'intéresser. *Plus. J'en veux plus. Quiero más, siempre más.*

« Il a un avion et un pilote prêts. Ce qu'il aimerait faire, c'est voir votre marchandise et vérifier votre piste d'atterrissage. Il s'avère que nous sommes à Cananea en ce moment même, et nous pourrions être bientôt au ranch.

— Je suis prise aujourd'hui, impossible de me libérer.

— Pas de business. Juste histoire de faire connaissance. Et de voir la piste d'atterrissage.

— Prise, vous m'avez entendue ? répliqua-t-elle sèchement. Dans deux jours, peut-être. »

Il était fatigué, il avait un goût rance dans la bouche et, malgré la douche qu'il avait prise au motel, il se sentait sale. Il en avait aussi sa claque de traiter avec cette foutue criminelle sadique. Il était temps de lui forcer la main.

« Peut-être que vous feriez bien de m'écouter, OK ? Vous me faites passer pour un *baboso*. C'est aujourd'hui ou jamais. Ce n'est pas le genre de type que vous pouvez traiter par-dessus la jambe. Il peut toujours aller voir ailleurs. Cent kilos, j'ai dit. Vous n'êtes pas d'humeur à gagner deux millions d'un coup, OK, *a la chingada.* »

Elle lâcha son rire strident.

« Carrington ! Quel mauvais caractère ! *Está bien.* Mais vous devez être ici avant midi. Après ça, je n'aurai pas le temps. »

Ils effectuèrent le trajet dans un Dodge 1500 confisqué à un trafiquant qui avait oublié de payer sa *mordida*. Les armes et le matériel étaient planqués sous un faux plancher à l'arrière. Ils passèrent devant les montagnes artificielles que formaient les résidus des mines de cuivre à ciel ouvert, franchirent des collines qui dominaient des prairies dégagées où les peupliers verts qui bordaient le Río Sonora formaient une broderie à travers les bruns et les jaunes du désert. Des gens mouraient constamment ici, ils se volatilisaient comme s'ils n'avaient jamais existé, et le danger ne faisait qu'ajouter à la beauté du paysage. Sans lui, ç'aurait été un simple décor.

Ils traversèrent Santa Cruz par des petites routes, puis franchirent le portail de Los Tres Encinos. Yvonne, accompagnée de deux gorilles qui étaient accrochés à ses basques à longueur de journée sauf quand elle allait aux toilettes – et encore –, était déjà à la piste d'atterrissage lorsqu'ils arrivèrent. Elle portait son grand chapeau de paille, et des manches longues pour protéger ses bras du soleil.

« Donc, c'est elle, dit Félix lorsqu'ils immobilisèrent leur véhicule. Joli cul pour une vieille.

— Ne la traite jamais de *vieja* en face. »

Ils descendirent du pick-up. L'un des *pistoleros* – le Professeur le reconnut comme celui qui s'appelait Marco – les fouilla.

« Vos hommes à l'entrée nous ont déjà fouillés, observa-t-il.

— Quelque chose a pu leur échapper.

— Vous avez bonne mine, Yvonne. Le repos vous a fait du bien. Comment va mon ami Billy ?

— Bien, la dernière fois que je l'ai vu. Je n'ai pas le temps de causer de la pluie et du beau temps, Carrington. »

Il présenta son client de Phoenix, Rubén Guttiérez. Elle examina Félix aussi attentivement que si elle s'apprêtait à peindre son portrait. La méfiance et l'avidité se livraient une lutte en elle. C'est cette dernière qui remporta la bataille. Le capitalisme débridé, songea le Professeur. Avidité et crainte. Elle les mena à l'abri près de la piste. Marco et Heraclio soulevèrent les plaques d'acier qui recouvraient la fosse dans laquelle la coke était stockée et ouvrirent un bidon d'essence en plastique rempli de paquets d'un demi-kilo, chacun marqué des initiales ou du symbole de son destinataire.

Yvonne tira un sachet de sa réserve personnelle – la cuvée spéciale, pour ainsi dire – et le tendit à Félix.

« Direct de Colombie, sans intermédiaire », annonça-t-elle, en bonne commerçante.

Félix en appliqua un peu sur sa langue, puis en prit un peu plus sur son ongle et l'inhala. « *Excelente, puro* », déclara-t-il. Si tout était de cette qualité, il en achèterait cent kilos le plus tôt possible. La semaine prochaine, promit Yvonne, puis ils commencèrent à discuter du prix. Le Professeur avait recommandé à Félix de négocier fermement, histoire de distraire Yvonne. Pendant qu'ils marchandaient, il se mit à marcher d'un pas nonchalant sur la piste. Tirant discrètement un GPS de sa poche, il lut les coordonnées et marqua un repère. L'*almacén* se trouvait environ deux cents mètres après l'extrémité de la piste, de l'autre côté d'un arroyo. C'était un grand bâtiment blanc tout en longueur, facilement repérable depuis le ciel. Quelques personnes se tenaient à proximité, mais, à une telle distance, difficile de voir combien ils étaient et s'il s'agissait de gardiens ou d'ouvriers. Comme il s'approchait pour l'examiner de plus près, Yvonne lança derrière lui :

« Carrington ! Où allez-vous ?

— Nulle part. Je vérifie l'état de la piste.

— Vous pouvez y faire atterrir un jet. Revenez ici. N'allez pas vous promener. »

C'était un signe : elle ne voulait pas qu'on s'approche de l'entrepôt ; les otages s'y trouvaient toujours. Il regagna l'abri, où Félix, jouant son rôle à merveille, insistait que, pour une telle quantité, il ne paierait pas plus de quinze mille dollars le kilo. Yvonne finit par accepter, mais uniquement parce qu'elle espérait une relation à long terme.

Une relation à long terme. L'expression les fit rire lorsqu'ils repartirent, suivis jusqu'au portail par une voiture pleine d'hommes armés. Environ huit cents mètres après le portail, le Professeur passa en quatre roues motrices et engagea le Dodge sur un lit de rivière asséché, qu'il longea jusqu'à un coude invisible depuis la route. Si Yvonne avait des sentinelles postées dans les parages, les chênes qui les entouraient dissimuleraient la voiture. Félix enfila rapidement un blouson noir et un jean noir, fit glisser le plateau du pick-up et attrapa son fusil, son équipement et un bidon d'eau. Il laissa le gilet pare-balles. Trop lourd, expliqua-t-il. Il ne ferait que le ralentir. S'il faisait bien son boulot, personne ne le verrait ni ne lui tirerait dessus.

« Tu as vu ces collines basses de l'autre côté de la piste, dit le Professeur en lui tendant le GPS. Beaucoup de *mesquite*, une bonne couverture. C'est là que tu vas te poster, aussi près que possible de l'*almacén*. Si tu vois quelque chose, les otages en train d'être déplacés,

Yvonne entrant dans l'entrepôt, n'importe quoi, tu me préviens immédiatement. Si ton portable ne fonctionne pas, utilise la radio. »

Félix lui fit un salut.

« *Sí, mi capitán. Es como en tiempos pasados.*

— *Claro.* Comme au bon vieux temps. Tu sais, il y a des gens qui diraient que nous faisons une bonne chose pour de mauvaises raisons. »

Félix lâcha un petit grognement, puis, fusil d'assaut et sac à dos en bandoulière, il s'enfonça parmi les broussailles. Dix secondes plus tard, il avait disparu.

Il était midi passé lorsqu'il regagna la *comandancia* à Cananea. Zaragoza l'informa qu'il avait obtenu deux Bell 212 du procureur général. Ils étaient en ce moment même en route vers l'aéroport d'Hermosillo pour récupérer l'équipe d'assaut – quinze *federales*, ses meilleurs hommes, pour la plupart d'anciens militaires. Ce qu'il n'avait pas, c'était l'autorisation des Américains. Le Professeur appela aussitôt Gomez.

« Police des frontières des États-Unis. Agent Gomez.

— Où êtes-vous ? demanda le Professeur.

— Dans un ranch. Le Crown A. Nous restons à distance du San Ignacio.

— Le type du FBI est avec vous ?

— Oui. Castle est à Tucson avec d'autres agents du FBI, en train de se procurer l'argent de la rançon.

— Devinez d'où je reviens. Du ranch d'Yvonne. Elle est là-bas, les otages sont là-bas, et j'ai mon meilleur homme au sol en train de surveiller les lieux.

— Attendez une minute. Vous les avez *vus* ? Vous avez vu les Erskine ?

— Non, mais je sais qu'ils sont enfermés dans son entrepôt. Nous avons deux hélicoptères et quinze agents qui attendent à Hermosillo que vous nous donniez le feu vert. Quel est le problème avec l'autorisation ?

— Je vous passe le FBI. »

Après un silence, il entendit une voix qui aurait pu être celle d'un présentateur d'une chaîne de télé locale dans une ville de taille moyenne du Midwest.

« Capitaine Bonham ? Agent spécial Ralph Inserra à l'appareil. »

Il parlait très lentement, supposant que le Professeur parlait mal anglais, crainte que celui-ci dissipa aussitôt.

« Êtes-vous américain ? demanda Inserra. Vous parlez comme un Américain.

— Je le suis parfois. Nous avons besoin de cette autorisation. Nous sommes prêts à partir.

— Et moi, je veux vous assurer que nous apprécions votre coopération.

— J'entends un *mais* arriver.

— En effet. Mais nous vous demandons d'attendre jusqu'à ce que nous ayons libéré les victimes. Les ravisseurs sont censés appeler à 17 heures et dire à Castle où livrer la rançon. Et alors, nous espérons qu'ils libéreront les otages.

— Vous risquez d'espérer longtemps.

— Laissez-moi vous expliquer, capitaine. S'il ne s'agissait que de pincer un baron de la drogue, nous vous donnerions le feu vert. Sur-le-champ. Mais la vie de deux citoyens américains est en jeu. Les faire sortir, c'est notre priorité numéro un. »

Le Professeur lui assura que c'était aussi la priorité de la police mexicaine.

« Bien sûr. *Bien sûr.* Si une opération de sauvetage s'avère nécessaire, nous avons une équipe de pros spécialisés dans la libération d'otages à Quantico. Ils pourront vous donner tout le soutien dont vous avez besoin. »

Ben voyons, songea le Professeur. Une équipe de pros. Comme les clowns qui ont fait foirer cette opération à Waco dans les années 1990.

« Quantico, en Virginie ? fit-il. Le temps qu'ils arrivent ici, je crains qu'il soit beaucoup trop tard.

— Combien de temps faudrait-il à vos hélicoptères pour atteindre Nogales ? » demanda l'agent du FBI.

Deux cent quatre-vingt-dix kilomètres, pensa le Professeur. Un Bell 212 faisait du deux cents à l'heure.

« Environ une heure et demie.

— J'ai déjà appelé Washington. Nous devrions avoir l'autorisation dans l'heure. Si vous faites partir vos oiseaux tout de suite, ils seront autorisés à atterrir avant même de pénétrer dans notre espace aérien. Mais vos hommes vont devoir attendre à Nogales jusqu'à ce que les otages soient libérés. »

Le Professeur effectua quelques calculs supplémentaires. Le coup de fil pour la rançon à 17 heures. Ajoutez une heure pour procéder à l'échange, si échange il y avait. Le soleil se couchait à 19 heures. Il ne voulait pas mener le raid de nuit. Ce serait serré pour agir de jour. Il devait aussi informer cet agent spécial d'une autre réalité mathématique.

« Cette organisation, le cartel d'Agua Prieta, commença-t-il. Ils ont aussi des espions de votre côté. Si les hélicoptères décollent maintenant, ils seront à Nogales avant 15 heures. Je vais me retrouver avec deux hélicoptères de la police mexicaine et quinze hommes en train de poireauter à l'aéroport de Nogales pendant trois ou quatre heures. Nous voulons qu'ils restent juste le temps d'effectuer le ravitaillement et de briefer les hommes. Nous ne pouvons pas risquer de perdre l'élément de surprise. Et nous ne pouvons pas arriver là-bas de nuit. Nous devons y aller *maintenant*.

— Et nous ne pouvons pas risquer de voir ces gens se faire tuer dans une fusillade entre vous et ces bandits, répliqua Inserra après une pause. Pas tant que nous n'aurons pas épuisé toutes nos autres options.

— Je crois que c'est ce qui arrivera.

— Savez-vous quelque chose que nous ignorons ?

— Je connais La Roja. »

Il raccrocha, le rebelle en lui lui disant d'ignorer les avertissements tatillons d'Inserra. Mais Zaragoza n'était pas du même avis.

« Nous allons faire ce qu'ils veulent », déclara ce dernier après que le Professeur lui eut résumé sa conversation avec Inserra.

Le *comandante* ne voulait pas non plus risquer de perdre les otages. Ça ferait passer les *federales* pour des incompétents, et cette opération était censée être bonne pour leur image, ils devaient en ressortir auréolés de gloire. Et étant donné la relation étroite que Joaquín Carrasco entretenait avec la police, c'était ce qu'il voudrait lui aussi.

« *Está bien*, répondit le Professeur. Mais les hélicoptères ne doivent pas partir tout de suite. Ils décolleront à 15 h 30. Pour être à Nogales vers 17 heures.

— Je vais diriger le raid moi-même », annonça Zaragoza.

Oui, évidemment. Alors il deviendrait une légende. Comme le *comandante* Calderoni, l'homme qui avait capturé Pablo Acosta.

« *Vámonos, Profesor. Vámonos a Nogales.* »

36

C'était bizarre, il était impatient, étrangement excité, comme s'il attendait qu'on l'appelle pour lui notifier qu'il avait gagné au loto, et non pour lui demander de verser une rançon. Tessa était dans la cuisine, en train d'essuyer les plans de travail, de ranger les placards, se raccrochant à des tâches ordinaires pour masquer l'extraordinaire de la situation. Lorsque le téléphone sonna – au moins, les ravisseurs étaient ponctuels –, elle se précipita dans le salon, où Castle attendait en compagnie de Gomez et des agents du FBI. Castle avait été informé qu'au besoin la police mexicaine porterait secours à Blaine et à Monica et les ramènerait en hélicoptère. Comme des garde-côtes qui récupéraient des marins égarés en mer, un panier au bout d'un câble, et Blaine et Monica seraient soulevés dans les airs et placés à l'abri – c'était ainsi qu'il s'imaginait la scène lorsqu'il décrocha le téléphone.

La femme de nouveau.

« Avez-vous l'argent ?

— Oui.

— Vous allez l'apporter à la frontière à Campini Mesa. Partez tout de suite. »

Il jeta un coup d'œil aux instructions qu'Inserra avait notées à son intention. GAGNEZ DU TEMPS SI POSSIBLE… DEMANDEZ À VOIR LES VICTIMES…

« Je ne sais pas où ça se trouve, mentit-il.

— Alors trouvez une carte ! lança-t-elle d'une voix aussi perçante qu'un larsen.

— D'accord. Je veux voir mes cousins. Je ne donnerai pas l'argent si je ne les vois pas. » Il hésita un instant. « Vivants.

— Vous les verrez. Vivants. Venez seul. Ne faites rien de stupide. Venez dans votre voiture. Une Chevrolet Suburban. Noire, avec des plaques d'immatriculation du Connecticut. Pourquoi n'avez-vous pas changé pour des plaques d'Arizona ? »

Elle éclata de rire et raccrocha.

Castle avait l'impression que des colonies de fourmis lui rampaient sur les bras, les épaules, la nuque. Ils connaissaient sa voiture !

Inserra ôta son casque et repassa l'enregistrement.

« C'est quoi, Campini Mesa ? Où ça se trouve ?

— Dans le trou du cul du monde, répondit Gomez. Une sorte de point de passage non officiel. Isolé comme pas possible. Je n'aime pas ça. Je ne pense pas qu'il devrait y aller seul.

— Vous l'avez entendue, protesta Castle. Seul. »

Inserra tapota son casque contre les gadgets électroniques du technicien.

« Je n'aime pas ça non plus. Est-ce qu'il y a moyen de le suivre sans être vu ?

— Non. C'est une mesa. C'est complètement dégagé. Aussi plat que le Kansas. » Gomez regarda le tableau de Tessa qui était suspendu au-dessus de la cheminée. « Je peux m'arranger pour que certains de nos hommes établissent un poste stationnaire dans les collines qui dominent Campini afin de surveiller les lieux depuis le sol. Mais si quelque chose tourne mal, ils seront trop loin pour intervenir. »

Castle se leva du divan.

« J'y vais. »

Inserra lui posa une main sur le poignet et lui rappela d'un ton sévère les risques qu'il courait.

« Avez-vous le pouvoir de me retenir ?

— À part en vous menottant à une chaise, non.

— Alors j'y vais.

— Soit. Je ne peux pas vous en empêcher. Mais, ajouta-t-il en désignant son partenaire, il va installer un traceur sur votre voiture. Un mouchard. Ça ne prendra pas longtemps et personne ne le verra. Et laissez votre portable allumé. Nous arriverons peut-être à vous suivre, de la même manière que nous avons localisé l'appel des ravisseurs. » Il se tourna vers Tessa. « Nous ferons ça depuis ici, si ça ne pose pas de problème. »

Elle ravala sa salive, acquiesça.

Gomez serra la main de Castle, lui souhaita bonne chance et déclara qu'il allait à Nogales pour rencontrer la police mexicaine.

Après son départ, tandis que le technicien installait le mouchard sur la voiture, Tessa retourna à ses tâches ménagères dans la cuisine.

Castle marcha jusqu'à elle et lui passa un bras autour de la taille.

« Tout va bien se passer », dit-il, d'un ton beaucoup plus confiant qu'il ne l'était réellement.

Elle se dressa sur la pointe des pieds pour tirer une pile d'assiettes d'une étagère en hauteur.

« Bien se passer ? Et Miguel ? Il va bien ? Comment peux-tu dire que ça va bien se passer ? Au mieux, ce sera moins horrible que ça ne l'est pour le moment. »

Il la fit pivoter pour qu'elle lui fasse face. Elle le repoussa, croisa les bras et se balança d'avant en arrière.

« Pourquoi faut-il que ce soit toi qui y ailles ? Ils ne savent pas à quoi tu ressembles. L'un de ces flics pourrait se faire passer pour toi.

— Tess, ils connaissent ma voiture, mon numéro de portable. Que savent-ils d'autre ? » Il resta un moment silencieux. « Je dois y aller de toute manière. Si je n'avais pas hurlé "pistolet", peut-être qu'il ne se serait rien passé, et…

— Oh ! conneries ! Blaine crevait d'envie de se battre, et tu le sais. Vas-y, fais-le. » Elle regarda la voiture à travers la fenêtre. « Mais reviens. Beth est revenue. Toi aussi, reviens. Promets-le-moi.

— Dans deux heures nous serons tous ici, tous les quatre », répondit-il.

Il retourna dans le salon chercher la sacoche qui contenait les deux cent cinquante mille dollars en billets de cent. Ç'avait été un drôle de spectacle ce matin dans la salle des coffres de la banque à Tucson, les employés perplexes observant les agents du FBI tandis que ceux-ci fourraient les billets dans la sacoche.

Lorsqu'il se mit en route, il éprouva une subtile altération des sens. Il vit des oiseaux noirs voleter dans un arbre derrière le moulin de Tessa, puis s'aperçut que c'étaient les ombres des ailes qui tournaient. Le crissement de ses roues sur le chemin de terre semblait plus fort qu'il n'aurait dû l'être, comme du gravier s'écoulant dans un conduit. En s'engageant sur la route de San Rafael, il remarqua un homme qui se tenait près d'une voiture arrêtée sur le bas-côté et fixait un appareil photo sur un trépied. Il s'apprêtait à photographier un faucon accroché à une branche de peuplier qui s'étirait au-dessus de la rivière Santa Cruz. Impossible. Il était tout simplement impossible que lui, Castle, soit en route pour la frontière mexicaine avec une rançon dans sa voiture pendant que quelqu'un, à quelques mètres de lui, prenait un faucon en photo. Le paysage qu'il traversait semblait à la fois familier et étrange. Ses perceptions distordues conféraient une lumière menaçante aux arbres, aux prairies, aux collines, comme un ciel nuageux jaunissant avant l'orage. Il avait l'impression d'être sur une terre étrangère dont il ignorait la langue, les coutumes, et ce qu'elle lui réservait.

Il reconnut cette anxiété – c'était la même que celle qui s'était emparée de lui lorsqu'il s'était rendu à Ground Zero près d'un an auparavant. Pourtant, ce n'était pas un monde inconnu, c'était le sien. *Juste un autre genre de terroriste*, avait dit Gomez la veille. La bête qui avait dévoré Amanda avait simplement changé de forme extérieure, de nom. Maintenant, elle se matérialisait sous les traits d'Yvonne Menéndez. Eh bien, il voulait la regarder droit dans les yeux. Toucher sa chair. Sentir son souffle. Ce n'est qu'alors qu'il serait pleinement libéré.

Il ressentit un regain de courage et de détermination lorsque Campini Mesa apparut, large et déserte, couverte d'une herbe roussie par le soleil qui se mourait au-dessus des Patagonia. La brume de chaleur qui s'élevait du sol rendait les montagnes irréelles, comme des mirages. Il bifurqua sur un chemin de terre et, après un peu plus d'un kilomètre, arriva à la frontière. Une barrière à bétail, une ouverture dans la clôture, et, au-delà, le Mexique. Il arrêta la voiture et se tint sur le marchepied, regardant vers le sud. Il vit alors un nuage de poussière tourbillonnant et l'éclat d'un pare-brise.

L'aéroport de Nogales occupe un large plateau nommé Palomas Mesa à quelques kilomètres au nord de la ville. Il s'appelle « Nogales International », comme si c'était une plaque tournante du trafic mondial, mais c'est une installation modeste dotée d'une petite aérogare, d'une tour de contrôle et d'une unique piste, principalement utilisée par des jets privés.

Près du bout de la piste, deux hélicoptères Bell noir et blanc aux emblèmes du Mexique étaient reliés à un camion de ravitaillement. Sous le regard curieux du chauffeur du camion et d'un employé de l'aéroport, quinze policiers fédéraux, habillés en civil mais de toute évidence équipés de gilets pare-balles et portant des fusils d'assaut en bandoulière, se tenaient debout ou accroupis autour du Professeur et du *comandante* Zaragoza. Un plan de Los Tres Encinos dessiné à la main était étalé par terre entre les deux hommes, maintenu en place par des pierres posées sur les coins. Dès qu'il se voyait attribuer sa mission, chaque agent se mettait au garde-à-vous et s'écriait : « *Sí, mi capitán* », ou, « *Sí, mi comandante* » Le Professeur n'était pas peu fier d'eux.

Ce n'étaient pas les talents de ses hommes qui l'inquiétaient. Il était 17 h 30. Il restait une heure de soleil au plus, et ils devaient attendre la libération des otages. Vingt minutes plus tôt, Félix avait murmuré un message dans sa radio depuis son poste d'observation : les otages avaient été sortis de l'entrepôt et emmenés dans une camionnette. Pour où, il l'ignorait. Nacho avait répondu à cette question lorsqu'il était arrivé à l'aéroport peu après : Castle livrait la rançon et il avait exigé de voir les otages vivants. On les emmenait probablement au lieu de rendez-vous, à Campini Mesa. Dès que leur libération serait confirmée, les *federales* pourraient intervenir et arrêter Yvonne pour enlèvement.

Une camionnette gris et rouge s'immobilisa du côté mexicain, à environ trente mètres de la frontière. Castle vit le chauffeur examiner les alentours à la jumelle. Après s'être assuré que Castle était seul, le chauffeur, dont le visage était dissimulé sous une cagoule, descendit et lança : « Apportez l'argent ! »

Castle entendait quasiment les fibrillations de son cœur. *Brrrrit, brrrrit.*

« Pas avant de les avoir vus ! » cria-t-il.

Le chauffeur ouvrit la portière arrière. Un autre homme à la carrure puissante, lui aussi cagoulé, apparut, armé d'un pistolet. Il tira Monica de la camionnette, la poussa en direction du chauffeur, puis, agitant son arme, fit signe à Blaine de sortir. Les yeux bandés, menottés, et bâillonnés avec ce qui semblait être de la toile adhésive, ils étaient toujours habillés comme au moment de leur enlèvement près de quarante-huit heures plus tôt, Monica dans une longue chemise de nuit bleue, Blaine en caleçon. Castle était à la fois heureux de les retrouver en vie et furieux de voir ce qu'on leur avait fait, et tandis qu'ils traînaient pathétiquement leurs pieds nus sur la route caillouteuse, il se mit à courir dans leur direction, emportant la sacoche avec lui.

« Blaine ! Monica ! C'est moi. Gil ! »

Blaine leva brusquement la tête, produisit un son étranglé. Castle lâcha la sacoche.

« Tout est là. Maintenant, relâchez-les. »

Posant un genou au sol, le chauffeur ouvrit le sac et tint en éventail une liasse de billets tel un joueur de cartes.

« Faut d'abord compter, et c'est pas ici que ça va se passer. » Il se releva, nonchalamment, et fouilla Castle. « On voudrait pas que vous essayiez d'appeler chez vous », dit-il, confisquant son téléphone portable. Il tira vivement un semi-automatique de sa poche revolver et colla le canon derrière l'oreille de Castle. « Mains derrière le dos, connard. »

Malgré le masque qui étouffait la voix, Castle la reconnut.

« Vous ! Vous ! »

Idaho Jim lui passa une paire de menottes en plastique autour des poignets et le poussa dans la camionnette.

« Marrant comme le vent tourne. »

« Venez ici ! » hurla Nacho.

Le Professeur interrompit ses instructions de dernière minute et marcha jusqu'à la voiture de Nacho.

« On a un problème, déclara celui-ci, agitant la radio de sa voiture. Le FBI a posté des agents en observation pour surveiller la livraison. Castle a été enlevé.

— Qu'est-ce qui s'est passé ?

— Je ne sais pas, mais on dirait bien que l'argent n'est pas la seule chose qui l'intéresse. Le type du FBI m'a appelé sur ma radio il y a une seconde. Ils ont placé un émetteur GPS sur le portable de Castle, et le signal provient du Mexique, donc je suppose qu'il y est lui aussi. Et ne me dites pas : "Je vous avais prévenu."

— Je vais le dire quand même. »

Sans attendre, il appela Félix sur sa radio.

« Ils ont désormais trois otages, annonça-t-il, marquant une pause entre chaque mot car, à cette distance, le signal était faible. Si… tu… les… vois… déclenche… ton… transmetteur… trois fois. Déclenche-le… une… fois… maintenant… pour… confirmer. »

Il entendit le déclic. Un merdier, pensa-t-il en regardant la lumière faiblissante. Un foutu merdier, voilà comment son père aurait décrit ça. Au moins, les hélicoptères étaient équipés de projecteurs.

37

Dans la bibliothèque, Yvonne parcourut les documents que Clemente et Daoud lui avaient préparés pendant la semaine. Elle leur avait dit qu'elle avait contacté les Erskine et les avait convaincus qu'ils feraient mieux de vendre le San Ignacio, dans sa totalité. Ils avaient accepté. Elle avait donc demandé à son avocat et à son cousin de rédiger le contrat, et elle conclurait l'affaire elle-même. Clemente était déçu de passer à côté d'une jolie commission, mais elle lui avait promis qu'il n'y perdrait pas au change.

« Tu les as regardés ? » demanda-t-elle à Julián, qui était occupé à tirer des livres reliés de cuir d'une caisse pour les empiler sur les étagères. Julián s'occupait souvent à ce genre de tâche domestique quand il était agité. Le décorateur intérieur. « Est-ce qu'ils sont en ordre ?

— Ils ont l'air », répondit-il, lui tournant le dos. Il regarda le livre qu'il tenait à la main. « Celui-ci, c'est Ortega y Gasset. Est-ce que je dois le ranger à O ou à G ?

— Retourne-toi et regarde-moi. »

Elle examina la tête étroite, comme si elle avait été écrasée en sortant de l'utérus, le long nez fin, les yeux marron alanguis, et éprouva une sorte de dégoût.

« Tu as besoin de cachets pour le foie, *mi hijo*. Des cachets pour renforcer ton foie. Tu as le cerveau pour les affaires, mais pas le foie.

— C'est pourquoi, répliqua-t-il avec un sourire sarcastique, nous sommes complémentaires. Chez toi, c'est l'inverse. »

Elle se retint de le gifler.

« Ce que j'ai accompli nécessitait une bonne dose d'intelligence. L'attention au moindre détail, rien de laissé au hasard.

— L'exécution était sensée, je te l'accorde. C'est l'idée qui est absurde.

— Je ne sais pas si c'est toi qui es une moitié d'homme ou moi qui ai la force de deux femmes. Ça a fonctionné, et toutes tes prédictions de désastre sont tombées à l'eau. »

Il appuya son corps élancé contre l'étagère, tenant l'Ortega y Gasset par-dessus son entrejambe.

« Tu connais le vieux proverbe : *Deux personnes peuvent garder un secret si l'une est morte ?* Il y a beaucoup de gens qui connaissent ce secret, moi y compris. »

Yvonne était plus que stupéfaite ; elle était blessée.

« Tu suggères que je… »

Une femme qui avait commandité la mort de son mari et de cent autres personnes – pourquoi pas aussi celle de son fils ? songeait Julián. La seule chose dont il ne la croyait pas capable, c'était le cannibalisme.

« Quelqu'un finira forcément par laisser échapper quelque chose. »

Yvonne était si blessée par ses insinuations qu'elle avait, de fait, envie de le tuer.

« Non, tu te trompes. Toutes les personnes qui sont au courant sont impliquées, et c'est précisément pour ça qu'elles se tairont. Et si quelqu'un dit quelque chose, qu'est-ce que ça change ? Ce ne seront que des paroles. Il n'y aura aucune preuve. »

Cette voix stridente, comme une lance qui transperçait Julián.

« Exact. Tu as pensé à tout.

— *Por supuesto.* » Elle enfonça les documents dans son sac en paille, ainsi que son petit pistolet, un Walther PK 7,65. « Viens avec moi. Tu devrais te repaître les yeux du spectacle.

— Mes yeux n'ont pas faim », répondit Julián.

Heraclio la conduisit à l'*almacén*. Elle était à bout de nerfs. Tous ces préparatifs, toute cette anxiété, toute cette attention méticuleuse portée au moindre détail l'avaient épuisée. Devant l'entrepôt, plusieurs de ses garçons jouaient aux cartes sur un bidon vide sous l'éclairage de l'entrée.

« Portez-les à l'intérieur », ordonna-t-elle en désignant leurs chaises.

Odeurs. Textures. Sons. Castle était assis sur un plancher de bois lisse, il sentait de la tôle ondulée dans son dos, entendait le martèlement étouffé d'un générateur diesel à l'extérieur. Maintenant qu'il lui manquait un sens, il se concentrait sur les autres. Ils étaient son dernier lien avec la réalité, et il craignait que, s'ils venaient à lui faire défaut, son esprit parte à la dérive dans un vide abominable. Cette odeur… une odeur puissante, végétale, empestait les lieux. Du cannabis.

Une porte s'ouvrit. Des bruits de pas sur le contreplaqué. Quelqu'un alluma une lumière, dont la lueur filtra à travers le bandeau qui lui recouvrait les yeux. Mais il avait aussi conscience, grâce à un autre type de sens, que l'air avait changé, comme si la pression atmosphérique avait soudainement chuté. D'ailleurs, ses oreilles se débouchèrent lorsqu'il entendit la voix, aussi perçante qu'un clou, qui lui avait parlé au téléphone. Quatre mots en espagnol : « *Allí. Delante del escritorio.* »

Des mains puissantes lui agrippèrent les bras, le firent se lever et le poussèrent vers une chaise. On faisait la même chose à Blaine et à Monica. Ils étaient près de lui. Il les sentait, de la même manière qu'il les avait sentis dans la camionnette, la puanteur de leurs corps crasseux, de l'urine et des matières fécales. On les avait forcés à patauger dans leurs excréments, une barbarie aussi incompréhensible que leur enlèvement. Quelqu'un arracha la toile adhésive qui lui couvrait la bouche, défit ses menottes et ôta finalement le bandeau qui l'empêchait de voir. Il cligna des yeux face aux néons qui crépitaient sur une applique suspendue à une poutre en bois. Monica, assise entre Blaine et Castle, tourna furtivement vers celui-ci ses yeux injectés de sang, ses lèvres formant un mot qu'elle ne prononça pas, son nom peut-être. Blaine arrachait les résidus de toile adhésive qui étaient restés collés à sa barbe de trois jours tout en regardant dans le vide d'un air hébété. Castle ne parvenait pas à voir son environnement dans sa totalité, seulement segment par segment. Une petite pièce dans une structure plus vaste, des plaques de placoplâtre sur trois côtés, un mur de tôle incurvé sur le quatrième. Deux grands types armés, leur ventre formant une saillie au-dessus de leur ceinturon, se tenaient près de la porte. Castle, Blaine et Monica étaient assis sur une rangée de chaises pliantes face à un bureau métallique. Derrière se trouvait la femme à la voix grinçante, celle qu'on appelait La Roja, Yvonne Menéndez. Des cheveux roux aux boucles serrées surmontant un grand front, de minuscules cratères tavelant ses pommettes, des lèvres fines et droites, tels deux coups de griffe sous son petit nez. Castle remarqua de petites caroncules sous son menton, des rides sillonnant le V de la naissance de sa poitrine, en partie exposée par le col ouvert de son chemisier. Les cicatrices sur ses joues conféraient une certaine rugosité à ses traits ; autrement, son apparence était ordinaire, voire banale, ce qui était quelque peu déconcertant. Il s'était attendu à voir la méchante reine de Blanche-Neige, avec ses sourcils arqués, sa bouche de vampire.

La femme ne disait rien, se contentant de les regarder avec une expression curieuse, comme si elle se demandait ce qu'ils fabriquaient là. N'en pouvant plus de ce silence, Castle déclara d'une voix rauque : « J'ai apporté l'argent. Qu'est-ce que vous voulez de plus ? »

Yvonne ne répondit pas immédiatement. Elle savourait sa victoire. Ils étaient là, impuissants devant elle, non pas les auteurs de la tragédie de sa famille, mais les héritiers de l'homme qui avait tué son père alors qu'elle était encore dans le ventre de sa mère, ce qui les rendait tout aussi coupables. En remarquant les poils fins qui se dressaient sur le torse nu d'Erskine, elle se demanda ce que ça ferait de les arracher avec ses ongles, un à un. Elle trembla presque, réprimant sa cruauté naturelle.

« L'argent est en train d'être compté, déclara-t-elle finalement. Mais il ne représente qu'une partie de ce que vous me devez. » Elle lâcha un petit rire âpre. « Croyez-le ou non, ceci est une réunion d'affaires.

— Pour l'amour de Dieu, laissez-nous partir, implora Monica, sanglotante.

— Je vais le faire. Mais vous devez d'abord signer ça. » Elle sortit un stylo-bille et les documents de son sac et les plaça sur le bureau, les pages à signer sur le dessus. « Signez ça, tous les trois, et après vous serez libres de partir. Vous d'abord », dit-elle à Erskine.

Il regarda les papiers, puis Yvonne, abasourdi, la mâchoire pendante.

« Non ? Alors vous. »

Elle tendit le stylo à Castle.

Il vit, inscrits en lettres gothiques en haut de la première page, les mots « Acte de garantie » et, sur l'autre, « Accord de vente ». Il poursuivit sa lecture, incrédule. « Accord conclu le ______ 2003, entre Blaine Erskine, Monica Erskine et Gilespie Castle, seuls propriétaires du ranch San Ignacio, ci-après dénommés les VENDEURS, et l'entreprise La Morita, S.A., basée à Mexico, Mexique, ci-après dénommée l'ACHETEUR... Les vendeurs acceptent de vendre et de transférer et l'acheteur accepte d'acheter la propriété décrite dans l'annexe A ci-jointe... »

Une extorsion ! Une extorsion alambiquée et grotesque. Tellement grotesque que Castle poussa un petit gloussement hystérique.

« Mon prénom est mal orthographié. Il s'écrit avec deux *l*.

— Ça peut s'arranger.

— Vous devez être folle. Ces papiers ne valent rien, avec ou sans notre signature.

— Voici ce qu'ils valent, répliqua-t-elle, produisant deux chèques de banque de deux millions et demi de dollars chacun, l'un à l'ordre de Castle, l'autre à l'ordre des Erskine. Je sais que ce n'est pas un prix juste, mais je vous rends aussi votre liberté en échange. Qu'est-ce que ça vaut pour vous ? »

Castle regarda les chèques et sut avec une certitude abominable qu'ils n'auraient jamais l'occasion de les encaisser. GAGNER DU TEMPS. Oui, gagner du temps jusqu'à l'arrivée de la police.

« Pourquoi… pourquoi… faites-vous cela ? » s'écria Monica.

Yvonne soupira.

« Je savais que quelqu'un me demanderait ça. Pour rendre ma mère heureuse au paradis. »

Pour rendre sa mère heureuse au paradis. Quelle parfaite absurdité. Mais Castle savait que c'était cette absurdité qui l'avait mené de ce côté-ci de la frontière, et il n'avait d'autre choix que d'y faire face. D'accord, la voici, en chair et en os. Enlèvement. Meurtre. Extorsion. Tout ça pour rendre sa mère heureuse au paradis.

Gagne du temps. Retarde les choses. Fais n'importe quoi. Chante une chanson.

« Vous ne nous laisserez pas partir, déclara-t-il. Vous ne pouvez pas. Cet accord ne vaut rien si nous sommes morts mais il vaut encore moins si nous sommes en vie. »

Yvonne commençait à en avoir sa claque de ces gens.

« Écoutez, vous allez signer. Je vais vous garder ici, tous autant que vous êtes, jusqu'à ce que vous le fassiez. Un jour, un mois, je m'en fous. » Yvonne regarda la femme d'Erskine et songea qu'elle méritait bien un peu de distraction en récompense de tout son travail. Elle se leva, se posta derrière la chaise de Monica et fit glisser les bretelles de sa chemise de nuit, exposant sa poitrine. Elle puait – elle s'était chiée dessus quand elle avait été capturée. Monica suffoqua, tira sur les bretelles et se mit à pleurer de plus belle. « Je n'aime pas les invités ennuyeux, déclara Yvonne. J'aime qu'on me distraie. Votre femme n'est pas toute jeune, mais elle est pas mal, Erskine, et j'ai plein d'hommes ici. Vous allez regarder. Nous allons tous regarder. »

Erskine bondit sur ses pieds. Marco et Heraclio se précipitèrent, s'emparèrent de lui et le forcèrent à se rasseoir.

« Espèce d'ordure ! Espèce de sale ordure ! »

Yvonne fut un peu déçue lorsque, après qu'elle lui eut tendu le stylo une deuxième fois, il signa les deux documents. Elle aurait aimé le voir forcé d'assister à la dégradation de sa femme, oui, la voir penchée au-dessus d'une balle de foin dans la pièce d'à côté pendant que ses garçons la prenaient comme une chienne. Ça lui en aurait bouché un coin. Mais ils étaient ici pour affaires, et les affaires passaient avant tout.

Après avoir obtenu les autres signatures, elle enfonça les chèques dans la poche de Castle, puis dit à Marco de ne pas se fatiguer à leur bander les yeux ni à les bâillonner ; les menottes suffiraient pour le moment. Elle lança les clés de la camionnette d'Erskine à Heraclio. Elle avait songé à tous les détails. Et la camionnette était l'un d'eux. Elle serait retrouvée renversée et carbonisée dans un fossé au bord de la route de Nogales, les corps si calcinés qu'ils seraient méconnaissables. Une petite *mordida* serait nécessaire pour s'assurer qu'il n'y aurait pas de véritable enquête. Elle savait que les victimes finiraient par être identifiées, que des rumeurs de meurtre circuleraient du côté américain ; mais il n'y aurait jamais la moindre preuve. Au bout du compte, on conclurait que ces trois Américains étaient allés faire un tour au Mexique et avaient été tués dans l'incendie de leur véhicule. Pourtant, bizarrement, elle ne se sentait pas satisfaite tandis qu'ils sortaient de l'entrepôt. Erskine devait savoir, et elle avait besoin qu'il sache, que lui et les siens avaient hérité d'une dette, pas du genre de celles qui se calculaient en chiffres, mais une dette qui ne pouvait être remboursée que par la vengeance. Ce n'est qu'alors que son triomphe serait total.

Dehors, dans le crépuscule naissant, un projecteur illuminait la camionnette de Blaine. Sa présence ici ne surprit pas Castle. Plus rien ne le surprenait dans ce monde où tout pouvait arriver à tout moment pour quelque raison que ce soit. Ou sans raison. Les trois otages furent poussés sur la banquette arrière. Une sérénité curieuse s'était emparée de lui. Il se demandait où et comment tout ça s'achèverait. Une balle derrière la tête ? Ici ? Sur la route ? Tout semblait étrangement écrit d'avance. Son seul regret, et il était de taille, était qu'il ne tiendrait pas la promesse qu'il avait faite à Tessa.

La Menéndez se tenait près de la portière arrière, faisant face à Blaine à travers la vitre baissée.

« Il y a une chose que je veux vous dire, Erskine. Avant de me marier, mon nom était Quinn. Rafael était mon père. »

Ce nom n'évoqua d'abord rien à Castle, mais lorsqu'il se rappela les paroles de Sally – *le type qu'il a descendu, Rafael Quinn, tout le monde l'appelait Rafe* –, tout ce qui lui avait semblé si absurde devint soudain effroyablement clair.

Et c'est alors qu'il entendit la percussion des pales de rotor d'un hélicoptère.

Debout dans l'entrebâillement de la portière du Bell, le Professeur criait ses ordres au pilote grâce à la radio interne de l'hélicoptère.

« Braquez vos lumières sur eux ! Déposez-nous ! »

L'appareil tournoya, comme pris dans un vortex, puis se stabilisa. Ses phares d'atterrissage créèrent un faux jour dans lequel il vit un pick-up blanc, et Yvonne qui regardait vers le ciel, stupéfaite, comme si un ovni s'abattait sur elle. L'hélicoptère du *comandante* tournait autour de l'*almacén*, des éclairs jaillissant de la gueule des fusils tandis que ses hommes faisaient feu sur les acolytes d'Yvonne qui, paniqués, détalaient en tous sens. Les portières du pick-up s'ouvrirent soudain, et deux hommes en jaillirent, l'un d'eux braquant un fusil d'assaut en direction de l'hélicoptère du Professeur qui était sur le point de se poser. Il reconnut Heraclio dans la lumière aveuglante des projecteurs. Quatre ou cinq *federales* ouvrirent le feu sur lui, les balles créant des geysers de poussière. Il s'effondra. L'autre bandit, Marco, ouvrit violemment la portière arrière du pick-up et en tira l'un des otages, la femme. Il était sur le point de l'entraîner, s'en servant comme d'un bouclier, lorsqu'il s'écroula soudain. Une fraction de seconde plus tard, Félix jaillit de l'arroyo depuis lequel il avait abattu l'homme d'une seule balle et se mit à courir en direction de la femme, mais il fut arrêté par le tourbillon soulevé par les rotors.

« Ne tirez pas sur la camionnette ! » hurla le Professeur tandis qu'il posait le pied sur le patin de l'hélicoptère puis sautait à terre.

Le pilote coupa le moteur, l'air commença à s'éclaircir. Le Professeur et son équipe se dispersèrent dans l'espace dégagé qui s'étirait devant l'entrepôt. L'éclairage au-dessus de la porte coulissante avait été détruit ; seule une lune partielle permettait d'y voir clair. Il courut en direction des deux otages masculins, qui étaient menottés et étendus sur le dos. Deux agents les aidèrent à se relever. L'un d'eux ne portait que ses sous-vêtements – Erskine, supposa-t-il. À dix mètres à peine, Yvonne se tenait derrière la femme d'Erskine, la tenant par ses longs cheveux, braquant un pistolet contre sa tempe. Le Professeur fit signe à ses hommes d'abaisser leurs armes, puis annonça, avec une formalité exagérée, qu'il était le capitaine Bonham de la police fédérale, que sa situation était sans espoir, qu'elle ferait bien de relâcher la femme et de se rendre.

« Reculez ou je bute cette salope ! »

Castle n'avait jamais vu une telle sauvagerie chez un être humain. Il lança un regard en direction du policier qui se tenait à côté de lui, un Mexicain aux cheveux clairs et au teint pâle, qui parlait désormais dans sa radio. Quelques instants plus tard, un autre hélicoptère qui décrivait des cercles dans le ciel s'approcha, ses phares d'atterrissage transperçant l'obscurité tels des poignards, ses pales soulevant une tornade miniature. Tandis que la folle furieuse qui tenait Monica levait un bras pour se protéger le visage du tourbillon de poussière et de graviers, Blaine poussa un hurlement et se rua vers elle tête baissée.

« Non ! » s'écria Castle.

Il voulut l'arrêter, mais ressentit une douleur terrible aux côtes – le flic l'avait-il frappé ? Il tomba à genoux, puis roula sur le flanc, suffoquant.

Yvonne voulut s'enfuir. Elle avait vu à travers le nuage de poussière Erskine chargeant tel un bélier avec ses mains menottées derrière son dos. Au même instant, la femme se mit à courir. Yvonne, à demi aveuglée par la poussière et les phares de l'hélicoptère, vida le chargeur de son Walther sur Erskine, mais il la percuta avec son épaule, et elle tomba à la renverse, lâchant son pistolet. Sans chercher à savoir si elle l'avait touché, elle se releva et s'enfuit sur la route en direction de la maison. Elle n'avait qu'une idée en tête : atteindre la voiture de Julián et gagner Agua Prieta. Elle serait en sécurité là-bas. Elle était la reine de la ville. Cinq kilomètres. Pouvait-elle courir jusqu'à la voiture ? Elle le devait. Elle courait si vite que lorsqu'elle trébucha, elle fut projetée en avant. Un instant plus tard, elle entendit le coup de feu claquer derrière elle et comprit qu'elle n'avait pas trébuché toute seule. Elle s'accrocha au sol, mais tandis qu'elle essayait péniblement de se relever, son bras droit se replia sous elle. Elle avait un goût étrange dans la bouche, et du sang jaillissait de son épaule, coulait le long de son bras droit et gouttait au bout de ses doigts. Son bras était complètement engourdi ; si elle ne l'avait pas vu, tout ensanglanté à la lueur de la lune, elle aurait douté de sa présence. Elle était outrée. Tout cela manquait tellement de dignité. Quelqu'un derrière elle la saisit par son autre bras, la força à se relever et à se retourner. Elle se sentait nauséeuse et, à bout de force, tomba à genoux.

« *¡Chota!* lança-t-elle d'une voix sifflante lorsqu'elle vit Carrington qui se tenait au-dessus d'elle, pistolet à la main. Je savais que vous étiez un putain de *chota* !

— Parfois », répondit le Professeur. Il fit un pas en avant et, lui agrippant les cheveux pour lui maintenir la tête, lui colla son 10 mm contre la bouche. « *Este beso es de tus enemigos* », ajouta-t-il, et il appuya sur la détente.

Il se tint quelques instants au-dessus du cadavre d'Yvonne. Une balle, un corps. C'était sa norme. Il avait dû s'y prendre à deux fois, certes, mais il avait tiré la première balle tout en courant, il avait donc une excuse.

À cet instant, il entendit un hurlement strident et reprit en courant la direction de l'*almacén*. Lorsqu'il l'atteignit, il vit les deux hélicoptères posés côte à côte et les *federales* encerclant plusieurs *pistoleros* d'Yvonne, qui étaient étendus face contre terre, menottes aux poignets. Près de la camionnette, Erskine gisait sur le dos, les bras coincés sous son corps. Sa femme était agenouillée au-dessus de lui, dodelinant de la tête tel un musulman en prière, et elle hurlait, hurlait. Le Professeur marcha jusqu'à elle et l'aida doucement à se relever, puis il demanda à un agent de s'occuper d'elle. Les yeux d'Erskine étaient ouverts, mais ils ne voyaient plus. Du sang bordait un trou dans sa poitrine. Le Professeur l'avait vu charger Yvonne tandis qu'elle faisait feu dans le vacarme des rotors. Mais il ne savait pas, jusqu'à maintenant, qu'elle l'avait touché. Et elle avait eu de la chance – une balle en plein cœur.

Tandis qu'il ramassait le pistolet d'Yvonne, Zaragoza cria : « *¡Capitán!* Par ici. »

Le *comandante* était accroupi au-dessus de l'autre homme, Castle. Yvonne avait décidément eu du pot. Lui aussi avait été touché, au flanc, mais il était toujours en vie.

« Nous devons l'évacuer, déclara Zaragoza. Yvonne ?

— *Ella está muerta.*

— *Tanto mejor.* Elle aurait continué de tout diriger depuis la prison de toute manière. »

Le Professeur se baissa pour regarder l'homme blessé. Zaragoza avait découpé les menottes en plastique qui lui entravaient les poignets et l'avait retourné sur le dos. Il était conscient, mais respirait avec peine. Une balle à travers le poumon. Une bonne chose que ç'ait été un 7,65 et pas un 9 mm, sinon lui aussi serait mort. La balle avait pénétré en dessous de la poitrine, du côté droit, et était ressortie à travers les côtes. Le Professeur courut jusqu'à l'un des hélicoptères, dont la radio était plus puissante que sa radio portative. Il indiqua au pilote la fréquence sur laquelle se connecter, puis déclencha l'émetteur et appela Nacho.

« Où êtes-vous ?

— Aéroport de Nogales, répondit Nacho. Quelle est la situation ? »

La femme d'Erskine, soutenue par deux agents, continuait de hurler, si fort que le Professeur dut s'enfoncer un doigt dans l'oreille.

« Erskine est mort, et Yvonne aussi. Nous avons deux otages vivants, mais l'un d'eux est touché, Castle. Faites venir un hélicoptère médicalisé à l'aéroport. Nous pouvons y être dans dix minutes.

— Ça m'a tout l'air d'un bain de sang, Professeur.

— Gardez ça pour plus tard. Faites venir un hélicoptère.

— D'accord. Dans quel état est Castle ?

— Assez sérieux. »

Ce n'est que lorsque quelqu'un lui détacha les mains et qu'il s'agrippa le flanc et sentit une humidité chaude et poisseuse à travers sa chemise que Castle comprit qu'il était blessé. Il écarta la main et vit qu'elle était tachée de sang. *Mon Dieu, on m'a tiré dessus !* Ces mots lui firent le même effet qu'une balle. Il n'avait pas entendu de détonation, ni ressenti de douleur, juste l'impact. Lorsque Monica poussa un hurlement cauchemardesque, il se mit péniblement à quatre pattes et l'aperçut qui se précipitait vers Blaine, qui gisait au sol, immobile. Blaine aussi ? Blaine s'est aussi fait tirer dessus ? Non, non, non, pensa-t-il, et il tenta de se lever pour rejoindre Monica, mais tomba à la renverse et s'agrippa de nouveau le flanc.

Il souffrait désormais, chaque respiration était comme un coup de poignard dans les côtes. Il tentait d'inspirer de grandes bouffées d'air, mais impossible, et il produisait un sifflement chaque fois qu'il exhalait. Il ferma les yeux. Quelqu'un le secoua et lança d'un ton sévère, tel un enseignant réprimandant un élève qui aurait piqué du nez en plein cours : « Restez éveillé ! » C'était le flic mexicain, celui à la peau claire. Monica continuait de hurler, presque comme une sirène.

« Blaine… » gémit Castle.

Ses lèvres semblaient collées l'une à l'autre.

« Ne vous occupez pas de ça, répondit le flic. Il va s'en tirer. Restez éveillé. Restez avec nous. »

Castle eut envie de rire, mais ça faisait trop mal. Où le flic croyait-il qu'il allait aller ? Il commençait à se sentir somnolent et se répéta : *Reste éveillé !* Puis trois hommes le soulevèrent, un par les épaules, deux par les jambes, et le portèrent jusqu'à un hélicoptère. Le Mexicain à la peau claire grimpa avec lui. Le moteur se mit en route, produisant un vacarme de plus en plus aigu qui finit par recouvrir tout le reste. Un cahot soudain, et l'hélicoptère décolla. Et alors il s'évanouit.

Il se réveilla sur un brancard qu'on poussait dans une rue ou sur un trottoir. Il entendait le crissement des roues sur le sol et vit des visages au-dessus de lui, des visages inconnus, et une perfusion qui balançait sur son support au-dessus de sa tête. Où était-il ? Des faits. Il devait se raccrocher au moindre fait concret. *Reste éveillé !* On lui passa une sorte d'appareil autour du torse, un appareil qui se comprimait puis se relâchait, doucement, encore et encore. Un fait. Une voix lança : « OK, soulevez. » Tandis qu'on le soulevait du brancard, il vit qu'il était sur une piste d'atterrissage. On le déposa sur une civière, et la civière fut placée à l'intérieur d'un autre hélicoptère, plus petit que le premier, dont il remarqua qu'il était orange et blanc. Encore des faits. Des secouristes le glissèrent dans un tube de Plexiglas étroit, juste assez grand pour l'accueillir, et attachèrent des ceintures de sécurité, une autour de sa taille, une autre autour de ses chevilles. Des tubes et des câbles reliés à son corps serpentaient jusqu'au ventre de l'hélicoptère, où deux secouristes, une femme et un homme, étaient assis derrière le siège du pilote, leur visage à demi éclairé par une faible lumière infrarouge. La femme demanda s'il souffrait, et il murmura : « Oui. » Il les entendit parler à voix basse de dosage, de pression sanguine et de pouls, puis la femme retroussa sa manche et lui fit une injection.

L'hélicoptère s'éleva. En tournant légèrement la tête, Castle vit les lumières de la ville en contrebas et les phares de quelques voitures qui roulaient à vive allure sur une autoroute. L'appareil décrivit un virage serré, et bientôt ils filèrent au-dessus d'une obscurité vaste, où seules scintillaient quelques lumières éparses, tels les falots de bateaux de pêcheurs sur une mer nocturne. Il distingua la silhouette d'une chaîne de montagnes, les Santa Rita, pensa-t-il, mais il n'en était pas sûr. La morphine faisait effet, la douleur était moins vive. En fait, il se sentait euphorique. En tournant de nouveau la tête vers le haut pour regarder à travers la bulle de Plexiglas, il découvrit un paysage magnifique – les étoiles d'automne, un million de rivets de cristal plantés dans le ciel. Une grosse constellation carrée étincelait directement au-dessus de lui. Pégase ? S'agissait-il de Pégase ? La femme lui dit quelque chose. Il ne comprit pas quoi.

Tandis que l'hélicoptère descendait, il vit au loin le scintillement des lumières de Tucson et sentit qu'il perdait de nouveau connaissance. *Restez avec nous. Restez éveillé.* Il se représenta le corps long et puissant de Tessa, sa cascade de cheveux châtains, sa manière de porter timidement sa main à sa bouche pour cacher ses dents tordues lorsqu'elle souriait. Et une fois encore elle le ramena à la vie, la vie avec toutes ses incertitudes, ses dangers, ses calamités imprévues, ses espoirs frustrés et ses rêves futiles, mais la vie tout de même.

38

Switchblade, de Roger Clyne and the Peacemakers, passait sur le lecteur CD du Professeur, une sorte de *narco-corrido* américain.

Pablo et Dan avaient un plan, ils disaient :
« On va devenir riches,
On va prendre à son propre jeu
Ce traître de mouchard... »

Un rythme âpre, pas comme l'épique mais trop lyrique *Pancho and Lefty*, un rythme dur et sale.

Ils disaient : « Amigo, t'en fais pas,
Maintenant on va disparaître
Juste pour deux mois », qu'ils disaient
Mais ça fait maintenant presque un an
Oui si tu veux ce genre d'argent,
Tu dois rester courageux, mec
Les federales *tirent des cadavres des tombes de fortune.*

Les *federales* tirent des cadavres des tombes de fortune. Il adorait ce vers. Et parfois c'étaient eux qui balançaient des cadavres dans les tombes. Il tapa en rythme sur le tableau de bord, la voix rocailleuse de Clyne faisant bondir des pointes rouge vif devant ses yeux tandis que la voiture bondissait sur la route de Lochiel. La ville s'appelait La Noria avant que l'Achat Gadsden ne la place aux États-Unis et que quelque gentleman écossais ne la rebaptise du nom de sa ville d'origine. C'était désormais quasiment une ville fantôme, un vieux poste frontière abandonné depuis trente ans qui tombait en ruine derrière une clôture grillagée ; quelques maisons désertes, une chapelle blanchie à la chaux au sommet d'une colline pour subvenir aux besoins spirituels des derniers habitants – une poignée de *vaqueros*, des ermites du désert, des rats de la frontière.

Plus tard à l'automne, j'ai reçu un coup de fil : « Mec amène-toi,
Peut-être que tu pourras donner un nom aux malheureux qu'on a trouvés. »
Quoi que je fasse, impossible de guérir mon cœur,
Quelqu'un a planté un cran d'arrêt dans chacun de mes amis.

Miguel Espinoza était l'un de ces malheureux. Il avait été retrouvé deux jours après le raid dans un arroyo proche, du côté mexicain. Billy avait mené la police jusqu'à son corps, dans l'espoir que sa collaboration lui vaudrait un traitement de faveur. À tort.

Un tourbillon de poussière soulevé par un vigoureux vent d'hiver traversa en pirouettant la route, qui tournait vers le nord à travers des peupliers frémissants. Bientôt, le Professeur repéra la Jeep Cherokee de Nacho, et Nacho lui-même, voûtant les épaules dans son manteau en peau de mouton, assis sur un banc devant le monument de Fray Marcos de Niza.

« *Feliz año nuevo*, dit le Professeur, descendant de sa voiture et soufflant dans ses mains.

— Ça fait trois semaines qu'on a changé d'année », répliqua Nacho.

Ils ne s'étaient pas vus depuis le mois de novembre précédent.

« C'est pas si loin. Qu'est-ce que vous fabriquez ici dans le froid ?

— Je regardais ça. »

Il désigna la plaque commémorative fixée au moyen de boulons à une dalle surmontée d'une grande croix de béton. La légende sur la plaque résumait brièvement le voyage de Fray Marcos de Niza, qui était passé par cet endroit en 1539 – le premier Européen à pénétrer dans ce qui deviendrait, quelque trois cent soixante-treize ans plus tard, l'État d'Arizona.

« Vous voyez, vous avez fait de moi un amateur d'histoire.

— Vraiment ? On pourrait dire que Fray Marcos de Niza a été le premier à passer la frontière.

— Sauf qu'il n'y avait pas de frontière en 1539.

— Et qu'un jour elle disparaîtra de nouveau.

— Je vous en prie, pas de sermon sur la *reconquista* et toutes ces conneries.

— Je vais vous épargner ça. *Ante todo*, parlons. »

Pablo et Dan avaient un plan, ils disaient : « On va devenir riches, on va prendre à son propre jeu ce traître de mouchard... » Le Professeur n'arrivait pas à s'ôter ces paroles de la tête. Il s'assit et informa Nacho d'une livraison sans grande importance, deux cents kilos censés passer par Montezuma Pass le surlendemain. En échange, Narco lui donna son genre d'informations habituelles, des généralités sur les activités de la police des frontières, mais rien de trop spécifique, rien qui pût compromettre son intégrité. Bribes d'informations contre bribes d'informations, leur fonds de commerce, car il était dans leur intérêt, à l'un comme à l'autre, de maintenir un certain ordre, maintenant qu'Yvonne et le chaos qu'elle avait provoqué étaient de l'histoire ancienne. Le crime organisé valait mieux que le crime désorganisé. Ils abordèrent ensuite un autre sujet qui les intéressait l'un comme l'autre – les gangs de *bajadores* qui s'attaquaient aux passeurs de drogue. Des charognards, des hyènes.

En vingt minutes, ils eurent fini. Le Professeur le mit alors au courant des derniers développements concernant Billy Cruz. Il était possible qu'il témoigne pendant son procès à venir pour enlèvement et association de malfaiteurs.

Nacho éclata de rire.

« Ça devrait être son ticket de sortie. Je ne peux pas imaginer de témoin plus contestable que vous.

— Exact. Son avocat dira que sa confession lui a été arrachée sous la torture, et par une police étrangère. Mais je ne suis pas certain qu'il y aura un procès. Cruz risque de plaider coupable. Vous voyez, il y a le corps de Miguel. Nous pouvons accuser Cruz de complicité de meurtre au Mexique. Où préfèreriez-vous purger votre peine – dans une prison fédérale américaine ou dans l'une des nôtres ?

— Miguel. Le pauvre diable. Je parlais à Castle l'autre jour. C'est un grand sensible. Il envoie le salaire de Miguel à sa femme chaque semaine. Il dit que c'est le moins qu'il puisse faire. »

Le Professeur regarda une fois de plus le récit des aventures de Fray Marcos.

« Miguel s'est retrouvé pris dans le feu croisé d'une vengeance familiale, expliqua-t-il.

— Oui. Castle m'a dit quelque chose de ce genre. Que son grand-père avait jadis tué le père de La Roja, et que c'était pour ça qu'elle voulait les faire payer.

— Il y avait autre chose, dit le Professeur. Castle et son amie nous ont emmenés, Zaragoza et moi, dîner chez La Roja après sa sortie d'hôpital. Ils voulaient nous remercier.

— J'imagine que la femme d'Erskine n'était pas là, déclara Nacho d'un ton amer. Elle n'a pas vraiment de raison de vous remercier.

— Elle aussi serait morte si nous n'étions pas intervenus. Et Erskine serait en vie s'il n'avait pas cherché à jouer les héros.

— C'était tout de même un bain de sang.

— Ça aurait pu être pire, rétorqua le Professeur, piqué par les critiques de Nacho.

— Vous disiez qu'il y avait autre chose.

— À un moment au cours de la soirée, j'ai réfléchi à voix haute et demandé pourquoi Yvonne était prête à aller si loin simplement pour mettre la main sur un ranch. Avec son argent, elle aurait pu en acheter dix. C'est alors que Castle m'a raconté pour le grand-père. Il m'a dit qu'il allait essayer de se renseigner sur la vie du bonhomme. Vous savez que j'aime ce genre de choses, alors je lui ai proposé de lui donner un coup de main pendant mon temps libre. Nous avons effectué pas mal de recherches à la Société historique d'Arizona, et ça a éclairci un paquet de choses.

— Comme quoi ?

— Le père d'Yvonne n'a pas été la seule victime du grand-père. Il a fait couler beaucoup de sang, et parfois inutilement, et peut-être que Castle et Erskine devaient payer pour ça. »

Nacho releva son col et enfonça les mains dans les poches de son manteau.

« Ça semble un peu, vous savez, tiré par les cheveux.

— Le passé n'est jamais mort, Nacho. Il est toujours avec nous. Les péchés du père. Du grand-père dans ce cas précis. Non pas que j'estime que le vieux ait commis des péchés. Mais bon, je n'ai pas trop la notion du péché.

— En tout cas, Erskine a payé, dit Nacho. Et sa femme aussi.

— Saviez-vous que Castle avait perdu sa femme dans les attentats du 11 Septembre ? »

Nacho acquiesça.

« Il m'a expliqué que c'est pour ça qu'il était venu ici, poursuivit le Professeur. On pourrait dire qu'il cherchait à échapper à l'histoire. Plutôt fascinant quand on y pense. Vu que son histoire familiale et la grande histoire se croisaient aussi ici.

— Il ne pouvait pas y échapper, c'est ça que vous voulez dire ?

— *Exactamente.* »

Remerciements

Ma plus profonde gratitude à mon éditeur, Ash Green ; à mon agent, Aaron Priest ; et à Frances Jalet-Miller pour leurs encouragements et leurs conseils inestimables. Et mille mercis à Chuck Bowden, J. P. S. Brown, Bob et Gayle Bergier, Julian Cardona, Daniel Cantu, Rubén Ceballos, Laura Chester, Meade « Doc » Clyne, Don Henry Ford, Glen Goodwin, Bryan Gutiérrez, Axel Holm, Ross et Susan Humphreys, Karen Wessel Marcus, Jim et Tina McManus, John Mencer, Bevan Olyphant, et Grace Wystrach.

J'ai utilisé comme sources : les archives de l'*Arizona Daily Star*, du *Weekly Bulletin* de Patagonia-Sonoita et de la Société historique de Pimería Alta ; ainsi que *Drug Lord : The Life and Death of a Mexican Kingpin*, de Terrence E. Poppa ; *Hidden Treasures of Santa Cruz County*, de Betty Barr ; *The Man Who Tasted Shapes*, du docteur Richard E. Cytowic, *Sur la frontière*, de Tom Miller ; *The Reaper's Line*, de Lee Morgan ; et *Voice of the Borderlands*, de Drummond Hadley.

Composé par IGS-CP
à L'Isle-d'Espagnac (Charente)

Imprimé en Espagne
Liberduplex
en février 2013

POCKET – 12, avenue d'Italie – 75627 Paris Cedex 13

Dépôt légal : mars 2013
S21628/01